欧阳哲生 编

胡适文集 ⑫

胡适演讲集

北京大学出版社

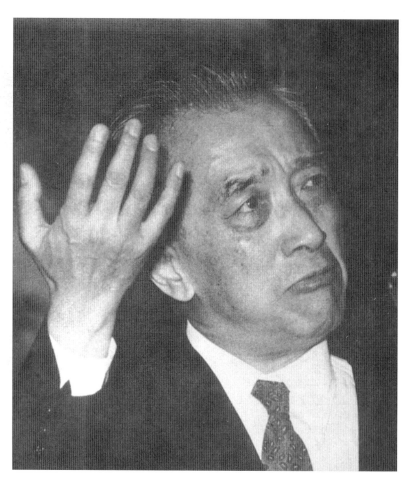

胡适演讲的风采。

上:1939年胡适(右)与美国财政部长摩根索(中)、陈光甫(左)合影。
下:1960年9月胡适(右二)在华盛顿"中华教育文化基金会"的宴会上与顾维钧(左一)交谈。

上：胡适任北京大学校长期间,在学生集会上演讲。
下：胡适与他的秘书胡颂平。

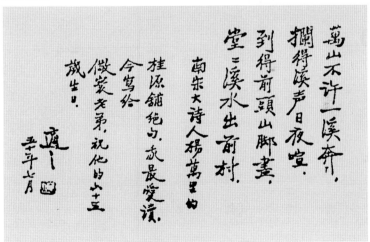

上：1959年11月，胡适参加《自由中国》社十周年纪念会时与雷震合影，当天胡适做了《自由与容忍》的演讲。

下：1961年7月26日，胡适为狱中的雷震65岁生日祝寿纪念册题赠的诗。

上:1962年2月24日,胡适主持中研院第五次院士会议,这是他最后的留影。
下:台北市南港的胡适墓园。

第十二册说明

  本册为胡适的演讲集。胡适擅长演讲,梁实秋先生曾盛赞胡适的演讲具有"丘吉尔风度"。遗憾的是,胡适生前自编的《胡适文存》等书基本上未收录他的演讲文字。1966年台北文星书店和1969年台北传记文学出版社出版的《胡适选集》,内中均有演讲分册。1970年台北中央研究院胡适纪念馆编辑出版《胡适演讲集》(三册),1979年台北《大陆杂志》社再版。本册所收胡适的演讲文字最早的发表于1918年,最晚的发表于1961年,凡128篇,大致分类按时序排列:卷一为文学语言,卷二为历史学,卷三为哲学,卷四为教育,卷五为人生与社会,卷六为科学、文化,卷七为时评政论。

目录

卷一
白话文法/3
新文学运动之意义/10
中国文学过去与来路/17
陈独秀与文学革命/21
中国文学史的一个看法/25
中国文艺复兴/28
白话文运动/31
提倡白话文的起因/35
什么是"国语的文学"、"文学的国语"/40
提倡拼音字(《国语日报》欢迎会上答问)/45
传记文学/48
白话文的意义/60
谈《红楼梦》作者的背景/68
四十年来的文学革命/70

卷二
研究国故的方法/75
再谈谈整理国故/78
中国近一千年是停滞不进步吗?/82
中国历史的一个看法/86
考证学方法之来历/93
中国再生时期/99

治学方法/110
《水经注》考/143
搜集史料重于修史
　　（台湾省文献委员会欢迎会上讲词）/151
中国古代政治思想史的一个看法/154
历史科学的方法/169
中国传统与将来/171

卷三

墨家哲学/187
谈谈实验主义/238
中国哲学的线索/243
哲学与人生/247
从历史上看哲学是什么/251
思想的方法/255
哲学的将来（提要）/259
儒教的使命/261
中国禅学的发展/265
颜习斋哲学及其与程朱陆王之异同/294
中国人思想中的不朽观念/299
谈谈中国思想史/316
杜威哲学/319
禅宗史的一个新看法/339
中国哲学里的科学精神与方法/349
杜威在中国/372

卷四

提高与普及/385
在北大开学典礼会上的讲话/388
学生与社会/390

在北大学潮平定后之师生大会上的讲话/395
在北大成立二十五周年纪念会上的讲话/396
书院制史略/398
学术救国/402
中国书的收集法/406
为什么读书/418
治学方法/424
新文化运动与教育问题/430
读书的习惯重于方法/433
智识的准备/435
在北大开学典礼上的致词/443
大学教育与科学研究/445
考试与教育/449
在北大工学院四十四周年纪念会上的讲话/455
选科与择业（台中农学院座谈会上答问）/458
教育学生培养兴趣
　　（台北市中等以上学校校长座谈会上答问）/464
回忆中国公学
　　（中国公学校友会欢迎会上讲词）/468
中学生的修养与择业/471
美国大学教育的革新者吉尔曼的贡献/478
谈谈大学/481
大学的生活/484
找书的快乐/489
中国教育史的资料/494
教师的模范/496
在北京大学六十二周年校庆纪念会上的演说词/498

卷五

"少年中国"的精神/503

在同乐会的演说/507
研究社会问题底方法/509
女子问题/520
科学的人生观/525
打破浪漫病/529
究竟在这二十三年里做些什么/532
在上海文教界欢迎会上的讲话/535
人生问题/538
新闻独立与言论自由
　　（台北市编辑人协会欢迎会上讲词）/541
辩冤白谤为第一天理（监察院欢迎会上讲词）/546
工程师的人生观/551
报业的真精神（台北市报业公会欢迎会上讲词）/556
大宇宙中谈博爱/561
纪念林肯的新意义/563
新闻记者的修养/566
怕老婆的故事/570
一个防身药方的三味药/572
谈谈四健会的哲学/577

卷六
太平洋会的规律/583
太平洋学会/586
海外杂感/589
太平洋国际之认识与感想/592
海外归来之感想/594
迎头赶上世界先进国家/597
在中研院第一届院士会议上的讲话/600
眼前世界文化的趋向/602
当前中国文化问题/608

中国文化里的自由传统/616
就任中央研究院院长典礼致词/619
基本科学研究与农业/622
终身做科学实验的爱迪生/631
科学发展所需要的社会改革/635

卷七

武力解决与解决武力/643
好政府主义/646
对于沪汉事件的感想/652
五四运动纪念/656
中国问题的一个诊察/663
日本在中国之侵略战/669
中国抗战的展望/675
我们还要作战下去/682
国际大家庭/686
伟大的同情心/688
中国目前的情势/691
中国与日本的现代化运动（文化冲突的比较研究）/697
中国为一个作战的盟邦/703
中国抗战也是要保卫一种文化方式/710
纪念"五四"/718
论战后新世界之建设/721
抗战五周年纪念/724
我们能做什么？/728
自由主义/733
对立法院的寄望（立法院欢迎会上讲词）/739
谈护宪/745
五十年来的美国/749
从《到奴役之路》说起/757

容忍与自由/763
五四运动是青年爱国的运动/771

编后记/781
修订版后记/783

卷 一

白话文法

"白话文法"现在还在草创时期,万难于三两个星期内讲个明白;只能和大家多讲点"白话文法的研究法",使大家将来有方法可以去研究白话文法,共同完成一部白话文法出来。

白话文法,可以说是国语文法;在未讲白话文法之先,我们要问:什么是国语?

说到国语,多有一种误解,就是把注音当做国语;学好了注音,就是学好了国语。不知注音是促进国语的一种工具,他的作用,完全只在标明音读,使大家便于认识罢了。现在的方言,都有尽先补用国语的希望;却要具备两种资格:

第一,要在各种方言中通行最广;

第二,要在各种方言中文学的著作最多最通行。须有了这两种资格的方言,经过一定时期,就可尽先补用,完全国语。

欧洲各国都有国语;却在四百年[前],也都是方言,不能通行全国。首先用方言做小说、诗词、剧曲的是意国,因此就通行起来成了意国的国语。在三百一十年前,美国中部的方言较为通行,于是有文学家把他拿来[做]小说剧曲,后来也成了实缺的国语。至于法德……也都用方言变成国语,合于上面的两种资格罢了。

我国也差不多具备这两种资格。从东三省到西南三省,从黄河北岸到珠江南岸,所谓普通官话,几乎都能讲,第一种资格将具备了。论到第二种资格,也还可以,在千年当中的文学书,如李后主的词、程朱语录、禅家语录、元曲以及《水浒传》、《红楼梦》、《儒林外史》等都是白话做的;陆放翁和别的诗人也有白话做的,几乎都可与文言一样通行,不象那只限于一地方的粤歌、昆腔、苏白哩。再大家齐来加以整理，不多年后，自然而然的有一种南腔北调、大同小异的国语发生，可完成新文学。若那梦想国语完全统一，恐怕终是一个梦想罢！即如英国的国语，虽然大同，却还有英伦、英格兰、苏格兰、爱尔兰的一些小异，可以知了。

想促进一种大同小异的国语，最要的方法，就在统一文法合乎自然的条理。例如普通话说来了，官话却说来了啦，了啦是同意的字，不如只用了字的好。又如我吃饭，不能说饭吃我，也不能我饭吃，或吃我饭，就是要他统一合于自然哩。

文法本随着语言，就发生了的，而中国研究文法远在欧洲之后的原因，大概有三：

一、中国文法是独立的，大与各国不同，不易与别种文法比较；不像欧洲各国的文字，大同小异，很易发生比较研究的动机。

二、中国文法关于时候、数目、属性、字类和位置，比欧洲各国的文字变化最少，不易引起研究的需要。

三、因我国常说"文成法立"，"文无定法"，所以对于文法的教授，只重"意会"，不知"言传"。

等到清朝，小学发达，注释经书家要求他的通例；于是中国第一部文法书出世——王引之的《经传释词》——不过因无参考书，字性的分析，还不大明了。到马建忠"用西国葛朗玛之法，尽十余年之力"成了一部《马氏文通》才算大备。这是用科学的方法著出来的，可以不朽！然而他的取材，全限于古代的经史子集，只可算是古文法，不是白话文法；如今白话文渐次盛行，有研究白话文法的必要了。

此时既没有一部白话文法，那么开始研究，最要紧的，就是研究的方法。

研究白话文法到底应用什么方法呢？

大概说来，有最重要的三个：

第一，归纳法——白话文法不是任意造得出来的，是要根据实际的白话文，用精密的方法，归纳出来的，不知归纳，就不能研究，所以归纳法是研究白话文法的根本方法。马氏能成一部《文通》的要法，就是归纳法。他说"字栉句比,繁称博引,比例而同之,触类而长之",是归纳法的一个好解释。大家研究白话文法,也一定要用这个方法哩!

现在且举一两个例子,说明归纳法的应用。

例如"了"字的意,要分清楚,可把《水浒传》、《红楼梦》内面的了字搜集出来,看他所有的用法,是一样,还是不同?我从前曾找出几十个"了"字,知道他的用法,有两个大分别:

(一)用在过去的,完全只表明过去的口气;

(二)用在现在或将来的,则不是表明过去的口气,却有一种虚拟的神情。

又如造句子的通法,是先主词——次语词——次止词;却在古文里面有不是如此的。例如"吾谁欺?欺天乎?"吾是主词,在先,欺是语词,而谁字却在欺字之先;这是一个什么原故呢?再看"寡人有子,未知其谁立焉?""谁惮而不为此?"谁字也都是在语词之先,可以发现一个通则:

谁字用作询问代字时,概置在动字之先。

其他询问代字和"谁"字相等,如"孰从而听之"的"孰"字,"客何好""客何能"的"何"字,"问臧奚事"、"问穀奚事"的"奚"字都是在动字之先,与谁字一样,于是又可以知他们的通则。用表记明如下:

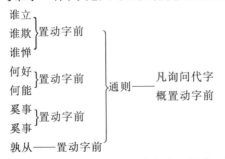

第二,历史的方法——以上由怀疑,假定,去引证的归纳方法,固是很要紧的;然而语言是进化的,文法是变迁的,不用历史的方法去补救,那么所归纳的结果,有时不确。

有个故事,可以证明文法的变迁:清朝乾隆南来,出外看见一个小孩,问他墙上"此路不通"四字认识么,他答应不认识"此"字,乾隆很奇怪的问他,"读了什么书",他答读的《论语》。后来考察才知《论语》中果无"此",因为孔子的时代多用"斯"字哩。如果忘却了这个时代的分别,把"此""斯"两字归纳起来,说是一样,那就稍为有点错误了。又如刘复的《中国文法通论》里证明"吾""我""予""余"四字用法完全相同的例,最古的是《论语》,最近的是欧阳修的文,相隔有一千七百年,这未免是很危险的方法了。在孔子时,吾,我,的用法,完全不同,如:

(一)"如有用'我'者,'吾'其为东周乎?"

(二)"如有复'我'者,则'吾'必在汶上矣!"

上两个"我"字,都用在受格——目的格;两个"吾"字,都用在主格,却不能混淆。

又尔汝两字,在古代也有大分别:"尔"字常在领格——所有格,"汝"字常在主格,也不可乱。如:

(一)《檀弓》"'尔'罪宜也",《论语》"与(尔)邻里乡党";

(二)《论语》"'汝'为君子儒,无为小人儒。"

至《孟子》中的尔字,多是鄙弃之词也,可以略知文法的变化了。

总之,一个时代,还他一个时代的文法才对。

第三,比较的方法——我们要知文法的所以然,那就要靠比较的方法才容易一些;不然,自己也弄不明[清]楚了。王引之的《经传释词》搜集许多证例,却因无比较的材料,不能说明其所以然。例如:"孔子'之'宋","'之'其所亲爱而辟焉""爱'之'欲其生"的三"之"字,王氏就不能明白说出他的用法。但是自外国文法输入之后,就易知道(一)是动字,(二)是介字,(三)是代字了。

与外国文法比较,很容易使白话文法越发明白。如"了"字用在现在和未来的,何以知道有虚拟的口气?很难单独说明。但与英文 If I were, I would, will 就可知是 subjunctive mood 了。又如提起笔来写字,何以一定要用"来"字?放下笔去读书,何以一定要用"去"字?在英文里散动字——无定动字之前,都是用 Go,没有分别。而在法文里 De 与"去"字相当,a 与"来"字相当。于是可得个通则:

这动与作同方向的用"来",不同的用"去"字。

是外国文法比较的好处。

白话还可与古文相比,借以确知他的意义。如"吾将仕矣"的"矣"字,是表明要做官还未做官的一种口气,与"我要做官了"的"了"字完全相同,也是一个虚拟词。更可在声韵上考得"矣"变为"了"的痕迹哩。

不但如此,甲地的白话,也可与乙地的白话比较,知道他的真意义。相同的固可比较,相异的也可比较,比较越多,意义越明了。

以上是白话文法的导言。——还附讲了一些文法的术语,因为略读了一两部文法书的,就可知道,故不赘。

前回所说研究文法的三种方法,是指示我们怎样着手去研究白话文法,现在再说我们研究白话文法应该着重在什么地方?

从来讲文法的人,因为着重的地方,可以分两大派别:

一、分析法 分析文句,注重他的字性,如纳氏文法就是这种讲法;

二、图解法 用图解释文句,注重各部的作用,最新的英文法书多用此法。

用老法研究文法,有的分析文句固然很清楚;却做一个很简单的句子还有时不能明白。所以新法把分析字性的工夫,移到图解文句各部的作用,最易知他的意义,可以把老法的毛弊,减少全部或一部了。现讲白话文法是用的第二法,所以与从前文法书用字性分篇的大不相同;往日注重字——词的性质,分为九类,如《马氏文通》分为:

一名字——名词或名物字
二代字——代名词
三动字——云谓字
四静字——形容字
五状字——副词   九类是
六介字——介分字
七连字——连接词
八助字——助词
九叹字——感叹词

而此时是注重字的作用,只分一句为四大部分:

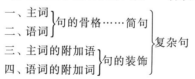

且举一句话来图解,看他的各部的作用是怎样?如"一部很华美的双马车,今天早上五点钟,从古楼得……的来到南高",可以图解他各部的作用在下面:

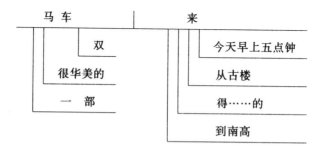

图中"马车"是主词,"来"是语词,"马车"线下的都是主词的附加语,"来"字线下是都是语词的附加语;如此这句的意思,"瞭如指掌"了。

字性九类分法,其实还可以括为四类,使句子各部的作用越发明白:

一、实词——名词是实词不待说了;代名词既与名词有一样的功用也是实词。此外叹词,《马氏文通》和别的文法书都把他归虚字里内;其实他是一种真正的实词。因为叹词是表示感欢的声音,声音发于实在的感情,万不能把哈,哎,呵,嗳哟这些字说是虚字咧!

二、动词——就是通常说的动字表示事物动作的。

三、区别词——所以区别事物或动作的;如形容词、状词都是。

四、关系词——所以表明事物和事物,或事物和动作,或动作和动作一切关系的;如介词,连词,都是。其实介词与连词性质有些相近,所以有时很难分别。比方说"我同你去""同"字的性质,是介词,还是连词?把他翻成英文看看:

一、I go with you 同翻作 with 就是介字,似乎是表明一种不平等的关系,好象"我带你去"。

二、you and I go 同翻作 and 就是连字,表示平等的关系。

我的意思,似乎认为介字妥一些。

还有一句话是要申明的:白话文法内面讲的单位是词不是字,——一形一义的是字,一字以上成为一义的是词——与字书和普通文法书所讲点又有点不同咧。

(第一讲完)

(本文为 1920 年 8 月 4 日胡适在南京高等师范学校的演讲,陈启天记,原载 1920 年 8 月 11、12、14 日《时事新报·学灯》)

新文学运动之意义

鄙人今天到这里来演讲,是很荣幸的一件事;但是我来武汉,这是第一次,武汉之有公开的学术演讲,这回是第一次,所以我今天到这里来演讲,自己心里又喜又怕,喜的是这第一次公开的学术演讲,今天居然开了台;怕的是这第一次演讲,我怕弄不好,以致拆了台。

现在中国外交这种紧迫之时,还能够发起这种学术演讲,所以我在北京南下的时候,一般朋友们都很赞成我南下,我个人自己也是很愿意。

今天的讲题是新文学运动之意义,这个题目,我从来没有讲过,大家在这个时候,以为这个题目,可以说是过去了的。不过现在就不是这样了,在这新文学运动的时期之中,我何以从没有讲过,今天反要向诸位讲的是什么道理呢?因为今年有一般思想很顽固的人,得了很大的势力,他们居然利用他们的势力,起来反抗这种时代之要求,时代之潮流,并摧残这种潮流要求,摧残新文学,到了现在,有几行省公然禁令白话文,学校也不取做白话文的学生,因为这个原故,我们从前提倡白话文学的人,现在实有重提之必要,所谓新文学的运动,简单地讲起来,是活的文学之运动,以前的那些旧文学,是死的,笨的,无生气的;至于新文学可以代表活社会,活国家,活团体。

实在讲起来,文学本没有什么新的旧的分别,不过因为作的人,表现文学,为时代所束缚,依此沿革下来,这种样子的作品就死了,无以名之,名之为旧文学。

我们看文学,要看它的内容,有一种作品,它的形式上改换了,内容还是没有改,这种文学,还是算不得新文学,所以看文学,不能够仅仅从它的形式上外表上看。这么一说,文学要怎样才能新呢?必定先要解放工具,文学之工具,是语言文字,工具不变,不得谓之新,工具解放了,然后文学底内容,才容易活动起来。

今天这种讲演并不是对那般顽固的人而发,我们也不必同他谈。此外那般对于新文学信仰的人们以及不信仰反对者,持这种态度的人,我们要将此意,对着他们明白地讲出来,务使他们明了新文学之真意义及它的真价值,那么对于自己的作品以及工作才看得起有价值,对外哩,向着他持反对论调者,也可以与之争辩讨论,这就是我今天讲新文学运动之意义的原因。

有一般人以为白话文学是为普及教育的。那般失学的人们以及儿童,看那些文言文不懂,所以要提倡白话,使他们借此可以得着知识,因为如此,所以才用白话文,但是这不过是白话文学之最低限度的用途,大家以为我们为普及教育为读书有兴趣,为容易看懂而提倡白话文学,那就错了,未免太小视白话文学了,这种种并不是新文学运动之真意义。

一般的人,把社会分成两个阶级,一种是愚妇顽童稚子,其他一种是知识阶级,如文人学士,绅士官吏。作白话文是为他们——愚夫愚妇,顽童稚子——可以看而作,至于智识阶级者,仍旧去作古文,这种看法,根本的错误了,并不是共和国家应有的现象。这样一来,那般文人学士是吃肉,愚夫愚妇是吃骨头,他们一定不得甘心的,一定要骂文人学士摆臭架子的。由此看来那般为平民而办的白话报,为平民而办注音字母,这种见解,是把社会分成二段阶级,在事实上原则上都说不过去。我们要这样想,那般平民以及小孩子,读了几年的白话文,念过了几本平民千字课,而社会上的各种著作,完全是用文言文著述的,他们还不是一样的看不懂吗?社会上既然没有白话文学的环境,白话文学的空气,学白话文学的人们,将来在社会上没有一处可以应用,如果是这种样子,倒不如一直仍旧去念那子曰诗云罢,何必自讨没趣呢?照这样看来,虽然是为平民教育而提倡白话文学,但是学的人到社会里面去,所学无所用,那么,当初又何必要学呢?所以顶要紧的,就是要造一种白话文学的环境,白话文学的空气,这样学的人才有兴趣。

新文学之运动,并不是一人所提倡的,也不是最近八年来提倡的,新文学之运动是历史的,我们少数人,不过是承认此种趋势,替它帮忙使得一般人了解罢了。不明白新文学运动是历史的,以为少数借着新文学出风头的人们,现在听了我这话,也可了解了,新文学运动,决不是凭空而来的,决不是少数人造得起的。

明白了我以上所讲的话,现在就继续讲新文学运动历史上的意义。

古文文言,不是我们近年以来说它是死的,它的本身,在二千年以前,早已就死了的,当二千年,汉武帝时候,宰相公孙弘上书给汉武帝,大意是说他那时候上谕法律等文章,做得美固然是美,内含的意思虽然是雄厚,但是一般小吏却看不懂,做小官的人们,尚且看不懂,况小百姓呢?想挽救这种流弊,所以才劝武帝办科举,开科取士,凡能够看得懂古文者,上头就把官〔给〕他作,借以维持死的文学。公孙弘想出这种科举方法来,开一条利禄的路,引诱小百姓去走,这种维持死的文学之方法,可以说是尽美尽善矣,这样一来,所以全国小百姓们的家庭里,如果有个把略为聪明的儿童,至少要抄几部书,给他们的小孩子读去,请一个教书的先生,替他们的小孩子讲解,教给他们的小孩子要怎样去读,如此做下去,国家也不用花掉好多钱去办什么学校,没有学校,就没有学生闹风潮,也没有教员向着政府索薪了,国内也不知省了多少事,简了多少钱;而他一方面,死的文学,可以维持,所以死的文学,能够苟延残喘到二千多年的,就是因为如此,在这二千年之中,上等的人,有知识的人,既不反对,下等的人,一般民众,也只得由他们干去,由此下等人学上等人,小人物学大人物,要官作,要利禄,也不得不如此,方法未尝不美,至于谈到了文学那一层,那就不够谈了。文学是人的感情,用文字表达出来,现在有一个人,他有一种情感,要用文字表现出来,而为时代所束缚,换言之作不了古文,这个人想发表他的情感,非用一二十年的苦工,去念那死板板的文字不可,照时间上说起来,未免太长了,要学也恐怕来不及了。因为如此,那般匹夫匹妇,痴男怨女,也顾不得这许多了,他们想歌,就用他们自己的语言歌出来,想唱就用他们自己的语言唱出来。那般民歌童谣儿歌恋歌之类,就是由此产生出来,在这二千年之中,他们——匹夫匹妇,痴男怨女——因为要表现他们的文学情感,倡了许多很好的很有价值的白话文学来,歌唱之不足,他们又要听故事,演故事,所以小说戏剧之文学,亦由此而生,不仅痴男怨女,匹夫匹妇如此,那般和尚们翻译佛教的经典,如果作得太古了,这般民众不说是听不懂,就是看也看不懂,因为如此,所以就用经典上意义,编出一种弹词歌谣来,使他们容易去懂,在敦煌那块,发现出来用弹词歌体所翻出之佛经不少,如是佛曲就变成了白话之文学了。至于和尚们讲学,如果用着古文去讲,大家就不能了解,所以唐朝的禅宗,用白话去讲经,学生们也用白话去记录,写成散文开了后代一种语录的风气。在这二千年当中,所有一般大文学家,没有一个不受了白话文学之影响,乐府是其一例,今日看一看乐府,尽都是用白话体裁写出,那般创造文学的大文学家,却没有一个不在摹仿乐府。唐朝的诗集子,头一部就是乐府,乐府是白话,学乐府就是学白话,其结果所以都近乎白话,唐朝的诗,宋朝的词,所以好懂。所以就很通行,《唐诗三百首》,其中所载,大半是白话或近乎白话。后有以为作诗有一定格律,字句之长短,平仄声均有一定公式,嫌太拘束,故改之为句之长短不定的词,词之作法,也有一定,又生出一种曲来,这种曲子,是教给教坊歌妓们唱的,因为要他们了解,所以用白话,当时的一般文人学士,一方面作古文求功名骗政府,一方面巴结那般好看的女人,结歌妓们欢心,所以又要白话文学。元、明、清五百年中,产出不少的长篇小说来,这时白话文学,真是多极了。上海一处的书店,每年销售的《水浒》,《三国演义》,《西游记》这三种小说,年在一百万部以上,我们由此一看,五百年来,不是孔、孟、程、朱、《四书》、《五经》的势力,乃是《水浒》,《三国演义》,《西游记》的势力。

照上面讲的看来,这二千年之中,乐府,诗歌词曲等的白话文学,占了很不少的势力,并且有很大的部分是有价值的,可以和世界上各种著名文学的作品相抗衡而无愧色,他一方面讲来,古文文学,在二千年中早已死过去了。此种很好的很有价值的文学之产生,是因为有一般文人学士,不受政府的利禄之引诱,要歌就放情地歌,要唱就放情的唱,所以他们就有伟大的成功,有很大的贡献,如果没有这伟大的成功,这很大的贡献,我们无论如何,是提倡不起来的。

有一般人以为古文是雅的,白话文学是民间的,粗俗的,退化的,这一层我们现在也不得不说明一下子。

我们要晓得在二千年之中,那时候的小百姓,我们的老祖宗,就已经把我们的语言改良了不少,我们的语言,照今日的文法论理上讲起来,最简单最精明,无一点不合文法,无一处不合论理,这是世界上学者所公认的。不是我一个人恭维我们自己。中国的语言,今日在世界上,为进化之最高者,因为在二千年里头,那般文人学士,不去干涉匹夫匹妇的说话,语言改革,与小百姓有最大的关系,那般文人硕士,反是语言改革上最大的障碍物。

古文变化,甚觉讨厌,如"我敬他"为"吾敬之""我爱他"为"吾爱之,"至于说没有看见他,又变作"未之见也",小学生读书作文时,如果写一句"未见之也",先生一定要勾上来作"未之见也",问他是什么原因,他也讲不出来,只说古人是这样做的,这般老先生们,不晓得文法,只晓得摹仿;那般小百姓,他们只讲实在,求方便,直名之曰,"我打他,""他打我"都可以,至于在文言上"吾打之"则可,如用"之打吾"那就不通了,小百姓把代名词变化取消,主格与目的格废掉,因此方便得许许多多了。

在这二千年中,上等的人以及文人学士,去埋头他们的古文,小百姓就改造他们的语言。语言中有太繁了的,就省简一些,有太简了的就增加一点。在汉以前,我你他没有多数,汉以后才有我曹我等我辈,尔曹尔等尔辈,却没彼曹彼辈彼等,后来小百姓们,造出一个们字来,我们可以用,你们可以用,他们也可以用,此为代名词之多数,不但代名词如此,名词亦有多数,如先生们学生们朋友们之类是也。由此看来,老百姓实在是语言学家,文法学家,当补的他们就补上去,当删的就删了去,把中国语言变成世界进化最高之语言,首功要算小百姓,这是因为那般文人学士没有管的[原]因。英国文字之不如中国,因为在三百年前,遇着文人学士规定了,中国的小百姓,有二千年自由修改权,把中国的语言,改之为最精明最简单的。照此看来,白话并不是文言的退化,是文言的进化了。

此就语言方面是如此,至于文学,在二千年中的各种乐府,诗词,歌曲,积下来很多了,我们现在运动,就可拿来作我们的资本。

白话文学的趋势由来很久,何以须要我们运动呢?其原因如下。

科举是维持死文学之唯一方法,以前是拘于科举后来科举废了,何以没有新文学产生呢?因为自然的变迁是慢的,缓缓地衍化,现在自然变迁不够了,故要人力改造,就是革命,文学方面如仅随着自然而变化是不足的,故必须人力。照此一讲,我们应该作有意义的主张,白话是好文学,有成绩在可以证明。现在我们头一句就要说古文死了二千年了,要哭的哭,要笑的笑。

我们当记着下面那三种意义:

(一)白话文学是起来替古文发丧的,下讣文的。

(二)二千年中之白话文学有许多有价值的作品,什么人也不能否认。

(三)中国将来之一切著作,切应当用白话去作。

白话是活的,用白话去作,成绩一定好,死文字不能产生活文学,要创造活文学,所以就要用白话。

由上看来,新文学之运动,并不是由外国来的,也不是几个人几年来提倡出来的,白话文学之趋势,在二千年来是在继续不断的,我们运动的人,不过是把二千年之趋势,把由自然变化之路,加上了人工,使得快点而已。

这样说来,新文学运动是中国民族的运动,我们对之,应当表示相当的敬爱。

再者那般老百姓们,以方便为标准,去修改语言,语言较之宗教,尤其守旧,所以革新语言,非一朝一夕所能,政府下命令也是无效的,要他们那种清醒的头脑,继续不断地改革,我们对于这种人们,也应该表示相当的敬意。

那般不受利禄束缚的人们,不受死文学引诱的作白话乐府,诗词,歌曲,小说先生们,我们对于他们,也应当表示相当的敬意。

照此看来,无论军阀的权威如何,教育总长的势力如何,这两三个人决定不能摧残者,也可以抱相当的乐观。

我们总要努力做去,自然可以达到胜利之地位,那怕顽固者没有服从之一日呢？但是我们却不要轻视了老祖宗的成绩。负创造新文学者,应当表示自己相当负责。

我们更要记着文学之形式解放,要预备得更丰富,文言与白话,并不是难易上的问题,文学要有情感要修养。所谓文学家者,决不能说是看了几本《蕙的风》,《草儿》,《胡适文存》之类的书籍就算可以了。所以如果尊重新文学,要努力修养,要有深刻的观察、深刻的经验、高尚的见解,具此种种,去创造新文学,才不致玷辱新文学。

九,二九,于武昌大学

(本文为 1925 年 9 月 29 日胡适在武昌大学的演讲,孟侯记录,原载 1925 年 10 月 10 日《晨报副刊》)

中国文学过去与来路

诸位！近四十年来，在事实上，中国的文学，多半偏于考据，对于新文学殊少研究，以我专从事研究学术与思想的人去讲文学，颇觉不当，但"既来之，则安之"，所以也不得不说几句话。我觉得文学有三方面：一是历史的，二是创造的，三是鉴赏的。历史的研究固甚重要，但创造方面更其要紧，而鉴赏与批评也是不可偏废的。马幼渔先生在中国文学系设文学讲演一科，可谓开历来的新纪元，如有天才的人，再加以指导、批评，则其天才当有更大的进展。马先生本来是约我和徐志摩先生作第一次讲演的，不幸得很，志摩死了，只好我来作第一次讲演，以后当讲一讲徐先生的作品，今天讲的题目是："中国文学过去与来路。"这好像是店家看看账一样，究竟是货物的来路如何，再去结算一下总账。过去大约有四条来路，——来路也就是来源。

第一，来源于实际的需要。譬如吾人到研究室里去，看看甲骨文字，上面有许多写着某月某日祭祀等等，巴比仑之砖头，上面写信，写着某某人，我们中国以前也用竹简或木简，近来在西北所发现的竹简很多，像这些祭祀、通信、卜辞、报告等等，都是因为实际的需要才有的，这些是记事的体裁，如《墨子》《庄子》……等书，也都是为着实际的需要才逼出来的。

第二，来源于民间。人的感情在各种压迫之下，就不免表现出各种劳苦与哀怨的感情，像匹夫匹妇，旷男怨女的种种抑郁之情，表现出来，或为诗歌，或为散文，由此起点，就引起后来的种种传说故事，如《三百篇》大都〔是〕民间匹夫匹妇、旷男怨女的哀怨之声，也就是民间半宗教半记事的哀怨之歌。后来五言诗七言诗，以至公家的乐府,它们的来源也都是由此而起的。如今之舞女,所唱的歌,或为文人所作给她们唱的,又如诗词、小说、戏曲,皆民间故事之重演,像《诗经》、《楚辞》、五言诗、七言诗,这都是由民间文学而来。

第三,来源于国家所规定的考试。国家规定一种考试的体裁,拿这种文章的体裁去考试人材,这是一种极其机械的办法,如唐朝作赋,前八字一定为破题,以后就变为八股了,这是机械的,愈机械愈好,像五言律诗、七言律诗,都是这一种的东西,这没有什么价值,但是它的影响却很大,中国五六百年来,均受此种影响,这也可说是一条来路。

第四,来源于外国文学。中国不幸得很,因为处的地势与环境的关系,没有那一国给中国以新的体裁。只有一条路,即是印度,中国受了印度不少的影响,如小说、诗歌、记事之故事等等,都是受了她的薰染与陶冶的,我们中国不受她的影响,也许会有小说、诗歌、戏曲,但没有她,决不能给我们以绝大之力量的进展,吾人相信受她的影响,比自身当有五六百倍之大,因为我们先人给与我们不过是一些简单之文字,如"子曰……诗云……"等是,而想像力又很薄弱,吾民族可谓极简单极朴实之民族,如《离骚》之想像力,尚称较为丰富,但其思想充其量亦不过想到上天下地而已,印度就大不然了,如《般若经》等等,不惟想到天上有天,以至三十三重天,而且想到大千世界,以至无数的天,又如《维摩诘经》不过为一简单之小说,吾人却当一经典,到处风行,又如《法华经》,以及其他各种经典,讲佛家的故事,讲释迦牟尼成佛的故事……能给予吾人以有兴趣的深切的感觉,不知不觉也随之到了一种佛的境界,这种力量是何等的重大,思想是何等的高深啊!像《西游记》《封神榜》这一类的书,都是受了它们绝大的影响的,譬如俗语说:"看了《西游记》,到老不成器,看了《封神榜》,到老不像样。"这些话都足以证明此二书风行之普遍,与灌输民间思想之深入。其实这两种书描写的不受事实之拘束,与想像力之解放,都是受了印度佛教的思想,他们这种想像力之解放与奔腾,实为吾思想简单朴实之民族所不能及。前在敦煌石室,发现种种佛家文学,亦甚重要。总之如无印度文学,决不会产生像《西游记》《封神榜》这一类有价值的东西,她实在直接间接的给予吾人以各种丰富的想像,吾人才会产生好的文学来。

这四条路,第三条虽是与中国文学影响很大;但是有害的,没有什么价值,最重要的还是第二条路的民间文学,占一个极重要的位置,中国文学史没有生气则已,稍有生气者皆自民间文学而来。前与傅斯年先生在巴黎时谈起民间文学有四个时期:第一个时期,是诗词、歌谣,本身的自然风行民间。第二个时期,是由民间的体裁传之于文人,一些文人们也仿着这种体裁做起民间的文学来。第三个时期,是他们自己在文学里感觉着无能,于是第一流的文学家的思想也受了影响,他们的感情起了冲动,也以民间的文学作为体裁而产生出一种极伟大的文学,这可以说是一个很纯粹的时期。第四个时期,是公家以之作成乐府,此时期可谓最出风头了。但是到了极高峰,后来又慢慢的低落下来了,如乐府《陌上桑》是顶好的文学作品,后来就有人摹仿着作《陌上桑》,例如胡适之又摹仿那个摹仿作《陌上桑》的人作《陌上桑》,后来又有人摹仿胡适之作起来,这样以至无穷无穷,才慢慢的变为下流。如词曲、小说,都是这样,先有王实甫、曹雪芹、施耐庵等,后来就有人摹仿他们,以至低落下去,这样一来,是很危险的。

民间文学,一般士大夫(外国所谓之 Gentleman)向来看不起他们,这是因为:第一缺陷,来路不高明,他们出身微贱,故所产生的东西,士大夫们就视作雕虫小技,《诗经》,他们所不敢轻视的,因为是圣人所订,《楚辞》为半恋爱半爱国的热烈的沉痛的感情奔放作品,故站得住,五七言诗为曹氏所扶植,因他们为帝王,故亦站得住,词曲、小说,不免为小道,皆为其出身微贱的原故。第二缺陷,因为这些是民间细微的故事,如婆婆虐待媳妇啰,丈夫与妻子吵了架啰,……那些题目、材料,都是本地风光,变来变去,都是很简单的,如五七言诗,词曲等也是极简单不复杂的,这是因为匹夫匹妇,旷男怨女思想的简单和体裁的幼稚的原故,来源不高明,这也是一个极大的缺陷。第三缺陷为传染,如民间浅薄的、荒唐的、迷信的思想互相传染是。第四缺陷,为不知不觉之所以作,凡去写文艺的,是无意的传染与摹仿,并非有意的去描写,这一点甚关重要,中国二千五百年的历史,可谓无一人专心致意的来研究文学,可谓无一人专心致意的来创造文学! 这种缺陷是不可以道里计的。到了唐朝,韩退之、白香山等深感觉骈文流行之不便,才把他们认为古文的改为散文,这种运动,可说是一种文学运动,二千五百年无一人有此种运动,十四年前有新文学运动,亦为此一种,这是由无意的传染一变而为有意的研究。

新文学的来路,也有两条:

一,就是民间文学,如现今大规模的搜集民间歌谣故事等;帮助新文学的开拓,实非浅鲜。

二,除印度外,即为欧洲文学,我们新的文学,受欧洲影响极大,欧洲文学,最近两三百年如诗歌、小说等皆自民间而来,第一流人物,把这种文学看作专门事业,当成是一种极高贵的、极有价值的终身职业,他们倡导文学的是极有名的人,如华茨华斯(William Wordsworth 1770–1850)、莫泊霜(Maupassant 1850–1893)等等都是倡导文学的第一等人材,他们的文学并非由外传染,而是由内心的创造,他们是重视文学的,有这种种原故,所以才能产生出伟大的作品。我们的新文学,现在我们才知道有所谓自然主义、浪漫主义、写实主义、象征主义、心理分析,……种种派别之不同,并非小道可比,这是我们受了西洋文学的洗礼的结果。

今日替诸位算一算旧账,现在当教授的也提倡民间文学,以新的眼光和新的方法去看待它,也许从二千五百年以来要开辟一条新的道路。

(本文为1931年12月30日胡适在北京大学国文系的演讲,翟永坤笔记,原载1932年1月5日天津《大公报》)

陈独秀与文学革命

今天我要讲的题目是"陈独秀与文学革命",这本来是国文系同学研究的材料,想不到报纸上登出去,变成公开的了。陈先生与文学革命的关系,是很有讨论的必要的一个问题,在民国六年,大家办《新青年》的时候,本有一个理想,就是二十年不谈政治,二十年离开政治,而从教育思想文化等等,非政治的因子上建设政治基础。但是不容易做得到,因为我们虽抱定不谈政治的主张,政治却逼得我们不得不去谈它。民国六年第二学期陈先生来到北大,七年陈先生和李大钊先生因为要谈政治,另外办了一个《每周评论》。我也不曾批评它,他们向我要稿子,我记得我只送了两篇短篇小说的译稿去。民国八年,五四以后,有一天陈先生在新世界(香厂)散传单,因为前几天在报纸上看见陈先生的口供,说他自己因为反动,前后被捕三次,在此地被捕一次,就是因为在香厂散传单。那时候高一涵先生和我都在内,大家印好传单,内容一共六条,大概因为学生被拘问题。有一条是要求政府免去卫戍司令王怀庆的职,惩办曹章陆三人……到了十一点钟回家,我和高先生在洋车上一边谈,看见有没关门的铺子,我们又要给他一张。我还记得那时是六月天气正热,我们夜深还在谈话,忽然报馆来电话,说东京大罢工,我们高兴极了;但一会又有电话,说自你们走后,陈先生在香厂被捕了,他是为了这种(件)事被捕,然而报上却载着他是反动!这是反动,那么现在的革命是不是反动?"反动"抹杀了许多事实,他怎么能算是反动?

今天这个题目,说起来有很多不方便的地方,因为我们既是同事,而且主张也颇相同。在民国十二年,上海出版了一部《科学与人生观论集》。那时陈先生已经同我们分别到上海去了。这部二十万字的集子,我做了一篇序,陈先生也写了一篇,他极力反驳我,质问我,陈先生那时已转到马克斯主义那方面去了。他问我所说马克斯的唯物史观可以解释大多数的话,能否再进一步,承认它能解释一切。他说白话文也是因为产业发达,人口集中,才产生出来的,他说"常有人说白话文的局面是胡适之陈独秀一般人闹出来的,其实这是我们的不虞之誉,中国近来产业发达,人口集中,白话文完全是应这个需要而发生而存在的;适之等若在十三年前提倡白话文,只需章行严一篇文章便驳得烟消灰灭,此时章行严的崇论宏议有谁肯听?"他是注重经济的条件的,我也没有反驳他,因为他不否认人的努力,两个人的主张不算冲突,不过客观的条件虽然重要,但不仅限于经济一个条件,至于文化的条件,政治的条件,也是不能否认的。

陈先生与新文学运动有三点是很重要的背景。

一、他有充分的文学训练,对于旧文学很有根底,苏曼殊、章行严的小说文章,他都要做个序子,这是散文方面的成绩。说到诗他是学宋诗的,在《甲寅》杂志他发表过许多作品,署名"独秀山民"、"陈仲"、"陈仲子",他的诗有很大胆的变化,其中有一首《哭亡兄》,可说是完全白话的,是一种新的创造。他更崇拜小说,他说曹雪芹、施耐庵的《红楼梦》《水浒传》比较归有光、姚姬传的古文要高明的多,在那时说这种大胆的话,大家都惊异得很,这可见他早就了解白话文的重要,他最佩服马东篱的元曲,说他是中国的 Shakespeare。

二、他受法国文化的影响很大,他的英文、法文都可以看书,我记得《青年杂志》(即后来的《新青年》)上,他做过一篇《法兰西人与近代文明》,表示他极端崇拜法国的文化,他说法国人发明了三个大东西,第一是人权说 Rights of men,在 1789 年法人 Lafayette 做《人权宣言》(*La declaration des droits de l'homme*),美国的《独立宣言》也是他做的。第二是生物进化论,法人 Lamarck 在 1809 年做《动物哲学》,其后五十年才有达尔文出来,第三是有三个法国人 Babeuf, Saint-Simon, Fourier, 是马克斯的先声,首开社会主义的风气。但另外还有一点,陈先生没有说到,就是新文学运动,其实陈先生受自然主义的影响最大,看他一篇《欧洲文艺谈》把法国文学艺术的变化分成几个时期:(一)从古典主义到理想主义(即浪漫主义);(二)从浪漫主义到写实主义;(三)从写实主义到自然主义,把法国文学上各种主义详细地介绍到中国,陈先生算是最早的一个,以后引起大家对各种主义的许多讨论。

三、陈先生是一位革命家,那时我们许多青年人在美国留学,暇时就讨论文学的问题,时常打笔墨官司。但我们只谈文学,不谈革命,但陈先生已经参加政治革命,实行家庭革命,他家是所谓大世家,但因恋爱问题及其他问题同家庭脱离了关系,甚至他父亲要告他,有一次他到北京,他家开的一所大铺子的掌柜听说小东人来了,请他到铺子去一趟,赏个面子,但他却说:"铺子不是我的,"可见他的精神。在袁世凯要实现帝制时,陈先生知道政治革命失败是因为没有文化思想这些革命,他就参加伦理革命,宗教革命,道德的革命,在《新青年》上有许多基本革命的信条:(一)自主的不是奴隶的;(二)进步的不是保守的;(三)进取的不是退隐的;(四)世界的不是锁国的;(五)实利的不是虚文的;(六)科学的不是想像的,这是根本改革的策略。民国五年袁世凯死了,他说新时代到了,自有史以来,各种罪恶耻羞都不能洗尽,然而新时代到了,他这种革命的精神,与我们留学生的消极的态度,相差不知多少。他那时所主张的不仅是政治革命,而是道德艺术一切文化的革命!

民国四年《甲寅》杂志最后一期有两篇东西,一篇是《学校国文教材之商榷》,反对用唐宋八家的文章做材料,要选更古的文章,汉魏六朝的东西做教材,这是一趋势,又一篇是《通讯》,名记者黄远庸写的(他后来在美国旧金山被暗杀了),他说:"愚见以为居今论政,实不知从何处起说,洪范九畴,亦只能明夷待访,……至根本救济,还意当提倡新文学入手,综之当使吾辈思潮,如何能与现代思潮接触,而促其猛省,而其爱须与一般之人生出交涉法须以浅近文艺,普遍四周,……"章士钊答他说文学革命须从政治下手,此又一潮流。但陈先生却恭维自然主义,尤其是左拉 Zola。有一个张永言写一封信给他,引起他对文学兴味,引起我与陈先生通讯的兴味,他说现在是古典到浪漫主义的时期,但应当走到写实主义那方面去,不过我同时

〔看到〕《新青年》第三号上,有一篇谢无量的律诗《寄会稽山人八十四韵》,后面有陈先生一个跋:"文学者,国民最高精神之表现也,国民此种精神委顿久矣,谢君此作,深文余味,希世之音也。子云相如而后,仅见斯篇,虽工部亦只有此工力,无比佳丽,谢君自谓天下文章尽在蜀中,非夸矣,吾国人伟大精神,犹未丧失也欤?于此征之。"他这样恭维他,但他平日的主张又是那样,岂不是大相矛盾?我写了封信质问他,他也承认他矛盾,我当时提出了八不主义,就是《文学改良刍议》,登在《新青年》上,陈先生写了一个跋。

他想到文学改革,但未想到如何改革,后来他知道工具解放了就可产生新文学,他做了一篇《文学革命论》,我的诗集叫《尝试》,刊物叫《努力》,他的刊物叫《向导》,这篇文章又是《文学革命论》!他的精神于此可见。他这篇文章有可注意的两点:(一)改我的主张进而为文学革命;(二)成为由北京大学学长领导,成了全国的东西,成了一个严重的问题。他说庄严灿烂的欧洲是从革命来的,他高张文学革命军大旗,为中国文学辟一个新局面,他有三大主义:(1)推倒雕琢的阿谀的贵族文学,建设平易的抒情的国民文学;(2)推倒陈腐的铺张的古典文学,建设新鲜的立诚的写实文学;(3)推倒迂晦的艰涩的山林文学,建设明了的通俗的社会文学,他愿意拖了四十二生的大炮为之前驱,打倒十八妖魔:明之前后七子和归,方,姚,刘!这就是变成整个思想革命!

最后,归纳起来说,他对于文学革命有三个大贡献:

一、由我们的玩意儿变成了文学革命,变成三大主义。

二、由他才把伦理道德政治的革命与文学合成一个大运动。

三、由他一往直前的精神,使得文学革命有了很大的收获。

其他关于陈先生的事,可以看《独立评论》第二十四期傅斯年的《陈独秀案》。

(本文为 1932 年 10 月 29 日胡适在北京大学国文系的演讲,载 1932 年 10 月 30、31 日北平《世界日报》,收入陈东晓编《陈独秀评论》,北平:东亚书局,1933 年 3 月出版)

中国文学史的一个看法

兄弟今天到这里来讲演，觉得没有什么好题目。兹来讲讲"中国文学史的一个看法"。本来一个讲题，可以有几种看法。在未讲本题之前，先给诸位讲一件故事，有一不识字之裁缝者，供其子读书，一日子从校中来信，此裁缝即请其左邻杀猪的代看，杀猪的即告裁缝道：这是你儿子要钱的信，上写"爸爸，没钱啦！拿钱来"。裁缝听了，非常懊丧生气，以为供子读书，连称呼礼法都没有了。旋又请其右邻之牧师来看，牧师看后，说道此信写的甚好。信上说："父亲大人膝下……你老人家辛苦得来的钱，供我念书，非常不忍，不过现在买书交学费等，非用钱不可，盼你老人家多为难，儿子是很对不住的……"。裁缝听了，笑逐颜开，赶紧给他儿子寄钱去了。

从此事看来，足见一件事，可以有几种看法，关于中国文学史，也有几种看法，第一种的看法：是牧师的看法，这种看法怎么样呢？他是从商周时代之最古文看起，到春秋战国时，即有诸子百家之文章，代表那一时代的文学。到汉则以《史记》、《汉书》，作该时代文学之代表。到晋朝以后，又发生怪僻之文学，迄至唐朝，遂又复古，同时接受了前朝历代的遗留，由当代文人，加以许多点染，于是有《唐诗三百首》之创作，及"离骚"词赋，曲歌古文之类。当时文学作家中之捣乱分子，进行词曲等之创作，所谓词者，诗之语也，曲者，词之语也，然无论其创作如何，仅能作当代正统文学之附属品，而不能以之作为时代之代表。自唐宋而后，以至于元明清，甚至当代国学家之伪国国务总理郑孝胥之流，殆未出乎摹古之范围。以上这种看法，总是站在一条线上接连不断的来看中国文学史，这种看法，是牧师的看法，文绉绉的，实在看不出什么内容来。至于兄弟今天是采用杀猪的看法，且听兄弟道来：

文学史是有两种潮流，一种是只看到上层的一条线，一种是下层的潮流，下层潮流，又有无数的潮流，这下层的许多潮流，都会影响到上层去，上层文学是士大夫阶级的，他是贵族的，守旧的，保守的，仿古的，抄袭的，这种文学，我们就是不懂也没要紧。我们要懂中国整个文学史，必要从某时代的整个潮流去看，现在的文学史，是比前时代扩大了，是由下层许多暗潮中看出来。诸位小姐太太们：凡是历代文学之新花样子，全是从老百姓中来的，假使没有老百姓在随时随地的创作文学上的新花样，早已变成"化石"了。

老百姓的文学是真诚朴素的，它完全是不加修饰的，自由的，从内心中发出各种的歌曲，例如：唐诗楚辞，汉之乐府，其内容无一不是老百姓中得来，所有文学，不过经文人之整理而已。尤其是每一时代之新文学，如五言，七言，词曲，歌谣，弹词，白话散文等，都是来自民间。

兄弟所谓杀猪的看法，就是不是文绉绉的从一条线上去看，而是粗野的把文学看成两个潮流，上层潮流是士大夫阶级的，下层文学的新花样皆从老百姓中得来。所谓文学潮流的新花样的形成，是经过四个时期：

第一时期是老百姓创作时期，与上层是毫无关系，在创作时期，是自由的，富于地方个人等特别风味，他是毫不摹仿，而是随时随地的创作时期。

第二时期是从下层的创作，转移到上层的秘密过渡时期，当着老百姓的创作已经行了好久，渐渐吹到作家耳中，挑动了艺术心情，将民间盛行之故事歌谣小说等，加以点缀修改，匿名发行，此风一行，更影响到当代之名作家，由民间已传流许久之故事等，屡加修正，整理，于是风靡当世，当代文学潮流，为之掀动。

第三时期则因上等作家对新花样文学之采用，遂变成了正统文学中之一部分。

第四时期则为时髦时代，此时已失去了创作精神，而转为专尚摹仿，因之花样不鲜，而老百姓却又在创作出新的。

我们根据近四十年来的新发现,才知道我们过去提倡白话文学胆太小了,还不够杀猪的资格,只要看敦煌石洞藏书中有许多白话文学,即可知其由来已早。大凡每一时期的潮流的到来,都是经过一极长的创作时期,例如《水浒传》,《西游记》等曾风行一时,而创作者更出多人之手,种类繁多,由此可知现行文学,皆由长时蜕化而来,所以我们必须以历史进化的眼光来看历史,由此可以得到以下三点教训:

(一)老百姓从劳苦中不断的创作出新花样的文学来,所谓"劳苦功高",实在使我们佩服。

(二)有些古人高尚作家不受利欲薰诱,本艺术情感之冲动,忍不住美的文学之激荡,具脱俗,牺牲之精神。如施耐庵、曹雪芹之流,更应使我们欣佩。因为老百姓的作品,见解不深,描写不佳,暴露许多弱点,实赖此流一等作家完成之也。

(三)文学之作品,既皆从民间来,固云幸矣,然实亦幸中之大不幸,因为民间文学皆创之于无知无识之老百姓,自有许多幼稚,虚幻,神怪,不通之处,并且这种创作已经在民间盛行了好久,才影响到上层来,每每新创作被埋没下去,在西洋文学之创作权,概皆操之于作家之手,而中国则操之于民间无知之人,所以我说是幸中之不幸,深望知识阶级,负起创作文学之任务。

(本文为1932年12月22日胡适在北京培英女中的演讲,
署名明记录,原载1932年12月23日北平《晨报》)

中国文艺复兴

各位男女:

学校当局赐给我这个博士衔,我很觉得欢喜。把这个荣誉赐给这么的一个徒然晓得写诗作文章的人,实在不如那些化学家,机器师,和其他着实地造益大众的人般值得哪。大学当局以这个学位赐给一个不相干的中国人,还是破题儿第一遭吧。我希望这次是将来许多同样的机会的先导啊!至于所谓"中国文艺复兴",有许多人以为是一个文学的运动而已;也有些人以为这不过是把我国的语文简单化罢了。可是,它却有一个更广阔的涵义。它包含着给与人们一个活文学,同时创造了新的人生观。它是对我国的传统的成见给与重新估价,也包含一种能够增进和发展各种科学的研究的学术。检讨中国的文化的遗产也是它的一个中心的工夫。

假如把这个运动的范围收缩到为一个文学的运动,它仍然不就是中国的言语或文学底简单化而已。我国的文字,因为采用了语体,反弄得繁杂起来,可是也因此而变为丰富了。所有的活的语文都是在滋长着的东西,所以无论如何是没法使活的语文简单起来的。现在的中国文比二十年前底丰富得许多。今日学校里的字最少比四书五经多得百倍。新的名词和语法,每日在增加着的啊。

所谓千字运动(1000-Character movement),不过是文学革命的一小部分而已。选出了一千个基本字来,不过想教给那些没有机会去受教育的成人罢了。说这个就是把中国文字简单化了是很不确的。

中国的文艺复兴,不是徒然采用了活的文字来做教育的工具,同时是做一切的文学作品的工具底一种运动。因为白话文普遍化,大众都懂得,所以执政者,以至于其党,都利用它来做宣传的工具了。

大约二千年前，汉朝有一个首相向皇帝上一张奏说，那些以经典般的文字写成的谕旨和法律，不特百姓们看不懂它，就是奉行它的官吏们也读不懂它。结果，就因此采行了科举制度了。政府只会奖励那些熟识经学的读书人，对那些熟读一两部经的，能够背诵和写下全部经文而没有错的人就赏赐官衔，后来甚至给以爵禄，于是，中国的读书人便穷年累月的去求熟读四书五经了。当时，读书人仅占人数的很小部分而已。能够考取科名的，又更加少了。可是，他们是不惜花费了一生的精力来求熟习这死文学的。

　　当中国初和现代各国接触的时候，执政的人们便知道了这样的有百分之八十五以上不识字的人是不能够在这个世界上安然的生存着的了。自从三十年前发生了这个思想，办法也就立刻想了出来。那问题是："我们还可以用这个死的东西来做现代日常生活的工具吗？"

　　于是乎有些人提议用一种新的中国字母来教民众读书写字；也有些提议用语体文和编印些简易的书报来教导民众。

　　真正的解决办法，并不是出乎熟练的改革家，而是出于美国的一所大学宿舍里，我和留美的同学争论过许多次，后来终于认定了所有的我国的真正伟大的诗歌和文学作品，都是当时的人拿当时的语言写成而不是拿死文字写成的，那时候是1916年。我同时又得到一个结论：凡是中国的伟大的文学作品，都是由大众们产生出来，并不是由那些学者读书人们产生出来的——他们实在忙着研究那死文字哪！千百年来的销路最好的惊人的民歌，故事，小说，都是出于市井之人街边说书，和其他同类的很熟识语言的人的手。

　　1917年，我写信给文学院长，说明我的意见，同时寄了几首白话诗。它马上就得到了许多同情的接待，美洲的华侨们又欢喜的理论，也得到当时独一无二的国立大学底赞许。

　　中国语实在是世界上各种言语——包含了英语——中最简易的一种。很不幸，英国语老早就写了下来，和印了出来，以致现在有强动词和弱动词（Strong verbs & Weak verbs）的分别及其它许多的文法的成例而没法除去。反之，中国的语文是单易而清楚，因为它没有阻碍地经过二千多年的洗炼和改良,至到现在成了完美的阶段,所以孩子们仆役们说来的时候也丝毫没有文法上的错误。外国的小孩子在中国生长,许多先就学会了中国语才学会他自己的国语便是中国语的简易底例证。

文人学者们终于致力于这个迟迟才发生的文学革命了,也开始明白地认识了这个给人轻视的白话了。其实,它实在不应该给人轻视的——它是将来中国的国语和产生一切的文学作品的。

我年前出版的《中国哲学史大纲》,就是用白话写成的。当时的出版人问我是不是五百本就够了呢。后来费了几许唇舌,他才肯印一千本。谁知第一版在两星期内售清,第二版也在两个月也卖个精光,自此后,几年来的销路都不坏。

现在的出版界,需要的是国语文的东西,因为销路可比文言的东西多得三十倍。

除掉中国东南部从上海到广州沿海的一带,其余各地的中国人都说着同样的言语——那是一种很适合这个新的运动的国语。

(本文为1935年1月4日胡适在香港大学的演讲,景冬记录,原载《联合书院学报》第1卷第49期,又收入《胡适传记资料》第10册,台湾天一出版社影印出版)

白话文运动

我很赞同石先生的意思,因为诸位的职业是专门性的,时常听些非专门的讲演,能够多学多听也好。今天这个讲演称为"学术讲演"太严重,称为"启蒙讲演"似乎也不妥,不如称为"业余讲演",不亢不卑。我觉得每人除职业外,应有玩意儿,有时玩意儿可以发展成为重要的东西。个人曾经研究过哲学,历史,文学,农科,也作过外交官。现在是五十七岁了,但是如果人家问我:"贵行是哪一行?"我就回答不出。我过去业余的时候,曾与青年人谈文学问题,发表出来,成白话文学运动,这就是从玩意儿发展成的。至少现在二十五六岁的年青人大家进小学中学时免去背古文,念古书的痛苦。二十六年前连小学的教科书,甚至幼稚园都是古文的。所谓讲书即是翻成白话,当时没有别的办法,只有死记。从民国二十一年起,教科书从小学到中学的都改成白话,以前念书时不懂,甚至于写家信时都是文言,现在儿子写信给父亲要钱,只要写:"我要钱了,钱没有了,拿钱来!"从前要先写"父亲大人膝下敬禀者"才能再说要钱的话。有一个故事是兄弟两秀才去省城考举人,但是没考取,写家信报告的时候,两人相推,因为家信根本没有学写过,学的只是八股文。现在再谈到那时为什么提倡白话文?结果有甚么好处?这故事也很有趣。我的母校是美国康纳尔大学,学校在山上,下面有一小湖,那时我已离开学校。一年暑假来了一个女留学生入暑期学校,康纳尔大学学工科的多,为了巴结这女学生,几个男同学请这位女学生划船游湖。船在湖中的时候忽然起了大风,于是大家赶快向岸边划。到岸边的时候,大家因为抢着上岸,把船弄翻了,衣服全湿。幸而野餐没有湿,于是大家上岸,连烘衣服带野餐。天下的历史,不管是唯物,唯心,唯神的历史观,历史往往出于偶然。那里面有一位中国留学生任先生,把当时在湖中遇险的情形写了一首旧诗寄给我看,我接到一看,马上就回答他说:你写的很好,但是把小湖写的像大海,用的全是一些古老的成语。这些死的文字,不配用在二十世纪。对于这个批评,他很虚心接受,把原来这首诗改来改去。后来又有一位同学,看了我的信大为生气,反驳我,和我打笔墨官司,谈诗的问题,讨论到中国的文学要用什么文字的问题。我说不但是小说,戏曲都要用白话,一切文学乃至于诗,都应该是白话。

用活的语言作文学的语言,才可使语言变成教育的工具。这都是业余的讨论。后来讨论的结果,小说有许多是白话的,大家并且承认戏曲里面也有白话,如"尼姑思凡"就是。但是都说诗不能用白话,道地的文也不能用白话,最困难的是诗的问题。1917年7月有一天,我发誓从此以后不用文言作诗,以后就把陆续写成的白话诗,出了《尝试集》。后来又在《新青年》杂志发表了一篇文章叫作《文学改良刍议》。我们仔细研究中国文学史,发现中国文学可以分为上下两层。

上层文学是古文的,下层文学是老百姓的,多半是白话的。例如乐府,就是老百姓唱的民歌,后来成为模范文学,甚至于政府也不能不采用。此后无论哪一个时代文学均分为上下两层,上层的是无价值的,是死的,下层的是活的,有生命,有力量。过去没有人以这种眼光来看文学。上层文学虽然不能说没有好的,但是诸君所背诵的诗、词、曲,好的大半是白话或近于白话的。我这种主张,当时仍有老留学生反对,但是有一些老先生如陈独秀,钱玄同,他们古文懂得很透彻,所以认为我这留学生确实不是胡说。于是陈先生也发表一篇文章叫《文学革命论》。到我由国外回来的时候,国内已经有很多人谈起白话文学。民国六年的时候,《新青年》已成全国注意的杂志,内容完全是白话,那时的青年如傅斯年,汪敬熙,罗家伦等都是后起之秀。杂志风起云涌,如《新潮》,《每周评论》等。1919年学生抗议巴黎和会,起了"五四运动",那时中学生、小学生都想发表文章,新的杂志都是用白话的。他们无师自通,都作得很好,白话于是成为全国性的东西。连北京的守旧政府也不能不妥协,于1920年规定次年小学一、二年级的教科书用白话来敷衍。殊不知一二年级生读了白话以后,更不想读古文,现在白话成为教学工具已有二十五年历史,在文学方面,三十年来,小说、散文都是用白话作的。当时最大的成绩就是替中国作到活的国语,一方面作文学,一方面作教育工具。但是这所谓国语的标准,绝不需专家去拟订,而都是老百姓和文学创造家所订的。所以我当时提了一个口号叫:"国语的文学、文学的国语"。先以白话作文学,以后白话即成为文学的国语,即自然而然成为标准。

凡是一国国语必须具备两个条件:国语多起源于方言,所以(一)必须流通最远、范围最广,说的人最多。(二)必需曾产生大量的文学。以意大利、法国、德国、英国而言,他们的国语都是具备这两个条件的,我国流传最广的就是官话,外国人以为我们中国方言多,殊不知他们所接近的是我国沿海的地方,如广州、厦门、上海,除了这些地方以外,国内大部分地区都是以官话为标准的。试从极东北的哈尔滨,画一条斜线直到昆明,四千多里长的一条线上,任何人沿此线旅行无需乎改话。云南、贵州、四川的官话,都是标准国语。以面积而言,全国百分之九十为官话区,百分之十为方言区,以人口言,全国百分之七十五的人说官话,百分之二十五的人说方言,这是因为东南沿海人口较密的原故。在四万万人中有三万万人说一种话的,全世界可以说没有,所以第一个条件符合。第二个条件,我国在三十一、二年前就已经合乎这种条件。老百姓作过很好的文学作品,如《红楼梦》、《水浒传》,每年都销几百万部。戏曲从元朝起就已经是白话的了,此外各地老百姓唱的民歌,也都是。

我在广西时曾收了不少歌谣,记得有一首是:"买米要买一崭白,恋双要恋好角色,十字街头背锁链,旁人取笑也值得。"试问古文能写得这么好吗?另外一首是:"老天爷你年纪大,你耳又聋来眼又花,看不见人听不见话,杀人放火的享富贵荣华,吃素看经的活活饿杀!老天爷!你不会作天,你塌了吧!老天爷!你不会作天,你塌了吧!"此外如路上唱曲的说词,后来变成小说,这都是无名英雄留下的头等作品,给国语造下不朽的功绩。此外如"这个"的"这"字,"我们"的"们"字,以及"为什么呢"的"呢"字,以前都不如此写,都是老百姓订下的。又如《水浒传》、《西游记》、《封神榜》等白话小说,都是国语写作的标准。所以国语并非几个人提倡,但是因为能符合这两个条件,才成为全国性的运动。我们研究世界文学,发现一件有趣的,就是中国方块字写起来虽然困难,但是文法的简单可称为世界第一。只要看一些标准作家的小说,不必学文法,人人可以无师自通。拿几百个字作底子,就可以看书写信,所以白话文能在短期内成功,其理由即在于此,甚至于连小孩子也不会说错文法。这是我们老祖宗给我们留下的一笔宝贵财产。现在白话虽然已经相当普遍,但是有些地方仍然是用文言,希望今后白话能普及到任何方面。如各机关来往的公文,也要用白话。

(本文为 1947 年 11 月 1 日胡适在平津铁路局的演讲,原载 1947 年 11 月 2 日北平《世界日报》)

提倡白话文的起因

各位文艺协会会员,我很感谢有这样的一个机会在此地同各位文艺作家,尤其是青年的文艺作家们相见。刚才主席说到我在三十多年前提倡白话文学。这是一件偶然的事情,我不是学文学的人,我现在已经六十二岁了,还不知道我学的是什么。不过,现在我可以报告诸位,在三十多年前,中国文艺界的情形,今天在座的青年作家也许不容易想像得到。那时,不但中学教科书是用古文,就是乡村的小学教科书,也是用的古文。古文是死的文字,白话是活的方言。那时我们一般朋友在美国大学里讨论当时的文字问题,现在回想起来觉得好笑,因为我们这几个朋友都不是学文学的人,也都不是专门研究文学问题的人,白话文学运动的发起,完全是一件偶然的事件。

现在有一些讲历史的人,常常说:"历史是唯物的",这是用经济的原因来解释一切历史。又有些人主张用英雄观念来解释历史,甚至于用"性学"的观念来解释,就是说历史上一切大事都是由于性的问题不能满足而发生的。这些解释都为历史的一元论。都想用一个原因解释一切历史。我们当初提倡白话文学是怎样来的呢?我的解释是偶然的。其实历史上的许多大事的来源,也多是偶然的,并不是有意的,很少可以用一元论解释。

在1915年(即民国四年)的夏天,美国康奈尔大学暑期学校,来了几个中国女学生,那时我已经离开了康奈尔大学,到了哥伦比亚大学,但还有许多朋友仍在康奈尔大学。那所大学的风景最美,有山、有湖、有瀑布。那个时候在美国学校中,中国的女学生很少。所以这许多男学生就很巴结这几位小姐。在一个星期天,男学生雇了一条船请女学生去游凯约嘉湖。这时正值夏天,天气变化很快。正在游湖的时候——天气忽然变了,于是他们赶快将船摇到湖边去。在刚要登岸的时候,大风来了,很幸运的没有发生意外事情,只是男学生和女学生的衣服被暴风雨打湿了。这是一件小事,偶然的事,却是中国文学革命、文字改革、提倡白话文字运动的来源。因为在这些男学生中有一位任叔永先生,是我的好朋友,他喜欢作古诗,他就写了这一件富有诗意的事,写了一首古诗,那时我也喜欢作作旧诗,我们这几个人作的诗都不算太坏,我自己觉得我的诗也很好,于是任先生就把他那篇诗写给我看,是一首四言古诗,我提起笔来就写一封信给任先生,说这首诗作的不好。因为里面有些字是现代用的字,有些是二千年前的古字,大家都不认识;换句话说,有活字有死字,文字不一律,这首诗是有毛病的。任先生对我的批评,也没有反驳。但有一位安徽同乡梅光迪先生,他是哈佛大学的学生,他很提倡守旧的文字,(哈佛大学中有一位教授提倡守旧的文学,我以为他受了那位教授的影响,所以也很守旧。)他看见我批评任先生的信,就写了一封信大骂我一顿。这时梅先生也在读康奈尔暑期学校,他写信骂我,我当然要为我的主张辩护。湖上翻船是第一个偶然,任先生作诗是第二个偶然,我批评他是第三个偶然,他没有反驳是第四个偶然,梅先生骂我是第五个偶然。

于是就在哥伦比亚、哈佛、康奈尔几个大学之间往来辩护,究竟什么是活的语言,什么是死的语言,什么是活的文学,什么是死的文学,这更是偶然加上偶然的事体。他们大家都反对我的主张,我便要找证据来反驳。诸位这几天也听我讲过治学的方法,要大胆的假设,要小心的求证。那时我很大胆,我说:"诗的文字不要用土语、俗字,要用白话的文字。"但是,我要找证据。于是我就找历史的证据,如《水浒传》《红楼梦》都是大家公认的白话小说。但是白话诗有没有呢?我也要找证据。后来我得到一个结论,我说从古以来,中国旧诗当中好的句子都是白话。比方李义山,我们当他是古典文学家,然而想想他的诗,我们能够背出来的都是白话。如:"梦为远别啼难唤,书被催成墨未浓。"其他如黄山谷、苏东坡、杜工部、李太白的诗,凡是能够传诵,大家记得、懂得、能欣赏的句子,仔细想想,都是白话文。

词也是一样,凡是大家背得出的好句子,也是白话。如黄山谷、苏东坡、辛稼轩、朱淑贞、李清照的好词,都是白话。此外像元朝的戏剧、杂剧、明朝的南曲、昆曲,以及现在最出名的"尼姑思凡",自头到尾都是很好的白话。所以我说我那时这样做,是被逼上梁山。因为我说了这个话,大家驳我,我要找证据,结果找到一个结论。我说,中国古代文学家有两条路线,一种是上层的路线,一种是下层的路线。上层是士大夫的路线,下层是老百姓的路线。老百姓是些匹夫匹妇,痴男怨女。母亲抱抱孩子,孩子哭了唱唱儿歌;男孩子与女孩子发生恋爱,要表示感情;或者男女朋友离别,要表示悲哀。诸位想想,是否他们都要等到学了二十年"之乎者也"再来唱歌,再来表达爱情呢?如果如此,这般男女孩子都老了。他们只是用最自然最真实的说法,把感情发挥出来。所以我们最古的一部文学书——《诗经》——是白话文,尤其是《国风》。我们看《国风》的全部,《小雅》的一部分,都是老百姓痴男怨女,匹夫匹妇用白话写的。我不知道诸位对于《诗经》还记得不记得,要记得《诗经》的人,才晓得《国风》这一部分确是当初口头唱出来的。如《齐风》:"俟我于著乎而,充耳以素乎而,尚之以琼华乎而。"以乎而描察情境。还有《王风》之"投我以木桃,报之以琼瑶,匪报也;永以为好也。"都是当时说的白话。可是后来一般书呆子摇头摆尾的念成为古文,继续下来成为士大夫阶级文学的路线,就是读书人模仿的死文学。过去的散文也是白话。最重要的例子就是《论语》。这般学生当然对他们的老师很敬爱很尊重,须要把老师说话的情形,甚至于对所佩服的大弟子说话的情形完全记录下来。那些话就是现在山东的话,古时所谓鲁语。《论语》大家都读过,前边几章更可以表示出来。子禽问子贡曰:"夫子至于是邦也,必闻其政,求之欤? 抑与之欤?"意思说:我们这个老师无论到那一国去,都知道那个国家的政治;"求之欤? 抑与之欤?"是他打听出来的,还是人家情愿告诉他的呢? 这两句话当中就有七个虚字。子贡答复说:"夫子之求之也,其诸异乎人之求之欤?"他说,夫子之求知大概同别人的求知不同吧! 把虚字都写出来了,这是白话文,所以古代的散文都是由于严格的记录当时所说的话,等于录音。

言归正传,我们几个人在外国讨论到一年以上,我越说,人家越不相信;人家越不相信,我这个顽固的人越找证据来坚定我的主张。后来(1916年)写一封信给《新青年》杂志社陈独秀先生讲到朋友的讨论,归纳起来有八点,陈独秀先生回信说这八点不大明白,并稍微批评了几句话。后来我索兴把这八点写成文章,题目叫做《文学改良刍议》,一条条发挥出来,陈先生懂了,本着这八点的意思发挥,就发表他的《文学革命论》,这就是文学革命的来源,是一个偶然的事体,讲起天下大事,大都是这样偶然的。

今天我在省立师范学院讲了点半钟,后来和作家作者又讲了一个钟点,现在喉咙已经哑了,不敢多说话,不过我在坐下之前再说一两句话,贡献给青年朋友,刚才在谈话会,谈到白话文的事,不妨借此机会重复说一遍,座谈会上有人问我:"有人说白话文要做的好,应该先从古文下手,比方像胡适之,像鲁迅,像周作人,他们作白话文作的好,都是因为他们从旧文学来的,他们作旧诗、作古文,都作通了,作好了,才改作白话,因为他们有旧文学做底子,作白话文才作得好。"因此有人问我,要想作好白话文,应该从活的语言下手,还是像胡适之先生从"之乎者也"下手? 今天我答复现在的文艺青年作家或中年作家,作白话文要做的好,应该从活的语言下手,应该从白话文下手。不要轻易相信这种瞎说,说某人作白话文作的好,因为他读古文读的多,这都是骗你们的。

我在《尝试集》再版的序里说:"我们很惭愧,我们这一辈子因为从古文里出来,所以作白话文作不好。"这可以比做裹了小脚的女人,把脚裹小以后,风气开了,要放脚,是不容易的了,结果只有装一点棉花,所以我们这一辈子从古文古诗里出来的人只能替后代开一条路,希望不要走我们的路。你们是天足,自然的脚最美,最好看,千万不要裹了小脚再解放,我可以告诉诸位,裹了小脚之后是放不大的,说我白话文做的好,其实也是假的。

我们中国有一个语言学专家,赵元任先生,他不但在中国语言学是权威,就是在世界语言学里也是权威。他是中央研究院的院士,他生成的音乐耳朵,他的声音最正确,所以他对语言最精,这是一个我最佩服的权威,我们是老朋友,那时他没有牵涉到那个翻船的偶然的事情,不过他是很早提倡白话而且提倡字母拼音的人。他常说:"适之呀!你的白话文不够白,你要不相信,我可以给你录音,你自己再听一遍。"他录了之后,再放给我听了,觉得真是不够白。他给我改文章,改得我五体投地的佩服,这就是我们当初提倡白话文时候的情形,虽然提倡有心,但是创作无力。所以希望诸位青年作家,中年作家能够从活的语言去学白话文,不再经过我们所做的那一番死功夫,这样,作白话文作好的机会当比我们六十岁的人多得多,所以我常说:"开山有功而创作毫无成绩。"希望诸位多努力从活的语言得到活的文学,这是我给诸位的一点参考。

(本文为1952年12月8日胡适在台北中国文艺协会的演讲,收入《胡适言论集》甲编,1953年5月台北华国出版社出版)

什么是"国语的文学"、"文学的国语"

问：胡先生当年提倡文学革命提出了八项要点，这八项要点，今天有没有可修正和补充的？（陈纪滢先生）

答：我刚从一个演讲会来，不知道怎样应付这个作家们的招待会。我很惭愧，我算是新文艺创作的逃兵，我从来没有参加过创作，除了从前尝试了一点白话诗以外，没有敢挑起创作的工作，今天在座的都是创作的作家，所以我很觉惭愧。

刚才陈先生问到民国五年至六年间我们最初为文学改革所提出的八项，现在隔了很多时候，连八项细目都记不清了，不过我记得那时很胆小很和平的提议，当时我只说文学改良，还没有敢说文学革命，所提出的八项是对当时文艺状况而言的，其中有几项，恐怕现在可以不用说了。八项中最重要的是"用白话"，有了这一项，另一项的"不用典"，便不成问题，能用道地的，地道的白话，便用不着用"典"。还有一项"无病呻吟"，这在旧文艺新文艺，恐怕都是不容易作具体的批评。后来我在第二次发表文章时，便把八项归纳成一项或二项了。即："历史的文学见解"，简单的说，就是一个时代有一个时代的文学，这一点是可以存在的。后来又归纳成十个字："国语的文学，文学的国语"。消极方面，我们要提倡白话，因为现在是新的时代，是活的时代，在新时代活时代中用死文字不能产生活的文学。我们举例证明我们所提倡的在原则上是不错的，就是在历史上有许多人用白话作诗填词，尤其是小说，因为历史上给我们许多好的例子，使我们的"历史文学观"才能站得住，才能在国内取信于人，使一部分人相信我们的说法，觉得还有道理。积极方面就是十个字"国语的文学,文学的国语"。就是必须以白话作文学。所谓国语,不是以教育部也不是以国音筹备会所规定的作标准,而是要文学作家放胆的用国语做文学,有了国语的文学,自然有文学的国语。后来的文艺都是朝这个方向走的。

问:胡先生说:"有了国语的文学,自然有文学的国语",多少年来,在国语的创造过程中,除了以白话写文学作品外,发生了取材来源的问题。有人在旧的诗词歌赋里寻辞藻,有的在活的语言里找材料。请胡先生根据中外文学史上的看法,对国语的取材和生活的语言里找材料应该有些什么要注意,给我们指示,免得暗中瞎摸,走很多冤枉路。(何容先生)

答:何先生问的问题很大,我觉得何先生自己已经提出了正确的答案了。从活的语言里找材料,是最正当合理的路;在旧文学里找材料,我认为除了做文学史的研究以外,恐无多大希望!在活的语言里找材料,当初我们提倡国语文学时,在文字上,口说上都说得很清楚,所谓"国语的文学",我们不注重统一,我们说得很明白:国语的语言——全国语言的来源,是各地的方言,国语是流行最广而已有最早的文学作品。就是说国语有两个标准,一是流行最广的方言,一是从方言里产生了文学。全世界任何国家如欧洲的意大利、法国、德国、西班牙、英国的文学革命,开始都是以活的语言而流行最广的国语,这是第一个标准。第二,这个方言最好产生文学,作教学的材料。总之国语起源于方言,我是希望国语增加它的内容,增加它的新的辞藻,活的材料,它的来源只有一个,就是方言。拿过去的文学来看,《醒世姻缘》的伟大,就是作者蒲松龄敢用山东土话,所用的并且是山东淄川、章邱的土话,《金瓶梅》(到现在还不知作者是谁)也是用的山东土话,《水浒传》里有许多是中国东北部西北部的方言,《儿女英雄传》《红楼梦》用的更是纯粹的北京话,这也是方言。敢用真正实地的谨严的记录下来的方言,才使这些书成为不朽的名著。所以我不主张注重统一,而要想法子在各地的方言里找活的材料,以增加国语的蓬勃性文学性,不知何先生以为如何?

问:胡先生近年来对于新诗戏剧的创作,不知有没有作品?胡先生在台北三军球场公开演讲,听众人山人海,仍有许多人向隅。假使胡先生有新的剧本创作,我们每天可以上演,把胡先生的思想透过文艺,比胡先生自己公开演讲更有意思。

美国最近文坛概况请胡先生顺便告诉我们。(王蓝先生)

答: 王先生提出的两个问题,我恐怕都要缴白卷。新诗,我从前尝试过多少次,近年来,便没有作过。这次离美返国前曾把以前作的新诗,无论在杂志上发表过的或没有发表过的搜集在一块,交与一位朋友看,匆忙中没有带来,将来准备在台湾刊印,这在文坛上绝不会有任何贡献,不过有一点历史的意味。当初做新诗,像开山开路一样,等到路开成了,自己却逃了。拟刊印的诗集,只是一点过去的成绩,印出来以后,还请大家指教。

戏剧,我一生就没敢作过,从前写的独幕剧《终身大事》,那是小玩意!王先生的意思,甚为谢谢!等我把几本书写出后,到七十岁八十岁之间,我也许会来尝试尝试戏剧的创作。

第二个问题,我要完全缴白卷了,几年来因为世界政治形势的太不安定,我差不多放弃了对于文学的研究。关于美国文坛的情况,《纽约时报》和《论坛报》每周都有一张销行最广的书目表分送,表内所列的新书,一面是属于小说的,一面是非小说的。这两张表所列的新书,小说方面,十部中我顶多看了一二部,非小说的,十部中顶多看三四部。我对于美国文坛还没有做过有系统的考察,诸位有兴趣,我去美后如有时间,当加以研究,随时向国内文艺界作简单的报告,现在只好缴白卷了。

问: 自从总统提倡读经后,有许多人的看法是:提倡民族文化与提倡近代文化,好像有些冲突,这两者之间,如何求其沟通?(赵友培先生)

答: 这个问题,应该分开来说:关于读经部分,照我所知道的,总统并没有提倡读经。在座中政府里面有好几位首长,他们可以帮助我说明,或者证明。这个问题,不在今天讨论的范围之内,暂且放着。

至赵先生讲的后半段,我倒很想讨论一下。有许多人说,要白话作得好,古书要读得好。比方胡适之、周作人、鲁迅,他们白话文作得好,都是旧书读得好。这个话是不正确的。有机会,我都尽量驳他。我们这一辈,因为时代的关系,念了许多古书,古文够得上说是读通了。但是我希望将来的作家,不要走这一条路,我们因为旧书读多了,作白话文往往不能脱掉旧文学的影响,所以白话文作不好。语言学专家,也是世界语言学泰斗,赵元任先生曾同我说:"适之,你的白话不够白",这个批评是不错的。《胡适文存》再版序里,我就说过,作过旧文学的人,不能作好新文学,这等于裹了小脚的女人要放脚,无论如何不能恢复他的天然脚,只有添一点棉花,冒充大脚。我们学过文言文,没有办法写好白话文,我常常说,写好的白话文,一定要等我们的儿子们或孙子们了。所以一方面希望我们的政府多多提倡活的文学(白话文),增加活的文学教材,减少死的文学教材,并不要使古文白话并在一块,文白不分,使得后来的小孩子弄不清楚那种是活的语言,那种是死的语言。我当初认为我们的儿子,也许是过渡时间。到了我们的孙子,一定作纯粹的白话文,可是多少年来,政府多少有点错误,教科书里面,夹着死的文学,弄得儿童认识不清楚真正语言的纯粹性,直到今天,白话文的进展,还不能达到我们的希望。我们的儿子辈,现在已经不能作好的白话文!如积极提倡纯粹的白话文学,将来也许产生好的白话文学。千万不要把脚裹小了再来放脚。我觉得这一点值得大家注意,也是我诚恳的希望。

问:胡先生在台大所讲的治学方法,是从自然科学来的。但自然的现象是固定的;人,不是固定的。用自然科学方法来研究人文科学,只能看到一个角度。以《西游记》来说,写唐僧是一个脓包,从这人来看,时代来看,唐僧不是唐玄奘,而是明世宗;猪八戒是严嵩。这种方法,不知道对不对?(李辰冬先生)

答:这个问题很大,今天时间不够了,只能作很简单的答复。

我觉得研究文学有两种看法。我三十年来作的小说考证的工作,完全是文学史的看法,不是研究文学的看法。研究文学,让给许多作家去作。

刚才李先生所讲的方法,危险性很大,求证据很困难。我们中国有名的小说,可分为两大类,一大类是经过长时期的演变下来的。

《水浒传》《西游记》《三国演义》《东周列国》《封神榜》《隋唐演义》，都是例子。这些小说的来源，都是很简单、很短的故事，慢慢扩充成功伟大的创作。如《水浒传》由简单的故事变成一百回、一百二十回、一百二十四回，《西游记》也是一样的，我们知道唐僧取经的故事，是很简单很短的。现在的《西游记》，是历史演变成的。从历史的演变来看，就是用历史的演变的方法来研究，不加以主观的看法。

另一大类，是创作小说。创作小说，产生得很晚。起初都是短篇，《三言》，《两拍》。到了后来，才有长篇的创作，譬如《儒林外史》《海上花列传》《儿女英雄传》。我考证创作小说，也一样的用考证文学史的方法。如《儒林外史》作者吴敬梓的考证，把他的传记材料搜在一块，认识他的思想和背景，吴敬梓是颜、李学派的信徒，反对八股，反对当时教育制度，考试制度。《红楼梦》作者曹雪芹的考证，也是一样的，把他的名字找出来。他的父亲是什么人？叔父、祖父是什么人也找出来。《儿女英雄传》初版，作者用一个假的名，假的序。我照样用传记材料来证明《儿女英雄传》是光绪年间一个旗人文康作的。

文学史上有两个不同的考证，一个是传记考证，一个是历史的演变。李先生刚才说的对于《西游记》的研究，我很想看看新的材料。不过我觉得《西游记》是历史演变成的东西，我想我们研究文学史，看他如何演变，不必太去深求；太去深求，也许容易走上猜谜的一条路。你说唐僧是写的明世宗，猪八戒写的严嵩，孙悟空、沙和尚又写的谁呢？我们要晓得几百年前南宋时代，唐玄奘取经的故事里面，就有了沙和尚，那时写的是谁呢？历史的看法，"大胆的假设"，包括李先生的方法，但是还得要"小心的求证"。根据我个人的经验，中国的旧小说分成两大类，一个是演变的，一个是创作的，这一点值得提供文学史研究者的参考。

(本文为1952年12月8日胡适在文艺协会座谈会上的答问，原载1952年12月8、9日台北《中央日报》)

提倡拼音字
《国语日报》欢迎会上答问

问:汉字的读音如何确定?

答:关于这个问题,我不配讲,最好有机会请语言专家赵元任先生、李方桂先生他们回来指导,或者请他们写写文章。赵先生同他的小姐在美国教国语,都有很好的经验,李先生也在美国教国语,他教的方法与赵先生教的方法并不相同,以他的方法来教,三个月到六个月能够说话,听话。并能用注音符号。他们三个人在美国三个地方,赵先生在加州大学,李先生在耶尔大学,赵小姐又在另外一个地方。在台湾的国语刊物,可以寄给他们一份,将来也许得到一些外国订户,获得小小外汇。

问:常用字限制的问题。

答:你们几位先生根据实际的经验,比我知道的,一定更多。日本根据这几年的经验,认为一千五百字可以够了,不晓得各位先生根据经验,认为这个数目够不够?(问者答可以够了。)日本对同音的字,完全是假借,在美国教国语的赵元任先生也是这个主张。例如高山族的卑麻族、阿眉族,如用注音字写出,还比较正确。

问:注音拼外来语怎么样?

答:这样比较正确。外来语,往往不容易找到适当的字。比方艾森豪三个字,都是不大用的,这个音也不大正确。用拼音比较正确。杜威两个字也是一样,所以我认为拼音字,值得提倡。

问:方言问题。

答:我主张不要严格的限制。拿日本的经验来说,严格限制,很难做到。多少年来习用的方言,总是要流传的。

问：为养成阅读能力要念古书，古书念得越多，越不容易写白话文，这是一个很难解决的矛盾。

答：文艺协会招待会，也有人问到这个问题。我是不主张读古文的。我们这一辈的人作白话文，犹如裹小了的脚放不好一样，写不好白话。真正要白话写得好，是在下一辈的儿子，现在儿子已经三四十岁，也写不好了，只有等待孙子了。我们希望孙子一辈把白话文写得好，千万不要叫他弄老古董。同时要叫人知道作白话文、学国语，是使他们把语言弄好。国语的字，大部分都可以用到古文上去。所以我们提倡白话文三十几年的结果，古书的销路增加了。商务、开明这几家大的书店，在白话文提倡以前，出版的明清小说，只能销售四百本到一千本。《茶花女》《天演论》，算是销售最多的书，一处也不过销售几百本。白话文提倡以后，古书销售的数目，增加了三十倍到四十倍。后来把古书加上标点，使大家容易看得懂，销路于是大大的增加。

再拿写文章来说，过去读了很多的书，都不容易写通，以后中学生就会写文章，这是白话文弄通的。这一点要提起大家了解。从前读书要讲了后才懂得，白话文弄通了，他就可以看古书，不用讲，所以作白话文，不但不妨害弄古书，还可以帮助弄古书。

问：简字是不是要加以规定？

答：我很赞成简字。不过简字怎样来的呢？我认为是慢慢承认的，譬如"敵"的简写"敌"，是慢慢承认的，定一个标准，恐怕不容易。又"個"字我写成"个"，而印书的总是改为"個"，总之，不一定要定标准。提倡这个用意，大家来实行。

问：台湾国语运动的情形，胡先生看怎样？

答：佩服之至。我的看法，不要求之太速。台湾光复不到七年，已经有现在这个程度，是了不得的。我觉得由教师与教育当局注意就行了，不许学校里面的学生——儿童说方言，是不好的，也做不到的。现在训练出来的师资不够，不够养成一个环境，让他说方言。这在文化上说，并不是没有益的。至于说是怎样使国语统一呢？由公家学校出来的儿童，可以用国语说话，听得懂国语，看得懂国语，并能用国语就行了。儿童回到家里,讲他的方言,台湾话、客家话、闽南话,没有法子禁止的,而且不应该禁止。再以国语来说,他的来源,就是方言。英国、义大利、德国、法国的国语,都是方言。不过他流行最广,所以占优势。

一种方言,不知不觉产生一种文章,有了文章,所以地位很高,流行很广。英法德意的国语,就是这样产生的。所以不要太严格,不一定要说北京话。不一定要读某一种音,才是标准的国语。发音,也不必要求太严格,例如,"我"读ㄦㄛ可以,读ㄨˇㄛ也可以。

方言,我看是没有方法消灭的,听他自然的好。英国这个进步的国家,地方很小,人口也只有四千万,交通方便,教育发达,可是她还有几十种语言,方言更多,有二百多种。所以我认为不要禁止儿童说方言,只要他毕业以后,能够用国语就行了。

(本文为1953年1月6日胡适在台北《国语日报》
欢迎会上的答问,收入《胡适言论集》乙编)

传记文学

今天我想讲讲中国最缺乏的一类文学——传记文学。

这并不是因为我对传记文学有特别研究,而是因为我这二、三十年来都在提倡传记文学。以前,我在北平、上海曾演讲过几次,提倡传记文学;并且在平常谈话的时候,也曾劝老一辈的朋友们多保留传记的材料,如梁任公先生、蔡孑民先生,和绰号财神菩萨的梁士诒先生等,我都劝过。梁士诒先生有一个时期很受社会的毁谤。有一次,他来看我,我就劝他多留一点传记材料,把自己在袁世凯时代所经过的事,宣布出来,作成自传;不一定要人家相信,但可以借这个机会把自己做事的立场动机赤裸裸的写出来,给历史添些材料。可是这三位先生过去了,都没有留下自传。蔡先生去世十多年,还没有人替他做一部很详细的传记。梁任公先生五十多年的生活,是生龙活虎般的;他的学说,影响了中国数十年:我们觉得应该替他作一部好的传记。那时丁文江先生出来担任搜集梁任公传记的材料,发出许多信并到处登广告,征求梁任公与朋友来往的书札以及其他的记述。丁先生将所得到的几万件材料,委托一位可靠并有素养的学者整理;后来写了一个长篇的初稿,油印几十份交给朋友们校阅。不幸国家多故,主办的丁文江先生很忙,未及定稿他本人也死了。所以梁任公先生传记到现在还没有定稿。梁士诒先生死后,他的学生叶誉虎先生根据他生前所经手做的事情的许多原始材料,编了两本《梁燕孙先生年谱》。这虽然不是梁先生的自传,但是内容完备详细,我看了很高兴。这个年谱的刊行,可以说是我宣传传记文学偶然的收获。今天借这个机会我又要来宣传传记文学了!我希望大家就各人范围之内来写传记,养成搜集传记材料和爱读传记材料的习惯。

师院同学曾要我谈谈《红楼梦》。《红楼梦》也是传记文学,我对《红楼梦》的作者曹雪芹作过考据,搜集曹雪芹传记材料,知道曹雪芹名霑,雪芹是他的别号,他的前四代是曹玺、曹寅、曹颙、曹洪。《现代名人大辞典》里列有曹霑的名字,使爱读《红楼梦》的人知道《红楼梦》作者的真名和他的历史,算是我的小小贡献。这种事情是值得提倡的。我的书现在大陆已买不到了,在自由中国流传的也很少。我希望这次回来能将我所写的有关《红楼梦》的文章(散见在《胡适文存》《胡适论学近著》中的),再加上我朋友们所找到的有关曹家的材料(如台大教授李玄伯先生所发表过的文章,以及吴相湘先生在清故宫发现的秘密了差不多一百五十年的奏本),收集在一起,合印为一册,使爱读《红楼梦》及关心《红楼梦》的人有一个参考。也许我下次再来时,便可以谈谈《红楼梦》了。

我觉得二千五百年来,中国文学最缺乏最不发达的是传记文学。中国的正史,可以说大部分是集合传记而成的;可惜所有的传记多是短篇的。如《史记》《汉书》《后汉书》《三国志》《晋书》等,其中的传记有许多篇现在看起来仍然是很生动的。我们略举几个例:太史公的《项羽本纪》,写得很有趣味;《叔孙通传》,看起来句句恭维叔孙通,而其实恐怕是句句挖苦叔孙通。《汉书·外戚传》中的《赵飞燕传》,描写得很详细,保存的原料最多。《三国志》裴松之的注,十之八九是传记材料。《晋书》也有许多有趣味的传记,不幸是几百年后才写定的。《晋书》搜集了许多小说——没有经过史官严格审别的材料——成为小说传记,给中国传记文学开了一个新的体裁。后来作墓志铭小传,都是受了初期的几部伟大的历史——《史记》《汉书》《三国志》等——的传记体裁的影响。不过我们一开头就作兴短传记的体裁,是最不幸的事。

中国传记文学第一个重大缺点是材料太少,保存的原料太少,对于被作传的人的人格、状貌、公私生活行为,多不知道;原因是个人的记录日记与公家的文件,大部分毁弃散佚了。这是中国历史记载最大的损失。

除了短篇传记之外,还有许多名字不叫传记,实际是传记文学的

"言行录"。这些言行录往往比传记还有趣味。我们中国最早、最出名,全世界都读的言行录,就是《论语》。这是孔子一班弟子或者弟子的弟子,对于孔子有特别大的敬爱心,因而把孔子生平的一言一行记录下来,汇集而成的。

中国从前的文字没有完全做到记录语言的职务;往往在一句话里面把许多虚字去掉了。《尚书·商盘》《周诰》为什么不好懂?就是因为当初记录时,没有把虚字记录下来,变成电报式的文字。现在打电报,为了省钱,把"的""呢""吗"等虚字去掉。古代的文字记载所有过简的毛病,不是省钱,而是因为记录的工具——文字不完全。大概文字初用的时候,单有实字,——名词、代名词,没有虚字。实字是骨干,虚字是血脉,精神。骨干重要,血脉更重要。所以古时的文字,不容易把一个人讲的话很完全的记录下来。到了春秋时代,文字有了进步,开始有说话的完全纪录。最早最好的说话纪录,是《诗经》。《诗经》里的《大雅》、《周颂》,文字还不十分完全。但是《国风》全部和《小雅》一部分,是民间歌唱的文字;因为实在太好了,所以记录的人把实字、虚字通通记录下来了。如"投我以木桃;报之以琼瑶。匪报也,永以为好也!"表示口气的"也"字都写出来了。又如"俟我于著乎而?充耳以素乎而?尚之以琼华乎而?"你看看,耳环带红的好,还是带白的好?又带什么花哟?把一个漂亮的小姐问他爱人的神态,通通表现出来了。这是记录文字的一个好榜样。至历史上最好的言行录,就是刚才说的《论语》。《论语》文字,虚字最多。比方"学而时习之,不亦说乎!"一句话有五个虚字。子禽问于子贡曰:"夫子至于是邦也,必闻其政。求之欤?抑与之欤?"这是孔子的一个学生问另外一个学生的话。拿现在的话来说:我们的老师到一个国家,就知道人家政治的事情,这是他自己要求得来的,还是人家给了他的呢?子贡答复的最后两句话:"夫子之求之也,其诸异乎人之求之欤!"(我们的先生要求知道政治的事情,恐怕同别人家的要求不同一点吧!)这样一句话,竟有十个虚字。这是把说话用文字完完全全记录出来的缘故,妙处也就在这里。

《论语》这部书,在中国文学史上占最重要的地位。这部书的绝大部分是记孔子同他的弟子或其他的人问答的话的。聪明的学生问他,有聪明的答复;笨的学生问他同样的一个问题,他的答复便不同。孔子说话,是因人而异的;但他对学生、对平辈,以及对国君——政治领袖——那种不卑不亢的神情,在《论语》里面,是很完整的表现出来了。现在有许多人提倡读经:我希望大家不要把《诗经》、《论语》、《孟子》当成经看。我们要把这些书当成文学看,才可以得到新的观点,读起来,也才格外发生兴趣。比方鲁定公问孔子一个问题,问得很笨。他问道:"一言而可以兴邦,有诸?"这正如现在我要回到美国,美国的新闻记者要我以一分钟的时间报告这次回台湾的观感一样。孔子对曰:"言不可以若是;其几也! 人之言曰:'为君难,为臣不易。'如知为君之难也,不几乎一言而兴邦乎?"(孔子的话译成现在的话就是:"一句话便可以把国家兴盛起来,不会有这样简单的事;但说个'差不多'罢! 曾有人说过,'做君上难;做臣下也不容易。'如果一个国君知道做君上的难,那么不是一句话就差不多可以把国家兴盛起来么?")定公又问:"一言而丧邦,有诸?"孔子答复道:"言不可以若是;其几也! 人之言曰,'予无乐乎为君,唯其言而莫予违也!'如其善而莫之违也,不亦善乎! 如不善而莫之违也,不几乎一言而丧邦乎?"(孔子的话译成现代的话就是:"一句话把一个国家亡掉,不会有这样简单的事;但说个'差不多'罢! 曾有人说过,'我不喜欢做一个国君;做一个国君只有一件事是可喜欢的,那就是:我的话没有人敢违抗。'如果他所说的是好话而没有人敢违抗,那岂不是很好的事! 如果他所说的不是好话而没有人敢违抗,那么,岂不是一句话便差不多会把一个国家亡掉了么!")我们从孔子和鲁定公这段对话来看,知道《论语》里面,用了相当完备的虚字。用了完备的虚字,就能够把孔子循循善诱的神气和不亢不卑的态度都表现出来了。像这样一部真正纯粹的白话言行录,实在是值得宣传,值得仿效的。很可惜的,二千五百年来,没有能继续这个言行录的传统。不过单就《论语》来说,我们也可知道,好的传记文字,就是用白话把一言一行老老实实写下来的。诸位如果读经,应该把《论语》当作一部开山的传记读。

我们若从语言文字发展的历史来看,更可以知道《论语》是一部了不得的书。它是二千五百年来,第一部用当时白话所写的生动的言行录。从《论语》以后,我们历史上使人崇拜的大人物的言行,用白话文记录下来的,也有不少。比方昨天我们讲禅宗问题时提到的许多禅宗和尚留下来的语录,都是用白话写的。这些大和尚的人格、思想,在当时都是了不得的。他有胆量把他的革命思想——守旧的人认为危险的思想说出来,做出来,为当时许多人所佩服。他的徒弟们把他所做的记下来。如果用古文记,就记不到那样的亲切,那样的不失说话时的神气。所以不知不觉便替白话文学、白话散文开了一个新天地。尤其是湖南"德山"和尚和河北"灵济"和尚的语录,可以说都是用最通俗的话写成的。现在我不必引证他们的语录,但是从那记言记行的文字中,可以知道,这些大和尚的语录,的确留下了一批传记的材料。

　　还有古时的许多大哲学家,思想界的领袖,他们的言行录,也是一批传记的史料。比方死于一千二百年的朱子,在他未死之前,他的学生就曾印出许多《朱子语录》;朱子死了之后,又印出了许多。这些都是朱子的学生们,在某年某月向朱子问学所记录下来的东西。这些语录,大部分是白话文。后来《朱子语录》传出来的太多了,于是在朱子死后六七十年间,便有人出来搜集各家所记的语录,合成一书,以便学者。这就是我们现在所有的黎清德编的《朱子语类》一百四十卷。假如写朱子传记,这部《语类》就是好材料。为朱子写年谱的人很多。最有名的是一位王懋竑先生;他费了半生时间,为朱子写年谱,都是用语录作材料。这些白话语录,记得很详细;有时一段谈话,就有几千字的纪录。这些有价值的材料,到现在还没有充分利用。像这样完全保存下来的史料,实在很少很少。明朝有一位了不得的哲学家王阳明,他的学生佩服老师,爱敬老师,也为老师记下了一大批白话语录。后来就有人根据这些语录,来写王阳明年谱。语录可说是中国传记文学中比较好的一部分。可惜二千五百年来,中国历史上许多真正大学者,平生的说话,很少有人这样详细的用白话记录下来的。就是个人的日记,书翰,札记这类材料,也往往散佚,不能好好的保存下来。所以中国的文学中,二千五百年来,只有短篇的传记,伟大的传记很少很少。

我们再看西洋文学方面是怎样的呢？最古的希腊时代,就有许多可读的传记文学；譬如大哲学家苏格拉底(Socrates)的两个大弟子,都曾写下许多苏格拉底的言行录。他的一个大弟子叫施乃芬(Xenophon),规规矩矩的写他老师的一言一行。另外一个大弟子柏拉图(Plato),是一个天才的文学家。他认为他的老师是一个最伟大的人,不应该没有传记,不应该没有生动的、活的传记。他用戏剧式写出了他的老师苏格拉底和朋友及门人的对话。这种对话留传下来的有几十种。其中关于苏格拉底临死以前的纪录就有三种。当时社会上的人控告苏格拉底,说他是异端、邪说,不相信本国的宗教,煽惑青年、带坏了青年,要予他的惩罚。当时的希腊已是民主政治,就将他交由人民审判——议会审判。柏拉图所描写苏格拉底在法庭上为他自己辩护的对话,叫做《苏格拉底辩护录》,为世界上不朽的传记文学,审判的结果,还是判他死罪。再一部是写他在监里等死的时候,同一个去看他的学生的对话录。还有一部是写他死刑的日子,服毒前的情景。当毒药拿来时,他还如平时一样从容的同他的学生谈话,谈哲学和其他学问的问题,等到时候到了,苏格拉底神色不变的将毒药吃下去。那种毒药的药性,是先从脚下一点一点的发作上来的。苏格拉底用手慢慢向上摸着说,"你看！药性已经发作到这地方了。"他的学生看到毒药在他老师身上起着变化,拿一条巾把他盖起来；一会儿苏格拉底还没有死,自己把它拿开了,嘱咐他的学生说："我在药王——医药之神——前许过愿要献他一只鸡。请你不要忘记了,回去以后,到医药之神那里献上一只鸡。"他的学生说："一定不敢忘记。"这是最后的问答。这三种谈话录,可算是世界文学中最美、最生动、最感人的传记文学。

基督教的《新约全书》中有四福音。第四个福音为《约翰福音》,是四福音中较晚的书。前面三个福音为《马太福音》《马可福音》、《路加福音》；这三个福音是耶稣死后不久,他的崇拜者所记下来的三种耶稣的言行录,也像《论语》为孔子的一种言行录一样。这三种言行录中有一部分的材料相同,有一部分不相同,但都是记录他们所爱戴的人在世时的一言一行的。这三个福音也是西洋重要的传记文学。以传记文学的眼光来看,是很值得人人一读的。

在希腊、罗马以后,当十八世纪的时候,英国有一个了不得的文学家约翰生博士(Dr. Johnson)。这个人谈锋很好,学问也很好。同时有一个人叫做博施惠(Boswell)的,极崇拜约翰生,就天天将约翰生所说的话记录下来。后来就根据他多年所写的纪录,作了一部《约翰生传》。这是一部很伟大的传记,可以说是开了传记文学的一个新的时代的。

再说九十年前就任美国总统的林肯,是一个出身很穷苦的人。他由于自己努力修养成为一个大人物,在国家最危险的时期出来作领袖。他在被选为连任总统的第一年中,被人刺杀而死。这个真正伟大人物的传记,九十年来仍不断的出来;新材料到今天还时有发现,其中有许多部可以说是最值得读的书。

不但文人和政治家的传记值得读,就是科学家的传记也值得读。近代新医学创始人巴斯德(Pastur)的传记,是由他的女婿写的,也是一部最动人的传记。巴斯德是十九世纪中法国的化学家。到他以后,医学家才确定承认疾病的传染是由于一种微菌。他一生最大的贡献也就在于微菌的发现。我们中国有一句很流行的话,叫做"物必先腐也,而后虫生之"。差不多很多人做文章的时候都这样写。其实这一句话是最错误的。照近代医学的证明,并不是物腐而后虫生,乃是虫生而后物腐。这个重大而最有利于生命的发现,是巴斯德对人类的大贡献。这一个科学家的传记,使我这个外行人一直看到夜里三、四点钟,使我掉下来的眼泪润湿了书叶。我感觉到传记可以帮助人格的教育。我国并不是没有圣人贤人;只是传记文学不发达,所以未能有所发扬。这是我们一个很大的损失。

我们的传记文学为什么不发达呢?我想这个问题值得大家讨论。今天时间不多,只简单的就个人所领会的提出二三点:

第一,传记文学写得好,必须能够没有忌讳:忌讳太多,顾虑太多,就没有法子写可靠的生动的传记了。譬如说,中国的帝王也有了不得的人,像汉高祖、汉光武、唐太宗等,都是不易有的人物。但是这些人都没有一本好传记。我刚才说过,古代历史中对传记文学的贡献很少;现在我想起,在《后汉书》中有一篇《汉光武传》,是值得我们注意的。这一篇中,保存了许多光武寄给他的将领、大臣,以及朋友的短信——原来也许是长信,大概是由史官把他删节成为一、二句或几行的短信的。除此以外,其他的帝王传记都没有这样的活材料。因为执笔的人,对于这些高高在上的人多有忌讳,所以把许多有价值的材料都删削去了。讲到这里,我不能不一一提及一件近代的掌故。清朝末年有一个做过外国公使的人的女儿,叫做德菱公主的,懂得几句外国话,后来嫁给外国人。她想出一个发财的方法,要做文学的买卖,就写了一部《西太后传》。你想她这样的人一生中能够看见几次西太后?我恐怕她根本就没有法子看见西太后,所以她从头就造谣言来骗外国人。这样的传记,当然不会有什么大价值的。

此外,有许多人有材料不敢随意流传出去,尤其是专制国家中政治上社会上有地位的人,甚至文人,往往毁灭了许多有价值的传记材料。譬如,清朝的曾国藩,是一个很了不得的人;他死了以后,他的学生们替他写了一个传记。但是我把他的日记(据说印出来的日记已经删掉一部分)对照起来,才知道这本传记,并没有把曾国藩这个人写成活的人物。我们可以说一直到现在,还没有一本好的曾国藩的传记。什么缘故呢?因为有了忌讳。中国的传记文学,因为有了忌讳,就有许多话不敢说,许多材料不敢用,不敢赤裸裸的写一个人、写一个伟大人物、写一个值得做传记的人物。

第二个原因,是我们缺乏保存史料的公共机关。从前我们没有很多的图书馆——公家保存文献的机关,一旦遇到变乱的时候,许多材料都不免毁去。譬如说,来了一个兵乱,许多公家或私人的传记材料都会完全毁灭。我举一件事情来说明这个道理罢。大家知道第一次世界大战时美国总统威尔逊是一个伟大的人物,为举世所公认的伟大领袖。他死了以后,他家属找人替他作传,就邀集了许多朋友在家中商量。后来决定请贝克(Baker)替他作传。贝克考虑后答应了。所需的材料,威尔逊太太答应替他送去;后来由当时的陆军部长下命令,派七节铁甲车替威尔逊太太装传记材料给贝克。你想,光是威尔逊太太家中所存的材料就可以装了七辆车!我们中国因为很少有保存这种材料的地方,所以有些时候,只好将这种材料烧毁了。烧毁之后,不知道毁去多少传记学者要保留的材料。

以上两点,只是部分,说明中国传记文学所以不发达的原因。还有第三个原因是因为文字的关系。我感觉得中国话是世界上最容易懂的话。但文字的确是困难的。以这样的文字来记录活的语言,确有困难。所以传记文学遂不免吃了大亏。

前边我介绍的几部我们文学中的模范传记,也可以说是我们划时代的传记文学。《论语》是一部以活的文字来记录活的语言的;禅宗和尚的语录,在文学上也开了一个新的纪元,在传记文学上开辟了一个新的天地,提倡了一种新的方法。后来中国理学家的语录,像《朱子语类》和《传习录》(王阳明)等等,多是用白话来记录的。但因为文字的困难,不容易完完全全记录下活的语言,所以这类的文学,发达得比较慢。这是我们传记文学不发达的第三个原因。

最后,我想提出两部我个人认为是中国最近一、二百年来最有趣味的传记。这两部传记,虽然不能说可以与世界上那些了不得的传记相比,但是它在我们中国传记中,却是两部了不得,值得提倡的传记。

一、《罗壮勇公年谱》(即《罗思举年谱》);

二、汪辉祖《病榻梦痕录》及《梦痕余录》。

这两部书,是我多少年来搜求传记文学得到的。现在先介绍第二部。

汪辉祖,本来是一个绍兴师爷。当他十几岁的时候,就开始跟人家学做幕府。后来慢慢的做到正式幕府。所谓幕府,就是刑名师爷。因为从前没有法律学校,士子做官的凭科举进阶。而科举考的是文学,考中的人,又不见得就懂法律,所以做官的人,可以请一个幕府来做法律顾问,以备审问案件的时候的咨询。汪辉祖从十七岁步入仕途,一直在做幕府工作,直到三十九岁左右才中了进士。他虽然没有点翰林,但是已经取得了做官的资格,就奉派到湖南做知县。因为他是做幕府出身的,所以当他奉派到湖南做知县的时候,他没有请幕府。就这样一直做到和他的上司闹翻了,才罢官回乡。在家园中又过了几十年,才与世长辞。他的这部《病榻梦痕录》与《梦痕余录》,写的就是他做幕府与做官的那些经历,实在是一部自传。因为他生在清朝乾嘉时代,受了做官判案的影响,所以他以幕府判案的方法和整理档案的方法,来整理学问的材料。他所著的那部《史姓韵编》,可以说是中国《二十四史》的第一部人名索引。他讲政治的书籍,连《梦痕余录》在内,后人编印了出来,名叫《汪龙庄遗书》。这一部书后来成为销行最广的"做官教科书",凡是做知县的人,都要用到这部书,因为这部书里头,尽是关于法律、判案、做官及做幕府的东西。我名为"做官教科书",是名符其实的。

汪辉祖的自传,在现代眼光看来,当然嫌它简略。但是我们如果仔细从头读下去,就可以知道这是一部了不得的书。我们读了以后,不但可以晓得司法制度在当时是怎样实行的,法律在当时是怎样用的,还可以从这部自传中,了解当时的宗教信仰和经济生活,所以后来我的朋友卫挺生要写中国经济史,问我到那里去找材料,我就以汪辉祖的书告诉他。因为我看了这本书,知道他在每年末了,把这一年中,一块本洋一柱的换多少钱,二柱、三柱的又换多少钱,谷子麦子每石换多少钱,都记载得很清楚。我当时对本洋的一柱、二柱、三柱等名目,还弄不清楚。卫挺生先生对这本书很感兴趣;研究以后向我说:书中所谓一柱、二柱、三柱,就是罗马字的ⅠⅡⅢ,为西班牙皇帝一世、二世、三世的标记;中国当时不认识这种字,所以就叫它一柱、二柱、三柱。

其次讲到当时的宗教信仰。这里所谓宗教信仰,不是讲皇帝找和尚去谈禅学,而是说从这本传记中可以了解当时士大夫所信仰的是什么。因为汪辉祖曾经替人家做过幕府,审问过人民的诉讼案件;我们看他的自传,可以知道他是用道德的标准来负起这个严格的责任的。他说:他每天早晨起来,总是点一支香念一遍《太上感应篇》,然后再审案。这是继续不断,数十年如一日的。《太上感应篇》是专讲因果报应的;我们当然不会去相信它。不过还是值得看一看。汪辉祖天天都要念它一遍；这可以代表一个历史事实，代表他们所谓"生做包龙图，死做阎罗王"的思想。包龙图是一个清官；俗传，他死了以后，就做了第五殿阎罗王。所以他们认为生的时候做官清廉，死了就有做阎罗判官的资格。这原是他的一种理想，也可说是当时一般法律家的一大梦想。由于汪辉祖每天要念《太上感应篇》，所以他到了老年生病发烧发寒的时候，就做起怪梦来，说是有个女人来找他去打官司，为的是汪辉祖曾经因为救了一个人的生命，结果使她没有得到贞节牌坊，所以告他一状，说他救生不救死。汪辉祖当时对这个案子虽然很感困难，但也觉得似乎有点对不起那个女子。但是人家既然告了他的状，他也不得不去对质。对质结果，准他的申诉。这一段写得很可笑。我讲这件事有什么意思呢？就是我们从这里可以看出汪辉祖的宗教观。

其次，讲到《罗壮勇公（思举）年谱》——这也是值得一看的书。罗思举是贫苦出身的。当满清嘉庆年间，白莲教作乱，满清官兵不够用了，就用各省的兵。罗思举就是在这个军队中当大兵出身的，后来慢慢晋升，竟做了几省的提督。因为罗思举是当兵出身的，所以他写的自传，都是用的很老实很浅近的白话。现在，我就举一两个例子，来看看他写的是多么的诚朴。他说：他当小孩子的时候，曾经做个贼，偷过人家的东西；他的叔父怕他长大也不学好，所以就把他打了一顿，然后再拿去活埋；幸而掩埋的泥土盖得不多，所以他能够爬了出来，并跑到军队里头去当兵。这一点，可以说是写得很老实的。至于他写清朝白莲教的情形，也很可注意。他说白莲教原不叫白莲教，而叫"百莲教"，就是一连十、十连百的一种秘密组织。当时剿"白莲教"的军队，据他说都是一些叫化子军队；打起狗来，把狗肉吃了，狗皮就披在身上蔽体。这也是一种赤裸裸的写法。最后，我还要举一个例子：我们常常听到人说，我们是精神文明的国家，我们希望这种人把罗思举的年谱仔仔细细的一读。他说，有一天在打仗的时候，送粮的人没有赶上时间，粮草因此断绝。他怕影响军心，于是他就去报告他的长官："我们粮草断绝，没有办法，可不可以把几千俘虏杀来吃？"他的长官说："好。"结果，就把俘虏杀来吃了，留下一些有毛发的部分。第二天,运粮的人仍然没有到,于是又把昨天丢了的那些有毛发的部分捡起来吃。第三天,粮草才运到。这些都是赤裸裸的写实。

我过去对中国传记文学感到很失望;但是偶然得了一些值得看一看的材料,所以特别介绍出来供诸位朋友研究。

(本文为1953年1月12日胡适在台湾省立师范
学院的演讲,原载1953年1月13日台北
《中央日报》、《公论报》等报)

白话文的意义

校长,各位先生,各位同学:

现在常常有人找我去演讲,我因为事情很忙,就告诉新闻界的朋友说,我的店底已经卖完了,新货还没有来,现在只好暂停交易,以后再择吉开张。可是两星期以前江校长要我来同诸位谈谈,也没有告诉我什么题目,曾经有一位新闻记者问我在一女中准备讲什么?我说:想对各位中学生朋友讲白话文的意义。后来报纸上登出来的是"白话文的改革",好在意思都差不多。

今天我要讲的是我们提倡白话文来代替古文,以活的语言作教育的工具,作文学的工具,究竟白话文的基础是什么?意义是什么?4月15日就要在台湾出版我的一本书,叫做《四十自述》。在我四十岁的时候,为了一般朋友的劝告,写了六章自传,后来又加写了一章,是讲我提倡白话文的事,也就是人家所称的文学革命。各位可以看看,在最后一章的附录,就是写我们一般朋友提倡文学革命的历史。送给一女中的一本里面的错字都是我自己改的。

那时在美国大学里,我们中国的留学生不多,年纪虽都不大,思想却比较成熟,都是受过传统的古文教育的。对于古代文字的训练也都有些基础,会作古文、古诗,并且常常讨论。今天诸位也常能听见许多人说,研究历史一定要有一元论的历史观,共产党是认为由于生产而固定一切的历史事实;于信神的就说历史的最后解释是神。无论以那一种因素来解释历史;或说上帝可以解释一切;或说经济生产的方法可以解释一切,这些都叫做一元的历史观。我们不赞成这种一元论的历史观,我觉得许多历史的事实是偶然的。譬如我们提倡白话文学就是很偶然的事,各位看了我的《四十自述》,就可以知道提倡白话文是很偶然的事了。

我的母校康奈尔大学的校园里有一个凯约嘉湖,附近有山有瀑布,风景优美。在1915年的夏天,来了几个暑期学校的男女同学,那里的中国女学生很少,所以男学生就忙着租船,请了两个女同学游湖。忽然起了大风,他们就赶快靠岸,船刚靠岸,风雨来了,大家又抢着上来,把船弄翻了,虽然没有出什么危险,却弄湿了一位女同学的衣服。他们就在岸上用了野餐,其中有一位同学却写了一首诗叫"凯约嘉湖上覆舟记实"。那时候我已离开康奈尔大学到哥伦比亚大学去了,所以他把那首诗寄给我看。他作的是四个字一句的古诗,我看完之后就写信给他批评这首诗不好。因为将二千年前的死字和二千年后的活字用在一起,文字不一致,诗的文字是应该一致的。我那个朋友就提出抗议,这些事都是偶然的。来了女学生是一个偶然,租船游湖又是一个偶然,遇着风雨,弄湿衣服,也都是偶然。那个朋友作诗以及我批评他,都是偶然又偶然的事。那时哈佛大学有位姓梅的老朋友,见到我的批评就出来打抱不平,来信骂了我一顿,我又回信驳他。因此,我要告诉各位小朋友,这种有意思的讨论比写情书有用得多。在我们讨论之间,有几个很守旧的同学和我们慢慢讨论到什么叫死的文字?诗应该用什么文字?以后范围又扩大到中国的文学将来应该用什么文字?是用二、三千年前孔子、孟子时代、司马迁时代的死的文字呢?还是用现在的活的文字?那时就在康奈尔、哥伦比亚、哈佛、华盛顿和华夏女子大学这五个大学的宿舍中讨论起来。一天一张明信片,三天一封长信,这样把我逼上梁山,逼着我去想,逼着去讨论。因此,我感觉到中国的文字必须改革。但是文学革命该走什么路呢?大家都觉得应该从内容改革起,我觉得文学是根据文字,而文字是根据语言;说话是文字的根本,文字是文学的根本,也是一切文学的工具。于是不得不去研究中国的文学史,我由研究文学史得到了许多材料,完全是根据中国历史上、文学上、文字上的传统得来的一种教训,一种历史的教训。中国每一个文学发达的时期,文学的基础都是活的文字——白话的文字。但是这个时期过去了,时代变迁了,语言就慢慢由白话变成了古文,从活的文字变成死的文字,从活的文学变成死的文学了。因为一般人的专门仿古,那个时代的文学就倒楣了,衰弱了。又一个新的时代起来,老百姓又提出一个新的材料、新的方式、新的工具;这样,文学就起了一个新的革命。二千五百年的中国文学史可以说有两个潮流:一个是读书人的士大夫文学潮流,一个是老百姓的平民文学潮流。中国文学史上总是有上下两层潮流,上层的潮流是古文,是作模仿的文学,下层的潮流随时由老百姓提出他的活的语言,作活的文学,譬如三百篇的《诗经》里,有一百篇都是民间的歌谣,我们可以断定它是活的语言,它把仇恨、情爱和吵架时的情感都表达出来。这种文学决不是要等学会了一种死的语言再来作的。又譬如婴儿在睡觉的时候哭闹,母亲往往顺口哼出儿歌来催他睡觉,这儿歌是不是要等他学了二十年的古文再来唱呢?从前男女恋爱也往往是男的唱一首情歌,女的就回唱一首情歌,这情歌是不是也要等他们上十年的古文再来唱呢?还是就唱他所能唱的歌呢?当然是用活的语言来唱。又像在有些都市或乡村里有谈笑话和讲故事的人,他们为了要使人家听得懂,就非讲白话不可,他们没有法子等学了古文再来讲。所以每个时代都有老百姓在用活的语言创造他们的文学,创造他们的儿歌、情歌、山歌、故事……。这是由中国二千五百年的文学史上得来的教训,往往下层的文学力量大,影响到上层的文学。读书的人家都是守旧的,不准小孩子看小说,唱土话的歌,但是当家里的佣人抱着他时就会讲一个故事给他听,而他就会觉得故事很好听,甚至比先生讲的书要好懂多了。今天在座的同学当然不会知道我们小时候的情形,那时我们看小说都要偷偷地看,这在全世界都是一样的。所有用活的文学的国家都曾经经过这么一个时代。以欧洲来讲,欧洲的文艺复兴就是把古文废了。欧洲的古文有两种,最古的是希腊文,其次是拉丁文。那时候罗马帝国规模很大,中古和近古早期的欧洲,所有读书人都是用拉丁文著述、通信。后来,意大利有一个大文学家最先用他本国的白话写诗、写散文、写小说、写戏剧……。只有他有勇气替意大利创造了新的文字、活的语言。另外有个意大利人因为偷看了用意大利白话文写的诗,被他父亲知道了就把他关在一间房子里,只给他开水和黑面包不准他喝牛奶,只因他胆敢偷看用意大利白话文写的诗,所以该罚!该罚!

我记得很清楚,当我七八岁的时候念的是乡学,先生是我的叔叔,他一共只有两个学生,有一天,先生被人家邀去打纸牌,学生可以自由活动,我那个同学向来是赖学的,就跑出去玩了,我素来不赖学,就趁空替先生理东西,忽然看见字纸篓里有一本破书,我捡起来一看,是一本破的《水浒传》,我不知道诸位有没有看过这本书,《水浒传》确是一本好书,当时我没有看过这本书,就拿着这本破《水浒传》一直站着看完,那本破书到"李逵打死殷天赐"以下就没有了。我看完以后就跑出去找另外一个不高明不学好的叔叔,我知道他会讲故事,我问他:"你有这个书吗?你替我找一本全部的好不好?"于是他替我借了全部的《水浒传》,我一个晚上就看完了。

下层文学总是慢慢上来影响上层的文学。那时候先生不许我们看下层文学的书,偏偏我偶然的在字纸篓里看见了这本破书,站着看完也是偶然的事,平民文学慢慢地影响到上层社会,于是就有许多人偷偷的看,有时候看到不满意的地方就改,现在的许多伟大小说都不知道是谁著的,《水浒传》有人说是施耐庵著的,但我考据了多少年,还不知道是谁著的。因为这些小说都是经过许多头等的小说家看过之后,认为故事不好,就你改一段,他改一段,又不肯用真姓名,只有用假名,中国二千五百年来文学演变的历史,给我一个教训:就是无论那个时代,都有老百姓用活的语言来写他的小说,这是一种自然的发展,自然的趋势。这些新文学慢慢上来影响到守旧的死党,他们作诗填词不全用白话,但是好的诗总是白话,好的词也是白话。也有用古文写的小说,但是,到今天还是一年销几千万本的小说,如《水浒传》这些书都是用白话文写的。

我们再看,许多古文在当时都是白话,譬如我刚才说的《诗经》是白话,没有问题。其他如《论语》《孟子》也是白话,何以知道是白话呢!他用的代名词、虚字都不同,这是因为当初的文字不够,不过到了写《诗经》的时代,才把虚字都写下来。所以你们若是读过《诗经》,或是课本里选过《诗经》的诗,就会觉得白话的味儿很重。孔子、孟子是用当时山东西部的语言,《左传》这部书的文字就是代表当时几个地方的方言。所以我们现在所谓的古文,在当时都是白话,不过这个白话已经隔了两三千年,时代旧了,白话就变成了古文:活的语言变成了古的语言,活的文学变成了古的文学。本来每个时代都应该由活的语言创造那个时代的活的文学,后来因为时间久了,古文的权威大,力量大,大家不知道抗拒,古时候中国这么大的一个国家,全国的考试制度都是用一种文字,一种形式的作文来做考试的文字,因为有这种统一的考试制度,结果就格外使古文的威势增大,在当时感觉到中国这么大,不能靠活的方言去发展,如果靠各地的方言去发展,就台湾有台湾的方言,福建有福建的方言,广东有广东的方言,浙江有浙江的方言,安徽有安徽的方言,这样一来就不统一了,所以当初认为古文是政治上和教育上的统一工具。因此,大家感觉到古代的文化的统一,政治的统一,教育的统一都是靠统一的古文,所以古文不能废。这是当初许多人反对白话文的理由。就是到现在还有一般老先生,舍不得把古文丢掉,考试院前年表示考试的作文不用白话文,都要用古文,这都是错误的意见,以为多少年来都是靠统一的文言文来维持政治上、教育上和文化上的统一,所以古文不能丢掉,殊不知道几千年来,已经由我们的老祖宗替我们准备了一个新的教育的统一工具,文字的统一工具,语言和文字的统一工具。这就是我们现在所谓的国语,当初所谓的官话。

　　使用官话的区域一天天扩大,我们自由中国台湾的语言,大部分是闽南话,一小部分是广东客家话,都是代表我国东南方的方言,所以我们感觉方言很难懂,我们若是从中国的地图上来看,就可以知道方言这个东西其实是很少很少的,只限于极少的区域,北边从上海起,南边到海南岛,台湾这东南角上的区域有所谓方言之外,大陆的百分之九十地区——包括东北各省及内蒙古——都属于官话区域,在地图上从最东北的哈尔滨画一条线到极西南的云南昆明,这一条线有四千英里长,但在这一条直线区域的任何地方的人都是用官话,不是用土话,我们一听他说话就知道是安徽人、山东人、河南人、山西人、天津人或是北平人,我们安徽人说:"我们的话是天下最普'腾'

(通)的话。"他虽然把音念得不对,但是我一听还是可以知道,所以大体上说来,我们的老祖宗在这几千年当中,已经把官话从哈尔滨一直推广到昆明,西南的四川话、云南话、贵州话、桂林话、河南话、安徽话、湖北话都是最普通的官话,湖南还有一部分是方言。所谓方言的区域在地图上共占百分之十,从上海附近的崇明岛算起,到南边的海南岛为止,这一个区域的话叫作方言,其中有江苏的吴语、福建话、厦门话、潮州话、广东话、客家话,不过,这一个地区的人口比较稠一点,拿人口讲,有百分之七十五的人讲官话,在地理上讲,是百分之九十。我们人口的百分之七十五就是三亿二千多万人。全世界很少有这么大的区域的人讲相同的语言。所以我们的老祖宗已经为我们准备了好的语言,在几年当中,官话经过大家的提倡,政府的改革,变成了现在的国语,国语就是全中国百分之九十的区域,百分之七十五的人口所说的话。凡是一种方言能够变成国家的统一语言,必须有三个条件作基础。

第一,必须是广大民众所说的话。

第二,最好是这种语言能够产生文学,可以写定教本,印成书,几千年来,我们的老祖宗写出了无数的小说、故事、戏曲、歌谣,说到这里,我希望在座的先生和同学们,从同学家庭里搜集民歌,从前不仅各大学搜集民歌,其他的机关也搜集不少民歌,民歌是很有价值的白话的民间文学,我们老祖宗写下的故事流传到今天还有销几千万本的,像《水浒传》就是一个例子。我们的语言不但是有三亿几千万人讲,而且在一千多年当中产生了许多文学作品,至少有一打第一等的小说可以媲美世界名著,如果没有这个基础就很困难,比方现在我们讲的"我们""你们"很简单,可是当初没有标准化,古文书里面有写成"我懑"的,甚至于民国初年的小学课本里还有写成"我美"的,后来大家才知道用一个"们"字,改写成"我们""你们"。这是因为我们有了《水浒传》《儒林外史》这些伟大的小说给我们作成文印成书的准备,现在的"我们""你们""他们"的"们"字才标准化,所以第一第二两个基础我们都有了。

第三,我们讲的话是世界上最简单、最规则、最容易学的一种语言,诸位学外国文字的时候才知道学欧洲文字的麻烦,比如说这是一个杯子,还要想想是男的还是女的,说一枝花还要想想是阳性还是阴性,一个表也要看是男的还是女的,文字上分性是最不方便最没有道理的。此外还有数目和时间的变化,语尾的变化,世界上变化复杂的文字都在慢慢把这些变化丢掉,现在英国的文字在西方文字当中要算最简单的,因为英国是几个民族混合起来的,把许多语尾的变化和文法上麻烦的东西都去掉了。所以世界上最容易学的语言是中国的语言,其次,比较合理的是丢掉那些欧洲语言中的复杂东西的英文。

在英文里面的 I am,You are,He is, I was, You were 这五个字都是从 Verb to be 的 be 字来的,可是你连 be 的鬼影子都没有看见,你问先生它到哪里去了呢?倘使你的先生要探出这五个字的来源,他要费一番工夫。所以讲到合理和容易学,第一要算中国的语言,其次才是英文。

我们的老祖宗为我们留下了有三亿二千万人讲的统一的语言,无论你是讲安徽、江苏、湖北、湖南、四川、河南、山东、陕西各地不同的话,我们都听得懂,这是了不起的一件事。又有这么多的白话文作品做我们的教材,而且这个语言又是合理的,各位学了外国语言才知道没有一种外国语言比得上我们老祖宗的语言这样不会错,这样可以无师自通的。根据活的语言来写文章是不会错的,这比用古的语言、活的语言混合起来写好得多。

有人说古文废弃了,就没有统一的工具,而我们这三四十年来所做到的,正是把已经有的白话文拿来做教育统一、文学统一、政治统一、文化统一的活的工具。现在一般守旧的人不知道他们守旧的顽固的行为和主张,往往妨碍了许多进步,而且打击我们毁坏我们三四十年来所提倡的文学革命的一点意义。学生学了文字是要拿出来用的,如果宪法、法律、报纸、政府的公文都不用白话,那么,你在学校里学了文字之后,连这些东西都看不懂,大家就都会说:先生教我的是所学非所用,我们出学校之后,想找一个小书记做都不行。所以现在许多守旧的人,不知道他们顽固的行为,毁坏了打击了我们四十年的真正改革,政府的领袖,各党各派的领袖,教育界的领袖都要自觉的认清楚,现在的国语是我们文化统一的工具,教育统一的工具,政治统一的工具,不能阻碍它的发展,要一致的帮助它,说的、写的、学的、用的、宪法、法律一切都是白话。然后,我们活的白话才可以有用处,才可以发生我们四十年前所期望的效果。

(本文为1954年3月15日胡适在台北省立女子第一中学的演讲,原载1954年3月16日台北《中央日报》、《公论报》、《中华日报》)

谈《红楼梦》作者的背景

各位先生：

我是曾经在四十年前,研究《红楼梦》的两个问题：一个是《红楼梦》的作者的问题；一个是《红楼梦》的版本的问题。因为我们欣赏这样有名的小说,我们应该懂得这作者是谁。《红楼梦》写的是很富贵,很繁华的一个家庭。很多人都不相信,《红楼梦》写的是真的事情,经过我的一点考据,我证明贾宝玉,恐怕就是作者自己,带一点自传性质的一个小说,恐怕他写的那个家庭,就是所谓贾家,家庭就是曹雪芹的家,所以我们作了一点研究,才晓得我这话大概不是完全错的,曹雪芹的父亲；曹雪芹的一个伯父；曹雪芹的祖父；曹雪芹的曾祖父,三代四个人,都作过那个时候最阔的一个官,叫作江宁织造,江宁织造就是替政府,就是替皇宫里面织造绸缎的。凡是那个时候皇帝,那个时候宫廷里边用的绸缎,都是归织造,那个时候有江宁一个织造,苏州一个织造,杭州一个织造。这几个织造,可以说是很大的,可以说等于我们现在最大的绸缎纺织厂。同时他有余下来的,宫里不用的,还有皇帝赏赐百官的,之外,他还可以作国外通商。所以,这三个织造是当时最阔的官,《红楼梦》里贾家有一个世职,那个世职实在在我们的考究起来,就是曹雪芹的曾祖父；曹雪芹的祖父；曹雪芹的伯父同曹雪芹的父亲,三代四个人相继作了五十多年的江宁织造,就是所谓"世职"。很有趣的,就是《红楼梦》里有一段话讲到从前有一个李嬷嬷讲的"从前太祖高皇帝南巡,到南方去巡河工的时候,我们家里曾经招待过皇帝,接驾一次,那一边说,我们招待过四次"。那么,这一个人家,能够招待过皇帝四次,这是倾家荡产的事。这个曹家,我们研究起来,的的确确,曾经在康熙皇帝的时候下江南,康熙皇帝下江南六次,其中有四次就是在曹家住,就是住在江宁织造府里边,所以的的确确作过皇帝的主人,招待过四次。这是最阔的一件事。所以,曹雪芹忍不住要把他的家里最阔的一件事,特别表出来。

我今天举这个证据,就是要我们知道,曹雪芹所写的极富贵,极繁华的这个贾家,宁国府,荣国府,在极盛的时代的富贵繁华并不完全是假的。曹家的家庭实在是经过富贵繁华的家庭。懂得这一层,才晓得他里面所写的人物。曹雪芹在这一回里面所讲的,我不写旁的事,我不写朝廷大事,我要写我一生认得的这些人,这几个人,尤其我认得的这几个女人,这几个女孩子。懂得曹家这个背景,就可以晓得这部小说,是个写实的小说,他写的人物,他写王凤姐,这个王凤姐一定是真的,他要是没有这样的观察,王凤姐是个了不得的一个女人,他一定写不出来王凤姐。比如他写薛宝钗,写林黛玉,他写的秦可卿,一定是他的的确确是认识的,所以懂得这一点,才晓得他这部小说,是一个自传,至少带着性质的一个小说。他写的人物是他真正认识的人物,那么,如果这个小说有文学的价值,单是这一点,刚才我讲的这一段曹家的历史,也许帮助我们的广大的听众,帮助他们了解,《红楼梦》这个小说的历史考据也许有点用处。

(本文为 1959 年 12 月 30 日胡适在台北中国广播
公司的录音稿,收入《胡适演讲集》上册,
1970 年台北胡适纪念馆编辑、出版)

四十年来的文学革命

早在印度、米苏波达米亚、地中海地区与东亚"人类智慧与文化成熟"的辉煌时代,中国人民已有很高的文化发展,其程度足与当时世界任何地区的任何文化相媲美。

但是古代中国文化并非没有严重的缺点。缺点之一是缺少一种字母来写出日用的语言。

这一差强人意的特征是中国文化极端的单纯与规律——这可能是古代人民能够仅有一种书用文字,没有受益于字母的便利,而能相处自得的主要原因。

在孔孟时代(公元前550—350年),中国文学上诗与散文的发展盛极一时,这种文学的形式,无可怀疑的,根据当时所用的语言写成。孔子的《论语》,以及老子与孟子的著作与古代所遗留下来的哲学与文学作品,也多多少少代表了当时所用的语言。

可是这种古代的文字在廿二世纪以前,中国变成一个统一的帝国的时候,却成了一个死的,至少是半死的文字。

这一地区辽阔的统一的帝国,在遍及境内纵横的官方通讯交通中,需要一个共同的(古文作)媒介。

在公元前124年,汉朝开始制定对古文的知识是任官的先决条件。这是以古文为基础的中国文官考试制度的开始。

二十二个世纪的统一帝国与二十个世纪的文官考试共同维持了一个死去的文字,使它成为一个教育的工具,合法与官用的交通、与文学上——散文与诗——颇为尊重的媒介。

可是许多世纪以来,普通的人民——街市与乡村的男人和妇女——他们所用仅有的一种语言,也就是他们本乡本土的语言,创造了一种活的文学,有各色各样的形式,——表达爱情与忧愁的民谣、古老的传说、街头流传的歌颂爱情、英雄事迹、社会不平、揭发罪恶等等的故事。

甚至一千年以前的一些和尚,也用这种语言记载下了他们的一些开诚布公的发现与经典的解释。十二世纪以及以后的一些经学大师们也将他们之间的谈话与论辩,用这种语言写了下来遗留给后代。

简而言之,中国文学有史以来有两个阶层:(1)皇室、考场、宫闱中没有生命的模仿的上层文字;(2)民间的通俗文字,特别是民谣、通俗的短篇故事与伟大的小说。

这些写下的伟大的短篇故事与小说印成巨册——其中有一些在近数百年以来一直是销路最佳的作品。

这些伟大的故事与小说成了学习标准日用语言(白话)的教师。

可是其中缺少一个重要的因素,——对于这种语言质美单纯,达意的"自觉的承认"与"有意的"的主张白话作为教育与文学必要而且有效的工具的努力。

我与我的朋友在四十年以前所作的只是弥补这一缺陷。

我们公开承认白话是文学上一个美丽的媒介,在过去一千年中,特别是近五百年中它已产生了一种活的文学,并且是创造与产生现代中国文学的一个有效的工具。

这一运动——一般称为文学革命,但是我个人愿意将它叫做"中国的文艺复兴"——是我与我的朋友在 1915、1916 与 1917 年在美国的大学的宿舍中所发起的。直到 1917 年,这一运动才在中国发展。

经过几年的艰苦奋斗与激烈的争辩以后,这一运动最后受到全国的承认与接受。

(本文是 1961 年 1 月 10 日胡适在台北中山路美军军官眷属俱乐部的英文演讲,原文载同日 China Mews,译文载 1961 年 1 月 11 日《征信新闻》和《中央日报》)

卷 二

研究国故的方法

研究国故,在现时确有这种需要。但是一般青年,对于中国本来的文化和学术,都缺乏研究的兴趣。讲到研究国故的人,真是很少。这原也怪不得他们,实有以下二种原因:(一)古今比较起来,旧有的东西就很易现出破绽。在中国,科学一方面,当然是不足道的;就是道德和宗教,也都觉浅薄得很。这样,当然不能引起青年们底研究兴趣了。(二)中国的国故书籍,实在太没有系统了。历史书,一本有系统的也找不到;哲学也是如此。就是文学一方面,《诗经》总算是世界文学上的宝贝。但假使我们去研究《诗经》,竟没有一本书能供给我们做研究的资料的。原来中国底书籍,都是为学者而设,非为普通人一般人底研究而做的。所以青年们要研究,也就无从研究起。我很望诸君对于国故,有些研究的兴趣,来下一番真实的工夫,使彼成为有系统的。对于国故,亟应起来整理,方能使人有研究的兴趣,并能使有研究兴趣的人容易去研究。

"国故"底名词,比"国粹"好得多。自从章太炎著了一本《国故论衡》之后,这"国故"底名词于是成立。如果讲是"国粹",就有人讲是"国渣"。"国故"(National Past)这个名词是中立的。我们要明了现社会底情况,就得去研究国故。古人讲,知道过去才能知道现在。国故专讲国家过去的文化,要研究它,就不得不注意以下四种方法:

一、历史的观念　现在一般青年,所以对于国故没有研究兴趣的缘故,就是没有历史的观念。我们看旧书,可当彼做历史看。清乾隆时,有个叫章学诚的,著了一本《文史通义》。上边说:"六经皆史也。"我现在进一步来说:"一切旧书——古书——都是史也"。本了历史的观念,就不由然而然的生出兴趣了。如道家炼丹修命,确是很荒谬的,不值识者一笑。但本了历史的观念,看看他究竟荒谬到了什么田地,亦是很有趣的。把旧书当做历史看,知彼好到什么地步,或是坏到什么地步,这是研究国故方法底起点,是"开宗明义"第一章。

二、疑古的态度 疑古的态度,简要言之,就是"宁可疑而错,不可信而错"十个字。譬如《书经》,有《今文尚书》和《古文尚书》之别。有人说,《古文尚书》是假的,《今文尚书》有一部分是真的,余外一部分,到了清时,才有人把它证明是假的。但是现在学校里边,并没把假的删去,仍旧读它全书,这是我们应该怀疑的。至于《诗经》,本有三千篇,被孔子删剩十分之一,只得了三百篇。《关雎》这一首诗,孔子把它列在第一首,这首诗是很好的。内容是一很好的女子,有一男子要伊做妻子,但这事不易办到,于是男子"寤寐求之",连睡在床上都要想伊,更要"悠哉悠哉辗转反侧"呢!这能表现一种很好的爱情,是一首爱情的相思诗。后人误会,生了许多误解,竟牵到旁的问题上去。所以疑古的态度有两方面好讲:一、疑古书的真伪。二、疑真书被那山东老学究弄伪的地方。我们疑古底目的,是在得其"真",就是疑错了,亦没有什么要紧。我们知道,哪一个科学家是没有错误的。假使信而错,那就上当不浅了! 自己固然一味迷信,情愿做古人底奴隶,但是还要引旁人亦入于迷途呢! 我们一方面研究,一方面就要怀疑,庶能不上老当呢!

如中国底历史,从盘古氏一直相传下来,年代都是有"表"(Table)的,"像煞有介事",看来很是可信。但是我们要怀疑,这怎样来的呢? 根据什么呢? 我们总要"打破砂锅问到底",究其来源怎样,要知道这年月的计算,有的是从伪书来的,大部分还是宋朝一个算命先生,用算盘打出来的呢。这哪能信呢! 我们是不得不去打破彼的。

在东周以前的历史,是没有一字可以信的。以后呢? 大部分也是不可靠的。如《禹贡》这一章书,一般学者都承认是可靠的。据我用历史的眼光看来,也是不可靠的,我敢断定它是伪的。在夏禹时,中国难道竟有这般大的土地么? 四部书里边的经、史、子三种,大多是不可靠的。我们总要有疑古的态度才好!

三、系统的研究 古时的书籍,没有一部书是"著"的。中国底书籍虽多,但有系统的著作,竟找不到十部。我们研究无论什么书籍,都宜要寻出它底脉络,研究它的系统。所以我们无论研究什么东西,就须从历史方面着手。要研究文学和哲学,就得先研究文学史和哲学史。政治亦然。研究社会制度,亦宜先研究其制度沿革史,寻出因果的关系,前后的关键,要从没有系统的文学、哲学、政治等等里边,去寻出系统来。

有人说,中国几千年来没有进步,这话荒谬得很,足妨害我们研究的兴趣。更有一外国人,著了一部世界史,说中国自从唐代以后,就没有进步了,这也不对。我们定要去打破这种思想的。总之,我们是要从从前没有系统的文学、哲学、政治里边,以客观的态度,去寻出系统来的。

四、整理 整理国故,能使后人研究起来,不感受痛苦。整理国故的目的,就是要使从前少数人懂得的,现在变为人人能解的。整理的条件,可分形式内容二方面讲:

(一)形式方面:加上标点和符号,替它分开段落来。

(二)内容方面:加上新的注解,折中旧有的注解。并且加上新的序跋和考证,还要讲明书底历史和价值。

我们研究国故,非但为学识起见,并为诸君起见,更为诸君底兄弟姊妹起见。国故底研究,于教育上实有很大的需要。我们虽不能做创造者,我们亦当做运输人——这是我们底责任,这种人是不可少的。

(本文为1921年7月胡适在东南大学的演讲,枕薪记录,原载1921年8月4日上海《民国日报·觉悟》副刊,又载1921年8月25日《东方杂志》第18卷第16期"最录"栏)

再谈谈整理国故

鄙人前年曾在贵校的暑期学校讲演过一次整理国故,故今天的题名曰再谈谈整理国故。那时我重在破坏方面提倡疑古,今天要谈的却偏于建设方面了。我对人说:我国各种科学莫有一种比得上西洋各国,现在要办到比伦于欧美,实在不容易,但国故是我们自己的东西,总应该办来比世界各国好,这种责任,是放在贵校与北大的国学系,与有志整理国故者的肩上,盼望诸君努力!

"国故"二字为章太炎先生创出来的,比国粹,国华,……等名词要好得多,因为它没有含得有褒贬的意义。现在一般老先生们看见新文化的流行,读古书的人日少,总是叹息说:"西风东渐,国粹将沦亡矣!"但是把古书试翻开一看,错误舛伪,佶屈聱牙,所在皆是,欲责一般青年皆能读之,实属不可能,即使"国粹沦亡",亦非青年之过,乃老先生们不整理之过。故欲免"国粹沦亡"之祸,非整理国故,使一般青年能读不可!据我个人意见,整理之方式有四种:

1. 最低限度之整理——读本式的整理
2. 索引式的整理
3. 结账式的整理
4. 专史式的整理

1. 读本式的整理

这种方式,即是整理所有最著名的古书,使成为普通读本,使一般人能读能解。现在一般青年不爱读古书,确是事实,但试思何以青年不爱读古书呢?因为科学发达的原故吗?西洋文化输入的原故吗?学校里课程繁重的原故吗?我敢说都不是重要的原因,实因莫有人整理,不容易读懂的原故;我已于上文说过了,试举个例来证明;Shaksespeare 的《莎氏乐府》与 Milton 的《失乐园》及现在的《圣经》Bible 的原本不是很难懂的吗?何以现在英美人个个都能读呢?并不是英美人爱读古书,我国青年不爱读古书,实在因《莎氏乐府》,《失乐园》,《圣经》有很通俗最易解的译本罢了!但这种整理,要具有下列五种方法:

(1)校雠 古书中有许多本来是很易懂,往往因传写或印刻的错误,以致佶屈的,如《论语》中:"君子耻其言而过其行"一句中的"而"字,很不易解,但依别本"而"字为"之"字,则明畅易懂了,故依据古本,或古书,引用的原文来校对,是整理国故中的最重要的方法。

(2)训诂 训诂即下注解,因从古至今,语言文字,经过许多变迁,故有些句子初学不易看懂,故注解亦是必需的;但注解不宜滥用,须有下列二条件,才下注解:(甲)必不可少——因为有许多书很明白,加了注解,反使读者不了然。(乙)要有根据——注解不能随个人主观的见解妄下,须根据古字典,或古注,或由上下文比较,始能得确凿的意义。

(3)标点 有许多书加上标点,它的意义,气态就完全明白了,不必加注解了!故标点亦是很重要的!

(4)分段 我国文章,多系一气写成,以致思想,意义,初学者不易看出,若一经分段,则于作者的思想,意义,极易看出,节省读者的精力不少。

(5)介绍 我们要彻底了解一部书,对于作者之历史,环境,地位,……不能不知道,故宜于每部古书之前,作以上所说种种之简单介绍与批评,于初学者补助不少。

有以上五种方法来整理古书,则读本式的整理即成功了,恐怕青年人也爱读古书了!

2. 索引式的整理

索引怎样解呢?如以绳索钱,使能提纲絜领也。西洋书籍,差不多每本都有索引(Index),检查非常便利,而我国的书没有一本有的,如问一个稍不著名的人为何时人,则非检查许多书不能觅得,有时竟查不出，这是何等痛苦啊！后来汪辉祖著《姓氏韵编》，看起来很平常，然而后学者却受惠不少了！但很不完备，现在非有人出来作这工作不可，这种工作并不难，中等人材都可以干的。我很希望大家起来合作！

3. 结账式的整理

怎么叫结账式的整理呢？譬如说：以前有许多学者说《尚书》中有许多篇为东晋梅颐所上的伪书；有些人又说不是；又古今文之争，至今亦未决，又如有人说《诗经》的小序是子夏作的，有人又反对，我们应当把自古迄今各家的聚讼结合起来，作一评断，好像商家在年底结账一样，所以叫做结账式。有这种整理，初学者就不至陷入迷途了！

4. 专史式的整理

有以上三种方式之整理了，然后就各种性质类似的古书，纂集起来作为一种专史，如诗赋史，词曲史……等类是也，这种整理，能使初学者不耗几多脑力，即能知国学中各门之源流及其梗概了！

以上把各种方式及方法说完了，再来谈谈实际的整理：我既主张用以上几种方式整理国故，所以我就选了《诗经》来做第一种方式的整理——即读本式的整理——及至我把《诗经》看一遍后，才知数千年来许多大经师都没有把《诗经》弄明白；我并不是说我弄明白了，但我敢大胆说，至少要比古人多明白一点；譬如《诗经·大雅·公刘》章云："于'胥'斯原"的"胥"字，以前注《诗经》者都当作"相"字解，但实在讲不通，试问"于相斯原"又怎样讲呢？但我们用比较法观之，则一望而知"胥"为一地名，因其余两章有"于京斯依""于豳斯馆"同文法的句子，注云"京"，与"豳"皆地名，则"胥"为地名无疑了！又《召南·采蘋》章云："于以采蘋，南涧之滨，于以采藻，于彼行潦"一章，不知注解说些什么！但我们若将原文加上标点，成为"于以采蘋？南涧之滨；于以采藻？于彼行潦。"则为很明白的一问一答的句子了，意即一问：那里去采蘋呢？一答：到南涧之滨去采；又问：那里去采藻呢？一答：于彼行潦去采，由上二例，可见古人实在没有把《诗经》弄明白了！这种工作，在清代已经很发达了，如王念孙父子之《经传释词》,俞樾之《古书疑义举例》……等书,都是用这种方法做成的,不过他们的方法还未十分精密,不能使人满意,如译某字为某词,——如译"焉"为语助词——究竟某词又如何解呢？他们就答不出来了！

以上所讲几种整理国故的方式,都是很容易办到的,只要中材的人,有了国学常识,都可以做,希望诸君起来合作,把难读难解的古书,一部一部的整理出来,使人人能读,虽属平庸,但实嘉惠后学不少了！

（本文为1923年12月3日胡适在东南大学国学研究班的演讲,叶维笔记,原载1924年2月25日《晨报副镌》）

中国近一千年是停滞不进步吗？

这篇演讲是要尝试解答一个最难解的中国之谜，就是中国停滞不进步这个谜。韦尔士先生在他的《世界史纲》里用最简明的话把这个谜写出来："中国文明在公元〔七〕世纪已经到了顶点了，唐朝就是中国文明成就最高的时代；虽然它还能慢慢地、稳健地在安南传布，又传入柬埔寨，……从此以后一千年里，除了这样地域的进展之外，使中国文明值得记入这部《史纲》的不多。"

我要提出的解答就是实在不承认这个谜，绝对没有一个中国停住不动一千年之久，唐代的文明也绝不是中国文明成就最高的时代。历史家往往被唐代文化成就的灿烂迷了眼，因为那些成就与光荣的唐代以前不止四百五十年的长期纷乱和外族征服对照，当然大显得优胜。然而仔细研究整个的中国文化史，我们便容易相信七世纪的唐代文明绝不是一个顶点，而是好几个世纪的不断进步的开始。

首先，七世纪没有印刷的书籍。雕板印刷是九世纪开始的，而大规模的印书要到十世纪才有。第一批烧泥作的活字是十一世纪中发明的，用金属作的活字还要更晚，试想这些大发明使初唐的书和手抄本时代以来文明的一切方面发生了何等可惊的变化！

甚至唐代的艺术，虽然极受人赞美，也只是一个开始，而且若与宋朝和晚明的艺术作品相比只能算是不成熟的艺术。我们尽管承认唐画的一切宗教感情和精细的技巧，却不能不承认后来中国绘画的成就，尤其是那些有诗人气味的，有理想主义气味的山水画家的成就，大大超过了唐代的艺术家。

在文学方面，唐代出了一些真正伟大的诗人和几个优美的散文作家。但是没有史诗,没有戏曲,没有长篇小说,这一切都要在唐代以后很久才发展起来。最早的伟大戏曲出现是十三世纪,伟大的长篇小说是十六、十七世纪。抒情的歌、戏曲、短篇故事、长篇小说,这种种民间文学渐渐大量发展,构成近代中国文明历史最重要而有趣味的一章。

但是七世纪以后最大的进步还是在宗教和哲学的领域。

古中国的文明在基督纪元的最初七百年里遭遇两个大危险——蛮族征服北部,佛教完全支配全国。北方的蛮族是渐渐被本土人民同化了,然而佛教始终是中国最有势力的宗教。男男女女抛弃家庭去做和尚,做尼姑;在古代各种族中大概是最有理性主义倾向的民族竟变得这样狂热,所以自残自虐成了风气,着了魔的和尚有时用布浇了油,裹住自己的手指、臂膀,甚至于整个身体,然后自己用火烧,作为对佛教一位神的奉献。

但是中国人的民族心理渐渐又恢复过来了,渐渐对佛教的支配起了反抗。中国的佛教徒开始抓到这个新宗教的基本教义而丢掉那些不要紧的东西。快到七世纪末,从广州出来的一位和尚建立了禅宗的叫作"南宗"的一派,发动了佛教的大革命。近代的研究指示我们,这在根本上是一个中国的运动,凡这个运动自称"直接天竺佛教正统"的话都是很少历史根据的,或者全没有历史根据的。禅宗在十世纪、十一世纪实际上已经压倒了一切其他宗派,对于一切仪式主义,形式主义,文字主义都要反抗,告诉人得解救的途径只在我们本身之内。最要紧的事是懂得人的天然纯洁完全的真正本性。九世纪的伟大的禅宗和尚们不怕把佛像烧掉,把"十二部经"当作废纸。这个唯智主义的禅宗离大乘佛教之远,正等于乔治·福克司的宗教离中古基督教之远。历史家当然不能忽视这个长时期的"禅宗改革"(700—1100)。在这段改革里,佛教本身堕落到了最恶劣的喇嘛教种种形式,摩尼教、祆教、景教、基督教,以及别的宗教也正侵入中国,而中国人的头脑坚决摆脱印度的大宗教,铺下了宋朝的本国世间哲学复兴的路。

唐朝有一件可注意的事,就是完全没有独创的学术和现世的思考。唐朝最有名的学者如韩愈、李翱,只是平庸不足道的思想家,但是四百年的禅宗训练终于能够产生一个辉煌的哲学思考的时代。

禅宗虽然是唯智主义的,在根本上还是神秘主义的,超现世的;禅宗的中心问题还是靠知识解放使个人得救这个问题。就这方面说,禅宗对于从来不大注意个人得救问题的中国头脑还不十分相合。因此自宋朝以下新儒家哲学的复兴便是更进一步脱开中国佛教的神秘主义,把注意力重新用到人生与社会与国家的实在问题上。

哲学的第一阶段的结果是朱子(死 1200)一派得了很高的地位。这一派虽然承认潜思默想的价值,还是倾向于着重由"格物"来扩张知识的重要性。第二阶段(1500—1700)又有王阳明(死1528)学派的神秘主义的复活,阳明的唯心哲学在中国和日本都有很大的势力。这两个学派,虽然都是明白反佛教,却从没有完全脱掉中古中国佛教时代传下来的"宗教性"的人生观,这个人生观往往还妨碍新儒家哲学的基本上是理性主义的趋向充分发达。

然而十七世纪又开始了一个新时代。十七、十八世纪有第一等头脑的人抛开了宋、明的哲学思考,认为那都是武断的,无用的,而把他们的精力用在靠纯粹客观方法寻求真理上。因此,顾炎武(死1681),开创中国科学的音韵学的人,在他的关于古音的大著作里往往用一百个例来证明一个古音。知识必须是客观的,理论必须以实证为根据:这就是那个时代流行的精神。我们有理由把那个时代叫做"科学的"时代,不是因为有摸得到的征服自然的成就,而是因为有真正的科学态度和方法浸透了那个时代的一切校勘学研究、历史研究。正是前朝的这种科学传统使我们至少有些人在近代科学研究的各个领域里能够感觉心安理得。

我想,我所说的话已经够表示中国在近一千年里不是停滞不进步了。我们很高兴而且诚心诚意地承认,中国在这些世纪里的成就比不上近代欧美在近二百年里所做到的奇迹一般迅速的进步。种种新的条件,都是乐天知命的东方各民族所不曾经历过的条件,都要求迅速而激烈的变化,西方各民族也的确成就了这样的事业。我们正因为没有这样逼迫人的需要,所以多少养成了不可破的乐天知命的习惯,总是用优闲得多的方法应付我们的问题。我们有时甚至于会认为近代欧洲走得太快了,大概正仿佛一个英国人往往藐视近代美国人,觉得他们过分匆忙。

然而这种差别只是程度的差别,不是种类的差别。而且,如果我所提出的历史事实都是真实的,——我相信都是真实的——我们便还有希望,便不必灰心。一个民族曾证明它自己能够在人生与文明的一切基本方面应付自己的问题,缓慢而稳健地求得自己的解决,也许还可以证明它在一个新文明、新训练之下不是一个不够格的学生。因为,用一个英国大诗人的话来说:

> 我们是大地的古[主]人,
> 正当着时代的清晨。
> 于是睡着,于是又觉醒,
> 经历新奇,灿烂,光辉
> 的年岁,我们会采取吸收
> 变化的花朵和精髓。

(本文为1926年11月11日胡适在英国剑桥大学的演讲,英文稿载 Cambridge Review 第48卷第1176期,中译文收入徐高阮《胡适和一个思想的趋向》)

中国历史的一个看法

历史可有种种的看法,有唯心的,唯物的,唯人的,唯英雄的,……各种看法,我现在对于中国历史的看法,是从文学方法的,文学的名词方面的,是要把它当作英雄传,英雄诗,英雄歌,一幕英雄剧,而且是一幕英雄悲剧来看。

民族主义是爱国的思想,英国有名的先哲曾说过:"一个国家要觉得它可爱时,是要看这个国家在历史上是否有可爱之点",中国立国五千年,时时有西北的蛮族——匈奴、鲜卑……不断的侵入,可说是无时能够自主的,鸦片战争又经过百年,而更有最近空前的危急,在此不断的不光荣的失败历史中,有无光荣之点,它的失败是否可以原谅,在此失败当中,是否可得一教训。

这一出五千年的英雄悲剧,我们看见我们的老祖宗继续和环境奋斗,经过了种种失败与成功,在此连台戏中,有时叫我们高兴,有时叫我们着急,有时叫我们伤心叹气,有时叫我们掉泪悲泣,有时又叫我们看见一线光明,一线希望,一点安慰,有时又失败了,有时又小成功了,有时竟大失败了,这戏中的主人翁,是一位老英雄——中华——他的一生是长期的奋斗,吃尽了种种辛苦,经了种种磨难,好像姜子牙的三十六路伐西岐,刚刚平了一路,又来了一路,又好像唐三藏西天取经,经过了八十一大难,刚脱离了一难,又遭一难似的,这样继续不断奋斗,所以是一篇英雄剧,磨难太多,失败太惨,所以是一篇悲剧。

本来在中国的文字中——戏剧中、小说中,悲剧作品很少,即如《红楼梦》一书,原是一个悲剧,而好事者偏要作些圆梦、续梦、复梦等出来,硬要将林黛玉从棺材里拿起来和贾宝玉团圆,而认为以前的不满意,这真不知何故,或者他们觉得人类生活本来是悲剧的,历史是悲剧的,因此却在理想的文学中,故意来作一段团圆的喜剧。

在这老英雄悲剧中,我们把他分作几个剧目,先说到剧中的主人,主人是姓中名华——老中华,已如上述,舞台是"中国",是一座破碎的舞台,——穷中国,老天给我们祖宗的,实在不是地大物博,而是一块很穷的地方,金银矿是没有的,除东北黑龙江和西南的云贵一部分外,都是要用丝茶到外国去换的,煤铁古代是不需要的,土地虽称广阔,然可耕之地不过百分之二十,而丝毫无用的地却有三分之一,所以我们的祖宗生下来,就是在困难中。

这剧的开始,要算商周,以前的不讲,据安阳发掘出来的成绩,商代民族活动区域,只有河南、山东、安徽的北部,河北、山西南部的一块,也许到辽宁一部,他们在此建设文化时,北狄、南蛮不断的混入,民族成了复杂的民族,在此环境之下,他们居然能唱一出大戏,这是一件很了不得的事情。我们现在撇开了"跳加官"一类开台戏,专看后面的几幕大戏。

第一幕　老英雄建立大帝国　第二幕　老英雄受困两魔王　第三幕　老英雄死里逃生　第四幕　老英雄裹创奋斗　第五幕　老英雄病中困斗

第一幕　老英雄建立大帝国

中国有历史的时期自商周始,驰[疆]域限于鲁豫,已如上述,在商代社会中迷信很发达,什么事情都问鬼,都要卜,如打猎、战争、祭祀、出门……事无大小,都要把龟甲或牛骨烧灰,看他的龟纹以定吉凶,在此结果,而发明了龟甲、牛骨原始象形的文字,这文字是很笨的图画,全不能表达抽象的意思,只能勉强记几个物事名词而已,在这正在建设文化的时候,西方的蛮族——周,侵犯过来了,他具强悍的天性,有农业的发明,不久把那很爱喝酒的、敬鬼的、文化较高的殷民族征服了,这一来,上面的——政治方面是属于周民族,下面的就是属于殷民族,二民族不断的奋斗:在上面的周民族很难征服下面的殷民族,孔子虽是殷人(宋国),至此很想建设一个现代文化,故曰"吾从周",而周时,也有人见到两文化接触,致有民族之冲突,所以东方(淮水流域)派了周公去治理,南方(汉水流域)派了召公去治理,封建的基础,即于此时建设,但是北狄、南蛮在此政治之下经了长期的斗争,才将他们无数的小国家征服,把他们的文化同化,以后才成七个大国家,不久遂成一个大帝国。

至于文字方面,也是从龟甲上的,牛骨上的,不达意的文字,经过充分的奋斗,而变为后代的文字,文学方面、哲学方面、历史方面,都得着可以达意的记载,这是一件很不容易的事情。

在周朝的时候,许多南蛮要想侵到北方来,北边的犬戎也要侵到南部去,酝酿几百年,犬戎居然占据了周地,再经几百年,南方也成了舞台的部分。

此时的建设期中,产生了一个"儒"的阶级,儒本是亡国的俘虏——遗老,他本是贵族阶级,是文化的保存者,亡国以后,他只得和人家打打官司,写写字,看看地,记记账,靠这类小本领混碗饭吃而已(根据《荀子》的《非十二子》篇),这班人——"儒"一出来,世界为之大变,因为他们是不抵抗者、是懦夫,我们从字义看,凡是和儒字同旁的字眼,都是弱的意思,如需(耎)字加车旁是软弱的輭(软)字,加心旁是懦字,加子旁是孺字,是小孩子,他们是唱文戏的,但是力量很大,因为他们是文化传播者,是思想界,老子后世称他为道家,但他正是"儒"的阶级中之代表,他的哲学是儒的哲学,他的书中常把水打譬喻,因为水是最柔弱的,最不抵抗的,这就是儒的本身,他们一出,凡是唱武戏的,至此跟着唱起文戏来了,幸而在此当中,出来一个新派,这就是孔子,他的确不能谓之儒者,就是儒者也是"外江"派,他的主张是"杀身成仁",他说:"志士成仁,有杀身以成仁,无求生以害仁",又说:"士不可以不弘毅,任重而道远,人以为己任,死而后已",这完全和老子相反,老子是信天的,主自然的,而新派孔子,是讲要作人的,且要智仁勇三者都发达,他是奋斗的,"知其不可而为之",这就是他的精神,新派唱的虽也是文戏,但他们以"有教无类"打破一切阶级,所以后来产生孟子、荀子、弟子李斯、韩非,韩非虽然在政治上失败,而李斯却成了大功,造成了一个大帝国。(第一幕完)

第二幕　老英雄受困两魔王

不久汉朝兴起来了，一班杀猪的，屠狗的，当衙役的……起来建设了一个四百年的帝国，他们可说得上是有为者，如果没有他们的奋斗，则决不会有这四百年的帝国，但是基础究未稳固，而两个魔王就告来临！

第一个魔王——野蛮民族侵入，在汉朝崩溃的时候，夷狄——羌、匈奴、鲜卑都起来，将中国北部完全占领（300至600），造成江左偏安之局。

第二个魔王——印度文化输入，前一个魔王来临，使我们的生活野蛮化，后一个魔王来临，就是使我们宗教非人化，这印度文化侵略过来，在北面是自中央亚细亚而进，在南方是由海道而入，两路夹攻，整个的将中国文化征服。

原来中国儒家的学说是要宗亲——"孝"，要不亏其体，因为"身体发肤，受之父母，不敢毁伤"，将个人看得很重，而印度文化一来呢？他是"一切皆空"，根本不要作人，要作和尚，作罗汉——要"跳出三界"，将身体作牺牲！如烧手、烧臂、烧全身——人蜡烛，以献贡于药王师，这风气当时轰动了全国，自王公以至于庶人，同时迎佛骨——假造的骨头，也照样的轰动，这简直是将中国的文化完全野蛮化！非人化！（第二幕完）

第三幕　老英雄死里逃生

这三百年中——隋、唐时代是很艰难的奋斗，先把北方的野蛮民族来同化他，恢复了人的生活，在思想方面，将从前的智识，解放出来，在文学方面，充满了人间的乐趣，人的可爱，肉的可爱，极主张享乐主义，这于杜甫和白居易的诗中都可以看得出，故这次的文化可说是人的文化。再在宗教方面，发生了革命，出来了一个"禅"！禅就是站在佛的立场上以打倒佛的，主张无法无佛，"佛法在我"，而打倒一切的宗教障、仪式障、文字障，这都成功了，所以建设第二次帝国，建设人的文化和宗教革命，是老英雄死里逃生中三件大事实。（第

三幕完）

第四幕　老英雄裹创奋斗

老英雄正在建设第三次文化的时候，北方的契丹、女真、金、元继续的侵过来了，这时老英雄已经是受了伤，——精神上受了伤（可说是中了精神上的鸦片毒，因为印度有两种鸦片输到中国，一是精神上的鸦片烟——佛，一是真鸦片），受了千年的佛化，所以此时是裹创奋斗，然而竟也建立第三次大帝国——宋帝国，全国虽是已告统一，但身体究未复元，而仍然继续人的文化，推翻非人的文化（这段历史自汉至明，中国和欧洲人相同，宗教革命也是一样），范文正公的"先天下之忧而忧，后天下之乐而乐"，和王荆公的变法，正与前"任重而道远"的学说相符合。

在唐代以前，北魏曾经辟过佛，反对过外国的文化，禁止胡服胡语即其例，但未见成功，而在唐代辟佛的，如韩愈，他曾说过："人其人，火其书，庐其居"，三个大标语，这风气虽也行过几十年，但不久又恢复原状，然在这一次，却用了一种软工夫来抵制这非人的文化，本来是要以"人的政治""人的法律""人的财政"来抗住它的，但还怕药性过猛，病人受纳不起，所以司马光、二程等，主张无为，创设"新的哲学""新的人生观"，在破书堆中找到一本一千七百几十个字的《大学》来打倒十二部大佛经，将此书中的"格物""致知""正心""诚意""修身""齐家""治国""平天下"这一套，来创造新的人的教育，新的哲学，新的人生观，这实在是老英雄裹创奋斗中的一个壮举，但到了蒙古一兴起，老英雄已筋疲力竭，实在不能抵抗了！（第四幕完）

第五幕　老英雄病中困斗

这位老英雄到明朝已经是由受创而得病了，他的病状呢？一是缠足，我们晓得在唐朝被称的小脚是六寸，到这时是三寸了，实在是可惊人！二是八股文章，三是鸦片由印度输入，这三种东西，使老英雄内外都得病症。

再有一宗，就是从前王荆公的秘诀已被人摒弃了，本来他的秘诀一是"有为"，一是"向外"，但一班的习静者，他们要将喜怒哀乐等，于静坐中思之，结果是无为，是无生气，而不能不使这老英雄在病中困斗。

清代的天下居然有二百余年，这实是程朱学说——君臣观念所致，因为此时的民族观念抵不住君臣的名分观念，不过老英雄在此当中，而仍有其成绩在，就是东北和西南的开辟，推广他的老文化，湖南在几十年前，在政治上占有极大势力，广东、广西于此时有学术上的大贡献，这都是老英雄在病中的功绩，他虽然在政治上失地位，然而在学术上却发生一种"实事求是"的精神——科学的精神，而成就了一种所谓的"汉学"，这种新的学术，是不主静而主动的，它的哲学是排除思想而求考据，考据一学发生，金石、历史、音韵，各方面都发达，顾亭林以一百六十二个证据，来证明"服"字读"逼"字音，这实在具有科学之精神，不过在建设这"人的学术"当中，老英雄已经是老了，病了！

尾　声

这老英雄的悲剧，一直到现在，仍是在奋斗中，他是从奋斗中滚爬出来，建设了人的文化，同化了许多蛮族，平了许多外患，同化了非人的文化，从一千余年奋斗到如今，实在是不易呀！这种的失败，可说是光荣的失败！在欧洲曾经和我们一样，欧洲过去的光荣，我们都具备着，但是欧洲毕竟是成功，这种原因，我认为我们是比他少了两样东西，就是少了一个大的和附带一个小的，大的是科学，小的是工业。我们素来是缺乏科学，文治教育看得太重，我们现在把孔子和其同时的亚里士多得、柏拉图来比一比，柏拉图是懂得数学的，"不懂数学的不要到他门下来"，亚里士多得同时是研究植物的，孔子较之，却未必然吧？与孟子同时的欧几里得，他的几何至今沿用，孟子未尝能如此吧？在清代讲汉学的时候，虽说是有科学的精神，却非加利莱用望远镜看天文，用显微镜看微菌，以及牛顿发明地心吸力可比，所以中西的不同，不自今日始，我们既明白了这个教训，比欧洲所缺乏的是什么？我们知道了，我们的努力就有了目标，我们这老英雄是奋斗的，希望我们以后给他一种奋斗的工具，那末，或者这出悲壮的英雄悲剧，能够成为一纯粹的英雄剧。

（本文为1932年12月1日胡适在武汉大学的演讲，收入1966年台北文星书店出版的《胡适选集》演讲分册）

考证学方法之来历

我觉得很抱歉，辅仁大学的很多朋友几次要我来说几句话，可是一年以来，在外面跑了半年，很少时间，直到今天，才得和诸位见面，今天是应辅仁大学国文系之约来的，想到的"考证学方法之来历"这个题目，是和国文系有关系的，而与别的同学也有直接的或间接的关系，因为近几年来，研究考证学方法之来历的渐渐多了，而中国近三百年的学问和思想，很受考证学的影响。

考一物，立一说，究一字，全要有证据，就是考证，也可以说是证据，必须有证据，然后才可以相信。

近三百年始有科学的，精密的，细致的考察，必有所原，许多人以为是十七世纪西洋天主教耶稣会教士带到中国来的，如梁任公先生就是这样主张着。

在一千六百年左右，利玛窦来到中国，继之若干年，经明至清朝康熙雍正年间，有许多有名的学者到中国来，他们的人格学问，全是很感动人的，并且介绍了西方的算学，天文学等十六世纪，十七世纪的西洋科学，恐怕中国的思想界学术界受到他们的影响。

中国考证学家，清代考证学开山祖师顾亭林和阎若璩，全生于利玛窦来华之后，顾亭林生于1613年，阎生于1636年，利玛窦则是1581或1582年来华的，顾亭林考证古音，他的方法极其精密，例如"服"字，古音不读"服"音，而读"逼"音，他为了考证这一字，立这一说，举出一百六十二个证据来证实，在他的著书里，立一说，必要证据，许多字的考证都是这样，阎若璩考证《古文尚书》，也是这样，《尚书》有两种，西汉时候的《今文尚书》，有二十八篇，到了晋代，又出了一种《古文尚书》，有五十三篇，于前一种的二十八篇之外，又增加了二十五篇,文字好,易了解,谈政治,道德,很有点哲学味,内容丰富,因为它是用古文字写的,所以称做《古文尚书》,当时有人不相信,渐渐的也就相信了,至唐代以后,《古文尚书》成为正统,没有疑心它是假的了,到了清代,阎若璩著书《尚书古文疏证》,把假的那些篇,一篇一句,都考出它的娘家,打倒了《古文尚书》。

清代的学术,是训诂,考据和音韵,顾亭林考证音韵研究训诂,阎若璩考证古书真伪,他们两人,全是十七世纪的人,在利玛窦来华以后,这样看来,岂不是西洋的科学影响了中国的考证学了吗。

另一个证据,西洋学者带来了算学,天文等,曾经轰动一时,那时候,自己知道中国历法不够用,常常发生错误,推算日蚀和月蚀也不准确,当时的天文学有三派,一派是政府的钦天监,一派是回教的回回历,一派是中国私人魏氏历法,西洋于十六世纪后改用新历,是最新,最高,最进步的了,带到中国之后,又有了这个第四派,中国政府不能评定那一种历法准确,就想了一个法子,每一种都给他一个观象台,让他们测算日蚀,从何年何月何日何时开始,至何时退蚀,来考究他们,因为历法和日常生活很有关系,全中国都注意这一回事,二十年的长时间考证的结果,处处是西洋方法占胜利,并且,因为日蚀推算,如果阴雨,就不能看出来了,所以同时测算四川成都,陕西西安,山东济南和北京四个地方,清政府派人到四个地方视察报告,当然不会四个地方都赶上阴雨,结果,别几种都差得很远,而耶稣会教士的新科学方法占了胜利,明代崇祯末年,政府颁布了使用新法,而这一年,明朝就亡了,清代继续采用,直到1912年,民国改元之后,用了新历,而方法还是一样的,清代的考据家,没有不曾研究过算学的,如戴东原,就是一位算学家,有清一代的考证学,就是在西洋算学影响之下,算学方法,就是要有证据。

我个人是怀疑这种说法的,对于当时的西洋学者的人格,学问,我都很钦佩,他们也留下深刻的影响,前读中国的徐光启的三卷信札,更增加了钦佩之意,中国许多革新人物,全受过他们的影响,但是,要说考证学的方法,是由天主教耶稣会教士带来的,到今日为止,还没有充分的考据,前面说过的证明,还不能承认,今天所讲的,就是要特别提出个人的见解,以就正大家,请对于我们怀疑的,加以怀疑,或者更有新的收获。

前面所说的影响,很少可以承认的,顾亭林就不是算学家,阎若璩也是到了晚年算《春秋》,《左传》,《汉书》中的纪年和日蚀,因为那与历法有关系,才开始学算学的,所以不能受它的影响,而且是已经做了考证学家才学算学的,如王念孙也不是算学家,至少,不是受他的影响,我们只能承认算学影响历法,影响思想,而和考据学没有关系,在西洋,天文学,算学,物理学全很早就发达了,而西洋的历史,文学的考据,到十九世纪才发达,假如天文学,算学等能够影响考据,一定会很早就产生了,而西洋竟是很晚的,所以它并不能影响人怀疑和找证据,至于宗教家所提倡的是使人信,不是使人怀疑。

以时代关系来证明,是错误的,清代两考证学大师,顾亭林有他的来历与师承,阎若璩亦有他的来历与师承。

在音韵方面,顾亭林的方法是立一说,证一字,必要有证据,证据有两种,本证和旁证,如同证《诗经》字韵的古音,从《诗经》中找证据,曰本证,从《老子》,《易经》,《淮南子》,《管子》,《楚辞》等书里的方韵来证《诗经》,曰旁证,这种方法,在顾之前,有福建人陈第,作过一本《毛诗古音考》,就用了这种方法,是顾亭林的本师,《毛诗古音考》著于1604年,出版于1606年,利玛窦虽已来华,而北来第一次是1596年,第二次是1602年,短时期内受到影响,是不可能的,顾得自陈,毫无问题,而在陈第之前,还有崔铣,在1580年就考证过《毛诗》古音,再推上去,可到宋代,十二世纪,朱熹就是一位考证家。

再一个证据就是,阎若璩考据《尚书》,他的先师也来历明白,梅鷟,生死年月不可考了,他是1513年的举人,他作过一部《古文尚书考义》,用的方法和阎的一样,一一找出伪造的娘家,那个时候,还没有利玛窦,百年之后,书籍与方法更完备了,在梅鷟之前,可以推上去到元代,吴澄,他死于1333年,已经把《尚书》今文和古文的分开,述其真假,更上可推至宋代的朱熹,吴棫,他们已经疑惑《古文尚书》和《今文尚书》的不同,到了吴澄,就不客气的一一指出了假造的各篇的来历,是东抄西借,杂缀而成的,北宋的欧阳修,王安石,苏东坡,亦曾怀疑而研究之,在唐朝韩愈和柳宗元的文章中,亦提出考证,《论语》一书,经柳宗元的考证,知道是孔子的弟子的弟子所记,那是以常识作证据的。

总之,这种考证方法,不用来自西洋,实系地道的国货,三百年来的考证学,可以追溯至宋,说是西洋天主教耶稣会教士的影响,不能相信,我的说法是由宋渐渐的演变进步,到了十六七世纪,有了天才出现,学问发达,书籍便利,考证学就特别发达了,它的来历可以推到十二世纪。

现在时间还有一点,让我说一点别的。

考证的方法是立一说,必有证据,为什么到了宋代朱熹时候才发达呢,这是很值研究的,这也是一种考据,方才说过,考证学不来自西洋,是国货,可是它是怎样来的呢。

中国历史经过长的黑暗时期,学问很乱,没有创造,没有精密的方法,汉代是做古书的注解,唐代是做注解的注解,文学方面有天才,学术方面则没有,并且,这种方法在古代是不易的,那时候没有刻版书,须一一抄写,书籍是一卷一卷的,有的长至四五十尺,读后忘前,没有法子校勘,写本又常各不相同,没有一定的标准本,唐代有了刻版书,到了宋代才发达,如同书经,有国子监的官版本,有标准本后才能够校勘其他的刻本和抄本,这必须书籍方便才可以,毫无问题。

十一世纪,北宋后期,程颐、程灏提出格物致知来,一部一千七百五十字的《大学》,是有很大的关系的书,几百年来,受着它的约束,程氏兄弟发现了一千七百五十字里有五个字最重要,就是"致知在格物",《大学》中,每一句话都有说明,惟独这五个字没有,什么是格物,没有人知道,当时有五六十种"格物说",有解"格"为一个一个的格子的,有解"格"为"格斗"的,程氏兄弟提出重要的解释,格是到的意思,格物就是到物,所以说"格物即物,而穷其理",今天格一物,明天格一物,今天格一事,明天格一事,然后才可以致知,至于物的范围,由一身之中至天地之高大,万物之所以然,均在其内,这是当时的"格物说",有了中国的科学理想与目标,而没有科学方法,无从着手,中国从来的学术是(一)人事的,没有物理与自然的解释,(二)文字上的解释，而无物据，所以有理想，不能有所发展，如王阳明和一个姓钱的研究格物，对着一棵竹子坐了三天，毫无所获，王阳明自己对坐了七天，也是一样，于是很幽默的说了，圣贤是做不成了，因为没有那么大的气力来格物了，这个笑话可以证明当时有科学目标与理想而没有方法，这完全不同于西洋，从埃及，希腊，就和自然界接触，亚里斯多德于研究论理之外，自己采集动植物的标本做解剖实验，而孔夫子不过读《诗》而知鸟名罢了，中国没有这样背景，仅能像王阳明对竹而坐了。

程子，朱子感到这种格物办不通，就缩小了物的范围，由无所不包小到三件事：(一)读书穷理，(二)上论古人，(三)对人接物，朱子以后，就丢弃了大规模的格物而缩小，读书穷理也仅是读古经书了，所以士大夫就拿格物方法来研究古书了。

至于程朱格物的背景，我想，那时候没有自然科学，大概是由于科举时代，于做文章之外，还须研究"判"，考试的时候，拿几种案件，甲如何，乙如何，丙又如何，由士子判断是非，这样，必须多少有法律的训练，程明〔道〕送行状中记载着，他做县尉的时候，有听诉的训练，有今日的法官，律师，侦探的天才，从刑名之学得到找证据的方法，考，据，证，例，比等等全为法律上的名词，这方面的训练，在朱熹亦是有的。

朱熹亦是一个考据家，他三十岁的时候，校勘了一册语录，用三种钞本和一种刻本，他发现了刻本中多了百余条，其中五十多条是假的，就删去了，到他三十八岁的时候，找到了证据，就写了一篇跋，说明他的删掉的理由，他的注书也极审慎，他主张研究古书须学法家的深刻，才能穷究得进，他自己说，他的长处没有别的，就是肯用功，考证也是用法律方法，研究了一件，再研究了一件，不曾精细研究一本书，而牵引了许多别的，是一件错误。

他还有许多故事，可以证明他是受了律法的影响，做福建同安县主簿，知漳州，处理案件，是和考证一样的。

简括起来说，中国古代没有自然科学的环境，士大夫与外边无由接近，幸有刑名之学，与法律相近，科举时考"判"，做官时判案，尤须人证物证,拿此种判案方法应用在判别古书真伪,旧说是非,加以格物致知之哲学影响,而为三百年来考证学之来历,故纯为国货考证学,不会来自西洋的,将来有研究天主教耶稣会教士东来的历史专家提出新证据,我当再来辅仁大学取消我今天的话。

  天主教研究神学,有一很好的习惯,就是凡立一新说,必推一反对论者与之驳辩,此反对论者称做"魔鬼的辩护师",今天,我就做了一次"魔鬼的辩护师"。

(本文为 1934 年 1 月 11 日胡适在辅仁大学

的演讲,路絮笔记,原载 1934 年

1 月 12、13 日《华北日报》)

中国再生时期

几年以前,广西大学校长马君武——我的师长,曾经函嘱南来讲学;抱歉得很!当时因为个人在北方事务纷繁,一时未易分离,现在得一个机会到此,并且承马先生命讲题,就是"中国再生时期",在今天得和诸位谈谈。

什么叫做"再生时期"呢?我们知道,人类的个体生命历程,是从少壮而衰老而死亡,人类的个体生命到了"衰老"的时期,必然达于"死亡";决没有"返老还童",所谓"再生"时期的到临。那走江湖的人和报纸上的广告,竟有什么"返老还童药"发卖,那是欺人之谈,没有科学根据的诞言。但是人类集团的生活和国家民族的文化之演进,虽也是由少壮而衰老而死亡;但是在衰老时期如果注射了"返老还童"针,使获得了新的血脉,那么一朝焕发新的精神,从老态龙钟转变而振作有为,于是,国族的各方面都表现了新的活动,这个时期,历史家称为"再生时期"。

我们一读西欧的近代史,就知道西欧在中古时代曾经有过八百年到一千年的黑暗时代(Dark Age)。那时,欧洲一切的文物[明]俱已荒废,民族达于"衰老"的极度;但是到了黑暗时代的末期,因为获得了新的刺激,灌输了新的血液,于是老大颓衰的欧洲民族,到了十四、十五世纪便发生新的运动,返老还童,死里复活,成为欧西近几百年一切文物[明]发扬光大的基础,这便是"文艺复兴"(Renaissance)时代。我国向来翻译为"文艺复兴",实在有些欠当,应该是叫做复苏或再生时期,十四十五世纪是欧洲的再生时期,那么何时是中国的再生时期?试观近三四十年来——尤其是最近的二十年来,我国的一切文物[明]无论是社会制度,政治体系,经济组织,学术思想……

皆掀起了极大的变革，所以我相信，将来的历史家就要目这个时代为中国的"再生时期"。因为我国具有几千年的文化，然而，历史演进到了现在，已经表现中华民族的老大衰颓。过去中国的历史上，发生了多次的再生运动，交织起伏，希望促老大的中国返老还童；但是新的刺激奄弱，新的血液贫乏，终于未能成功。可是从历史的观点，我们知道现在中国"再生时期"的到临。

我国在中古时代，为宗教的迷信势力，和社会遗留的法制所蒙蔽，但知尊重个人的生命，不理解做人的意义；《孝经》所云："身体发肤，受诸父母，不可毁伤"，当时一般的人们，不但是尊重自己的身体，并且求所以扬名显亲，光宗耀祖，最低限度也要做到"无辱"的地步，使自身和父母在社会上有尊荣的地位，要不是，生不如死！到战国的时候，社会上表现了武士道的精神，许多人不但尊重人生的名誉，并且形成社会的侠义风尚和爱国牺牲的精神！民族渐渐有了复活的趋向。

但是不多久，受佛教和道教的影响，侠义牺牲的精神，潜灭于无形，民族日渐衰老，怕死，念佛，求仙，遍寻返老还童药丹以期长生不死，为着将来自身得入浮图，不惜以指头或手臂扎布浸油，在佛前燃烧作佛灯，表示信佛的虔诚，于是群起仿行，甚至竟以身殉，有的将整个身体缠布涂油，并且张贴布告："兹于某月某日在某某地方某某大和尚献身佛前"云云，使得万人空巷，争往观看；大和尚一面焚身，一面念佛，一面行礼，于是大家异口同声赞美，因为大和尚从此已经成佛升天，达到人生最高的目的。这种个体的牺牲，为想达到个人入浮图的梦想，与民族，国家，和人群没有丝毫的关系；和墨子"摩顶放踵利天下为之"的人生观大相违背，到了这个时候，民族复回到了衰老时期。一直中国给这种黑暗的潮流荡漾了好几百年！

到了唐代，渐渐地萌发了一点生机，爬出了这个黑暗的圈子，一般不再幻想升天成佛。首先在文学上，我们看到有了良好的改革，许多诗人如杜甫，白居易等不再从事去赞美自然，吟风弄月，开始描写社会的疾苦，出现了新的文学，达到了一个解放的时代。不但唐诗为我国历代最著名的，柳公权，颜真卿的书法，皆甚有名；就是散文方面也发生了很大的变革。在唐朝以前,六朝的文献形成,一般人作起文章,讲求对偶,造成四六句的骈体文,走上了荒谬的文学道,当时的文学已经失掉了作用,而表达吾人的感情,感觉和思想,遂不完全。直到唐朝的韩退之、柳宗元出来,才将这种不合文法的骈文废弃,主用"散文",当时的"散文",这就是现在我们所谓的"古文"。其结果,唐朝成为诗文最盛的一个时代,此外,在宗教方面,唐代也有相当的改革,如前所述,独善其身的佛教,渐进而成禅宗,从印度的佛教转变而为中国的禅宗,不立文字,不再打坐念经,见性成佛。所以唐代是中国一个再生的时期。但是,毕竟因为这时所遭受的刺激太小,新血液的灌输不足,过后,又回到了衰老的时期。

到了宋时,离现在九百余年,中国又渐渐表露复活的趋势,无论是在文学上,思想上,政治上等各方面宋朝都充分表现新兴的气象。文学方面继续出现了几个新人物,如欧阳修、苏洵、苏轼、苏辙、曾巩、王安石,他们继起对于文字的努力,亦有了新的收获,造成文学革命,"古文"的格式于是形成,后人合唐之韩愈、柳宗元称为唐宋八大家,其中宋代占了六位,所以宋时在文学上又是一个再生时期。同时,在思想方面也有了极大的改变,从前的人生观为拜神求佛,但望个人延年益寿,避祸得福。在北宋时出了一个伟大的人物范仲淹氏。提出了一个新人生观,尝言:"士当先天下之忧而忧,后天下之乐而乐。"于是思想上表现了一个新时代,由个人主义走到利他主义的道上,要在人人还未曾有忧虑的时候,而自己去忧虑;但是快乐就是要到个个都享受了然后才到自己,这是宋代思想界一大革新。不到三十年,熙宁年间,王安石出来实行政治的大改革,但是恶势力强固,改革没有成功,继有程灏,程颐,朱熹一般人出来,主敬存诚穷理为本,另成了一个学派,他们不再希望做道士和尚,而且要在世界上堂堂正正地做一个"人",于是确立了一种理想的人生观,如《大学》首章所谓"格物,致知,正心,诚意,修身",但是这里的"修身"和中古时候所希望为神仙成佛祖的一种自私的,出世的观念不同,而是积极的,为社会的人生观,所以"修身"的后面,就是"齐家","治国",和"平天下",这一种新人生观的焕发,于是代替了中古时代宗教迷信的人生观。

从目的上说,由期望个人的超度推广而期望社会的改进,因此在思想方面宋朝的理学派不愧是我国历史上的一个再生时期。

然而,毕竟因为社会传统的旧势力膨胀,而新加入的血液不足,"治国","平天下",又是那样的艰深难行;不久,中国又回到了过去的时代,踏上从前的老路,文字方面从此跑上一个"做八股"的形式道上,体裁更坏。在思想方面,又回到静坐,拜佛,欲成神仙的圈里。一向积极的活动的人生观,转变而消极的死样的人生观,无所为而为;因着要做圣贤便要做到"格物致知"和"治国平天下",小民何敢奢望?"格物致知"的意义,原来正与近代的科学家理想相符,"物"的范围既然是这样广泛,包罗万有,单是要"格物",以穷究天地万物的道理,在那个时候,既没有客观的环境,生活上并没有感觉到切肤的需要,而科学研究上的设备,好像显微镜,望远镜等等都一样也没有的;而大家既不了解科学实验的方法,一般读书人但知朗朗念书,文质彬彬,长袍大袖又不用手足,那里说得科学的学习,因了这个缘故,"格物致知",只是讲讲而没有方法去实行。到明朝,王守仁主张"知行合一",但是"格物致知"做不到,于是想从自身下手,由静坐而提倡"良知"。初时,王阳明对于"格物穷理"等宋哲所提倡的思想,也愿笃信力行,只是行而不知其法。为着"格物",王阳明和他的门弟,先试"格"庭前"竹",解索"竹子为什么中空?"的道理,他的门徒坐守三天三夜,仍旧不获其理;王阳明不相信,自己亲身去守望沉思,也弄了七天七夜,仍旧,"竹子为什么中空?"的道理没有"穷"了出来,反弄得病体支离,于是认为"格物致知",那是干不通的;就改而提倡"良知良能",以个人的知觉为做学问的出发点,我们晓得,思想方面这又回到了沉没错误的途上,宋哲所提倡那积极的人生观和"格物穷理"的道理,为了历史上从来没有研究的遗风,和科学的背景设备等,于是昙花一现,思想上又返到了过去的时代!

每个时代都有一个再生时期,不在这方面或者就在那方面具有返老还童的趋势。古文改革到了明朝,一方面,文学是走到形式的死路上;一方面是在蕴蓄着蓬勃的生机。在明朝以前的元代,已经有了白话戏曲,明朝以来,白话的词曲,虽然仍旧存在,可是明代在文学上最伟大的杰作,是用白话写的小说,好像《三国志[演义]》,《西厢[游]记》,《水浒传》等都是历史上白话文长篇小说中不可多得的佳本,迄清时,又有《红楼梦》,《儒林外史》等小说出现,因此,这五百年来,文学上可以说是由古典的文学到了市民文学,为文学历史上一个新的阶段。但是,在这个时候,文学就分成了两个部位,像《三国志[演义]》,《水浒》这一类的文学作品,在当时目为低级文学,为社会中一般下层阶级的民众,像卖豆腐的,拉车的,缝纫的作为茶余饭后的读物;而一般士大夫阶级,仍旧在跑其"求功名"的道路,大做典试的八股文章。

总括来说,在历史我国是发生了好几次的再生运动,从各方面表露复苏的精神,唐代可谓是我国文学上的大改革,民族也表现一些生机;但是一会儿又转到了衰老时期。迄宋朝,文学又焕发了新生,并且思想上表露复活的气象,但是因为旧势力雄厚,新刺激,新血液贫乏,不久又朝八股文学的路儿跑。明代以后,白话文的兴勃,文学上又表现了一种生机;然而一般士大夫阶级仍在做古典应试的文学。所以我国历史上虽然有了好几次的"再生时期"交迭起伏,然而返老还童的目的,仍是没有达到。不过,历史演进到了现在,试观最近三十年中国各方面的活跃,我们觉得中国并没有死亡,过去的"再生运动"也不是完全失败,并且[还]依旧在继续的进行。我们从历史的观点来作一个比较,更证明现在中国所感应的刺激,所增加的新血液之强大,为历来所未有,这种新刺激新血液,有促中国复活的趋向,所以现在是中国的再生时期,恐怕也就是最末一次的再生运动。因为现在关于政治改革已经大功告成,而在文学改革,社会改革,学术改革诸端也就如狂风怒潮逐波而来,在在都充满了新的希望。现在分别说来:

一,政治改革:前昔我国历史上的各种改革不容易求得实现,这原因思想,文学,宗教的改革不敌政治上的压抑,往往思想和文学的改革,在政治上稍稍加以压力,即将一笔勾销,好像三十年前,光绪二十四年(即1898年)广东一般领袖如梁启超、康有为所领导戊戌维新运动,全国震动,思想为之一新,那时恭亲王亦立意变法,并颁布了关于政治，军事，教育等等数百件改革案，但是，还不够三个月，顽固的慈禧太后复垂帘听政，不赞成变法，于是，将皇帝幽禁，一般维新的党人，捉的捉，杀的杀，如火如荼的改革运动，就给这一位老太太轻轻地一笔勾销，这是给一般人的一个大教训，皇帝或一般谋臣想图改革，尚且还没有成功的希望，在个人方面或是没有地位的人更因着畏缩而消灭了改革的念头，倘若一不小心，给御史探悉，那么自己的身家性命，立刻不能保障；想在文学方面努力改革运动，更是没有办法，政治上的压力，立刻将加以取缔，或封报馆或停办书店，历史以来的文字狱，都是言论被钳制的结果。所以，政治的改革在再生时期，实在占着重要的地位，但自辛亥革命成功，中华民国成立，扫荡了几千年专制政治的积污，使中国开放新生的时代，而一切的革新运动，无论是在文学上，思想上，学术上的，才能够发荣滋长。因此，若果没有了辛亥的政治改革，那么中国一切再生运动都不能成立。所以中国政体的改革，实在是一切改革的惟一条件。

其次为文学改革：大概稍能涉猎西洋文学的，必能理解我国的文字，尚不足以应付生活上的需要，我国的古文为两千年前所形成的文字，这种文字到现在来如果要读通，最少要花费一个极长的时间，倘若要能够写作，那么需要更长期的训练，可是做的文章和讲的说话，毕竟又是两件事体，念着文章，普通一般人们听不懂，所以这种文字实在是一种"死的语言"，如果是用来教育儿童，或是用来宣传大众，那是毫无用处的工具，尚在专制时代，早已经有人感觉到改革的需要，可是这种改革并没有成功。

何以在过去这种文字的改革不能成功？最大的原因是当时社会环境还实行科举制度，将社会划分了两个阶级，一方面是上层阶级，有智识的，做官的；而又一方面是下层阶级的民众，拉车的，卖豆腐的，缝纫的……。这种"我"和"他"的界限划分以后，于是形成彼此的观念。但是环境是这样，如果要做人上人，你得学做八股文章，写端正的小楷，读古文；至于白话文虽然和普通言语音义相同，写语体文是一种实用的文学；可是上层阶级的智识分子，大家目为那是下等社会人们的读物，要想阅报，做官，丝毫没有帮助，因此改革的结果，遂遭失败。白话文虽然提倡，但是做八股的还是做八股。又因为，白话文为一般看不起，所以连下层阶级的劳苦民众，如果自己有了儿孙，还是要送去学做八股的文章，而白话文的改革，其结局，没有方法不归于失败的。

近十余年来，白话文的提倡，所以先从这一点下手，打破"我们"和"他们"的区分，彼此合一。我们觉得中国须有"新文学"，我们觉得白话文是"活的语言"，我们为要打破社会的歧视，所以无论是诗歌，小说，戏剧，传记，……都用白话文来写，而过去有价值的白话作品，更使在社会有机会发扬光大，无论社会的上下层，大家都对白话文发生好感，并且在生活上去应用，是这样，文学才可以改革。而近十余年以来，我们都在从事这种工作。

白话文的"白话"，和在两粤通俗所谓"白话"的意义，颇有不同，在两广说到"白话"，意思就是指"广话"而言，这里面也有一个来源的；因为从前表演粤戏的时候，舞台上表演的人，一方面是"唱"，一方面是"白"，所谓"白"就是"道白"，"道白"都是用"广话"，这在大众听起来，"唱"的有时不会懂得，却是"道白"的，往往听得清清白白，所以"广话"又叫做"白话"，但是在白话文所谓的"白话"，其意合"普通话"（或叫官话）相同，我国全国为同一的民族，是应该有同一的语言，这就是所谓"国语"。至于凡是可称做"国语文"的，必须具有两种条件：第一是全国流行最广，大家最容易懂得的方言，第二，要有写作的形式之标准，使大众易学易教。这几乎是全世界相同的道理，好像从前欧洲西部多用拉丁文字，但到现在，意大利就用意大利的语言文字，法兰西有法语法文，英国和德国也有其国语国文。但是意大利、法兰西、英、德等国，其国语的成立，也不外上述这两个条件，即要在全国流行最广和有其写作的形式。

在中国，语言方面流行最广的就是"白话"或叫"官话"，又叫"普通话"，我们试一看丁文江和翁文灏所制的《中国语言分布图》，我们就知道"普通话"在中国流行范围的广大，从北到俄边哈尔滨，由东三省而万里长城，长江一带，南到与安南毗连的云、贵；从东边南京起到西边的四川止，我们统观中国东南西北这一个大区域，那么包括了东三省,黄河流域,长江流域(江苏一部),云南,贵州和广西的一部,所以"普通话"流行的地方,在我国本部占百分之九十以上,各处流行的"普通话",虽然未尝没有多少出入,但是大同小异,都可以说是"普通话",因此用"普通话"求做"国语"的标准,已经具备了第一个资格,至于第二个资格,也就颇有把握,近五百年以来,民间流行的有唱戏的戏本或说书的曲谱,都是由"普通话"而变成写作的形式,里面有浅显的人人可懂的[文字],好像父母子女的欢态,爱情的,诉苦的描写;有歌唱有骂语,……的表述,这些在古典的文学里是找不着,恋爱的诗歌,听了以后令到个个会动情,倘若是要用古典的文学来表达,那么值得要先下一番苦功,专心研究了二十年以后才谈得到。

至于我国的方言,口中所讲的语言,能够表现写作形式的,共有三种:一是广东话即粤语,在文艺上有相当价值的写作,就是"粤讴",二是苏州话即吴语,吴人常将口中的言语记载而成戏曲,说白,和小说;三是北方官话,这种语言所产生的文学作品很多,好像《红楼梦》,《三国志》,《西厢记》,《封神》等。是从三四百年以前[一]直流传到现在,为我国社会上最通俗的小说,几乎个个都读,一提起来个个都知道,所以在写作的形式来讲当然也以普通话为最佳。

在广话和吴话的写作形式,因为有许多地方并不流行,而且在写作形式中有许多文字缺乏,不敷生活上的应用,后来自行创定,音声使与方言一致,好像"没有"粤语写作"乜","这么"粤语写作"咁",这样自制的新字,在粤语中很多很多,不下百十个,同时在吴语也是陷于同一的情状,为使"语"与文一致,也创制了好些新字,好像"不要"吴语写作"覅","不曾",吴语写作"朆",诸如此类的不少,在官话中,从前"这个"的"这"字是没有的。初时大家想用"之乎者也"的"者"字来表示,觉得不大好,后来又想用"遮太阳"的"遮"字来表示,也觉得麻烦,唐宋以后,用"赵"字表示,到最近才演进而为"这"字。又好像,"你看好不好呢"的"呢"字,从前也没有的,唐宋时代,以"聻"字代表,好不费力,后来有些人用"呢"来表示,较为轻便易写,于是就成立,沿用至今。从上所述,就可见到一字的创成,实在也不容易,而一种语言的成为国语,自然也并不是偶然的。官话的演进到了现在,所以能够流行很广,其功效也颇得力于《三国志[演义]》《西厢[游]记》《红楼梦》……几种著名的小说,在数百年长时期深入民间的宣传。

文字的改革能够彻底,非做到全国普遍的流行,和文学的内容充实不可,现在想要全国一致的以"语体文"为文学上惟一的工具,大家运用它来表达内心所蕴藏的思想、智识……,感情,除了在学校里教科书要采用它外,并且在课外方面的读物,一切文学上的材料,都用"语体文"来做标准,用它去代替了古典文学的地位,能够这样地做到了这些工作使"白话文"成为全国最通行的语言和文字。而且这些语言文字才属诸大家所有;并且成为全国最良好的宣传和教育工具,这些应是文学革命的理论所在,文学革命的历史,在此不赘;但是,从民十一年到现在,这十二年当中,全国刻刻在施行"国语教育",成绩也颇有可观,这次我在香港,广州各处演讲不用翻译,这便是一个例证。我们希望"国语文"成为全国的教育和宣传的工具,同时它也就是统一全国应该着手的初步工作,记得当我们提倡"白话文"的时候,曾引起了社会上许多的人士反对,但是一种思想、言论、主张,固然恐怕没有人们赞同,更怕没有人家反对,最怕人家不声不响地放到字纸篓去。新的文学,活的语言,在这个时代已经是非常地需要着它,所以从民国八年以来,越是反对和宣传,就是像广告一般地越是传播,唤起了全国的注意,而反时代的旧文学日渐没落,新文学的内容日渐充实,利用日增,造成了中国文学历史上的再生时期,给予社会各方面以一种复活的影响。

三为社会改革:全国在这个时期,旧社会各方面都发生了动摇,而趋向大改革的途径。最明显的因新思想的介绍,而产生了思想上的改新,一方面有十九世纪欧美的民主立宪思想,一方面有社会主义,和共产主义的思想,又一方面输入了最近欧洲的独裁政治思想。在二十世纪世界思潮,从最左倾的如共产主义到最右倾的独裁政治思想,中国无不应有尽有。非独思想方面如此,在经济组织方面,在社会积习方面也引起了莫大的革新,社会改革的范围很广,别的且不多讲,就是个人的容仪方面也掀起了极大的变动,由剪发,衣服改革,直到裸体运动,五花八门都像雨后春笋般的勃发,在妇女方面,如女子现在也在社会有相当的地位,可以参政,男女可以同学,有受同等教育的机会,回想提倡男女平权,男女同学到现在已经有十余年,而这种风习到现在,普及了全国。在民十六七年的时候,全国大学男女同学的仍是很少,但到现在,全国高等教育的机关,男女分校的却是寥若晨星,如今试统计全国女子大学不过是有两处,从男女授受不亲转变到现在的情状,所以实在是社会上一种极大的变革,其他,在民法和刑法上也有了改革,现在女子也可以和男子一样,有享受承继财产的权利,在婚姻方面也有了改变,结婚离婚都比较从前容易,此外,一切在社会上足以妨碍进步、不合人生的要求,违反公众福利的制度和习惯,都渐渐淘汰了许多,而现在中国社会的改革,依旧还在迈步进行着。

四为学术改革:我国在历史上,每一个朝代都有一次再生运动。试观由唐到宋,由宋到明便是很好的例证;但是每次的再生运动,都不能使中国返老还童,达到再生的时代。而欧洲十五十六世纪的再生运动能够做到了使欧洲衰老的民族复活,因为西洋再生时期,除了政治,文学,宗教,社会,……的积极改革外,还加上了一种重要的返老还童底药针,这就是新科学的提倡和发扬。在宗教方面有德国的马丁·路德和法国的加尔文等创行新教,在科学研究方面就有哥白尼,伽利略和英国的牛顿相继的研究和发明,因为欧洲有了新科学的研究,然后其再生运动不仅限于复古,恢复从前希腊罗马时代的文物〔明〕,而运用这个的新的工具,更进而谋创造新的文明,所以到了十八世纪以来,新科学倡明,生产方法改良,新工业得以加速进展,发出了世界新的光芒,造成了社会组织的新基础,而欧洲的再生运动,才得到开花结果。

学术上的改革,新科学的提倡,这实在是返老还童最强而最有效力的药针,它能加强和充实新生命的血液,可是它不容易使人得以窥见,在政治,文学,社会上的改革,往往有形式的表现,但是学术上的是潜在的,假如我们不是加以注意,那就不容易觉得!可是,在二十三年以前,我国没有一个自行研究科学的机关,也没有一间纯粹研究科学的大学,但是,到现在来,情形就是不同,各省大学及关于学术研究的机关,纷纷成立,并且从科学智识的接受更进而作创造的研究,过去我国历史上也曾有过科学的再生时期,一般读书人致力于"格物穷理",但是因为没有科学的背景,行而不通,于是却步不前,达于学术的没落时代;但是现在的环境已经不同,我国受到了这个新刺激,一般人们已深深地明了科学的真价值,社会正需要这种新工具,大家正在努力于科学的设备和其方法的应用,所以学术上的发展,得以一日千里。在这二十余年来,我国在科学最有成绩的就是地质学,世界上如欧西各国研究地质学有了两百年的历史,我国现在以二十年的努力,竟获与世界地质学的知识并驾齐驱。在生物学方面,国内一般生物学者的拼命努力,亦已上了正轨,此外在物理,化学,医药等,我国皆有长足的进步,自然科学以外好像历史学,音韵学,语言学,考古学皆表现很好的成绩,虽然为时较暂,尚不如欧西的进步,但是为中国数千年来所仅见的现象。

我们看到近二三十年,中国无论政治,文学,社会,学术各方面积极改革,我们知道中国已是再生时期的到临。这个复活时代,而现在正在开始萌发,因为外在的新刺激强大,而内在的潜力膨胀,所以这个再生时期为历来所未有,最少,其前途的进展,可与欧洲的再生时期的洪流相比。

中国的再生时期,而现在是开始,将来其创造与改革,必将随洪涛而继涨增高;而我们一般中年人所能效力的时间已很短促,兹次再生运动是失败或成功,是在一般青年们如何的努力和前进!

记者附志:因学校举行学期试验,一时匆忙万分,演讲稿至未暇整理,迟至今日始获整理清楚,十分抱歉!且此稿未获胡博士校阅,倘有错漏,应由记者负责。

(本文为 1935 年 1 月 12 日胡适在广西梧州市中山纪念堂的演讲,梁明政笔记,原载 1935 年 1 月 22 日至 25 日《梧州日报》)

治学方法

第一讲 引言

钱校长,各位先生,各位同学:

今天我感觉到很困难,因为当初我接受钱校长与刘院长的电报到台大和师院作学术讲演,我想总是在小屋子里面,只有二三十人,顶多一百人,可以有问有答;在小规模的讲堂里面,还可以有黑板写写字,这样子才可以作一种学术讲演。今天来到这么一个广场里面作学术讲演,的确是生平第一次,一定有许多话给先生们听了觉得太浅,同学们又觉得没有黑板写下来,不容易知道。我的南腔北调的官话依然咬不清楚,一定使大家很失望,所以先要道歉!

当时我收到钱校长与刘院长的电报,我想了几天,我以为他们两位另外有一封详细的信告诉我:是两个学校分开还是合起来讲?是小讲堂还是大讲堂?当时的确没有想到在广场讲演。等了两个星期,他们没有信来,我自动打电报给他们两位;我提出两个题目:在台大讲"治学方法",在师院讲"杜威哲学"。

杜威先生是我的老师,活了九十多岁,今年才过去。我们一般学生觉得,在自由中国应该有一个机会纪念他,所以杜威哲学这个题目,是当作一个纪念性。

今天讲治学的方法,其实也是带纪念性的。我感觉到台大的故校长——傅斯年先生,他是一个最能干,最能领导一个学校,最能够办事的人。他办过中央研究院,历史语言研究所。他也在我之先代理过北大校长一年;不是经过那一年,我简直没有办法。后来做台大校长,替台大定下很好的基础。他这个人,不但是国家的一个人,他是世界上很少见的一个多方面的天才。他的记忆力之强更是少有的。普通记忆力强的人往往不能思想;傅先生记忆力强,而且思考力非常敏锐,这种兼有记忆力与思考力的人,是世界上少见的。同时,能够做学问的人不见得能够办事,像我这样子,有时候可以在学问上做一点工作,但是碰到办事就很不行。钱校长说我当北大校长,还可以做研究的工作,不是别的,只因为我不会办事。我做校长,完全是无为而治;一切事都请院长、教务长、训导长去办,我从来不过问学校的事;自己关起门来做学问。傅先生能够做学问而又富有伟大的办事能力;像这种治学方法同办事能力合在一块,更是世界上少见的。因为傅先生同我是多年的同事,多年的朋友;同时在做学问这一条路上,我们又是多年的同志。所以我今天在台大来讲治学方法,也可以说是纪念这个伟大而可惜过去得太早的朋友。

我到台大来讲治学方法,的确是很胆怯;因为我在国内教育界服务几十年,我可以告诉台大的同学们:现在台大文史的部门,就是从前在大陆没有沦陷的时候也没有看见过有这样集中的人才;在历史、语言、考古方面,傅先生把历史语言研究所的人才都带到这里来,同台大原有的人才,和这几年来陆续从大陆来的人才连在一块,可以说是中国几十年来办大学空前的文史学风。我很希望,不但在文学院历史学系、语言学系、考古学系的同学们要了解台大文史人才的集中是大陆沦陷以前从来没有过的情形,更希望台大各院各系的同学都能够明了,都能够宝贵这个机会,不要错过这个机会。就是学医、学农、学工、学法律、学社会科学的,都可以利用这个机会来打听打听这许多文史方面领袖的人才是怎样讲学,怎样研究,怎样在学问方面做工作。我不是借这个机会替台大做义务广告,我实在觉得这样的机会是很可宝贵的,所以希望诸位能够同我一样了解台大现在在文史方面的领导地位。

我看到讲台前有许多位文史方面的老朋友们,我真是胆怯,因为我不是讲天文学、地质学、物理、化学,是在文史方面讲治学方法。在诸位先生面前讲这个题目真是班门弄斧了。

我预备讲三次:第一次讲治学方法的引论,第二次讲方法的自觉,第三次讲方法与材料的关系。

今天我想随便谈谈治学的方法。我个人的看法，无论什么科学——天文、地质、物理、化学等等——分析起来，都只有一个治学方法，就是做研究的方法。什么是做研究呢？就是说，凡是要去研究一个问题，都是因为有困难问题发生，要等我们去解决它；所以做研究的时候，不是悬空的研究。所有的学问，研究的动机和目标是一样的。研究的动机，总是因为发生困难，有一个问题，从前没有看到，现在看到了；从前觉得没有解决的必要，现在觉得有解决的必要的。凡是做学问、做研究，真正的动机都是求某种问题某种困难的解决；所以动机是困难，而目的是解决困难。这并不是我一个人的说法，凡是有做学问做研究经验的人，都承认这个说法。真正说起来，做学问就是研究；研究就是求得问题的解决。所有的学问，做研究的动机是一样的，目标是一样的，所以方法也是一样的。不但是现在如此；我们研究西方的科学思想，科学发展的历史，再看看中国二千五百年来凡是合于科学方法的种种思想家的历史，知道古今中外凡是在做学问做研究上有成绩的人，他的方法都是一样的。古今中外治学的方法是一样的。为什么是一样呢？就是因为做学问做研究的动机和目标是一样的。从一个动机到一个目标，从发现困难到解决困难，当中有一个过程，就是所谓方法。从发现困难那一天起，到解决困难为止，当中这一个过程，可能很长，也可能很短。有的时候要几十年，几百年才能够解决一个问题；有的时候只要一个钟头就可以解决一个问题。这个过程就是方法。

刚才我说方法是一样的；方法是什么呢？我曾经有许多时候，想用文字把方法做成一个公式、一个口号、一个标语，把方法扼要地说出来；但是从来没有一个满意的表现方式。现在我想起我二三十年来关于方法的文章里面，有两句话也许可以算是讲治学方法的一种很简单扼要的话。

那两句话就是："大胆的假设，小心的求证。"要大胆的提出假设，但这种假设还得想法子证明。所以小心的求证，要想法子证实假设或者否证假设，比大胆的假设还更重要。这十个字是我二三十年来见之于文字，常常在嘴里向青年朋友们说的。有的时候在我自己的班上，我总希望我的学生们能够了解。今天讲治学方法引论，可以说就是要说明什么叫做假设；什么叫做大胆的假设；怎么样证明或者否证假设。

刚才我说过，治学的方法，做研究的方法，都是基于一个困难。无论是化学、地质学、生物学、社会科学上的一个问题，都是一个困难。当困难出来的时候，本于个人的知识、学问，就不知不觉地提出假设，假定有某几种可以解决的方案。比方诸位在台湾这几年看见杂志上有讨论《红楼梦》的文章，就是所谓红学，到底《红楼梦》有什么可以研究呢？《红楼梦》发生了什么问题呢？普通人看《红楼梦》里面的人物，都是不发生问题的，但是有某些读者却感觉到《红楼梦》发生了问题：《红楼梦》究竟是什么意思？当时写贾宝玉、林黛玉这些人的故事有没有背景？有没有"微言大义"在里面？写了一部七八十万字的书来讲贾家的故事，讲一个纨袴子弟贾宝玉同许多漂亮的丫头、漂亮的姊妹亲戚们的事情；有什么意义没有？这是一个问题。怎么样解决这个问题呢？当然你有一个假设，他也有一个假设。

在二三十年前，我写《红楼梦考证》的时候，有许多关于《红楼梦》引起的问题的假设的解决方案。有一种是说《红楼梦》含有种族思想，书中的人物都是影射当时满洲的官员，林黛玉是暗指康熙时候历史上一个有名的男人；薛宝钗、王凤姐和那些丫头们都是暗指历史上的人物。还有一种假设说贾宝玉是指一个满洲宰相明珠的儿子叫做纳兰性德——他是一个了不起的天才很高的文学家——那些丫头、姐妹亲戚们都是代表宰相明珠家里的一班文人清客；把书中漂亮的小姐们如林黛玉、薛宝钗、王凤姐、史湘云等人都改装过来化女为男。我认为这是很不可能，也不需要化装变性的说法。

后来我也提出一个假设。我的假设是很平常的。《红楼梦》这本书，从头一回起，作者就说这是我的自传，是我亲自所看见的事体。我的假设就是说，《红楼梦》是作者的自传，是写他亲自看见的家庭。贾宝玉就是曹雪芹；《红楼梦》就是写曹家的历史。曹雪芹是什么人呢？他的父亲叫做曹𬤇，他的祖父叫做曹寅；一家三代四个人做江宁织造，做了差不多五十年。所谓宁国府、荣国府，不是别的，就是指他们祖父、父亲、两个儿子,三代四个人把持五十多年的江宁织造的故事。书中说到,"皇帝南巡的时候,我们家里接驾四次"。如果在普通人家,招待皇帝四次是可能倾家荡产的;这些事在当时是值得一吹的。所以,曹雪芹虽然将真事隐去,仍然舍不得要吹一吹。曹雪芹后来倾家荡产做了文丐,成了叫化子的时候,还是读书喝酒,跟书中的贾宝玉一样。这是一个假设;我举出来作一个例子。

要解决"《红楼梦》有什么用意"这个问题,当然就有许多假设。提出问题求解决,是很好的事情;但先要看这些假设是否能够得到证明。凡是解决一个困难的时候,一定要有证明。我们看这些假设,有的说这本书是骂满洲人的;是满洲人统治中国的时候,汉人含有民族隐痛,写出了来骂满洲人的。有的说是写一个当时的大户人家,宰相明珠家中天才儿子纳兰性德的事。有的说是写康熙一朝的政治人物。而我的假设呢?我认为这部书不是谈种族的仇恨,也不是讲康熙时候的事。都不是的!从事实上照极平常的做学问的方法,我提出一个很平常的假设,就是《红楼梦》这本书的作者在开头时说的,他是在说老实话,把他所看见的可爱的女孩子们描写出来;所以书中描写的人物可以把个性充分表现出来。方才所说的"大胆的假设",就是这种假设。我恐怕我所提出的假设只够得上小胆的假设罢了!

凡是做学问,不特是文史方面的,都应当这样。譬如在化学实验室做定性分析,先是给你一盒东西,对于这盒东西你先要做几个假设,假设某种颜色的东西是什么,然后再到火上烧烧看看,试验管发生了什么变化:这都是问题。这与《红楼梦》的解释一样的有问题;做学问的方法是一样的。我们的经验,我们的学问,是给我们一点知识以供我们提出各种假设的。所以"大胆的假设"就是人人可以提出的假设。因为人人的学问,人人的知识不同,我们当然要容许他们提出各种各样的假设。一切知识,一切学问是干什么用的呢?为什么你们在学校的这几年中有许多必修与选修的学科?都是给你们用;就是使你在某种问题发生的时候,脑背后就这边涌上一个假设,那边涌上一个假设。做学问、上课,一切求知识的事情,一切经验——从小到现在的经验,所有学校里的功课与课外的学问,为的都是供给你种种假设的来源，使你在问题发生时有假设的材料。如果遇上一个问题，手足无措，那就是学问、知识、经验，不能应用，所以看到一个问题发生，就没有法子解决。这就是学问知识里面不能够供给你一些活的材料，以为你做解决问题的假设之用。

单是假设是不够的，因为假设可以有许多。譬如《红楼梦》这一部小说，就引起了这么多假设。所以第二步就是我所谓"小心的求证"。在真正求证之先，假设一定要仔细选择选择。这许多假设，就是假定的解决方法，看那一个假定的解决方法是比较近情理一点，比较可以帮助我们解决那个开始发生的那个困难问题。譬如《红楼梦》是讲的什么？有什么意思没有？有这么多的假定的解释来了，在挑选的时候先要看那一个假定的解释比较能帮助你解决问题，然后说：对于这一个问题，我认为我的假设是比较能够满意解决的。譬如我的关于《红楼梦》的假设，曹雪芹写的是曹家的传记，是曹雪芹所看见的事实。贾母就是曹母，贾母以下的丫头们也都是他所看见的真实人物，当然名字是改了，姓也改了。但是我提出这一个假设，就是说《红楼梦》是曹雪芹的自传，最要紧的是要求证。我能够证实它，我的假设才站得住；不能证实，它就站不住。求证就是要看你自己所提出的事实是不是可以帮助你解决那个问题。要知道《红楼梦》在讲什么，就要做《红楼梦》的考证。现在我可以跟诸位做一个坦白的自白。我在做《红楼梦》考证那三十年中，曾经写了十几篇关于小说的考证，如《水浒传》《儒林外史》《三国演义》《西游记》《老残游记》《三侠五义》等书的考证。而我费了最大力量的，是一部讲怕老婆的故事的书，叫做《醒世姻缘》，约有一百万字。我整整花了五年工夫，做了五万字的考证。也许有人要问，胡适这个人是不是发了疯呢？天下可做学问很多，而且是学农的，为什么不做一点物理化学有关科学方面的学问呢？为什么花多年的工夫来考证《红楼梦》《醒世姻缘》呢？我现在做一个坦白的自白，就是：我想用偷关漏税的方法来提倡一种科学的治学方法。我所有的小说考证，都是用人人都知道的材料，用偷关漏税的方法，来讲做学问的方法的。譬如讲《红楼梦》，至少我对于研究《红楼梦》问题，我对它的态度的谨严，自己批评的严格,方法的自觉,同我考据研究《水经注》是一样的。我对于小说材料,看做同化学问题的药品材料一样,都是材料。我拿《水浒传》《醒世姻缘》《水经注》等书做学问的材料。拿一种人人都知道的材料用偷关漏税的方法,要人家不自觉的养成一种"大胆的假设,小心的求证"的方法。

　　假设是人人可以提的。譬如有人提出骇人听闻的假设也无妨。假设是愈大胆愈好。但是提出一个假设,要想法子证实它。因此我们有了大胆的假设以后,还不要忘了小心的求证。比如我考证《红楼梦》的时候,我得到许多朋友的帮助,我找到许多材料。我已经印出的本子,是已经改了多少次的本子。我先要考出曹雪芹于《红楼梦》以外有没有其他著作?他的朋友和同他同时代的人有没有什么关于他的著作?他的父亲、叔父们有没有什么关于他的记载?关于他一家四代五个人,尤其是关于他的祖父曹寅,有多少材料可以知道他那时候的地位?家里有多少钱?多少阔?是不是真正不能够招待皇帝到四次?我把这些有关的证据都想法找了来,加以详密的分析,结果才得到一个比较认为满意的假设,认定曹雪芹写《红楼梦》,并不是什么微言大义;只是一部平淡无奇的自传——曹家的历史。我得到这一家四代五个人的历史,就可以帮助说明。当然,我的假设并不是说就完全正确;但至少可以在这里证明"小心求证"这个工夫是很重要的。

　　现在我再举一个例来说明。方才我说的先是发生问题,然后是解决问题。要真正证明一个东西,才做研究。要假设一个比较最能满意的假设,来解决当初引起的问题。譬如方才说的《红楼梦》,是比较复杂的。但是我认为经过这一番的研究,经过这一番材料的收集,经过这一番把普通人不知道的材料用有系统的方法来表现出来,叙述出来,我认为我这个假设在许多假设当中,比较最能满意的解答"《红楼梦》说的是什么?有什么意思?"

　　方才我提到一部小说,恐怕是诸位没有看过的,叫做《醒世姻缘》,差不多有一百万字,比《红楼梦》还长,可以说是中国旧小说中最长的。这部书讲一个怕老婆的故事。他讨了一个最可怕的太太。

这位太太用种种方法打丈夫的父母朋友。她对于丈夫,甚至于一看见就生气;不但是打,有一次用熨斗里的红炭从她丈夫的官服圆领口倒了进去,几乎把他烧死;有一次用洗衣的棒槌打了他六百下,也几乎打死他。把这样一个怕老婆的故事叙述了一百万字以上,结果还是没有办法解脱。为什么呢？说这是前世的姻缘。书中一小半,差不多有五分之一是写前世的事。后半部是讲第二世的故事。在前世被虐待的人,是这世的虐待者。婚姻问题是前世的姻缘,没有法子解脱的。想解脱也解脱不了。结果只能念经做好事。在现代摩登时代的眼光看,这是一个很迷信的故事。但是这部书是了不得的。用一种山东淄川的土话描写当时的人物是有一种诙谐的风趣的;描写荒年的情形更是历历如绘。这可以说是世界上一部伟大的小说。我就提倡把这部书用新的标点符号标点出来,同书局商量翻印。写这本书的人是匿名,叫西周生。西周生究竟是什么人呢？于是我做了一个大胆的假设,这个假设可以说是大胆的。(方才说的,我对于《红楼梦》的假设,可以说是小胆的假设。)我认为这部书就是《聊斋志异》的作者蒲松龄写的。我这个假设有什么证据呢？为什么引起我作这种假设呢？这个假设从那里来的呢？平常的经验、知识、学问,都是给我们假设用的。我的证据是在《聊斋志异》上一篇题名《江城》的小说。这个故事的内容结构与《醒世姻缘》一样。不过《江城》是一个文言的短篇小说;《醒世姻缘》是白话的长篇小说。《醒世姻缘》所描写的男主角所以怕老婆,是因为他前世曾经杀过一个仙狐,下一世仙狐就转变为一个女人做他的太太,变得很凶狠可怕。《聊斋志异》里面的短篇《江城》所描写的,也是因为男主角杀过一个长生鼠,长生鼠也就转世变为女人来做他的太太,以报复前世的冤仇。这两个故事的结构太一样了,又同时出在山东淄川,所以我就假设西周生就是蒲松龄。我又用语言学的方法,把书里面许多方言找出来。运气很好,正巧那几年国内发现了蒲松龄的几部白话戏曲,尤其是长篇的戏曲,当中有一篇是将《江城》的故事编成为白话戏曲的。我将这部戏曲里的方言找出来,和《醒世姻缘》里面的方言详细比较,有许多特别的字集成为一个字典,最后就证明《醒世姻缘》和《江城》的白话戏曲的作者是同一个小区域里的人。再用别的方法来证明那个时代的荒年;后来从历史的记载里得到同样的结论。考证完了以后,就有书店来商量印行,并排好了版。我因为想更确实一点,要书局等一等;一等就等了五年。到了第五年才印出来。当时傅先生很高兴——因为他是作者的同乡,都是山东人。我举这一个例,就是说明要大胆的假设,而单只假设还是不够的。后来我有一个在广西桂县的学生来了封信,告诉我说,这个话不但你说,从前已经有人说过了。乾隆时代的鲍廷博,他说留仙(蒲松龄)除了《聊斋志异》以外,还有一部《醒世姻缘》。因鲍廷博是刻书的,曾刻行《聊斋志异》。他说的话值得注意。我经过几年的间接证明,现在至少有个直接的方法帮助我证明了。

我所以举这些例,把这些小说当成待解决的问题看,目的不过是要拿这些人人都知道的材料,来灌输介绍一种做学问的方法。这个方法的要点,就是方才我说的两句话:"大胆的假设,小心的求证。"如果一个有知识有学问有经验的人遇到一个问题,当然要提出假设,假定的解决方法。最要紧的是还要经过一番小心的证实,或者否证它。如果你认为证据不充分,就宁肯悬而不决,不去下判断,再去找材料。所以小心的求证很重要。

时间很短促,最后我要引用台大故校长傅先生的一句口号,来结束这次讲演。他这句口号是在民国十七年开办历史语言研究所时的两句名言,就是"上穷碧落下黄泉,动手动脚找东西"。这两句话前一句是白居易《长恨歌》中的一句,后一句是傅先生加上的。今天傅校长已经去世,可是今天在座的教授李济之先生却还大为宣传这个口号,可见这的确是我们治学的人应该注意的。假设人人能提,最要紧的是能小心的求证;为了要小心的求证,就必须:"上穷碧落下黄泉,动手动脚找东西。"今天讲的很浅近,尤其是在座有许多位文史系平常我最佩服的教授,还请他们多多指教。

(本文为 1952 年 12 月 1 日胡适在台湾大学的演讲,原载 1952 年 12 月 2 日台北《中央日报》、《新生报》)

第二讲　方法的自觉

钱校长,各位先生,各位同学:

上次我在台大讲治学方法的引论,意思说我们须把科学的方法——尤其是科学实验室的态度——应用到文史和社会科学方面。治学没有什么秘诀;有的话,就是:"思想和研究都得要注重证据。"所以我上次提出"大胆的假设,小心的求证",两句话作为治学的方法,后来钱校长对我说:学理、工、农、医的人应该注重在上一句话"大胆的假设",因为他们都已比较的养成了一种小心求证的态度和习惯了;至于学文史科学和社会科学的人,应该特别注重下一句话"小心的求证",因为他们没有养成求证的习惯。钱校长以为这两句话应该有一种轻重的区别;这个意思,我大体赞成。

今天我讲治学方法第二讲:方法的自觉。单说方法是不够的;文史科学和社会科学的错误,往往由于方法的不自觉。方法的自觉,就是方法的批评;自己批评自己,自己检讨自己,发现自己的错误。纠正自己的错误。做科学实验室工作的人,比较没有危险,因为他随时随地都有实验的结果可以纠正自己的错误。他假设在某种条件之下应该产生某种结果;如果某种条件具备而不产生某种结果,这就是假设的错误。他便毫不犹豫的检讨错误在什么地方,重新修正。所以他可以随时随地的检讨自己,批评自己,修正自己,这就是自觉。

但我对钱校长说的话也有一点修正。做自然科学的人,做应用科学的人,学理、工、农、医的人,虽然养成了科学实验室的态度,但是他们也还是人,并不完全是超人,所以也不免有人类通有的错误。他们穿上了实验室的衣服,拿上了试验管、天平、显微镜,做科学实验的时候,的确是很严格的。但是出了实验室,他们穿上了礼拜堂的衣服,就完全换了一个态度;这个时候,他们就不一定能够保持实验室的"大胆的假设,小心的求证"的态度。一个科学家穿上礼拜堂的衣服,方法放假了,思想也放假了;这是很平常的事。我们以科学史上很有名的英国物理学家洛奇先生(Sir Oliver Lodge)为例。他在物理学上占很高的地位;当他讨论到宗教信仰问题的时候,就完全把科学的一套丢了。大家都知道他很相信鬼。他谈到鬼的时候,就把科学实验室的态度和方法完全搁开。他要同鬼说话、同鬼见面。他的方法不严格了,思想也放假了。

真正能够在实验室里注重小心求证的方法,而出了实验室还能够把实验室的态度应用到社会问题、人生问题、道德问题、宗教问题的——这种人很少。今天我特别要引一个人的话作我讲演的材料:这人便是赫胥黎(T. H. Huxley)。他和达尔文二人,常常能够保持实验室的态度,严格的把这个方法与态度应用到人生问题和思想信仰上去。1860年,赫胥黎最爱的一个儿子死了,他有一个朋友,是英国社会上很有地位的文学家、社会研究家和宗教家,名叫金司莱(Charles Kinsley)。他写了一封信安慰赫胥黎,趁这个机会说:"你在最悲痛的时候,应该想想人生的归宿问题吧!应该想想人死了还有灵魂,灵魂是不朽的吧!你总希望你的儿子,不是这么死了就了了。你在最哀痛的时候,应该考虑考虑灵魂不朽的问题呵!"因为金司莱的地位很高,人格是很可敬的,所以赫胥黎也很诚恳的写了一封长信答复他。这信里面有几句话,值得我引来作讲方法自觉的材料。他说:"灵魂不朽这个说法,我并不否认,也不承认,因为我找不出充分的证据来接受它。我平常在科学室里的时候,我要相信别的学说,总得要有证据。假使你金司莱先生能够给我充分的证据,同样力量的证据,那么,我也可以相信灵魂不朽这个说法。但是,我的年纪越大,越感到人生最神圣的一件举动,就是口里说出和心里觉得'我相信某件事物是真的';我认为说这一句话是人生最神圣的一件举动,人生最大的报酬和最大的惩罚都跟着这个神圣的举动而来的。"赫胥黎是解剖学专家。他又说:"假如我在实验室做解剖、做生理学试验的时候,遇到一个小小的困难,我必须要严格的不信任一切没有充分证据的东西,我的工作才可以成功。我对于解剖学或者生理学上小小的困难尚且如此;那么,我对人生的归宿问题,灵魂不朽问题,难道可以放弃我平常的立场和方法吗?"我在好几篇文章里面常常引到这几句话。今天摘出来作为说方法自觉的材料。赫胥黎从嘴里说出,心里觉得"我相信某件事物是真的"这件事,看作人生最神圣的一种举动。无论是在科学上的小困难,或者是人生上的大问题,都得要严格的不信任一切没有充分证据的东西:这就是科学的态度,也就是做学问的基本态度。

在文史方面和社会科学方面的研究,还没有能够做到这样严格。我们以美国今年的大选同四年前的大选来做说明。1948年美国大选有许多民意测验研究所,单是波士顿一个地方就有七个民意测验研究所。他们用社会科学家认为最科学的方法来测验民意。他们说:杜鲁门一定失败,杜威一定成功。到了选举的时候,杜鲁门拿到总投票百分之五十点四,获得了胜利。被社会科学家认为最科学、最精密的测验方法,竟告不灵;弄得民意测验研究所的人,大家面红耳赤,简直不敢见人,几乎把方法的基础都毁掉了。许多研究社会科学、自然科学、统计学的朋友说,不要因为失败,就否认方法;这并不是方法错了,是用方法的人不小心,缺乏自觉的批评和自觉的检讨。今年美国大选,所有民意测验机构都不敢预言谁能得胜了;除了我们平时不挂"民意测验""科学方法"招牌的人随便谈的时候还敢说"我相信艾森豪会得胜"外,连报纸专栏作家和社论专家都不敢预言,都说今年大选很不容易推测。结果,艾森豪获得了百分之五十五的空前多数。为什么他们的测验含有这样的错误呢?他们是向每一个区域,每一类有投票权的人征询意见,把所得到的结果发表出来,比方今年,有百分之四十九的人赞成共和党艾森豪,百分之四十七赞成民主党史蒂文生,还有百分之四没有意见,1948年的选举,百分之五十点四便可以胜利——其实百分之五〇点一就够了,百分之五〇点〇〇一也可以胜利。所以这百分之四没有表示意见的人,关系很大。在投票之前,他们不表示意见,当投票的时候,就得表示意见了。到了这个时候,不说百分之一,就是千分之一也可以影响全局。没有计算到这里面的变化,就容易错误了。以社会科学最精密的统计方法,尚且有漏洞,那么,在文史的科学上面,除了考古学用实物做证据以及很严格的历史研究之外,普通没有受过科学洗礼的人,没有严格的自己批评自己的人,便往往把方法看得太不严格,用得太松懈了。

有一个我平常最不喜欢举的例子,今天我要举出来简单的说一说。社会上常常笑我,报纸上常常挖苦我的题目。就是《水经注》的案子。为什么我发了疯,花了五年多的工夫去研究《水经注》这个问题呢?我得声明,我不是研究《水经注》本身。我是重审一百多年的《水经注》的案子。我花五年的工夫来审这件案子,因为一百多年来,有许多有名的学者,如山西的张穆,湖南的魏源,湖北的杨守敬和作了许多地理学说为现代学者所最佩服的浙江王国维以及江苏的孟森:他们都说我所最佩服的十八世纪享有盛名的考古学者、我的老乡戴震(东原)先生是个贼,都说他的《水经注》的工作是偷了宁波全祖望、杭州赵一清两个人的《水经注》的工作的。说人家作贼,是一件大事,是很严重的一件刑事控诉。假如我的老乡还活着的话,他一定要提出反驳,替自己辩白。但是他是1777年死的,到现在已经死了一七五年,骨头都烂掉了,没有法子再跑回来替自己辩护。而这一班大学者,用大学者的威权,你提出一些证据,他提出一些证据,一百多年来不断的提出证据——其实都不是靠得住的证据——后来积非成是,就把我这位老乡压倒了,还加上很大的罪名,说他做贼,说他偷人家的书来作自己的书。一般读书的人,都被他们的大名吓倒了,都相信他们的"考据",也就认为戴震偷人的书,已成定论,无可疑了。我在九年前,偶然有一点闲工夫,想到这一位老乡是我平常所最佩服的,难道他是贼吗?我就花了六个月的时间,把他们几个人提出的一大堆证据拿来审查,提出了初步的报告。后来觉得这个案子很复杂,材料太多,应该再审查。一审就审了五年多,才把这案子弄明白;才知道这一百多年的许多有名的学者,原来都是糊涂的考证学者。他们太懒,不肯多花时间,只是关起大门考证;随便找几条不是证据的证据,判决一个死人作贼;因此构成了一百多年来一个大大的冤狱!

我写了一篇关于这个案子的文章,登在美国国会图书馆的刊物上。英美法系的证据法,凡是原告或检察官提出来的证据,经过律师的辩论,法官的审判,证据不能成立的时候,就可以宣告被告无罪。照这个标准,我只要把原告提出来的证据驳倒,我的老乡戴震先生就可以宣告无罪了,但是当我拿起笔来要写中文的判决书,就感觉困难。我还得提出证据来证明戴震先生的确没有偷人家的书,没有做贼。到这个时候,我才感觉到英美法系的证据法的标准,同我们东方国家的标准不同。于是我不但要作考据,还得研究证据法。我请教了好几位法官:中国证据法的原则是什么?他们告诉我:中国证据法的原则只有四个字,就是"自由心证"。这样一来,我证明原告的证据不能成立,还不够,还得要做侦探,到处搜集证据;搜了五年,才证明我的老乡的确没有看见全祖望、赵一清的《水经注》。没有机会看见这些书,当然不会偷了这些书,也就没有做贼了。

我花了五年的工夫得着这个结论;我对于这个案件的判决书就写出来了。这虽然不能当作专门学问看,至少也可以作为文史考证的方法。我所以要做这个工作,并不是专替老乡打抱不平,替他做律师,做侦探。我上次说过,我借着小说的考证,来解说治学的方法。同样的,我也是借《水经注》一百多年的糊涂官司,指出考证的方法。如果没有自觉的批评、检讨、修正,那就很危险。根据五年研究《水经注》这件案子的经验,我认为作文史考据的人,不但要时时刻刻批评人家的方法,还要批评自己的方法,不但要调查人家的证据,还得要调查自己的证据。五年的审判经验,给了我一个教训。为什么这些有名的考证学者会有这么大的错误呢?为什么他们会冤枉一位死了多年的大学者呢?我的答案就是:这些做文史考据的人,没有自觉的方法。刚才说过,自觉就是自己批评自己,自己检讨自己,自己修正自己,这是最重要的一点。在文史科学,社会科学方面,我们不但要小心的求证,还得要批评证据。自然科学家就不会有这种毛病;因为他们在实验室的方法就是一种自觉的方法。所谓实验,就是用人工造出证据来证明一个学说、理论、思想、假设。比方天然界的水,不能自然的分成氢气和氧气。化学家在做实验的时候,可以用人工把水分成氢气和氧气各为若干成分。天然界不存在的东西,看不见的现状,科学家在实验室里面用人工使他们产生出来。以证明某种假设:这就是所谓实验。文史科学,社会科学没有法子创造证据。我们的证据全靠前人留下来的;留在什么地方,我们就到什么地方去找。不能说找不到便由自己创造一个证据出来。如果那样,就是伪证,是不合法的。

我们既然不能像自然科学家一样,用实验的方法来创造证据,那么,怎么办呢?除了考古学家还可以从地下发掘证据以外,一般文史考证,只好在这本书里头去发现一条、在那本书里面去发现一条,来作为考证的证据。但是自己发现的证据,往往缺乏自己检讨自己的方法。怎么样才可以养成方法的自觉呢?今天我要提出一个答案;这个答案是我多年以来常常同朋友们谈过,有时候也见诸文字的。中国的考证学,所谓文史方面的考证,是怎么来的呢?我们的文史考证同西方不一样。西方是先有了自然科学。自然科学的方法已经应用了很久,并且已经演进到很严格的地步了,然后才把它应用到人文科学方面;所以他们所用的方法比较好些。我们的考证学已经发达了一千年,至少也有九百年,或者七百年的历史了。从宋朝朱子(殁于西历一千二百年)以来,我们就已经有了所谓穷理、格物、致知的学问,却没有自然科学的方法。人家西方是从自然科学开始;我们是从人文科学开始。我们从朱子考证《尚书》《诗经》等以来,就已经开了考证学的风气;但是他们怎么样得到考据的方法呢?他们所用的考证、考据这些名词,都是法律上的名词。中国的考据学的方法,都是过去读书人做了小官,在判决官司的时候得来的。在唐宋时代,一个中了进士的人,必须先放出去做县尉等小官。他们的任务就是帮助知县审判案子,以训练判案的能力。于是,一般聪明的人,在做了亲民的小官之后,就随时诚诚恳恳的去审判人民的诉讼案件;久而久之,就从判案当中获得了一种考证、考据的经验。考证学就是这样出来的。我们讲到考证学,讲到方法的自觉,我提议我们应参考现代国家法庭的证据法(Law of Evidence)。在西方证据法发达的国家,尤其是英美,他们的法庭中,都采用陪审制度,审案的时候,由十二个老百姓组成陪审团,听取两造律师的辩论。在陪审制度下,两造律师都要提出证人证物;彼此有权驳斥对方的证人证物。驳来驳去,许多证人证物都因此不能成立,或者减少了作证的力量。同时因为要顾到驳斥的关系,许多假的,不正确的和不相干的证据,都不能提出来了。陪审员听取两造的辩驳之后,开会判断谁有罪,谁无罪。然后法官根据陪审员的判断来定罪。譬如你说某人偷了你的表,你一定要拿出证据来。假如你说因为昨天晚上某人打了他的老婆,所以证明他偷了你的表;这个证明就不能成立。因为打老婆与偷表并没有关系。你要把这个证据提出来打官司,法官就不会让你提出来。就是提出来也没有力量。就算你修辞很好,讲得天花乱坠,也是没有用的。因为不相干的证据不算是证据。陪审制度容许两造律师各驳斥对方的证据,所以才有今天这样发达的证据法。

我们的考据学,原来是那些早年做小官的人,从审判诉讼案件的经验中学来的一种证据法。我今天的提议,就是我们作文史考据的人,用考据学的方法,以证据来考订过去的历史的事实,以证据来批判一件事实的有无、是非、真假。我们考证的责任,应该同陪审员或者法官判决一个罪人一样,有同等的严重性。我们要使得方法自觉,就应该运用证据法上允许两造驳斥对方所提证据的方法,来作为我们养成方法自觉的一种训练。如果我们关起门来做考据,判决这个人做贼,那个人是汉奸,是贪官污吏,完全用自己的判断来决定天下古今的是非、真伪、有无;在我们的对面又没有律师来驳斥我们:这样子是不行的。我们要假定有一个律师在那里,他随时要驳斥我们的证据,批评我们的证据是否可靠。要是没有一个律师在我们的面前,我们的方法就不容易自觉,态度也往往不够谨慎,所得的结论也就不够正确了。所以,我们要养成自觉的习惯,必须树立两个自己审查自己的标准:

第一,我们要问自己:你提出的这个证人可靠吗?他有做证人的资格吗?你提出来的证物可靠吗?这件证物是从那里来的?这个标准是批评证据。

第二,我们还要问自己:你提出的这个证人或者证物是要证明本案的那一点?譬如你说这个人偷了你的表,你提的证据却是他昨天晚上打老婆;这是不相干的证据,这不能证明他偷了你的表。像这种证据,须要赶出法庭之外去。

要做到方法的自觉,我觉得唯一的途径,就是自己关起门来做考据的时候,就要如临师保,如临父母。我们至少要做到上面所提的两个标准:一要审查自己的证据可靠不可靠;二要审查自己的证据与本案有没有相干。还要假定对方有一个律师在那里,随时要驳斥或者推翻我们的证据。如果能够做到这样,也许可以养成我开始所讲的那个态度,就是要严格的不信任一切没有充分证据的东西,这就是我的提议。

最后,我要简单说一句话:要时时刻刻自己检讨自己,以养成做学问的良好习惯。台大的钱校长和许多研究自然科学、历史科学的人可以替我证明:科学方法论的归纳法、演绎法,教你如何归纳、如何演绎,并不是养成实验室的态度。实验室的态度,是天天在那里严格的自己检讨自己,创造证据来检讨自己;在某种环境之下,逼得你不能不养成某种好习惯。

刚才我说的英国大科学家洛奇先生,在实验室是严格的,出了实验室就不严格了。大科学家尚且如此!所以我们要注意,时时刻刻保持这种良好的习惯。

科学方法是怎么得来的呢?一个人有好的天资、好的家庭、好的学校、好的先生,在极好的环境当中,就可以养成了某种好的治学的习惯,也可以说是养成了好的做人的习惯。

比方明朝万历年间福建陈第先生,用科学方法研究中国的古音,证明衣服的"服"字古音读"逼"。他从古书里面,举出二十个证据来证明。过了几十年,江苏昆山的一个大思想家,也是大考据家,顾亭林先生,也作同样的考证;他举出一六二个证据来证明"服"字古音"逼"。那个时候,并没有归纳法、演绎法,但是他们从小养成了某种做学问的好习惯。所以,我们要养成方法的自觉,最好是如临师保,如临父母,假设对方有律师在打击我,否认我所提出的一切证据。这样就能养成良好的习惯。

宋人笔记中记一个少年的进士问同乡老前辈:"做官有什么秘诀?"那个老前辈是个参政(副宰相),约略等于现在行政院的副院长,回答道:"做官要勤、谨、和、缓。"后人称为"做官四字诀"。我在小孩子的时候,就听到这个故事;当时没有注意。从前我们讲治学方法,讲归纳法、演绎法;后来年纪老一点了,才晓得做学问有成绩没有,并不在于读了"逻辑学"没有,而在于有没有养成"勤、谨、和、缓"

的良好习惯。这四个字不但是做官的秘诀,也是良好的治学习惯。现在我把这四个字分别说明,作为今天讲演的结论。

第一,勤。勤是不躲懒,不偷懒。我上次在台大讲演,提到台大前校长傅斯年先生两句口号:"上穷碧落下黄泉,动手动脚找东西。"那就是勤。顾亭林先生的证明"服"字古音是"逼",找出一六二个证据,也是勤。我花了几年的工夫来考据《醒世姻缘》的作者;又为"审判"《水经注》的案子,上天下地去找材料。花了五年多的工夫:这都是不敢躲懒的意思。

第二,谨。谨是不苟且、不潦草、不拆滥污。谨也可以说是恭敬的"敬"。夫子说"执事敬",就是教人做一件事要郑重的去做,不可以苟且,他又说"出门如见大宾,使民如承大祭",都是敬事的意思。一点一滴都不苟且,一字一笔都不放过,就是谨。谨,就是"小心求证"的"小心"两个字。

刚才我引了赫胥黎的两句话:"人生最神圣的一件举动就是嘴里说出,心里觉得'我相信某件事物是真的'"。判断某人做贼,某人卖国,要以神圣的态度作出来;嘴里说这句话,心里觉得"相信是真的"。这真是要用孔夫子所谓"如见大宾,如承大祭"的态度的。所以,谨就是把事情看得严重,神圣;就是谨慎。

第三,和。和是虚心,不武断,不固执成见,不动火气。做考据,尤其是用证据来判断古今事实的真伪、有无、是非,不能动火气。不但不正当的火气不能动,就是正义的火气也动不得。做学问要和平、虚心,动了肝火,是非就看不清楚。赫胥黎说:"科学好像教训我们:你最好站在事实的面前,像一个小孩子一样;要愿意抛弃一切先入的成见,要谦虚的跟着事实走,不管它带你到什么危险的境地去。"这就是和。

第四,缓。宋人笔记:当那位参政提出"缓"字的时候,那些性急的人就抗议说缓要不得;不能缓。缓,是很要紧的。就是叫你不着急,不要轻易发表,不要轻易下结论;就是说"凉凉去吧! 搁一搁、歇一歇吧!"凡是证据不充分或不满意的时候,姑且悬而不断;悬一年两年都可以。悬并不是不管,而是去找新材料。等找到更好的证据的时候,再来审判这个案子。这是最重要的一点。许多问题,在证据不充分的时候,绝对不可以下判断。达尔文有了生物进化的假设以后,搜集证据,反复实验,花了二十年的工夫,还以为自己的结论没有到了完善的地步,而不肯发表。他同朋友通信,曾讨论到生物的演化是从微细的变异积聚起来的,但是总不肯正式发表。后来到了1858年,另外一位科学家华立氏(Wallace)也得到了同样的结论,写了一篇文章寄给达尔文;要达尔文代为提出。达尔文不愿自己抢先发表而减低华立氏发现的功绩,遂把全盘事情交两位朋友处理。后来这两位朋友决定,把华立氏的文章以及达尔文在1857年写给朋友的信和在1844年所作理论的摄要同时于1858年7月1日发表。达尔文这样谦让,固然是盛德,但最重要的是他给了我们一个"缓"的例子。他的生物进化论,因为自己觉得证据还没有十分充足,从开始想到以后,经过二十年还不肯发表:这就是缓。我以为缓字很重要。如果不能缓,也就不肯谨,不肯勤,不肯和了。

我今天讲的都是平淡无奇的话。最重要的意思是:做学问要能够养成"勤、谨、和、缓"的好习惯;有了好习惯,当然就有好的方法,好的结果。

(本文为1952年12月5日胡适在台湾大学的演讲,原载1952年12月6日台北《中央日报》、《新生报》)

第三讲　方法与材料

钱校长,各位先生,各位同学:

在三百多年以前,英国有一位哲学家叫做培根(Francis Bacon)。他可以说是鼓吹方法论革命的人。他有一个很有趣的譬喻;他将做学问的人运用材料比做三种动物。第一种人好比蜘蛛。他的材料不是从外面找来,而是从肚里面吐出来的。他用他自己无穷无尽的丝做成很多很好看的蜘蛛网。这种人叫做蜘蛛式的做学问的人。第二种人好比蚂蚁。他也找材料,但是找得了材料不会用,而堆积起来;好比蚂蚁遇到什么东西就背回洞里藏起来过冬,但是他不能够自己用这种材料做一番制造的工夫。这种做学问的人叫做蚂蚁式的学问家。第三种人可宝贵了，他们好比蜜蜂。蜜蜂飞出去到有花的地方，采取百花的精华；采了回来，自己又加上一番制造的工夫，成了蜜糖。培根说，这是做学问人的最好的模范——蜜蜂式的学问家。我觉得这个意思，很可以作为我今天讲"方法与材料"的说明。

在民国十七年（西历 1928 年），台大前任校长傅斯年先生同我两个人在同一年差不多同时发表了两篇文章。他那时候并没有看见我的文章，我也没有看见他的文章。事后大家看见了，都很感觉兴趣，因为都是同样的注重在方法与材料的关系，傅先生那篇文章题目是《中央研究院历史语言研究所工作旨趣》，我那篇文章题目是《治学的方法与材料》，那是特别提倡扩大研究的材料的范围，寻求书本以外的新材料的。

民国十五年，我第一次到欧洲，是为了去参加英国对庚子赔款问题的一个会议。不过那时候我还有一个副作用（我自己认为是主要的作用），就是我要去看看伦敦、巴黎两处所藏的史坦因（Stein）伯希和（Pelliot）两位先生在中国甘肃省敦煌所偷去的敦煌石室材料。诸位想都听见过敦煌材料的故事；那是最近五十多年来新材料发现的一个大的来源。

在敦煌有一个地方叫千佛洞，是许多山洞。在这些山洞里面造成了许多庙，可以说是中古时期的庙。其中有一个庙里面有一个藏书楼——书库，原来是藏佛经的书库，就是后来报上常提起的"敦煌石室"。在这个书库里面藏有许多卷子——从前没有现在这样的书册，所有的书都是卷子。每一轴卷子都是把许多张纸用一种很妙的粘法连起来的。很妙的粘法！经过一千多年都不脱节，不腐蚀。这里面大概有一万多中国中古时代所写的卷子。有许多卷子曾由当时抄写的人写下了年月。照所记的年代看起来，早晚相去约为六百年的长时期。我们可以说石室里面所藏的都是由五世纪初到十一世纪时的宝贝。这里面除了中国文字的经以外，还有一些少数的外国文字的材料。敦煌是在沙漠地带，从前叫做沙洲，地方干燥，所以纸写的材料在书库里面经过了一千多年没有损坏。但是怎样能保存这么久没有被人偷去抢去呢？大概到了十一世纪的时候，敦煌有一个变乱,敦煌千佛洞的和尚都逃了。在逃走之前,把石室书库外面的门封起来。并且在上面画了一层壁画,所以不留心的人不知道壁画里面是门,门里面有书库,书库里面有一万多卷的宝贝。变乱经过很长的时期。平静了以后,千佛洞的和尚死的死了,老的老了,把书库这件事也忘了。这样便经过一个从十一世纪到十九世纪末年的长时期。到清末光绪庚子年,那时候中国的佛教已经衰败,敦煌千佛洞里面和尚没有了,住上了一个老道。叫王老道。有一天他要重整庙宇,到处打扫打扫;扫到石室前面,看到壁画后面好像有一个门;他就把门敲开,发现里面是一大堆佛经。这一个王老道是没有知识的,发现了这一大堆佛经后,就告诉人说那是可以治病的。头痛的病人向他求医,他就把佛经撕下一些来烧了灰,给病人吞下,说是可以治头痛。王老道因此倒发了一笔小财。到了西历1907年,英国探险家史坦因在印度组织了一个中亚细亚探险队,路过甘肃,听到了古经治病的传说,他就跑到千佛洞与王老道嘀咕嘀咕勾搭上了。只花了七十两银子,向王老道装了一大车的宝贝材料回到英国去。这一部分在英国伦敦大英博物馆内存着。史坦因不懂得中国文字,所以他没有挑选,只装了一大车走了。到了第二年——西历1908年——,法国汉学家,一个了不得的东方学家,伯希和,他听说这回事,就到了中国,跑到王老道那里,也和王老道嘀咕嘀咕,没有记载说他花了多少钱,不过王老道很佩服他能够看得懂佛经上的中外文字,于是就让他拿。但是伯希和算盘很精,他要挑选;王老道就让他挑。所以他搬去的东西虽然少一点,但是还是最精萃的。伯希和挑了一些有年月材料以及一些外文的材料,和许多不认识的梵文的经典,后来就从这些东西里面,发现很重要的中文以外的中亚细亚的文字。这一部分东西,现藏在法国国家图书馆。这是第二部分。伯希和很天真,他从甘肃路过北京时,把在敦煌所得材料,向中国学者请教。中国的学者知道这件事,就报告政府。那时候的学部——教育部的前身——,并没有禁止,任伯希和把他所得材料运往法国了。只是打电报给甘肃,叫他们把所有石室里剩余的经卷都运到北京。那些卷子有的长达几丈,有的又很短。到这时候,大家都知道石室的古经是宝贝了。于是在路上以及起装之前,或起装当中,大家偷的偷,夹带的夹带。有时候点过了多少件,就有人将长的剪开凑数。于是这些宝贝又短了不少。运到北京后,先藏在京师图书馆。后来改藏在北平图书馆。这是第三部分。第四部分就是散在民间的。有的藏在中国学者手里,有的在中国的各处图书馆中,有的在私人收藏家手中,有的流落到日本人手中。这是第四部分。在一万多卷古经卷里面,只有一本是刻本的书,是一本《金刚经》,是在第一批被史坦因运到英国去了。那上面注有年代,是唐懿宗年间(西历868年)。这是世界上最早的有日子可以确定的刻本书。此外都是卷子,大概在伦敦有五千多卷,在巴黎有三千多卷,在北平的有六千多卷,散在中国与日本民间收藏家手中的不到一百卷。

那时候(民国十五年)我正在研究中国佛教史——中国哲学史、中国思想史的一部分。我研究到唐朝禅宗的时候,想写一部禅宗史。动手写不到一些时候,就感觉到这部书写不下去,就是因为材料的问题。那个时候我觉得我在中国所能够找到的材料,尤其是在十一世纪以后的,都是经过宋人窜改过的。在十一世纪以前,十世纪末叶的《宋高僧传》里面,偶然有几句话提到那个时代唐朝禅宗开始的几个大师的历史,与后来的历史有不同的地方。这个材料所记载的禅宗历史中,有一个最重要的和尚叫做神会。照我那时候所找到的材料的记载,这个神会和尚特别重要。

禅宗的历史是怎么样起来的呢? 唐朝初年,在广东的韶州(现在的韶关),有一个不认识字的和尚名叫慧能。这个和尚在南方提倡一种新的佛教教义,但是因为这个和尚不大认识字,他也没有到外边去传教,就死在韶州,所以还是一个地方性的新的佛教运动。但是慧能有一个徒弟,就是上面所讲的那个神会和尚。神会在他死后,就从广东出发北伐——新佛教运动的北伐,一直跑到河南的滑台。他在滑台大云寺的大庭广众中,指责当时在长安京城里面受帝王崇拜的几个大师都是假的。他说:"他们代表一种假的宗派。只有我那个老师,在广东韶州的不认识字的老师慧能,才是真正得到嫡派密传的。"慧能是一个獦獠——南方的一个民族。他说:"从前印度的达摩到中国来,他开了一个新的宗派,有一件袈裟以为法信。这件袈裟自第一祖达摩传给第二祖,第二祖传给第三祖,第三祖传给第四祖,第四祖传给第五祖,都以袈裟为证。到了第五祖,宗派展开了,徒弟也多了,我的老师,那个不认识字的獦獠和尚,本是在第五祖的厨房里舂米的。但是第五祖觉得他懂得教义了,所以在半夜里把慧能叫去,把法的秘密传给他,同时把传法的袈裟给他作为记号。后来他就偷偷出去到南方传布教义。所以我的老师才是真正嫡派的佛教的领袖第六祖。他已经死了。我知道他半夜三更接受袈裟的故事。现在的所谓'两京法祖三帝国师'(两京就是东京洛阳,西京长安;三帝就是武则天和中宗、睿宗),在朝廷受崇拜的那些和尚,都是假的。他们没有得到袈裟,没有得到秘密;都是冒牌的宗派。"神会这种讲演,很富有神秘性,听的人很多。起初在滑台,后来有他有势力的朋友把他弄到东京洛阳;他还是指当时皇帝所崇拜的和尚是假的,是冒牌的。因为他说话时,年纪也大了,口才又好,去听的人比今天还多。但是皇帝崇拜的那些和尚生气了,又因为神会说的故事的确动人,也感觉到可怕,于是就说这个和尚妖言惑众,谋为不轨,奏准皇帝,把神会流放充军。从东京洛阳一直流放到湖北。三年当中,换了三处地方,过着被贬逐的生活。但是在第三年的时候,安禄山造反,把两京都拿下了;唐明皇跑到四川。这时候由皇帝的一个太子在陕西甘肃的边界灵武,组织一个临时政府,指挥军队,准备平定乱事。那时最重要的一件事,就是筹款解决财政问题。有这么多的军队,而两京又都失陷,到那里去筹款呢?于是那时候的财政部长就想出一个方法,发钞票——这个钞票,不是现在我们用的这种钞票,而是和尚尼姑必须得的度牒。《水浒传》中,鲁智深杀了人,逃到赵员外家里;赵员外就为他买了度牒,让他做和尚。也就是这种度牒。——但是这个度牒,一定要有人宣传,才可以倾销。必须举行一个会,由很能感动人的和尚去说法,感动了许多有钱的人,这种新公债才有销路。就在那时候,被放逐三年的神会和尚跑了回来;而那些曾受皇帝崇拜的和尚们都已跑走,投降了,靠拢了。神会和尚以八十岁的高龄回来,说:"我来为国报效,替政府推销新的度牒。"据我那时候找到的材料的记载,这个神会和尚讲道的时候,有钱的人纷纷出钱,许多女人们甚至把耳环戒指都拿下来丢给他;没有钱的就愿意做和尚、做尼姑。于是这个推销政府新证券的办法大为成功。对于郭子仪、李光弼收复两京的军事,神会和尚筹款的力量是一个大帮助。当初被政府放逐的人,现在变成了拥护政府帮忙立功的大和尚。祸乱平定后,皇帝就把他请到宫里去,叫工部赶快给神会和尚建造禅寺。神会死时,已九十多岁,替政府宣传时,已将近九十岁了。神会和尚不但代表新佛教北伐,做了北伐总司令,而且做了政府里面的公债推销委员会的主席。他成功身死以后,当时的皇帝就承认他为禅宗第七祖。当然他的老师那个南方不认识字的獦獠和尚是第六祖了。那时候我得到的材料是如此。

神会虽然有这一段奋斗的历史,但在过了一二百年以后,他这一派并没有多少人。别的冒牌的人又都起来,个个都说是慧能的嫡派。神会的真真嫡派,在历史上没有材料了。所以当我在民国十五年到欧洲去的时候的副作用,就是要去找没有经过北宋人涂改过的真正的佛教史料。因为我过去搜集这些材料时,就知道有一部分材料在日本,另一部分也许还在敦煌石室里面保存。为什么呢?方才讲过,敦煌的卷子,是从五世纪起到十一世纪的东西。这六百多年恰巧包括我要找的时期,且在北宋人涂改史料以前;而石室里的材料,又差不多百分之九十九点九都是佛教材料。所以我要到伦敦、巴黎去,要找新的关于佛教的史料,要找神会和尚有没有留了什么东西在敦煌石室书库里面。这就是我方才说的副作用。到了英国,先看看大英博物院,头一天一进门就看见一个正在展览的长卷子,就是我要找的有关材料。后来又继续找了不少。我到法国的时候,傅斯年先生听说我在巴黎,也从德国柏林赶来。我们两个人同住在一个地方,白天在巴黎的国家图书馆看敦煌的卷子,晚上到中国馆子吃饭,夜间每每谈到一两点钟。现在回忆起当时一段生活,实在是很值得纪念的。在巴黎国家图书馆不到三天,就看见了一段没有标题的卷子。我一看,知道我要的材料找到了;那就是神会的语录,他所说的话和所作的事。卷子里面常提到"会";虽然那还是没有人知道过,我一看就知道是神会,我走了一万多里路,从西伯利亚到欧洲,要找禅宗的材料;到巴黎不到三天就找到了。过了几天,又发现较短的卷子,毫无疑义的又是神会有关的。后来我回到英国,住了较长的时期,又发现一个与神会有关的卷子。此外还有与那时候的禅宗有关系的许多材料。我都照了像带回国来。四年之后,我在上海把它整理出版,题为《神会和尚遗集》。我又为神会和尚写了一万多字的传记。这就是中国禅宗北伐的领袖神会和尚的了不得的材料。我在巴黎发现这些材料的时候,傅先生很高兴。

我所以举上面这个例子,目的是在说明材料的重要。以后我还要讲一点同类的故事——加添新材料的故事。我们用敦煌石室的史料来重新撰写了禅宗的历史,可以说是考据禅宗最重要的一段。这也是世界所公认的。现在有法国的哲学家把我发现后印出来的书全部译成法文,又拿巴黎的原本与我编的校看一次。美国也有人专研究这一个题目,并且也预备把这些材料译成英文。因为这些材料至少在中国佛教历史上是新的材料,可以纠正过去的错误,而使研究中国佛教史的人得一个新的认识。

就在那一年冬天,傅孟真先生从德国回到中国;回国不久,就往广东担任中山大学文学院院长,并办了一个小规模的历史语言研究所。后来又应蔡孑民先生之邀,担任中央研究院历史语言研究所所长。不久,在《历史语言研究所集刊》第一本发表了一篇文章,题目叫做《历史语言研究所工作旨趣》。因为我们平常都是找材料的人,所以他那篇文章特别注重材料的重要。这里面有几点是在他死后他的朋友们所常常引用的。他讲到中国三百多年的历史学、语言学的考据,与古韵古音的考据,从顾亭林、阎百诗这两个开山大师起,一直到十九世纪末年,二十世纪初年。在这三百多年当中,既然已经有人替我们开了一个新纪元,为什么到现在还这样倒楣呢?傅先生对于这个问题,提出了三个最精辟的解答:

一、凡是能直接研究材料的就进步;凡是不能直接研究材料,只能间接研究材料的,或是研究前人所研究的材料或只能研究前人所创造的材料系统的就退步。

二、凡一种学问能够扩充或扩张他的研究材料的便进步；凡不能扩张他的材料的便退步。

三、凡一种学问能够扩充他作研究时所应用的工具的便进步；凡不能扩充他研究时应用的工具的便退步（在这里，工具也视为材料的一种）。

所以傅先生在他这篇文章中的结论，认为中国历史学、语言学之所以能够在当年有光荣的历史，正是因为当时的顾亭林、阎百诗等大师能够开拓的用材料。后来所以衰歇倒楣，也正是因为题目固定了，材料不大扩充了，工具也不添新的了，所以倒楣下去。傅先生在那篇文章里为中央研究院历史语言研究所提出了三条工作旨趣：

一、保持顾亭林、阎百诗的遗训。要运用旧的新的材料，客观的处理实在的问题。因为解决问题而更发生新问题；因为新问题的解决更要求更多的材料。用材料来解决问题，运用旧的新的材料，客观地处理实在的问题，要保持顾亭林、阎百诗等三百多年前的开拓精神。

二、始终就是扩张研究材料，充分的扩张研究材料。

三、扩充研究用的工具。

以上是傅先生在民国十七年——北伐还没有完成，北伐军事还没有结束的时候——就已经提出的意见。他在这篇文章里面还发表了一个很伟大的梦想。他说我们最注意的是求新的材料。所以他计划要大规模的发掘新材料：

第一步，想沿京汉路，从安阳到易州这一带去发掘。

第二步，从洛阳一带去发掘；最后再看情形一步一步往西走，一直走到中亚西亚去。在傅先生那一篇并不很长的"工作旨趣"里面，在北伐革命军事还没有完成的时候，他已经在那里做这样一个扩大材料的梦想。而在最近这二十年来，中央研究院在全国学术机关内，可以说充分做到了他所提出的三大旨趣。我虽是中央研究院的一份子，却并不是在这里做广告。我们的确可以说，他那时所提出的工作旨趣，不但是全国，亦是全世界的学术界所应当惊异的。

我在民国十七年发表的一篇文章，题目是《方法与材料》，已收在《文存》第三集内,后来又收在《胡适文选》里面。① 我不必详细的讲它了。大意是说:材料可以帮助方法;材料的不够,可以限制做学问的方法;而且材料的不同,又可以使做学问的结果与成绩不同。在那篇文章里面,有一个比较表,拿西历 1600 年到 1675 年,七十五年间的这一段历史,与东方的那段七十多年间的历史相比较,指出中国和西方学者做学问的工作,因为所用材料的不同,成绩也有绝大的不同。那时正是傅先生所谓顾亭林、阎百诗时代;在中国那时候做学问也走上了一条新的路,走上了科学方法的路。方法也严密了;站在证据上求证明。像昨天所说的顾亭林要证明衣服的"服"字古音读作"逼",找了一百六十个证据。阎百诗为《书经》这部中国重要的经典,花了三十年的工夫,证明《书经》中所谓古文的那些篇都是假的。差不多伪古文里面的每一句,他都找出它的来历。这种科学的求证据的方法。就是"大胆的假设,小心的求证"的方法。这种方法与西洋的科学方法,是同样的了不得的。

但是在同一个时期,——在 1600—1675 年这一段时期,——西洋做学问的人是怎么样呢?在十七世纪初年,荷兰有三个磨玻璃的工匠,他们玩弄磨好的镜子,把两片镜片叠起来,无意中发明了望远镜。这个消息传出去以后,意大利的一位了不得的科学家伽利略(Galilei),便利用这一个原理,自出心裁的制造成一个当时欧洲最完美的最好的望远镜。从这个望远镜中发现了天空中许多新的东西。同时在北方的天文学家,刻伯勒(Kepler)正在研究五大行星的运行轨道。他对于五大行星当中火星的轨道,老是计算不出来,但是收集了很多材料。后来刻伯勒就假设说,火星轨道不是平常的圆形的而是椭圆形的;不但有一个中心而且有两个中心。这真是大胆的假设;后来证实这个假设是对的,成为著名的火星定律。当时刻伯勒在北方,伽利略在南方,开了一个新的天文学的纪元。伽利略死了二三十年以后,荷兰有一位磨镜工匠叫做李文厚(Leeuwenhoek),他用简单的显微镜看毛细管中血液的运行和筋腱的纤维。他看见了血球、精

---

① 编者注:即《治学的方法与材料》一文。

虫,以及细菌学(1675年),并且绘了下来。我们可以说,微菌学是萌芽于西历1675年的。伽利略并且在物理学上开了新的纪元,规定了力学的几个基本原理。

就在伽利略去世的那一年(西历1642),一位绝大的天才科学家——牛顿(Newton)——在英国出世。他把刻伯勒与伽利略等人的发现,总结起来,做一个更大胆的假设,可以说是世界上有历史以来最大胆的二、三个假设中的一个,就是所谓万有引力的定律。整个宇宙所有这些大的星,小的星,以及围绕着太阳的各行星(包括地球),所以能够在空中,各循着一定的轨道运行,是什么原因呢?就是因为有万有引力的缘故。在这七十五年中,英国还有两位科学家我们必须提到的。一位是发明血液循环的哈维(Harvey),他的划时代的小书是1628年出版的。一位是了不得的化学家波耳(Boyle),他的在思想史上有名的著作《怀疑的化学家》是1661年出版的。

西方学者的学问工作,由望远镜、显微镜的发明,产生了力学定律、化学定律,出了许多新的天文学家、物理学家、化学家、生理学家。新的宇宙出现了。但是我们中国在这个时代,在学者顾亭林、阎百诗的领导下做了些什么呢?我们的材料是书本。顾亭林研究古韵,他的确是用新的方法,不过他所用的材料也还是书本。阎百诗研究古文《尚书》,也讲一点道理,有时候也出去看看,但是大部分的材料都是书本。这三百多年来研究语言学、文字学所用的材料都是书本。可是西方同他们同时代的人,像刻伯勒、伽利略、牛顿、哈维、波耳,他们研究学问所用的材料就不仅是书本;他们用作研究材料的是自然界的东西。从前人所看不清楚的天河,他们能看清楚了;所看不见的卫星,他们能看见了;所看不出来的纤维组织,他们能看出来了。结果,他们奠定了三百年来新的科学的基础,给人类开辟了一个新的科学的世界。而我们这三百多年来在学问上,虽然有了了不起的学者顾亭林、阎百诗做引导,虽然可以说也有"大胆的假设,小心的求证"的方法,但是因为材料的不同,弄来弄去离不开书本,结果,只有两部《皇清经解》做我们三百年来治学的成绩。这个成绩跟三百年来西方科学的成绩比起来,相差真不可以道里计。而这相差的原因,正可以说明傅先生的话：凡能够扩充材料，用新材料的就进步；凡是不能扩充新的材料，只能研究旧的，间接的材料的就退步。我在那篇文章里面有一张表，可以使我们从这七十五年很短的时间中，看出材料不但是可以限制了方法的使用，而且可以规定了研究的成绩如何。所以我那篇文章后面也有一个和傅先生相类似的意见，就是说：就纸上的考证学，也得要跳过纸上的材料——老的材料，去找新的材料，才可以创造出有价值的成绩。我那篇文章虽然没有他那一种远大的大规模的计划，但是也可以做为他那篇历史上很重要的宣言的小小注脚。我们的结论都是一样的；所不同的地方是我始终没有他那样大规模的梦想：做学问的团体研究，集团研究（Corporate Research）。培根在三百多年前曾有过这种梦想——找许多人来分工合作，大规模的发现新的真理，新的意思，新的原则，新的原理；在西洋各国已经逐渐实现了。中国方面，丁文江先生在北平创立了中国地质调查所，可以说是在北方的一个最重要的学术研究团体，为团体研究，以收集新材料开辟了一个新的领土。在民国十七年，中央研究院成立，尤其是历史语言研究所的成立，在中国的语言学、历史学、考古学、人类学各方面，充分的使用了傅先生的远大的见识，搜罗了全国第一流的研究人才，专家学者，实地去调查、去发掘。例如，安阳的十五次发掘，及其他八省五十五处的发掘，和全国各地语言语音的调查，这些工作，都是为扩充新的材料。除了地质调查所以外，历史语言研究所可以说是我们规模最大成绩最好的学术研究团体。我们也可以说，中国文史的学问，到了历史语言研究所成立以后才走上了完全现代化、完全科学化的大路，这是培根在三百年前所梦想的团体研究的一个大成绩。

不论团体研究也好，个人研究也好，做研究要得到好的成绩，不外上面所说的三个条件：一、直接的研究材料；二、能够随时随地扩张材料；三、能够扩充研究时所用的工具。这是从事研究学问而具有成绩的人所共有的经验。

我在开始讲"治学方法"第一讲的时候，因为在一个广场中，到的人数很多，没有黑板，没有粉笔，所以只能讲一些浅显的小说考证材料。有些人认为我所举的例太不重要了。不过今天我还要和诸位说一说,我用来考证小说的方法,我觉得还算是经过改善的,是一种"大胆的假设,小心的求证"的方法。我可以引为自慰的,就是我做二十多年的小说考证,也替中国文学史家与研究中国文学史的人扩充了无数的新材料。只拿找材料做标准来批评,我二十几年来以科学的方法考证旧小说,也替中国文学史上扩充了无数的新证据。

我的第一个考证是《水浒传》。大家都知道《水浒传》是七十一回,从张天师开始到卢俊义做梦为止。但是我研究中国小说,觉得可以分为两大类。像《红楼梦》与《儒林外史》是第一类,是创造的小说。另一类是演变的小说;从小的故事慢慢经过很长时期演变扩大成为整部小说:像《水浒传》《西游记》《隋唐演义》《封神榜》等这一类故事都是。我研究《水浒传》,发现是从《宣和遗事》这一本很小的小说经过很长的时期演变而来。在演变当中,《水浒传》不但有七十一回的,还有一百回的、一百二十回的。我的推想是:到了金圣叹的时候,他以文学的眼光,认为这是太长了;他是一个刽子手,又有文学的天才,就拿起刀来把后面的割掉了,还造出了一个说法,说他得到了一个古本,是七十一回的。他并且说《水浒传》是一部了不得的书,天下的文章没有比《水浒》更好的。这是文学的革命,思想的革命;是文学史上大革命的宣言。他把《水浒》批得很好,又做了一篇假的序,因此,金圣叹的《水浒》,打倒一切的《水浒》。我这个说法,那时候大家都不肯相信。后来我将我的见解,写成文章发表。发表以后,有日本方面做学问的朋友告诉我说:日本有一百回,一百二十回本的《水浒传》。后来我在无意中又找到了一百十五回本,一百二十四回本和一百十九回本。台大的李玄伯先生也找到一百回本。因为我的研究《水浒传》,总想得到新的材料,所以社会上注意到了,于是材料都出来了。这就是一种新材料的发现,也就是二十多年来因我的提倡考证而发现的新材料。

关于《红楼梦》,也有同样的情形。因为我提倡用新的观点考证《红楼梦》,结果我发现了两种活字版本,是乾隆五十六年和五十七年的一百二十回本。有人以为这个一百二十回本是最古的版本,但也有人说《红楼梦》最初只有八十回,后面的四十回是一个叫做高鹗的人加上去的。他也编造了一个故事说:是从卖糖的担子中发现了古本。我因为对于这个解释不能满意,总想找新的材料证明是非,结果我发现了两部没有排印以前的抄本,就是现在印行出来的八十回本。

因为考证《红楼梦》的关系,许多大家所不知道的抄本出现了。此外,还有许多关于曹雪芹一家的传记材料。最后又发现脂砚斋的评本《红楼梦》;虽然不完全,但的确是最早的本子——就是现在我自己研究中的一本。后来故宫博物院开放了,在康熙皇帝的一张抽屉里,发现曹雪芹的祖父曹寅的一大批秘密奏折。这个奏折证明当时曹家地位的重要。曹雪芹的曾祖、祖父、父亲、叔父三代四个人继续不断在南京做江宁织造五十年,并且兼两淮盐运使。这是当时最肥的缺。为什么皇帝把这个全国最肥的缺给他呢?因为他是皇帝的间谍,是政治特务;他替皇帝侦查江南地方的大臣,监视他们回家以后做些什么事,并且把告老回家的宰相的生活情形,随时报告皇帝。一个两江总督或江苏巡抚晋京朝圣,起程的头一天,江苏下雪或下雨;他把这个天气的情形用最快的方法传达给皇帝。等到那个总督或巡抚到京朝见时,皇帝就问他"你起程的头一天江苏是下雪吗?"这个总督或巡抚听到皇帝的这个问话,当然知道皇帝对于各地方的情形是很清楚的,因此就愈加谨慎做事了。

我所以举《红楼梦》的研究为例;是说明如果没有这些新的材料,我们的考证就没有成绩。我研究这部书,因为所用的方法比较谨严,比较肯去上天下地,动手动脚找材料,所以找到一个最早的"脂砚斋抄本"——曹雪芹自己批的本子——,和一个完全的八十回的抄本,以及无疑的最早的印本——活字本——,再加上曹家几代的传记材料。因为有这些新材料,所以我们的研究才能有点成绩。但是亦因为研究,我们得以扩张材料;这一点是我们可以安慰自己的。

此外如《儒林外史》,是中国的第一部小说。这本书是一个很有思想的吴敬梓做的。当我在研究时,还不知道作者吴敬梓是安徽全椒人。我为了考证他的人,要搜求关于他的材料。不到几个月的工夫,就找到了吴敬梓诗文集、全集,后面还附有他儿子的诗。这厚厚的一本书,在书店中别人都不要的,我花一块半钱就买到了。这当是一个海内孤本(我恐怕它失传,所以重印了几千册)。就拿这种考证来讲,方法与材料的关系是很重要的。如果没有材料,就没有法子研究;而因为考证时能够搜求材料,又可以增加了许多新材料。

我再用佛教史的研究说明扩张材料。我那年在英国大英博物院看敦煌卷子的时候,该院一位管理人告诉我说:有一位日本学者矢吹庆辉刚刚照了许多卷子的影片带回去。后来矢吹庆辉做了一本书叫《三阶教》。这是隋唐之间佛教的一个新的研究;用的材料,一部分是敦煌的卷子,一部分是日本从唐朝得来的材料。

我搜求神会和尚的材料,在巴黎发现敦煌所藏的两个卷子。我把它印出来以后,不到三年,日本有位石井实先生,买到了一个不很长的敦煌的卷子,也是与神会和尚有关的材料。这个卷子和我所发现的材料比较起来,他的前面一段比我发现的少,后面一段比我发现的多。这个卷子,他也印出来了。另外一位日本学者铃木,也有一卷关于神会的卷子;这和我所发现的是一个东西,但是抄写的不同,有多有少,可以互相补充。因为考证佛教史中禅宗这个小小的问题,增添了上面所说的许多材料。

日本的矢吹先生在伦敦博物院把敦煌所藏的卷子,照了许多影片带回日本以后,日本学者在这些照片里面发现了一件宝贝,就是上面讲到的,南方韶州地方不认识字的和尚,禅宗第六祖慧能的语录——《坛经》。这是从来没有的孤本,世界上最宝贵的本子。这本《坛经》只有一万一千言;在现在世面上流行的本子有二万二千言。这本《坛经》的出现,证明现在流行的《坛经》有百分之五十是后来的一千多年中和尚们你增一条,我添一章的加进去的,是假的。这也是佛教史上一个重要的发现。总之,因为我考证中国佛教新的宗派在八世纪时变成中国正统的禅宗的历史,我就发现了许多新的材料。

最后我感谢台湾大学给我这个机会——讲学。我很惭愧,因为没有充分准备。我最后一句话,还是我开头所说的"大胆的假设,小心的求证"。在求证当中,自己应当自觉的批评自己的材料。材料不满意,再找新证据。这样,才能有新的材料发现;有新材料才可以使你研究有成绩、有结果、有进步。所以我还是要提一提台大前任校长傅先生的口号:"上穷碧落下黄泉,动手动脚找东西。"

(本文为1952年12月6日胡适在台湾大学的演讲,原载1952年12月7日台北《中央日报》、《新生报》)

《水经注》考

几年来我在审一个案子——《水经注》。上次在监察院茶会席上，引了台大教授毛子水先生常常引用的明朝大哲学家又是一位好官吕坤的一句话"为人辩冤白谤是第一天理"。《水经注考》付印的时候，一定把这一句话摆在前面，我审这个案子实在是打抱不平。替我同乡戴震（东原）申冤。这个案子，牵涉到全祖望、赵一清两个人。全祖望年纪最长，死得最早，1755 年死的。赵一清是 1764 年死的。戴东原在他们三个人当中死得最晚，1777 年死的。他们三个人都是十八世纪第一流学者，都弄《水经注》。三个人出了四部书。戴东原两部：一部是殿版，一部是自己刻的。三个人的书，刊出的时间不同。戴的两部，是 1775 年刊出来的。赵的书，是 1786 年刊出来的。全的书，在他死的时候，还没有弄好，死后稿子散失了。百年以后 1888 年，在我出生前三年，由他的宁波同乡，把他残缺的稿子硬凑成一本书刊出来。他们三个人的书，戴的出得最早，全祖望死得最早，而书出得最晚。三个人的书，对于《水经注》，都有很大的贡献。

他们三个人中间，全、戴两个人，有绝顶的天才，和我的老朋友傅斯年先生一样，理解力最强，记忆力也最强。赵一清没有全、戴两个人的天才，但他是一个很用功的人。他家里又是几代书香，是浙东几个大藏书家之一。年轻的时候，看了许多的书，中年又受了很好的教育，在乾隆九年看到从前的人没有看到过的明朝正德皇帝时代柳佥（大中）所藏的《水经注》，赵一清从马家（扬州人）把这本书借来校勘，校勘后，亲手写了一部。《水经注》本文是三十四万五千多字，加上注解同校勘说明，总在四十万字以上。赵一清写的一部，从头到尾，一字不错，一字不苟且。写成了，在北上的时候，送请他平生最佩服的全祖望先生看。这个时候,赵一清才三十几岁。过了几年不满意,又重新加了许多材料。

乾隆十五年全祖望在杭州养病,把赵一清写的本子拿来仔细的看,以他最高的天才来看赵一清花了几年工夫校勘的本子,发现许多的问题,就在原本上加了许多批。《水经注》是五世纪末六世纪初年的书,经过一千多年流传下来,不知道有多少错误残缺,其中最大的错误,是"经"同"注"混起来了。这是由于抄写的人不知道那一部分是"经",那一部分是"注",所以弄混了。

中国有一百二十三条大水道。以最大的水作纲领,从北方说起,最大的水是黄河,下为济水,再下淮水,再下长江。这四条水道,是最大的。此外渭水、洛水、沔水,也是很大的水道。沔水下面一段叫汉水,到汉口入长江。河、济、淮、江、渭、洛、沔,都是很长的水道。经、注混在一块的如果只是一条,还没有什么关系,可是错了五百多条。就是有五百多条的注在经里面,变成了经。弄到讲不通,看不懂。这个错误,古人从内容看出了一点,因为从历史的材料,尤其是地名的变迁,可以看出来,譬如北海是北魏时代的地名,决不会跑到三国时代里面去,古人在这个地方发生了疑惑,疑惑经、注混合。乾隆十五年,全祖望校勘赵一清的抄本,看出这个漏洞,大胆的指出经、注可以重新划分。赵一清看到了从前的人没有看到过的柳大中抄本,把许多的困难补救了,全祖望根据赵一清的写本来校勘,又发现经、注混在一块的问题,每查明一条,就写信告诉赵一清及杭州湖州的朋友。但是改来改去,改了五年,还是没有改完全,不过找出了一条路。赵一清在离杭州三千多里路的北京,接到全祖望告诉他经、注有一个标准可以划分的信,赵一清很高兴。说他根据这个标准,在一个晚上,把全部改好了。这是一个神话。因为全祖望把赵一清的写本校勘了五次,经过五年,到乾隆二十年死的时候,还在改。赵一清在全祖望死后,继续改了九年,到乾隆二十九年死了,也是临死之前还在改。

全祖望五十一岁死的。他很穷。病的时候,没有钱买药,死了也没有钱买棺材,埋葬也没有钱。他死在大热天,不能久搁,家里的人遂把他所有的书卖给一个有钱的同乡,换得了几百两银子来买棺材并作埋葬的费用。在这个纷乱的时候,把他"五校赵一清"写的这个宝贝的本子混在其他的书里卖出去了。买书的同乡姓卢,他藏书的楼,称为"卢氏抱经楼"。卢氏是抱经不读的,只是有钱买书。因为自己不懂,买了不看,也不给人家看,摆在家里,一摆摆了百多年。最近才在天津发现。这个书从卖到卢家以后,任何人没有看过。到了我的手里,才一字一字的细细的校勘了一遍,因为这个本子是赵一清写的,全祖望校勘的,所以我称为"全璧归赵"。全祖望这一段故事如此。

赵一清在全祖望死了以后,继续不断的校勘,作了九年,到乾隆二十九年死了。他校勘的本子,在他死以前也没有刊出来,从前作书,没有版权保障,作书的人,都是秘密的作,只有少数几个好的朋友知道。赵一清的《水经注》,有几个本子。乾隆三十八年开四库全书馆,分两部分整理,一部分整理《永乐大典》遗书。一部分整理各省进来的遗书。当下令各省进送遗书以后,浙江省就把赵一清的《水经注》进上去了,同时在《永乐大典》中发现了一部《水经注》。《水经注》是北魏时代流传下来的,经过南北朝末期、隋朝、唐朝、五代,到了北宋才有刻本。北宋刻本,已经残缺,有许多错误。因为经过一千多年的流传,而真正宋本流传到元朝明朝的,也不容易找到。《永乐大典》中的《水经注》与柳大中抄本是从前的人没有看到过的。

《水经注》的案子是怎样发生的呢?明朝有三个大刻本,明朝嘉靖十三年(1534年)黄省曾刻了一部《水经注》,这个本子这次在台中博物馆看到了四部,这个刻本,美国只有一部,这是第一个大刻本。过了一些时候,1585年吴琯刻了一部,为第二个大刻本。再过一些时候,1615年朱谋㙔又刻了一部。四百多年的麻烦,就是这些刻本发生出来的。因为黄省曾没有看到《永乐大典》中的《水经注》,也没有看到柳大中抄本,而是把残缺的凑合起来,没有得到好的本子校勘。吴琯校勘,只有小小的修改。而且往往改错了。到了朱谋㙔,看到一个姓谢的本子,拿来校勘,改正了不少。黄省曾刻本,大错十处,小错几千。

讲到《水经注》,是一个校勘学。校勘学有一个原则,就是用古本来校，要想法子找古本，最好是原本。如果找不到原本，要找最古的抄本刻本。没有古本，只好理校，以理想来推校，无论怎样聪明的人，没有法子校出大的错误。如果缺一句话，或者错一个字，掉一个字，聪明的人拿古书来比较，也许可以校得出来。但是大的错误，理校没有法子校出来的。黄省曾的刻本，是整页的错误，头一卷二篇，掉了一个整页，四百十八字，第九卷有两页跑到第十三卷去了，第十三卷有两页跑到第九卷。这样的错误，有十处。朱谋㙔以姓谢的抄本来修改。把十大错误，补正了六处。所以朱谋㙔的《水经注》，是划时代的，因为他看到前人没有看到的本子。但是还有四个大错误，百多年来没有法子补正。迨赵一清看到柳大中抄本，补了三处半，柳大中本与《永乐大典》里面《水经注》不同之点，也就在这个地方。黄省曾刻本十大错误中，第十七卷掉了一个整页，四百十八字，柳大中本补起来了。同卷后面又掉了半页，也补起来了。第二十二卷中两个错误，也补起来了。但《水经注》里面，郦道元的一篇自序，四百七十三字，柳大中本只补了二百五十四字，还缺了二百十九字，所以说，补了三处半。如考分数，以黄省曾十个大错误作一百分。朱谋㙔补了六处，考了六十分。赵一清继续补了三处半，考了九十六分。乾隆三十八年《永乐大典》中发现的《水经注》，是外面没有看到过的，是完整的，《永乐大典》的《水经注》发现以后，派一个不相干的翰林抄，这个人的姓名不知道，大概是一个饭桶，不懂得《水经注》，匆匆的献给皇帝，皇帝看到非常高兴，在上面提了一首诗，四库全书馆，都是翰林，戴东原是一个举人，没有资格到四库全书馆，可是因为翰林不够用，主编的大总裁奏请皇帝调了五个不够资格的人——三个进士、两个举人——来协助。其中的一个举人，就是戴东原。举人当然不敢同翰林拼，他到馆，奉派两个大差事；一个整理《五经》中的《仪礼》，这个差事，已经够他忙几年了。还有一个大差事，整理古代算学。

　　四库全书馆，分东西两院，东院三十个翰林，西院也是三十个翰林。两院整理各省进来的遗书。《永乐大典》，是东院整理的。东西两院互相妒忌，东院不知道西院干些什么事，西院也不知道东院干些什么事。这种妒忌情形，可以找出许多证据，赵一清的书由浙江进到西院,戴东原无从看到,至于《永乐大典》中的《水经注》,戴东原也没有看到。因为戴东原听到说,《永乐大典》中发现《水经注》,皇帝提了一首诗,他是弄《水经注》已有很多年了的,得到这个消息非常高兴,就向总编纂纪晓岚说:"可不可以把这个宝贝给我看看",这时戴东原到馆已经两年,总编纂从工作中认识他很高明,就答应说:"可以。"并说,你如有经验,就请你整理吧?可是这个书已经派了一位翰林整理,皇帝对这个发现很高兴,整理的人,也许可以得奖,现在换一个人整理,发生困难,这件事件,从大总裁宇文忠公与总编纂五十六封信当中,可以看出来,这五十六封信中有两封信专门讨论《水经注》由翰林手中拿出来给戴东原的问题。大致说:由翰林手里转给举人不行。因为这个原因,所以戴东原自己整理,以后又自己花钱去刊印,《四库全书》里的《水经注》,始终不承认是他弄的。

  黄省曾刻本十个大错误,朱谋㙔改正了六个,得六十分;一清改正三个半,得九十六分,戴东原得一百分。赵一清的《水经注》由西院翰林整理,戴东原在东院,当然没有看到,戴东原死了好几年后,皇帝查出经、史、子、集里面有犯禁的书,把这些书抽出以后,有两库空了。要补一部书进去,赵一清同沈炳巽的两部《水经注》,遂补进去了,所以《四库全书》里面有三部《水经注》,从这个事实,可以看出全、赵、戴三个人的《水经注》,赵抄全的,都是得到全的同意,戴东原没有看到赵的书,更没有看到全的书。这有什么方法证明呢?刚才说过黄省曾的刻本,有十大错误。凡是弄《水经注》的人,没有不注意这十大错误的,但是不能靠聪明来校勘,必须以古本来校勘。戴东原有两个本子,一个自定《水经注》一卷。这是把一百二十三条水的经提出来写成的,这在他的年谱里面写得清清楚楚。这也是戴东原也看出经、注混在一起,把他改正过来的,这个改正,不是全祖望的关系,也不是赵一清的关系,而是学者一步一步找出来的,譬如河水到什么地方,再到什么地方,说得很清楚。还有渭水一篇文章,济水一篇文章,以及所有一百二十三条水的经,作成一百二十三篇文章,把他作成一卷。

  我为了这个问题,在外国把所有的材料都翻了,但找到的材料很少,三十五年回国,想在国内大登广告找材料,所以船到中国,还没有进口,新闻记者乘海关汽艇到了船上问我:"胡先生有什么话说。"我就告诉他,"这几年干《水经注》这个案子"。我说这个话的目的,是请他们代我登广告。不错,第二天各报都把我的话登出来了,大家便知道胡适之弄《水经注》。所以一到上海,一个朋友把他看到的《水经注》告诉我,那个朋友也把他收藏的《水经注》给我看,问我:"你看到这个本子没有?"很短的时间,全上海所藏的《水经注》,我都看到了。到了北平,也是这样。于是各地的《水经注》都跑到我这里来了。在北平看到一个姓孔(继涵)的朋友,把他所藏的也就是刚才提到的戴东原自定《水经注》一卷〔给我看〕;过了一些时候,安徽周一良问我说:"家父藏书里面有戴东原《水经注》一个本子,"并全给我看。这两个本子,一个是乾隆三十年出的,一个是乾隆三十七年出的。乾隆三十年的本子,没有看到《永乐大典》中的《水经注》。三十七年的本子,也没有看到。为什么知道他没有看到呢?黄省曾刻本十大错误,朱谋㙔改正了六处,赵一清又改正了三处半。头一卷掉了一个整页四百十八字,柳大中本补正了,《永乐大典》中《水经注》也补正了,如果看到赵一清的本子,《永乐大典》的本子,可以照抄下来,没有照抄可以断定没有看见。他自定《水经注》一卷里面,有一部分是他的序。有一部分叫做附考,他把每一条水发生的问题,都校勘了,缺少多少与补的东西,都记在附考里面。第十七卷渭水缺了一个整页,四百十八字,他想法子补了一百六十三字。没有书,没有本子,到处去看,逗来逗去,补了一百六十三字,非常高兴,把经过写在附考里面,这就可以证明他决没有看到赵一清的东西,全祖望的东西,也没有看到柳大中本,《永乐大典》本,这是一个证明。

第二,《颍水》篇,朱谋㙔说他看到宋本改的,他根本没有看到过宋本,是假宋本改的,改错了;戴东原改朱谋㙔的,也改错了。

第三,《济水》篇掉了一页,朱谋㙔没有看见,戴东原乾隆三十年的本子没有看出来,乾隆三十九年的本子也没有看出来。全祖望看见了,赵一清看见了。这三个证据,证明戴东原没有偷人家的书,是无可疑的了。

这个案子还有许多问题，大家说是戴东原偷书，我找材料，发现戴东原两个本子；这两个本子可以互相参证。这两个本子有三个大缺陷，以这三个缺陷，可以证明戴东原没有偷全、赵两个人的书，主题可以解决了。但是还有附带的问题。

第一，赵一清死在戴东原以前，不会偷戴东原的书，但是他的书是在戴东原的书出来以后十年出的，是他的儿子作河南归德知府，旋作淮扬道的时候，请学者刻的。替赵一清刻书的人，确用了戴东原的书来改。这是本案的第二个大问题，第二个大问题，不是戴偷赵的书，而是赵的家人偷戴的书，这有什么证明呢？戴东原的学生段玉裁写信给赵家刻书的梁玉绳，说梁把他老师的书去改赵的书。所不幸的没有看到回信，更不幸的，是这一封信留在段的集子里，但是相信段玉裁收到回信的。从什么地方证明呢？因为段玉裁后来完全修正了他的话。他在晚年（八十岁的时候）替他老师戴东原作年谱，不说赵一清家里的人偷他老师的书，只说：杭州赵一清也是作这种学问——《水经注》，作了多少年，到后来不谋而合，得到同一的结论。段玉裁为什么这样修改过去的话呢？一定得到梁玉绳的回信，把赵一清著书的经过告诉了他，所以段玉裁才说"闭门造车，出而合辙"。段玉裁给梁玉绳的信，段玉裁死后，他的学生们、同乡们把它收在集子里面，惹起了许多的问题。因此认为我们所作的东西，决不可以让后人来编辑，甚至遗嘱不准后人编集子，最好自己编好。段玉裁这一封信惹起后人的反感，反过来控诉他的老师，说他的老师偷书。

第三，在六十几年前，1888年，全祖望的宁波同乡刻全祖望的《七校水经注》，刻的人把赵一清的书，戴东原的书拿来校勘，简单的说，其中有恶意作伪的部门。我审这个案子，作了几年苦工，证明全祖望的书有一部分真是全祖望的材料，可是决没有看到全祖望的五校本。五校本中许多宝贝，所谓的"七校本"都没有的，又可以证明戴没有偷全的书。全的书是根据赵的，这是第三个问题。现在可以宣告判决，1888年全祖望《七校水经注》，有恶意作伪的痕迹，恶意冤枉戴的痕迹。

前次讲治学方法，最后说明，最要紧的要养成某种良好习惯，就是要勤，要谨，要和，要缓。比方考证赵一清的书，在赵家刻本的时候，究竟有没有改动，赵一清的书，是被收在《四库全书》以后的本子，一百五十年前，湖南魏源作了一本书说他看到了扬州《四库全书》、镇江《四库全书》，看到里面如何如何，并说戴东原偷赵一清的书，现在有许多东西证明魏源没有看见扬州《四库全书》、镇江《四库全书》。江苏孟森也说赵一清的本子不错的，说他拿《四库全书》里面赵一清的本子对了五条，一字没有改易。《水经注》三十四万五千字，加上注解与校勘说明四十多万字。只查了五条，就下判断，太随便了。我们看《水经注》第二卷一条"河水由南入葱岭山"。赵一清的本子下面没有了，就是河水入昆仑山，不出来了，戴东原的本子是，"河水由南入葱岭山，又从葱岭出而西南流"。赵家刻书，不好用戴东原"又从葱岭出而西南流"九个字，于是把入字改为出字，变为："河水由南出葱岭山"，校勘不说明，这是恶意作伪的证明。这个案子审了多少年没有审出来，为什么到了我的手里可以审出来呢？因为当初审的人，不肯花多的工夫，我花了五年工夫，找出许多新材料，所以审出来了。同时又查明张穆，魏源，孟森，王国维他们为什么骂十八世纪一位了不得的大哲学家，大思想家戴东原是贼呢？因为戴东原是当时思想的一个叛徒，批评宋朝理学，批评程子，朱子。骂戴东原这一班人，又没有下多的工夫，做到勤，又不仔细的校勘，做到谨，同时动了正谊的火气，没有做到和，稍为查了一下，就发表文章，也没有做到缓。我考证了五年，现在九年了，还不敢发表，此次纪念傅斯年先生，才第一次发表一小部分。我审这个案子一方面作法官，一方面作侦探，并作律师，我作这个工夫，的确很有兴趣。我认为五年的工夫，没有白费，今天以时间太短，不能把经过详细的告诉大家，只有把结论，作一个大概的说明。

（本文为1952年12月19日胡适在台湾大学文学院的演讲，收入《胡适言论集》甲编）

搜集史料重于修史
台湾省文献委员会欢迎会上讲词

我非常感谢台湾省文献委员会及台北市、基隆市、台北县、桃园县、新竹县、宜兰县等文献委员会的各位先生给我参加这样一个盛大的聚会。不过说到欢迎,我实在不敢当。刚才黄(纯青)先生要我对修志问题表示意见,台湾省文献委员会等七个机构却是做征文考献工作的,他们在台湾省各地保留资料,搜集资料,整理资料,以编修台湾省通志及各县市的方志,这是一件大工作,要我表示意见实在不敢当。况且在座的有台湾大学,中央研究院历史语言研究所以及师范学院的许多位文史先生,他们对于黄先生所提出的问题,无论在知识,学术见解,以及这几年来他们参加襄助各地搜集材料的工作,都比我知道得多,在这许多文史界权威学者面前,更不敢说话了。

不过黄先生说我是台湾人,的确台湾是我的第二故乡,幼年时我曾在台湾住过一年又十个月。这次我到台南、台东等地,曾种了一株榕树,两株樟树,据说这两种树都有很长的寿命,将来长大了,也许有一个小小掌故的地位,也可以说替将来的台湾文献捏造一些掌故。

我还要特别感谢文献会的黄先生,将先君在台湾留下的一点纪录,一个是私人日记,一个是向他长官所作的报告,予以刊行。

关于黄先生所提的修志大问题,我刚才已经说过,我是不配提出有价值的意见的,不过大家知道我从前作过一部《章实斋(学诚)的年谱》,因为编这一部书,对于方志问题略曾注意,章实斋是一个史学家,是很有历史的眼光的学者,他的书中,一部分有关文史,一部分有关方志,特别对于方志部分还有许多意见。因为我编章实斋的年谱,所以引起我对方志的兴趣。平时我自己也搜集一些材料,但个人所搜集的材料当然有限,而且不免多是与个人有关的。但是我在国外,看到搜集方志最全的是美国国会图书馆,它搜集了全中国的方志,这实在是很了不得的,从前朱先生曾编有一个美国国会图书馆所藏中国方志的书目,可以作为参考。在国内除了北大图书馆和上海的涵芬楼以外,很少有一个地方像美国国会图书馆搜集得那样完备,而美国除了国会图书馆以外,尚有哈佛大学,哥伦比亚大学,普林斯敦大学的收藏亦甚丰富。因此,我有一个小小的意见,今天向七个专门考献的团体的先生以及文史专家面前提出。

我觉得文献委员会这几年来所做的搜集史料刊印史料的工作,也许比将来修志的工作还格外重要,这一句话并不是说对诸位修省通志或地方志的工作不领会,我的意思是说搜集资料,保藏原料,发表原料这些工作,比整理编志的工作更重要,有了原料,将它收集保藏起来,随时随地的继续搜集,随时出版,有一种材料就印一种,这个工作比修志编志书重要得多。为什么原因呢?因为志书经过一番制造整理,是一种制造品,台大前校长傅斯年先生曾说过,人家以为二十四史中《宋史》最多最麻烦,其实在二十四史中《宋史》的价值最高,这个见解我是很赞成的。因为《宋史》所保藏的原料最多,经过整理删除的最少,有人以为《宋史》不好,要重新写过一部,我却以为幸而《宋史》替我们保留了许多材料。再说大家都知道唐书有两部,一部《新唐书》,一部《旧唐书》,《新唐书》是宋时人作的,经过了一番整理,以做文章的方法来写历史,将材料改了很多,文章固然很谨严,一般做文章的人也许很恭维《新唐书》,但以历史的眼光看,《新唐书》是远不如《旧唐书》的,清朝学者王若虚就曾经写过《新唐书》不好,我们可以说《新唐书》不但文章不通,而且原始的材料都掉了,《旧唐书》就是因为材料较多,所以篇幅也较多,差不多比《新唐书》多了一倍。这是它的好处。

今天在座的七个团体,都是从事征文考献的工作,给台湾的历史保藏史料,原料越是保藏得多,搜集得多,比起将原料整理删除编整的工作,都远为重要。因为无论以什么方式编志,新方法也好,旧方法也好,都不免经过整理,许多材料不免受编志总纂主观的取舍。甚至毁去一部分材料,或隐藏一部分材料;经过这一阶段,往往将有价值的原料去掉,所以整理出来的东西就成为制造品,我们以现代新的眼光来看,与其编志不如做搜集材料发表材料,继续搜集材料,随时发表材料的工作。譬如说,"二二八"事变是一个很不愉快的事,现在距离的时间很短,在台湾是一件很重要的问题,在这个时候不能不讨论这个问题,但讨论时不免有许多主观的见解,而关于这件事,就有许多材料不能用、不敢用,或者不便用。在这样的情形下,与其写一部志书,在方志中很简单的将二二八事件叙述几遍,远不如不去谈它,不去写书,而注重在保藏史料这一方面。使真实的材料不至毁灭,而可以发表的就把它发表。这是举一个很极端的例子,来说明原料比制造品重要,说明过早提出结论,不如多保留各方面的材料,到可以发表的时候当作原料发表,不加以论断。不要使原料毁灭,我以为这个工作比编志更重要。希望各地文献委员会对于搜集资料保存资料的工作能够继续,而且要特别的看重。不要存一种搜集资料就要编志的观念。

还有今天我在台大参观人类考古学系,看到有关高山族的考据,这是很了不得的,把高山族分成七个大类,这个工作现在刚刚开始,只是在开始搜集材料,还没有到搜集齐全的时期,有关民族、语言、方音等等的调查纪录,就我所知目前还是不够,尚待继续搜集,再以新的方式整理。在开始搜集的时候,很不容易有一个结论。征文考献亦复如此,应多搜集原料,研究原料,不必在几年中将各地通志都写起来。至少在我这个半个台湾人看来是不必如此的,而应扩大搜集材料的范围,请台大、师院及历史语言研究所各位先生就民族学、语言学、人类学各方面以新的方法来搜集新的材料。

这是我这半个台湾人回到第二故乡,向各位负征文考献责任的先生们,以我外行的一点小意见贡献给大家,我想许多文史专家一定有更好的意见,黄先生可以请他们多多发表,我只是以我粗浅的意见供大家的参考,作为一种抛砖引玉的意见。

(本文为1953年1月6日胡适在台湾文献委员会
欢迎会上的演讲,收入《胡适言论集》甲编,
1953年5月台北华国出版社出版)

中国古代政治思想史的一个看法

我很感觉到不安。在大陆上的时候,我也常常替找我演讲的机构、团体增加许多麻烦;不是打碎玻璃窗,便是挤破桌椅。所以后来差不多二三十年当中,我总避免演讲。像在北平,我从来没有公开演讲过;只有过一次,也损坏了人家的椅窗。在上海有一次在八仙桥青年会大礼堂公开演讲,结果也增加他们不少损害。所以以后我只要能够避免公开演讲,就尽量避免。今天在台湾大学因为预先约定是几个学会邀约的学术演讲,相信不会太拥挤。但今天的情形——主席沈先生已向各位道歉——我觉得很不安。我希望今天不会讲得太长,而使诸位感觉得太不舒服。

那天台湾大学三个学会问我讲什么题目,当时我就说讲"中国古代政治思想史的一个看法",而报纸上把下面的"一个看法"丢掉了。如果要我讲"中国古代政治思想史",这个范围似嫌太大,所以我今天还只能讲"中国古代政治思想史的一个看法"。

今年是我的母校哥伦比亚大学创立二百周年纪念。他们在去年准备时,就决定要举行二百周年纪念的典礼。典礼节目中的一部分,有十三个讲演。这十三个讲演广播到全美洲;同时将广播录音送到全世界,凡是有哥伦比亚大学毕业生的地方都要广播。所以这十三个广播演讲,在去年十一二月间就已录音;全部总题目叫做"人类求知的权利"。这里边又分作好几个部分:第一部分(第一至第四个演讲)是讲"人类对于人的见解";第二部分(第五至第八个演讲)是讲"人类对于政治社会的见解";第三部分(第九至第十三个演讲)是讲"近代自由制度的演变"。他们要我担任第六个演讲,也就是第五至第八个演讲"人类对于政治社会的见解"中的一部分。我担任的题目是"亚洲古代威权与自由的冲突"。所谓亚洲古代,当然要把巴比伦、波斯、印度古代同中国古代都包括在内。但限定每个演讲只有二十五分钟录音。这样大的题目,只限定二十五分钟的演讲,使我得到一个很大的经验与教训。因为这个题目,要从亚洲西部到东部,讲好几百年甚至一二千年古代亚洲的政治思想史,讲起来是很费时的。因此我先把这些国家约略地研究了一下;但研究结果,认为限定二十五分钟时间,无论如何是不够的。我觉得限定二十五分钟时间的演讲,只能限于中国;同时对于这些亚洲西部古代国家关系政治、宗教、社会、哲学等方面的文献甚少;所以最后我自己只选择了中国古代,并且对于"中国古代政治思想史"这个题目又不能不加以限制。同时我因为这是一个很难得很重要的机会,所以把中国古代政治思想的几种观念——威权与自由冲突的观念——特别提出四点(也可说是四件大事)来讲。结果就成为二十五分钟的演讲。那四件大事呢?

第一,是无政府的抗议,以老子为代表。这是对于太多的政府,太多的忌讳,太多的管理,太多的统治的一种抗议。这种中国古代的政治思想,能在世界上占有一个很独立的、比较有创见的地位。这一次强迫我花了四十多天时间,来预备一个二十五分钟的演讲;经我仔细地加以研究,感到中国政治思想在世界上有一个最大的、最有创见的贡献,恐怕就是我们的第一位政治思想家——老子——的主张无政府主义。他对政府抗议,认为政府应该学"天道"。"天道"是什么呢?"天道"就是无为而无不为。这可说是一个很重要的观念。他认为用不着政府;如其有政府,最好是无为、放任、不干涉,这是一种无政府主义的政治理想:有政府等于没有政府;如果非要有政府不可,就是无为而治。所以第一件大事,就是中国政治思想史上第一个放大炮的——老子——的无政府主义。他的哲学学说,可说是无政府的抗议。

第二件大事,是孔子、孟子一班人提倡的一种自由主义的教育哲学。孔子与孟子首先揭橥这种运动。后世所谓"道家"(其实中国古代并没有"道家"的名词;此是后话,不在此论例),也可以说是这个自由主义运动的一部分。后来的庄子、杨朱,都是承袭这种学说的。这种所谓个人主义、自由主义的教育哲学和个人主义的起来,是由于他们把人看得特别重,认为个人有个人的尊严。《论语》中的"不降其志,不辱其身",就是这个道理。个人主义、自由主义的教育哲学,教育人参加政治,参加社会;这种人要有一种人格的尊严,要自己感觉到自己有一种使命,不能随便忽略他自己。这个个人主义、自由主义的教育哲学,是第二件值得我们纪念的大事。

第三件大事,可算是中国古代极权政治的起来,也就是集体主义(极权主义)的起来。在这个期间,墨子"上同"的思想,(这个"上"字,平常是用高尚的"尚"字,其实是上下的"上"字。)就是下面一切要上同,所谓"上同而不下比者",——就是一种极权主义。以现在的新名词说,就叫"民主集权"。墨子的这种理论,影响到纪元前四世纪出来了一个怪人——商鞅。他在西方的秦国,实行这种"极权政治";后来商鞅被清算死了,但这种极权制度还是存在,而且在一百年之内,把当时所谓天下居然打平,用武力来统一中国,建立所谓"秦帝国"。帝国成立以后,极权制度仍继续存在,焚书坑儒,毁灭文献,禁止私家教育。这就是第三件大事。所谓极权主义的哲学思想:极权国家不但起来了,而且是大成功。

第四件大事是,这个极权国家的打倒,无为政治的试行。秦王政统一天下之后,称他自己为秦始皇,以后他的儿子为二世,孙子为三世,以至于十世、百世、千世、万世、无穷世。殊不知非特没有到万世、千世、百世,所谓"秦帝国",只到了二世就完了。这一个以最可怕的武力打成功的极权国家,不但十五年就倒下去了。第一个"秦帝国"没有安定,第二个帝国的汉朝却安定了。什么力量使他安定的呢?在我个人的看法,就要回到我说的第一件大事。我以为这是那个无政府主义、无为的政治哲学思想来使他安定的。秦始皇的帝国只有十五年;汉朝的帝国有四百二十年:为什么那个帝国站不住而这个帝国能安定呢?最大的原因,就是汉朝的开国领袖能运用几百年以前老子的无为的政治哲学。汉朝头上七十年工夫,就是采用了这种无为而治的哲学。秦是以有为极权而亡;而汉朝以有意的、自觉的实行无为政治,大汉帝国居然能安定四百二十年之久。不但安定了四百二十年,可说二千年来到现在。今天我们自己称"汉人",这个"汉"字就是汉朝统治四百二十年后留给我们的。在汉朝以前,只称齐人、楚人、卫人,没有"中国人"这个名词。汉朝的四百二十年,可说是规定了以后二千多年政治的规模,就是无为而治这个观念。这可说是两千多年前祖先留下来的无穷恩惠。这个大帝国,没有军备,没有治安警察,也没有特务,租税很轻(讲到这里,使我想起我在小时,曾从安徽南部经过浙江到上海。到了杭州,第一天才看到警察;以前走了七天七夜并没有看到一个警察或士兵,路上一样很太平)。所以第四件大事,可说是打倒极权帝国而建立一个比较安定的国家;拿以前提倡了而没有实行的无为而治的政治哲学,来安定四百二十年大汉帝国,安定几千年来中国的政治。

现在我就这四点来姑妄言之,诸位姑妄听之。

第一件大事是老子的无为主义。最近几十年来,我的许多朋友,从梁任公先生到钱穆、顾颉刚、冯友兰诸先生,都说老子这个人恐怕靠不住,《老子》这部书也恐怕靠不住。他们主张要把《老子》这部书挪后二三百年。关于这个问题,我也发表过一篇文章,批评这几位先生考定老子年代的方法。我指出他们提出来的证据都站不住(现在台湾版《胡适文存》第四集第二篇,就是讨论考证老子这个人的年代,和《老子》这本书的年代的)。但这二三十年来中国学者的提倡,居然影响到外国学者。外国学者也在对老子年代发生怀疑。你看西洋最近出版的几种书,差不多老子的名字都不提了。在我个人的看法,这个问题很复杂;如果将来有机会,可再和各位详细的讨论。今天简单的说,我觉得老子这个人的年代和《老子》这本书的年代,照现在的材料与根据来说,还是不必更动。老子这个人恐怕要比孔子大二三十岁;他是孔子的先生。所谓"孔子问礼于老聃"是大家所不否认的;同时在《礼记·曾子问》中有明白的记载。那时孔子做老子的学徒,在我那篇很长的文章《说儒》里,老子是"儒",孔子也是"儒"。"儒"的职业是替人家主持丧礼、葬礼、祭礼的。有人认为

"儒"是到孔子时才有的,这是错误的观念。我为了一个"儒"字,写了五万多字的文章;我的看法,凡是"儒",根据《檀弓》里所说,就是替人家主持婚丧祭祀的赞礼的。现在大家似乎都看不起这种赞礼。其实你要是看看基督教和回教,如基督教的牧师,回教的阿洪,他们也是替人家主持婚丧祭祀的。在古代二千五百年时,"儒"也是一种职业。在《礼记·曾子问》中都讲到孔子的大弟子和孔子的老师都是替人家"相"丧的。《礼记·曾子问》中记:孔子自说有一天跟着老子替人家主持丧礼,出丧到半路上,遇到日蚀;老子就发命令,要大家把棺材停在路旁,等到日蚀过去后再往前抬。下面老子又解释为什么送丧时遇到日蚀应该等到太阳恢复后再往前抬。各位先生想一想:送丧碰到日蚀,这是很少见的事;而孔子跟着老子为人家主持丧礼,在路上遇见日蚀,也是一件很少见的事,记载的人把这话记载下来,我相信这是不致于会假的。从前阎百诗考据老子到周去问礼到底是那一年,就是根据这段史实来断定的。同时《檀弓》并不是一本侮蔑孔子的书;这是一本儒家的书。孔子的学生如曾子等,都是替人家送丧的。替人家送丧是当时的一种吃饭工具,是一种正当的职业。至于《老子》这部书,约有五千字左右,里边有四五个真正有创造的基本思想;后来也没有人能有这样透辟的观念。这部只有五千字左右的书,在我个人看起来,从文字上来看,我们也没有理由把他放得太晚。在思想上他的好几个观念,可说是影响了孔子。譬如老子说"无为",孔子受其影响甚大。如《论语》中的"无为而治者,其舜也欤!""为政以德,譬如北辰,居其所而众星拱之!"这些话都是受了老子"无为而治"的影响的。还有孔子说,我话说得太多,我要"无言"。这也是老子的思想。孔子说:"天何言哉?四时行焉;百物生焉;天何言哉?"这就是自然主义的哲学。我们考证一部书的真假,从一个人的著作中考据另一个人,并不是我一个人的办法。譬如希腊古代在哲学方面有许多著作,后来的人考据那几部著作是真的,那几部著作是假的,用什么标准呢?文字当然是一种标准;但是重要的,就是如果要辨别柏拉图著作的真伪,须看柏拉图的学生亚利斯多德是否曾经引过他老师的话,或者看亚利斯多德是否曾提到柏拉图某一部书里的话。这是考据的一种方法。我们再看孔子说的"以德报怨"。这完全是根据老子所说的"报怨以德"。诸如此类的话多得很;如"以能问于不能,以多问于寡,有若无,实若虚,犯而不校。"等都可以说是老子的基本观念;尤其"犯而不校",就是老子提倡的一个很基本的观念,所谓"不争主义",亦即是"不抵抗主义"(我就是犯了这个毛病:说不考据,现在又谈考据了。不过我现在说这些话,只是替老子伸伸冤而已)。

老子的主张,所谓无政府的抗议,是中国政治思想史上第一件大事。他的抗议很多。大家总以为老子是一位拱起手来不说话的好好先生,绝对不像个革命党、无政府党。我们不能太污蔑他。你只要看他的书,就知道老子不是好好先生。他在那里抗议,对于当时的政治和社会抗议。他说:"民之饥,以其上食税之多,是以饥。民之难治,以其上之有为,是以难治。民之轻死,以其求生之厚,是以轻死。""民不畏死,奈何以死惧之。""天下多忌讳,而民弥贫。民多利器,国家滋昏。人多伎巧,奇物滋起。法令滋彰,盗贼多有。"这就是提倡无政府主义的老祖宗对于当时政治和社会管制太多、统制太多、政府太多的一个抗议。所以大家不要以为老子是一位什么事都不管的好好先生,太上老君;他是一位对于政治和社会不满而要提出抗议的革命党。而且他仅仅抗议还不够;他还提出一种政治基本哲学。就是说,在世界政治思想史上,自由中国在二千五百年以前产生了一种放任主义的政治哲学,无为而治的政治哲学,不干涉主义的政治哲学。在西方恐怕因为直接间接的受了中国这种政治思想的影响,到了十八世纪才有不干涉政治思想哲学的起来。近代的民主政治,最初的一炮都是对于政府的一个抗议:不要政府,要把政府的力量减轻到最低,最好做到无为而治。我想全世界人士不会否认:在全世界的政治思想史上,中国提出无为而治的思想、不干涉主义,这个政治哲学,比任何一个国家要早二千三百年。这是很重要的一件大事。老子说:我们不要自己靠自己的聪明;我们要学学天,学学大自然。"自然"这两个字怎样解释呢?"然"是如此,"自然"就是自己如此。天地间的万物,都不是人造出来的,也不是由玉皇大帝造一个男的再造一个女的,而都是无为,都是自己如此。一切的花,不管红黄蓝白各种颜色的花,决不是一个万能的上帝涂上了各种颜色才这样的,都是自己如此。也就是老子的所谓"天道",孔子所谓"天何言哉?四时行焉,百物生焉,天何言哉?""天道"就是无为,无为而无不为。老子说:"故圣人云:我无为而民自化;我好静而民自正;我无事而民自富;我无欲而民自朴。"这就是无为的政治。而老子最有名的一句话,就是"太上,下知有之。"就是说:最高的政府,使下面的人仅仅知道这个政府。另外一个本子把这句话多加了一个字,作"太上下不知有之"。就是说:上面有个政府,下面的人民还不知道有政府的存在。下面又说:"其次,亲之誉之;其次,畏之;其次,侮之。"就是,比较次一等的政府,人民亲近他,称誉他;第三等政府,人民畏惧他:第四等政府,人民看不起他。所以第一句"太上,下知有之"六个字是很了不得的,是人类政治思想史上最早有这个观念。这种政治思想,比世界上任何一个有思想文化的民族都还要早;同时,由这个观念而影响到我们后来的思想。所以我们中国在政治思想上舍不得把《老子》这部书抹煞掉,我们历史上第一个政治思想家,就是提倡无政府主义、不干涉主义的老子。同时,我颇疑心十八世纪的欧洲哲学家已经有老子的书的拉丁文翻译本:因为那时他们似乎已经受到老子学说的影响。

　　第二件大事是孔子以下的自由思想,个人主义。孔子与老子不同。孔子是教育家,而老子反对文化,认为五音、五色、五味的文化是太复杂了,最好连车船等机器都不用,文字也不必要。这种反文化的观念,在欧洲十八世纪时的卢梭,十九世纪时的托尔斯泰也曾提出;而老子的反文化观念要比任何世界上有文化的民族为早。老子不但反文化,而且反教育,认为文明是代表人民的堕落。而孔子恰恰相反。他是一个教育家、历史家。虽然做老子的学生,受无为思想的影响,孔子在政治思想上的成就比较平凡,并没有什么创造的见解。但是孔子是一个了不得的教育家。他提出的教育哲学可以说是民主自由的教育哲学,将人看作是平等的。《论语》中有"性相近也,习相远也,唯上智与下愚不移。"就是说,除了绝顶聪明与绝顶笨的人没有法教育以外,其他都是平等的;可教育的能力一样。孔子提出四个字,可以说是中国的民主主义教育哲学,就是:"有教无类"。"类"是种类,是阶级。若是看了墨子讲的"类"和荀子讲的"类"然后再来解释孔子的"有教无类",可以知道此处的"类"就是种类,就是阶级。有了教育就没有种类,就没有阶级。后世的考试制度,可以说是根据这种教育哲学为背景的。

　　孔子的教育哲学是"有教无类",但他的教育"教"什么呢?孔子提出一个很重要的字,就是"仁"字。孔子的着重"仁"字,可以说前无古人后无来者。这是了不得的地方。这个"仁"就是人的人格,人的人性,人的尊严。孔子说:"修己以敬。"孔子的学生问"这就够了吗?"孔子又说:"修己以安人。"孔子的学生又问:"这就够了吗?"孔子又说:"修己以安百姓。"这句话就是说教育并不是要你去做和尚,去打坐念经那一套。"修己"是做教育自己的工作;但是还有一个社会目标,就是"安人"。"安人"是给人类以和平、快乐。这一个教育观念是新的。教育并不是为自己,不是为使自己成为菩萨、罗汉、神仙。修己是为了教育自己,为的社会目标。所以后来儒家的书《大学》里的"格物、致知、诚意、正心、修身",是修身的工作;而后面的"齐家、治国、平天下",都是社会的目标。所以孔子时代的这种"修己以安人""修己以安百姓"的观念就是将教育个人与社会贯连起来。教育的目标不是为自己自私自利,不是为升官发财,而是为"安人""安百姓",为齐家、治国、平天下。因为有这个使命,就感觉到"仁"——受教育的"人",尤其是士大夫阶级,格外有一种尊严。人本来有人的尊严,到了做到自己感觉有"修己以安人""修己以安百姓"的使命时,就格外感觉到有一种责任。所以《论语》中说:"志士仁人,无求生以害仁,有杀身以成仁。"就是说,遇必要时,宁可杀身以完成人格。这就是《论语》中的"不降其志,不辱其身"。孔子的大弟子曾说:"士不可以不弘毅,任重而道远。仁以为己任,不亦重乎!死而后已,不亦远乎!"就是说受教育的人要有大气魄,要有毅力。为什么呢?因为"任重而道远"。"任"就是担子。把"仁"拿来做担子,担子自然很重;到死才算是完了,这个路程还不远吗?这一个观念,是我们所谓有孔孟学派的精神的:就是将个人人格看得很重,要自己挑起担子来,"修己以安人""修己以安百姓"。孟子常说:"自任以天下之重。"曾子说:"仁以为己任。"以整个人类视为我们的担子,这是两千五百年以来的一个了不得的传统。后来宋朝范仲淹也说:"先天下之忧而忧,后天下之乐而乐。"这就是因为"修己以安人"而感觉到"任重而道远"的缘故。明末顾亭林以为:"天下兴亡,匹夫有责",也是这个道理。

所以自由民主的教育哲学产生了健全的个人主义。个人主义就是将自己看作一个有担子的人,不要忘了自己有使命,有责任。不但孔子如此,孟子也讲得很清楚:"富贵不能淫,贫贱不能移,威武不能屈:此之谓大丈夫。"就是说大丈夫的人格要自己感觉到自己有"修己以安人"的使命。再讲到杨、朱、庄子所提倡的个人主义,也不过是个人人格的尊严。庄子主要的是说:"举世誉之而不加劝;举世非之而不加沮。"这就是最健全的个人主义。老子、庄子都是如此。到了汉朝才有人勉强将他们跟孔、孟分了家,称为道家。秦以前的古书中都没有"道家"这个名字(那一位先生能在先秦古书里找到"道家"这个名字的,我愿意罚钱)。所以韩非子在秦末年时说:"天下显学二,儒、墨而已。"他只讲到儒、墨,没有提及道家。杨、朱的学说也是个人主义。这个个人主义的趋势是一个了不得的趋势;以健全的民主自由教育哲学作基础,要做到"不降其志,不辱其身";提倡人格,要挑得起人类的担子,挑得起天下的担子。宁可"杀身以成仁",不可"求生以害仁"。这个健全的个人主义,是第二个重要的运动。

第三件大事发生在纪元前五世纪以后,在孔子以后,自四世纪起到三世纪时,正是战国时代。原来春秋时代有一个大国——晋。晋国文化很高,但在西历纪元前403年即被权臣分裂为韩、赵、魏三国。这一年历史家算作战国的第一年。那时南方的楚也很强大。因为晋国三分,亦便没有可畏的强邻了。当时的秦孝公是一个英主,用了一个大政治家商鞅。两人合作而造成了一个极权国家。不过极权主义的思想原则远在商鞅之前就已发生;在《墨子》的《上同》篇中已有这个思想。关于中国古代思想的三个大老——老子、孔子、墨子,我在《中国哲学史》上卷,提倡百家平等;认为他们受了委屈,为被压迫了几千年的学派打抱不平。现在想想,未免矫枉过正。当时认为墨家是反儒家的;儒家是守旧的右派,而墨家是革新的左派。但这几十年来——三十五年来的时间很长,头发也白了几根,当然思想也有点进步——我看墨子的运动是替民间的宗教辩护,认为鬼是有的,神是有的。这种替民间宗教辩护的思想,在当时我认为颇倾向于左;但现在看他,可以算是一个极右的右派——反动派。尤其是讲宗教政治的部分,所说的话是右派的话。在政治思想上,只要看他的《上同》篇。《上同》篇中说:

> 古者民始生未有政长之时,盖其语人异义。是以一人则一义,二人则二义,十人则十义。其人兹众,其所谓义者亦兹众。是以人是其义以非人之义,故交相非也。……天下之乱,若禽兽然。

义就是对的;一个人认为自己是对的,十个人认为他们各是对的,结果互相吵起来而"交相非也"。拿我的"义"打人家的"义",结果天下大乱而"若禽兽然"。有了政府时,政府中,上面是天子,有三公、诸侯——乡长、里长,政府成立了。然后由天子发布命令给天下百姓,说你们凡是听见好的或不好的事都要报告到上面来,这是民主集权制。《上同》篇中说:

> 夫明乎天下之所以乱者生以无政长,是故选天下之贤可者立以为天子。天子立,以其力为未足,又选择天下之贤可者置立之以为三公。……政长既已具,天子发政于天下之百姓,言曰,闻善而不善(王引之读"而"为"与"),皆以告其上。上之所是,必皆是之;所非,必皆非之。……上同而不下比者,此上之所赏而下之所誉也。……

只要上面说是对的,下面的人都要承认是对的:这就是"上同","上同而不下比"。

> 里长发政里之百姓,言曰,闻善而不善,必以告其乡长。乡长之所是,必皆是之;乡长之所非,必皆非之。……乡长唯能壹

> 同乡之义,是以乡治也。……乡长发政乡之百姓,言曰,闻善而不善者,必以告国君。国君之所是,必皆是之;国君之所非,必皆非之。……国君唯能壹同国之义,是以国治也。

天子的功用就是能够壹同天下之义。但是这还不够;天子上面还有上帝。所以

> 国君发政国之百姓,言曰,闻善而不善,必以告天子。天子之所是,皆是之;天子之所非,皆非之。……天子唯能壹同天下之义,是以天下治也。……天下之百姓,皆上同于天子,而不上同于天,则灾犹未去也。……

这才算是真正的上同。但是怎样才能达到上同呢?拿现代的名词讲,就是用"特务制度",也就是要组织起来。这样才能够收到在数千里外有人做好事坏事,他的妻子邻人都不知道,而天子已经知道。《上同》篇中有一段说:

> 古者圣王唯能审以尚同以为政长,是故上下情通(依毕王诸家校)。上有隐事遗利,下得而利之;下有蓄怨积害,上得而除之。是以数千万里之外,有为善者,其室人未遍知,乡里未遍闻,天子得而赏之。数千万里之外,有为不善者,其室人未遍知,乡人未遍闻,天子得而罚之。是以举天下之人皆恐惧振动,惕慄不敢为淫暴,曰,"天子之视听也神!"

就是说天子的看与听都是神。然后又说:

> 非神也,夫唯能使人之耳目助己视听,使人之〔唇〕吻助己言谈,使人之心思助己思虑,使人之股肱助己动作。助之视听者众,则其德音之所抚循者博矣;助之思虑者众,则其举事速成矣。故古者圣人之所以济事成功垂名于后世者,无他故异物焉,曰唯能以上同为政者也。

这就是一种最高的民主集权制度。这种思想真正讲起来也可以说是一种神权政治,也是极权政治的一种哲学。所以我们从政治方面讲,老子是站在左派,而墨子是站在极右派。不过后来墨子并没有机会实行他的政治哲学。

秦孝公的西方国家本来是一个贫苦的国家,但是经过商君变法,

提倡"农""战",这是一种政治上、经济上、军事制度上的大改革、大革新。这个革新有两大原则:一是提倡"农",生产粮食;一是提倡"战"。有许多古代的哲学,古代的书籍,因为离开我们太久远了,我们对它的看法有时看不大懂。在三十五年前我写《中国哲学史大纲》时,就很不注意《商君书》和韩非子的书。这种书因为在那时候,没有能看得懂,觉得有许多东西好像靠不住。等到这几十年来,世界上有几个大的极权政府,有几个已经倒了,有的还没有倒。因为这个缘故,我们再回头看墨子、商君的书,懂了。这是经过三十多年的变化而生的转移。举例来说:譬如关于"战",关于极权政治,在《商君书》第十七章里有一节:"圣人之为国也,一赏、一刑、一教。一赏则民无敌;一刑则令行;一教则下听。"这个"一赏、一刑、一教",真正是极权的国家主义。最重要的是一教。一教之义,就是无论什么学问,无论什么行为,都比不了富贵;而富贵的得来,并不靠你的知识,也不靠你的行为,也不是因为名誉;靠什么呢?靠战争。"所谓一教者,博闻辩慧,信廉礼乐,修行群党,任誉清浊,不可以富贵。……富贵之门,要存战而已矣。"能够作战的才能践富贵之门;因为这个缘故,父兄、子弟、朋友、婚姻的谈话中最重要的事是战争。"彼能战者,践富贵之门。……是父兄昆弟知识婚姻合同者,皆曰,务之所加,存战而已矣。故当壮者务于战,老弱者务于守。死者不悔,生者务劝。此……所谓一教也。""民之欲富贵也,共阖棺而后出。而富贵之门必出于兵。是故民间战而相贺也。起居饮食所歌谣者,战也。……圣人治国也,审一而已矣。"像这样使人认为战争是可贺的,在家中在外面所唱的歌都是战争;这样才能做到使百姓听到战争的名字,看到战争,有如饿狼看见了肉。这样老百姓才可以用了。"民之见战也,如饿狼之见肉,则民用矣。凡战者,民之所恶也。能使民乐战者,王。"这些书籍,我们在当时看不懂;到了最近几十年来,回头看一看《史记》《商君书》,才都懂了。那时的改革政治是怎样呢?就是将人民组织起来,分为什伍的组织,要彼此相纠发。《史记·商君列传》:

> 令民为什伍,而相收司(相纠发)连坐(一家有罪而九家连

举发。若不纠举,则十家连坐)。不告奸者腰斩。告奸者,与斩敌首同赏。匿奸者与降敌同罚。……有军功者,各以率受上爵。……大小僇力本业耕织;致粟帛多者,复其身。事末利及怠而贫者,举以为收孥。

这是西方的秦建设了一个警察国家,一个极权的国家,而且成绩特别好。在不到一百年之内,居然用武力统一了当时的所谓天下。始皇二十六年统一天下;过了八年后又发生了问题。就是当时还有许多人保留了言论自由。于是三十四年丞相李斯议曰:"……古者天下散乱,莫之能一,是以诸侯并作,语皆道古以害今,饰虚言以乱实。人善其私学,以非上之所建立。"就是百姓以批评来反对政府所建立的政策。接着又说:

今皇帝并有天下,别黑白而定一尊,私学而(乃)相与非法教。人闻令下,则各以其所学议之。入则心非,出则巷议。夸主以为名,异取以为高,率群下以造谤。如此弗禁,则主势降乎上,党羽成乎下。禁之便。

主张还是禁止言论自由为对。于是就具体建议:"臣请史官非秦纪皆烧之;非博士官所职,天下敢有藏诗书百家语者,悉诣守尉杂烧之。"将书烧了以后,如果还有人敢批评政府的就杀头。"有敢偶语诗书,弃市。""吏见知不举者与同罪"。"所不去者,医药卜筮种树之书。……"这是秦始皇三十四年的大烧书。

总而言之,第三件大事就是秦朝创立一个很可怕的极权国家,而且大成功,用武力统一了全中国,建立了统一的帝国。

第四件大事就是极权国家的打倒,与无为政治的试行。汉高祖是百姓出身,项燕、项羽与张耳一班人都是贵族。汉高祖是一个地地道道的百姓,知道民间的疾苦,所以当他率领的革命军到达咸阳时,就召集父老开大会,将所有秦代所定的法律都去掉,只留约法三章。其实只有两章:"杀人者死;伤人及盗抵罪。"汉朝的几个大领袖都能继续汉高祖的这种政策。当时的曹参是战功最高的,比韩信的战功还高。汉高祖将项羽打倒后,立私生子做齐王,派曹参去做相国。曹参当时就说,我是军人,而齐国的文化程度最高,经济程度也高。情形很复杂,我干不了;还是请一班读书人去吧!于是大家告诉他,山东有一个人叫盖公,可以请他指导。于是曹参就去请教盖公。盖公说:我相信老子的哲学。要治理齐国很容易;只要"无为"就可以治好齐国。于是曹参就实行"无为之治"。在齐国做了九年宰相,实行无为的结果,齐国大治,政治成绩为全国第一。所以在萧何死后,朝廷又请曹参回到中央政府做宰相。曹参到了中央任丞相以后,也还是喝酒不管国事。当时的惠帝就遣曹参的儿子去问曹参。曹参打了儿子一顿。及曹参上朝,惠帝向他说,你为什么打你的儿子?是我叫他问的。曹参便脱帽谢罪,向惠帝说:"陛下比高皇帝何如?"惠帝说:"我哪可以比高皇帝!"参又问:"陛下看我比萧何那个能干?"惠帝说:"君似乎不及萧何。"参曰:"陛下说得是。既然陛下比不上高祖,我比不上萧何,我们谨守他们的成规,无为而治岂不好?"惠帝就说"很好"。不但如此,以后吕后闹了一个小政变,结果一班大臣请高祖的一个小儿子代王恒来做皇帝,这就是汉文帝。文帝的太太窦后是一个了不得的皇后。文帝死后,景帝登位,窦后是皇太后。景帝死后,武帝登位,窦后是太皇太后。前后三度,当权四十五年。窦太后最相信老子的哲学,他命令刘家、窦家全家大小都以老子的书作必修教科书。所以汉朝在这四十五年中实行无为而治的政治。对外方面,北对匈奴,南对南越,都是避免战争。对内是减轻租税,减轻刑罚;废止肉刑,废止什伍连坐罪;租税减轻至三十分之一,这是从古以来没有的,以后也没有的。人民经过战国时代的多少战争,又经过楚汉的革命战争,在汉高祖以后,七十年的无为政治使人民得了休息的机会。无为而治的政治使老百姓觉得统一的帝国有好处而没有害处。为什么有好处呢?这样大的一个帝国,没有战事,没有常备军队,没有警察,租税又轻:这自然是老百姓第一次觉得这个政策是值得维持、值得保存的。

由于汉朝这七十年的有意实行的无为而治,才造成了四百年的汉帝国,才留下无为而治的规模,使我们中国两千多年来的政治思想,政治制度,政治行为都受了这"无为而治"的恩典。这是值得我们想想的。这是我对于中国古代政治思想的一个看法。

今天因为广播公司控制得不严格,所以超过了时间,要向诸位道歉。

(本文为 1954 年 3 月 12 日胡适在台湾大学的演讲,原载 1954 年 3 月 13 日台北《中央日报》、《中华日报》和《新生报》,又载 1954 年 4 月 1 日台北《自由中国》第 10 卷第 7 期)

历史科学的方法

今天本人能参加这次中国地质学会年会,甚感荣幸。同时看到内容丰富的会刊,更觉高兴。本人对地质是外行,没有什么可讲;但因我和地质界许多位老前辈们都有深交,所以对过去地质学会的工作情形,特别清楚,本人尤其赞佩地质学会在国际上的崇高地位,对贵会前途寄予无限的期望。

地质学,古生物学皆属于历史科学,本人特在此提出1880年赫胥黎(Thomas Henry Huxley)关于研究古生物的一篇有名的讲词"柴狄的方法"(On the Method of Zadig)的故事来谈谈。

赫氏所讲故事里的"柴狄"是法国一位大哲人伏尔泰(Voltaire)做的小说里的主人翁,在这书中柴狄是一位巴比伦的哲学家,他喜欢仔细观察事物。有一天他在森林中散步,恰巧王后的小狗走失了,仆人正在找寻,问柴狄曾否看到。柴狄当时说那只狗是一只小母狗,刚生了小狗,并且一只脚微跛。仆人以为那只狗一定被他偷藏了,就要逮捕他。这时又有一群人来找寻国王失了的马,柴狄又说出那马是一匹头等快跑的马,身高五尺,尾长三尺半,马蹄上带着银套,嘴衔勒上有二十三"开"金子的饰品。于是他就以偷窃王家的狗和马的嫌疑被捕了。在法庭上柴狄为自己辩护,他指出,他根据沙上的痕迹就可以判断那狗是刚生小狗的母狗,左后足是跛的;又根据路旁树叶脱落的情形,可以判断马的高度,根据路的宽度和两旁树叶破碎的情形,可以判断马尾的长度;马嘴曾碰石头,那石头上的划痕,可以推知马衔勒是二十三开金制成;根据马的足迹,可以判断这是一匹头等快跑的马。随后狗和马都在别处找到了,柴狄无罪被释。赫胥黎说,古生物学的方法其实就是"柴狄的方法"。

历史学家、考古学家、古生物学家、地质学家以及天文学家所用的研究方法，就是这种观察推断的方法，地质学和古生物学都是"历史的科学"，同样根据一些事实来推断造成这些事实的原因。

历史的科学和实验的科学方法有什么分别呢？实验的科学可以由种种事实归纳出一个通则。历史的科学如地质学等也可以说是同样用这种方法。但是实验科学归纳得通则之后，还可以用演绎法，依照那通则来做实验，看看某些原因具备之后是否一定发生某种预期的结果。实验就是用人工造出某种原因来试验是否可以发生某种结果。这是实验科学和历史科学最不同的一个要点。地质学和其他历史的科学，虽然也都依据因果律，从某些结果推知当时产生这些结果的原因，但历史科学的证据大部分是只能搜求，只能发现，而无法再造出来反复实验的（天文学的历史部分可以上推千万年的日月蚀，也可以下推千万年的日月蚀，也还可以推知某一个彗星大约在某年可以重出现。但那些可以推算出来的天文现象也不是用人工制造出来的。但我曾看见一位欧洲考古学家用两块石头相劈，削成"原始石器"的形状）。

正因为历史科学上的证据绝大部分是不能再造出来做实验的，所以我们做这几门学问的人，全靠用最勤劳的工夫去搜求材料，用最精细的工夫去研究材料，用最谨严的方法去批评审查材料。

这种工夫，这种方法，赫胥黎在八十年前曾指出，还不过是"柴狄的方法"。柴狄的方法，其实就是我们人类用常识来判断推测的方法。赫胥黎说："游牧的民族走到了一个地方，看见了折断了的树枝，踏碎了的树叶，搅乱了的石子，不分明的脚印，从这些痕迹上，他们不但可以推断有一队人曾打这里经过，还可以估计那一队的人数有多少，有多少马匹，从什么方向来，从什么方向去，过去了几天了。"

历史科学的方法不过是人类常识的方法，加上更严格的训练，加上更谨严的纪律而已。

（本文为1958年4月26日胡适在中国地质学会
年会的演讲，原载1959年3月台北
《中国地质学会会刊》第2期）

中国传统与将来

我代表出席会议的中国人说一句话：华盛顿大学主动积极地负责召集筹备这个中美学术会议，我们都要表示很热诚的感谢。最早有开这个会议的想法的人是泰勒先生（George Taylor），然而如果没有华盛顿大学的奥德伽校长（President Odegaard）、台湾大学的钱思亮校长热心赞助，会议是开不成的。这个国际学术合作的大胆尝试的几位发起人，几位合力支持的人，都抱着很高的期待，我们盼望这五天会议的收获不致于辜负他们的期待。

我被指定在会议开幕仪式里担任一篇演讲，是我很大的荣幸，我非常感激。但我必须说，指定给我的题目，"中国传统与将来"，是一个很难的题目。中国传统是什么？这个传统的将来又怎样？这两个问题，随便一个对我们的思想都是绝大的考验。可是现在要我在一篇简短的开幕仪式演讲里回答这两个问题，我知道我一定要失败的，我只盼望我的失败可以刺激会议里最能思想的诸位先生，让他们更进一步，更深刻地想想这个大题目。

一、中国传统

我今天提议，不要把中国传统当作一个一成不变的东西看，要把这个传统当作一长串重大的历史变动进化的最高结果看。这个历史的看法也许可以证明是一种很有用的方法，可以使人更能了解中国传统，——了解这个传统的性质，了解这个传统的种种长处和短处——这一切都要从造成这个传统的现状的那些历史变动来看。

中国的文化传统，在我的看法，是历史进化的几个大阶段的最后产物：

一、上古的"中国教时代"。① 很丰富的考古资料证明,在商朝已经发展出来一个高度进步的文明,有很发达的石雕骨雕,有精美的铜器手工,有千万件甲骨卜辞上所见的够进步的象形会意文字,有十分浪费的祀祖先的国教,显然包括相当大规模的人殉人祭。后来,到了伟大的周朝,文明的种种方面又都再向前发展。好多个封建诸侯长成了大国,而几个有力量的独立国家并存竞争,自然会使战时与平时用的种种知识技术都提高。政治的方策术略愈来愈要讲求了,有才智的人得到鼓励了。《诗三百篇》渐渐成了通用的语文课本。诗的时代又渐渐引出来哲学的时代。

二、中国固有哲学思想的"经典时代",也就是老子、孔子、墨子和他们的弟子们的时代。这个时代留给后世的伟大遗产有老子的自然主义的宇宙观,他的无为主义的政治哲学;有孔子的人本主义,他的看重人的尊严,看重人的价值的观念,他的爱知识,看重知识上的诚实的教训,他的"有教无类"的教育哲学;还有大宗教领袖墨子的思想,那就是反对一切战争,鼓吹和平,表扬一个他心目中的重"兼爱"的"天志",想凭表扬这个"天志"来维护并且抬高民间宗教的地位。

中国的古文明在这个思想的"经典时代"的几百年(公元前600至220)里经过了一个基本的变化,这是无可疑的。中国文化传统的基本特色,多少都是这个"经典时代"的几大派哲学塑造磨琢出来的。到了后来的各个时代,每逢中国陷入非理性、迷信、出世思想,——这在中国很长的历史上确有过好几次——总是靠孔子的人本主义,靠老子和道家的自然主义,或者靠自然主义、人本主义两样合起来,努力把这个民族从昏睡里救醒。

三、第三段历史的大进化是公元前221年军国主义的秦国统一了战国,接着有公元前206年第二个帝国,汉帝国的建立,以后就是两千

---

① 译者注:上古的中国教时代,原文是 The Sinitic Age of Antiquity。胡适在民国二十年的论文 Religion and Philosophy in Chinese History(收在陈衡哲编的 *A Symposium on Chinese Culture*,上海版)里提议称中国古代的宗教为 Siniticism,现译作"中国教"。

多年里中国人在一个大统一帝国之下的生活、经验,——这两千多年里没有一个邻国的文明可以与中国文明比。这样一个孤立的帝国生活里的很长很特殊的政治经验,完全失去了列国之间那种有生气的对抗竞争,也就是造成中国思想的"经典时代"的那种列国的对抗竞争,——是构成中国传统的特性的又一个重要因素。

我们可以举出这两千多年的帝国生活的几个特别色彩。(一)中国对于一个大一统帝国里君主专制的问题始终无法解决。(二)一个有补救作用的特点是汉朝(公元前200至公元220)在头几十年里有意采用无为的政治哲学,使一个极广大的帝国在政治规模上有了一个尽量放任、尊重自由、容许地方自治的传统,使这样一个大帝国没有庞大的常备军,也没有庞大的警察势力。(三)再一个有补救作用的特点是逐渐发展出来一个挑选文官人才的公开竞争的考试制度,这就是世界上最早的文官考试制度。(四)汉朝定出来一套统一的法律,这套法律在以后各朝代里又经过一次次的修改。不过中国的法制有一个缺点,就是不曾容许公开辩护,不能养成律师这种职业。(五)帝国生活的又一个特点是长期继续使用已成了死文字的古文作为文官考试用的文字,作为极广大的统一帝国里通行的书写交通媒介。两千多年里,这种古文始终是公认的教育工具,是做诗做文用的高尚工具。

四、第四段历史的大进化,实在等于一场革命,就是中国人大量改信了外来的佛教。中国古代的固有宗教不知道有乐园似的天堂,也不知道有执行最后审判的地狱。佛教的大力量,佛教的一切丰富的想象,美丽的仪式,大胆的宇宙论和形而上学,很轻易地压倒征服了那个固有宗教。佛教送给中国的不是一层天,而是几十层天,不是一层地狱,而是好多层地狱,一层层的森严恐怖各各不同。轮回观念、三生宿业的铁律,很快地替代了旧的简单的福善祸淫的观念。世界是不实在的,人生是痛苦而空虚的,性是不清洁的,家庭是净修的障碍,独身斋化是佛家生活不可少的条件,布施是最高美德,爱要推及于一切有情生物,应当吃素,应当严厉禁欲,说话念咒可以有神奇的力量,——这一切,还有其他种种由海陆两面从印度传进来的非中国的信仰风尚，都很快地被接受了，都变成中国人的文化生活的一部分了。

这是一场真正的革命。试举一个例说，儒家的《孝经》告诉人，身体是受自父母，不可毁伤的。古代中国的思想家说过，生是最可宝贵的。然而佛教说，人生是一场梦，生就是苦。这种教条又引出来种种绝对违反中国传统的风气。用火烧自己的拇指，烧一根或几根手指，甚至于烧整条臂，作为对佛教一位神的舍身奉献：成了佛门弟子的一种"功德"！有时候，一个和尚预先宣布他遗身的日子，到了那一天，他自己手拿一把火点着那用来烧死他自己的一堆柴，不断念着佛号，直念到他自己被火烧得整个身体倒下去。①

中国已经印度化了，在一段奇怪的宗教狂热里着了魔了。

五、再下一段历史的大进化可以叫做中国对佛教的一串反抗。反抗的一种形式就是中古道教的开创和推广。本土的种种信仰和制度统一起来，加上一点新的民族愿望的刺激，想模仿那个外来的佛教的每一个特点而把佛教压倒、消灭，这就是道教。道教徒采取了佛教的天和地狱，给它们起了中国式的名字，还造了一些中国的神去作主宰，整部《道藏》是用佛教经典作范本编造成的。好些佛教的观念，例如轮回、前生来世的因缘，都被整个儿借过来当作自己的。男女道士的清规是仿照佛教僧尼的戒律定的。总而言之，道教是一个民族主义的排佛运动，用的方法只是造出一种仿制品来夺取市场。运动的真正目的只是消灭那个外来的宗教，所以几次政府对佛教的迫害，最著名的是公元446年（北魏太平真君七年）和845年（唐武宗会昌五年）两次，都有道教势力的操纵。

中国的佛教内部也起了对佛教的种种反抗。这种种反抗的一个共同特点是要把佛教里中国人不能接受不能消化的东西都丢掉。早在四世纪，中国的佛教徒已渐渐看出佛教的精华只是"渐修"与"顿悟"，这两

---

① 译者注：胡适在民国十二年的论文《读梁漱溟先生的〈东西文化及其哲学〉》（《胡适文存》二）里引胡寅《崇正辨》记的释宝崖在火焰中礼拜到"身踏炭上"的故事，指出那种行为不是梁漱溟所谓的"向后"，而是"极端的奔赴向前"。

样合起来就是禅法(dhyana 或 ch'an,日语读作 zen),禅的意思是潜修,但也靠哲学上的觉悟,从公元400年到700年,中国佛教的各派(如菩提达摩开创的楞伽宗,如天台宗)大半都是禅宗。

禅宗的所谓"南宗"——在八世纪以后禅宗成了南宗专用的名字——更进一步宣告,只要顿悟就够了,渐修都可以不要。说这句话的是神会和尚(公元670至762,据我的研究,是南宗的真正开创人)。①

整个儿所谓"南宗"的运动全靠一串很成功的说谎造假。他们说的菩提达摩故事是一篇谎,②他们的西天二十八祖故事是捏造的,他们的袈裟传法故事是骗人的,他们的"六祖"传也大部分完全是假的。③ 但是他们最伟大的编造还是那个禅法起源的故事:如来佛在灵山会上说法。他只在会众面前拈了一朵花,没有说一句话。没有人懂得他的意思。只有一个聪明的伽叶尊者懂得了,他只对着佛祖微微一笑。④ 据说这就是禅法的源头,禅法的开始。

最足以表示禅宗运动的历史意义的一句作战口号是:"不著语言,不立文字,直指本心。"篇幅多得数不尽的经卷,算到八世纪的中文翻译保存下来已有五千万字之多(不算几千万字中国人写的注疏讲说),全没有一点用处!这是何等惊人的革命!那些惊人的编谎家、捏造家,真正值得赞颂,因为他们只靠巧妙的大谎竟做到了一个革命,打倒了五千万字的神圣经典。

六、中国传统的再下一段大进化可以叫做"中国的文艺复兴时

---

① 译者注:看胡适民国十八年的《荷泽大师神会传》(《胡适文存》四)。

② 译者注:菩提达摩是大概五世纪末到中国南方的一位来踪不清楚的外国和尚,后世的禅宗尊他为初祖。依胡适考证,达摩见梁武帝及折苇渡江故事皆是后起的传说。看他民国十六年的《菩提达摩考》(《胡适文存》三)。

③ 译者注:二十八祖故事,看胡适《荷泽大师神会传》第三节;袈裟传法故事,看胡适民国二十四年的《楞伽宗考》(《胡适文存》四);"六祖慧能传"的问题,看《楞伽宗考》第六节。

④ 译者注:拈花微笑的故事,见《大梵天王问佛决疑经》(两种,《大日本续藏经》第一辑第八十七套第四册),出处不明。

代"或"中国的几种文艺复兴时代"。因为不只有一种复兴。①

第一是中国的文学复兴,在八、九世纪已经蓬蓬勃勃地开始,一直继续发展到我们当代。唐朝的几个大诗人——八世纪的李白、杜甫,九世纪的白居易——开创了一个中国诗歌的新时代。韩愈(死在824)做到了复兴古文,使古文成了以后八百年里散文作品的一个可用而且很有力量的利器。

八、九世纪的禅门和尚最先用活的白话记录他们的谈话和讨论。十一世纪的禅宗大师继续使用活的文字。十二世纪的理学家也用这种活文字,他们的谈话都是用语录体记下来的。

普通男女唱歌讲故事用的都只是他们懂得的话,也就是他们自己说的话。有了九世纪的木版印刷,又有了十一世纪的活字版印刷,于是民间的,"俗"的故事、小说、戏曲、歌词,都可以印给多数人看了。十六、十七世纪有些民间故事和伟大的小说成了几百年销行很广的作品。这些小说就把白话写定了。这些小说就是白话的教师,就是推广白话的力量。假如没有这些伟大的故事和小说,现代的文学革命决不会在短短几年里就得到胜利。

第二是中国哲学的复兴,到十一、二世纪已经入了成熟期,产生了理学的几个派别,几个运动。理学是一个有意使佛教进来以前的中国固有文化复兴起来,代替中古的佛教与道教的运动。这个运动的主要目的只是恢复孔子、孟子的道德哲学和政治哲学,并且重新解释,用来替代那个为己的、反社会的、出世的佛教哲学。有一个禅门和尚提到,儒家的学说太简单太没有趣味,不能吸引国中第一等的人②。因此,理学的任务只是使先佛教期的中国的非宗教性的思想,

---

① 译者注:民国二十二年七月,胡适在芝加哥大学比较宗教系担任一组 Haskell 演讲,题目是"Cultural Trends in Present-day China"(今日中国的文化趋向),共六讲,第二年由芝大出版,题作 The Chinese Renaissance(中国的文艺复兴)。书的第三章论中国现代的新思潮、新文化运动,称作一个 Renaissance,但指出自唐朝起有几段文艺复兴,与本篇此处的意思相同。

② 译者注:《大慧普觉禅师宗门武库》记王安石与张方平谈论儒家自孔孟以后何以没有大师,方平说,"儒门淡薄,收拾不住,皆归释氏焉"。

变得像佛教像禅法一样有趣味有吸引力。这些中国哲学家居然能够弄出来一套非宗教性的、合理的理学思想,居然有了一套宇宙论,一套或几套关于知识的性质和方法的理论,一套道德与政治哲学。

理学也有好几个派别,大半是因为对于知识的性质和方法的观点不同而发生的。经过一段时间,理学的各派也居然能够吸引最能思想的人了,居然使他们不再成群追随佛门的禅师了。而最能思想的人一旦对佛教不再感兴趣,那个伟大过来的宗教就渐渐衰落到无人理会的地步了,几乎到了死的时候听不见一声哀悼。

第三,中国文艺复兴的第三方面可以叫做学术复兴,是在一种科学方法——考据方法——刺激之下发生的学术复兴。

"无征则不信",是孔子以后一部很早的名著里的一句话①。孔子也曾郑重说,"知之为知之,不知为不知,是知也。"然而淹没了中古中国的宗教狂热与轻信是很有力量的大潮,很容易卷走那些求真求证的告诫。只有最好的讯案的法官还能够保持靠证据思想的方法和习惯,但是有些第一流的经学大师居然也能够有这种方法和习惯,这是最可庆幸的。要等到有了刻印书的流行,中国学者才容易有比较参考的资料,容易校正古书的文字,容易搜求证据,评判证据。有书籍印刷以来的头二三百年里,金石学的开创,一部根据仔细比较审定的资料写成的大历史著作的出现②,都可以看得出有考证或考据的精神和方法。又有一派新的经学起来,也是大胆应用这种精神和方法去审查几部儒家的神圣经典。朱子(1130—1200)就是这一派新经学的一个创始人。

考证或考据的方法到了十七世纪更走上有意的发展。有一位学者肯举出一百六十条证据来论定一个单字的古音③,又有一位学者花了几十年工夫找证据来证明儒家一部大经书几乎一半是很晚的伪

---

① 译者注:《中庸》。
② 译者注:《资治通鉴》。
③ 译者注:顾炎武考"服"字古音"逼",举一百六十二条证据。

作①。这种方法渐渐证明是有用处的,有收获的,所以到了十八九世纪竟成了学问上的时髦。整三百年的一个时代(1600—1900)往往被称做考据的时代。

二、大对照与将来

以上的历史叙述已把中国传统文化带到了历史变动最后阶段的前夕,——这个最后阶段就是中国文明与西方文明对照、冲突的时代。西方与中国和中国文明的第一次接触是十六世纪的事。但是真正对照和冲突的时代到十九世纪才开始。这一个半世纪来,中国传统才真正经过了一次力量的测验,这是中国文化史上一次最严重的力量的测验,生存能力的测验。

在我们谈过的历史纲要里,我们已看到古代中国的固有文明,因为有了经典时代丰富的滋养和适当的防疫,足可以应付佛教传入引起来的文化危机。不过因为本土的宗教过于单纯,中国人在一段时间里是被那个高度复杂又有吸引力的佛教压倒了、征服了。差不多整一千年,中国几乎接受了印度输入的每一样东西,中国的文化生活大体上是"印度化"了。但是中国很快地又觉醒过来,开始反抗佛教。于是佛教受了迫害、抵制,同时又有人认真努力把佛教本国化。有了禅宗的起来,佛教内部也做到了一种革命,公开抛弃了不止五千万字的全部佛教经典。因此,到了最后,中国已能做到一串文学的、哲学的、学术的复兴,使自己的文化继续存在,有了新生命。尽管中国不能完全脱掉两千年信佛教与印度化的影响,中国总算能解决自己的文化问题,能继续建设一个在世的文化,一个基本上是"中国的"文化。

早在十六世纪的末尾几年和十七世纪的头几十年,有一个新奇的但又是高度进步的文化来敲中华帝国的大门。最初到中国来的那些耶稣会士都是仔细挑选出来的,都是有准备的。他们的使命是把欧洲文明和基督教开始介绍给当时欧洲以外最文明的民族。最初的

---

① 译者注:阎若璩费三十几年写成《古文尚书疏证》。

接触是很友善又很成功的。经过一段时间,那些伟大的教士已不止能把欧洲数学、天文学上最好最新的成就介绍给中国头脑最好的人,而且凭他们的圣人似的生活榜样介绍了基督教。

中国与西方的强烈对照和冲突是大约一百五十年前开始的。对着诸位这样有学问的人,这样特别懂得近代历史的人,我用不着重说中国因为无知、自大、自满,遭了怎样可悲的屈辱。我也用不着提中国在民族生活各方面的改革工作因为不得其法,又总是做得太晚,遭了怎样数不清的失败。我更用不着说中国在晚近,尤其是民国以来,怎样认真努力对自己的文明重新估价,又在文化传统的几个更基本的方面,如文字方面、文学方面、思想方面、教育方面,怎样认真努力发动改革。诸位和我都是亲眼看见了这种种努力和变化的,我们中国代表团里年长些的人有大半都是亲身参与过这些活动的。

我今天的任务是请诸位注意与"中国传统的将来"这个题目直接或间接有关系的几件事。我想我们要推论中国传统的将来,应当先给这个传统在与西方有了一百五十年的对照之后的状况开一份清单。我们应当先大致估量一下:中国传统在与西方有了这样的接触之后,有多少成分确是被破坏或被丢弃了?西方文化又有多少成分确是被中国接受了?最后,中国传统还有多少成分保存下来?中国传统有多少成分可算禁得住这个对照还能存在?

我在好些年前说过,中国已经确实热心努力打掉自己的文化传统里种种最坏的东西:"短短几十年里,中国已经废除了几千年的酷刑,一千年以上的小脚,五百年的八股……"①我们还要记得,中国是欧洲以外第一个废除君主世袭的民族。中国的帝制存在了不止五千年之久,单单"皇帝也要走开"这一件事对广大国民心理的影响就够大了。

这些以及其他几百件迅速的崩溃或慢慢的消蚀,都只是这个文化冲突激荡时期的自然牺牲。

---

① 译者注:胡适在民国二十三年的一篇《再论信心与反省》(《胡适文存》四)里,极力称赞中国近代废除八股、酷刑等等的事业。

这些文化的牺牲都不值得惋惜哀悼。这种种革除或崩溃都应当看作中国从孤立的旧文明枷锁之下得到解放的一部分现象。几千年来中国的政治思想家从没有解决如何限制一个大一统帝国里君主专制的问题，然而几十年与西方民主国家的接触就够提出解决的方法了："赶掉皇帝，废除帝制"。其他许多自动的改革也是一样。八百年的理学不能指出裹小脚是不人道的野蛮的行为，然而几个传教士带来了一个新观点就够唤起中国人的道德意识，够把小脚永远废了。

　　中国从西方文明自动采取吸收的又有多少成分呢？这个清单是开不完的。中国自动采取的东西，——无论是因为从来没有那些东西，或者没有相当的东西，还是因为虽然有相当的东西但要差一等——确实总有几千件。中国人采取了奎宁、玉蜀黍、花生、烟草、眼镜，还有论千种别的东西，都是因为以前没有这些东西，所以愿意要这些东西。用钟表是很早的事，不要多久滴漏就被淘汰了。这是一个高一等的机械代替一个次一等的东西的最明显的例。从钟表到飞机和无线电，论千件的西方科学工艺文明的产物都可以列在我们的清单上。就智识与艺术的范围而论，这份清单可以从欧几里德起一直开到当代的许多科学家、音乐家、电影明星，这个单子真是开不完的。

　　然后还有一个问题，——从旧文明里丢掉冲刷掉这一切，又从近代西方文明自动采取了这上千个项目，然后中国传统保存下来的成分又还有多少呢？

　　不止四分之一世纪以前，在1933年，我有一回演讲，专论中国与日本文化反应的不同型态。① 我指出日本的现代化可以叫做"中央统制型"，而中国，因为没有一个统治阶级，所以中国的现代化是文化反应的另一个型态，可以叫做"长期曝露与慢慢渗透造成的文化变动"。我接着说：

　　　　这样，我们实在是让一切观念、信仰、制度很自由地与西方

---

① 译者注：前引 *The Chinese Renaissance*，第一章，"文化反应的不同型态"。

文明慢慢接触，慢慢接受感染，接受影响，于是有时起了一步步渐进的改革，也有时起了相当迅速或激烈的变动。……我们没有把哪一件东西封闭起来，我们也不武断禁止哪一样东西有这种接触和变化。①

过了几年，我又抱着差不多同样的看法说：

> 中国的西方化只是种种观念渐渐传播渗透的结果，往往是先有少数几个人的提倡，渐渐得着些人赞成，最后才有够多的人相信这些观念是很合用或很有效验的，于是引起来一些影响深远的变化。从穿皮鞋到文学革命，从用口红到推翻帝制，一切都是自动的，都是经过广义的"理智判断"的。中国没有一件东西神圣到不容有这样的曝露和接触，也没有一个人，或一个阶级，有力量防止那一种制度受外来文化感染浸蚀的影响。②

我从前说过的话的要点只是：我认为那许多慢慢的、但是自动的变化，正好构成一个可以算是民主而又可取的文化变动的型态，——一个长期曝露，自动吸收的型态。我的意思也是要说，那种种自动的革除淘汰，那种种数不清的采纳吸收，都不会破坏这个站在受方的文明的性格与价值。正好相反，革除淘汰掉那些要不得的成分，倒有一个大解放的作用；采纳吸收进来新文化成分，只会使那个老文化格外发辉光大。我决不担忧站在受方的中国文明因为抛弃了许多东西，又采纳了许多东西，而蚀坏、毁灭。我正是说：

> 慢慢地、悄悄地，可又是非常明显地，中国的文艺复兴已经渐渐成了一件事实了。这个再生的结晶品看起来似乎使人觉得是带着西方的色彩，但是试把表面剥掉，你就可以看出做成这个结晶品的材料在本质上正是那个饱经风雨侵蚀而更可以看得明白透彻的中国根底，——正是那个因为接触新世界的科学民主

---

① 译者注：前引 The Chinese Renaissance，第一章，"文化反应的不同型态"，页二六。
② 译者注：见胡适的 The Westernization of China and Japan, *Amerasia*, Vol. 2, No. 5, July, 1938. p. 244。

文明而复活起来的人本主义与理智主义的中国。①

这是我在1933年说的话。我在当时可是过分乐观了吗？随后这几十年来的事变可曾把我的话推翻了吗？

然而将来又怎样呢？"中国根底"，"人本主义与理智主义的中国"，现在成了什么样子呢？在整个中国大陆经过十一年来的共产统治之后，这个中国根底又将要变得怎样呢？铁幕统治决不容许接触自由世界的毒素影响，决不容许受这种影响的感染，当然更决不容许"长期曝露"，试问那个"人本主义与理智主义的中国"，长期受了这样的统治，是不是还能够继续存在呢？

预料将来总是一件冒险的事。但是，我近几年来看了不止四百万字的"清算"文献。每一篇清算文献都告诉我们，中国共产党和他们的政府所怕的是什么，他们费尽了心机想要连根消灭的是什么。看了这种大量的清算文献，我深信我有根据可以说：今日控制大陆的那些人还是怕自由精神，怕独立思想的精神，怕怀疑的精神或方法，怕考据的工夫：作家胡风被判了罪，因为他和追随他的人表示了自由精神，表示了独立的思考，而且竟敢反抗党对文学艺术的控制。梁漱溟，我的朋友，也是老同事，逃不掉整肃，只因为他表示了可怕的怀疑精神。"胡适的幽灵"也值得用三百万字讨伐，因为胡适对于传统经学大师的考据精神和方法的传布负的责任最大，更因为胡适有不可饶恕的胆量说那种精神和方法就是科学方法的精华。

看了这许多整肃文献，我才敢相信我所推崇的那个"人本主义与理智主义的中国"在中国大陆上还存在着，才敢相信那个曾尽大力量反抗中古中国那些大宗教，而且把那些宗教终于推倒的大胆怀疑、独立思想、独立表示异议的精神，即使在最不可忍的极权控制压

---

① 译者注：前引 *The Chinese Renaissance*，胡适自序，页九、十。此段里的"中国根底"一词，原文是 The Chinese bedrock。胡适在民国二十四年的"试评所谓中国本位的文化建设"（《胡适文存》四）里说："将来文化大变动的结晶品，当然是一个中国本位的文化，那是毫无可疑的。如果我们的老文化里真有无价之宝，……将来自然会因这一番科学文化的淘汰而格外光大的。"

迫之下，也会永久存在，继续传布。总而言之，我深信，那个"人本主义与理智主义的中国"的传统没有毁灭，而且无论如何没有人能毁灭。

(本文为1960年7月10日胡适在西雅图中美学术会议的英文演讲，徐高阮中译文载1960年7月21日至23日台北《中央日报》)

卷 三

墨家哲学

一、墨子略传

墨子名翟姓墨氏（近人江瑔作《读子卮言》辨墨子不姓墨。其实这事不成问题，无庸深辨）。有人说他是宋人，有人说他是鲁人。今依孙诒让说，定他为鲁国人。

欲知一家学说传授沿革的次序，不可不先考定这一家学说产生和发达的时代。如今讲墨子的学说，当先知墨子生于何时。这个问题，古今人多未能确定。有人说墨子"并孔子时"（《史记·孟荀列传》），有人说他是"六国时人，至周末犹存"（毕沅《墨子序》）。这两说相差二百多年，若不详细考定，易于使人误会。毕沅的话已被孙诒让驳倒了（《墨子间诂·非攻中》），不用再辨。孙诒让又说：

> 窃以今五十三篇之书推校之，墨子前及与公输般鲁阳文子相问答，而后及见齐太公和（见《鲁问》篇，田和为诸侯，在周安王十六年）与齐康公兴乐（见《非乐》上。康公卒于安王二十年），与楚吴起之死（见《亲士》篇。在安王二十一年）。上距孔子之卒（敬王四十一年）几及百年。则墨子之后孔子益信。审核前后，约略计之，墨子当与子思同时，而生年尚在其后（子思生于鲁哀公二年，周敬王二十七年也）。盖生于周定王之初年，而卒于安王之季，盖八九十岁。（《墨子年表序》）

我以为孙诒让所考不如汪中考的精确。汪中说：

> 墨子实与楚惠王同时，《耕柱》篇、《鲁问》篇、《贵义》篇，……其年于孔子差后，或犹及见孔子矣。……《非攻中》篇言知伯以好战亡。事在"春秋"后二十七年。又言蔡亡，则为楚惠王四十二年。墨子并当时，及见其事。《非攻下》篇言"今天

下好战之国,齐晋楚越"又言"唐叔、吕尚邦齐晋今与楚越四分天下。"《节葬下》篇言"诸侯力征,南有楚越之王,北有齐晋之君。"明在句践称霸之后(《鲁问》篇越王请裂故吴地方五百里以封墨子亦一证),秦献公未得志之前,全晋之时,三家未分,齐未为陈氏也。

《檀弓》下,"季康子之母死,公输般请以机封"。此事不得其年。季康子之卒在哀公二十七年。楚惠王以哀公七年即位。般固逮事惠王。《公输》篇,"楚人与越人舟战于江。公输子自鲁南游楚作钩强以备越"。亦吴亡后楚与越为邻国事。惠王在位五十七年,本书既载其以老辞墨子,则墨子亦寿考人欤?(《墨子序》)

汪中所考都很可靠。如今且先说孙诒让所考的错处。第一,孙氏所据的三篇书,《亲士》、《鲁问》、《非乐上》,都是靠不住的书。《鲁问》篇乃是后人所辑。其中说的"齐大王",未必便是田和。即使是田和,也未必可信。例如《庄子》中说庄周见鲁哀公,难道我们便说庄周和孔丘同时么。《非乐》篇乃是后人补做的。其中屡用"是故子墨子曰,为乐非也"一句,可见其中引的历史事实,未必都是墨子亲见的。《亲士》篇和《修身》篇同是假书。内中说的全是儒家的常谈,那有一句墨家的话。

第二,《墨子》决不曾见吴起之死。《吕氏春秋·上德》篇说吴起死时,阳城君得罪逃走了,楚国派兵来收他的国。那时"墨者巨子孟胜"替阳城君守城,遂和他的弟子一百八十三人都死在城内。孟胜将死之前,还先派两个弟子把"巨子"的职位传给宋国的田襄子,免得把墨家的学派断绝了。

照这条看来,吴起死时墨学久已成了一种宗教。那时"墨者巨子"传授的法子,也已经成为定制了。那时的"墨者",已有了新立的领袖。孟胜的弟子劝他不要死,说:"绝墨者于世,不可。"要是墨子还没有死,谁能说这话呢。可见吴起死时,墨子已死了许多年了。

依以上所举各种证据,我们可定墨子大概生在周敬王二十年与三十年之间(民国纪元前2411至2401,西历纪元前500至490年),

死在周武烈王元年与十年之间（民国纪元前 2336 至 2327，西历纪元前 425 至 416 年）。墨子生时约当孔子五十岁六十岁之间（孔子生民国纪元前 2462 年）。到吴起死时（纪元前 2292 年），墨子已死了差不多四十年了。

以上所说墨子的生地和生时，狠可注意。他生当鲁国，又当孔门正盛之时。所以他的学说，处处和儒家有关系。《淮南·要略》说：

> 墨子学儒者之业，受孔子之术，以为其礼烦扰而不悦，厚葬靡财而贫民，〔久〕服伤生而害事。

墨子究竟曾否"学儒者之业，受孔子之术"，我们虽不能决定，但是墨子所受的儒家的影响，一定不少（《吕氏春秋·当染》篇说史角之后在于鲁，墨子学焉。可见墨子在鲁国受过教育）。我想儒家自孔子死后，那一班孔门弟子不能传孔子学说的大端，都去讲究那丧葬小节。请看《礼记·檀弓》篇所记孔门大弟子子游、曾子的种种故事，那一桩不是争一个极小极琐碎的礼节？（如"曾子吊于负夏"，及"曾子袭裘而吊，子游裼裘而吊"，诸条）。再看一部《仪礼》那种繁琐的礼仪，真可令今人骇怪。墨子生在鲁国，眼见这种种怪现状，怪不得他要反对儒家，自创一种新学派。墨子攻击儒家的坏处，约有四端：

> 儒之道足以丧天下者四政焉。儒以天为不明，以鬼为不神，天鬼不说。此足以丧天下。又厚葬，久丧，重为棺椁，多为衣衾，送死若徒。三年哭泣，扶然后起，杖然后行，耳无闻，目无见。此足以丧天下。又弦歌鼓舞，习为声乐。此足以丧天下。又以命为有。贫富、寿夭、治乱、安危、有极矣，不可损益也。为上者行之，必不听治矣。为下者行之，必不从事矣，此足以丧天下。（《墨子·公孟》篇）

这个儒墨的关系是极重要不可忽略的。因为儒家不信鬼，（孔子言"未知生，焉知死。""未能事神，焉能事鬼。"又说："敬鬼神而远之"。《说苑》十八记子贡问死人有知无知。孔子曰："吾欲言死者有知耶，恐孝子顺孙妨生以送死也。欲言死者无知，恐不孝子孙弃亲不葬也。赐欲知死人有知无知也，死徐自知之，犹未晚也。"此犹是怀疑主义（Agnosticism）后来的儒家直说无鬼神。故《墨子·公孟》篇的公孟子曰:"无鬼神。"此直是无神主义〔Atheism〕。所以墨子倡"明鬼"论。因为儒家厚葬久丧,所以墨子倡"节葬"论。因为儒家重礼乐,所以墨子倡"非乐"论。因为儒家信天命,(《论语》子夏说:"死生有命,富贵在天。"孔子自己也说:"不知命,无以为君子也。"又说:"道之将行也欤,命也。道之将废也欤,命也。")所以墨子倡"非命"论。

墨子是一个极热心救世的人,他看见当时各国征战的惨祸,心中不忍,所以倡为"非攻"论。他以为从前那种"弭兵"政策(如向戌的弭兵会),都不是根本之计。根本的"弭兵",要使人人"视人之国,若视其国;视人之家,若视其家;视人之身,若视其身"。这就是墨子的"兼爱"论。

但是墨子并不是一个空谈弭兵的人。他是一个实行非攻主义的救世家。那时公输般替楚国造了一种云梯,将要攻宋。墨子听见这消息,从鲁国起程,走了十日十夜,赶到郢都去见公输般。公输般被他一说说服了,便送他去见楚王,楚王也被他说服了,就不攻宋了(参看《墨子·公输》篇)。公输般对墨子说:"我不曾见你的时候,我想得宋国。自从我见了你之后,就是有人把宋国送给我,要是有一毫不义,我都不要了。"墨子说:"……那样说来,仿佛是我已经把宋国给了你了。你若能努力行义,我还要把天下送给你咧。"(《鲁问》篇)

看他这一件事,可以想见他一生的慷慨好义,有一个朋友劝他道:"如今天下的人都不肯做义气的事。你何苦这样尽力去做呢?我劝你不如罢了。"墨子说:"譬如一个人有十个儿子。九个儿子好吃懒做,只有一个儿子尽力耕田。吃饭的人那么多,耕田的人那么少,那一个耕田的儿子便该格外努力耕田才好。如今天下的人都不肯做义气的事,你正该劝我多做些才好。为什么反来劝我莫做呢?"(《贵义》篇)这是何等精神!何等人格!那反对墨家最利害的孟轲道:"墨子兼爱,摩顶放踵利天下,为之。"这话本有责备墨子之意,其实是极恭维他的话。试问中国历史上,可曾有第二个"摩顶放踵利天下为之"的人么?

墨子是一个宗教家。他最恨那些儒家一面不信鬼神,一面却讲究祭礼丧礼,他说:"不信鬼神,却要学祭礼,这不是没有客却行客礼么?这不是没有鱼却下网么?"(《公孟》篇)所以墨子虽不重丧葬祭祀,却极信鬼神。还更信天。他的"天"却不是老子的"自然",也不是孔子的"天何言哉?四时行焉,百物生焉"的天。墨子的天,是有意志的。天的"志"就是要人兼爱。凡事都应该以"天志"为标准。

墨子是一个实行的宗教家。他主张节用,又主张废乐,所以他教人要吃苦修行。要使后世的墨者,都要"以裘褐为衣,以跂蹻为服,日夜不休,以自苦为极"。这是"墨教"的特色。《庄子·天下》篇批评墨家的行为,说:

  墨翟、禽滑厘之意则是,其行则非也。将使后世之墨者,必自苦,以腓无胈胫无毛相进,而已矣。乱之上也,治之下也。

又却不得不称赞墨子道:

  虽然,墨子真天下之好也。将求之不可得也,虽枯槁不舍也。才士也夫!

认得这个墨子,才可讲墨子的哲学。

二、《墨子》考

《墨子》书今本,有五十三篇,依我看来,可分作五组:

第一组 自《亲士》到《三辩》,凡七篇、皆后人假造的(黄震、宋濂所见别本,此七篇题曰经)。前三篇全无墨家口气。后四篇乃根据墨家的余论所作的。

第二组 《尚贤》三篇、《尚同》三篇、《兼爱》三篇、《非攻》三篇、《节用》两篇、《节葬》一篇、《天志》三篇、《明鬼》一篇、《非乐》一篇、《非命》三篇、《非儒》一篇、凡二十四篇。大抵皆墨者演墨子的学说所作的。其中也有许多后人加入的材料。《非乐》、《非儒》两篇更可疑。

第三组 《经上、下》、《经说上、下》、《大取》、《小取》六篇。不是墨子的书,也不是墨者记墨子学说的书。我以为这六篇就是《庄子·天下》篇所说的"别墨"做的。这六篇中的学问,决不是墨子时代所能发生的。况且其中所说和惠施、公孙龙的话最为接近。惠施、公孙龙的学说差不多全在这六篇里面。所以我以为这六篇是惠施、公孙龙时代的"别墨"做的。我从来讲墨学,把这六篇提出,等到后来讲"别墨"的时候才讲他们。

第四组 《耕柱》、《贵义》、《公孟》、《鲁问》、《公输》这五篇,乃是墨家后人把墨子一生的言行辑聚来做的,就同儒家的《论语》一般。其中有许多材料比第二组还更为重要。

第五组 自《备城门》以下到《杂守》,凡十一篇。所记都是墨家守城备敌的方法。于哲学没甚么关系。

研究墨学的,可先读第二组和第四组。后读第三组。其余二组,可以不必细读。

三、墨子哲学的根本方法

儒墨两家根本上不同之处,在于两家哲学方法的不同,在于两家的"逻辑"不同。《墨子·耕柱》篇有一条最形容得出这种不同之处。

> 叶公子高问政于仲尼,曰:"善为政者若之何?"仲尼对曰:"善为政者,远者近之,而旧者新之。"(《论语》作"近者悦,远者来。")

> 子墨子闻之曰:"叶公子高未得其问也。仲尼亦未得其所以对也。叶公子高岂不知善为政者之远者近之而旧者新之哉?问所以为之若之何也……"

这就是儒墨的大区别。孔子所说是一种理想的目的。墨子所要的是一个"所以为之若之何"的进行方法。孔子说的是一个"什么",墨子说的是一个"怎样"。这是一个大分别。

《公孟》篇又说:

> 子墨子问于儒者,曰:"何故为乐?"曰:"乐以为乐也。"子墨子曰:"子未我应也。今我问曰:'何故为室?'曰:'冬避寒焉,夏避暑焉,室以为男女之别也,'则子告我为室之故矣。今我问曰:'何故为乐?'曰:'乐以为乐也。'是犹曰:'何故为室?'曰:'室以为室也。'"

儒者说的还是一个"什么"。墨子说的是一个"为什么"。这又是一个大分别。

这两种区别,皆极重要。儒家最爱提出一个极高的理想的标准,作为人生的目的,如论政治,定说:"君君、臣臣、父父、子子;"或说:"近者悦,远者来;"这都是理想的目的,却不是进行的方法。如人生哲学(人生哲学,或译伦理学,伦理学之名不当,但可以称儒家之人生哲学耳。故不用。)则高悬一个"止于至善"的目的,却不讲怎样能使人止于至善。所说细目,如"为人君,止于仁;为人臣,止于敬;为人父,止于慈;为人子,止于孝;与国人交,止于信"(《大学》)全不问为什么为人子的要孝,为什么为人臣的要敬;只说理想中的父子君臣朋友是该如此如此的。所以儒家的议论,总要偏向"动机"一方面。"动机"如俗话的"居心"。孟子说的"君子之所以异于人者,以其存心也。君子以仁存心,以礼存心"。存心是行为的动机。大学说的诚意,也是动机。儒家只注意行为的动机,不注意行为的效果。推到了极端,便成董仲舒说的"正其谊不谋其利,明其道不计其功"。只说这事应该如此做,不问为什么应该如此做。

墨子的方法,恰与此相反。墨子处处要问一个"为什么"。例如造一所房子,先要问为什么要造房子。知道了"为什么",方才可知道"怎样做"。知道房子的用处是"冬避寒焉,夏避暑焉,室以为男女之别",方才可以知道怎样布置构造始能避风雨寒暑,始能分别男女内外。人生的一切行为,都是如此。如今人讲教育,上官下属都说应该兴教育。于是大家都去开学堂,招学生。大家都以为兴教育就是办学堂,办学堂就是兴教育。从不去问为什么该兴教育,因为不研究教育是为什么的,所以办学和视学的人也无从考究教育的优劣,更无从考究改良教育的方法。我去年回到内地。有人来说,我们村里,该开一个学堂。我问他为什么我们村里该办学堂呢?他说,某村某村都有学堂了,所以我们这里也该开一个。这就是墨子说的"是犹曰,何故为室?曰:室以为室也"的理论。

墨子以为无论何种事物、制度、学说、观念,都有一个"为什么"。换言之,事事物物都有一个用处。知道那事物的用处,方才可以知道他的是非善恶。为什么呢?因为事事物物既是为应用的,若不能应

用,便失了那事那物的原意了,便应该改良了。例如墨子讲"兼爱",便说:

> 用而不可,虽我亦将非之。且焉有善而不可用者?(《兼爱下》)

这是说,能应"用"的,便是"善"的;"善"的便是能应"用"的。譬如我说这笔"好",为什么"好"呢?因为能中写,所以"好"。又如我说这会场"好",为什么"好"呢?因为他能最合开会讲演的用,所以"好"。这便是墨子的"应用主义"。

应用主义又可叫做"实利主义"。儒家说"义也者,宜也"。宜即是"应该"。凡是应该如此做的,便是"义"。墨家说:"义,利也。"(《经上》篇,参看《非攻下》首段)便进一层说,说凡事如此做去便可有利的即是"义的"。因为如此做才有利,所以"应该"如此做。义所以为"宜",正因其为"利"。

墨子的应用主义,所以容易被人误会,都因为人把这"利"字"用"字解错了。这"利"字并不是"财利"的利,这"用"也不是"财用"的用。墨子的"用"和"利"都只指人生行为而言。如今且让他自己下应用主义的界说:

> 子墨子曰:"言足以迁行者常之。不足以迁行者勿常。不足以迁行而常之,是荡口也。"(《贵义》篇)

> 子墨子曰:"言足以复行者常之。不足以举行者勿常。不足以举行而常之,是荡口也。"(《耕柱》篇)

这两条同一意思。迁字和举字同意。《说文》说:"迁,登也。"《诗经》有"迁于乔木",《易》有"君子以见善则迁"皆是"升高""进步"之意,和"举"字"抬高"的意思正相同(后人不解"举"字之义,故把"举行"两字连读,作一个动词解。于是又误改上一"举"字为"复"字)。六个"行"字,都该读去声,是名词,不是动词,六个"常"字,都与"尚"字通用(俞樾解老子"道可道非常道"一章说如此)。"常"是"尊尚"的意思。这两章的意思,是说无论什么理论、什么学说,须要能改良人生的行为,始可推尚。若不能增进人生的行为,便不值得推尚了。

墨子又说：

> 今瞽者曰："巨者，白也（俞云：巨当作皑。皑者皓之假字）。黔者，黑也。"虽明目者无以易之。兼白黑，使瞽取焉，不能知也。故我曰："瞽不知白黑"者，非以其名也，以其取也。今天下之君子之名仁也，虽禹汤无以易之。兼仁与不仁，而使天下之君子取焉，不能知也。故我曰"天下之君子不知仁"者，非以其名也，亦以其取也。（《贵义》篇）

这话说得何等痛快？大凡天下人没有不会说几句仁义道德的话的。正如瞎子虽不曾见过白黑，也会说白黑的界说。须是到了实际上应用的时候，才知道口头的界说是没有用的。高谈仁义道德的人，也是如此。甚至有许多道学先生一味高谈王霸义利之辨，却实在不能认得韭菜和麦的分别。有时分别义利，辨入毫芒，及事到临头，不是随波逐流，便是手足无措。所以墨子说单知道几个好听的名词或几句虚空的界说，算不得真"知识"。真"知识"在于能把这些观念来应用。

这就是墨子哲学的根本方法。后来王阳明的"知行合一"说，与此说多相似之点。阳明说："未有知而不行者。知而不行，只是未知。"很像上文所说"故我曰天下之君子不知仁者，非以其名也，亦以其取也"之意。但阳明与墨子有绝不同之处。阳明偏向"良知"一方面，故说："尔那一点良知是尔自家的准则。尔意念着处，他是便知是，非便知非。"墨子却不然，他的是非的"准则"，不是心内的良知，乃是心外的实用。简单说来，墨子是主张"义外"说的，阳明是主张"义内"说的（义外义内，说见《孟子·告子》篇）。阳明的"知行合一"说，只是要人实行良知所命令。墨子的"知行合一"说，只是要把所知的能否实行，来定所知的真假，把所知的能否应用，来定所知的价值。这是两人的根本区别。

墨子的根本方法，应用之处甚多，说得最畅快的，莫如《非攻上》篇。我且把这一篇妙文，抄来做我的"墨子哲学方法论"的结论罢：

> 今有一人，入人园圃，窃其桃李。众闻则非之，上为政者得则罚之，此何也？以亏人自利也。至攘人犬豕鸡豚者，其不义又

甚入人园圃窃桃李。是何故也？以亏人愈多,其不仁兹甚,罪益厚。至入人栏厩,取人牛马者,其不仁义又甚攘人犬豕鸡豚,此何故也？以其亏人愈多。苟亏人愈多,其不仁兹甚,罪益厚。至杀不辜人也,扡其衣裘,取戈剑者,其不义又甚入人栏厩取人马牛。此何故也？以其亏人愈多,苟亏人愈多,其不仁兹甚矣,罪益厚。当此天下之君子皆知而非之,谓之"不义"。今至大为"不义"攻国,则弗知非,从而誉之,谓之"义"。此可谓知义与不义之别乎？杀一人,谓之不义,必有一死罪矣,若以此说往,杀十人,十重不义,必有十死罪矣,杀百人,百重不义,必有百死罪矣。当此,天下之君子皆知而非之,谓之"不义"。今至大为不义攻国,则弗知非,从而誉之,谓之"义"。情不知其不义也。故书其言以遗后世。若知其不义也,夫奚说书其不义以遗后世哉？今有人于此少见黑曰黑,多见黑曰白,则必以此人不知白黑之辩矣。少尝苦曰苦,多尝苦曰甘,则必以此人为不知甘苦之辩矣。今小为非则知而非之,大为非攻国,则不知非,从而誉之,谓之义。此可谓知义与不义之辩乎？是以知天下之君子辨义与不义之乱也。

四、三表法

上章讲的,是墨子的哲学方法。本章讲的,是墨子的论证法。上章是广义的"逻辑",本章是那"逻辑"的应用。

墨子说:

> 言必立仪。言而毋仪。譬犹运钧之上而言朝夕者也。是非利害之辨不可得而明知也。故言必有三表。何谓三表？……有本之者,有原之者,有用之者。
>
> 于何本之？上本之于古者圣王之事。
>
> 于何原之？下原察百姓耳目之实。
>
> 于何用之？发以为刑政,观其中国家百姓人民之利。

此所谓言有三表也(《非命上》。参观《非命中、下》。《非命中》述三表有误。此盖后人所妄加)。这三表之中,第一和第二有时倒置。但是第三表(实地应用)总是最后一表。于此可见墨子的注重"实际应用"了。

这个论证法的用法,可举《非命》篇作例。

第一表　本之于古者圣王之事　墨子说:

> 然而今天下之士君子,或以命为有。盍(同盍)尝尚观于圣王之事? 古者桀之所乱,汤受而治之。纣之所乱,武王受而治之。此世未易,民未渝,在于桀纣则天下乱,在于汤武则天下治,岂可谓有命哉?……先王之宪,亦尝有曰"福不可请而祸不可讳,敬无益,暴无伤"者乎?……先王之刑,亦尝有曰"福不可请而祸不可讳,敬无益,暴无伤"者乎?……先王之誓,亦尝有曰"福不可请而祸不可讳,敬无益,暴无伤"者乎? (《非命上》)

第二表　原察百姓耳目之实　墨子说:

> 我所以知命之有与亡者,以众人耳目之情知有与亡。有闻之,有见之谓之有。莫之闻莫之见谓之亡……自古以及今……亦尝有见命之物闻命之声者乎? 则未尝有也。(《非命中》)

第三表　发以为刑政观其中国家百姓之利　最重要的还是这第三表。墨子说:

> 执有命者之言曰:"上之所赏,命固且赏,非贤故赏也。上之所罚,命固且罚,非暴故罚也。"……是故治官府则盗窃,守城则崩叛;君有难则不死,出亡则不送。……昔上世之穷民,贪于饮食,惰于从事,是以衣食之财不足,而饥寒冻馁之忧至。不知曰:"我罢不肖,从事不疾。"必曰:"吾命固且贫。"昔上世暴王……亡失国家,倾覆社稷,不知曰:"我罢不肖,为政不善。"必曰:"吾命固失之。"……今用执有命者之言,则上不听治,下不从事。上不听治,则政乱;下不从事,则财用不足。……此特凶言之所自生而暴人之道也。(《非命上》)

学者可参看《明鬼下》篇这三表的用法。

如今且仔细讨论这三表的价值。我们且先论第三表。第三表是"实际上的应用"。这一条的好处,上章已讲过了。如今且说他的流弊。这一条的最大的流弊在于把"用"字"利"字解得太狭了。往往有许多事的用处或在几百年后,始可看出;或者虽用在现在,他的真用处不在表面上,却在骨子里。譬如墨子非乐,说音乐无用。为什么呢?因为(一)费钱财;(二)不能救百姓的贫苦;(三)不能保护国家;(四)使人变成奢侈的习惯。后来有一个程繁驳墨子道:

> 昔者诸侯倦于听治,息于钟鼓之乐;……农夫春耕夏耘秋收冬藏,息于瓴缶之乐。今夫子曰:"圣王不为乐,"此譬之犹马驾而不税,弓张而不弛,无乃非有血气者之所不能至邪?(《三辩》)

这一问也从实用上作根据。墨子生来是一个苦行救世的宗教家,性有所偏,想不到音乐的功用上去,这便是他的非乐论的流弊了。

次论第二表。这一表(百姓耳目之实)也有流弊。(一)耳目所见所闻,是有限的。有许多东西,例如《非命》篇的"命"是看不见听不到的。(二)平常人的耳目最易错误迷乱。例如鬼神一事,古人小说上说得何等凿凿有据。我自己的朋友也往往说曾亲眼看见鬼。难道我们就可断定有鬼么?(看《明鬼篇》)但是这一表虽然有弊,却极有大功用。因为中国古来哲学不讲耳目的经验,单讲心中的理想。例如老子说的:

> 不出户,知天下。不窥牖,知天道。其出弥远,其知弥少。

孔子虽说"学而不思则罔,思而不学则殆",但是他所说的"学",大都是读书一类,并不是"百姓耳目之实"。直到墨子始大书特书的说道:

> 天下之所以察知有与无之道者,必以众之耳目之实知有与亡为仪者也。诚或闻之见之,则必以为有。莫闻莫见,则必以为无。(《明鬼》)

这种注重耳目的经验,便是科学的根本。

次说第一表。第一表是"本之于古者圣王之事"。墨子最恨儒者"复古"的议论,所以《非儒》篇说:

> 儒者曰:"君子必古言服,然后仁。"
>
> 应之曰:"所谓古之言服者,皆尝新矣。而古人言之服之,则非君子也。"

墨子既然反对"复古",为什么还要用"古者圣王之事"来作论证的标准呢?

原来墨子的第一表和第三表是同样的意思。第三表说的是现在和将来的实际应用。第一表说的是过去的实际应用。过去的经验阅历,都可为我们做一面镜子。古人行了有效,今人也未尝不可仿效。古人行了有害,我们又何必再去上当呢?所以说:

> 凡言凡动,合于三代圣王尧舜禹汤文武者,为之。
>
> 凡言凡动,合于三代暴王桀纣幽厉者,舍之。(《贵义》)

这并不是复古守旧。这是"温故而知新","彰往而察来"。《鲁问》篇说:

> 彭轻生子曰:"往者可知,来者不可知。"子墨子曰:"藉设而亲在百里之外,则遇难焉。期以一日也及之则生。不及则死。今有固车良马于此,又有驽马四隅之轮于此,使子择焉。子将何乘?"对曰:"乘良马固车,可以速至。"子墨子曰:"焉在不知来?"(从卢校本)

这一条写过去的经验的效用。例如"良马固车可以日行百里"、"驽马四隅之轮不能行路",都是过去的经验。有了这种经验,便可知道我如今驾了"良马固车",今天定可趋一百里路。这是"彰往以察来"的方法。一切科学的律令,都与此同理。

五、墨子的宗教

上两章所讲,乃是墨子学说的根本观念。其余的兼爱、非攻、尚贤、上同、非乐、非命、节用、节葬,都是这根本观念的应用。墨子的根本观念,在于人生行为上的应用。既讲应用,须知道人生的应用千头万绪,决不能预先定下一条"施诸四海而皆准,行诸百世而不悖"的公式。所以墨子说:

> 凡入国,必择务而从事焉。国家昏乱,则语之尚贤尚同。国家贫,则语之节用节葬。国家憙音湛湎,则语之非乐非命。国家淫僻无礼,则语之尊天事鬼。国家务夺侵凌,则语之兼爱非攻。故曰择务而从事焉。(《鲁问》)

许多儒生的大病,正在不讲应用,所以不讲"择务而从事"。例如南宋时国势危险极了,朱子还只知道"陛下但须正心"。

墨子是一个创教的教主。上文所举的几项,都可称为"墨教"的信条。如今且把这几条分别陈说如下:

第一,天志　墨子的宗教,以"天志"为本。他说:

> 我有天志,譬若轮人之有规,匠人之有矩。轮匠执其规矩以度天下之方圜,曰:中者是也,不中者非也。今天下之士君子之书不可胜载,言语不可胜计;上说诸侯,下说列士。其于仁义,则大相远也。何以知之?曰:我得天下之明法度以度之。(《天志上》。参考《天志中、下》及《法仪》篇)

这个"天下之明法度"便是天志。但是天的志是什么呢?墨子答道:

> 天欲人之相爱相利而不欲人之相恶相贼也。(《法仪》篇。《天志下》说:"顺天之意何若。曰:兼爱天下之人。"与此同意)

何以知天志便是兼爱呢?墨子答道:

> 以其兼而爱之兼而利之也。奚以知天之兼而爱之兼而利之也?以其兼而有之,兼而食之也。(《法仪》篇。《天志下》意与此同而语繁,故不引)

第二,兼爱　天的志要人兼爱。这是宗教家的墨子的话。其实兼爱是件实际上的要务。墨子说:

> 圣人以治天下为事者也。不可不察乱之所自起。当(通尝)察乱何自起?起不相爱。……盗爱其室,不爱其异室,故窃异室以利其室。贼爱其身,不爱人,故贼人以利其身。……大夫各爱其家,不爱异家,故乱异家以利其家。诸侯各爱其国,不爱异国,故攻异国以利其国。……察此何自起,皆起不相爱。若使天下……视人之室若其室,谁窃?视人身若其身,谁贼?……视人家若其家,谁乱?视人之国若其国,谁攻?……故天下兼相爱则治,交相恶则乱。(《兼爱上》)

《兼爱中、下》两篇都说因为要"兴天下之利,除天下之害",所以要兼爱。

第三,非攻　不兼爱是天下一切罪恶的根本。而天下罪恶最大

的,莫如"攻国"。天下人无论怎样高谈仁义道德,若不肯"非攻",便是"明小物而不明大物"(读《非攻上》)。墨子说:

> 今天下之所〔以〕誉义(旧作善,今据下文改)者,……为其上中天之利。而中中鬼之利。而下中人之利。故誉之欤?……虽使下愚之人。必曰:将为其上中天之利,而中中鬼之利,而下中人之利,故誉之。……今天下之诸侯将犹多皆〔不〕免攻伐并兼,则是(有)(此字衍文)誉义之名而不察其实也。此譬犹盲者之与人同命黑白之名,而不能分其物也,则岂谓有别哉?(《非攻下》)(参看第三章所引瞽者一段)

墨子说:"义便是利。"(《墨经》上也说"义,利也"。此乃墨家遗说。)义是名,利是实。义是利的美名,利是义的实用。兼爱是"义的",攻国是"不义的",因为兼爱是有利于天鬼国家百姓的,攻国是有害于天鬼国家百姓的。所以《非攻上》只说得攻国的"不义",《非攻中、下》只说得攻国的"不利"。因为不利,所以不义。你看他说:

> 计其所自胜,无所可用也。计其所得,反不如所丧者之多。

又说:

> 虽四五国则得利焉,犹谓之非行道也。譬之医之药人之有病者然。今有医于此,和合其祝药之于天下之有病者而药之。万人食此,若医四五人得利焉,犹谓之非行药也。(《非攻中、下》)

可见墨子说的"利"不是自私自利的"利",是"最大多数的最大幸福"。这是"兼爱"的真义,也便是"非攻"的本意。

第四,明鬼 儒家讲丧礼祭礼,并非深信鬼神,不过是要用"慎终追远"的手段来做到"民德归厚"的目的。所以儒家说:"有义不义,无祥不祥。"(《公孟》篇)这竟和"作善,降之百祥;作不善,降之百殃"的话相反对了(《易·文言》"积善之家必有余庆,积不善之家必有余殃",乃是指人事的常理,未必指着一个主宰祸福的鬼神天帝)。墨子是一个教主,深恐怕人类若没有一种行为上的裁制力,便要为非作恶。所以他极力要说明鬼神不但是有的,并且还能作威作福,"能赏贤而罚暴"。他的目的要人知道。

> 吏治官府之不洁廉,男女之为无别者,有鬼神见之;民之为淫暴寇乱盗贼,以兵刃毒药水火退(孙诒让云:退是迓之讹,迓通御)无罪人乎道路,夺人车马衣裘以自利者,有鬼神见之。(《明鬼》)

墨子明鬼的宗旨,也是为实际上的应用,也是要"民德归厚"。但是他却不肯学儒家"无鱼而下网"的手段,他是真信有鬼神的。

第五,非命 墨子既信天,又信鬼,何以不信命呢?原来墨子不信命定之说,正因为他深信天志,正因为他深信鬼神能赏善而罚暴。老子和孔子都把"天"看作自然而然的"天行",所以以为凡事都由命定,不可挽回。所以老子说"天地不仁",孔子说"获罪于天,无所祷也"。墨子以为天志欲人兼爱,不欲人相害,又以为鬼神能赏善罚暴,所以他说能顺天之志,能中鬼之利,便可得福;不能如此,便可得祸。祸福全靠个人自己的行为,全是各人的自由意志招来的,并不由命定。若祸福都由命定,那便不做好事也可得福;不作恶事,也可得祸了。若人人都信命定之说,便没有人努力去做好事了。(非命说之论证已见上章)

第六,节葬短丧 墨子深恨儒家一面不信鬼神,一面却又在死人身上做出许多虚文仪节。所以他对于鬼神,只注重精神上的信仰,不注重形式上的虚文。他说儒家厚葬久丧有三大害:(一)国家必贫,(二)人民必寡,(三)刑政必乱。(看《节葬》篇)所以他定为丧葬之法如下:

> 桐棺三寸,足以朽体。衣衾三领,足以覆恶。(《节葬》)
>
> 及其葬也,下毋及泉,上毋通臭。(节葬)无椁。(《庄子·天下》篇)
>
> 死无服,(《庄子·天下》篇)为三日之丧。(《公孟》篇)(《韩非子·显学》篇作"冬日冬服,夏日夏服,服丧三月"。疑墨家各派不同,或为三日,或为三月。)而疾而服事,人为其所能以交相利也。(《节葬》)

我们读墨子节葬短丧的议论,自然要想到中国现行的丧礼葬礼,也有许多应该改良之处。我们在北京所见的丧礼,自大总统的夫人一直到极贫苦的人家那一件不是野蛮的礼节？出殡的时候，一大群叫化子，跟上一群道士，又跟上一群和尚，再跟上一群喇嘛。这还是周公之礼呢？还是孔子之礼呢？至于种种奢侈的糜费，如盛宣怀出殡，至用几十万金，那更不消说了。墨子当时攻击儒家的丧礼如"扶而后起，杖而后行"，以为是"伤生害事"的制度，但是当时的孝子果真能如此哀痛，也还罢了。如今的人，既不能实行儒家的丧礼，却偏要说："苦块昏迷"、"泣血稽颡"种种诳语，岂不是无耻吗？儒家的丧礼，三年丧期之内，男女不同室。墨子以为这种"败男女之交"的制度将使"人民必寡"。后世的道学先生，居官丁忧，妻妾有了孕，怕人笑话，往往用药堕胎，有时害及几条生命。这种丧礼不但养成一种说诳作伪的劣根性，简直是惨无人理的野蛮制度了！懂得此理，便知墨子当日提倡节葬短丧，真是当时的急务。

第七，非乐　墨子的非乐论，上文已约略说过。墨子所谓"乐"，是广义的"乐"。如《非乐上》所说："乐"字包括"钟鼓琴瑟竽笙之声"、"刻镂文章之色"、"刍豢煎炙之味"、"高台厚榭邃野之居"。可见墨子对于一切"美术"，如音乐、雕刻、建筑、烹调，等等，都说是"奢侈品"，都是该废除的。这种观念固是一种狭义功用主义的流弊，但我们须要知道墨子的宗教"以自苦为极"，因要"自苦"，故不得不反对一切美术。

第八，尚贤　那时的贵族政治还不曾完全消灭。虽然有些奇才杰士，从下等社会中跳上政治舞台，但是大多数的权势终在一般贵族世卿手里，就是儒家论政，也脱不了"贵贵""亲亲"的话头。墨子主张兼爱，所以反对种种家族制度和贵族政治。他说：

> 今王公大人有一裳不能制也，必借良工；有一牛羊，不能杀也，必借良宰。……逮至其国家之乱，社稷之危，则不知使能以治之。亲戚，则使之。无故富贵，面目姣好，则使之。（《尚贤中》）

所以他讲政治，要"尊尚贤而任使能。不党父兄，不偏贵富，不嬖颜色。贤者举而上之，富而贵之，以为官长。不肖者抑而废之，贫而贱之，以为徒役。"（《尚贤中》）

第九，尚同　墨子的宗教，以"天志"为起点，以"尚同"为终局。天志就是尚同，尚同就是天志。

尚同的"尚"字，不是"尚贤"的尚字。尚同的尚字和"上下"的上字相通，是一个状词，不是动词。"尚同"并不是推尚大同，乃是"取法乎上"的意思。墨子生在春秋时代之后，眼看诸国相征伐，不能统一。那王朝的周天子是没有统一天下的希望的了。那时"齐晋楚越四分中国"，墨子是主张非攻的人，更不愿四国之中那一国用兵力统一中国。所以他想要用"天"来统一天下。他说：

古者民始生，未有刑政之时，盖其语，人异义。是以一人则一义，二人则二义，十人则十义。其人兹众，其所谓"义"者亦兹众。是以人是其义，以非人之义，故交相非也，是以……天下之乱，若禽兽然。

夫明乎天下之所以乱者，生于无政长，是故选天下之贤可者，立以为天子。……又选择天下之贤可者，置立之以为三公。天子三公既已立，以天下为博大，远国异土之民，是非利害之辩，不可一二而明知，故划分万国，立诸侯国君。……又选择其国之贤可者，置立之以为正长。

正长既已具，天子发政于天下之百姓，言曰：闻善而不善，皆以告其上。上之所是，必皆是之；所非，必皆非之。上有过，则规谏之；下有善，则傍荐之（孙说傍与访通，是也。古音访与傍同声）。上同而不下比者，此上之所赏而下之所誉也。（《尚同上》）

"上之所是，必皆是之；所非，必皆非之；上同而不下比"，这叫做"尚同"。要使乡长"壹同乡之义"；国君"壹同国之义"；天子"壹同天下之义"。但是这还不够。为什么呢？因为天子若成了至高无上的标准，又没有限制，岂不成了专制政体。所以墨子说：

夫既上同乎天子，而未上同乎天者，则天灾将犹未止也，……故古者圣王明天鬼之所欲，而避天鬼之所憎，以求兴天下之利，除天下之害。（《尚同中》。孙诒让本脱"利除天下之"五字。）

所以我说"天志就是尚同，尚同就是天志"。天志尚同的宗旨，要使各种政治的组织之上，还有一个统一天下的"天"。所以我常说：墨教如果曾经做到欧洲中古的教会的地位，一定也会变成一种教会政体；墨家的"巨子"，也会变成欧洲中古的"教王"（Pope）。

以上所说九项，乃是"墨教"的教条。在哲学史上，本来没有什么重要。依哲学史的眼光看来，这九项都是墨学的枝叶。墨学的哲学的根本观念，只是前两章所讲的方法。墨子在哲学史上的重要，只在于他的"应用主义"，他处处把人生行为上的应用，作为一切是非善恶的标准。兼爱、非攻、节用、非乐、节葬、非命，都不过是几种特别的应用。他又知道天下能真知道"最大多数的最大幸福"的，不过是少数人。其余的人，都只顾眼前的小利，都只"明小物而不明大物"。所以他主张一种"贤人政治"，要使人"上同而不下比"。他又恐怕这还不够，他又是一个很有宗教根性的人，所以主张把"天的意志"作为"天下之明法"，要使天下的人都"上同于天"。因此，哲学家的墨子便变成墨教的救主了。

《墨学传授考》

> 自墨子之死也，有相里氏之墨，有相夫氏之墨，有邓陵氏之墨，（《韩非子·显学》篇）相里勤之弟子，五侯之徒；南方之墨者，苦获，已齿，邓陵子之属：俱诵墨经而倍谲不同，相谓"别墨"；以坚白同异之辩相訾，以觭偶不仵之辞相应。以"巨子"为圣人，皆愿为之尸，冀得为其后世，至今不决。（《庄子·天下》篇）

> 孔墨徒属弥众，弟子弥丰，充满天下。（《吕氏春秋·尊师》篇）

墨学的传授，如今已不可考了。孙诒让的《墨学传授考》（《墨子后语》三）共载墨子的弟子十五人，再传的弟子三人，三传的弟子一人，传授系次不明的十三人。学者可以参看。

六、《墨辩》

《墨子》书的《经上、下》、《经说上、下》、《大取》、《小取》六篇：我

从前说过,不是墨翟的书,也不是墨者记墨翟学说的书。我以为这六篇乃是后来的"别墨"的书。《庄子·天下》篇说:

> 相里勤之弟子,五侯之徒,南方之墨者,苦获,已齿,邓陵子之属;俱诵《墨经》而倍谲不同,相谓"别墨";以坚白同异之辩相訾,以觭偶不仵之辞相应。(《说文》"訾,不思称意也。"又"呰,苛也"。(苛同诃)訾盖通呰。又"应,当也"。又"雠,应也"。觭即奇。《说文》"奇,异也。一曰不耦也。"《释文》云:"仵,同也。")

有人说,那些"别墨"的时候已有了《墨经》,可见《墨经》不是"别墨"作的。我以为此段文字不当如此说。《天下》篇说的是"俱诵墨经而倍谲不同"。大概那时候的墨者有两派。一派是《韩非子》说的"相里氏之墨",是相里勤的弟子,五侯一班人。一派是《韩非子》说的"邓陵氏之墨",是苦获、已齿、邓陵子一班人。但是这两派的人,虽然都诵《墨经》,却有大相"倍谲不同"之处。所以你称我作"别墨",我称你做"别墨"。依此看来,大概《墨经》乃是墨教的经典信条,如兼爱、非攻之类。后来的墨者渐渐的离开这"宗教的墨学",却研究那"坚白同异之辩"和"觭偶不仵之辞",因此便成了"墨家的名学"。正如公孙龙讲"偃兵",惠施讲"泛爱万物",都合墨家的教旨,然而他两人又都讲名学,便成了"别墨"了。如今的《经上、下》、《经说上、下》、《大取》、《小取》六篇,有许多关于"坚白同异"和"觭偶不仵"的话。《小取》篇又两次说及"墨者"两字。所以我以为这六篇是讲名学的"别墨"所作之书。从今的人如汪中、孙诒让也说这六篇不是墨子的书,是名家的书(汪中《墨子序》。孙说见《间诂》卷十《经上》篇题下注)。但是诸家都把《经上、下》和《经说上、下》四篇认为《天下》篇所说的《墨经》(鲁胜也如此说)。我从前也如此想。后来细想,才知道错了。我如今以为《墨经》另是一书,所记的大抵是宗教的墨学,如兼爱、非攻、明鬼、非命之类。那讲"坚白同异,觭偶不仵"的《经上、下》、《经说上、下》等六篇,所讲的是名家的墨学或墨家的名学,所以我用鲁胜(晋人。曾著《墨辩注》其书今亡,惟一序存,见《晋书》本传)所定的名字,把这六篇叫做"墨辩"。

至于这六篇决非墨子所作的理由,约有四端。

（一）文体不同。这六篇的文体,句法,字法,没有一项和《墨子》书的《兼爱》、《非攻》、《天志》……诸篇相像的。

（二）理想不同。墨子的议论,往往有极鄙浅可笑的。例如《明鬼》一篇,虽用"三表"法,其实全无论理。这六篇便大不同了。六篇之中,全没有一句浅陋迷信的话,全是科学家和名学家的议论。这可见这六篇书决不是墨子时代所能做得出的。

（三）"墨者"之称。《小取》篇两称"墨者"。

（四）此六篇与惠施、公孙龙的关系　这六篇中讨论的问题,全是惠施、公孙龙时代的哲学家争论最烈的问题,如坚白之辩,同异之论之类。还有《庄子·天下》篇所举惠施和公孙龙的许多议论,几乎没有一条不在这六篇之中讨论过的(例如"南方无穷而有穷","天下之中央,燕之北,越之南是也","火不热","目不见""飞鸟之影未尝动也","一尺之棰,日取其半,万世不竭"之类,皆是也)。又如今世所传《公孙龙子》一书的《坚白》、《通变》、《名实》三篇,不但材料都在《经上、下》、《经说上、下》四篇之中,并且连字句文章都和这四篇相同。于此可见《墨辩》诸篇若不是惠施、公孙龙作的,一定是他们同时的人作的。所以孙诒让说这几篇的"坚白同异之辩,则与公孙龙书及《庄子·天下》篇所述惠施之言相出入"。又说"据《庄子》所言,则似战国时墨家别传之学,不尽墨子之本指"。

这六篇《墨辩》乃是中国古代名学最重要的书。古代本没有什么"名家",无论那一家的哲学,都有一种为学的方法。这个方法,便是这一家的名学(逻辑)。所以老子要无名,孔子要正名,墨子说"言有三表",杨子说："实无名,名无实。"公孙龙有《名实论》,荀子有《正名》篇,庄子有《齐物论》,尹文子有"刑名之论",这都是各家的"名学"。因为家家都有"名学",所以没有什么"名家"。不过墨家的后进如公孙龙之流,在这一方面,研究的比别家稍为高深一些罢了,不料到了汉代学者如司马谈、刘向、刘歆、班固之流,只晓得周秦诸子的一点皮毛糟粕,却不明诸子的哲学方法。于是凡有他们不能懂的学说,都称为"名家"。却不知道他们叫作"名家"的人,在当日却是墨家的别派。正如亚里士多德是希腊时代最注重名学的人,但是我们难道可以叫他做"名家"吗?(《汉书·艺文志》九流之别是极不通的。说详吾所作《诸子不出于王官论》,(《太平洋》第一卷七号。)

如今且说这六篇《墨辩》的性质。

第一,《经上》、《经说上》 《经上》篇全是界说,文体和近世几何学书里的界说相像。原文排作两行,都要"旁行"读去。例如:"故,所得而后成也。止,以久也。体,分于兼也。必,不已也。"须如下读法:

(1)故,所得而后成也。　　(50)止,以久也。

(2)体,分于兼也。　　　　(51)必,不已也。

《经说上》篇乃是《经上》的详细解释。《经上》全是很短的界说。不容易明白,所以必须有详细的说明,或举例设譬使人易晓,《经说上》却不是两行的,也不是旁行的。自篇首到篇中"户枢免瑟"一句(《间诂》十,页十七至二十二下)都是《经上》篇上行的解释。自"止,无久之不止"(页二十二下)到篇末,是《经上》篇下行的解说。所以上文举例"故,所得而后成也"的解说在十七页,"止,以久也"的解说却在二十二页上。若以两行写之,可得下式:

经文上行	经说	经文下行	经说
故,所得而后成也。	故。小故,有之不必然,无之必不然,体也,若有端。大故,有之必无然,若见之成见也。	止,以久也。	止。无久之不止,当牛非马,若矢过楹。有久之不止,当马非马,若人过梁。

第二,《经下》、《经说下》 《经下》篇全是许多"定理",文体极像几何学书里的"定理"。也分作两行,旁行读。《经说下》是经下的详细说明,读法如《经说上》。自篇首(页三十一下)到"应有深浅大常(适校当作'大小不')中",(页四十六止)说明《经下》上行的各条。此以下,说明下行各条。

第三,《大取》 《大取》篇最难读。里面有许多错简,又有许多脱误。但是里中却也有许多极重要的学说。学者可选读那些可读的。其余的不可读的,只好暂阙疑了。

第四,《小取》《小取》篇最为完全可读。这一篇和前五篇不同,并不是一句一条的界说,乃是一篇有条理有格局的文章。全篇分九节。

一、至"不求诸人"总论"辩"。

二、至"吾岂谓也者异也"论"辩"之七法。共分七段。

三、至第一个,"则不可偏观也"。论辟、侔、援、推四法之谬误。

四、至"非也"共48字,衍22字。总论立辞之难,总起下文。

五、论"物或是而然"。

六、论"或是而不然"。

七、论"或不是而然"。原文作"此乃是而然"。似有误。

八、论"一周而一不周"。

九、论"一是而一非"。

七、《墨辩》论知识

中国古代哲学的"知识论"起于老子。老子说:

> 恍兮惚兮,其中有物。惚兮恍兮,其中有象。窈兮冥兮,其中有精。其精甚真,其中有信。自古及今,其名不去,以阅众甫。吾何以知众甫之状哉?以此。(以此的"此"字指"名"。旧注皆不当。)

此章说先有物,物有象,象即是《易·系辞》"天垂象"的象。有了象,便有一种把握,可以定名。例如人、牛、树、日、月之类。"名"就是概念的代表。有了"人"的概念,便有"人"的名。有了"人"的名,便可认识一切人。所以说:"吾何以能知众甫之状呢?原来都由于名的作用。"这是老子的知识论。

孔子讲"知识"之处甚多。最重要的是"学而不思则罔,思而不学则殆"两句。合思与学,才是知。单是思,不成知识:"吾尝终日不食,终夜不寝,以思,无益,不如学也。"单是学,也不是知识:"多闻,择其善者而从之,多见而识之,知之次也。"但是他也没告人究竟知识是怎么一回事?

墨子教人知识并不在记得许多空名,要在能把所知的事物来作实际的应用。知与不知的分别,"非以其名也,以其取也"。但是他也不曾说明知识的来历状态。

到了"别墨",才有详细的知识论出世。

《墨辩》论"知",分为三层:

(一)"知,材也"。(《经上》)说曰:"知材。知也者,所以知也,而〔不〕必知。(旧脱不字,今据下文'而不必得'语法增。)若明。"这个"知"是人"所以知"的才能。(材才通)有了这官能,却不必便有知识。譬如眼睛能看物,这是眼睛的"明",但是有了这"明",却不必有所见。为什么呢? 因为眼须见物,才是见;知有所知,才是知。

(二)"知,接也"。(《经上》) 说曰:"知。知也者,以其知过物而能貌之若见。"这个"知"是"感觉"(Sensation)。人本有"所以知"的官能,遇着外面的物事,便可以知道这物事的态貌,才可发生一种"感觉"。譬如有了眼睛,见着物事,才有"见"的感觉。

(三)"恕,明也"。(《经上》。旧作恕。今依顾千里校改。)说曰:"恕。恕(旧皆作恕)也者,以其知论物而其知之也著,若明。"这个"恕"是"心知",是"知觉"(Knowledge or Mental Knowledge)。有了"感觉",还不算知识。譬如眼前有一物瞥然飞过,虽有一种感觉,究竟不是知识。须要能理会得这飞过的是什么东西,须要明白这是何物(著,明也),才可说有了知觉。所以《经上》说:

闻,耳之聪也。循所闻而得其意,心之察也。言,口之利也。执所言而意得见,心之辩也。

所以"知觉"含有三个分子:一是"所以知"的官能,二是由外物发生的感觉,三是"心"的作用。要这三物同力合作,才有"知觉"。

知识的种类 《墨辩》论"知识"的分别,凡有三种,

知:闻、说、亲。(《经上》) 说曰,知。传受之,闻也。方不㢓,说也。身观焉,亲也。

第一种是别人传授给我的,故叫做"闻"。第二种是由推论得来的,故叫做"说"。(《经上》)"说,所以明也。")第三种是自己亲身经历来的,故叫做"亲"。如今且分别解说如下:

闻　这个"闻"字有两种意思。《经上》说：

> 闻：传，亲。说曰：或告之，传也。身观焉，亲也。

一种是"传闻"，例如人说有鬼，我也说有鬼，这是"把耳朵当眼睛"的知识。一种是"亲闻"，例如听见一种声音，知道他是钟声，或是锣声：这是亲自经历来的知识，属于上文的第三种，不属于第一种。

说　亲　科学家最重经验，（墨子说的"百姓耳目之实"）但是耳目五官所能亲自经历的，实在不多。若全靠"亲知"，知识便有限了。所以须有"推论"的知识。《经下》说：

> 闻所不知若所知，则两知之。说曰：闻。在外者，所不知也。或曰："在室者之色，若是其色"，是所不知若所知也。犹自若黑也，谁胜是？若其色也若白者，必白。今也知其色之若白也，故知其白也。夫名：以所明正所不知，不以所不知疑（同拟。《经上》云："拟，举实也。"）所明。若以尺度所不知长。
>
> 外，亲知也。室中，说知也。

此说一个人立屋子外，不知屋子里人是什么颜色。有人说屋里的人的颜色同这个人一样。若这个人是白的，我便知道屋里人也是白的了。屋外的白色，是亲自看见的；屋里的白色，是由"推论"得知的。有了推论，便可坐在屋里推知屋外的事；坐在北京推知世界的事；坐在天文台上，推知太阳系种种星球的事。所以说："方不㢢，说也。"这是《墨辩》的一大发明。

实验主义（应用主义）　墨子的"应用主义"，要人把知识来应用。所以知与不知的分别，"非以其名也，以其取也"。这是墨子学说的精采。到了"别墨"，也还保存这个根本观念。《经下》说：

> 知其所以不知，说在以名取。说曰：我有若视日知。杂所知与所不知而问之，则必曰，是所知也，是所不知也。取去俱能之，是两知之也。

这和前文所引《墨子·贵义》篇瞽者论黑白一段相同。怎样能知道一个人究竟有知无知呢？这须要请他去实地试验。须用请他用他已知的"名"去选择。若他真能选择得当，"取去俱能之"，那才是真知识。

但是《墨辩》的人生哲学,虽也主张"知行合一",却有二层特别的见解。这些"别墨"知道人生的行为不是完全受"知识"的节制的。"知识"之外,还有"欲望",不可轻视。所以《经上》说:

> 为,穷知而懸于欲也。

"为"便是行为。他说行为是知识的止境,却又是倚赖着"欲"的。例如《经说上》说这一条:

> 为。欲難其指(孙说,難是斵之讹),智不知其害,是智之罪也。若智之慎之也无遗于害也,而犹欲斵之,则离之。(孙说,离即攡。)……是不以所疑止所欲也。

懂得这个道理,然后可懂得"别墨"的新"乐利主义"。墨子已有"义即是利"的意思,但是他却没有明白细说。到了"别墨",才有完满的"乐利主义"。《经上》说:

> 义,利也。利,所得而喜也。害,所得而恶也。

这比说"善恶便是利害"又进一层,直指利害的来源在于人情的喜恶。就是说善恶的来源,在于人情的欲恶。所以一切教育的宗旨,在于要使人有正当的欲恶。欲恶一正,是非善恶都正了。所以《经上》说:

> 欲正,权利;恶正,权害。(《大取》篇云:"于所体之中而权轻重之谓权。")

乐利主义之公式 但是如何才是正当的欲恶呢?《大取》篇有一条公式道:

> 利之中取大,害之中取小……利之中取大,非不得已也。害之中取小,不得已也。所未有而取焉,是利之中取大也。于所既有而弃焉,是害之中取小也。……害之中取小也,非取害也,取利也。其所取者,人之所执也。遇盗人而断指以免身,利也。其遇盗人,害也。断指与断腕,利于天下相若,无择也。死生,利若一,无择也。……于事为之中而权轻重之谓求。求,为之(之通是)非也。害之中取小,求为义为非义也。

细看这个公式的解说,便知"别墨"的乐利主义并不是自私自利,乃是一种为天下的乐利主义。所以说"断指与断腕,利于天下相若,无择也"。可以见"利之中取大,害之中取小",原只是把天下"最大多数的最大幸福"作一个前提。

八、《墨辩》论"辩"

辩的界说 墨家的"辩",是分别是非真伪的方法。《经上》说:

> 辩,争彼也。辩胜,当也。说曰:"辩、或谓之牛,或谓之非牛,是争彼也。是不俱当。不俱当,必或不当。不当若犬。"(校改本)

《经说下》说:

> 辩也者,或谓之是,或谓之非,当者胜也。

"争彼"的"彼"字,当是"佊"字之误。其上有"攸,不可两不可也。攸字亦佊字之误。彼佊形近而误。佊字,《广雅·释诂》二云:"衺也"。王念孙《疏证》云:"《广韵》引《埤苍》云,佊,邪也;又引《论语》'子西佊哉'。今《论语》作彼"。据此可见佊误为彼的例。佊字与"诐"通。《说文》"诐,辩论也。古文以为颇字。从言皮声。"诐、颇、佊,皆同声相假借。后人不知佊字,故又写作"驳"字。现在的"辩驳",就是古文的"争佊"。先有一个是非意见不同,一个说是,一个说非,便"争佊"起来了。怎样分别是非的方法,便叫做"辩"。

辩的用处及辩的根本方法 《小取》篇说:

> 夫辩者——将以明是非之分,审治乱之纪,明同异之处,察名实之理,处利害,决嫌疑,——焉(焉,乃也)摹略万物之然,论求群言之比;以名举实,以辞抒意,以说出故;以类取,以类予;有诸己,不非诸人;无诸己,不求诸人。(辩者是辩论的人。)

这一段说辩的用处,共有六条:(一)明是非,(二)审治乱,(三)明同异,(四)察名实,(五)处利害,(六)决嫌疑。

"摹略万物之然,论求群言之比"两句,总论"辩"的方法。"摹略"有探讨搜求的意义。《太玄》注:"摹者,索而得之。"又,"摹,索取也",《广雅·释诂》三,"略,求也"。又《方言》二,"略,求也。就室曰搜,于道曰略"孙引俞正燮语未当。论辩的人先须要搜求观察万物的现象,比较各种现象交互的关系。然后把这些现象和这种种关系,都用语言文字表示出来。所以说"以名举实,以辞抒意,以说出故"。种种事物,都叫做"实"。实的称谓,便是"名"。所以《经说下》说:"所以谓,名也。所谓,实也。"例如说"这是一匹马。""这"便是实。"一匹马"便是名。在文法上和法式的论理上,实便是主词(Subject),名便是表词(Predicate)。合名与实,才称为"辞"(Judgment or Proposition)(辞或译"命题",殊无道理)。单是名,或单是实,都不能达意。有了"辞",才可达意。但是在辩论上,单有了辞,还不够用。例如我说:"《管子》一部书不是管仲做的。"人必问我"何以见得呢?"我必须说明我所以发这议论的理由。这个理由,便叫作"故"。明"故"的辞,便叫作"说"(今人译为"前提"Premise)。《经上》说:"说,所以明也。"例如

"《管子》"(实)不是"管仲做的",(名)

何以故呢?

因为《管子》书里有许多管仲死后的事。

怎么叫做"以类取,以类予"呢?这六个字又是"以名举实,以辞抒意,以说出故"的根本方法。取是"举例",予是"断定"。凡一切推论的举例和断语,却把一个"类"字作根本。"类"便是"相似"。《孟子》"故凡同类者举,相似也。"例如我认得你是一个"人",他和你相似,故也是"人"。那株树不和你相似,便不是"人"了。即如名学书中最普通的例:

孔子亦有死。为什么呢?

因为孔子是一个"人"。

因为凡是"人"都有死。

这三个"辞",和三个"辞"的交互关系,全靠一个"类"字。(参看附图)印度因明学的例,更为明显,

声是无常的,(无常谓不能永远存在)……(宗)

因为声是做成的,……(因)

凡是做成的都是无常的,例如瓶。……$\left(喻\left\{\begin{array}{l}喻体\\喻依\end{array}\right.\right)$

如下图

"声"与"瓶"同属于"做成的"一"类";"做成的"又属于"无常的"一类;这叫做"以类予"。在万物之中单举"瓶"和"声"相比,这是"以类取"。一切推论无论是归纳是演绎都把一个"类"字做根本,所以《大取》篇说:

> 夫辞以类行者也。立辞而不明于其类,则必困矣。

一切论证的谬误大概都由于"立辞而不明于其类"。

辩的七法 《小取》篇说:

> 或也者,不尽也。
>
> 假也者,今不然也。
>
> 效也者,为之法也。所效者,所以为之法也。故中效,则是也;不中效,则非也。此效也。
>
> 辟也者,举也物而以明之也。
>
> 侔也者,比辞而俱行也。
>
> 援也者,以其所不取之同于其所取者,予之也。是犹谓"也者同也",吾岂谓"也者异也"。

这七种,可分说如下。

（一）或也者,不尽也 《经上》说:"尽,莫不然也。"或字即古域字,有限于一部分的意思。例如说"马或黄或白",黄白都不能包举一切马的颜色,故说"不尽",即是"限于一部分,不能莫不然"的意思。《易·文言》说:"或之者,疑之也。"不能作"总举之辞",故有疑而不决之意。如说:"他今天或来或不来","这瓶中或是酒或是水",都属此类。

（二）假也者,今不然也 假是假设。如说"你若来,他也来"。

这是假设的话，现在还没有做到，故说"今不然也"。

这两种是两种立辞的方法，都是"有待的辞"。这种辞，因为不曾斩截断定，故未必即引起辩论。

（三）效也者，为之法也　所效者，所以为之法也。故（故即"以说出故"之故，即前提）中效则是也，不中效则非也。这是"演绎法"的论证，又名外籀法。"效"是"效法"之效。《经上》说："法，所若而然也。"若即是"如"。依了做去，便可如此；不依了做，便不如此：这便是"法"。法字本义有模范之意。如铸钱的模子便是钱的法。例如说：

这是圆形。何以故？

因为这是"规写交"的。

"这是圆形"是斩截的断辞，所以须要举出立辞之"故"。效的论证法，先须立下一个立辞之"法"来做"故"（前提）。如上文"因为这是规写交的"，便是"这是圆形"一句的"法"。仿效这"法"做去，便可生出同样的断辞。如用规写交，自然会成圆形。这才是正确的"故"。所以说："故中效，则是也；不中效，则非也。""中效"便是仿效做去可以生出同样的结果。不能如此，便是"不中效"。这种论证，先立通则，再由通则推到个体的事物，故是演绎法。

《经下》说：

一法者之相与也尽类，若方之相合也。说在方。《经说》曰：一方尽类，俱有法而异，或木或石，不害其方之相合也。尽类犹方也。物俱然。

同法的物事，必定同类矩交作方，同为"方"类；规交作圆，同为"圆"类。所以上文所说"效也者，为之法也"，其实只是求一个立辞之"类"。例如

（甲）$\begin{cases}孔子必有死，\\因孔子是"人"故。\end{cases}$　　（乙）$\begin{cases}孔子必有死，\\因凡"人"皆有死故。\end{cases}$

这两个前提都能"中效"，因为两处都点出"孔子"的"类名"。求得类名，即是"为之法也"。

平常论证用演绎法时，大概都如上列两式，或单举"小前提"（即

"因",如甲式),或单举"大前提"(即"喻",如乙式),便够了,正不必每次都用"三支式"(三段论法)。章太炎说墨家的"辩"也有三支(说见《国故论衡》下《原名》篇),其实不必有。因为推论的根据只是"以类取,以类予",一条大法,这个"类"字便是大前提的小前提,小前提的大前提。故不必全用三支已可够用。除了名学教科书之外,何尝处处有三支式的论证呢?

(四)辟也者,举也(即他字)物而以明之也 辟即是譬。把他物来说明此物,叫做譬。《说苑》有一段惠施的故事,可引来说明这一节。

> 梁王谓惠子曰:"愿先生言事则直言耳,无譬也。"惠子曰:"今有人于此,而不知弹者,曰,弹之状何若? 应曰:弹之状如弹,则谕乎?"王曰:"未谕也。"于是更应曰,"弹之状如弓,而以竹为弦,则知乎?"王曰:"可知矣。"惠子曰:"夫说者固以其所知谕其所不知而使人知之。今王曰无譬,则不可矣。"

(五)侔也者,比辞而俱行也 侔与辟都是"以其所知谕其所不知而使人知之"的方法。其间却有个区别。辟是用那物说明那物;侔是用那一种辞比较这一种辞。例如公孙龙对孔穿说:

> 龙闻楚王……丧其弓,左右请求之。王曰:"止。楚王遗弓,楚人得之,又何求乎?"仲尼闻之曰:"……亦曰人亡之,人得之,而已。何必楚?"若此,仲尼异"楚人"于所谓"人"。夫是仲尼异"楚人"于所谓"人",而非龙异"白马"于所谓"马",悖。(《公孙龙子》一)

这便是"比辞而俱行"。

辟与侔皆是"使人知之"的方法。说话的人,已知道那相比的两件,那听的人却知道一件。所以那说话的人须要用那已知的来比喻那不知道的。因此这两种法子,但可说是教人的方法,或是谈说的方法,却不能作为科学上发明新知识的方法。

(六)援也者,曰子然我奚独不可以然也 《说文》"援,引也"。现今人说"援例",正是此意。近人译为类推(Analogy)。其实"类推"不如"援例"的明白切当。援例乃是由这一件推知那一件,由这一个推知那一个。例如说：

　　《广韵》引《论语》"子西佊哉"。今《论语》作"彼哉"。因此可见《墨辩》"辩争彼也"的"彼字"或者也是"佊"字之误。

又如说：

　　《庄子》、《列子》"人又反入于机。万物皆出于机皆入于机"。这三个"机"字皆当作"几"。

　　《易·系辞传》"圣人之所以极深而研几也"，《释文》云："几本或作机。"这是几误为机的例。"援例"的推论的结果，常是一个"个体"事物的是非，不能得一条"通则"。但是"援例"的推论，有时也会有与"归纳"法同等的效能，也会由个体推知通则。例如见张三吃砒霜死了，便可知李大若吃砒霜也会死。这种推论含有一个"凡吃砒霜的必死"的通则。这种由一个个体推知通则的"援例"，在《墨辩》另有一个名目，叫做"擢"。《经下》说：

　　擢虑不疑，说在有无。说曰：擢，疑无谓也。臧也今死，而春也得之又死也，可。（之又两字旧作"文文"。今以意改。）

　　《说文》"擢引也"，与"援"同义。此类的推论，有无易见，故不用疑。例如由臧之死可推知春的死。与上文吃砒霜的例相同（孙诒让读擢为榷非也）。

　　（七）推也者，以其所不取之同于其所取者予之也。是犹谓"也者同也"，吾岂谓"也者异也"　"也者同也"，"也者异也"，上两也字，都是"他"字。这个"推"便是"归纳法"，亦名"内籀法"，上章说过，"取"是举例，"予"是断定。归纳法的通则是：

　　观察了一些个体的事物，知道他们是如此，遂以为凡和这些已观察了的例同样的事物，也必是如此。那些已观察了的例，便是"其所取者"。那些没有观察了的物事，便是"其所未取"。说那些"所未取"和这些"所取者"相同，因此便下一个断语。这便是"推"。我们且把钱大昕发明"古无轻唇音只有重唇音"一条通则的方法引来作例（轻唇音如 f. v. 等音。重唇音如 p. b. 等音）。

　　一、举例（以类取）

　　（1）《诗》"凡民有丧，匍匐救之"。《檀弓》引作"扶服"，《家语》

引作"扶伏"。

又"诞实匍匐"。《释文》本亦作"扶服"。

《左传》昭十二年,"奉壶飱以蒲伏焉"。《释文》"本又作匍匐。蒲本又作扶"。

昭二十一年,"扶伏而击之"。《释文》"本或作匍匐"。……

（2）古读扶如酺,转为蟠。（证略）

（3）服又转为犕。……

（4）服又转为曓。（音暴）……

（5）伏苞互相训,而声亦相转,此伏羲所以为庖牺……

（6）伏又与逼通。……

（7）古音负如背,亦如倍。……《书·禹贡》"至于陪尾",《史记》作"负尾",《汉书》作"倍尾"。……

（8）古读附如部。……

（9）苻即蒲字。……

（10）古读佛如弼。……

（11）古读文如门。……

（12）古读弗如不。……

（13）古读拂如弼。……

（14）古读繁如鞶。……

（15）古读蕃如卞。……读藩如播。……

（16）古读偾如奔。……读纷如豳。……

（17）古读甫如圃。……

（18）古读方如旁。……

（19）古读逢如蓬。……

（20）古读封如邦。……

（21）古读勿如没。……

（22）古读非如颁。……

（23）古读匪如彼。……

（24）古文妃与配同。……

（25）腓与膑同。……

（26）古音微如眉。……
（27）古读无如模。……又转如毛。……又转为末。……
（28）古读反如变。……
（29）古读馥如苾。……（下略）

二、断语（以类予）

凡轻唇之音，（非敷奉微）古读皆为重唇音。（帮滂并明）

我把这一条长例，几乎全抄下来，因为我要读者知道中国"汉学家"的方法，很有科学的精神，很合归纳的论理。

"推"的界说的下半段"是犹谓他者同也，吾岂谓他者异也"，又是什么意思呢？人说"那些不曾观察的，都和这些已观察了的相同"（他者同也），我若没有正确的"例外"，便不能驳倒这通则，便不能说"那些并不和这些相同"（他者异也）。例如上文"古无轻唇音"一条，我若不能证明古有轻唇音，便不能说"这二三十个例之外的轻唇音字古时并不读重唇"。

以上为七种"辩"的方法。"或"与"假"系"有待的"辞，不很重要。"效"是演绎法。由通则推到个体，由"类"推到"私"。"辟"与"侔"都用个体说明别的个体。"援"由个体推知别的个体。"推"由个体推知通则。这四种——辟、侔、援、推——都把个体的事物作推论的起点，所以都可以叫做"归纳的论辩"。

这七种之中，"推"最为重要。所以现在且把"推"的细则详说于下。

"推"（归纳）的细则　自密尔（mill）以来，归纳的研究法，大概分为五种：

（一）求同　（二）求异　（三）同异交得　（四）求余　（五）共变

这五术，其实只有同异两件。"求余"便是"求异"，"共变"也就是"同异交得"的一种。《墨辩》论归纳法，只有（一）同，（二）异，（三）同异交得，三法。

（甲）同　《经上》说"同，异而俱于之一也。"（之同"是"）此言观察的诸例，虽是异体，却都有相同的一点。寻得这一点，便是求同。

（乙）异　《墨辩》没有异的界说。我们可依上文"同"的界说，替他补上一条道：

> 异，同而俱于是二也。

所观察的诸例，虽属相同，但有一点或几点却不相同。求得这些不同之点，便是求异法。

（丙）同异交得　《经上》云"同异交得知有无"这是参用同异两术以求知有无的方法。物的"同异有无"很不易知道，须要参用同异两种才可不致走入迷途。《经上》说：

> 法同则观其同，法异则观其宜止，因以别道。说曰，法取同，观巧转。法取彼择此，问故观宜。以人之有黑者有不黑者也，止黑人；与以人之有爱于人，有不爱于人，止爱〔于〕人：是孰宜止？彼举然者，以为此其然也，则举不然者而问之。

《经说下》云：

> 彼以此其然也，说"是其然也"。我以此其不然也，疑"是其然也"。

这两段都说该用"否定的例"（不然者）来纠正推论的错误。例如人说"共和政体但适用于小国，不适用于大国"，又举瑞士法兰西……为证。我们该问："你老先生为什么不举美国呢？"这里面便含有"同异交得"的法子。

《经下》又说：

> 狂举不可以知异，说在有不可。说曰狂举。牛马虽异，（旧作"牛狂与马惟异"。此盖由举字初误作与牛两字。后之写者，误删一牛字，以其不成文，又误移牛字于句首耳。惟通虽字。）以"牛有齿，马有尾"，说牛之非马也，不可。是俱有，不偏有偏无有。曰牛之与马不类，用"牛有角，马无角"，是类不同也。

这一段说只有"同异交得"的法子，可以求出"偏有偏无有"的"差德"。差德就是 Differentia。《墨辩》叫做"类不同"。

《小取》篇后面还讲演绎归纳各法的许多谬误。现今不及细讲了，读者可以参看。

九、惠施

一、惠施传略　惠施曾相梁惠王。梁惠王死时,惠施还在,(《战国策》)惠王死在民国纪元前2230年(此据《纪年》,若据《史记》则在前2246年)。又据《吕氏春秋》(二十一)齐梁会于徐州,相推为王,乃是惠施的政策。徐州之会在纪元前2245年。据此看来,惠施大约生在前2290年与前2210年之间。《庄子·天下》篇说"惠施多方其书五车"。又说有一个人叫做黄缭的,问天地所以不坠不陷,和风雨雷霆之故,惠施"不辞而应,不虑而对,遍为万物说"。只可惜那五车的书和那"万物说",都失掉了。我们所知道的,不过是他的几条残缺不完的学说。

二、惠施"历物之意"　惠施的学说,如今所传,尽在《庄子·天下》篇中。原文是:

惠施……历物之意(《释文》曰历古歷字,……分别歷说之)。曰:

(一)至大无外,谓之大一;至小无内,谓之小一。

(二)无厚不可积也,其大千里。

(三)天与地卑,山与泽平。(孙诒让曰,卑与比通,《广雅·释诂》曰,比,近也。)

(四)日方中方睨,物方生方死。

(五)"大同"而与"小同"异,此之谓"小同异"。万物毕同毕异,此之谓"大同异"。

(六)南方无穷而有穷。

(七)今日适越而昔来。

(八)连环可解也。

(九)我知天下之中央:燕之北,越之南,是也。

(十)泛爱万物,天地一体也。

三、十事的解说　这十事的解说,自古以来,也不知共有多少种。依我个人的意思看来,这十事只是"泛爱万物,天地一体也",一个大主义。前九条是九种辩证,后一条是全篇的断案。前九条可略

依章太炎《明见》篇(《国故论衡》下)分为三组:

第一组,论一切"空间"的分割区别,都非实有。(1)(2)(3)(6)(7)(8)(9)

第二组,论一切"时间"的分割区别,都非实有。(1)(4)(7)

第三组,论一切同异都非绝对的。(5)

三组的断案:"泛爱万物,天地一体也。"

第一,论"空间"一切分割区别都非实有　"空间"(Space)古人都叫做"宇"。《尸子》及《淮南子》注都说"上下四方"是宇。《墨辩》也说:

> 宇,弥异所也(《经上》)。　《经说》曰:宇冢东西南北。
> (旧作"宇东西家南北。"王引之校删家字,非也。家是冢字之误。冢即蒙字。写者不识,误改为家,又以其不可通,乃移下两字,以成三字句耳。)

"宇"与"所"有别。"东方"、"西南角"、"这里"、"那里",都是"所"。"所"只是"宇"的一部分。弥满上下四方,总名为"宇"。故说"宇蒙东西南北"。宇是无穷无极,没有间断,不可分析的。所以惠施说:"其大无外,谓之大一"。此是"宇"的总体。但是平常人都把"宇"分成种种单位,如东方、西方、一分、一厘、一毫、一忽之类,故惠施又说:"其小无内,谓之小一。"这是"所",都是"宇"的一部分。其实分到极小的单位,(小一)还只是这个"宇"。所以惠施又说:"无厚不可积也,其大千里。"分割"空间"到了一线,线又割成点,是"无厚不可积"了,却还是这"其大无外"的"宇"的一部分。所以那"无厚不可积"的,和那"其大千里"的,只是一物,只是那无穷无极,不可割断的"空间"。

《墨辩》又说:

> 宇或徙(或即域字)。《经说》曰:宇,南北在旦,有(同又)在莫。宇徙久。
>
> 或,过名也。说在实。　《经说》曰:或,知是之非此也,有(同又)知是之不在此也,然而谓此"南北"。过而以已为然。始也谓此"南方",故今也谓此"南方"。

这两段说"宇"是动移不歇的。《经上》说"动，或徙也"。域徙为动，故"宇或徙"是说地动。我们依着指南针定南北东西，却不知道"空间"是时刻移动的。早晨的南北，已不是晚间的南北了。我们却只叫他做"南北"，这实是"过而以已为然"，不过是为实际上的便利，其实都不是客观的实在区别。

当时的学者，不但知道地是动的，并且知道地是圆的。如《周髀算经》（此是晚周的书，不是周初的书）说"日运行处极北，北方日中，南方夜半。日在极东，东方日中，西方夜半。日在极南，南方日中，北方夜半。日在极西，西方日中，东方夜半。"这虽说日动而地不动，但似含有地圆的道理。又如《大戴礼记·天员》篇（此篇不是曾子的书，当是秦汉人造出来的），辩"天圆地方"之说，说"如诚天圆而地方，则是四角之不揜也"。这分明是说地圆的。

惠施论空间，似乎含有地圆和地动的道理。如说"天下之中央，燕之北，越之南，是也。"燕在北，越在南。因为地是圆的，所以无论那一点，无论是北国之北，南国之南，都可说是中央。又说"南方无穷而有穷"。因为地圆，所以南方可以说有穷，可以说无穷。南方无穷，是地的真形；南方有穷，是实际上的假定。又如"天与地卑，山与泽平"，更明显了。地圆旋转，故上面有天，下面还有天；上面有泽，下面还有山。又如"今日适越而昔来"，即是《周髀算经》所说"东方日中，西方夜半；西方日中，东方夜半"的道理。我今天晚上到越，在四川西部的人便要说我"昨天"到越了。

如此看来，可见一切空间的区别，都不过是我们为实际上的便利，起的种种区别，其实都不是实有的区别，认真说来，只有一个无穷无极不可分断的"宇"。那"连环可解也"一条，也是此理。《战国策》记秦王把一套玉连环送与齐国的君王后请他解开。君王后用铁锤一敲，连环都碎了，叫人答复秦王说连环已解了。这种解连环的方法，很有哲学的意义。所以连环解与不解，与"南方无穷而有穷"，同一意思。

以上说"空间"一切区别完了。

第二，论"时间"一切分割区别都非实有　"时间"（Time）古人

或叫做"宙",或叫做"久"。《尸子》与《淮南子》注都说"古往今来"是"宙"。《墨辩》说:

> 久,弥异时也(《经上》)。《经说》曰:久合古今旦莫。(旧作"今久古今且莫。"王引之改且为旦,又删上今字。适按今字是合字或亼字之误。写者误以为今字,又移于上,成三字句耳。今校正。)

"久"是"时"的总名。一时、一刻、千年、一刹那,是时。弥满"古今旦莫"、"古往今来",总名为"久"。久也是无穷无极不可割断的,故也可说"其大无外,谓之大一;其小无内,谓之小一"。大一是古往今来的"久",小一是极小单位的"时"。无论把时间分割成怎样小的"小一",还只是那无穷无极不可分割的时间。所以一切时间的分割,只是实际上应用的区别,并非实有。惠施说:"日方中方睨,物方生方死。"才见日中,已是日斜;刚是现在,已成过去。即有上寿的人,千年的树,比起那无穷的"久",与"方中方睨"的日光有何分别?竟可说"方生方死"了。"今日适越而昔来",虽关于"空间",也关于"时间"。东方夜半,西方日中;今日适越在西方人说来,便成昨日。凡此都可见一切时分,都由人定,并非实有。

第三,论一切同异都非绝对的　科学方法最重有无同异。一切科学的分类(如植物学与动物学的分类),都以同异为标准。例如植物的分类:

$$
植物\begin{cases}显花的\begin{cases}被子的\begin{cases}双子叶的\\单子叶的\end{cases}\\裸子的\end{cases}\\隐花的\end{cases}
$$

但是这种区别,都不过是为实际上的便利起见,其实都不是绝对的区别。惠施说:"大同而与小同异,此之谓小同异。"例如松与柏是"大同",松与蔷薇花是"小同",这都是"小同异"。一切科学的分类,只是这种"小同异"。从哲学一方面看来,便是惠施所说:"万物毕同毕异。"怎么说"万物毕异"呢?原来万物各有一个"自相",例如一个胎里生不出两个完全同样的弟兄;一根树上生不出两朵完全一样的花;

一朵花上找不出两个完全同样的花瓣；一个模子里，铸不出两个完全同样的铜钱。这便是万物的"自相"。《墨辩》说："二必异，二也。"这个"二性"便是"自相"。有自相所以"万物毕异"。但是万物虽各有"自相"，却又都有一些"共相"。例如男女虽有别，却同是人；人与禽兽虽有别，却同是动物；动物与植物虽有别，却同是生物；……这便是万物的"共相"。有共相，故万物可说"毕同"。毕同毕异，"此之谓大同异"。可见一切同异都不是绝对的区别。

　　结论　惠施说一切空间时间的分割区别，都非实有；一切同异，都非绝对，故下一断语道："天地一体也。"天地一体即是后来庄子所说：

　　　　天下莫大于秋毫之末，而太山为小；莫寿于殇子，而彭祖为夭。天地与我并生，而万物与我为一。（《齐物论》）

因为"天地一体"，故"泛爱万物"。

　　"泛爱万物"，即是极端的兼爱主义。墨子的兼爱主义，我已说过，是根据于"天志"的。墨家的"宗教的兼爱主义"，到了后代，思想发达了，宗教的迷信便衰弱了，所以兼爱主义的根据也不能不随着改变，惠施是一个科学的哲学家，他曾做"万物说"，说明"天地所以不坠不陷，风雨雷霆之故"，所以他的兼爱主义，别有科学—哲学的根据。

十、公孙龙及其他"辩者"

　　一、公孙龙传略　《吕氏春秋》说公孙龙劝燕昭王偃兵（《审应览》七），又与《赵惠王》论偃兵（《审应览》一），说燕昭王在破齐之前。燕昭王破齐在民国纪元前2195至2190年。《战国策》又说信陵君破秦救赵时（民国前2168年），公孙龙还在，曾劝平原君勿受封。公孙龙在平原君门下。这是诸书所共纪，万无可疑的。所以《战国策》所说，似乎可靠。依此看来，公孙龙大概生于民国前2235年和2225年之间。那时惠施已老了。公孙龙死时，当在前2160年左右。

　　此说和古来说公孙龙年岁的，大不相同。我以为公孙龙决不能和惠施辩论，又不和庄子同时，《庄子》书中所记公孙龙的话都是后

人乱造的。《庄子·天下》篇定是战国末年人造的。《天下》篇并不曾明说公孙龙和惠施辩论,原文但说:

> 惠施以此为大观于天下而晓辩者。天下之辩者,相与乐之,(此下纪辩者二十一事)……辩者以此与惠施相应,终身无穷。桓团、公孙龙,辩者之徒,饰人之心,易人之意,能胜人之口,不能服人之心。

此段明说"与惠施相应"的乃是一班"辩者",又明说"桓团、公孙龙"乃是"辩者之徒",可见公孙龙不曾和惠施辩论。此文的"辩者",乃是公孙龙的前辈,大概也是别墨一派。公孙龙最出名的学说是"白马非马""臧三耳"两条。如今这两条都不在这二十一事之中。可见与惠施相应的"辩者",不是公孙龙自己,都是他的先生。后来公孙龙便从这些学说上生出他自己的学说来。后来这些"辩者"一派,公孙龙最享盛名,后人把这些学说拢统都算是他的学说了。(如《列子·仲尼》篇)我们既不知那些"辩者"的姓名,(桓团即《列子·仲尼》篇之韩檀,一音之转也。)如今只好把《天下》篇的二十一事,和《列子·仲尼》篇的七事,一齐都归作"公孙龙及其他辩者"的学说。

二、《公孙龙子》 今所传《公孙龙子》有六篇。其中第一篇乃是后人所加的"传略"。第三篇也有许多的脱误。第二篇最易读。第四篇错误更多,须与《墨子·经下》、《经说下》参看。第五第六篇亦须与《经下》、《经说下》参看,才可懂得。

三、《庄子·天下》篇的二十一事。(《列子·仲尼》篇的七事附见)

(1)卵有毛。
(2)鸡三足(《孔丛子》有"臧三耳"。)
(3)郢有天下。
(4)犬可以为羊。
(5)马有卵。
(6)丁子有尾。
(7)火不热。
(8)山出口。

(9) 轮不蹍地。
(10) 目不见。
(11) 指不至,至不绝。(《列子》亦有"指不至"一条)
(12) 龟长于蛇。
(13) 矩不方,规不可以为圆。
(14) 凿不围枘。
(15) 飞鸟之影未尝动也。(《列子》亦有"影不移"一条)
(16) 镞矢之疾,而有不行不止之时。
(17) 狗非犬。(《列子》有"白马非马",与此同意。说详下。)
(18) 黄马,骊牛,三。
(19) 白狗黑。
(20) 孤驹未尝有母。(《列子》作"孤犊未尝有母。")
(21) 一尺之棰,日取其半,万世不竭。(《列子》作"物不尽"。)

此外《列子》尚有"意不心"、"发引千钧"两条。

四、总论　这些学说,前人往往用"诡辩"两字一笔抹煞。近人如章太炎极推崇惠施,却不重这二十一事。太炎说:

> 辩者之言独有"飞鸟"、"镞矢"、"尺棰"之辩,察明当人意。"目不见"、"指不至"、"轮不蹍地",亦几矣。其他多失伦。夫辩说者,务以求真,不以乱俗也。故曰"狗无色"可,云"白狗黑"则不可。名者所以召实,非以名为实也。故曰"析狗至于极微则无狗"可,云"狗非犬"则不可。(《明见》篇)

太炎此说似乎有点冤枉这些辩者了。我且把这二十一事分为四组〔(8)条未详故不列入〕,每组论一个大问题。

第一,论空间时间一切区别都非实有　(3)(9)(15)(16)(21)
第二,论一切同异都非绝对　这一组又分两层:
(甲)从"自相"上看来,万物毕异　(13)(14)(17)
(乙)从"共相"上看来,万物毕同　(1)(5)(6)(12)
第三,论知识　(2)(7)(10)(11)(18)

第四,论名　(4)(19)(20)

五、第一,论空间时间一切区别都非实有　惠施也曾有此说,但公孙龙一般人的说法更为奥妙。(21)条"说一尺之棰,日取其半,万世不竭"。这一条可引《墨子·经下》来参证。《经下》说:

> 非半弗斱则不动,说在端。《经说》曰:斱半,进前取也。前则中无为半,犹端也。前后取,则端中也。斱必半,毋与非半,不可斱也。

这都是说中分一线,又中分剩下的一半,又中分一半的一半,……如此做去,终不能分完。分到"中无为半"的时候,还有一"点"在,故说"前则中无为半,犹端也"。若前后可取,则是"点"在中间,还可分析。故说"前后取,则端中也"。司马彪注《天下》篇云:"若其可析,则常有两;若其不可析,其一常在。"与《经说下》所说正合。《列子·仲尼》篇直说是"物不尽"。魏牟解说道:"尽物者常有"。这是说,若要割断一物(例如一线),先须经过这线的一半,又须过一半的一半,以此递进,虽则极小的一点,终有余剩,不到绝对的零点。因此可见一切空间的分割区别,都非实有。实有的空间是无穷无尽,不可分析的。

(16)条说:"镞矢之疾,而有不行不止之时。"说飞箭"不止",是容易懂的。如何可说他"不行"呢?今假定箭射过百步需时三秒钟。可见他每过一点,需时三秒之几分之几。既然每过一点必需时若干,可见他每过一点必停止若干时,司马彪说:"形分止,势分行。形分明者行迟,势分明者行速。"从箭的"势"看去,箭是"不止"的。从"形"看去,箭是"不行"的。譬如我们看电影戏,见人马飞动;其实只是一张一张不动的影片,看影戏时,只见"势",不见"形",故觉得人马飞动,男女跳舞。影戏完了,再看那取下的影片,只见"形",不见"势",始知全都是节节分断,不连络,不活动的片段。

(15)条说:"飞鸟之影未尝动也。"《列子·仲尼》篇作"影不移"。魏牟解说道:"影不移,说在改也。"《经下》也说:

> 景不徙,说在改为。《经说》曰:景。光至景亡。若在,万古息。

这是说，影处处改换，后影已非前影。前影虽看不见。其实只在原处。若用照相快镜一步一步的照下来，便知前影与后影都不曾动。

（9）条"轮不碾地"，与上两条同意，不过（9）条是从反面着想。从"势"一方面看来，车轮转时，并不碾地；鸟飞时，只成一影箭行时，并不停止。从"形"一方面看来，车轮转处，处处碾地；鸟飞时，鸟也处处停止，影也处处停止；箭行时，只不曾动。

（3）条"郢有天下"，即是庄子所说"天下莫大于秋毫之末，而太山为小"之意。郢虽小，天下虽大，比起那无穷无极的空间来，两者都无甚分别，故可说"郢有天下"。

这几条所说只要证明空间时间一切区别都是主观的区别，并非实有。

六、第二，论一切同异，都非绝对的　（甲）从自相上看来，万物毕异。《经下》说："一法者之相与也，尽类，若方之相合也。"这是从"共相"上着想，故可说，同法的必定相类，方与方相类圆与圆相类。但是若从"自相"上着想，一个模子铸不出两个完全相同的钱；一副规做不出两个完全相同的圆；一个矩做不出两个完全相同的方。故（13）条说"矩不方，规不可以为圆"。（14）条"凿不围枘"，也是此理。我们平常说矩可为方，规可为圆，凿恰围枘：这都不过是为实际上的便利，姑且假定如此，其实是不如此的。

（17）条"狗非犬"，也是这个道理。《尔雅》说"犬未成豪曰狗"。《经下》说：

狗，犬也。而"杀狗非杀犬也"可。

《小取》篇说：

盗人，人也。多盗，非多人也。无盗，非无人也。……爱盗，非爱人也。杀盗，非杀人也。

这几条说的只是一个道理。从"共相"上着想，狗是犬的一部，盗是人的一部，故可说"狗，犬也"，"盗人，人也"。但是若从"自相"的区别看来，"未成豪"的犬（邵晋涵云："犬子生而长毛未成者为狗"），始可叫做"狗"（《曲礼疏》云：通而言之，狗犬通名。若分而言之，则大者为犬、小者为狗）。偷东西的人，始可叫做"盗"。故可说："杀狗非杀犬也","杀盗非杀人也"。

公孙龙的"白马非马"说,也是这个道理。《公孙龙子·白马》篇说:

> "马"者,所以命形也。"白"者,所以命色也。……求"马"黄黑马皆可致。求"白马"黄黑马不可致。……黄黑马一也,而可以应"有马",不可以应"有白马"。是白马之非马,审矣。……"马"者,无取于色,故黄黑马皆可以应。"白马"者,有去于色,黄黑马皆以所色去。故唯白马独可以应耳。

这一段说单从物体"自相"的区别上着想,便和泛指那物体的"类名"不同。这种议论,本极容易懂,今更用图表示上文所说(见下页)。

七、(乙)从共相上看来,万物毕同　(1)条说:"卵有毛。"这条含有一个生物学的重要问题。当时很有人研究生物学,有一派生物进化论说:

图甲　示共相同

图乙　示自相异

> 万物皆种也,以不同形相禅。(《庄子·寓言》)
> 种有几(几即是极微细的种子。几字从𢆶,𢆶字本象胎胚之形)。……万物皆出于几(今作机,误。下几字同),皆入于几。(《庄子·至乐》)

这学说的大意是说生物进化都起于一种极微细的种子,后来渐渐进化,"以不同形相禅",从极下等的微生物,一步一步的进到最高等的人(说详《庄子·至乐》篇及《列子·天瑞》篇)。因为生物如此进化,可见那些种子里面,都含有万物的"可能性"(亦名潜性),所以能渐渐的由这种"可能性"变为种种物类的"现形性"(亦名显性)。又可见生物进化的前一级,便含有后一级的"可能性"。故可说"卵有毛"。例如鸡卵中已含有鸡形;若卵无毛,何以能变成有毛的鸡呢?反过来说,如(5)条的"马有卵",马虽不是"卵生"的,却未必不曾经过"卵生"的一种阶级。又如(6)条的"丁子有尾"。成玄英说楚人叫虾蟆作丁子。虾蟆虽无尾,却曾经有尾。第(12)条"龟长于蛇",似乎也指龟有"长于蛇"的"可能性"。

以上(甲)(乙)两组,一说从自性上看去,万物毕异;一说从根本的共性上看去,从生物进化的阶级上看去,万物又可说毕同。观点注重自性,则"狗非犬","白马非马"。观点注重共性,则"卵有毛"、"马有卵"。于此可见一切同异的区别都不是绝对的。

八、第三,论知识　以上所说,论空间时间一切区别都非实有,论万物毕同毕异,与惠施大旨相同。但公孙龙一班人从这些理论上,便造出一种很有价值的知识论。他们以为这种种区别同异,都由于心神的作用。所以(7)条说"火不热",(10)条说"目不见"。若没有能知觉的心神,虽有火也不觉热,虽有眼也不能见物了。(2)条说:"鸡三足"。司马彪说鸡的两脚需"神"方才可动,故说"三足"。公孙龙又说"臧三耳"。依司马彪说,臧的第三只耳朵也必是他的心神了。《经上》篇说:"闻、耳之聪也。循所闻而意得见,心之察也。"正是此意。

《公孙龙子》的《坚白论》,也可与上文所说三条互相印证。《坚白论》的大旨是说,若没有心官做一个知觉的总机关,则一切感觉都是散漫不相统属的;但可有这种感觉和那种感觉,决不能有连络贯串的知识。所以说"坚白石二"。若没有心官的作用,我们但可有一种"坚"的感觉,和一种"白"的感觉,决不能有"一个坚白石"的知识。所以说:

> 无坚得白,其举也二。无白得坚,其举也二。
> 视不得其所坚而得其所白者,无坚也。拊不得其所白而得其所坚者,无白也。……得其白,得其坚,见与不见离,〔见〕不

见离一，二不相盈，故离。离也者，藏也（见不见离一，二不相盈故离。旧本有脱误。今据《墨子·经说下》考正）。

古来解这段的人都把"离"字说错了。本书明说"离也者藏也"。离字本有"连属"的意思，如《易·象传》说"离、丽也。日月丽乎天，百谷草木丽乎土"。又如《礼记》说"离坐离立，毋往参焉"。眼但见白而不见坚，手可得坚，而不见白。所见与所不见相藏相附丽，始成的"一"个坚白石。这都是心神的作用，始能使人同时"得其坚，得其白"。

（18）条"黄马骊牛三"，与"坚白石二"同意。若没有心神的作用，我们但有一种"黄"的感觉，一种"骊"的感觉和一种高大兽形的感觉，却不能有"一匹黄马"和"一只骊牛"的感觉，故可说"黄马骊牛三"。

最难解的是（11）条"指不至，至不绝"。我们先须考定"指"字的意义。《公孙龙子》的《指物》篇用了许多"指"字，仔细看来，似乎"指"字都是说物体的种种表德，如形色等等。《指物》篇说：

物莫非指，而指非指。天下无指，物无可以谓物。非指者，天下无物，可谓指乎？（无物之无，旧作而。今依俞樾校改。）

我们所以能知物，全靠形色、大小、等等"物指"。譬如白马，除了白色和马形，便无"白马"可知。故说"物莫非指"，又说"天下无指，物无可以谓物"。这几乎成了极端的唯心论了。故又转一句说："而指非指"，又说："天下无物，可谓指乎？"这些"指"究竟是物的指。没有指固不可谓物，但是若没有"物"，也就没有"指"了。有这一转，方才免了极端的唯心论！

（11）条的"指"字也作物的表德解。我们知物，只须知物的形色等等表德，并不到物的本体，也并不用到物的本体。即使要想知物的本体，也是枉然，至多不过从这一层物指进到那一层物指罢了。例如我们知水，只是知水的性质。化学家更进一层，说水是轻养二气做的，其实只是知道轻气养气的重量作用等等物指。即使更进一层，到了轻气养气的元子或电子，还只是知道元子电子的性质作用，终竟不知元子电子的本体。这就是（11）条的"指不至，至不绝"。正如算学上的无穷级数,再也不会完的。

以上所说,为公孙龙一班人的知识论。知识须有三个主要部分:一方面是物,一方面是感觉认识的心神,两方面的关系,发生物指与感觉,在物为"指",在心为"知"(此知是《经上》"知,接也"之知),其实是一事。这三部分之中,最重要的,还只是知物的心神。一切物指,一切区别同异,若没有心神,便都不能知道了。

九、第四,论名　有了"物指",然后有"名"。一物的名乃是代表这物一切物指的符号。如"火"代表火的一切性质,"梅兰芳"代表梅兰芳的一切状态性质。有了正确的"名",便可由名知物,不须时时处处直接见物了。如我说"平行线",听者便知是何物。故"正名"一件事,于知识思想上极为重要。古代哲学家,自孔子到荀子,都极注重"正名",都因此故。《公孙龙子》有《名实论》,中说道:

……正其所实者、正其名也。其名正,则唯乎其彼此焉(唯,应也)。谓彼而不唯乎彼,则"彼"谓不行。谓此而不唯乎此,则"此"谓不行。……故彼彼止于彼,此此止于此,可彼此而彼且此,此彼而且彼,不可夫名,实谓也。知此之非此也,知此之不在此也,则不谓也。

这段说"正名"极明白。《荀子·正名》篇说名未制定之时,有"异形离心交喻,异物名实互纽"的大害。上文(4)条说"犬可以为羊",又(19)条说"白狗黑",是说犬羊黑白,都系人定的名字。当名约未定之时,呼犬为羊,称白为黑,都无不可。这就是"异形离心交喻,异物名实互纽";就是《公孙龙子》所说"彼此而彼且此,此彼而此且彼"了。

若有了公认正确的名,自然没有这种困难。(20)条说"孤驹未尝有母",《列子》作"孤犊未尝未母"。魏牟解说道:"有母非孤犊也。"这是说"孤犊"一名,专指无母之犊。犊有母时,不得称孤;犊称孤时,决不会有母了。这便是"彼彼止于彼,此此止于此"。一切正确之名都要如此,不可移易。

十、结论　以上说公孙龙及"辩者"二十一事完了。这班人的学说,以为一切区别同异,都起于主观的分别,都非绝对的。但在知识思想上,这种区别同异却不可无有。若没有这些分别同异的"物指",便不能有知识了。故这些区别同异,虽非实有,虽非绝对的,却不可细为辨别,要使"彼彼止于彼,此此止于此"。有了正确之"名",知识学术才可有进步。

公孙龙一班人的学说,大旨虽然与惠施相同,但惠施的学说归到一种"泛爱万物"的人生哲学,这班人的学说归到一种"正名"的名学。这是他们的区别。但公孙龙到处劝人"偃兵",大概也是信兼爱非攻的人,可知他终是墨家一派。

(附言)鄙人两年来所作论公孙龙之文先后凡四次。每次都大有更动。此为最近改作之稿,亦不敢谓为定论,但觉此善于彼耳,所望国中学者,更有以匡正之。

十一、墨学结论

我们已讲了墨学的两派:一是宗教的墨学,一是科学—哲学的墨学。如今且讲墨学的灭亡和所以灭亡的原因。

当韩非之时,墨学还很盛。所以《韩非子·显学》篇说"世之显学,儒墨也"。韩非死于秦始皇十四年,当民国前2144年。到司马迁做《史记》时(民国前2001年),不过一百五十年,那时墨学早已销灭,所以《史记》中竟没有墨子的列传。《孟子荀卿列传》中说到墨子的一生,只有二十四个字。那轰轰烈烈,与儒家中分天下的墨家,何以销灭得这样神速呢?这其中的原因,定然很复杂,但我们可以悬揣下列的几个原因:

第一,由于儒家的反对　墨家极力攻击儒家,儒家也极力攻击墨家。孟子竟骂墨子兼爱为"无父",为"禽兽"。汉兴以后,儒家当道,到汉武帝初年竟罢黜百家,独尊孔氏。儒家这样盛行,墨学自然没有兴盛的希望了(参看荀子攻击墨家之语,及《孔丛子·诘墨》篇)。

第二,由于墨家学说之遭政客猜忌　其实墨学在战国末年,已有衰亡之象。那时战争最烈,各国政府多不很欢迎兼爱非攻的墨家。《管子》(是战国末年的伪书)《立政》篇说:

寝兵之说胜,则险阻不守。兼爱之说胜,则士卒不战。

又《立政九败解》说:

人君唯毋(唯毋二字合成一语辞,有唯字义。说详《读书杂志》)听寝兵,则群臣宾客莫敢言兵。……人君唯毋听兼爱之说,则视天下之民如其民,视国如吾国(语略同《兼爱上》)。如是,则……射御勇力之士不厚禄,覆军杀将之臣不贵爵。

又《韩非子·五蠹》篇说:

故不相容之事,不两立也。斩敌者受赏,而高慈惠之行;拔城者受爵禄,而信兼爱之说,……举行如此,治强不可得也。

这都是指墨家说的。可见那时墨学不但不见容于儒家,并且遭法家政客的疾忌。这也是墨学灭亡的一个大原因。

第三,由于墨家后进的"诡辩"太微妙了。别墨惠施、公孙龙一般人,有极妙的学说。不用明白晓畅的文字来讲解,却用许多极怪僻的"诡辞",互相争胜,"终身无穷"。那时代是一个危急存亡的时代,各国所需要的乃是军人政客两种人才,不但不欢迎这种诡辩,并且有人极力反对。如《韩非子·五蠹》篇说:

且世之所谓智者,微妙之言也。微妙之言,上智之所难知也。……夫治世之事,急者不得,则缓者非所务也。今所治之政,民间夫妇所明知者不用,而慕上知之论,则其于治反矣。故微妙之言,非民务也。

又《吕氏春秋》说:公孙龙与孔穿论"臧三耳"(本作藏三牙,今据《孔丛子》正),明日,孔穿对平原君说:

谓臧三耳甚难而实非也。谓臧两耳甚易而实是也。不知君得从易而是者乎?将从难而非者乎?

又《韩非子·问辩》篇说:

夫言行者,以功用为之的彀者也。……乱世之听言也,以难知为察,以博文为辩。……是以……坚白无厚之辞章,而宪令之法息。

这都是说别墨与公孙龙一般人的论辩,太"微妙"了,不能应用。墨学的始祖墨翟立说的根本在于实际的应用。如今别家也用"功用"为标准,来攻击墨学的后辈,可谓"以其人之道,还治其人之身"了。这不但可见墨学灭亡的一大原因,又可见狭义的功用主义的流弊了。

　　　　（本文为1918年3月24、31日,4月7、14日胡适在北京
　　　　西城区手帕胡同教育部会场的演讲,1918年
　　　　8月10日北京大学学术演讲会印行）

谈谈实验主义

此番美国大教育家杜威博士到中国来,江苏省教育会请他明天后天到这儿来演说,又因为我是他的学生,所以叫我今天晚上先来讲讲。方才主席说我是杜威博士的高足弟子,其实我虽是他的弟子,那"高足"二字可也不敢当,不过今天先要在诸君面前把杜威博士的一派学说,稍稍演述一番,替他先开辟出一条道儿,再加些洒扫的功夫,使得明天诸君听杜威博士的演说有些头绪,那也是做弟子的应尽的职分。

我今天所要讲的题目,是"实验主义",英文叫作 Pragmatism,这个字有人译做"实际主义",我想这个名词也好用,并且实验主义在英文中,似当另为一个名词叫做 Experimentism。那么,我何以要把实际主义改为实验主义呢?那也有个道理,原来实验主义的发达,是近来二十年间的事情,并且分为几派,有欧洲大陆派,有英国派,有美国派。英国派是"人本主义"。他的意思是万事万物都要以人为本位,不可离开了人的方面空去说的,所以是非、有无、利害、苦乐,都是以人为根本的。美国派又分两派,一派就是"实际主义",为杜威博士那一般人所代表的。一派是"工具主义",这派把思想真理等精神的产物都看做应用的工具,和那用来写字的粉笔,用来喝茶的茶杯一样。以上各派,虽则互有不同,然而有一点是共同的,那就是注重实验,所以我今天的题目叫做"实验主义"。

我们要明白实验主义是什么东西,先要知道实验的态度究竟是怎么样,实验的态度,就是科学家在试验室里试验的态度,科学家当那试验的时候,必须先定好了一种假设(Hypothestis),然后把试验的结果来证明这假设是否正当。譬如科学家先有了两种液体,一是红的,一是绿的,他定了一个假设,说这两种液体拼合起来是要变黄色的。然而这句话不是一定可靠,必须把他实际试验出来,看看拼合的结果是否黄色,再来判定那假设的对不对。实验主义所当取的态度,也就和科学家试验的态度一样。

既然如此,我敢说实验主义是十九世纪科学发达的结果,何以见得实验主义和科学有关系呢?那么,我们不可不先明白科学观念的两大变迁。

一、科学律令 科学的律令,就是事物变化的通则,从前的人以为科学律令是万世不变,差不多可以把中国古时"天不变,道亦不变"的二句话,再读一句"科学律令亦不变"。然而五十年来,这种观念大为改变了。大家把科学律令看作假设的,以为这些律令都是科学家的假设,用来解释事变的。所以,可以常常改变。譬如几何学的定律说,从直线的起点上只有一条直线可以同原线平行。又说,三角形中的三个角相加等于二直角,这二律我们都以为不可破的。然而新几何学竟有一派说,从直线的起点上有无数的直线同原线平行;有的说,从直线的起点上没有一条直线可以同原线平行;有的说,三角形中的三角相加比二直角多;有的说,比二直角少。这些理论,都和现在几何学的律令不同,却也能"言之成理,持之有故"。连科学家也承认他们有成立的根据。不过照现在的境遇说,通常的几何学是最合应用,所以我们去从他的律令。假使将来发现现在的几何学不及那新几何学合用,那就要"以新代旧"了。我们对于科学律令的观念既改,那么研究科学的方法也改了,并且可以悟得真理不是绝对的。譬如我们所住的大地,起初人家以为是扁平的,日月星辰的出没,都因为天空无边,行得近些就见了,行得太远就不见了。这种说话现在看来固然荒谬,然而起初也都信为真理,后来事变发现得多了,这条真理不能解释他了。于是有"地圆"的一说,有"地球绕日"的一说,那就可见真理是要常常改变的。又譬如三纲五常,我们中国从前看做真理,但是这八年之中,三纲少了一纲,五常少了一常,也居然成个国家。那就可见不合时势的真理是要渐渐的不适用起来。

二、生存进化 起初的人以为种类是不变的,天生了这样就终古是这个样儿。所以他们以为古时的牛就是现在的牛,古时的马就是现在的马,到了六十年前达尔文著《种源论》,才说明种类是要改变的。人类也是猿类变的,我们人类有史的时代虽只有几千年,而从有人类以来至少有一万万年,假使把这一万万年中的生物,从地质学考究起来,不晓得种类变得多少了,那种类变化的根本,就是"物竞天择,适者生存"八个字。再简单说一句,就是"适应环境"罢了。譬如这块地方阳光太大,生物就须变得不怕阳光。那块地方天气太冷,生物就须变得不怕寒冷。能够这样的变化方可生存,不能变的或变得不完全适合的难免淘汰。而且这种变化,除了天然以外,人力也可做到的。譬如养鸡养鸭,我们用了择种的法子,把坏的消灭了,好的留起来,那么数世之后只有好种了。又譬如种桃,我们用了接木的法子,把桃树的枝接到苹果树上去,一二年中就会生出特种的桃子。可见生存进化的道理,全在适应环境的变化。

上面我说了两大段的话,现在把他结束起来,就是:一、一切真理都是人定的。人定真理不可徒说空话,该当考察实际的效果。二、生活是活动的,是变化的,是对付外界的,是适应环境的。我们明白了这两个从科学得来的重要观念,方才可以讲到杜威博士一派的实际主义了。

杜威博士所主张的实际主义,我们分三种来讨论。

一、方法论　二、真理论　三、实在论

一、方法论　实验主义和政治,经济,社会,教育,学理的种种方面都有关系,就因为他的方法和别个方法不同,他的方法,简单说起来,就是不重空泛的议论,不慕好听的名词。注意真正的事实,采求试验的效果,我们把这种方法应用到三方面去。

甲、应用到事物上去　我们要明白事物,必须先知道事物的真意义,不可因为晓得事物的名称就算完事。譬如瞎子,他也会说"白的""黑的"。但是叫他把两样物件中间拣出那"白的"或"黑的"来,他就不能动手,因为他实在没有知道黑白的真意义。又譬如一个会说话的聋子,他也会说"小叫天""梅兰芳",但是叫他说出小叫天或梅兰芳的声调怎样好法,他就不能开口,因为他并没有知道"谭迷"

"梅迷"的真意义。所以要明白事物,第一须知道事物对于我发生怎样的感觉。譬如"黑"在我身上的感觉是怎么样,"电灯"在我身上的感觉是怎么样。第二须知道我对于事物发生怎样的反动。譬如"黑"了我将怎样做?"空气不好"我将怎样做。若仅仅如孔子所说的"多识鸟兽草木之名",那就和实际主义大相反背了。

乙、应用到意思上去　实验主义的学者,把凡所有的意思都看做假设,再去试验他的效果。譬如甲有一个意思说这样方可以齐家,乙有一个意思说那样方可以治国。我们都不可立刻以为是的或否的,先得试验他的结果是否可以如此。然后再去批评他,哲姆斯博士(Dr. James)把意思看作银行的支票一样,倘然我的意思是可行的,行了出去竟得到我所预期的结果,那就好比兑现的支票一样,不然,那就是不兑现的支票了。所以在实验主义看来,意思都是假设的,都是要待人家去试验的。

丙、应用到信仰上去　信仰比意思更进一层了,意思是完全假设的。意思等到试验对了之后方成信仰,然而信仰并不是一定不易的,须得试验试验才好。譬如地球扁平的一说,当初也成为信仰,但是现在观察出来,地球并不是这样,所以这信仰就打破了。又譬如我们假使信仰上帝是仁慈的,但何以世界上有这样的大战,可见得信仰是并非完全靠得住,必得把现在的事情实地去考察一番,方才见得这种信仰是否合理。迷信的事姑且勿论,就是普通社会的信条也未必是完全合情合理的,在实际主义看来,那都要待人试验的。

上面所说的实际主义方法的应用,和教育究竟有什么关系呢?这个问题的答案就是,教育事业当养成实事求是的人才,勿可专读死书,却去教实在的事物,勿可专被书中意思所束缚,却当估量这种意思是否有实际的效果,勿可专信仰前人的说话,却当去推求这些信条是否合于实情。

二、真理论　实验主义关于真理的论据,前面已经讲得不少了。此处所要说明的,就是"真理都是工具"一句话。譬如三纲五常从前在中国成为真理,就因为在宗法社会的时候,这个"纲常"的理论,实在可以被我们用作工具来范围人心,并且着实见些功效。到了现在社会的情形变了,这个"纲常"也好像是没用工具一般,只好丢去,另寻别的适用的工具了。既然如此,所以真理是常常改变的。哲姆斯博士说过,大凡真理都是替我们做过媒来的,都是替我们摆过渡来的,因为倘然我们发现了一种事物的变化,不能用旧时的真理去解释他,就不得不另创新的真理去解释,这种新的真理就是替我们和事变做媒摆渡,而旧理的做媒摆渡的功用失去了。所以实际主义对于真理的观念,是要养成主动的思想,去批评真理的,不是养成被动的思想,做真理的奴隶。譬如"不孝有三,无后为大"、"妇者服于人也",这些话都是中国前代的真理,但是我们要考察这些真理是否合于现在社会的情形,然后来定他们的是非。

三、实在论 实在论就是宇宙论,也就是世界观,那是哲学的问题。照实际主义说,世界是人造的,所以各人眼光中的世界是大不相同,譬如同在一块地方,诗人的世界是风花水月之类,工人的世界是桥梁屋宇之类,各人有各人注意的所在,也就是各人有各人的世界。并且世界是由小而大的,各人的生活经验越增加,那世界的范围越扩大,生活的乐趣也越增加。所以实际主义学者的世界是实在的世界,不是空虚的世界。那佛教所创造的"极乐国"、"天堂"、"涅槃世界"、"极乐世界"等,都是空空洞洞不可捉摸的,并且他们看得世界是烦恼困苦,怕生活,怕经验,所以才创造这些世界来引诱人。但是实际主义学者像哲姆斯一般人都说世界是人造的,很危险的,很不平安的,人类该当由经验去找安乐,该当冒险去造世界。假使有上帝,那么仿佛上帝对我们说:"我是不能为你们的安乐保险的,但是你们毕竟努力,或者可以得着安乐。"实际主义的意思,以为惟有懦夫是不敢生活的,否则都应该在这实在世界中讨生活。

现在我把实验主义的要点说起来作一总束,我们人类当从事实上求真确的知识,训练自己去利用环境的事务,养成创造的能力,去做真理的主人。

(本文为1919年5月2日胡适在江苏省教育会的演讲,潘公展笔述,原载1919年5月《新教育》第1卷第3期)

中国哲学的线索

我平日喜欢做历史的研究,所以今天讲演的题目,是《中国哲学的线索》。这个线索可分两层讲。一时代政治社会状态变迁之后,发生了种种弊端,则哲学思想也就自然发生,自然变迁,以求改良社会上、政治上种种弊端。所谓时势生思潮,这是外的线索。外的线索是很不容易找出来的。内的线索,是一种方法——哲学方法,外国名叫逻辑 Logic(吾国原把逻辑翻作论理学或名学。逻辑原意不是名学和论理学所能包含的,故不如直译原字的音为逻辑)。外的线索只管变,而内的线索变来变去,终是逃不出一定的径路的。今天要讲的,就专在这内的方法。

中国哲学到了老子和孔子时候,才可当得"哲学"两个字。老子以前,不是没有思想,没有系统的思想;大概多是对于社会上不安宁的情形,发些牢骚语罢了。如《诗经》上说:"苕之华,其叶青青。知我如此,不如无生。"这种语是表示对于时势不满意的意思。到了西历前第六世纪时,思想家才对于社会上和政治上,求根本弊端所在。而他们的学说议论终是带有破坏的、批评的、革命的性质。老子根本上不满意当时的社会、政治、伦理、道德。原来人人多信"天"是仁的,而他偏说:"天地不仁,以万物为刍狗。"天是没有意思的,不为人类做好事的。他又主张废弃仁义,入于"无为而无不为"的境界。这种极破坏的思想,自然要引起许多反抗。孔子是老子的门徒或是朋友。他虽不满意于当时风俗制度以及事事物物,可是不取破坏的手段,不主张革命。他对于第一派是调和的、修正的、保守的。老子一派对于社会上无论什么政治、法律、宗教、道德,都不要了,都要推翻他,取消他。孔子一派和平一点,只求修正当时的制度。中国哲学的起点,有了这两个系统出来之后,内的线索——就是方法——继续变迁,却逃不出这两种。

老子的方法是无名的方法。《老子》第一句话就说:"名可名,非常名;道可道,非常道。"他知道"名"的重要,亦知道"名"的坏处,所以主张"无名"。名实二字在东西各国哲学史上都很重要。"名"是共相(Universal),亦就是普通性。"实"是"自相",亦就是个性。名实两观念代表两大问题。从思想上研究社会的人,一定研究先从社会下手呢,还从个人下手? 换句话讲,是先决个性,还是先决普遍之问题? "名"的重要可以举例明之。譬如诸君现在听讲,忽然门房跑来说——张先生,你的哥哥来了。这些代表思想的语言文字就是"名"。——倘使没有这些"名",他不能传达他的意思,诸君也无从领会他的意思,彼此就很觉困难了。简单的知识,非"名"无从表他,复杂的格外要借"名"来表示他。"名"是知识上的问题,没有"名"便没有"共相"。而老子反对知识,便反对"名",反对言语文字,都要一个个的毁灭他。毁灭之后,一切人都无知无识,没有思想。没有思想,则没有欲望。没欲望,则不"为非作恶",返于太古时代浑朴状态了。这第一派的思想,注重个性而毁弃普遍。所以他说:"天下皆知美之为美,斯恶矣;皆知善之为善,斯不善矣。"美和不美都是相对的,有了这个,便有那个。这个那个都不要,都取消,便是最好。这叫做"无名"的方法。

孔子出世之后,亦看得"名"很重要。不过他以为与其"无名",不如"正名"。《论语·子路》篇说:

子路曰:卫君待子而为政,子将奚先? 子曰:必也正名乎。
子路曰:有是哉! 子之迂也! 奚其正! 子曰:野哉由也! 君子于其所不知,盖阙如也。名不正,则言不顺。言不顺,则事不成。事不成,则礼乐不兴。礼乐不兴,则刑罚不中。刑罚不中,则民无所措手足。

孔子以为"名"——语言文字——是不可少的,只要把一切文字、制度,都回复到他本来的理想标准,例如:"政者,正也。""仁者,人也。"他的理想的社会,便是"君君、臣臣、父父、子子"。做父亲的要做到父亲的理想标准，做儿子的亦要做到儿子的理想标准。社会上事事物物，都要做到这一步境地。倘使君不君、臣不臣、父不父、子不子，则君、臣、父、子都失掉本来的意义了。怎样说"名不正，则言不顺"呢？"言"是"名"组成的，名字的意义，没有正当的标准，便连话都说不通了。孔子说："觚不觚，觚哉觚哉！"觚是有角的形，故有角的酒器，叫做"觚"。后来把觚字用泛了，没有角的酒器亦叫做"觚"。所以孔子说："现在觚没有角了，这还是觚吗？这还是觚吗？"不是觚的都叫做觚，这就是"言不顺"。现在通用的小洋角子，明明是圆的，偏叫他"角"，也是同样的道理。语言文字（名）是代表思想的符号。语言文字没有正确的意义，便没有公认的是非真假的标准。要建设一种公认的是非真假的标准，所以他主张"正名"。老子主"无名"，孔子主"正名"。此后思想，凡属老子一派的，便要推翻一切制度，便要讲究制度文物，压抑个人。

第三派的墨子，见于前两派太趋于极端了，一个注重"名"，一个不注重"名"，都在"名"上面用功夫。"名"是实用的，不是空虚的，口头的。他说：

> 今瞽者曰："巨者，白也。黔者，黑也。"虽明目者无以易之。兼白黑，使瞽取焉，不能知也。故我曰："瞽者不知白黑者，非以其名也，以其取也。"

"取"就是实际上的去取，辨别。瞎子虽不曾见过白黑，亦会说白黑的界限。要到了实际上应用的时候，才知道口头的界说，是没有用的。许多高谈仁义道德的人也是如此。分别义利，辨入毫末，及事到临头，则便手足无措。所以墨子不主张空虚的"名"，而注重实际的应用。墨子这一派，不久就灭了。而他的思想和主义则影响及于各家。遗存下来的，却算孔子一派是正宗。老子一派亦是继续不断。如杨朱有"名无实，实无名。名者伪而已"等话，亦很重要。到了三国魏晋时代，便有嵇康那一般人，提倡个人，推翻礼法。宋明陆象山和王阳明那班人，无形中都要取消"名"。就是清朝的谭嗣同等思想，亦是这样，亦都有无名的趋向。正统派的孔子重"名"，重礼制，所以后来的孟子、荀子和董仲舒这一班人，亦是要讲礼法、制度。内部的线索有这两大系统。

还有一派近代的思想。九百多年前,宋朝的儒家,想把历代的儒家相传的学说,加上了佛家、禅宗和道家的思想,另成一种哲学。他们表面上要挂孔子的招牌,不得不在儒家的书里头找些方法出来。他们就找出来一本《大学》。《大学》是本简单的书,但讲的是方法。他上面说:"致知在格物"。格物二字就变为中国近世思想的大问题。程朱一派解"格物"是到物上去研究物理。物必有理,要明物理,须得亲自到物的本身上去研究。今天格一物,明天格一物,今天格一事,明天格一事,天下的事物,都要一个个的去格他。等到后来,知识多了,物的理积得多了,便一旦豁然贯通。陆象山一派反对这种办法,以为这种办法很笨。只要把自己弄好了,就是"格物"。所以他主张:"吾心即是万物,万物即是吾心。"物的理都在吾的心中,能明吾心,就是明万物。吾心是万物的权衡,不必要像朱子那么样支离离的格物。这种重视个性自我发展的思想,到了王阳明格外的明了。阳明说:他自己本来信格物是到物上去格的。他有一位朋友去格一枝竹,格了五天,病起来了。他就对这位朋友讲:你不能格,我自己去格。格了七天,也病了。因此,他不信格物是到物上去格。物的理在心中,所以他特别地揭出"良知"二字来教人。把良知弄好了,弄明白了,善的就是善,恶的就是恶,是的还他是,非的还他非,天下事物都自然明白了。程朱和陆王这两派支配九百余年的思想,中间"格物"的解说有七八十种;而实际上还是"名"和"实"的嫡派,不过改变他们的方向罢了——格物还是从内起呢,还是从外起?

思想必依环境而发生,环境变迁了,思想一定亦要变迁。无论什么方法,倘不能适应新的要求,便有一种新方法发生,或是调和以前的种种方法,来适应新的要求。找出方法的变迁,则可得思想的线索。思想是承前启后,有一定线索,不是东奔西走,全无纪律的。

(王伯明记录,原载 1921 年 10 月 17 日《时事新报·学灯》,又载 1921 年 11 月 20 日《教育杂志》第 13 卷第 11 号)

哲学与人生

前次承贵会邀我演讲关于佛学的问题,我因为对于佛学没有充分的研究,拿浅薄的学识来演讲这一类的问题,未免不配;所以现在讲"哲学与人生",希望对于佛学也许可以贡献点参考。不过我所讲的有许多地方和佛家意见不合,佛学会的诸君态度很公开,大约能够容纳我的意见的!讲到"哲学与人生",我们必先研究他的定义:什么叫哲学?什么叫人生?然后才知道他们的关系。

我们先说人生。这六月来,国内思想界,不是有玄学与科学的笔战么?国内思想界的老将吴稚晖先生,就在《太平洋杂志》上发表一篇《一个新信仰的宇宙观及人生观》。其中下了一个人生的定义。他说:"人是哺乳动物中的有二手二足用脑的动物。"人生即是这种动物所演的戏剧,这种动物在演时,就有人生;停演时就没人生。所谓人生观,就是演时对于所演之态度,譬如:有的喜唱花面,有的喜唱老生,有的喜唱小生,有的喜摇旗呐喊;凡此种种两脚两手在演戏的态度,就是人生观。不过单是登台演剧,红进绿出,有何意义?想到这层,就发生哲学问题。哲学的定义,我们常在各种哲学书籍上见到;不过我们尚有再找一个定义的必要。我在《中国哲学史大纲》上卷上所下的哲学的定义说:"哲学是研究人生切要的问题,从根本上着想,去找根本的解决。"但是根本两字意义欠明,现在略加修改,重新下了一个定义说:"哲学是研究人生切要的问题,从意义上着想,去找一个比较可普遍适用的意义。"现在举两个例来说明他:要晓得哲学的起点是由于人生切要的问题,哲学的结果,是对于人生的适用。人生离了哲学,是无意义的人生;哲学离了人生,是想入非非的哲学。现在哲学家多凭空臆说,离得人生问题太远,真是上穷碧落,愈闹愈糟!

现在且说第一个例:二千五百年前在喜马拉亚山南部有一个小国——迦叶——里,街上倒卧着一个病势垂危的老丐,当时有一个王太子经过,在别人看到,将这老丐赶开,或是毫不经意的走过去了;但是那王太子是赋有哲学的天才的人,他就想人为什么逃不出老、病、死,这三个大关头,因此他就弃了他的太子爵位、妻孥、便嬖、皇宫、财货,遁迹入山,去静想人生的意义。后来忽然在树下想到一个解决;就是将人生一切问题拿主观去看,假定一切多是空的,那末,老、病、死,就不成问题了。这种哲学的合理与否,姑不具论,但是那太子的确是研究人生切要的问题,从意义上着想去找他以为比较普遍适用的意义。

我们再举一个例:譬如我们睡到夜半醒来,听见贼来偷东西,我那就将他捉住,送县究办。假如我们没有哲性,就这么了事,再想不到"人为什么要作贼"等等的问题;或者那贼竟苦苦哀求起来,说他所以作贼的原故,因为母老,妻病,子女待哺,无处谋生,迫于不得已而为之,假如没哲性的人,对于这种呼求,也不见有甚良心上的反动。至于富于哲性的人就要问了,为什么不得已而为之?天下不得已而为之的事有多少?为什么社会没得给他做工?为什么子女这样多?为什么老病死?这种偷窃的行为,是由于社会的驱策,还是由于个人的堕落?为什么不给穷人偷?为什么他没有我有?他没有我有是否应该?拿这种问题,逐一推思下去,就成为哲学。由此看来,哲学是由小事放大,从意义着想而得来的,并非空说高谈能够了解的。推论到宗教哲学,政治哲学,社会哲学等,也无非多从活的人生问题推衍阐明出来的。

我们既晓得什么叫人生,什么叫哲学,而且略会看到两者的关系,现在再去看意义在人生上占的什么地位?现在一般的人饱食终日,无所用心。思想差不多是社会的奢侈品。他们看人生种种事实,和乡下人到城里未看见五光十色的电灯一样。只看到事实的表面,而不了解事实的意义。因为不能了解意义的原故,所以连事实也不能了解了。这样说来,人生对于意义,极有需要,不知道意义,人生是不能了解的。宋朝朱子这班人，终日对物格物，终于找不到着落，就是不从意义上着想的原故。又如平常人看见病人种种病象，他单看见那些事实而不知道那些事实的意义，所以莫明其妙。至于这些病象一到医生眼里，就能对症下药；因为医生不单看病象，还要晓得病象的意义的原故。因此，了解人生不单靠事实，还要知道意义！

那末，意义又从何来呢？有人说：意义有两种来源：一种是从积累得来，是愚人取得意义的方法；一种是由直觉得来，是大智取得意义的方法。积累的方法，是走笨路；用直觉的方法是走捷径。据我看来，欲求意义唯一的方法，只有走笨路，就是日积月累的去做刻苦的工夫，直觉不过是熟能生巧的结果，所以直觉是积累最后的境界，而不是豁然贯通的。大发明家爱迪生有一次演说，他说，天才百分之九十九是汗，百分之一是神，可见得天才是下了番苦功才能得来，不出汗决不会出神的。所以有人应付环境觉得难，有人觉得易，就是日积月累的意义多寡而已。哲学家并不是什么，只是对于人生所得的意义多点罢了。

欲得人生的意义，自然要研究哲学史，去参考已往的死的哲理。不过还有比较更要的，是注意现在的活的人生问题，这就是做人应有的态度。现在我举两个可模范的大哲学家来做我的结论，这两大哲学家一个是古代的苏格拉底，一个是现代的笛卡尔。

苏格拉底是希腊的穷人，他觉得人生醉生梦死，毫无意义，因此到公共市场，见人就盘问，想借此得到人生的解决。有一次，他碰到一个人去打官司，他就问他，为什么要打官司？那人答道，为公理。他复问道，什么叫公理？那人便瞠目结舌不能作答。苏氏笑道：我知道我不知你，却不知道你不知呵！后来又有一个人告他的父亲不信国教，他又去盘问，那人又被问住了。因此希腊人多恨他，告他两大罪，说他不信国教，带坏少年，政府就判他的死刑。他走出来的时候，对告他的人说："未经考察过的生活，是不值得活的。你们走你们的路，我走我的路罢！"后来他就从容就刑，为找寻人生的意义而牺牲他的生命！

笛卡尔旅行的结果，觉到在此国以为神圣的事，在他国却视为下贱；在此国以为大逆不道的事，在别国却奉为天经地义；因此他觉悟到贵贱善恶是因时因地而不同的。他以为从前积下来的许多观念知识是不可靠的，因为他们多是乘他思想幼稚的时候侵入来的。如若欲过理性生活，必得将从前积得的知识，一件一件用怀疑的态度去评估他们的价值，重新建设一个理性的是非。这怀疑的态度，就是他对于人生与哲学的贡献。

现在诸君研究佛学，也应当用怀疑的态度去找出他的意义，是否真正比较得普遍适用？诸君不要怕，真有价值的东西，决不为怀疑所毁；而能被怀疑所毁的东西，决不会真有价值。我希望诸君实行笛卡尔的怀疑态度，牢记苏格拉底所说的"未经考察过的生活，是不值得活的"这句话。那末，诸君对于明阐哲学，了解人生，不觉其难了。

（本文为1923年11月胡适在上海商科大学佛学
研究会的演讲，原载1923年12月10日
《东方杂志》第20卷第23期）

从历史上看哲学是什么

这个题目很重要,从人类历史上看哲学是什么,一方面要修正我在《中国哲学史》上卷里所下哲学的定义,一方面要指示给学哲学的人一条大的方向,引起大家研究的兴味。

我在今年一二月《晨报副刊》上发表杜威先生哲学改造的论文,今天所讲,大部分是根据杜威先生的学说;他的学说原是用来解释西洋哲学的,但杜威先生是一个实验主义者,他的学说要能够解释中国或印度的哲学思想,才能算是成立。

杜威先生的意思,以为哲学的来源,是人类最初的历史传说或跳舞诗歌迷信等等幻想的材料,经过两个时期,才成为哲学。

(一)整齐统一的时期,传说神话变成了历史,跳舞诗歌变成了艺术,迷信变成了宗教,个人的想像与暗示,跟了一定法式走,无意识的习惯与有意识的褒贬,合成一种共同的风尚。造成了种种制度仪节。

(二)冲突调和的时期,人类渐渐进步,经验多了,事实的知识分量增加,范围扩大。于是幻想的礼俗及迷信传统的学说,与实证的人生日用的常识,起了冲突,因而批评的调和的哲学发生,例如希腊哲人"Sophist"之勃兴,便是西洋哲学的起源。"Sophist"对于一切怀疑,一切破坏,当时一般人颇发生反感,斥哲人为诡辩,为似是而非。"Sophist"一字,至今成了恶名。有人觉得哲人过于激烈,应将传统的东西保存一部分,如 Socrates 辈。但社会仍嫌他过激,法庭宣告他的死刑。后来经过柏拉图、亚里士多德等的调和变化,将旧信仰洗刷一番,加上些论理学、心理学等等,如卫道护法的工具,于是成了西洋的正统哲学。

归纳起来说,正统哲学有三大特点:

(1)调和新旧思想,替旧思想旧信仰辩护,带一点不老实的样子。

(2)产生辨证的方法,造成论理的系统,其目的在护法卫道。

(3)主张二元的世界观,一个是经验世界,一个是超经验的世界,在现实世界里不能活动的,尽可以在理想的世界里玩把戏。现在要拿杜威先生关于正统哲学的解释,来看是否适用于中国。我研究的结果,觉得中国哲学完全可以适用杜威的学说。

中国古代的正统哲学是儒墨两大派,中古时代是儒教,近世自北宋至今是宋明理学,尤其是程朱的理学。

现在分论古代中古近世三期。

中国古代的哲学原料,诗歌载在《诗经》,卜筮迷信载在《易经》,礼俗仪容载在《礼记》,历史传说载在《尚书》。在西历纪元前二千五百年,初民思想已经过一番整齐统一。一切旧迷信旧习惯传说已成了经典。

纪元前五六百年老子孔子等出,正当新旧思潮冲突调和的时期,古代正统哲学才算成立。老子是旧思想的革命家,过激党,攻击旧文化,攻击当时政治制度。古代以天为有意志有赏罚,而老子说天地不仁,将有意志的天变为无往而不在,无为而无不为的天,是一个自然主义的天道观。老子这样激烈的态度,自然为当世所不容。他很高明,所以自行隐遁。邓析比老子更激烈,致招杀身之祸,没有书籍流传后世,可见当时两种思想冲突的厉害。

于是调和论出来了,孔子一方面承认自然主义的天道观,他说:"天何言哉,四时行焉,百物生焉,天何言哉;"一方面又承认有鬼神,他说:"敬鬼神而远之。""祭如在,祭神如神在。""洋洋乎如在其上,如在其左右。"他总舍不得完全去掉旧信仰,舍不得完全去掉传统的宗教态度。但在一般人看来,他仍然是偏向革命党。偏向革命党的苏格拉底不免于死刑,偏向革命党的孔子不免厄于陈蔡,终身栖栖皇皇。这是第一派的调和论。

第二派的调和论是墨子,墨子明白提倡有鬼,有意志的天,非命,完全容纳旧迷信,完全是民间宗教的原形。但究竟旧思想经过动摇,不容易辩护,于是不得不发明辩证的方法,以逻辑为武器。我们看他用逻辑最多的地方,是《明鬼》和《非命》两篇。他提出论辨的三个标准:

(甲)我们曾经耳闻目见否,

(乙)古人说过没有,

(丙)有用没有用。

譬如说有鬼,第一曾经有人看见过鬼,或听见鬼叫的。第二古书载鬼的地方很不少,故古人是相信有鬼的。第三我们相信有鬼,则我们敬爱的人死了,我们尚可得到安慰,而且可以少作坏事。信鬼有利无弊是有用的。因此墨子是当时的正统哲学。

中古时代之整齐统一期分两个步骤,第一步是秦时,李斯别黑白,定一尊。第二步是汉初,宗教迷信统一于长安,秦巫晋巫各代表一个民间宗教,汉武封泰山,禅梁父,一般方士术士都来了,这是道教与古代迷信冲突时期。

带上儒家帽子的墨教出来调和,便是董仲舒所创之新儒教。以天人感应为基本观念,替民间宗教作辩护,可谓古代迷信传说之复活,故中古期的正统哲学是新儒教。

从东汉到北宋,儒释道三教都来了,没有十分冲突。唐时以老子姓李,道教几乎成为国教。到了北宋真宗,崇道教,拜天书,封禅老子庙。道教之盛,达于极点,以至仁宗神宗时代,产生了许多怀疑派。如欧阳修、苏轼、王安石、李觏等,对于思想制度古书都怀疑。对于迷信的道教是一种反动,对于极端个人主义的禅宗是一种调和。于是在古代诸大思想系统中找出儒家,以《五经》为旧经典,《四书》为新经典,《大学》里找出方法论,《中庸》里找出心理学。静坐不是学佛,是求敬,是注意,是为自己的修养。故自北宋以来,正统哲学是理学。理学调和的分子极多,以儒家为根据,容纳道家佛家一部分思想,且兼容古代的宗教。为涵养须用敬之"敬",完全是宗教的态度。

结论:我所以讲这个题目,是要使大家知道,无论以中国历史或西洋历史来看,哲学是新旧思想冲突的结果。而我们研究哲学,是要教哲学当成应付冲突的机关。现在梁漱溟、梁任公、张君劢诸人所提倡的哲学,完全迁就历史的事实,是中古时代八百年所遗留的传统思想、宗教态度,以为这便是东方文明。殊不知西洋中古时代也有与中国同样的情形,注重内心生活,并非中国特有的。所以我们要认清楚哲学是什么,研究哲学的职务在那里,才能寻出一条大道。这是我们研究哲学的人应有的觉悟。

(本文为1925年5月17日胡适在北京大学哲学研究会的演讲,明宵笔记,原载1925年5月31日《国闻周报》第2卷第20期)

思想的方法

一个人的思想,差不多是防身的武器,可以批评什么主义,可以避免一切纷扰。我们人总以为思想只有智识阶级才有,可是这是不尽然的;有的时候,思想不但普通人没有,就是学者也没有。普通人每天做事,吃饭,洗脸,漱口,……都是照着习惯做去,没有思想的必要,所以不能称为有思想;就是关着窗子,闭着门户,一阵子的胡思乱想,也绝对不是思想的本义。原来思想是有条理,有系统,有方法的。

我们遇着日常习惯的事,总是马马虎虎的过去;及至有一个异于平常的困难发生,才用思想去考虑和解决。譬如学生每天从宿舍到课堂,必须经过三叉路和电车站,再走过二行绿荫荫的柳树,和四层楼的红房子,然后才至课堂。这在每天来往的学生,是极平常而不注意的事;但要是一个新考进来的学生,当他到了三叉路口的辰光,一定有一个问题发生:就是在这三条路中,究竟打那一条路走能到目的地?那个时候,要解决这个困难,思想便发生了。

要管理我们的思想,照心理学上讲,须要用五种步骤:

1. 困难的发生　人必遇有歧路的环境或疑难问题的时候,才有思想发生。倘无困难,决不会发生思想。

2. 指定困难的所在　有的困难是很容易解决的,那就没有讨论和指定困难的所在的必要。要是像医生的看病,那就有关人命了。我们遇着一个人生病的时光,往往自己说不出病之所在;及至请了医生来,他诊了脉搏,验了小便,就完了事;后来吃了几瓶药水,就能恢复原状。他所以能够解决困难,和我们所以不能解决困难的不同点,就在能否指定和认清困难之所在罢了。

3. 假设解决困难的方法　这就是所谓出主意了。像三叉路口的困难者,他有了主意,必定向电车站杨柳树那边跑。这种假说的由来,多赖平日的知识与经验。语云:"养兵千日,用在一朝。"我们求学亦复如此。这一步实是最重要的一步。要是在没有思想的人,他在脑袋中,东也找不到,西也找不到,虽是他在平常,能够把书本子倒背出来;可是没有观察的经验,和考虑的能力,一辈子的胡思乱想,终是不能解决困难的啊。

但是也有人,因为学识太足了,经验太富了,到困难来临的时候,脑海中同时生了许多不同的解决方法;有的时候,把对的主意,给个人的感情和嗜好压了下去,把不对的主意,反而实行了。及后铸成大错,追悔莫及。所以思想多了,一定还要用精密谨慎的方法,去选定一个最好的主意。

4. 判断和选定假设之结果　假若我脑海中有了三种主意:第一主意的结果是 A. B. C. D,第二主意的结果是 E. F. G,第三主意的结果是 H. I;那个时候,就要考虑他三个结果的价值和利害;然后把其中最容易而准确的结果设法证明。

还有我们做事,往往用主观的态度,而不用客观的态度;这就是我们常说的:"某人说话,不负责任"的解释了。

此次五卅惨案,也有许多激烈的青年,主张和英国宣战,他们没有想到战争时,和战争后,政治上,商业上,交通上,经济上,军事上的一切设备和结果。他们只知唱高调,不负责任的胡闹,只被成见和一时感情的冲动所驱使,没有想到某种条件有某种结果,和某种结果有没有解决某种条件的可能。

5. 证实结果　既已择定一个解决困难的方法,再要实地试验,看他实效的如何以定是非与价值。遇有事实不易在自然界发生的,则用人力造成某种条件以试验之。例如欲知水是否为轻养二原素所构成,此事在自然界不易发生,于是以人力合二原质于一处,加以热力,考察是否能成水。更以水分析之,看能否成轻养二原素,即从效果上来证实水的成分。

从前我的父亲有一次到满洲去勘界。一天到了一个大森林,走了多天,竟迷了路;那个时候干粮也吃完了,马也疲乏了,在无可如何的时光,他爬上山顶,登高一望,只见翠绿的树叶,弥漫连续,他用来福枪放起来,再把枯树焦叶烧起来,可是等了半天,连救援人的影踪也找不到。他便着急起来了,隔一回儿,他想起从前古书里有一句话,叫做"水必出山"。他便选定了这个办法,找到了河,遵了河道,走了一日夜,竟达到了目的地。

又有一例。禅宗中有一位烧饭的,去问他的大法师道:"佛法是什么?"那大法师算了半天,才回答道:"上海的棉花,二个铜子一斤。"烧饭的便说道:"我问你的是佛法,你答我的是棉法,这真是牛头不对马面的。"隔了三年,他到了杭州的灵隐寺去做烧饭,他又乘便问那个主持的和尚道:"佛法是什么?"那主持和尚道:"杭州的棉花,也是二个铜子一斤。"他更莫名其妙;于是他便跑到普陀山,峨眉山……途中饱尝了饥渴盗匪之苦,问了许多和尚法师,竟没有得到一个圆满的解决。有一天,他到了一个破庙房,碰到一个老年的女丐,口中咿唔的在自语着,他在不知不解间,听得一句不相干的话,忽然间竟觉悟了世界上怎样的困难,他也就明白了"佛法是什么"。他在几十年中所怀的闷葫芦,一旦竟明白了,不是偶然的。这就是孟子所说"资之深,则取之左右逢其源",只要把自己的思想运用,把自己的脑筋锻炼,那么,什么东西都可以迎刃而解了!

在宋朝有一个和尚,名叫法贤,人家称他做五祖大师,他最喜欢讲笑话。他讲:从前有一个贼少爷,问贼老爷道:"我的年纪也大了,也不能天天玩耍了,爹爹也可以教我一点立身之道吗?"那贼老爷并不回答他,到了晚上,导他到一座高大的屋宇,进了门,便把自己身边的钥匙,开了一个很大的衣橱,让他的儿子进去,待到贼少爷跨进衣橱,贼老爷把橱门拍的关上,并且锁着;自己连喊"捉贼,捉贼"的逃了。那时候,贼少爷在衣橱里是急极了,他想,"我的爹爹叫我来偷东西,那么他为什么把我锁在里边,岂不是叫他们活剥剥的把我捉住,送我到牢狱里去,尝铁窗风味吗?"可是他既而一想,"怎么样我可以出去?"便用嘴作老鼠咬衣服的声音,孜孜的一阵乱叫,居然有人给他开门了,他便乘着这个机会,把开门的人打倒,把蜡烛吹灭,等到仆人们来追赶他,他早已一溜烟的跑回家了。他看见父亲之后,第一声便问道:"你为什么把我关在橱里呢?"那贼老爷道:"我先要问你,你是怎么样出来的?"他便把实情一五一十的讲给贼老爷听,他听了之后,眉开眼笑的说道:"你也干得了!"要是这位贼少爷,在困难发生的时候,不用思想,他早已大声的喊道:"爹爹啊!不要关门啊"了。

我们读书不当死读,要讲合用;在书本之外,尤其要锻炼脑力,运用思想,和我的父亲,禅宗中的烧饭者和贼少爷一般无二。他们是能用有条理有系统有方法的思想,去解决他们的困难的。

我记得前几天有一个日本新闻记者问我:"现在中国青年的思想是什么?"我便很爽快的答道:"中国的青年,是没有思想的。"这一句话,我觉得有一点武断,并且很对不起我国的青年,可是我也有不得已的苦衷。当我在北京大学教论理学的时光,我出了三个问题:

(一)照你自己经验上讲,有何可称为思想的事实?

(二)在福尔摩斯的侦探案中,用科学方法分析出来有何可称为思想的事实?

(三)在科学发明史上,有何可称为思想的事实?

到了后来,第二第三都能回答得很对,第一问题简直回答的不满十分之二,而他们所回答的,完全是答非所问。这便因为他们平时不注意于运用思想的缘故。

(本文为1925年10月28日胡适在光华大学的演讲,赵家璧记,原载1926年1月5日《学生杂志》第13卷第1期)

哲学的将来(提要)

(一) 哲学的过去

过去的哲学只是幼稚的、错误的或失败了的科学。

宇宙论→天文学、物理学、生物学、生物化学。

本体论→物理、化学、生物、物理化学、生物化学。

知识论→物理学、心理学、科学方法。

道德哲学→社会学、人类学、心理学、生物学、遗传学。

政治哲学→经济学、统计学、社会学、史学……

(二) 过去的哲学学派只可在人类知识史与思想史上占一个位置,如此而已。

哲学既是幼稚的科学,自然不当自别于人类知识体系之外。

最早的 Democritus 以及 Epicurus 一派的元子论既可以在哲学史上占地位,何以近世发明九十元子的化学家,与伟大的 Mendelief 的元子周期律不能在哲学史上占更高的地位?

最早乱谈阴阳的古代哲人既列在哲学史,何以三四十年来发现阴电子(Electron)的 Thomson 与发现阳电子(Proton)的 Rutherford 不能算作更伟大的哲学家?

最早乱谈性善性恶的孟子、荀子既可算是哲学家,何以近世创立遗传学的 George J. Mendel 不能在哲学史上占一个更高的地位?

最早谈井田均产的东西哲学家都列入哲学史,何以马克思、布鲁东、亨利乔治(Henry George)那样更伟大的社会学说不能在哲学史占更高的地位?

(三) 哲学的将来

1. 问题的更换

问题解决有两途：

（1）解决了。

（2）知道不成问题，就抛弃了。

凡科学已解决的问题，都应承受科学的解决。

凡科学认为暂时不能解决的问题，都成为悬案。

凡科学认为成问题的问题，都应抛弃。

2. 哲学的根本取消

问题可解决的，都解决了。一时不能解决的，还得靠科学实验的帮助与证实。科学不能解决的，哲学也休想解决。即使提出解决，也不过是一个待证的假设，不足于取信现代的人。

故哲学家自然消灭，变成普通思想的一部分。在生活的各方面，自然总不免有理论家继续出来，批评已有的理论或解释已发现的事实，或指摘其长短得失，或沟通其冲突矛盾，或提出新的解释，请求专家的试验与证实。这种人都可称为思想家，或理论家。自然科学有自然科学的理论学，这种人便是将来的哲学家。

但他们都不能自外于人类的最进步的科学知识思想，而自夸不受科学制裁的哲学家。他们的根据必须是已证实的事实；自然科学的材料或社会科学的统计调查。他们的方法必须是科学实验的方法。

若不如此，但他们不是将来的思想家，只是过去的玄学鬼。

将来只有一种知识，科学知识。

将来只有一种知识思想的方法：科学证实方法。

将来只有思想家，而无哲学家：他们的思想，已证实的便成为科学的一部分，未证实的叫做待证的假设（Hypothesis）。

（本文为1929年6月3日胡适在上海大同大学演讲的提要，收入胡颂平编撰：《胡适之先生年谱长编初稿》第3册）

儒教的使命

我在这个讨论会里第一次说话就声明过,我不是一个儒教徒,后来我坐在这里听何铎斯博士(Dr. Hodous)的演说,听到他提起我,也许有心,也许无意,把我认作儒教里属于自然派的运动的一分子。我当时真不知道,我是应当维持我原来的声明呢,还是应当承认这个信仰的新性质呢?但是何铎斯博士在演说的末尾说:"儒教已经死了,儒教万岁!"我听了这两个宣告,才渐渐明白,——儒教已死了——我现在大概是一个儒教徒了。

儒教并不是一种西方人所说的宗教。我在大学(芝加哥——译者)演讲,在这里说话,都曾尝试说明有过些时期是一个宗教——是一个有神论的宗教。但是就整个看来,儒教从来没有打算做一个有神论的宗教,从来不是一个用传教士的宗教,儒教从来不做得仿佛相信它本身是完全靠得住的,儒教从来没有勇气跑出去对那些非教徒宣讲福音。这样说来,主席方才介绍我说话,他用的字眼有点和介绍别人的不同,是很有道理。他没有宣布我的题目是"儒教作为一个现代宗教的使命",只说我要略谈一谈从儒教的观点看现代宗教的使命。

我想这是很有道理的。儒教,正如何铎斯博士所说,已经死了。它是自杀死的,可不是由于错误的冲动,而是由于一种努力,想要抛弃自己一切逾分的特权,想要抛弃后人加到那些开创者们的经典上去的一切伪说和改窜。

我在大学演讲,有一次说过,儒教的最后一个拥护者,最后一个改造者,在他自己的一辈子里,看到儒教经典的一个主要部分,一个最通行,最容易读,因此在统制中国人的思想上最有势力的部分,已经被打倒了。这样说来,儒教真可算是死了。

孟子是儒家最伟大的哲学家,他的影响仅次于孔子,曾说过:"人之患,在好为人师。"儒家的经典里又常说:"礼闻来学,不闻往教。"儒教从来不教它的门徒跑出去站在屋顶上对人民宣讲,把佳音带给大地四方不归信的异教徒。由此可以看出来,儒教从来不想做一个世界的宗教,儒教也从来不是一个用传教士的宗教。

然而,这也不是说,孔子、孟子和儒家的学者们要把他们的灯放在斗底下,不把它放在高处,让人人可以看见。这只是说,这些人都有那种知识上的谦虚,所以他们厌恶独断的传教士态度,宁愿站在真理追求者的谦虚立场。这只是说,这些思想家不肯相信有一个人,无论他是多么有智慧有远识,能够说完全懂得一切民族,一切时代的生活与道德的一切错综复杂的性质。孔子就说过:"丘也幸,苟有过,人必知之。"正是因为有这样可能有错误的意识,所以儒教的开创者们不赞成人的为人师的欲望。我们想要用来照亮世界的光,也许其实只是把微弱的火,很快就要消失在黑暗里。我们想要用来影响全人类的真理,也许绝不能完全没错;谁要把这个真理不加一点批评变成教条,也许只能毁坏它的生命,使它不能靠后来的新世代的智慧不断获得新活力,不断重新被证实。

因此,现代宗教的第一个使命就是做一次彻底而严格的自我考察。"知道你自己",在世界宗教的一切大诫命里应当是首要的一条。我们应当让自己信得过,我们给人的是面包,不是石头。我们应当让自己可以断定,我们想要与世界分享的真理经得住时间考验,而且全靠它自己的长处存立,不靠迫害者的强暴,也不靠神学家和宗教哲学家的巧辩。我们应当让自己深知道,所有那些用他们的教条和各时代里的布鲁诺(Bruno)们,加利略(Galileo)们,达尔文们为敌的人,并没有给他们的宗教增光彩,反倒使它成了世界文明的笑料。

接下去,现代宗教的第二个使命,我相信,就是配合着自我考察的结果,情愿作到内部的种种改造——不但要修改甚或抛弃那些站不住的教义教条,还要改组每个宗教的制度形式的灭消那些形式,甚或,如果必要,取消那些形式。教人知道生命可以失而复得,是各大宗教共有的精神。反过来说，在堕落的情况中生存下去还不如死，也是真理。这一点对欧、美、印度、日本那些高度有组织，高度形式化的宗教说来是特别有意义的。

我们研究中国宗教的历史，可以看到很可注意的现象：因为那些宗教的制度形式薄弱，所以新的宗派总是渐渐的，几乎不知不觉的代替了旧的宗教。禅宗就是这样慢慢代替了一切旧派；净土宗也这样慢慢浸入了所有的佛教寺院和家庭。儒教也是这样，东汉的注家慢慢盖过了较古的各派，后来又和平的让位给朱子和他那一派的新解释；从宋学到王阳明的转变，随后又有趋向于近三百年的考据学的转变，都是以同样渐进方式完成的。

别的宗教却都不是这样。他们的每一个新运动都成了定理，都抗拒再进一步的变化。圣芳济会（Franciscans）在十三世纪是一个改革运动，到了二十世纪却依然是一个有权势的宗教，路得派与加尔文派在基督革新的历史上都占一个先进地位，到了我们当代却成了反动教派。所有这许许多多的宗派，本来应当是一伟大宗教的一条演进的直线上的一些点或阶段，在今日却成了一个平面上并存的相对抗的势力，每一个都靠制度形式和传教工作使自己永存不灭，每一个都相信只有它可以使人逃避地狱之火而达到得救。而且，这样不愿失了历史的效用只想永存下去的顽强努力在今日还引起一切更老的宗教的仿效，连中国的太虚和康有为也有仿效了。要求一切宗教，一切教派，一切教会，停止一切这样盲目的对抗，宣布休战，让他们都有机会想想所有这一切都为的是什么，让他们给宗教的和平、节省、合理化定出一部"全面的法典"——难道现在还不应当吗？

一个现代的宗教的最后一个大使命就是把宗教的意义和范围扩大，伸长。我们中国人把宗教叫做"教"，实在是有道理的。一切宗教开头，都是道德和社会的教化的大体系，归结却都变成了信条和仪式的奴性的守护者。一切能思想的男女现在都应当认清楚宗教与广义的教育是同在共存的，都应当认清楚凡是要把人教得更良善，更聪智，更有道德的，都有宗教和精神的价值；更都应当认清楚科学、艺术、社会生活都是我们新时代、新宗教的新工具，而且正是可以代替那旧时代的种种咒语、仪式忏悔、寺院、教堂的。

我们又要认清楚,借历史的知识看来,宗教不过是差一等的哲学,哲学也不过是差一等的科学。假如宗教对人没有作用,那不是因为人的宗教感差了,而是因为传统的宗教没有能够达成它的把人教得更良善、更聪智的基本功能。种种非宗教性的工具却把那种教化作得更成功,宗教本身正在努力争取这一切工具来支持它的形式化的生活。于是有了那些 Y.M.C.A(基督教青年会)和那些 Y.M.B.A(佛教青年会)。但是为什么不能省掉第三个首字母呢?为什么不坦白承认这一切运动都已没有旧的宗教性了。为什么不坦白承认这一切如果有宗教性,只是因为他们有教育性,只是因为他们要把人教得更有道德,更尊重社会呢?又为什么不爽快把我们一切旧的尊重支持移转到那些教育的新工具上,转移到那些正在替代旧的宗教而成为教导、感发、安慰的源泉的工具上呢?

因此,一个现代宗教的使命,大概就是要把我们对宗教的概念多多扩大,也就是要把宗教本来有的道德教化的功用恢复起来。一个宗教如果只限于每星期一两个小时的活动是不能发扬的;一个宗教的教化范围如果只限于少数几个神学班,这个宗教也是不能生存下去的。现代世界的宗教必须是一种道德生活,用我们所能掌握的一切教育力量来教导的道德生活。凡是能使人高尚,能使人超脱他那小小的自我的,凡是能领导人去求真理、去爱人的,都是合乎最老的意义的、合乎最好的意义的宗教;那也正是世界上一切伟大宗教的开创者们所竭力寻求的,所想留给人类的宗教。

(本文为 1933 年 7 月胡适在芝加哥大学的
英文演讲,中译稿收入徐高阮著译
《胡适和一个思想的趋向》)

中国禅学的发展

导　言

黎先生,各位同学!今天兄弟是来还债。以前李校长和黎先生同我说了多次,叫我来讲演,我因为事忙,时间不容许,虽然答应了,终没有办到,所以欠下这债来。到了这学期,定要我来讲四次,除了一次是原本,其余三次,好像是加了三倍利息似的。所以这一回,我可以说是受到黎先生的重利盘剥了!

"中国禅学的发展"这个题目,中国从来没有人很清楚地研究过。日本有许多关于禅学的书,最重要的,要推忽滑谷快天所著的《中国禅学史》,因为就材料而言,在东方堪称为最完备最详细的。这书前几年才出版。

凡是在中国或日本研究禅学的,无论是信仰禅宗,或是信仰整个的佛教,对于禅学,大都用一种新的宗教的态度去研究,只是相信,毫不怀疑,这是第一个缺点。其次是缺乏历史的眼光,以为研究禅学,不必注意它的历史,这是第二个缺点。第三就是材料问题:禅宗本是佛教一小宗,后来附庸蔚为大国,竟替代了中国整个的佛教,不过中国现在所有关于禅宗的材料,大都是宋代以后的;其实禅宗最发达的时候,却当西元七世纪之末到十一世纪——约从唐武则天到北宋将亡的时候,这四百年中间,材料最重要,可是也最难找;正统派的人,竟往往拿他们自己的眼光来擅改禅宗的历史。我十几年前研究禅宗,只能得到宋以后的材料,唐代和唐以前的很难得到。我想:要得到唐以前的材料,只有两种方法:一、从日本庙寺中去找,因为日本还保存着一部分唐代禅学。二、从敦煌石室写本中去找,因为三十年前所发现的敦煌石室里,有自晋到北宋佛教最盛时代的佛经古写本,现在这些古写本,世界上有三个地方保存着;一部分在北平图书馆,一部分在巴黎图书馆,一部分在伦敦博物馆。在北平图书馆的,都是不重要的东西,是人家不要的东西;重要的东西还是在伦敦和巴黎两处。从前的人,对于材料的搜集,都不注意,这是第三个缺点。

我研究禅宗,不能说完全没有上述的缺点;不过民国十五年(1926)我到巴黎,即存心搜集材料,我在那里发现了一些新的东西,从晋到北宋这一部分材料都曾经找到,非日本和中国的图书馆所能及。回国后七八年,我所找到的材料,只有一部分整理出版。当时日本研究禅学的,对于搜集材料,也很注意,也走上了这条道路;近几年来,日本也发现许多材料。所以现在研究禅学,比较便利多了。

这个禅宗问题,我曾在北大及燕大讲过,不过都不是有系统的讲演。将中国禅学的发展,作整个的系统的讲演,这还是第一次。

从前许多大师,对于禅宗的材料,都爱作假。所以经我揭穿之后,有许多人不高兴。不过我不是宗教家,我只能拿历史的眼光,用研究学术的态度,来讲老实话。

中国禅学的发展,是个总题目,我打算就分作四次来讲:一、印度禅;二、中国禅宗的起来;三、中国禅学的发展和演变;四、中国禅学的方法。

第一讲 印度禅

我何以要讲印度禅呢?禅学来自印度,虽然中国禅与印度禅不同,不过要懂得中国禅,须懂得印度禅。所以先讲印度禅,做一个引论。

关于研究印度禅的书籍,有以前香港大学校长 Sir Charles Eliot 所著的 *Hinduism and Buddhism*(Vol. I pp. 302—324),但是不幸书还没有完成,他就死了。我几年前也有一篇文章,篇名《从译本里研究佛教的禅法》,收在《胡适文存》三集中(pp. 423—448)。

在禅宗未起以前,印度便有"瑜伽",梵文为 yoga。此字是印度文与日耳曼文的混合语,在英文中为牛轭,引伸起来,是管束的意思。即如何才能管束我们的心,训练我们的心,使心完全向某一方向走,而能于身体上、精神上,和知识上发生好的结果。

在印度未有佛教以前,即二千五百年前,已有许多人做这种"瑜伽"。释迦牟尼想到名山去学道的时候,遣人出外寻道者二人,即为瑜伽师。古代"瑜伽"的方法,在印度很流行;佛家苦修,即用"瑜伽"的方法。后来佛教走上新的道路——"智"的道路,于是"瑜伽"遂变成了佛教的一部分。但无论任何修行的人,都免不了要用"瑜伽"的方法。后来佛家给以名字,便是"禅"。

"禅"字起源很早,在小乘、大乘经中以及各种小说里,都有"禅"字。我记得幼年看《水浒》,看见花和尚鲁智深打了一根八十二斤的禅杖,把"禅"字读作"单",后来才知道是读错了,其实并没有错,因为"禅"字的原文拼音是 Dhyana,音近"单"(按:中国"禅"纽字古音多读入"定"纽)。

佛教有三大法门:(一)戒,(二)定,(三)慧。"戒"是守戒,最高限度为十戒(按:根本五戒,沙弥加五为十戒),后又有和尚戒(比丘僧具足二百五十戒),尼姑戒(三百五十戒),居士戒(即菩萨戒,重十,轻四十八),从戒生律,于是成为律宗。次为"定",就是禅,也就是古代"瑜伽"传下来的方法,使我们心能定住不向外跑。第三部分为"慧",所谓"慧",就是了解,用知识上的了解,帮助我们去定。从表面上看,禅在第二,其实不然,禅实在能包括"定"、"慧"两部分。如说禅是打坐,那种禅很浅,用不着多说。因为要用"慧"来帮助"定","定"来帮助"慧",所以有人合称"慧定"。在中国禅宗,"慧"包括"定","慧"的成分多,并且还包括"戒";在印度,则"定"包括"慧","定"的成分多。

现在讲印度禅,先讲方法,后讲目的。

关于印度禅的方法,计有五种:第一个方法最浅显,便是"调息",佛书中叫做"安般"法门。"安"(ana)是"入息","般"(Pana)是"出息"。"安般"的意思,就是用一定的方式——手和脚都有一定的方式,如盘膝打坐使人坐着舒服,以调和呼吸。这种调息的方法,又可分为四项:(一)"数",就是从一到十来回的数着自己的呼吸,以避免四围环境的扰乱,使心能够专一。(二)"随",便是心随鼻息跑,所谓念与息俱,使心不乱。(三)"止",就是看鼻息停止在什么地方;中国道家向有所谓"视息丹田",即此。(四)"观",就是客观一点,把自己的元神提出来,看看自己到底怎样,比方牛在吃草,牧童却站在旁边看;又好像一个人站在门口,对于过路的人,某是张先生,某是李小姐,都能认识。总括一句,以上都是"安般"法门,其方法有"数"、"随"、"止"、"观"。

如果一天到晚,老是打坐,容易出乱子。譬如在打坐的时候,忽然涉想某人欠我的债,或恋爱的事情,或可恶的人与可恶的事,心更不定了。在这时候,非数息所能为力,所以还要旁的方法来帮助,即靠"慧"——知识——来帮助。所以第二个方法叫做"不净观"。所谓"不净观",就是用智慧想到一切都不干净。譬如当我们涉想某某漂亮的小姐的时候,我们就要想到他身上是如何的不洁净,鼻子里都是鼻涕,嘴里都是唾沫,肚子里都是腥血等不洁之物;并且到她死后,桃色的脸庞也瘦成白皮夹腮了,乌云般的头发也干枯了,水汪汪的眼睛也陷落了;到了尸体烂了之后,更是怎样的腐臭,怎样的变成骷髅。如此,我们也就不想她了。漂亮的小姐,金钱,地位,都作如是观,自然这些念头都会消除净尽。

第三个方法叫做"慈心观"。所谓"慈心观",便是训练你自己,不但要爱朋友,还要爱仇敌;不但爱人还要爱一切物。如当不安定的时候——生气的时候,一作"慈心观",便会不生气了。但有时还不能制止,所以又有第四个方法。

第四个方法就是"思维观",就是凭我们理智的了解力来解决一切。常言道"无常一到,万事皆休",由此,我们可以知道,任何物件,都是不能永久存在的,都不过是九十几种元素所凑成,将来都要还为元素的。比方有人骂我是反动派,反革命,走狗,当我们听到,自然很生气,非要和他拼命不可。要是拿我们的思维力来一分析:骂,到底是什么呢?不过是由空气传来的一种音浪;对于音浪,自然用不着生气。至于骂我的人呢?依着化学的分析,也不过是几分之几的氢气氧气……等等的化合物;而被骂的我呢?也是和骂我的人一样,几种元素的化合物而已。等到死后,大家都物归原所。如此,则所有骂詈,不过是一种气体的流动,两个机关打无线电而已,有什么了不得?到此地步,就无人无我,四大皆空了。

以上均就智识略高的人说,至于智识太低的人,怎么办呢?就有一种"念佛法",即第五个方法。所谓"念佛法",就是想到佛的三十二种庄严相。"念"便是"想",后来又念出声来,变成念书的"念",从心中想而到口头上念。

从最低的数息,到最高的无常哲学,都是方法。一大部分属于"慧",用"慧"帮助"定",用"定"帮助"慧",便是"瑜伽"。

上述五种,都是禅学的方法。现在讲印度禅的目的,即禅学的境界。此种境界,由各人自己去认识,其实都不一样;至于印度禅的究竟,谁也没有做到。

记得清初有一个大学者,颜习斋(元),他是保定府人,最初当蒙馆先生,学做圣人。他有一篇《柳下坐记》,叙述他自己在柳下打坐的情形。三百年前的圣人,在保定府打坐,到底到了什么境界呢?他说,在一个夏天,我坐在柳树之下,看着那柳叶,直变成了美丽的"绿罗";太阳光从这绿罗似的柳叶透过来,都成了一颗一颗的珍珠;他听到苍蝇嗡嗡的声音,就好像听到尧舜时代所奏的九韶之乐一样,像他这样,可算到了他自己的理想境界了。却是到不了印度禅的究竟境界。

印度禅的境界到底怎样呢?计算起来,有好几种的说法,现在略述其重要的:

第一是"四禅",也叫做"四禅定"。即:最初用种种法门帮助你消除种种烦恼欲望,到无忧无欲的境界,便是初禅。但初禅还有思想,还要用脑,再把一切觉、观都除去,自然得到一种"欢喜"(joy),便是第二禅。但第二禅还有欢喜,连欢喜也不要,只有一种心平气和、舒舒服服的"乐"的境界,便是第三禅。到了连这种舒舒服服的"乐"都没有了,即得"不动处",只是一种"调",即安稳调适,便到第四禅。

初禅还用思想,第二禅还要高兴,第三禅还觉舒服,第四禅则只有调和,要如何便如何,驾驭我们的心,好像马师之御良马,随所指挥,无不调适。

其次,四禅之外,还有四种境界,即"四念处"。此四处:

一、"空无边",就是想到空处。如眼是空的,鼻是空的,一一的想,想到只有空,譬如藕,只想其孔,越想越大,全不见白的藕了。想到全世界,也作如是观。

二、"识无边","空无边"还有想,便是一种印象;想到末了,不但是空,连这空的印象都没有了,便到"识无边"处。

三、"无所有",一切都没有了,便到"无所有"处。

四、"非想非非想",既到"无所有"处,你也没有了,我也没有了,连想都没有了,连"没有想"也没有了,此名为"非想非非想"处。常言说,"想入非非",不是想,也不是非想,此理难说,只可意会,不可言传。

四禅是一种说法,四念处又是一种说法,并不是先经四禅,而后到四念处。

又其次便是"五神通"。所谓四禅和四念处,都是解放人的心灵,以便得到神通。神通计有五种,合称"五神通":

一、天耳通,就是顺风耳。比方现在南京开的五中全会,我们在这里就可以听到,可不是用无线电。

二、天眼通,就是千里眼。上观三十三天,下观一十八层地狱,一切都可看见。想到哪里就看到哪里。

三、如意通,就是想变什么就变什么,好像孙悟空的七十二变一样。

四、他心通,就是他人心里所想的,我都可以知道。

五、宿命通,不但知道现在和未来,而且知道过去无量劫前生的事。

总起来说,印度的禅,不过如此。此是粗浅的说法。从数息到"空无边"处,都是"入定",都是用一种催眠方法达到"入定"。

再讲两个故事。

印度相传有一个很有趣的故事,在西历纪元三世纪(晋朝),即已有人译成中文。这个故事的目的,在教人专心致志做一件事情。

故事是这样的：

某时代，有一个国王，想找一个宰相。后来找到一个可以当宰相的人，先说要杀他，经人解说，于是要他用一个盘子，盛上满盘子油，从东城捧到西城，不准滴出一滴，否则杀头。这个条件，很不容易做到。他走到路上，有他的父母妻子哭他，他没有看见。有顶美的女人，从他身边走过，看的人不知有多少，他没有看见。后来忽然又来了一个疯象，吓得满街的人乱跑乱跳，可是他一心一意在盘子上，仍然没有看见。不久又遇到皇宫失火，一时救火抢火，闹得纷乱不堪，并且在殿梁上的一巢马蜂，被火烧出，到处飞着螫人，这人虽然被螫了几下，可是始终没有感觉到，仍然专心致志的捧着油盘往前走。最后，他竟达到了目的地，一滴油也没有滴下来。于是国王便拜他做宰相，以为一个人做事，能够这样专心，便是喜马拉雅山，也可以平下来，何况其他！

在十一世纪时，中国的法演和尚，也曾经讲了一个故事。其目的在教人自己找办法。故事是这样的：

五祖寺中有一个和尚，人问他禅是什么，他说："有两个贼；一个老贼，一个小贼。老贼年纪老了，有一天，他的儿子问他：'爸爸！您老了，告诉我找饭吃的法子吧！'老贼不好推却，便答应了。一到晚上老贼就把小贼带到一富人家，挖了一个洞，进到屋里。用百宝囊的钥匙，将一个大柜子的锁开开，打开柜门，叫他儿子进到里边。等他儿子进去之后，他又把柜子锁了，并且大喊：'有贼！有贼！'他便走了。富人家听说有贼，赶急起来搜查，搜查结果，东西没丢，贼也没有看见，仍然睡去。这时锁在柜子里的小贼，不晓得他父亲什么用意，只想怎样才能逃出去。于是就学老鼠咬衣裳的声音，一会儿，里边太太听到，就叫丫环掌灯来看衣服。刚一开开柜子，这小贼一跃而出，一掌把丫环打倒，把灯吹灭，竟逃走了。富人家发觉后，又派人直追。追到河边，这小贼情急智生，把一块大石头抛在河里，自己绕着道儿回去了。到得家里，看见他父亲正在喝酒，就埋怨他父亲为什么把他锁在柜子里。他父亲只问他怎样出来的。他把经过说了之后，老贼便掀髯微笑道：'你此后不愁没有饭吃了！'"像这小贼能从无办法中想出办法,便是禅了。"

上面两个故事,一个是印度的,一个是中国的。从这两个故事,可以看出印度禅与中国禅的区别。因为印度禅是要专心,不受外界任何影响;中国禅是要运用智慧,从无办法中想出办法来,打破障碍,超脱一切。印度禅重在"定";中国禅重在"慧"。

第二讲 中国禅宗的起来

往往一个故事,有两个不同的说法。从前有一个裁缝,辛辛苦苦地省下钱来,送他儿子去念书,他自己仍旧做工,有一次,儿子寄信回家要钱,裁缝不认识字,请隔壁一个杀猪的看信。那个杀猪的屠户也只认得几个字,便念道:"爸爸!要钱!赶快拿钱来!"裁缝听了很生气,以为儿子从小学念到中学,从中学念到大学,还不知道一点儿礼貌。后来有一位牧师来了,问裁缝为甚生气。裁缝把原委告诉他,牧师说:"拿信给我看看!"牧师看了信,便说道:"你错了!这信上明明写着:'父亲大人膝下:我知大人辛苦,老是不敢多用钱。不过近来有几种必不可少的书籍和物件要买,我的鞋子也破了,我的袜子也穿了,希望大人能寄给我半磅钱,我很感激;假若能寄一磅的话,那更感激不尽!'"裁缝听了,很高兴,并且向牧师说道:"信上真的是这样写的吗?如果是这样,我立刻就寄两磅钱去。"这便是一个故事的两种不同的说法:一种是杀猪的说法,一种是牧师的说法。

现在讲中国禅宗的起来,也有两种说法:

一、旧说,也可以说是杀猪的说法。相传灵山会上,释迦拈花,只有大迦叶微笑,于是释迦将"正法眼藏"传给大迦叶。从大迦叶以后,一代传一代,传到二十八代,便是菩提达摩。达摩在梁武帝时(西元520或526年)到广东。从广东到金陵(南京),见过梁武帝。因为武帝不懂"正法眼藏",于是达摩渡江而去,并且有"一苇渡江"的传说。渡江后,至北魏,住河南嵩山面壁九年。当时他有两个弟子:一个叫慧可,达摩很赏识他,于是将法传与他。从达摩起,为东土的第一代,慧可为第二代,再传僧璨为第三代,道信为第四代,至第五代为弘忍。五祖弘忍在湖北黄梅县修行,他门下有两大弟子:一个有学问,叫做神秀;一个没有学问,是广东人,叫做慧能。当时一般门徒,以为传老师衣钵的,一定是班长神秀,对于外来的广东佬,很瞧不起,只叫他做劈柴挑水的工作。一天,弘忍欲传法,召集门徒,令各作一偈,谁作得好,便传衣钵。当时大家都毫无疑义地以为是班长,但神秀也不敢直接交卷,只题一偈于墙上,偈曰:

身是菩提树,心如明镜台,
时时勤拂拭,莫使惹尘埃。

五祖看了,觉得也还不错,以为一个人能够这样修行,也可以了。当时交白卷的门徒,个个都把神秀所做的偈,念来念去,被厨房里的慧能听见了,也作一偈,请人题在壁上。偈曰:

菩提本无树,明镜亦非台,
本来无一物,何处惹尘埃?

五祖看见了,说:"不行!"用鞋将偈擦去。但到半夜,五祖竟亲至厨房,将法传与慧能,令他即速逃走,躲过几年,方可传道。

慧能走了之后,大家知道五祖已将法传与广东佬慧能,都很惊讶,就去追他,不过追不到了。

慧能到了广东,躲了许多年,才公然传道。但那时神秀已在北方自称六祖了。慧能只能在南方传道,正好像孙中山先生当时只能在广东一带宣传国民革命一样。

慧能后有二大弟子:一为怀让,一为行思。怀让后又传马祖(道一),行思后又传石头(希迁)。马祖、石头以后,宗派更多。总之,从如来拈花,到南能北秀,南派五宗,这是旧说。

二、新说也可以说是牧师的说法。所谓牧师的说法,以为前二十八祖的传说,拈花微笑的故事,都是假的。这些考证,说来很长,我只讲一点儿。

二十八祖之前二十三祖,还有一点根据,因见于《付法藏因缘传》(按:此书六卷,元魏吉迦夜等撰)。这书乃是述说印度北方罽宾国一个学派的传授,和禅宗并没甚么关系。而且印度人对于历史很不重视,印度向来没有历史,所以印度人向来就没有历史的眼光,缺乏时代的观念;后来西洋人用希腊的材料(如亚力山大东征等事),

和中国的材料，才勉强凑成一部印度史。因此，《付法藏传》所说的，也不见得可靠。即就该书记载而言，到了二十三代师子和尚，因为国王反对佛教，他被国王杀了，罽宾国的佛法在那时也就绝了。后来讲佛法传授的，因为讲不过去，不得不捏造几代，以便传到达摩；当中加了四代，至达摩便是二十八代。此二十八代，就有两种说法，现在所传的与从前的不同。我上次说过：保存古代禅学史料的，一为唐代敦煌的材料，一为日本的材料。从这两种材料，足以证明现在所传的二十八代，实始于北宋杭州契嵩和尚的伪造（按：契嵩始作《传法正宗定祖图》，定西天之二十八祖，谓《付法藏传》可焚云）。即将原有之二十四、五、七代改易，将二十六代升上去，并捏造两代。此种说法，曾经宋仁宗明令规定（按：嘉祐七年，即1062，奉旨把《定祖图》收入《藏经》内）。从《传灯录》一直传到现在。由此可见佛家连老祖宗都可以做假。

我们现在拿敦煌本一看，还可以看出当时禅宗争法统的激烈。大家都知道中国只有六代；至于印度，究有多少代呢？有的说八代，但释迦与孔子同时，到梁武帝时约千余年，八代总不够吧！于是有二十八代说。但师子杀头了，于是有二十三代说，二十四、二十五、二十九代说，甚且有五十一代说。优胜劣败，折衷起来，于是采取了二十八代说。

关于二十八代说法的变迁，既有敦煌的本子及日本的材料可证，我曾在《记北宋本〈六祖坛经〉》那篇文章里（见国立山东大学《文史丛刊》第一期），列了一个关于二十八代传法世系的传说异同对照表，可以参看。

以上所说，佛家对于老祖宗都可以做假，其他自可想而知。常言以为达摩未来以前，中国没有禅学，也是错误。关于古代禅宗的历史，有两部可靠的书。一是梁慧皎作的《高僧传》（止于西元519年）。一为唐道宣作的《续高僧传》（《自序》说："始距梁之始运，终唐贞观十有九年"，即止于645年）。在慧皎著书的时候，达摩还没有来，传中已有二十一个学禅的，可见梁代以前便有这些学禅的了。至《续高僧传》中，有一百三十三个学禅的，到唐初止。这都有史可考。并且自后汉末至三国,已有许多书谈到学禅的方法,可见中国从二世纪就有了禅学的萌芽。到了晋代(二世纪的晚年),敦煌有名安世高的,译出《道地经》、《大安般经》等书,有支曜译出《小道地经》;三世纪的晚年(西元284年),有竺法护又译出一本大的《修行道地经》;到了晋末,大约是四百零四年,长安有一位大师鸠摩罗什,译出大批佛书。这是就北方说;至于南方,当四百一十年,庐山也有一位印度和尚名佛驮跋陀罗的,翻译了一本《达摩多罗禅经》,当时慧远还请了许多印度和尚帮助他。顶好笑的,刚才我不是说过菩提达摩吗?《达摩多罗禅经》是410年就译出来的(按:达摩多罗亦古梵僧名,有四人)。菩提达摩是于500年以后才到中国;乃后来讲禅宗传授的,竟把两个人混作一个,或竟称为"菩提达摩多罗"!在梵文中,菩提达摩是Bodhi dharma,达摩多罗是Dharmatrata,明是两字,岂可混为一谈?总之,我们要知道在达摩以前,中国便有人学禅了;说达摩未到时中国没有禅学,那完全是错误的。

上次说过,修了安般法门,可以得到五通神,即天耳通,天眼通,如意通,他心通,宿命通等。当这种调和呼吸,修练神通的法门盛行的时候,正是魏晋士大夫崇拜老庄,谈论虚无,梦想神仙的时候。因为佛教最高的境界是涅槃,是四大皆空,和道家的虚无相似,又有各种方法可以学到顺风耳,千里眼,种种神通,也近于神仙之术,所以佛道两教,在当时很能发生关系。三世纪时,中国最著名的和尚道安便把禅法看作"升仙之奥室",他曾说过,从一数到十,从十数到一,无非期于"无为"和"无欲",以得到最高的"寂"而显神通。例如他《序安般经注》上说:

> 安般寄息以成守,四禅寓骸以成定;寄息故有六阶之差,寓骸故有四级之别。阶差者,损之又损之,以至于无为;级别者,忘之又忘之,以至于无欲。既"无为",又"无欲",便可到最高的"寂"。到"寂"以后,便神通广大:举足而大千震,挥手而日月扪,疾吹而铁围飞,微嘘而须弥舞。

后来慧皎也曾说到禅的最高境界,在得神通,仿佛与神仙相似。例如论"习禅",他说:

> 禅用为显,属在神通。故使三千宅乎毛孔,四海结为凝酥,过石壁而无壅,擎大众而弗遗。

当三世纪到四世纪间,时人已有主张整理佛教的了。中国固有的宗教,向无天堂地狱之说,也没有灵魂轮回之说,不过鬼是有的,但鬼也可以饿死。印度方面,则上有三十三天,下有一十八层地狱。所以自印度佛教传入中国以后,中国好像"小巫见大巫",惊叹佛教的伟大,五体投地的佩服,于是大批翻译佛教经典。但经典渐渐的太多了,教义太伟大了,又觉得不能完全吞下,于是又想把佛教"简化"(Simplify)起来。上次说过,佛教要义在"慧定","慧"帮助"定","定"帮助"慧",互相为用。当时人觉得印度禅太繁琐,像什么数息啦,什么四禅定啦,什么四念处啦,……因此,江西庐山有一位慧远大师(按:道安的高足弟子),自创一宗,就是"净土宗";并结一社——一个俱乐部,叫做莲社。他以为佛门的精义,惟在"禅智"二字。他尝说:

> 三业之兴,以禅智为宗。……禅非智无以穷其寂,智非禅无以深其照。然则禅智之要,照寂之谓。

不过从前的禅,既觉得过于繁琐,自有简化的必要。当时从印度传入一种《阿弥陀经》,很简单(按:只一千八百余言,人称为"小经");上次所说的印度禅,有五种安般法门,其中的念佛观便是"净土宗"的法门,《阿弥陀经》便是念佛观的经典。此经外,尚有《无量寿经》等。经中说西方有一净土,叫做极乐国。那里有无量福,无量寿,无量光;有阿弥陀佛(按:梵语 Amita,即无量之义);有四时不谢之花,八节长春之草,花鸟都能念经,满地尽是琉璃。欲至其他惟有念"南无阿弥陀佛","南无"两字,梵音读作"哪嘛"(Namo 或 Namah),是敬礼的意思。只有一心念"南无阿弥陀佛",便可到极乐世界,何等简单!这是当时佛教简单化的运动。

到五世纪前半期,慧远有一个弟子,同时并是鸠摩罗什的弟子,叫做道生(殁于434年),现在苏州虎丘还有一个生公说法台,就是相传"生公说法,顽石点头"的地方。道生很聪明,得南北两派之真传,以为佛教还要简单化。他相信庄子所说的得鱼可以忘筌,得意可以忘象，以为只要得到真的意思，只要抓住佛教的要点，则几千万卷半通不通的翻译经典，都可以丢掉。把印度佛教变成中国佛教，印度禅变成中国禅，非达摩亦非慧能，乃是道生！他创了几种很重要的教义，如"顿悟成佛"，"善不受报"，"佛无净土"等。"善不受报"是反对那买卖式的功德说；"佛无净土"是推翻他老师慧远所提倡的净土教；至于"顿悟"说，更是他极重要的主张。与顿悟相反的为渐修。佛家从数息到四禅定，从四禅定到四念处，都是渐修。只抓着一个要点，"放下屠刀，立地成佛"，便是顿悟。"放下屠刀，立地成佛"，这句话我们听惯了，不觉得甚么，其实在当时是一句大逆不道的话。因为如此则十二部大经典完全无用；所有一切仪式，如礼拜、忏悔、念经、念佛，以及寺观、佛像、僧侣、戒律都成废物；佛教起了大的革命。主顿悟的，叫做顿宗，主渐修的，叫做渐宗。那时涅槃经从印度输入，尚不完全，仅译成了一半；生公以为涅槃经中，说过"一阐提人（icchantika，即不信佛教的）皆具佛性"，更为极端的顿悟说。因此，旧日僧徒便说他"背经邪说，独见忤众"，把他驱逐出去。他当临走时，于四众之中，正容起誓道：

若我所说，反于经义者，请于现身，即表厉疾。若与实相不相违背者，愿舍身之时，据狮子座。

后来《大般涅槃经》传入中国，全部译出，果然与生公之说相合。于是生公仍返江南。后来讲经于庐山，踞狮子座而逝，很光荣。刘宋太祖文帝对于顿悟说，也很赞叹提倡，从此顿宗渐盛。可是禅宗之顿悟说，实始于四世纪后的生公。

现在要讲到菩提达摩的故事了。

在五世纪（470年左右）刘宋将亡之时，广州来了一位印度和尚，叫做菩提达摩。因达摩由南天竺出发，所以从海道。宋亡于479年，他到宋，宋尚未亡（旧说520年始到，不确。按：520年为梁武帝普通元年）。他到过洛阳，曾瞻礼永宁寺，事见杨衒之的《洛阳伽蓝记》，因这书中尝说"达摩到永宁寺（510年造，520年毁），自称百五十岁"。他来中国是470年左右，到永宁寺大约在520年左右，所以他在中国住了五十年。当时一个年少的印度和尚到中国来，道不易行，所以自称百五十岁,大概由于印度是热带,人多早熟,早生胡须,故自称百五十岁,以便受人尊敬吧?他到中国后,将中国话学好,四处传道,计在中国五十年,其道大行,尤其是北方。

达摩的教义有两条路:一是"理入",一是"行入"。"理入"就是"深信含生同一真理;客尘障故,令舍伪归真,凝住壁观,无自无他,凡圣等。"因人的本性相近,差别无多,只须面壁修行,所以"理入"又叫做"壁观"。所谓"壁观",并非专门打坐,乃面壁之后,悟出一种道理来。至于"行入",就是从实行入的,内中又分四项:

第一,报怨行——就是"修行苦至,是我宿作,甘心受之。"意思是说,一切苦痛,都是过去积聚的,必须要"忍",才算苦修。

第二,随缘行——就是"苦乐随缘,得失随缘"。

第三,无所求行——就是一切不求,只有苦修。因为"有求皆苦,无求乃乐"。

第四,称法行——即性净之理。

达摩一派,实为虚无宗派,因为他以为一切经论都靠不住,靠得住的只有一部《大乘入楞伽经》,读此一经,即已具定。

达摩一派,主张苦修;凡受教的,只准带两针一钵,修种种苦行,传种种苦行的教义。

达摩一派,后来就成为楞伽宗,也叫做南天竺一乘宗(见《续高僧传》中的《法冲传》);因为楞伽就是锡兰岛,《楞伽经》所代表的便是印度的南宗。(参见唐僧净觉的《楞伽师资记》,民国二十年北平校刻敦煌写本。)

达摩一派,既为一苦修的秘密宗派,故当时很少有人知道;但为什么后来竟成为一大禅宗呢?说来话长,且听下回分解。

第三讲　中国禅学的发展与演变

我们已经讲了两次:第一次讲的是印度禅;第二次讲的是中国禅宗的起来。这两种禅法的区别,简单说,印度禅法是渐修,中国禅法重顿悟。二者恰恰相反:前者是从静坐、调息,以至于四禅定、五神通,最合魏晋时清谈虚无而梦想走到神仙境界的心理;后者不然,是

"放下屠刀,立地成佛"的办法,这是中国的佛学者力求简单化的结果。

原来在三世纪到四世纪时,中国佛学者对印度禅法已表示不满;到五世纪前半,出了道生这个革命和尚。上次讲过:他是慧远的弟子,又曾从罗什受业,肯作深思,把当时输入的佛教思想,综合之,且加以考校。他有几句重要的宣言:

> 夫象以尽意,得意则象忘;言以诠理,入理则言息。自经典东流,译人重阻,多守滞文,鲜见圆义。若忘筌取鱼,始可与言道矣。

这就是说,到这时候我们中国人可以跳过这个拘滞的文字,可以自己出来创造了。经论文字,不过是一些达意的符号(象);意义既已得到,那些符号便可扔到茅坑里去了。道生于是创造"顿悟成佛论",说"善不受报"、"佛无净土"、"一阐提人皆具佛性"。这是革命的教义。一切布施,修功德,念佛求生净土,坐禅入定求得六神通,都禁不起"顿悟"二字的威风。这么一来,当时的旧派遂起而攻击道生的邪说,把他赶出建业,于是他只得退居苏州虎丘山。后来大本《涅槃经》全部到了,果然说"一阐提人皆有佛性",因此,生公的"顿悟成佛论"得着凭证而惹人信赖了。生公这种思想,是反抗印度禅的第一声,后来遂开南方"顿宗"的革命宗派。

当宋齐之际,从南印度来了一个和尚菩提达摩,先到广州,后又转到北方,在中国约有四五十年。上次也讲过:他受空宗的影响很大,所以抛弃一切经典,只用一部南印度的小经典《楞伽经》四卷来教人。这是一个苦修的宗派,主张别人打我骂我,我都不要怨恨,所谓"逆来顺受",认为自己前生造下了冤孽。他的禅法也很简单,谓一切有情都有佛性,只为客尘所障,故须面壁坐禅,"认得凡圣等一",便是得道。故他们在行为方面是"忍";在理智方面是"悟"。这就是楞伽宗,又名南天竺一乘宗,是印度传来的叫化子教他们过着极刻苦的生活,如达摩弟子慧可所传的满禅师,"唯服一衣,一钵,一食"。再传的满禅师,"一衣,一食,但蓄二针,冬则乞补,夏便通舍,覆赤而已。往无再宿,到寺则破柴,造覆,常行乞食"。在贞观十六年(西元642年),满禅师于洛州南会善寺倒宿墓中,遇雪深三尺,有请宿斋者,告曰:"天下无人,方受尔请。"这个苦行的宗派,不求人知,不出风头,所以不惹人注意,知道的很少,道宣在他的《续高僧传》里对这派曾这样说过:"人非世远,碑记罕闻,微言不传,清德谁序?深为痛矣!"但当七世纪时,此宗风气渐变,刻苦独行的人不多,渐趋于讲诵注疏之学,故道宣又说他们"诵话难穷,励精盖少"。他们为一部《楞伽经》作疏或钞(钞即疏的注解)。共有十二家,七十卷之多(也见道宣的《法冲传》)。可见这时的楞伽宗,已非往昔苦行头陀的风味了。

到八世纪初,正当慧能在南方独唱顿悟教义的时候,湖北荆州府玉泉寺有个神秀老禅师,声誉甚隆。武后派人请他到长安(约701年),既来之后,便往来于两京(长安和洛阳)之间,备受朝野尊崇,号称"两京法王,三帝(按:谓则天帝,中宗,睿宗)国师。"他自称为菩提达摩建立的楞伽宗的嫡派。他死在纪元706年(武后死的次年),谥大通禅师,当代人手笔张燕公(说)为之作碑。今日我们知道他的传法世系是:

达摩——慧可——僧璨——道信——弘忍——神秀

第一次便发现于这个碑文里。但与道宣在《法冲传》内所记的不同,不过因为神秀地位极高,人都信此法系是正确的了。神秀的二大弟子义福和普寂,也被朝廷尊为国师,气焰熏天。义福死于736年(玄宗开元二十四年),谥大智禅师;普寂死于739年(开元二十七年),谥大照禅师。严挺之作《大智禅师碑》,李邕作《大照禅师碑》,都用了上列的传法世系。所以从701到739,这四十年中可以说是楞伽宗神秀一派势力全盛时代。

据最可靠的材料,神秀并未著书;现在伦敦及巴黎所藏敦煌发现的写本中,有《五方便》一种;但非神秀作,乃是神秀一派人所作。其教义仍接近印度禅的渐修。如玄颐《楞伽人法志》上说:"禅灯默照,言语道断,心行处灭,不出文记。"神秀临死时的遗嘱是"屈,曲,直"三字。又如张说所作碑文上说:"其开法大略,则慧念以息想,极力以摄心;其入也品均凡圣,其到也行无后。趣定之前,万缘尽闭;发慧之后,一切皆如。持奉楞伽,递为心要。"这可证明他的禅法仍是近于印度禅。普寂的禅法,据《神会语录》及《坛经》上说:"凝神入定(止),往往心净(观);起心外照,摄心内证。"也可证明神秀教义之一部。

当普寂、义福的气焰方张的时候,开元二十二年(734)河南滑台(即今滑县)的大云寺来了一个神会和尚,他居然大声疾呼的要打倒伪法统;在大会上宣言,弘忍并不曾传法与神秀,真正的第六代祖师是他的老师岭南慧能。

原来在七世纪末八世纪初,中国另发生一个浪漫的大运动,使中国佛教又起一个大革命,革命的首领就是一个不识字的广东佬,神会口中所说的慧能和尚。自从七世纪晚年,弘忍死后,他的两大弟子,神秀就称为北宗的大师,慧能也成为南宗的大师。慧能是广东新州人(现在新兴县,在高要的西南),他住过广州,后来住在韶州的曹溪山,故后人皆称为"曹溪派";又因为他在最南方,就称为"南宗"。他所提倡的一种革命的教义也就是"顿悟",他是个不识字的人,靠着砍柴过日子,他的成功全靠自己大胆的努力。他死于713年(开元元年),留传下来的只有《坛经》一书。这书也经过了许多变迁:民国十五年(1926)我在伦敦看见的敦煌唐写本,约一万二千字,可说是最早的一个本子;去年(1933)在日本看见的北宋初(970年,宋太祖开宝间)的《坛经》,分两卷,已加多了二千字;明本又加多了九千字,共计约二万四千字。但这部法宝《六祖坛经》,除"忏悔品"外,其余的恐就是神会所造的赝鼎(按:可参看《神会和尚遗集》卷首的《神会传》)。慧能的教义可分几点说:

一、自性三身佛 他说:向来劝你皈依佛,皈依法,皈依僧;我劝你归依自性三宝。三宝都在你心里:归依觉(佛),归依正(法),归依净(僧)。这是自性的三宝。他又说:向来人说三身佛;我今告诉你,三身佛都在你自己色身中:见自性净,即是清净法身佛;一念思量,化生万法,即是自性千万亿化身佛;念念善,即是自性圆满报身佛。他又说:我本性元来清渉,识心见性,自成佛道。——慧能教人,大旨如此。后人所谓"直指人心,见性成佛",即是此义。此义还是源于"凡圣等一",故人人都可以顿悟成佛的。

二、四弘誓愿　众生无边誓愿度——自性自度;烦恼无边誓愿断——自心除;法门无边誓愿学——自心学无上正法;无上佛道誓愿成——自悟即佛道成。

三、无相忏悔　永断不作,名为忏悔。

四、摩诃般若波罗蜜法　"摩诃"之意即是大,所谓"性含万法是大",心量广大,犹如虚空;"般若"之意即智慧,所谓"一切时中,念念不忘,常行智慧";"波罗蜜"之意是到彼岸,所谓"离境无生灭,如水永长流,即名到彼岸"。

五、反对坐禅　他说:不用求净土,净土只在你心中;不用坐禅,见你本性即是禅;不用修功德,见性是功,平等是德。他说"一行三昧",就是"于一切时中,行住坐卧,常行一直心";"于一切法上无有执着,名一行三昧"。"若坐不动是禅,维摩诘不合诃舍利弗宴坐林中。"(这是《维摩诘经》的影响)。

神会,襄阳人,约710年(睿宗景云元年)到曹溪见慧能。在慧能死后二十一年,即734年(开元二十二年),他才到河南滑台传道;到现在1934年我们来讲他,恰好是他整整的一千二百年纪念。那时他在大云寺大会上当众宣述南宗的宗旨,说当时公认的传法正统是假的,大胆指斥普寂"妄竖神秀为第六代";他说当初菩提达摩,以一领袈裟为传代法信,授给慧可,慧可传僧璨,僧璨传道信,道信传弘忍,弘忍传慧能,所以我们才是正统,有传法袈裟在韶州为证。他自己称说这次在河南"设无遮大会兼庄严道场,不为功德,是为天下学道者定宗旨,为天下学道者辨是非";现在普寂妄称自己为第七代,把神秀称为第六代,他要誓死反对!或曰:普寂禅师名望盖世,天下知闻,如此排斥,恐与身命有关。他说:"我自料简是非,定其宗旨,岂惜身命?"他更进一步说,神秀在世时,因袈裟在韶州慧能处,所以不敢自认是第六代;乃普寂竟让同学广济于景龙三年(709)十一月到韶州去偷此法衣。当时普寂尚在,但也没有人出来否认,可是神会也闹了一个大笑话:有人问他:菩提达摩以前,西国又经几代?他可没有预备,信口答出"八代",并且还把菩提达摩与达摩多罗误作一人(见前讲)。至天宝四年(745),神会到了东京(洛阳),在荷泽寺继续"定南宗宗旨",继续攻击神秀、普寂一派的"北宗"为伪法统,定慧能一派的"南宗"为菩提达摩的正统。他提倡顿悟,立"如来禅",破北宗渐教的"清净禅",其实,平心而论,真正的顿悟是不通的。如姜太公钓鱼,被文王任为宰相;传说举于版筑之间(按:此两事,《神会语录》中常举作"顿悟不思议"的比喻)。乃至李白之斗酒诗百篇,莫不是积了数十年许多零碎的经验,蕴蓄既久,一旦发挥出来,所以"顿悟"云云,往往也须经过"渐修";不过因他是年过八十的老头儿,状貌奇特,侃侃而谈,就轰动了不少的听众。其时义福、普寂都已死了,在生时似乎是不理他,死后他们的徒子徒孙,眼见他声名日大,而且绘出图像来宣传他所造作的楞伽宗法统史,公开地攻击北宗法统,说来动听感人,于是普寂一派人只好利用政治势力来压迫神会。天宝十二年(753),遂有御史卢奕上奏,弹劾神会,说他"聚徒,疑萌不利";朝廷就把他赶出东京,黜居弋阳(在今江西),又徙武当(在今湖北均县),又移襄州(在今襄阳),又移荆州开元寺,苦煞了这个八十五六岁的老头儿!

神会被贬逐的第三年(755,天宝十四年),安禄山造反,两京陷落,明皇出奔,太子即位;至757年(肃宗至德二年),郭子仪等始收复两京,神会也回到东京来了。那时大乱之后,军饷无着;于是右仆射裴冕提出一个救济经济的政策,"大府各置戒坛度僧"。"纳钱百缗,请牒剃落,亦赐明经出身。"这就是作和尚先得买执照。本来唐朝作和尚的,须购度牒,有了度牒,就算出家,可以免除租、庸、调诸税。但残破乱离之际,这种公债无法推销,非请一位善于宣传的出来负责发卖不可,于是大家都同意把神会请出来承办劝导度僧,推销度牒,筹助军饷的事。他以九十高年,搭棚设坛,大肆鼓吹,听者感动,男女剃度者极多,这种军用公债果然倾销起来,一百吊钱一张,而当时施主也不少,于是为政府增加了大宗的收入,功劳甚大。肃宗皇帝下诏叫他入内供养,并且替他盖造禅院于荷泽寺中。到760(上元元年),神会死,享年九十有三,赐谥真宗大师,建塔洛阳,塔号般若。他死后三十六年,即796(德宗贞元十二年),在内殿召集诸禅师,由皇太子主席,详定传法旁正,于是朝廷下敕立荷泽大师神会为第七祖。于是神会的北伐成功,慧能的南宗遂成为禅宗的正统了。

关于神会的思想,我不打算细讲;其教义可得而言者,约有五点:

一、顿悟　这就是神会的革命旗帜。他说:"十信初发心,一念相应,便成正觉,于理相应,有何可怪?"以明"顿悟不思议"。简言之,仍是"放下屠刀,立地成佛"之意。

二、定慧平等　他说:"念不起,空无所有,名正定;能见念不起空无所有,名正慧。"即是以"慧"摄"定";最后"戒"、"定"都可以不管,只要"慧",归到理智主义去。

三、无念　他的禅法以无念为宗。"不作意即是无念"、"所作意住心,取空取净,乃至起心求证菩提涅槃,并属虚妄"。"应无所住而生其心。"

四、知　他说:"知之一字,众妙之门。"所以中国禅宗,侧重知解,终身行脚,求善知识。且此语实开中国思想界"良知"一派的先河。

五、自然　他说:"修习即是有为诸法。生灭本无,何假修习?"只是自然,只是无为,与中国道家思想相合。

总之,神会倡言为天下学道者定宗旨,为天下学道者辨是非,所以他对于神秀一系的旧法统极力诋斥,建立起自己的新法统来。民国十五年我在巴黎发现了神会的许多材料,后来在日本又发现了一些。因知八世纪的前期,普寂盛行的时候,僧人都附于楞伽宗派,所谓"东山法门";等到八世纪的后期,神会兴起,以至九世纪以来,又都成了南宗门下的信徒了。

"杀猪的"底说法(即旧说)就没有神会的地位;因其门下无特出的人物,而继续努力的人也非同门,所以他的功劳渐渐埋没,过了几百年就完全被人忘记了。

八世纪中,神会北伐成功,当时全国的禅师,也都自称出于菩提达摩。牛头山一派自称出于第四代道信。西蜀资州智诜派下的净众寺一派和保唐寺派,也都自称得着弘忍的传法袈裟。人人依草附木,自称正统。

一、成都净众寺派，其法统为：

弘忍——智诜——处寂——无相

所以又称无相派。此派为宗密所叙的第二家，与北宗接近，以"无忆，无念，莫忘"为宗。就是说，勿追忆已往；勿预念将来；"常与此志相应，不昏不错，名莫忘"。此宗仍要"息念坐禅"。

二、成都保唐寺派，宗密记此派的世系如下：

弘忍 { 老安——陈楚章
　　　 智诜——处寂——无相 } 无住

无住把净众寺一派的三句改为"无忆，无念，莫妄"；"忘"字改成"妄"字，宗旨就大大的不同。无住主张"起心即妄，不起即真"，似乎受了神会的影响。且此派更有革命左派的意味："释门事相，一切不行礼忏，转读，画佛，写经，一切毁之。所住之院，不置佛事。但贵无心，而为妙极。"此派也想争法统，说慧能的传法袈裟被武则天迎入宫中，转赐与智诜，又递到无住手里。

但是忽然在江西跳出一个和尚来，名叫道一，又称马祖。他说慧能的传法袈裟又到了他那里，其实这些都是假的。他本是四川人，落发于资中，进具于巴西，是由北宗改入南宗的。他是无相（净众寺派）的弟子，后离蜀赴湖南衡岳跟六祖嫡传怀让修行，才入"顿门"，故史家称为慧能的再传，其实他也属于智诜一派。道一这派的宗旨有八个字："触类是道，任心为修。"他说："所作所为，皆是佛性；贪嗔烦恼，并是佛性；扬眉动睛，笑欠声咳，或动摇等，皆是佛事。"这叫"触类是道"，既是凡碰到的都是道，就是随时皆为道，随心皆为修行。这个本来就是佛；所以不起心造恶，修善，也不修道，"不断不修，任运自在，名为解脱，无法可拘，无佛可作"。他只教人"息业养神"、"息神养道"。这叫"任心为修"。他殁于786年（唐德宗贞元二年）。

马祖门下有一个大弟子，名叫怀海，就是百丈禅师（殁于814，即唐宪宗元和九年），建立了禅院组织法，世称"百丈清规"。凡有高超见解的和尚，称为长老，自居一室；其余僧众，同居僧堂。禅居的特点，是不立佛殿，惟立法堂佛教寺院，到此为一大革命。并且他们提倡作工;"一日不作,一日不食",是百丈和尚的格言。以后的禅门,大都是从马祖、百丈传下来的。自八世纪以下,禅学替代了佛教,禅院替代了律居。佛教差不多完全变成禅学了。

第四讲　中国禅学的方法

今天是最后一次讲演,黎先生刚才对我说今天功德圆满,其实不过是我的一笔旧债还清了。

这次讲的是中国禅学的方法。上次本来想把中国禅宗的历史讲得更详细一点,但因限于时间,只能将普通书所没有的禅宗的来历,说了一个大概;马祖以后的宗派,简直就没有工夫来讲。但不讲也不大要紧,因为那些宗派的立场跟方法,大抵差不多,看不出什么显著的区别,所以也不必在分析宗派时多讲方法,现在只讲禅宗整个的方法。

中国的禅学,从七世纪到十一世纪,就是从唐玄宗起至宋徽宗时止,这四百年,是极盛的黄金时代。诸位是学教育的,这一派人的方法于教学方面多少有点启示,所以有大家一听的必要。

南宗的慧能同神会提倡一种革命思想——"顿悟",不用那些"渐修"的繁琐方法,只从智慧方面,求其大彻大悟,放下屠刀,立地成佛。在当时因为旧的方式过于复杂,所以这种单刀直入的简单理论,感动了不少的人,终于使南宗顿教成为禅宗的正统,而禅宗又成为佛教的正统。这是他们在破坏方面一大成功。可是慧能同神会都没有方法,对于怎样教人得到顿悟,还是讲不出来。到九世纪初,神会的第四代弟子宗密(殁于841,即唐武宗会昌元年),方把"顿悟"分成四种:

一、顿悟顿修　顿悟如同把许多乱丝,一刀斩断;顿修如同把一团白丝,一下子丢到染缸里去,红即红,黑即黑。

二、顿悟渐修　如婴儿坠地,六根四体顿具,男女即分,这叫顿悟;但他须慢慢发育长大,且受教育,成为完人,这叫渐修。故顿悟之后必继以渐修。

三、渐修顿悟　这好比砍树,砍了一千斧头,树还是矗立不动,这叫渐修;到一千零一斧头,树忽然倒下来了,这叫顿悟。这并非此最后一斧之力,乃是那一千斧积渐推动之功。故渐修之后自可成顿悟。

四、渐修渐悟　如同磨镜,古时候,镜子是铜制的,先由粗糙的铜,慢慢的磨,直至平滑发亮,可以照见人影,整理衣冠。又如射箭,起初百无一中,渐渐百可中十,终于百发百中。

这四种中间,第一种"顿悟顿修",是不用方法的,讲不通的,所以后来禅宗也有"树上那有天生的木杓?"的话。第二种"顿悟渐修",却是可能的;第三种"渐修顿悟",尤其可能。这两种"放下屠刀,立地成佛"的例子,在西洋也有很多:如圣奥古斯丁,起初是一个放荡不羁,狂嫖滥赌的人,说重一点就是流氓地痞,一天在街上听了一位教师的讲演,忽然省悟,立志苦修,竟成为中古时代的宗教领袖。这就是"顿悟渐修";却也是"渐修顿悟",因为他早已有种种烦闷,逐渐在变化,一旦下决心罢了。又如三四百年前科学大师格里略(意大利人),生而有艺术的天才,但他的父亲是个数学家,送他到大学去习医,他的兴趣不倾向于这方面,而于音乐绘画等倒是弄得不错;有一天,国王请了一位数学家来讲几何学,他听了一小时,忽然大彻大悟,就把一切抛开,专发挥他从遗传中得来的数学天才,后来便成了几何学物理学的老祖师。再举一个日常例:我们有时为了一个算学或其他的难题,想了几天,总想不出,忽然间梦里想出来了。这也是慢慢的集了许多经验,一旦于无意间就豁然贯通。第四种"渐修渐悟",更是可能,用不着来说了。

总之,"顿悟渐修"、"渐修顿悟"都是可能的,都是需要教学方法的;"渐修渐悟"更是普通的方法;只有"顿悟顿修"是没有教学方法的。

禅门中许多奇怪的教学方法,都是从马祖(殁于786)来的。马祖道一,本是北派,又受了南派的影响,所以他所创立的方法,是先承认了渐修,然后叫你怎么样渐修顿悟,顿悟而又渐修。他的宗旨是"触类是道,任心为修";如扬眉,动目,笑笑,哈哈,咳嗽,想想,皆是佛事。此种方法实出于《楞伽经》。《楞伽经》云:

> 非一切佛国土言语说法。何以故？以诸言说，唯有人心，分别说故。是故有佛国土，直视不瞬，口无言语，名为说法；有佛国土，直尔示相，名为说法；有佛国土，但动眉相，名为说法；有佛国土，唯动眼相，名为说法；有佛国土，笑，名说法；有佛国土，欠呿，名说法；有佛国土，咳，名说法；有佛国土，念，名说法；有佛国土，身，名说法。

又云：

> 如来亦见诸世界中，一切微虫蚊蝇等众生之类，不说言语，共作自事，而得成功。

所以他那"触类是道，任心为修"的方法，是不靠语言文字来解说来传授的，只用许多奇特古怪的动作。例如：有一个和尚问他如何是西来意，他便打；问他为什么要打，他说："我若不打汝，诸方笑我也。"又如法会问如何是西来意，他说，"低声，近前来！"于是就给他一个耳光。此外如扬眉、动睛以及竖拂、喝、踢，种种没有理性的举动，都是他的教学方法。这种举动，也并不是叫对方知道是什么意思，连作的人也没有什么意义，就是这样给你一个谜中谜，叫你去渐修而顿悟，或顿悟而渐修。马祖以后，方法更多了，如把鼻、吐舌、大笑掀床、画圈（圆相）、拍手、竖指、举拳、翘足、作卧势、敲柱、棒打、推倒等等花样，都是"禅机"；此外来一两句似通非通的话，就是"话头"。总之，以不说法为说法，走上不用语言文字的道路，这就是他们的方法。

马祖是江西派，其方法在八世纪到九世纪初传遍了全国。本来禅学到了唐朝，已走上语言文字之途，楞伽宗也从事于繁琐的注疏；但是那顿悟派依然顿悟，不用语言文字，教人去想，以求彻悟。马祖以下又用了这些方法，打一下，咳一声，你不知道是什么意思，我也不知道是什么意思，这种发疯，正是方法，但既无语言文字作根据，其末流就有些是假的，有些是捏造的，而大部分是骗人的。

马祖不靠语言文字说法，他的方法是对的，是真的；但是后来那些模仿的，就有些要算作末流了。这里且讲一个故事：有一书生，衣服褴褛，走到禅寺，老和尚不理他。后来小和尚报告知府大老爷到了，老和尚便穿上袈裟，走出山门，恭敬迎接，招待殷勤。书生看了，一声不响,等到知府大老爷走了,书生说:"佛法一切平等,为什么你不睬我,而这样地招待他?"老和尚说:"我们禅家,招待是不招待,不招待便是招待。"书生听了,就给他一个嘴巴。老和尚问他为什么打人?书生答道:"打便是不打,不打便是打。"所以末流模仿这种方式的表示,有一些是靠不住的。

在九世纪中年〔叶〕,出了两大和尚:南方的德山宣鉴(殁于865,唐懿宗咸通六年)和北方的临济义玄(殁于866,同上七年)。他们的语录,都是很好的白话文学;他们不但痛骂以前的禅宗,连经连佛一齐骂;什么释伽牟尼,什么菩提达摩,都是一些老骚胡;十二大部经也是一堆揩粪纸。德山自谓别无一法,只是教人做一个吃饭、睡觉、拉尿的平常人。义玄教人"莫受人惑!向里向外,逢着便杀:逢佛杀佛,逢祖杀祖,逢罗汉杀罗汉,……始得解脱。"后来的禅门,总不大懂得这两大和尚第二次革命的禅机——呵佛骂祖禅。

平心而论,禅宗的方法,就是教人"自得之",教人知道佛性本自具足,莫向外驰求,故不须用嘴来宣说什么大道理。因此,这个闷葫芦最易作假,最易拿来欺骗人,因为是纯粹主观的,真假也无法证实。现存的五部《传灯录》,其中所载禅门机锋,百分之七十怕都是无知妄人所捏造的;后来越弄越没有意义了。不过,我们也不能一笔抹杀。当时的大和尚中,的确也有几个了不得的;他们的奇怪的方法,并非没有意义的。如我第一次所讲贼的故事,爸爸把儿子锁在柜子里,让他自己想法逃出;等他用模仿鼠叫之法逃回家了,爸爸说:你不怕没有饭吃了。这个故事,就可比喻禅学的方法,所谓"置之死地而后生",就教育上说,很类似现代的设计教学法。看来很像发疯,但西谚云:"发疯就是方法"(madness is method 按:西文两词音近,中语四字也都是双声)。禅宗经过四百年的黄金时代,若非真有方法,只可以骗人一时,也不能骗到四百年之久。

禅学的方法,可归纳为五种:

一、不说破　禅学既是教人知道佛性本自具足,莫向外驰求,意思就是说,人人都有佛性,己身便是佛,不必向外人问;要人知道无佛可作,无法可求,无涅槃菩提可证。这种意思,一经说破,便成了"口头禅";本来真理是最简单的,故说破不值半文钱。所以禅宗大师从不肯轻易替学人去解说,只教学人自己去体会。有两句香艳诗,可以拿来说明这个方法,就是:"鸳鸯绣取从(随)君看,莫把金针度与人。"且讲他们三个故事来作例子。其一:沩山和尚的弟子洞山去看他,并求其说法。沩山说:"父母所生口,终不为子说。"其二:香严和尚请沩山解说"父母未生时"一句。沩山说:"我若说似(与)汝,汝以后骂我去。我说底是我底,终不干汝事。"香严辞去,行脚四方,一日芟除草木,偶尔抛一块瓦砾,碰竹作响,忽然省悟,即焚香沐浴,遥礼沩山,祝云:"和尚大慈,恩逾父母!当时若为我说破,何有今日之事?"其三:洞山和尚是云岩和尚的弟子,每逢云岩忌日,洞山必设斋礼拜。或问他于云岩得何指示?他说:"虽在彼处,不蒙指示。"又问:"和尚发迹南泉,为何却与云岩设斋?"他说:"我不重先师道德佛法,只重他不为我说破。"大家听了三个故事,便知"不说破"是禅学的第一个方法。因为早经说破,便成口头禅,并未了解,不再追求,哪能有自得之乐?

二、疑 其用意在使人自己去想,去体会。例如洞山和尚敬重云岩,如前所说,于是有人问洞山:"你肯先师也无?"意思是说你赞成云岩的话吗?洞山说:"半肯半不肯。"又问:"为何不全肯?"洞山说:"若全肯,即辜负先师也。"他这半信半不信,就是表示学者要会疑,因为怀疑才自己去思索——想若完全赞成,便不容怀疑,无疑即不想了。又:有僧问沩山和尚:"如何是道?"沩山说:"无心是道。"僧说:"某甲不会。"就是说我不懂。沩山就告诉他:不懂才好。你去认识不懂的,这才是你的佛,你的心。(按:沩山原答为:"会取不会底好。"僧云:"如何是不会底?"师云:"只汝是,不是别人。……今时人但直下体取不会底,正是汝心,正是汝佛;若向外得一知半解,将为禅道,且没交涉,名运粪入,不名运粪出,污汝心田。")所以"疑"就是禅宗的第二个方法。

三、禅机 普通以为禅机含有神秘性,其实,真正的禅机,不过给你一点暗示。因为不说破,又要叫人疑,叫人自己去想,所以道一以下诸禅师又想出种种奇怪方法来,如前面所举的打,笑,拍手,把鼻……等等；又有所答非所问,驴唇不对马嘴的话头。这种方法,名曰"禅机",往往含有深意,就是对于某种因缘,给一点暗示出来,让你慢慢地觉悟。试举几条为例。其一:李勃问智常:"一部《大藏经》说的是什么?"智常举拳头,问道:"还会么?"李答:"不会。"智常说:"这个措大,拳头也不识!"其二:有老宿见日影透窗,问惟政大师:"是窗就日,是日就窗?"惟政道:"长老! 您房里有客,回去吧!"其三:僧问总印:"如何是三宝(佛,法,僧)?"总印答:"禾,麦,豆。"僧说:"学人不会。"师说:"大众欣然奉持。"其四:仰山和尚问沩山:"什么是祖师西来意?"沩山指灯笼说:"大好灯笼呵!"其五:僧问巴陵鉴和尚:"祖师教义,是同是异?"鉴说:"鸡寒上树;鸭寒下水。"法演和尚论之曰:"巴陵只道得一半,老僧却不然,掬水月在手;弄花香满衣。"其六:僧问云门和尚:"如何是超佛越祖之谈?"云门答:"糊饼。"法演说:"破草鞋。"这些禅机,都是于有意无意之间,给人一点暗示。

前十余年,罗素(Bertrand Russell)来中国,北京有一般[班]学生组织了一个"罗素学术研究会",请罗素莅会指导。但罗素回来对我说:"今天很失望!"问何以故? 他说:"一般青年问我许多问题,如'George Elior是什么?''真理是什么?(What is truth?)'叫我如何回答? 只好拿几句话作可能的应付。"我说:假如您听过我讲禅学,您便可以立刻赏他一个耳光,以作回答。罗素先生颇以为然。

四、行脚　学人不懂得,只好再问,问了还是不懂,有时挨一顿棒,有时候挨一个嘴巴;过了一些时,老师父打发他下山去游方行脚,往别个丛林去碰碰机缘。所以行脚等于学校的旅行,也就等于学生的转学。穿一双草鞋,拿着一个钵遍走名山大川,好像师大学生,转到清华,再转到中央大学,直到大觉大悟而后已。汾阳一禅师活到七十多岁,行脚数十年,走遍了七十多个山头,据上堂云:"以前行脚,因一个缘因未明,饮食不安,睡卧不宁,火急决择,不为游山玩水,看州府奢华,片衣口食;只因圣心未通,所以驰驱行脚,决择深奥,传鸿敷扬,博问先知,亲近高德。"儒门的理学大师朱子也曾说过:"树上那有天生的木杓? 要学僧家行脚,交结四方贤士,观察山川形势,考测古今治乱之迹,经风霜雨露之苦,于学问必能得益。"行脚僧当然苦不堪言，一衣一履，一杖一钵，逢着僧寺就可进去住宿，替人家做点佛事，挣碗饭吃；要是找不着庙宇，只能向民家讨点饭吃，夜间就露宿在人家的屋檐下。从前有名的大和尚，大都经过这一番飘泊生涯。行脚僧饱尝风尘，识见日广，经验日深，忽然一天听见树上鸟叫，或闻瓶中花香，或听人念一句诗，或听老太婆说一句话，或看见苹果落地，……他忽然大彻大悟了，"桶底脱了！"到这时候，他才相信：拳头原来不过是拳头，三宝原来真是禾麦豆！这就叫做"踏破铁鞋无觅处，得来全不费工夫"。

五、悟　从"不说破"起，到"桶底脱了"，完全觉悟贯通。如圆悟和尚行脚未悟，一日见法演和尚与客谈天，法演念了两句艳体诗："频呼小玉元无事，为要檀郎认此声。"全不相干，圆悟听了就忽然大悟了。又：有个五台山和尚行脚到庐山归宗寺，一夜巡堂，忽然大叫："我大悟也！"次日，方丈问他见到什么道理。他说："尼姑原来是女人做的！"又：沩山一天在法堂打坐，库头击木鱼，里面一个火头（烧火的和尚）掷去火柴，拊掌哈哈大笑。沩山唤他前来，问道："你作么生？"火头说："某甲不吃稀饭，肚子饥饿，所以欢喜。"沩山点头说："你明白了。"我前次所述的奥古斯丁，平日狂嫖阔赌，忽然听人一句话而顿改前非，也是和这些一样的悟。《孟子》上说："欲其自得之也。自得之，则居之安；居之安，则资之深；资之深，则取之左右逢其源。"自得才是悟，悟就是自得。

以上所讲禅学的方法，彻头彻尾就是一个自得。

总结起来，这种禅学运动，是革命的，是反印度禅、打倒印度佛教的一种革命。自从把印度看成西天，介绍，崇拜，研究，选择，以致"得意忘象，得鱼忘筌"；最后，悟到释迦牟尼是妖怪，菩提达摩是骗子，十二部经也只能拿来做揩粪纸；解放，改造，创立了自家的禅宗。所以这四百年间禅学运动的历史是很光荣的。不过，这革命还是不彻底。刻苦行脚，走遍天下，弄来弄去，为着甚么？是为着要解决一个问题。什么问题？就是"腊月二十五"，甚么叫做"腊月二十五"呢？这是说怕腊月三十日来到，生死关头，一时手忙脚乱，应付不及。这个生死大问题，只有智慧能够解决，只有智慧能够超度自己，脱离生死，所以火急求悟。求悟的目的也就不过是用智慧来解决一件生死大事，找寻归宿。这不还是印度宗教的色彩么？这不还是一个和尚么？所以说这种革命还是不彻底。从禅学过渡到宋代的理学，才更见有两大进步：一、以客观的格物替代了主观的"心理"，如程朱的今日格一物，明日格一物，今日穷一理，明日穷一理，辨明事物的是非真伪，到后来，便可有豁然贯通的一旦。这是禅学方法转变到理学的进步。二、目标也转移了。德山和尚教人做一个吃饭、睡觉、拉尿的平常人；一般禅学家都是为着自己的"腊月二十五"，始终只做个和尚。理学则不然。宋仁宗时，范仲淹说了"先天下之忧而忧，后天下之乐而乐"；以后理学家无不是从诚意、正心、修身做起，以至于齐家、治国、平天下。超度个人，不是最终的目的，要以个人为出发点，做到超度社会。这个目标的转变，其进步更伟大了。这两点是值得我们大书特书的。总之，宋明理学的昌明，正是禅学的改进，也可说是中国中古时代宗教的余波。

二十三年十二月在北平师范大学讲

这是我二十年前（1934）在北平师大的四次讲演，黎劭西印在师大的一个刊物里。

去年 Mr. Aemartino 寻出这四篇讲演，用作他的论文材料的一部分。今年他要影钞（Photostat）份，我托他多影钞一份，共费了十元美金。

胡适　1954，5，1

（本文为 1934 年 12 月胡适在北京师范大学的演讲，吴奔星等笔记，原载 1935 年 4 月 30 日《师大月刊》第 18 期，收入《胡适作品集》第 24 册，台北远流出版公司 1986 年出版，现据远流版收入。）

颜习斋哲学及其与程朱陆王之异同

上、颜习斋所反对的理学

> 即卑汉、唐之训诂而复事训诂；斥佛、老之虚无而终蹈虚无。以致纸上之性天愈远，而学陆者讥"支离"之讥，非讥也，诚支离也；心头之觉悟愈捷，而宗朱者供"近禅"之诮，非诮也，诚近禅也。（颜元《存学编》一、八）

一、从两晋到北宋（西历300—1100）是中国思想的"印度化"时代，其特殊性质为：①反伦理的（出家、不拜君主）。②出世的（出家、出三界）。③反人生的（非人的、以人生为苦、以遗身焚身为可贵）。

二、中国思想曾屡次反抗，但都无效。①打倒（三武一宗的毁法）。②仿造（道教）。③根本抵制（"本论"）（1）复兴中国本位文化（教育、刑政）。（2）建立中国玄学（理学）。

三、理学的目的是要打倒印度化的思想，但无形中沾染上了很多的印度思想的成分；他又想打倒道教，但无形中也沾染了很多的中古道教思想的成分。理学是一个不彻底的"中国本位文化建设运动"。他们用《大学》做中国思想的基本架子：

格物→致知→诚意→正心

修身 { 齐家 / 治国 / 平天下

这个架子本来无大弊病。弊病在于"怎样做到这个纲领"①怎样格物？②怎样致知？③怎样正心诚意？④怎样修身？

四、程、朱一派提出了一个新纲领："涵养须用敬，进学则在致知。"(伊川)①致知必须格物,格物就是"即物而穷其理。""今日格一物,明日又格一物。"积久就会有"豁然贯通"之一日。这是致知。②敬是"主敬",目的是无欲,"去人欲,存天理";方法呢?就是静坐,"终日端坐,如泥塑人。"程子的后辈又教人静坐体认:"喜怒哀乐之未发"以前是何气象。这完全是中古宗教的静坐禅定的态度。

五、"格物致知"的路子,是科学的路子。但太早了,太缺乏科学的背景了,所以始终行不通。程子和朱子都把"物"解作①读书穷理,②尚论古人,③待人接物。朱子确能做到读书穷理。他在考证、校勘各方面都有开山之功。但这条路实在太难了,许多懒惰的人,太聪明的人,都不愿走。

六、所以陆、王一派反对"格物",以为"支离破碎"。王阳明格竹子的故事,最可写此心理。此派认理在人心,不在外物。致知是致吾心之"良知"于事物。格物是为善去恶。

七、陆、王一派有什么方法呢?象山说:"隆师亲友。"阳明一派说:静坐。阳明一派到了晚期竟完全成了主静的禅学和"囊风橐雾"的玄谈。"愧无半策匡时难,惟保一死报君恩。"

下、颜习斋的哲学

> 宁粗而实,勿妄而虚。(颜元《漳南书院记》)

一、颜元(生崇祯八年,死康熙四十三年,1635—1704),父为朱氏养子。四岁时,父出走。少时学仙,学拳术,不务正业,稍长始改行。十九岁,中秀才。务农,兼学医。二十四岁作《王道论》(《存治》),初喜陆、王,后宗程、朱。三十岁有《柳下坐记》。三十四岁,义祖母死,居丧中忽有大觉悟(坐卧地炕,猛一冷眼,觉程、朱气质之说之非。因徐按其学,知其非孔门之旧)。三十五岁改名习斋。作《存性编》及《存学编》。三十九岁归宗。四十八岁著《存人编》。五十岁寻父出关。五十一岁得父骨。五十七岁南游到河南。六十二岁主教肥乡漳南书院。七十岁死。

二、颜习斋反对理学,屡说理学是"集汉晋释道之大成"。程子的两条路"致知"与"敬",谢上蔡所谓"居敬穷理",他都反对:"穷理居敬四字,以文观之甚美,以实考之,则以读书为穷理功力,以恍惚道体为穷理精妙,以讲解著述为穷理事业,以俨然静坐为居敬容貌,以主一无适为居敬工夫,以舒徐安重为居敬作用。仆以为此四字正诸先生所以自欺而自误者也。"(《存学》二、六)总之,他批评理学有三大错:①以静坐为学,②以性命玄谈为学,③以诵读章句为学。他说:"静极生觉,是释氏所谓至精至妙者,而洞照万象处,皆是镜花水月,只可虚中玩弄光景,若以之照临析戴,则不得也。……即使其静功绵延,一生不息,其光景愈妙,虚幻愈深。……盖无用之体,不惟无真用,并非真体也。"(《存学》二、二)至于性命玄谈,他说:"性命之理,不能讲也,虽讲,人亦不能听也,虽听,人亦不能醒也,虽醒,人亦不能行也。"至于读书章句,他讥为"空言相续,纸上加纸"。(《记余》一、二)"人之岁月精神有限,诵说中度一日,便习行中错一日;纸墨上多一分,便身世上少一分。"(《存学》一、四)他的大弟子李塨也说:"画家言,画鬼容易,画马难。以鬼无质对,马有佐证也。今讲'河洛'、'太极'者,各出心手,图状纷然;而致良知者,又猖狂自喜,默默有物。皆画鬼也。"(《论学》二、四)

三、他认清了宋儒理学的大毛病在于上了和尚道士的当,处处要和和尚道士争玄斗妙,所以他们努力要打倒和尚道士的路,其实还是走上了和尚道士的路;颜元最伟大之处在于不屑同和尚道士争玄斗妙。他对于印度化的思想,只有一条对治方法:"彼以其虚,我以其实。"他看清了中国文化的特色只是平实粗浅的"三事":①正德,②利用,③厚生。一切玄妙的、虚妄的谈天说命,谈心说性,都不是中国正统的思想。他要人想想为什么孔子"罕言命",为什么孔门弟子说"性与天道不可得闻"。他说,这正是孔子的最伟大之处。古人"学、教、治皆一致也"。学的、教的、治的,都只是那平实粗浅的三事和

六府:水火金木土谷,

六艺:礼乐射御书数。

这才是"中国本位文化"。拿这些来打那玄虚的印度化,就是"彼以其虚,我以其实"。

四、所以他的哲学大旨是"宁粗而实,勿妄而虚"。他说:"学之亡也,亡其粗也。政之亡也,亡其迹也。"要"习事",不要说理。要学

那粗浅的实迹,不要同和尚道士争玄斗妙。他说:"喜精恶粗,是后世所以误苍生也。"(《存学》一、一六)

五、他论性只认那"气质之性"是性。譬之目矣,光明之理固是天命之性,眶疱睛皆是天命之性。

六、他论学只是要人实学实习"六艺",包括水火兵农钱谷工虞。他的书院计划:

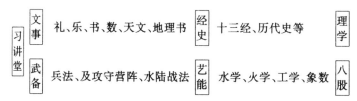

"夫儒者,学为君相百职,为生民造命,为气运主机者也。"(《记余》三、二一)"儒之处也惟习行,儒之出也惟经济。"

七、他的教学方法注重实习实行,故自号"习斋","性命之理不可讲也,虽讲,人亦不能听也;虽听,人亦不能醒也;虽醒,人亦不能行也。所可得而共讲之,共醒之,共行之者,性命之作用,如诗书六艺而已,即诗书六艺,亦非徒列讲听,要唯一讲即教习。习至难处来问,方与再讲。讲之功有限,习之功无已"。……"人之岁月精神有限。诵说中度一日,便习行中错一日;纸墨上多一分,便身世上少一分。"他说,"格物"如"手格猛兽"之格,格就是"犯手去做"。格物就是"身实习之,身实行之"。这个"习"字是他的教学方法的中心。他说:"吾尝谈天道性命,若无甚扞格。一着手算九九数,辄差。王子法乾讲'冠礼',若甚易;一习初视便差。以此知心中醒,口中说,纸上作,不从身上习过,皆无用也。"(《存学》二、二)他又说:"心上思过,口上讲过,书上见过,都不得力。临事时,依旧是所习者出。"(《存学》一、一九)他又说:"但凡从静读书中讨来识见议论,便如望梅画饼,靠之饥食渴饮不得。"(《存学》二、一六)只有实习实行过的知见是真实可靠的。他用医作比喻:"从事方脉、药饵、针灸、摩砭,疗疾救世者,所以为医也。读书,取以明此也。若读尽医书而鄙视方脉、药饵、针灸、摩砭,妄人也。不惟非岐黄,并非医也。尚不如习一科,验一方者之为医也。读尽天下书,而不习行六府六艺,文人也,非儒也。尚不如行一节,精一艺者之为儒也。"他又用学琴为比喻:"诗书犹琴谱也。"讲解琴谱不是学琴;琴谱也不是琴。学琴必须弹琴,次习琴,能制弦制器,能作歌作谱。"心与手忘,手与弦忘"始为"能琴"。

八、他的教学,要以粗代精,以实代虚,以有用代无用,以实习实行代诵读玄谈,以动代静,都是很伟大的见解。其中"以动代静",更是前人所未敢道。他说:"宋人好言'习静',吾以为今日正'习动'耳。"(《年谱》上、五七)他的"习"字法,正是要用动的教学替代静的教学。"乾坤之祸莫甚于释氏之空无,宋人之主静。"(《年谱》下、四九)朱子赞其师李侗生平"不作费力事!"颜习斋大反此言,说:"儒者不费力,谁费力乎!"他常恨"静"的教学法养成了一个脆弱无能力的民族:"汉宋以来,徒见训诂章句,静敬语录,与帖括家列朝堂,塞天下。庠序里塾中,白面书生……率柔脆如妇人女子,求一腹豪爽倜傥之气亦无之!"(《记余》一、五)(参《存学编》三、一一二)所以他的学堂里,习艺之中包括武备、骑射、拳术、跳高、舞刀剑等等。他要养成一种文武的全才。他曾说,他"将六字强天下:'人皆兵,官皆将。'"(《年谱》下、一○——一一)

九、颜元的思想也有很鄙陋之处,也有不能完全撇开中古宗教思想之处。但那都是时代的关系,不足为他诟病。他的最伟大之处正在于不怕人笑他粗浅鄙陋。"宁粗而实,勿妄而虚。"这八个字至今还可以做我们一切工作的箴言。他的思想至今是很"摩登"的。他的失败是由于他那个时代的知识技能都太幼稚了,不够帮助他做那正德利用厚生的教学工具。只有世界最新的科学知识和工业技术可以真正达到那三个大目标。[①]

(本文为1937年胡适在庐山暑期训练团的演讲稿,原载1941年7月16日香港《文史杂志》1卷8期)

[①] 此文发表时,文后附录何连奎1941年7月2日写给《文史杂志》编者的一封信。信中说:"逮曾吾兄:适之师出使美邦后,久矣不得读其学术论著,同志论字,辄望洋兴叹,兄其亦同感乎!二十六年,适之师讲学庐山暑期训练团,所讲'颜习斋哲学及其与程朱陆王之异同'一题,其精言粹义多为前人所未发。特检原稿,刊布《文史》,以飨同志,想亦适之师所许之也。专此顺颂刻安。"

中国人思想中的不朽观念

1 在今天的演讲中,我预备把中国的宗教史和哲学史上各阶段有关不朽或人类死后依存概念的发展情况提供一个历史性的叙述。

这是一个冗长概括三千年的故事,但它的主要纲领却是大致还算明确的。中国人的信仰与思想史可以方便地分成两个主要时期:

(1) 中国固有的文明时期(1300B. C.—200A. D.)。

(2) 中国思想与文化的印度化时期,也就是,佛教和印度人的思想开始影响中国人的生活和制度以来的那一时期(约 200A. D.—19世纪)。

为了研究中国宗教与思想史(the religious and intellectual history)的学者的方便,中国固有的先佛学时期(Pre-Buddhistic age)可再约略地分成两个主要时代:

(1) 原始的中国主义时代(The Era of Primitive Siniticism),也就是商周民族的宗教信仰与习俗(Practices)的时代,对于这个时代,这里拟用了"华夏主义"(Siniticism)或"华夏宗教"(the Sinitic Religion)一词(1300—700B. C.)。

(2) 思想与哲学的成熟时代(700B. C—200A. D.),包括老子、孔子(551—479B. C.)迄于王充(29—100A. D.)以来的正统派哲学家。

为了特别有关中国人思想中的不朽概念的讨论,我们要问:

(1) 关于早期华夏信仰有关人类死后存在的观念,我们究竟知道些什么?

(2) 中国正统哲学家对于不朽的概念究竟有什么贡献?

(3) 我们要怎样描述在长期印度文化影响下中国人的人类死后

存在的观念?

2 史学界最重大的事件之一就是晚近的偶然发现,以及后来在安阳对千万片刻有卜辞的牛肩胛骨和龟甲有计划的发掘。安阳是商朝最后一个都邑的遗址,依照传统的纪年,商朝传国年代是1783—1123B. C.(或据另种推算是1751—1123B. C.)。这些考古学的发现物是安阳(译者按:这是指小屯村商代遗址)作为商代都城的大约260年间(即1385—1123B. C.)的真实遗物。

近几十年来成千万片刻有卜辞的甲骨已经被收集、研究和考释。实际所见这些骨质"文件"都是在每次占卜以后,由熟练博学的祭司负责保存下来的占卜记录。这些记录里载有日期①,负责卜问的贞人,卜问的事情,以及在解读了因钻灼而显出的卜兆而得到的答案。

大部分的卜问都是有关一年对于先公先王的定期祭祀,这一类的祖先祭典是非常频繁而有规律的,因此中央研究院的董作宾先生,1928年第一次指导安阳考古发掘且曾参加了后来历次发掘,已能编成了商代末期三个帝王在位期间计为1273—1241,1209—1175,以及1174—1123B. C.——总计120年中的祭祀日谱。② 每一年中的定期祭祀多至三百六十次。所以商人称一年为一"祀",一个祭祀的周期,实在是不足为怪的了!

其他卜问的事项包括战事、巡行、狩猎、收获、气候、疾病和每一旬中的吉运等事项。

1928—1937年间科学的发掘结果掘出了几百座商代古墓葬,其中至少有四处是皇室大墓。除了成千成万片刻有卜辞的甲骨以外还发现了极多铸造精美的青铜礼器,生动的石质和象牙的雕刻,大量的家庭用器、武器和头盔,以及上千具的人体骨骸,此外,并发现有埋葬的狗、猪、羊、牛、马一类的家畜和其他多种动物。这些动物是为了奉

---

① 译者按:此处恐系干支纪日。

② 译者按:此系指《殷历谱》下编卷九《日谱》,依彦堂师商纣王帝辛纪年应为1174—1111B. C. 。

献给死者而殉葬的。在一个坑穴中曾发现了三十八具马骨,全部都配戴着缀有许多带饰纹的小圆铜泡的缰辔;这些铜泡都还原封未动的摆着,而显出了组成辔头的皮条的痕迹(见 H. G. Greel 所著 The Birth of China 第 150 页)。

很多清楚的证据证明墓葬中有许多尸体是为了奉献给死者而埋葬的。1934—1935 年间所发掘的多座墓葬中曾发现了千余具无头的人体骨骸。这些骨骸十具一组的分别埋在各个坑穴中。体骨埋在长方坑穴中……而头骨则埋在附近的方坑中。在一个方坑里埋有十个人头骨;头顶朝上,排列成行,全部面向北。跟人体骨骸一起发现的……有小铜刀、斧头以及砺石等三种器物。每坑总是各埋十件,明显地是每人一件(见 Greel 前书 212—213 页)。

这些就是考古学所发掘出来的文献的和物质上的证据,借以使我们了解远古历史的华夏宗教(Siniticism)时期中有关祖先崇拜的信仰。

这是第一次使我们从商代王朝和官方所表现的这种祖先崇拜的宗教的形式上认识了它的非凡的和奢侈的性质。传统历史曾记载商人是崇拜祖先的灵魂的。但是直到近年来我们才了然定期献祭的几乎令人难以置信的频繁,以及珍贵的殉葬的物品,特别是殉葬的人牲的惊人数量。

无疑的,这类祖先祭祀的周期频数和定期性证明着一种信仰,即死去的祖先一如活人似的也有情、欲和需求,而且这些情、欲和需求是必须借着经常的祭献而得到满足的。大批的殉葬器皿、武器、动物、奴隶和卫士即指示着同样的结论。

中国古代的文献把华夏宗教(Sinitic Religion)时代的人殉品分为两类:第一类,即祭坛上所谓的"用人祭"。在这类人殉仪式中,显然只是用的战俘。另外一类,有一个专用名词,即"殉",可以释为"死者的侍从"或"伴着死者被埋葬的人"。"殉"字据郑玄(死于200 A. D.)的解说是"杀人殉葬以充死者卫士"。这就是说死者需要他自己的卫士保护他,也需要他的宠妾娈童(play boy)陪他作伴。因此被杀殉葬的就是死者曾经指命或愿意"陪伴"他而去的那些人了。

就后来有关"殉"的史证而论,这种杀人殉葬的风俗最初很可能是得于一种"献爱"(Love offering)的风俗,因此将死的人自然会挑选他自己所喜爱的死后伙伴。但是这种风俗竟发展成为一种仪式,于是大批的武装士兵被杀死殉葬以充死者的"卫士"。商代墓葬中所发现的与伟大的死者同葬的人体遗骸无疑是为了充任王者的卫队的。其中很可能有的是选定随着王而殉葬的爱妃,但是他们的遗体却无法确认了。在甲骨卜辞上即有祭祖时献人俘的记载。

依照着一种规律的计划和数字的顺序来埋葬这些人牲的有条不紊的情形,显示了一种根深蒂固的礼仪曾长久地麻痹着人类的自然意识而使得这类惨绝人寰的事件成为常典。当王朝和政府正忙于日常繁复的祖祭的时候,博学的祭司便负起每天的祭礼、占卜、释兆和刻卜辞的职务——在这种情况下,那几乎不可能期望有任何重大的思想和宗教上的觉醒,以有助于宗教制度的变更和改造。这样的觉醒直到倾覆商代的一次大战灭亡了这个帝国以后,甚至在新的征服者的统治之下历经了几百年的种族和文化的冲突以后才告开始的。

3 商朝和商帝国是被周民族征服了的。最初周民族住在遥远的西方,逐渐向东移动,直到军力和政治经过百余年持续不断的发展,终在公元前十二世纪的最后几十年才将商人的军队和盟军压服。

在周朝创建者的一些诰誓中,征服者列举了商代政府及王廷的罪状。对于商代王廷的主要控罪是耽于享乐,罔顾人民,特别是纵酒。但是对于献祭举行的频繁、奢纵、残忍却未加以控诉或谴责。这一事实显示着新的征服者并不认为商代宗教有什么不寻常的残忍或是不当的地方。

但是周征服者似乎原有他们自己的宗教,虽然它包括了一些祖先崇拜的特征,却并没有加以强调,也没有制定过任何繁复的礼仪。另一方面,有许多证据说明这一西方民族是一个最高神,就是他们所谓"帝"或"上帝"的崇拜者。

安阳甲骨卜辞使许多学者推断"帝"甚或"上帝"的观念对商人是并不陌生的。商人有一种奉少数祖先为神明,也就是说赠以"帝"号的风俗,这似乎是很确实的。另一件事,也似乎是很可能的,就是商人随着时间的演进而发展出来"上帝"最高神,也就是他们的始祖。那是一个部族神。时常,一位在战争及和平有丰功伟绩的伟大祖先会被提升到神的阶级,并且成为最高神的陪享者。对于神或祖神的祭献也叫作"禘"。傅斯年先生在所著《性命古训辨证》中列举了用有"帝"字的 63 条甲骨卜辞。在这些条卜辞中,有 17 次用"帝"字来指称对于神圣祖先的祭祀;6 次用为祖神的尊称;26 次用为"神"的尊称而没有附加其他形容字。在最后一类里,帝(god)据说能"致雨"、"止雨"、"降饥馑"等等。这无疑地暗示着一种一个有意识有权力的神的观念——一种有神论的观念,这种观念似乎曾经由于更具优势的祖先崇拜的祭祀而在发展上受到抑制与阻碍。

周民族在与商文化的长时期接触中逐渐接受了商民族的部族神作为他们自己的神,并且认成是自己的始祖。由于其他种族或部落的借用,商人的神逐渐失去了他的部族属性,而终于变成了遍在的神和最高的主宰。

周人的宗教赞颂诗和政治上的诰誓显示出一种非常深挚的宗教热诚。他们似乎深信,神不满于商代统治者的昏庸无道,因此把它的宠命①转赐给周人。他们在战场上的口号是:

上帝临女,无贰尔心。

(译者按:见《诗》:《大雅·大明》)

他们对于自己伟大的王的赞辞是:

穆穆文王,於缉熙敬止,假哉天命。

(译者按:见《大雅·文王》)

早期周人似乎发展出来一种含混的观念,以为上帝住在天上,他们有几位伟大的王也会到那里去,且与上帝同在。一首关于文王的颂诗曾这样说:

---

① 译者按:就是所谓周武王受命年之命。

> 文王在上,……文王陟降,在帝左右。
>
> （译者按：见《大雅·文王》）

又在另一首诗里：

> 下武维周！
> 世有哲王，
> 三后在天。
>
> （译者按：见《大雅·下武》）

这几节诗似乎指出,周人对于上帝和少数先王所居住的天的观念是有限度的。这几位先王由于特殊的德能勋业而被允许和上帝同在。

这样具有独占性的天堂,平民是不能分享的;平民大多数是商人,他们受着新的统治阶级的封建诸侯的统治。有些诸侯是从周王朝获得他们原来的采邑的。这些商人继续信奉他们的崇拜祖先的宗教。

但是这种奢纵的皇家祖先崇拜宗教的伟大时代已经永远的消逝了。伟大的每年周而复始的日祀——周祭也消逝了。大规模的人殉也消逝了。博学的皇家祭祀阶级也贬降为职业的巫史阶级(professional class of scribes and priests),而靠着在大多数平民和少数统治贵族的家庭中表演和协助殡葬和祭祀讨生活。国家的灾患和个人的贫困已经深深地给他们灌输了谦逊温顺的教训。因此这一巫史阶级便获得了"儒"的统称,意思就是温顺和懦弱。他们仍然传授和表演殡丧和祖先崇拜的传统仪式。

在周代和后来独立相伐的战国时期(1100—250B.C.),统治阶级信神论的宗教(theistic religion)和平民更占优势的祖先崇拜宗教似乎已经相互影响而渐渐地融合成为一个可以恰当的称为"华夏宗教"(the Sinitic Religion)的宗教,一种很简化了的祖先崇拜,跟有神论的特性共存,像普遍承认和崇拜着一位高踞于其它小神之上的"天"或"上帝"。主要不同的一点就是长久的居丧期——为父母居丧三年——这原是商人一般奉行的,却长久遭受到周朝统治阶级的反对。这在300B.C.孟子的时代也仍是如此。直到公元二世纪以后,三年之丧才渐渐法定为政府官员的应遵守的礼法。

4 关于中国人最早对于人类死后遗存的观念,我们究能知道些什么呢?

首先让我们来观察一下古代在一个人死去的时候举行的"招魂"仪式。这种仪式见于最早的仪典,而且似乎曾普遍的奉行于华夏宗教的早期,就是所谓"复"的仪式。

当一个人被发现已经死去的时候,他的家属立刻拿着死者的一套衣服,登升屋顶,面向正北,挥动死者衣服而号告:"皋、某、复!"三呼而反,抛下衣服,再从屋上下来,拾起衣报,覆于死者身上,然后奉食于死者。①

这一古老的仪式暗示着一种观念,即一个人死了以后,有些什么东西从他的身体内出来,且似曾升到天上。因此需在屋顶上举行招复的仪式。

这种招魂的仪式也许暗示着借企望召回逃离的一些东西而使死者复生,奉献食物这一点也似乎暗示着一种信仰,就是某些东西确实被召回来了,虽然这不能使死者复生,却认为是居留在家里,且接受祭献。

那么人死后从他身上出来的究是一些什么东西呢?那就是人的"光"或"魂"。在最早的文献上,是即所谓"魄",就语源学上说,意思就是白色和亮光。值得注意的就是同一个名字"魄"在古代铜器铭文和记载上是用来指称新月增长中的光。新月以后的增长光亮时期即所谓"既生魄";而满月后的末期,则称之为"既死魄"。原始的中国人似曾认为月有盈亏就是"魄",即它的"白光"或"魄"的周期性的生和死。

依次类推,早期的中国人也就认为死是人的魄,即"光"或"魄"

---

① 译者按:此段包括《仪礼》及《礼记》两段记载内容。《仪礼·士丧礼》:"死于适室……复者一人,以爵弁服簪裳于衣左……升自前东荣中屋!北而招以衣曰:皋、某、复!三,降底于前……升自阼阶以衣尸……奠脯醢醴酒",《礼记·礼运》:"……及其死也,升屋而号告:皋、某、复。然后,饭腥而苴孰。"

的离去。这种类推可能起源于"Will-o'-the-Wisp",即中国人现在所说的"鬼火"。在古代"魄"认为是赋予人生命、知识和智慧的。人死,则魄离人体而变成或认为"鬼",一种是幽灵或魔鬼。但是灵魄脱离人体也许是缓慢的随着生活力的衰退,魄就那么一点一点脱离身体了。迟至元前第六和第七世纪,学者和政治家在谈到一个人的智慧衰退情形时,就说是"天夺其魄"——意思是说,他将不久于人世了(见《左传》宣十五年,襄二十九年)。

不过后来,魄的观念却慢慢地为新的灵魂观念所取代了;认为灵魂是行动灵活飘然而无形、无色的东西。它很像是从活人口里出来的气息。这就是所谓"魂"。渐渐地,原来"魄"字便不再用来表示赋予生命和光亮的灵魂的意思,而衍变为意指体躯和体力了。

"魂"字,就语源学来说,跟"云"字一样,都意指"云"。云,飘浮,比盈亏之月的皎白部分也似乎更为自由轻灵。"魂"的概念可能是源于南方民族,因为他们把"复"(召呼死者)的仪式叫做"招魂"。

当哲学家们把重要的阴阳观念视为宇宙间的主动和被动的两大力量的时候,他们是当然也尝试要协调不同民族的信仰,而且认为人的灵魂包含着一种静止而不活动的"魄"和一种更活动而为云状的"魂"。

公元前六世纪以后,人们便渐渐地习于把人的灵魂称为"魂"或"魂魄"。在讨论到由于八年前一位曾有权势的政治家被谋杀的鬼魂出现而引起的普遍骚动的时候,名政治家子产(死于公元前522年),当时最聪明的人之一曾说,一个死于非命的强人会变成危害人类的幽灵的。他的解释是这样:"人生始生曰魄,既生魄,阳曰魂。用物精多,则魂魄强。是以有精爽,至于神明。匹夫匹妇强死,其魂魄犹能凭依于人以为淫厉,况良霄(被杀的政治家,他的出现已传遍全城),我先君穆公之胄,子良之孙,子耳之子,数世之卿,从政三世矣……其用物也弘矣,其取精也多矣……而强死,做为鬼,不亦宜乎?"(《左传》昭公七年)

另外一个故事,叙述当时南方吴国另外的一个聪明人季札。他(约在公元前515年)负着外交使命而在北方旅行,旅途中他的爱子死去了。孔子由于这位习于礼的伟大哲学家季札的盛名的感召曾往而观葬。既封墓,季子左袒绕墓三呼道:"骨肉归复于土,命也。若魂气,则无不之也,无不之也。"仪式既毕,季札便继续登程了。

这两个常被引述的故事或可指出:一些贤智之士意在从矛盾纷纭的流行信仰基础上抽出一些有关人类"残存"永生(survival)的一般观念。这种一般性的理论,为方便计可援用下列的几句经文加以简赅的说明:"体魄则降,知气在上。"(《礼运》)又"魂迷归于天;形魄归于地"(《郊特牲》)。显然的,简赅的陈述,跟季札在他儿子葬礼中所谓:"骨肉归复于土。若魂气,则无不之也"的话是大致符合的。

正统派哲学家关于魂魄仅讨论到这里为止;他们不再臆测魂气离开人体而飘扬于空中以后究如何演变。他们以自称一无所知尽力的避免讨论。有的哲学家,如下文所知,实际上甚至否认鬼神的存在。

但是,一般人民却并不为这种犹豫所困扰。他们认为灵魂是一种事实,是一种真实的事物。他们确信灵魂或游动于地下甚或人世之间,通常是看不见的,但在必要时也可以显现。他们确信:正由于有灵魂,才有鬼神;灵魂本来的居处虽是在坟墓内或地下——"黄泉"——却可以且愿意探亲家里族人;鬼魂能够而且真的享用祭献的食物。同样的他们相信,如果不供献食物,鬼会饿,并且可以"饿死"。因为一个古老的信仰说:"神不歆非类"(《左传》),正是肇端于这种古老的祖先崇拜宗教信仰,也正由于这才使得人而无后成了一大罪愆。

此外,另一个有关的信仰认为鬼魂如无处可去和享用应得的祭献,就会作祟害人。而这种信仰使得死后没有子嗣的人可以指定和收继子嗣的那种制度合理化了。

但是,甚至在最早的历史时期,中国人的祖先崇拜已对于要崇拜的祖先的数目却上了一项限制。就没有官阶的平民来说,祭献只限于去世的父母和祖父母,甚至在大家族内,祭祀也仅限于三四代。远祖由于每一新的世代(的死亡)而被跻升成为迁祧不祀的阶级。关于例常的迁祧的制度,儒家已有详细的考订,且用于皇朝和帝室的祖先。

那么迁祧的祖先灵魂将会怎样呢？他们不会饿死吗？答案曾是这样，即灵魂渐渐地缩小而最后完全消失。一种流行的信仰认为"新鬼大，故鬼小"。① 就基于这类信仰。在古老的字典上"死"字便被界说为"澌灭"(《说文》)。这项定义综括了中国平民的常识和知识阶级的怀疑主义(skepticism)和理性主义(rationalism)。总之，早期中国人的华夏宗教含有着一些有关人类死后遗存的观念的，不过赋予生体以生命和知识的人体灵魂，虽视其强弱而做一个短时期的鬼神，却仍渐渐地衰萎而终至完全消散，它不是不灭的。

5　现在，纵是这样中庸的一种有关人类死后遗存的观念也受到哲学家们怀疑和警惕的批评。甚至是出身于巫史阶级的"儒"，且经训练而专司丧祖先祭祀种种仪礼的人正统派哲学家们，也为了祭献和殉葬品的奢侈，以及在某些有权势的阶层中仍残余的原始人殉习俗而感到困扰。

在《左传》(722—468 B. C.)这编年史里有六条关于"殉"即杀人殉葬的记载(分见文公六年，宣公十五年，成公二年、十年，昭公十三年，定公二年)，其中只有一例(宣公十五年)记载着有意违背了即将死去的父亲的愿望而没有用他的宠妾殉葬。另外的五例则连累了许多人命牺牲在王室的墓葬中。其中两例(昭公十三年及定公二年)正当孔子生时(公元前 551—479 年)昭公十三年，楚王在内战流亡途中死于芊尹申亥氏。申亥曾以他的两个女儿殉葬。

《檀弓》(《礼记》卷二，其中包括很多关于孔子和他的第一二两代弟子以及同时代人的故事)曾显然带有赞许意味地举出两条委婉拒绝以人

---

① 陈槃谨案文二年《左传》："大事与大庙，跻僖公，逆祀也(杜解：僖是闵兄，不得为父子。尝为臣，位应在下。令居闵上，故曰逆祀)。于是夏父弗忌为宗伯，尊僖公，且明见曰：吾见新鬼大，故鬼小。先大后小，顺也(解：新鬼，僖公，既为兄，死时年又长。故鬼，闵公，死时年少。弗忌明言其所见)"。依旧说，则僖公于闵公为兄，故其死也为鬼大。闵公为弟，故其死也为鬼小。亦即鬼之大小视其人之长少，不关新故。此说胡先生所不取，然读者详焉可也。

殉葬的例子。而这两个例子都似乎属于孔子死后不久的时代。

此外，《左传》还载了七条（见宣公十五年、三十年，成公三年，昭公五年、九年、十年，定公三年）有关另一型人殉的例子即献俘于祭坛。其中三例，都是用战俘的血衅鼓的奇异风俗——不过牺牲者都被赦免了。定公七年一例，有一个战败"夷狄"之族的王子在战役中被俘，而活生生的送到祭坛作了牺牲，不过祭仪以后却饶了他的命。这条例证是当孔夫子约五十岁时发生在他的故乡鲁国。

这些史例虽限于王朝贵族中国家的活动，但无疑的说明了以人当已死祖先的牺牲一持久而普遍的风俗。不过由于文明的一般发展早已经达到一个相当高度的人文主义和理性主义的水准，所以大部分这类不人道的习俗的记载都附有史家的严厉非议。纵是这样，这一类的事件在号为文明国度里却仍然被可敬重的人们在奉行着。因此，当时的思想家为促成这种不人道习俗的宗教观念所困恼就无可惊异了。

孔子一派的哲学家似乎获得这样的结论：即促成人殉和厚葬的基本观念就是相信人在死后仍保有他的知识和感觉。孔子的一位弟子曾说过："夏后氏用明器，示民无知也。殷人用祭器，示民有知也。周人兼用之，示民疑也"（见《礼记·檀弓上》）。这段说明坦率的指出明器殉葬和人死后有知的信仰间的历史关联。

孔子自己也持同样的看法。他说："为明器者知丧道矣。……哀哉死者而用生者之器也，不殆用殉乎哉！……涂车雏灵自古有之，明器之道也。……为俑者不仁，殆于用人乎哉？"（《礼记·檀弓下》和《孟子》卷一第四章）

显然的，孔子和他的一些弟子公开反对以真实的用器殉葬，因为这会暗示人类死后仍然有知的信仰。但是，他们是不是就那样公开地承认且宣扬死者是无知的呢？

孔子和他同派的学者偏于采取一种不轻加臆断的立场，而把这个问题加以保留。孔子说："之死，而致死之，不仁，而不可为也；之死，而致生之，不知，而不可为也"（见《礼记·檀弓上》）。那么正确的态度就是"我们无所知"。

这种事在《论语》中表现的更为明显。当一位弟子问如何事奉鬼神的时候①，孔子说："未能事人，焉能事鬼？"于是这位弟子又说："敢问死？"孔子说："未知生，焉知死？"（见《论语·先进》）又某次，孔子问弟子："由，诲汝知之乎？知之为知之，不知为不知，是知也。"（见《论语·为政》）

就孔子某些弟子来说，只要从不知论的立场再走一步，就会坦白地否认人死后有知，从而否认一切有关鬼神上帝的存在和真实性。公元前五世纪到四世纪时，儒家曾受到敌对的墨教学者的驳斥，认为他们实际是否定鬼神存在的。

墨教是公元前五世纪最伟大的宗教领袖墨翟倡导的。他竭诚奋力地想与人民的神道宗教辩护和改造，因此颇惹起一阵骚动。他信仰一种人格神（a personal god），而神是希望人该兼爱无私的。他坚决相信鬼神的存在的真实性。在《墨子》一书内，较长的一篇文章就是《明鬼》（卷三十一）。在这篇文章内，墨翟试图以三类论据辩证鬼的存在：(1)许多人确曾见过鬼或听到过鬼的声音，(2)鬼的存在，明白地记载或暗示于许多古籍中，(3)承认鬼神存在有助于人类的道德行为和国家的安谧。

墨翟复兴了并且建立了一个具有伟大力量的宗教。他是中国历史上最伟大最可敬爱的人物之一。但是他却没有"证明"鬼神的存在。

稍后，正统派的中国思想家或不仔细思索而直接地接受了传统的崇拜和祭祀，或是以孔子不轻加臆断的口实而承认他们不知道人在死后究否有知。为了更确定孔子的立场，晚期的儒家捏造了一个故事，作者不明，故事本身初见于公元前一世纪继而以增改的形式而流行于纪元三世纪。故事是这样的，一位弟子（译者按，即指子贡）问孔子死者是否可知，孔子说："吾欲言死者之有知，将恐孝子顺孙妨生以送死。吾欲言死之无知，将恐不孝之子弃不葬。赐欲知死者有知与无知非今之急，死后自知之。"（见刘向《说苑》卷十八；孔

---

① 译者按：此弟子是子路。

《家语》卷二)

但是有些中国思想家却坦白地采取一种无神论的立场。中国最伟大的哲学家之一王充(27—大约100A.D.)写过几篇论文(见《论衡》卷六十一,六十三,六十五)以证明:"人死后并不变为鬼,死后无知同时并不能伤害人类。"他直认:当血液在一个人的脉管中停止循环,他的呼吸与灵魂随即分散,尸体腐烂或为泥土,并没有鬼。他的最出名的证明无鬼的推论之一是如此的:如果真的鬼系由死人灵魂所形成,那末,人们所见到的鬼应该是裸体的,确实应该没有穿衣裳。实在的,衣服与带子腐烂后不会有灵魂存在,如何能见到穿着衣裳的鬼?

就我所知,这项论证从来还没有被成功地驳倒过。

6 几乎就在王充致力于他的伟大《论衡》的时候,伟大的佛教侵入了中国,且已经在群众和有权势的阶层中收到了教徒。在短短的两三个世纪内,中国就被这个印度宗教征服了;中国人的思想和信仰,宗教和艺术,甚至生活的各方面,都逐渐地印度化了。这种印度化的过程持续了近乎两千年。

严格地说,原来的佛教是一种无神论的哲学,主张万物包括"自己",都是原素(elements)的偶然组合,且终将分散而复成为原素。没有什么是永恒的,也无所谓持续和稳定(continuity and stability)。无我,无相,无性(no self, no ego, no soul)。

但是中国人民对于这类形而上的理论却并不感兴趣。在一般人心目中,佛教所以是一个伟大的宗教,因为它首先就告诉中国有很多重天和很多层地狱;首先告诉中国以新奇的轮回观念和同样新奇有关前生、今世和来世的善恶报应观念。

这些新奇的观念急切地为千百万的中国男女接受了,因为这正是古老华夏宗教所缺少的。在漫长的岁月里,这一切观念都变成了中国宗教思想和信仰的一部分。它们也变成了复兴的华夏教,即现在盛行的所谓道教的一部分。天堂现已采用了中国名称,地狱也由中国的帝王和审判官来监理。天国的喜悦,地狱的恐怖,天路旅程的逍遥,地狱苦海的沉痛——所有这些观念不仅颂之于歌,笔之于奇幻的故事,并且在到处的庙院里绘成了巨幅生动的壁画,以作为人们日常的启迪和戒惧。

在这种情形下,古老的华夏信仰因愈变得丰富,革新而加强起来了。同样,华夏文化也因此而印度化了。同样,关于灵魂和灵魂永存的古老概念也就逐渐完全改观。灵魂虽仍叫魂,但是现在却认为它能够周历轮回而永生的,且无论是好或坏,完全依着善恶报应的绝对因果关系。只有"魂"才进入兜率天,或受无量寿和永明的阿弥陀佛支配的极乐世界。但作恶者的灵魂却要下地狱,遭受下油锅、慢慢地凿、捣、研磨、大卸八块(分尸)一类的酷刑。

中古时代的中国遭受的这种佛教的征服势锐不可当,因此许多的中国学者都被震吓住了。他们面对新宗教夸张的象喻和暧昧的形而上学,而感到耳目眩迷,甚至为之俘获。但是随着时期的演进,中国的人道主义、自然主义和怀疑主义却又渐渐地恢复起来了。

大约在公元510年,也就是佛教征服的高潮时期,一位经学家范缜开始攻击这一新的宗教,而坦白否认灵魂的存在。他撰写了一篇《神灭论》,内中指称:"神即形也,形即神也,是以形存则神存,形谢则神灭也。"下面则是他最精辟的一段辩论:"形者神之质,神者形之用……神之于质,犹利之于刀……舍利无刀,舍刀无利,未闻刀没而利存,岂容形亡而神在。"[①]

范缜的论文包括三十一项问题和解答。他在文末指出,文旨在从虚伪自私的佛教的统治下解放出可悯的中国。

范缜论文的发表大大的触怒了虔信佛教的梁武帝(502—549 A. D.),和尚和尼姑都骚动起来。皇帝发布了一项驳斥范缜论文的命令,提醒他们举凡三大宗教——儒教、道教、佛教——都一致主张灵魂的不灭性,而且不学无术心胸狭隘的范缜至少应该晓然儒家的经典对于这一课题曾是如何解说的。这项皇帝的敕命曾被一位伟大的佛教方丈热忱地加以翻印,并分送给六十二位王族朝廷大臣和

---

① 译者按:见《梁书》卷四十二《范缜传·神灭论》。

当时有名的学者以资征询意见。这六十二位名士在复函里都由衷地赞颂皇帝的驳斥。

但是史家告诉我们:虽然整个朝廷和全国因范缜的理论而骚动,没有一个人在反驳他的辩论上获得成功。

范文所称灵魂只是身体功能的表现,并不能在身体死后独存的论见对于后世中国思想有重大的影响。如哲学家兼史学家的司马光(公元1019—1086A. D.)在驳斥流行的天堂地狱信仰时就抱持类似的理论。他说:"甚至假如有地狱和凿焚捣研等刑法,当尸体已腐烂,灵魂也已分散时,还遗留有什么东西来承受这些酷刑?"这真是范缜理论的一项注解了。

7 因此我们考证的实在结果应可分为两方面:(1)流行的中国固有宗教甚至即在一些显然有识者的努力以求其系统化合理化以后,也仍含有一种关于人类灵魂及其死后永存的书丛单纯观念。而且正是这种中国的灵魂观念,才由于印度佛教的新思想,而为之加强和革新。(2)中国重要的智识界领袖对于这个问题似乎没有积极的兴趣,果然他们有些什么兴趣的话,他们的讨论也常常要不是终于不可臆断,即是公然否定灵魂和它的不灭。

这使我们要提出两个问题:(1)中国思想家对于灵魂和它的不灭问题为什么不感兴趣?(2)在知识阶级的宗教或精神生活中有没有什么可以认为是代替人类不朽概念的?

第一个问题的答案是中国文化和哲学的传统由于素来偏重人道主义和理性主义,所以哲学家便不大认真关心于死后生活和神鬼的问题。孔子说:"未能事人,焉能事鬼?""未知生,焉知死?"这几句话可作为这方面的说明。

另外一次,孔子说:"君子不忧不惧,内省不疚,夫何忧何惧"(《论语·颜渊》篇)。在这个人类世界上,道德的生活本身已足够是一个目的,固不需忧虑事后未来或畏惧鬼神。

孔门伟大弟子之一的曾子也给我们留下了一个楷模。他说:"士不可以不弘毅,任重而道远。仁以为己任,不亦重乎!死而后已,不亦远乎!"(《论语·泰伯》篇)一个中国君子,如果没有深受印度思想和信仰的影响,对于"死而后已"的想法是不会感到痛苦和后悔的。

现在谈到第二个问题:就中国知识分子来说,究竟有没有什么中国人的概念或信仰可以取代其他宗教人类不朽观念呢?

当然有的,据《左传》记载,公元前549年——即孔子不过是两岁大的孩子的时候——鲁国的一个聪明人叔孙豹曾说过几句名言,即所谓有三个不朽:"太上有立德;其次有立功;其次有立言。虽久不废,此之谓不朽。"同时,他举了一个例:"鲁有先大夫曰臧文仲,既没,其言立。"①这段话两千五百年来一直是最常被援引的句子,而且一直有着重大的影响。这就是一般所谓的"三不朽",我常常试译为"三w",即德(worth)、业(work)、言(words)的不朽。

三不朽论的影响和效果是深厚宏达而不可估计的,而且它本身就是"言"之不朽的最佳的证明。

公元1508年,伟大的哲学家王守仁(1528年逝世)的学生问他炼丹术究否可以延年益寿。他答说:"我们孔夫子的学派也有我们不朽的见解,例如孔夫子最嘉爱的弟子颜回三十二岁去世,但他今天仍然活着,你能相信吗?"

我在写这篇论文的时候,我的记忆使我回想到五十多年前,回想到安徽南部山中我第一次进入的那个乡村学校。每天从高凳上,我可以看见北墙上悬挂的一幅长轴,上面有公元八世纪时政治家和大书法家颜真卿写的一段书札的印本。当我初认草书时,我认出来这张书札开头引用的就是立德、立功、立言的三不朽论。五十年匆匆地过去了,但是我第一次发现这些不朽的话的深刻印象却一直没有毁灭。

这古老的三不朽论,两千五百年来曾使许多的中国学者感到满足。它已经取代了人类死后不朽的观念,它赋与了中国士大夫以一种安全感,纵然死了,但是他个人的德能、功业、思想和语言却在他死后将永垂不朽。

---

① 译者按:见《左传》襄二十四年。

我们不必认为仅有伟大的德能、功业和教言才是不朽的。就我们现代人来说，我们应十分可能且合理的把这种古老的观念重加阐释，民主化或社会化。这样，则所谓德也许才可以意味着我们所以为人的一切，才可以意味着我们所为的一切，才可以意味着我们所想的和所说的一切。这种学说可以得到一种现代的和科学的意义，就是在这个世界上的任何一个人，不论他怎样的鄙陋低微而不足道，总都会留下一些东西，或善或恶，或好或坏。由于不只是好的才能留下来，所以古语说得好："遗臭万年"。对于恶善贤愚不肖都可以贻人的影响的这种了解，而使我们对自己所以不朽的行为思想和言语道义，深深地怀有一种道义的责任感。举凡我们的为人、行事和言谈在这个世界上的某些地方，都会发生影响，而那种影响在别的地方又会发生另外的影响，如此而至于无穷的时间和空间。我们不能全然了解一切，但是一切都存在那里，而至于无穷尽。

　　总之，就像猫狗会死一样，个人也会死的，但是他却依然存在所谓人类或社会的"大我"之中，而大我是不朽的。大我的继续存在，成为无量数小我个人成功与失败的永存纪念物。"人类的现状固源于我们若祖若父的贤愚，但是我们终将扮演成何等角色，则须从我们未来的情势去加以判断"。

（本文为1945年胡适接受哈佛大学"殷格索讲座"（Ingersoll Lecture）的邀请发表的演讲，同年刊于《哈佛大学神学院院刊》（*Bulletin of Divinity School, Harvard University*），题为 The Concept of Immotality in Chinese Thought。杨君实中译文刊于1963年12月台北《中央研究院历史语言研究所集刊》第34本下册）

谈谈中国思想史

在三千年中间的中国思想史,我想可以寻出一点线索来,不管它是向左,向右,或是向前,向后。中国思想史如此多的材料,如没有线索,必定要散漫。我的见解也许有成见,可是研究了三十多年,也许可给诸位作一参考。

简单说来,思想是生活种种的反响,社会上的病态需要医治,社会上的困难需要解决,思想却是对于一时代的问题有所解决。经济对思想的影响最大,尤其是在近两三百年来,经济极为重要。生活的方式,生产的方式,往往影响于思想。下面分三个时代来讲:

第一个时代——从商末到周初。

在这个时期里经济并不占重要地位,几百几千年的生活方式和生产状态,并没有多大变迁,更无所谓产业革命。古代思想最重要的是政治和宗教。《史记》作者司马迁分古思想家为六派:即阴阳,道德,儒,墨,法,名等。但是这六派都是"皆务为治",亦即怎样治理国家社会。廿九年来从发掘安阳商代文化,发现许多材料,可使我们了解古代政治和宗教的生活。那时的政治和宗教合在一起,且互为影响。他们的主要生活是祭祖,按照祖宗的生日排成祭日表,一年三百六十五天都在祭祀,那时的宗教以祖为本,而且是很浪费,很残忍,很不人道的宗教。人死之后,拿来殉葬的是宝贵的饰物和铜器等,牺牲品往往用到几十只甚至几百只牛羊,这是多么浪费!用"人"来祭祀,一为"殉",即把死人所爱的人和死人埋葬在一起。一为"祭",即以人作牺牲品来祭神,但多用俘虏。这又是多么残忍! 由于这"宗教"的浪费和残忍! 至少可以有一种反抗的批判的思想出来。由此,我们可以看出四种思想的产生:

第一点：人本主义。在纪元前三世纪至六世纪，思想很发达，无论那一派那一家，其共同的一点是注意到"人"的社会，并且首创不能治人，怎样祀神的论调，讲所谓"治人之道"。

第二点：自然主义。针对前时代反应而出的这种主义，是很重要的一点。"自"是"自己"，"然"是"如此"，所谓"自己如此"，亦即自己变成了自己。如乌龟变成乌龟，桃子变成桃子等。两千多年这"自己变成自己"的形质，形成中国思想上很大的潮流。如老庄的思想，即是含有这种思想。

第三点：理智主义，那个时代如孔子所谓："终日不食，终夜不寝，以思"。便是说明个人须作学问，并且提倡教育的路，无论那时学派思想如何复杂，也都是重知识，所以说已走上了知识主义，理智主义的大路。

第四点：自由思想。在若干国家对立时代，往往有思想的自由。那时有极端的个人主义者，如《吕氏春秋》；亦有提倡民主革命的，如《孟子》。

第二个时代——从汉到宋。

这一时代发生了极新的问题，一是国家的统一，一是新宗教佛教的传入，而普遍全国。于是由此引起了两种思想，即：（一）在武力统一政治下，如何建立一文治政府，减低人民压迫。（二）如何挽救全国人民的宗教热。前者如何建设文治政府，遂产生了四种工具：

第一个工具：建立文官考试制度，自汉武帝时开始，这制度一直发展到科举制度。

第二个工具：汉武帝时设立太学，造就文官，至东汉时已有一万多太学生。

第三个工具：建树成文法律，提倡法治。

第四个工具：建设前一时代有同等权威而加强政治力量的经典，由此而断大案。

至于后者如何挽救宗教热，则有两点：第一点：提倡自然主义，如王充以自然思想解释自然现象。第二点：提倡人本主义，如范缜以人和物体相等视，有物体才有精神，韩愈的倡"原道"，乃要人恢复到

"古代之社会"。

第三个时代——从宋代以后。

在这时代里产生了理学,亦即要恢复到古代好的制度和好的思想,拿本位文化来抵制非本位文化。理学亦即为道学,相信自然界有一法则存在。并且有两条路:一是"敬",一是"致知"。第一条路主敬,我们可以看出经过了一千多年,仍不免要受到宗教的影响。第二条路是致知,亦即扩展个人知识。天地之大,草木之微,其中皆存有一"理"在。在这七八百年当中,理学始终是走这两条路,并且也成了号称"中国的本位文化"。而"致知"更为"科学"的路,科学的"目标"。

总括的说,在从前的时代,工具不够用,材料不够多。现在则以全世界为我们的材料,以全世界为我们的工具,以全世界为我们的参考,那么我相信有比较新的中国思想可以产生!

(本文为1947年胡适在北京辅仁大学的演讲,紫云笔记,原载1947年6月《学风》第1卷第6期)

杜威哲学

第一讲

刘院长,各位先生,各位同学:

今天我到这里来讲杜威先生的哲学,我感觉到有点班门弄斧。在师范学院里当然有许多研究教育学说和教育哲学的专家,也有这些必修和选修的课程,想来诸位对于杜威先生的哲学一定研究过。

我在国外收到钱校长和刘院长的电报,他们邀我到台大和师院来作一种学术性的演讲,我以为他们还会写信来,给我一点详细的指示。后来一直没有信来;我看时候到了,就打了一个电报,提出两个题目;在师院的题目是"杜威哲学"。

杜威先生是我的老师。我们三十九年来,不但是师生的关系,而且还是很好的朋友。他在六十岁的时候在北平讲学;那个时候我在北京大学,我替他做翻译。以后他到太原、天津、济南各地去讲学,我也替他做翻译。我们又继续几十年的朋友关系。他在北京过六十岁生日的时候,我参加了;他过七十岁生日的时候,我没有参加,因为他在国外,我在国内。到了1939年,他八十岁的时候,我在美国做外交官,参加了他的生日庆祝;1949年,他九十岁的时候,我在纽约也参加了他的生日庆祝。他今年夏天刚过去,算起来活了九十二岁多。

今天我打算讲杜威先生的哲学思想;下一次讲他的哲学思想在技术方面的应用。

约翰杜威(John Dewey)生于公元1859年10月,死于今年(1952)6月。他出生的地方是美国东北部佛蒙特州(Vermont)的柏林顿城(Burlington)。这个地方是美国最民主的一个小州,是英国宗教家最早到达的地方,也是美国保留有最早的民主风气的一个地方。

我曾经到这儿参观过,看到了世界最有名的真正民主制度。这个地方的议会,不是选举的代议制,而是全体市民直接参加。每逢市(村、镇)议会开会的时候,市民不论男女老少都踊跃出席;主席把已经宣布了的本市(村、镇)的问题提出来后,人人都可以参加讨论。这是一种真正的直接民主制度,使我看了非常感动。杜威先生就是生长在这个真正民主的地方的。

杜威先生最初进本州大学。后来到巴铁摩尔市(Baltimore)的约翰霍布金斯大学(Johns Hopkins University)研究哲学。这个大学在七八十年前是第一个新式的大学。它以研究院作中心。是以前大学所没有的制度——开美国大学风气之先。杜威先生就是这个大学研究院最早的学生当中的一个。美国有名的总统威尔逊也是从这个大学出身的。

杜威先生毕生从事教育,真正做到了孔子"学而不厌,诲人不倦"的榜样。他在约翰霍布金斯大学完成了学业以后,便在密歇根大学(University of Michigan)和明尼苏达大学(University of Minnesota)任教。1894年就任芝加哥大学(University of Chicago)哲学系主任。同时,他和他的头一个夫人合办实验学校,提倡新的教育;这是美国新教育的创始。1904年转任哥伦比亚大学(Columbia University)哲学系主任。1919年到日本东京帝国大学做了几次讲演后,著了《哲学的改造》一书,那一年正是中国五四运动的时候,蒋梦麟先生、陶知行先生和我,代表江苏省教育会,北京大学和北京大学的行知学会请他到中国来讲学。他本来预定在中国讲学几个月;后来因为对中国发生了很好的感情,继续住了两年,到处作了许多次的演讲。后来又到苏俄、土耳其、墨西哥等地。

1919年——民国八年,杜威先生到中国来讲学,我们几个他的学生,在他开讲以前,举行了几次公开的讲演,把他的思想做一些通俗的介绍。我的讲演有一部分收进了《胡适文存》。像《实验主义》和《最近五十年的世界哲学》两篇文章里,都提到杜威先生的思想。

杜威先生的教育哲学、教育学说,被公认为最新的教育理论,不但影响了全美国的学校,由幼稚园、小学、中学,到大学,也影响了革命初期的俄国。苏俄那时的教育制度,便是依杜威先生的理论制定的,后来革命的倾向改变,整个教育制度也就改变了。中国教育界自1919年到现在,也深受他的教育思想的影响。

以上只说杜威先生在教育方面的影响。其实,他的影响并不限于教育方面。这次我所要讲的杜威先生的哲学,可分为两部分:一部分讲他的哲学思想,一部分讲他的哲学思想几方面的应用。

杜威先生的思想,一般人叫它实验主义(Pragmatism),日本翻作实际主义;我们在民国八年做通俗介绍的时候,翻作实验主义。在讲杜威先生的思想之先,不能不说几句关于实验主义的话。

实验主义到现在已经有八十年的历史,共有三位大师:第一个大师是皮尔士(C. S. Peirce 1839—1914),是美国的大科学家。他于1877年开始提出了实验主义这个名字;他在一个通俗的讲演里面,提出一个问题:"怎样可以叫我们的意思明白?"他的答案是:"科学实验室的态度"。那就是说,科学实验室的方法和配备,可以使我们的意思、思想明白,你无论同做科学实验的人讲什么,他总是说让我来实验一下,看这句话会发生什么效果。这个效果就是你所说的话的意义。如果照你说的话做一个实验,实验出来某种效果,你那句话就是有意思的,如果你的话没有法子实验,实验不出效果,那么,你的话就没有意思,就是瞎说,胡说。这就是"科学实验室的态度"。就是说拿一样东西,一个观念或者一种思想的效果的结果,来批评某种学说或思想。

做科学实验的人,无论实验物理、化学、地质、生理或心理,都要先有一个思想(假设的理论):照这样的设备,这样的布置,做起这样的实验来,应该产生某种效果。如果实验的结果不产生某种效果,那就证明了前面的理论是错误的,就应加以修改。另外装置起来重新再做实验,看看这个修改过后的理论对不对。科学家在实验室的态度,就是实验主义。无论什么东西,都要拿这种态度来说明,来解释,来实验。

皮尔士是实验主义三位大师中的第一位大师。他所提倡的就是"科学实验室的态度"。以这种态度应用到人生上,凡是思想、理论、概念,都得用这种态度来批评它,解释它,说明它,才可以使它的意义清楚。我们看这个思想或概念,在人生行为上发生什么效果;再拿这效果来批评,来说明这个思想或概念:这等于在实验室里面用某种器具,某种设备做实验而产生的效果,再拿效果来批评理论一样。简单的说,一切有意义的思想或概念,都会在人生行为上发生实验的效果。如果要决定这个思想或概念是不是有意义,只要看承认它时有什么效果发生,或者不承认它时又有什么效果发生。如果承认它或者不承认它时都不会发生什么效果,那么,这个思想或概念就毫无意义了。科学实验室的态度就是用来解释,说明一切思想、观念、概念,使得思想、观念、概念的意思清楚的。

实验主义的第二位大师詹姆士(William James 1842—1910),和皮尔士是同一个时候,同一个地区的人,也是同一个学校(哈佛大学)的朋友。他本来是学医的;后来转到心理学,在心理学上开了一条大路。他的著作有《大心理学》和《小心理学》。他的《大心理学》在世界心理学史上,占了一个很重要的地位。

詹姆士把皮尔士的基本观念应用到各方面,拿来做科学和哲学的方法论、真理论、宇宙论。(各位若要知道详细,请参阅《胡适文存》第一、二集。)

詹姆士虽然是科学家,但是他出身于宗教家庭,富有宗教情感。他的实验主义的发生,是为求怎样使得意思、概念明白清楚。他把皮尔士的方法推广到各方面去。他以为讨论某种事体,某种概念或信念,某种宗教信仰或某种人生信仰,都可以用这个标准来批评,看它在人生行为上发生什么效果。如果发生了某种效果,就拿这个效果来决定是真的还是假的,是有价值的还是没有价值的。因为他把这个方法应用到宗教方面,他相信某种宗教的信仰能得到某种安慰和某种人格的行为上的改造,便有人批评他应用的范围太广,不免有一点危险。举例来说:二十年前左右,美国一位有名的传教士艾培先生到北京来找我。他说:"胡先生,听说你是一个实验主义者。我要同你谈谈实验主义。"我说:"好吧!"他举起左手说:"这边一种信仰,认为人生等于一只狗一只猫,没有希望,没有前途,没有天堂地狱,没有将来的生命:这是悲观主义的信仰。"又举起右手说:"这边的一种信仰,有天堂,有上帝,有将来,有死后的生命:这种信仰叫人乐观,叫人往前进,用实验主义的批判,一定放弃那边的悲观信仰,而接受这边的乐观信仰。"我说:"我这里有一块洋钱,另外有一张百万美金的支票。艾培先生,你知道我胡适决没有一百万美金,支票是空头的。以一百万美金和一块洋钱相比,支票可以说是代表乐观的。你是接受一块洋钱,还是接受一百万美金的支票呢?"他说:"我当然接受一块洋钱。"

由这个例证看来,严格的实验主义,总是用科学实验室的方法,先归纳观念的意思,把观念的真假确定之后,再来考虑那偶然发生的某种希望是真的还是假的。如果滥用实验方法,便是放弃真实的洋钱,而取空头的支票了。詹姆士因为富于宗教情感,偶然不谨严一点,因此引起人家的批评。(对于詹姆士,我说得太简单了,似乎有一点不公道。不过很短的讲演里,难免有过度简单化的毛病。这要向各位先生道歉的。)

第三位大师就是杜威先生。他是实验主义运动中第三个领袖,年纪比前两位轻一点,寿命又特别长,活到九十多岁,所以他的影响最大。他运用方法也比较谨严,所以他的影响也比较健全。要讲杜威先生的思想,应该先讲一点他的思想的背景。这是很重要的。

第一,就是方才所讲的,他生长的区域是一个真正民主的社会:没有阶级,绝对自由,不是间接的代理民主,而是直接实行民权的真正民主社会。所以他从小就有民主的习惯。最能代表他思想的著述,有《学校与社会》和《民主与教育》二书。后一本书在中国有译本。

第二,两三百年来的科学方法——皮尔士大师所提倡的科学方法,就是应用到自然科学方面的,如物理学、化学、生物学、地质学等这一类实验科学的方法。

第三,十九世纪后半叶产生"生物演化论",也就是所谓"生物进化论",中国严复先生译为《天演论》。在杜威先生出生的那一年(1859年),就是达尔文名著《物种由来》出版的那一年。这本书出版后轰动全世界的生物学界。当时就引起了宗教家和哲学家的反对。后来(1871)达尔文又出版了一本《人类的由来》。这本书里面就不客气的继续"物种由来"而说人类是由下等动物,经过几十万年的进化演变,由和猴子相似的动物变成人猿,由人猿再演进成为人的。达尔文花了三十年的苦工,才敢提出这个研究的结果。所有物类的演变,开始都是很微细的,而后逐渐变异。在某种环境之下,旧的生物感觉到不适于这一个环境,或者过热,或者过冷,或者过于潮湿,或者过于干燥,而其中有一部分偶然起了小小的变化,并且这种变化比较更能适合于环境一点,这一部分就继续生存下来。其余没有变化的慢慢就淘汰了,灭亡了。于是这一部分的微细变化,就更加的向适于生存在某种环境中的那种特性格外发展。因为坏的已经死光了,结果,存在的慢慢就成了新的物类。所以《物种由来》的根本说法,就是说物类都是由于很微的变异因为适于生存而不被淘汰而来的。这就是所谓"自然选择"或"物竞天择"。所谓进步,所谓演化,并不是整个笼统忽然而来的;是由一点、一滴、一尺、一寸、一分的很微细的变迁来的。并不是猴子一类的动物一跳就变成人猿;人猿再一跳便变成了人的。例如人的两手,由于我们的老祖宗偶然用后面两条腿站起来,久而久之的结果,成了习惯慢慢的前面两条腿变成手了。在比较解剖上可看出:人类的手,鸟类的翅膀与许多动物的前肢,都是由于这种变异而来。但是这种变异都是经过了几十万年的过程,由一点一滴的聚积而成的。

达尔文的进化论,不同于马克思的辩证法。马克思的辩证法是根据黑格尔的辩证法;这种辩证法与天然演进的科学方法是不符合的。

总之,杜威先生的哲学思想,就是由这三个背景产生出来的,而最要紧的是他注重科学方法,也就是继承皮尔士、詹姆士实验主义的传统,以科学实验室的方法做基础来讲真理问题,哲学问题、知识问题、道德问题以及教育问题。所以第二个背景是很重要的。他不满意詹姆士的那种广泛的引用实验主义的方法,所以他不大喜欢这个名词,把实验主义改名"试验主义"(Experimentalism)。因为实验主义未免太注重效果;像方才我讲的那个传教士的说法,拿宗教的效果来标榜或滥用。所以与其叫实验主义,不如叫试验主义。后来他又说:一切的思想、知识、经验,都是生活的工具,生活的基础。每一个人所有过去的经验,和现在的经验,都是为帮助将来生活的工具。天地间一切真理、一切学术、一切教育,以及什么圣人贤人的话,天经地义的金科玉律,都不过是工具。这都是帮助我们解决问题的,帮助我们提一个暗示、一个假设的工具,所以便有人说杜威是工具主义(Instrumentalism)的一派。

方才我说,两三百年来,物理学家、化学家、生物学家、地质学家们给我们建立了一个可用的科学方法。杜威先生这样想:我们为什么不拿这个方法来普遍的应用,而只限制在物理、化学、生物、地质方面?为什么不应用到改善精神方面?杜威先生以为这一种科学方法,在实验室内应用了二三百年,并没有流弊,的确是一种可以建立起的最好的方法。这个方法就是自己本身批评自己与纠正自己错误的作用。在试验以前,一切先要有假定。比如假定有甲、乙、丙三个条件,在这三个条件具备的时候,就产生丁、戊、己的结果;那么,我们就把甲、乙、丙三个条件设备起来,看是不是产生丁、戊、己。如果产生,就是对了;如果不产生,就是错了。这个方法是:自己批评自己,自己纠正自己的错误;随时修正,随时发明。所以科学方法根本的观念,不单是求知识,还可以处处发明和发现错误。发现错误与发明正确是同样重要的,是同样可以增加知识。求知与发明,和发现错误联合一贯,再看效果,就是实验的方法——科学的方法。这一种方法为什么二三百年来,不应用到所有精神的领域,所有道德、教育、政治、社会方面去呢?最重要的尤其是宗教、道德方面,为什么不应用呢?

要说明这个历史,就要回到方才所说的三个思想背景。杜威先生说:现在的民主社会,是没有阶级;而古代的社会是分阶级的。所以古代有劳心者,有劳力者;有统治者,有被统治者;有君子与小人的区别。古代社会分有阶层:因职业上、生活上的各种关系而分了阶层。因此,在新的科学出来以后,许多人都认为这是危险的;认为如果这种思想推行广了,就要影响并且动摇社会的基本思想了;认为古久传下来的宗教、伦理、道德的思想都要动摇了;所以由于社会有阶层的关系,就使思想也分了区域。新的科学是没有方法驳倒的;新的化学、物理等知识一天天的加多,就得想出一个调和的办法,才可以使科学方法不影响到宗教、道德方面。这个就是分区而治。这是杜威从历史上看出来的。你们的新思想只能限于某一区域,不要到精神的领域来;不然,就要受统治者的制裁。结果大家为了避免统治者的干涉或宗教的审判,怕在火上被烧死,于是就愿意,只要你们让我们研究物理、化学,我就不来麻烦道德和宗教。道德、宗教方面也就表示只要你们不来麻烦道德、宗教,我们也就允许你们研究自然科学。你们研究的是物,我们研究的是心;我们分区而治,各不侵犯。所以在这个社会有阶层的情形下,思想在不知不觉中就分成了唯心和唯物两派。我们是物质的,你们是精神的;你们是形而上的,我们是形而下的;大家分区而治。

可是现在我们不同了。杜威先生说:现在到了民治时代;民主制度下是没有阶级的,没有阶层的。我们应该打破从前反映社会阶层的分区而治和各不侵犯的观念。要进到"下学而上达"的地步,要打破精神与物质的区画,打破心与物的分别。所以杜威根本的哲学,就是要反映无阶级的民主思想,没有心与物的区分,没有形而上与形而下的区分,方法只是一个;没有界限没有阶层。

三十多年前,杜威在日本讲学时,讲"哲学的改造",说改造那是客气;实际上他要革命,要推翻二三百年来唯心唯物的划分。他说:古代思想的最大错误,就是没有懂得所谓"经验"(Experience)。从前的学者,把经验分成主观的和客观的。但真正讲起来,什么叫做经验呢?杜威先生曾经说:"经验就是生活。"生活是什么呢?"生活就是应付环境"。人生在这个物质的客观环境里面,就要对付这一个环境。对付它,就是我对物、物对我。这种对付环境的生活,就是经验。应付环境,不是敷衍,而是要天天接触环境来得到新的知识。应付环境就是时时刻刻,在增加新知识和新经验,新技能和新思想。人在这环境之中,时时刻刻免不了有困难发生。因为要解决这种困难,就引起了思想的捉摸与觉悟。因为思想的作用,就逼得你不仅是无意识的应付环境,而且应付环境的方法,其内容更加强更丰富了。新的知识与新的经验加上思考力的结果,应付环境觉得更满意了,格外成功了。所以经验是时时刻刻在增加应付将来新环境的力量。这就是与方才所说生物的进化一样,也是由一点一滴而来的。我们在那一点钟一分钟之中,今天这一部分人,应付这一个环境,需要某种的应付方法,还要有怎样的改善方法:这决不是笼统一下子可以得到的。人的知识、经验和生活,与生物的进化一样,是从一点一滴的解决问题,解决环境的困难而成的。我们看小姐们颈项上挂的珍珠是怎样来的呢?海里的老蚌,在张开蚌壳的时候,有沙粒跑了进去;因为它没有手,不能把沙粒拿掉,又感觉到剧痛,于是它就本能的应付环境,从自己身上分泌出一种汁液来包围,这粒沙慢慢的裹大了,久而久之,就成为一粒珍珠。这是老蚌本能的应付环境:没有知识,没有思想,很老实的不断的在应付环境,逐渐的分泌汁液,将沙粒包围,结果就成为珍珠。人类是所谓"万物之灵",当然与蚌不同。在他遭遇到困难的时候,能够用思想,能够用过去的经验;祖宗积下来的,和学校、社会以及书本中得到的经验、知识、学问,都可以活用,都可以拿来应付环境。所以杜威先生说:"教育是要人用知识、用思想的方法;用最好最稳当的方法来思想,来帮助经验,来控制和改善经验,使将来的经验比现在的经验更满意、更能够应付环境。"比起老蚌糊涂无知的、本能的应付环境,解决困难,我们人类是好得多了。因为我们有前人留下来的知识经验,学校给我们的知识经验,和三百多年来的科学家们给我们方法,帮助我们实验应付环境。我们所得到的结果,虽然没有像珍珠那样漂亮好看,但是照杜威先生的意思,这结果却是真的知识,却是活的经验,一点一滴都是珍珠。人的整个经验,一点一滴都是真理,都是宝贝。那宝贝是看不见的;但是在脑子里,在心灵里,一天一天的积累,就愈来愈灵活了。这个经验,就是教育。这种教育哲学,就是杜威先生的基本思想。

第二讲

上次我讲演的时候,讲了一点杜威先生的根本哲学。他写的书很多,有好几十种,重要的也在十种以上,所以不容易一下子抓住一个扼要的地方。但是我上次曾经提出了他的三点背景。大家研究他的思想,就要从这三个假定的背景着手。第一,他是生长在美国北部福蒙特州的柏林顿城。那个地方是一个没有阶级,真正民主的社会,所以他的一切著作,差不多是很自然充满着民主的气息的;第二,三百年来的科学方法,尤其是科学实验室的方法,也是他当然的背景;第三,十九世纪中叶以后,生物演化的思想,注重在一点一滴的演变,一点一滴的进步;而生物之所以演变,是由于应付环境;因为随着环境的需要,不能不改变。改变不是一下子天翻地覆的改变;往往起于很细小的改变,而后一点一滴的聚集多了,就有了适应环境的能力。能够适应环境的就能生存;不能适应环境的就毁灭了、淘汰了。这个观念在杜威先生思想里面也是很重要的。

看这三种背景,我们作他的学生的和研究他的学术的,觉得他的基本观念,可说是他的经验论。

在十多年前,有一次我去看他。那时他的一部新书叫做《经验与自然》的刚出版没多久。他很高兴地对我说:"现在有许多人说它新;三十年后就成了老东西了。因为大家都接受了这理论,就不觉得新奇了。"当时他对于自己的新书也不免得意。他那个"在现在是新的,三十年后大家就不觉得新奇了"的意思,至少我们作过他的学生的人觉得是很对的。

这几十年来,他所谓"经验",就是我在上次讲演的后半段所讲的"经验论",在他的方法论上和应用在教育上,确实是很基本的。综合起来说,经验就是生活。生活就是应付四周围的环境。对付环境,适应环境,控制环境,改造环境;这就是生活,这就是经验。这并不是十八世纪到十九世纪一些哲学家所谈的经验主义。从英国开始的所谓经验主义的哲学家,在那时也是受了二百年来自然科学的影响,所以他们反抗旧的哲学,提出一种经验论(Empiricism)。经验主义的说法,就是说一切人的知识都起于经验。而经验是什么呢?英国一派的经验论哲学家说,经验就是感觉,就是一个一个零碎的感觉。感觉影响直接的经验。这种说法太琐碎了。大陆上理性主义派

（Rationalism）的哲学家，可以德国的来勃尼慈（Leibniz）为代表。他说：前一句话"一切知识起于经验"是对的；但是我要加半句话，"除了理智本身"。我承认一切知识起于经验。这句话怎样讲呢？就是零碎的经验感觉，还需要一个超经验的理智来统制它，来归纳它，使这些零碎感觉成为一个系统，起综合的作用。大陆上理性主义者要和经验主义对抗，在零碎的感觉之外，还得有一个理性或者理智。发扬这一派的就是德国的康德哲学。他承认经验，但是还要一个理性，纯粹理性作用的范畴。理性里面有很多范畴；某种时间是个范畴，某种空间又是一个范畴。让这种理性范畴整理它，归纳它，管理它。这许多范畴就像桌子的许多抽屉一样；这样东西放到这个抽屉，那样东西放到那个抽屉，然后才可以真正了解它。这种心与物的观念，照杜威先生的看法，都是因为时代的关系。杜威先生说：新的科学不是一天起来的，是在过去三百年中一步一步起来的：第一步是十七世纪，是新的天文学，新的数学；第二步是十八世纪，是物理学化学的时代；到了第三个一百年——十九世纪，才兴起来了生物的科学，包括地质学。杜威先生说，前一个时期的思想，把心和物分开，把琐碎的感觉和综合的理智分开了，都是由于各个时代的科学的关系。十八世纪时期也还没有到十九世纪后期生物学的时代；到了十九世纪实验科学时代，可以说使我们对于经验很了解，对于一切生物活动的状态也了解了，因此我们可以得到一个新的经验看法；就是生物的经验，尤其是高等动物的人类的经验，是不分阶级的，只是程度稍有不同。达尔文的书叫做《物种由来》，就是说并不是上帝忽然在一天的工夫把各种生物都造好了。各种生物都是有来源的。怎么来的呢？是一步一步演变来的。这个观念是新的。我们现在经过了三百年的实验科学，尤其是经过百多年的生物科学，我们应该了解当前我们人的大问题，是怎样对付外面环境的变迁，才可以使这些变迁朝着对于我们将来的活动有益的方向去。一切生物动物，都是这样的，都是要适应环境。但是人要不同一点。人类的活动，全靠我们有知识、有思想；能够用知识和思想来管理环境，控制环境，改变环境，改造环境。什么叫"改造"？改造就是要使有害的势力，变成无害的势力；使无害的势力变成有利的势力。这种不断的生活就是经验。从物类到人类都是一样。不过人的思想智慧高,改造环境、应付环境的能力也就大些。这种观念,我们认为是杜威先生哲学的基本观念。他根据科学的实验方法,尤其根据近百多年的生物学的进步:由生物学进到生理学,由生理学进到心理学,从实验的心理学到儿童心理学、动物心理学、变态心理学(这些学科,当然难有一个严格的次序的):这都是使我们了解人类生活是怎样的。我们无论从那一方面看,都可看出经验就是生活,生活就是适应环境。到了人类在这种适应环境的生活里面,人类的知识思想,都是很重要的,都变成很重要的工具。所以人同物类不同。人类能够充分的用这种自觉的思想作用,来指挥生活;能够运用人的这种能力,运用一切过去的经验,过去所得到的知识,来利用环境——征服它,统制它,支配它:使生活的内容格外丰富,使生活的境界格外壮大,使生活的能力格外自由发展,使生活的意味格外提高。这种思想经验作用,到了为人类运用时,杜威先生叫作"创造的智慧"。这种智慧,只有人才会有。而生活经验并不是琐碎的感觉,并不是感觉之外另有一个理智(或者叫作智力)来指挥的。主宰的乃是人的脑筋,——人的身体的一部分,人本来有的官能,就是我们的神经系统,神经中枢,也就是脑子。这个神经中枢指挥的神经的作用,能够因为应付环境,而不断的努力,不断的改造,不断的进步,使创造的智慧加多。到了那个时候,就能够随时随地改造环境,应付环境。这时候,人的脑袋就够得上叫做"创造的智慧"。

　　杜威先生的基本观念,具体地说,是把经验用于哲学的各方面。他有很多著作。最重要而销路最广的,是《我们怎样思想》。在美国学校里,无论是中等学校或是大学,都拿这本书作教科书。在教育方法上、论理学和知识论上最有影响的,就是这本书。杜威先生说,"经验就是生活"。人的经验,就是充分运用思想的能力来应付环境,改造环境,使将来应付环境更好,更容易,更适当,更满意。所以杜威先生把基本观念用在思想上。当然,思想有简单的思想,复杂的思想,胡思乱想的思想,没有条理的思想,有条有理的思想。杜威先生以为有条理的思想的发生,大概可以分为五个步骤。这是他的一个很大的贡献;我现在简单的叙述一下。

第一步:思想的来源,或者说,思想的起点。思想不是悬空的。胡思乱想,不算思想。凡是真正有条理的思想,一定是有来源,有背景,有一个起点的。这个起点是什么呢?思想都起源于困难的问题。人生的动作碰了壁,碰了钉子,碰到一个困难的环境,行动发生了障碍,要想打破这个困难,因而才有思想。譬如呼吸:大家都要呼吸的,差不多是一个自动的动作,用不着思想的作用。但是有许多动作是没有那么自然自动,没有像呼吸、睡觉那么容易。真正的思想,是动作碰了壁才发生。比方我要找我的朋友张先生,我一个人走到三岔路口,不知是去第一条路、还是第二条路或者第三条路。这时候才想起:我是来过的么?找找看有什么记号使我可以找到路;或者路旁有一家戏园子,有一块广告牌,是绿色的或者是红色的:这时候才用思考。如果一直走去,就用不着思考了。杜威先生说:"凡是一个思想都起于一个三岔路口的境界;凡是一个思想都起于一个大的疑问号。"从前讲逻辑和知识论的,都比较容易错误,就是因为没有想到很简单的"一个思想起于三岔路口"这一句话。

第二步:认清困难障碍在那一点;把困难加以分析,知道困难究竟在那一点。我平常的活动为什么发生障碍?吃饭忽然吃不下,睡觉睡不着,或者头痛发烧:究竟困难在那一点?障碍是什么性质?有时候事情很简单:第一步和第二步就连在一块。不过复杂的问题,就要分为两步,如果第二步弄不清楚,下面的方法步骤就错了。普通问题要在三岔路口去找一条路走比较简单;但是有许多科学问题,如医学、物理学、化学的问题,都很复杂。在这些问题里,我们要小心的做这个第二步工作。

第三步叫作提示,或者称为暗示。凡遇到了三岔路口的问题,有大困难的时候,第三步就不是自动而是被动。你过去的知识、学问、经验,到今天都发生作用了!你的脑子里这边一个假设,那边一个假设。这些提示的东西那里来的呢?都是不自觉的涌上来的。所以第三步往往是不自觉的。假如你没有学问知识和好的活的经验,看到三岔路口的问题,就手足无措,不知道怎样下手;没有主意,没有法子。如果你的知识是死的,学问是从书本上得来的,经验是贫乏的,那你还是没有主意,没有法子,看不出道理来。所以第三步是很重要的。不过,有时候有些人经验太多了,知识太丰富了,往往东一个意见,西一个意见,前一个意见,后一个意见;就要发生第四步。

第四步就是批评、评判;判断这许多提示,暗示当中,那一个意见比较最能解决所碰到的困难问题。记得在我父亲的诗集子里面有一首诗,讲他在东三省吉林的时候,奉命办一件公事,连人带马都在大森林里迷失了路,三天三夜都没有方法走出来。这个问题就是思想,因为当前的行动发生了障碍。我父亲在诗里面就说他怎样想法子找路出去:有人爬到树上去看,只见四周茫茫无边的树木;在地上也找不出路来;也找不出牛马的蹄痕。这两个办法都不行。这时候,我父亲想到古书上讲过:在山林中迷了路时可以找水;跟着水去找,必定可以出山的。大家就四下去听;听到有水流的声音,果然找到了一条水;跟着水走,居然出险。他诗里面有一句"水必出山无可疑",就是指的这回事。爬上树看,找牛马蹄痕,想了许多办法都走不出来。那时候知识中有一个知识"找水"。这是在许多提示中决定的一个解决困难的办法。所以这第四步工作,就是要判断许多提示当中,那个最适于解决当前的困难。在许多主意中怎样批评判断那个主意适用或不适用呢?这又得回到第一步去:感觉到需要思想,就是因为有困难问题。再认清楚了困难问题;看困难究竟在什么地方。再从推出来的许多暗示、意见当中,看看那一条可以找出结果来。水是可以向山下流的;朝着他走可以得到一条出路:这个结论是不是可以解决当前的困难。拿这个困难作一个标准,作一个尺度,来量这些提出来的暗示,挑一个作假定的姑且的解决方案:这是第四步。不过这还是一个假设,还没有证实。

第五步是思想的最后一点,思想的终点,就是证实。要问提出来的这个假定的解决方案是不是可以解决困难问题?是不是满意?是不是最满意?要证实它!我刚才讲我父亲在吉林的这个"找水"的经验,就是证实。假如复杂的科学问题,有时候就需要假定应该有某种结果,我们要选择许多假定,使用人造的器械,人造的条件来试验它。所谓科学的实验,就是证实某种条件完备的时候,可以发生某种结果的假定。如某种条件完备而不发生某种结果,这个假定或理论就错了;要再来第二个,第三个……的假定,一直到最后可以得到证实为止。到了最后证实,这个思想才算解决了问题。结果是假设变成了真理,悬想变成满意适用的工具。这是思想的最后终点。

杜威先生的这种思想观念,对他的许多学生,无论在教育上,哲学上,都有了很大的影响。他的哲学特别注重在活的思想,创造的智慧;特别注重拿知识思想来解决问题。因为只有这样才可以应付环境,改造环境。这种思想应用到各方面去,都可以发生很重要的效果。比方在逻辑(Logic)方面:杜威先生在八十岁的时候,出版了一本大著作《逻辑学》,它的副题目叫做"研求真理的理论"(A Theory of Inquiry);他以为逻辑不过是研求真理的方法的一种的理论。所以他的逻辑并不像从前的逻辑。从前的逻辑讲演绎法、归纳法、大前提、小前提、求同、求异、求互同互异:所谓形式的逻辑。这种逻辑完全是用在论证(proof)方面,变成一种论证的形式,所以杜威先生叫做"论理学"。这是形式的、论理的。比方说:凡人都会死;胡适之是一个人;胡适之当然是会死的。这只不过是一个形式的论证,不能引导出真理。从十九世纪以后,哲学家注意到逻辑归纳法。杜威先生说:这也不行;思想的方法,不是形式的方法;人生要时时刻刻应付真的困难,活的问题,不能拘于刻板的形式。

思想的五个步骤,其实包括了归纳法和演绎法。比如我刚才讲的第一步和第二步就是归纳的方法:注重事实,从事实中找出困难,发现问题。第三个步骤是很多暗示涌上来,就好像许多大前提。照这个前提作会产生什么结果?从具体的事实得到一个结论。所以从第三步到第五步都是演绎法:凡是这样作的,必发生什么结果。试验的时候,有了A的现状,当然产生B的结果:凡是A都会产生B,看看A是不是会产生B!试验就是演绎。第四步就来批评思想提出来的假设;第五步就来证实它。在生活的活动上,证实或是实验室的证实方法都是演绎法。比方我父亲的诗"水必出山无可疑":现在找到水看看是不是可以出山。这就是演绎法。所以人的思想是活的。在解决困难的时候,随时演绎,随时归纳;归纳之后有演绎,演绎之后有归纳。

杜威先生的逻辑,注重在思想的起点。思想必须以困难为起点;时时刻刻,思想都不能离开困难。这样思想才有效果。英国穆勒(J. S. Mill)的逻辑学注重归纳。其实讲到真正的科学思想在作用活动的时候,并不是那种形式的归纳法所能应付。所有的归纳、演绎、三段论法,求同求异的方法,都不过是要证明某种思想是否错误,错误的时候可以用某种方法来矫正。所以杜威先生的逻辑也可以叫作实验的逻辑,工具的逻辑,历史的逻辑。"历史的逻辑"这个名词太不好解释;我也叫它作祖孙的逻辑。这种逻辑先注重来源;有来源,有出路,有归宿;根据人生,应付环境,改造环境,创造智慧。这种思想的方法,也可以说是一切科学的实验。真正科学实验室的方法,不完全是归纳,也不完全是演绎,而是时时刻刻有归纳、时时刻刻有演绎的。把形式去掉来解决问题;拿发生困难作来源,拿解决问题作归宿:这是新的逻辑。

最后,我感觉到胆怯,把杜威先生的哲学应用到知识论和教育学上。今天在座的有好几位都是教育专家;我实在不敢班门弄斧。所以只好简单的讲讲。他这种思想应用在知识论和教育学上,起了很重要的作用。从前的知识论者,往往分作内面的心和外面的物。所谓感觉和综合的理智,这是知识论里面很重要的部门。当时社会上分阶级:有劳心,有劳力;有君子,有小人;有资产阶级,有无产阶级;有统治者,有被统治者;有一种人看到没有法子参加许多社会的事,许多事都不在他们手里,就取悲观、旁观或乐天的态度。从前社会上这种分阶层的情形,就影响到哲学思想上。杜威先生以为,这都是历史的关系。因为那时科学发达还没有影响到整个哲学,哲学家还不能接受实验室的方法来改造他们的思想。杜威先生这一派,则整个接受三百年来的科学方法,尤其是近百年来生物科学的方法。所以他们的知识论是说:生物学和新的心理学,儿童心理学、变态心理学、实验心理学都指示我们,思想并不是有一个叫做理智(或者是心)的特殊官能;一切心理的作用,都是脑子。脑子就是如吴稚晖先生所说的"十万八千根神经"的中心。(我们当然不能把这当作一个准确的数目字!)神经系统使我们的心和身通力合作。这是新的心理学的贡献。外来的刺激,都是受神经系统的支配统制。外面碰到刺激的时候,它立刻发生反应发布命令来应付。这不但高等的动物这样,连最下等的动物也是这样。神经系统不但是主持应付环境的作用,还能够使前一次的经验在后一次的适应环境上发生重要的影响。前面成功了,后面的格外成功,格外满意。前一次的经验,影响后一次的活动;时时刻刻是新的。心就是身体里面的神经中枢。每次的生活经验能够把旧的经验改组一遍,作为后来活动的准备,使后来的活动比前次更满意。比如雕刻家每一刀下去都是活动;如果能够用心的话,后一刀自然比前一刀的雕刻要见进步。写字、绘画、作工,无论什么事,可以说都是这样。一笔有一笔的进步,一分有一分的进步,一寸有一寸的进步。有思想的生活,都是改善环境,改善我们自己作为后来更满意应付环境的准备。这就是步步思想,步步是知,步步是行。知是从行里得来,知就在行的里面;行也是从知里得来,行就是知的本身。知分不开行,行也分不开知。

这就是"知行合一"。生物学告诉我们,就是低等动物也有这种本能。拿老鼠来说罢:无论怎么难找的门,第一次找不到的时候,第二次再找;不断的试验,经验就可以叫它找到门。老鼠如此,狗和猫也如此。概括的说,下等的动物和人,对于应付环境的作用是一样的,目标是一致的,其中只有程度的高低。

从前的人说知识是超于经验在经验之外的,是一个"超然物外"的旁观者。杜威先生说:知识是智力,智力是一种参加战斗的工具,是一种作战的活动,不是一个超然物外的旁观者。从前讲知识论的人,往往离开了科学实验室,所以没有结果。如果他们用新的科学方法,就知道所谓知识论必须具有两个条件:

第一,教人怎样求得知识,教人怎样得到知识。我们知道,要求得真正知识,只有科学实验室的方法才有效果。这是第一点;还不够,还有第二点。

第二,教人如何证实所得的知识是否真知识。凡是真正的知识论,必须要教人家怎样证实那种知识是真的,那种知识是假的。如果单教人求知识,而不教人家证实真假,那是不够的。

所以真正的知识论,必须根据新的科学方法,教人求知识,并证实知识的真假及其价值。

把知识论应用到教育上,就是杜威先生的教育学说。讲到教育学,我完全是外行。真正讲起来,我没有学过教育学。哥伦比亚大学的研究院和哥伦比亚大学的教育学院,当中只隔了一条一百二十号街。我们在研究院中的学生常彼此笑谈说:"他们在那边,我们在这边!"我差不多没有过过这条一百二十号街;所以对于教育学我完全是外行。不过现在并不是谈我的学问,而是替我的老师讲话。说错的地方,请各专家指教。

杜威先生的知识论用于教育哲学上,有所谓"教育就是生活,并不是生活的预备""教育是人生的经验的继续改造"。刚才我讲到知识论时,说人与物一样,他的应付环境就是生活;随时应付环境,改造环境,一点一滴继续不断的改造;经验本身也改造。这就是说,教育不是将来生活的预备;当前的生活就是学校,就是教材。所以教育的目的和教育的历程是一件事,不是两件事。人的生活是经验,是继续不断的重新组织经验。刚才我讲的,写字时后一笔就是改善前一笔;雕刻时也是后一刀改善前一刀:这就是教育。所以生活是不断的,教育也是不断的。每种继续不断的经验,都是教育的功用。民主国家(杜威先生最相信民主主义)的教育,最低限度必要做到两件事:

第一,用活的生活经验作教材,养成一个创造的智慧,以应付困难,解决困难,满意的解决困难,更满意的解决困难。教育应该使每个人都有一点创造的智慧。《西游记》中的孙悟空,曾有了观音菩萨给他的三根救命的毫毛。创造的智慧,就是要每个人都有这三根救命的毫毛。

第二,就是要养成共同生活的合作习惯(Co-operation in activity)。杜威先生以为要做到这点,书本上的文字教育,记诵,教条,是不够的;只有把"生活就是教育,生活就是经验"这个原则拿到学校里去,才可以做得到。即使不能完全做到,至少也可以朝这个方向走。

关于教育方面,在师范学院里我不敢多讲。总括起来说,我用的名词好像很新,其实在六十多年前,詹姆士就说过,"实验主义不过是几种老法子的一个新名字"。这种思想所以能够站得住,能够觉得有根据,就是因为他并不完全是新的,还是根据人生的经验,合乎人生的经验。皮尔士、詹姆士和杜威先生的许多思想,并不完全是新的;他们有许多思想古代哲人也曾有过。

杜威的思想可以帮助我们明了中国过去的一些思想,譬如教育方面:朱子的教育方法也有一部分是讲实验主义的。三百年前,中国北方起了一个"颜李学派"(颜元和他的学生李塨。颜元的思想注重在动——行动、活动。他的斋名叫"习斋",就是所谓"学而时习之"的意思。他说:学弹琴的,不是拿书本子学的,要天天弹,越弹才越有进步。这和我刚才所讲的"时时刻刻改善你的经验"意义很相近。我国古时关于教育的学说,像这种例子的很多。

最后我要讲两个故事。在北宋时,有一个禅宗和尚,名叫法演;他是与王安石、苏东坡同时代的人物,死于1104年。他讲禅理非常怪;第一个原则就是"不说破",要你自己去找答案。弟子们若有人对他有质疑的,他不但不答复,还要打你一个嘴巴;假使再要问他,就把你赶出庙去。就好像说你在台湾师范学院不行了,要到广州师范学院、福州师范学院、江西师范学院一个一个的去跑。要你到每座名山自己去寻访,去募化。当时和尚出门不像我们现在可以坐飞机、乘轮船;既不能住旅馆,又不许住在人家家里;只有一根打狗的棍子,一个讨饭的碗和一双要换的草鞋。冬天受冷,夏天受热,受尽了风霜雨露;经历苦痛,增加经验。也许到了三年、五年、十年、十五年,甚至二十年。在这个时间中,他或许偶然闻到了什么花香,听到了一声鸟鸣,或者村里人唱的小曲,豁然通了,悟了道。于是他朝老师那个方向叩头,感谢当年不说破的恩;他现在终于找到了。如果师傅那时候还在人世,他就一步一步的赶回去,眼里含着眼泪给师傅叩头谢恩。自己去找;自己经验丰富的时候,才得到一种觉悟。这种方法也可以说是实验主义。

有一天，这个法演和尚忽然问他的学生们说："你们来学禅；我这里的禅像什么东西呢？我要讲一个故事来解释。"现在就借他讲的这个故事作为我两次讲演的结论。

有一个做贼的人，他是专门靠偷东西混饭吃的。有一天，他的小儿子对他说："爸爸，你年纪大了，你不能去'作工'了。我得养活你。现在请你教我一门行业，教我一种本事。"他爸爸说："好！今天晚上跟我走！"到了晚上，老贼牵着小贼走到一个很高大的房子前，在墙上挖了一个大洞，两个人先后钻进去。等到两个人都到了屋子里，一看，见有一个大柜；老贼就用百宝钥匙把柜子打开了，要他的儿子爬进去。等他儿子进去以后，这个老贼就把柜子锁了，向外走去，口里一面喊："捉贼呀！你们家里有贼啊！"他自己就跑回家去了。这一家人被他叫醒，起来一看，东西都没有丢，就是墙上有一个洞，正在感觉到怀疑的时候，柜子里的小贼还在低声说："爸爸，怎么把我锁在柜子里呢？"后来他一想这不是问题；现在的问题是"怎样出去？"同时，他听到前面有人说话，他就学老鼠咬衣服的声音。于是前面太太听见了，就喊丫头赶快拿灯来看看柜子里的东西别被老鼠咬坏了。柜子的门刚一打开，小贼就冲出来，把丫头和蜡烛都推倒了，从墙洞里逃了出去。这家的人就跟在后面追。这个小贼一跑跑到了水池旁边，连忙拾一块大石头丢进水里去；追的人听到扑通一声，以为他跳水了。而他却另外换了一条小路跑回家去。这时候，老贼正在家里一边喝酒，一边等他的儿子。这个小贼就问他的爸爸："你怎么把我锁在柜子里呢？"老贼说："你别说这些蠢话——你告诉我怎样出来的。"他的儿子就告诉他怎样学老鼠咬衣服，怎样丢石头。老贼听了以后。就对他的儿子说："你已经学到行业了！"

（本文为 1952 年 12 月 3 日、8 日胡适在台湾省立师范学院的演讲，原载 1952 年 12 月 4 日、9 日台北《中央日报》）

禅宗史的一个新看法

我不敢当向各位老同事,老同学作学术讲演。今天早晨八点钟出席司法节纪念会,要我说话,我便提出严重的抗议,我说:自从回到祖国来,差不多两个月了,天天被剥夺不说话的自由,希望保障我不说话的自由。可是我从前有两句打油诗,"情愿不自由,也是自由了"。刚才朱骝先院长讲到大陆上今天有许多朋友、同事、同学感到精神上的苦痛。我那天在北大同仁茶会上说:我们看到大陆上许多北大的同仁要写坦白书,老朋友钱端升自白书有这样一段话:"除了宣告胡适的思想为敌人的思想外,还要进一步清算蔡元培的思想。"蔡先生(今天大陆上不敢称蔡先生直呼其名)的思想,是怎样的呢?一个是思想自由,一个是学术平等。这种思想,大家认为是天经地义的,不料今天大陆上列在清算之列。

今天我很高兴得参加蔡先生八十四岁诞辰纪念会。朱先生要我作一个学术讲演。在匆忙中,不容易想到一个题目。多少年来钻牛角尖,作《水经注》考证;但这个问题,在民国三十八年蔡先生的纪念会上曾经讲过——整理四百年来《水经注》成绩的小史——不能再讲了。临时想了一个题目——"禅宗史的一个新看法"。客中没有带书;年纪大了一点,记忆力又差,说得不对的地方,还希望诸位先生改正。

禅宗史的一个新看法,也是二十多年前常常想到的一个题目。禅宗史,从前认为没有问题;等到二十五年以前,我写《中国思想史》,写到禅宗的历史时,才感觉到这个问题不是那样简单。有许多材料,可以说是不可靠;寻找可靠的材料很困难。前次在台湾大学讲治学方法时曾提到二十六年前到处去找禅宗史料一段故事。二十五年以来，禅宗史料慢慢出来了。大部分出自敦煌，一小部分出于日本；因为日本在唐朝就派学生，尤其是佛教的学生，到中国来求学。由唐到五代，到宋，到元、明，每代都派有学生来。当时交通不方便，由中国拿回去的书籍，称为舶来书，非常宝贵，保存得格外好。我搜求禅宗史料，在法国巴黎，英国伦敦图书馆看到敦煌出来的材料，许多是八世纪同九世纪的东西，里面有神会和尚语录一卷。我把这材料印出来以后，日本学者乃注意这个问题，搜求材料，也发现一种神会的语录，还有很重要的楞伽宗的材料。我曾经发表几篇长文章；在《中央研究院集刊》中发表的是《楞伽宗考》。这个宗派是从梁（南北朝）到唐朝中叶很大的一个宗派，是禅宗的老祖宗。在南方，禅宗最早的一个，是广州一个不识字的和尚慧能，大家称为六祖。《六祖语录》（《坛经》）从敦煌石室出来的，可算是最古的本子，唐朝年间写的。我看到这个本子不久，收到日本学者印的四十八尺长的卷子本。这个卷子本是日本翻印中国本子的。现在中国的那个原本没有了；日本翻印本也只有一本在和尚庙中保存着。这两个本子都是古本；拿来与现在通行的《坛经》比较，大有出入。现在通行的《坛经》是根据一个明朝的版，有二万二千字，最古本的《坛经》只有一万一千字，相差一倍。这多出来的一半，是一千年当中，你加一段，我加一段，混在里面的。日本发现的本子，是北宋初年的，一万四千字，已比唐朝的本子增加了三千字。我发现这些新的材料，对于禅宗就有一个新的看法。我们仔细研究敦煌出来的一万一千字的《坛经》，可以看出最原始的《坛经》，只有六千字，其余都是在唐朝稍后的时候加进去的。再考这六千字，也是假的。

所谓新看法与老看法有什么不同？老看法说：印度有二十八个祖师，从释迦牟尼起。释迦牟尼有一天在大会场上，拿了一支花不说话。大家不懂什么意思。其中有一个大弟子大迦叶懂了，笑了一笑。释迦牟尼看到他笑，便说大迦叶懂了我的意思。禅宗就是这样开始的。由释迦牟尼传给大迦叶，一代一代传下去；传到菩提达摩，变成了中国禅宗第一祖。每一代都有四句五言秘密传话偈。不但如此，二十八代以前还有七代佛，一代一代传下去；也是一样有四句七言偈。菩提达摩到中国后,传给慧可,慧可传僧璨,僧璨传道信,道信传弘忍。弘忍是第五祖。当第五祖弘忍将死的时候,把他的一班弟子叫来说:你们中真正懂得我的意思的,可以写个偈语给我看;如果我觉得对了,就把我的法传给他,而且还要把多少代祖师传法的袈裟给他,作为传法的证件。于是弘忍最著名的弟子神秀在墙壁上题了一偈。大家看了,都说我们的上座(大弟子)答对了。但是那个时候有一个不认识字的和尚,在厨房中舂米;他听到神秀的传心偈,就跑出来说,我们的上座没有通,我通了。于是那个不认识字的厨房小和尚——大家称为"獦獠"的——慧能,也做了一首偈,请人家写在墙上。老和尚一看,就说也没有通,把它擦掉了(怕他被人杀害)。但是到了半夜,把窗子遮起来,把他叫来,秘密的把法传给他,并且把袈裟也传给他。慧能因此就成为禅宗的第六祖。神秀后来到北方去,成为禅宗的北宗;慧能在南方广州韶关一带传道,为禅宗的南宗。

慧能传了很多弟子;当中有两个最重要的,一是江西吉州青原山的行思,一是湖南南岳的怀让。后来的禅宗五大宗派,便是从怀让与行思二人传下来的。从来没有提到神会和尚,这个传统的老看法的禅宗史是很简单的。从印度二十八代一代一代的传下来,每一代到老的时候就写了偈语,传了法,又传了袈裟。这样整整齐齐的每代都做了四句五言诗,甚至在几万年前老佛祖传世时也做四句七言诗;这很可以使人怀疑。我想这是不可靠的。新的看法,禅宗是一个运动,是中国思想史、中国宗教史、佛教史上一个很伟大的运动。可以说是中国佛教的一个革新运动,也可以说是中国佛教的革命运动。

这个革新运动的意义是什么呢?佛教革命有什么意义?这个可以分为两层来说。第一个意义是佛教的简单化、简易化;将繁琐变为简易,将复杂变为简单,使人容易懂得。第二个意义是佛教本为外国输入的宗教,而这种外来的宗教,在一千多年中,受了中国思想文化的影响,慢慢的中国化,成为一种奇特的,中国新佛教的禅学。这两个意义在公元八世纪初,唐朝武则天末年开始。简单说,从公元七百年至八百五十年,在这一百多年中,包括盛唐和中唐,是禅宗极盛的时期。这在中国佛教中是一个大的运动,可以说是佛教内部革新的运动。这个新的佛教,在印度没有。这是中国佛教中革新运动所成就的一种宗教,叫做禅宗,也叫做禅门。

中国佛教革新运动,是经过很长时期的演变的结果;并不是广东出来了一个不认识字的和尚,做了一首五言四句的偈,在半夜三更得了法和袈裟,就突然起来的,它是经过几百年很长时期的演变而成的。这个历史的演变,我现在打算把它简单的叙述出来。

首先,我们应该知道中国禅与印度禅的不同。在未说印度禅之前,我要将我们中国宗教的情形略作叙述。我们古代宗教是很简单的。在春秋战国时代,我们虽然已有很高文化,在道德、伦理、教育思想、社会思想、政治思想各方面,我们已有很高的水准,——但是宗教方面却非常简单。当时只相信一个"天",或许是高高在上的天,或许是上帝。这苍苍之天与主宰的上帝,是第一个崇拜的对象。其次是崇拜自然界的大力量,认为日月天地都有一种神的存在。第三是崇拜祖先。第四是在宗教崇拜下善有善报恶有恶报的报应观念。在佛教输入以前我们的祖宗没天堂与地狱的观念,宗教原是非常简单的。印度教输入以后,他的宗教不但有"天",而且有三十三重天;不但有地狱,而且有十八层地狱,甚至有十六乘十六、再乘十六层的地狱,一层比一层可怕。这样复杂的情形,的确可以满足人民对于宗教的欲望。结果,我们原有简单的宗教,与它比较以后,就不免小巫见大巫,崇拜得五体投地了。崇拜到什么程度呢? 佛教中人把印度看做西天,看作极乐的世界。都是由于佛教的崇拜。

中国和尚看到这样复杂的宗教,便想到:是不是有法子找出一个扼要的中心呢? 于是,头一个运动就是把佛教的三个大部门"戒""定""慧"中的"定",特别提出。"戒"就是规律,有五百戒,五千戒,是很繁琐的。"定"就是禅宗中"禅",就是怎样控制心,也就是"定心息虑"。"慧"就是智慧,是理解。中国佛教徒将佛教三个大部门中的"定"拿出来,作为佛教的中心,包括"戒""慧"以及一切在内。因为打坐的时候,可以控制人的呼吸,然后跟着呼吸控制到身体,然后控制心灵的活动。到了欲望来的时候,或且想到人生许多快乐的事情,就要靠"智慧"来帮助。譬如说:想到男女爱情的时候,要想到她并不是漂亮的,而是一袭漂亮的衣服中,一块皮包着三百六十根骨头,以许许多多的骨节接连起来的,以及肉和血等;到了死了以后,流出了血、脓、蛆。一个漂亮的女人也不过是很难看的一堆骨、血、蛆。这样一想,什么欲望都没有了。这是以"慧"助"定",来控制"不净观"。还有是以"空观"来控制的,譬如说:两个人互相咒骂。挨骂了,生气了,要懂得"空"的哲学(佛教的根本哲学),把一切看作地、水、火、风的偶然凑合。"骂"是一种声浪,是地、水、火、风暂时凑合发出的声浪,分散了便归乌有。骂的人和被骂的人,都是这四大凑合,结果都是"空",没有他,没有我。作如是想,便不会生气了。

把"禅"包括"戒""定""慧",而以"禅"为佛教中心,是把印度佛教简单化的第一时期的方式。

不久,仍觉得这个"印度禅"还是繁琐的。如坐禅要做到四禅定的境界,要做到四无色定的境界,最后要能达到最高的目标——六神通:神足通,天眼通,天耳通,他心通,宿命通,漏尽通。能游行自在,能见千里外的事物,能闻千里外的声音,能知他人的心思,能知过去未来,等等。这些繁琐的所谓最高境界,拆穿西洋镜,却是荒唐的迷信。于是进一步的革新到"净土"的"念佛"法门。

五世纪初期,庐山高僧慧远,开始接受印度中亚细亚传入的《阿弥陀佛经》;不要一切繁琐的坐禅仪式,只要你心里相信,有"净土"的存在。"净土"是天堂;天堂里有四季不谢之花,有八节长青之草,琉璃世界,有无量寿,有无量光。

以后慢慢演化到念南无阿弥陀佛(南无即崇拜的意思)。只要你念千万遍,在临死前你必能看到净土的美丽世界,必有人来接引你到这美丽的世界里去。

五世纪中叶,苏州有一个道生和尚,他对中国古代老庄的思想,特别有研究。他头一个提出"顿悟"的口号。不要念经,不要坐禅,不要持斋拜佛,以及一切繁琐的步骤,只要有决心,便可以忽然觉悟。这与欧洲宗教的重大改革,由间接的与上帝接触,变为直接的回到个人的良知良心,用不着当中的媒介物一样。到过苏州的人,都知道虎丘有一个生公说法台,有"生公说法,顽石点头"的传说。这个顿悟的学说,是以中国古代道家的思想提出的一个改革。我们看看道生的书,就可以看出他有很浓厚的道家的思想了。

从五世纪末叶到六世纪初年(公元 470—520 年),是印度高僧菩提达摩渡海东来,在中国传教时期。传说他到广州是梁武帝时代;经我考证,不是梁武帝时代来的,而是刘宋明帝时来的。有人说他到中国九年回国,或死了;实际他是由宋经齐、梁,在中国居住了五十年之久。他是印度人,年轻时就有很多胡须,所以冒充一百五十岁。他到中国创立一个宗派——楞伽宗;认为用不着佛教许多的书,只要四卷《楞伽经》就够了。这是印度和尚把佛教简单化的一个改革。他提倡"理入"和"行入"。"理入"承认人的本性是善的,凡是有生之物,都同样含有善的、完美的本性——含有同一真性。"行入"是苦行和忍,作众人所不能忍受的苦修。"一衣,一钵,一坐,一食,但蓄二针,冬则乞补,夏便通舍,覆赤而已。"睡则卧于破烂的古墓中。自达摩建立楞伽宗,其中有很多"头陀苦行"的和尚。(头陀是佛教苦修的名称,即自己毁坏自己的意思。在唐代的诗文中,常可看到描述和尚苦修的情形。)

武则天久视元年(公元 700 年),下诏召请一个楞伽宗的有名和尚神秀到京城来。他那时已九十多岁了。他是全国闻名的苦修和尚。他由湖北经南阳,到两京时,武则天和中宗、睿宗都下跪迎接;可见其声望之大。他在两京住了六年就死了(公元 706 年)。在那个时期里,他成了"两京法主,三帝国师"。死后,长安城万人痛哭,送葬僧俗,数逾千万。当时的大名人张说给他写碑,叙述他是菩提达摩的第六代。神秀死后,他的两个大弟子普寂、义福继续受帝后尊崇。这个时期,是楞伽宗的极盛时期。

开元二十二年(公元 734 年),忽然有一个在河南滑台寺的南方和尚神会,出来公开指斥神秀、普寂一派"师承是傍,法门是渐"。指明达摩第六代是慧能不是神秀;慧能才是弘忍的传法弟子。而慧能和神会是主张顿悟的,有人对神会和尚说:"现在是神秀、普寂一派势焰熏天的时候;你攻击他,你不怕吗?"神会回答说:"我为天下定宗旨,辨是非;我不怕!"那时神会和尚已经八十多岁了。从公元 734

年到755年,这20多年间,神会敢出来和全国最崇敬的湖北神秀和尚挑战,说出许多证据,攻击为帝王所尊重的宗派,并且为人佩服:这是为他可以举出弘忍半夜传给他老师的袈裟为证的缘故,那时神秀已死了,他的两个大弟子普寂(死于739年)、义福(死于732年)又先后死了,没有人和他反辩。反对党看他的说法很动人,却害怕起来,于是告他聚众,图谋不轨。经御史中丞卢奕提出奏劾,皇帝乃将神会贬逐南方。最初由洛阳贬逐到江西弋阳,以后移到湖北武当、襄阳、荆州等地。三年中贬逐四次。可是反对党愈压迫,政府愈贬逐,他的声望愈高,地位愈大!

公元755年,安禄山造反,由河北打到两京(洛阳、长安),唐明皇狼狈出奔,逃往四川。他的儿子肃宗出来收拾局面,由郭子仪、李光弼两将军逐步收复两京。这时神会已经回到洛阳。正值政府打仗需款,他就出来帮忙政府筹款。当时政府筹款的方法是发行度牒。但是推销度牒有二个条件:一是必须有人做和尚;二是必须有人花钱买度牒和尚。这都需要有人出来传道劝说。神会既有口才,且有甚多的听众,遂由他出来举行布道大会,推行"救国公债"。结果大为成功;善男信女都乐意舍施,购买度牒。皇帝以神会募款有功,敕令将作大匠日夜加工,为神会兴建寺院。不久,神会圆寂;时在上元元年(760年),神会年九十三岁,敕谥为"真宗大师"。神会死后六年(德宗贞元十二年),皇帝派太子主持一个委员会,研究禅宗法统问题。经许多禅师考虑的结果,承认神会为七祖,也就是承认他的老师慧能为六祖,解决了这个法统之争。而神会这一派遂得到革命的大胜利。

这七十年来,在没有正式承认神会为七祖以前,社会上的知识阶级,已经受到神会的影响,杜甫的诗有"门求七祖禅"的话;那时虽未正式承认七祖,已承认七祖禅了。在神会最倒楣的时候,杜工部的朋友王维,应他的请求作了"能大师碑",明认慧能为弘忍传法弟子,得了"祖师袈裟"。王维所写的这个碑,后来被收在《唐文粹》中。杜、王二人的文字都足证明当时社会里已有这个新禅宗的看法。

当神会说法时,曾经有人问他:"菩提达摩是第一祖,由菩提传到慧能是第六祖;那么在印度又传了多少代呢?"关于这件事,现在文件中发现所谓二十八祖,固然是个笑话,就是神会的答复,也是一个大笑话。他说:"在印度传了八代"。传一千多年,只传八代,是不可能的事。因为他不懂梵文,把菩提达摩和达摩珍珞两个人弄成了一个人,所以说出八代。究竟有几代? 说法不一。有说二十四代,有说二十五代,有说二十六代,有说二十七代,甚至有说五十一代的:这都是他们关起门捏造出来的祖宗。这些材料,都不可靠。我所以说这个故事,就是要说他的老师慧能,半夜得到的袈裟究竟是第几代传下的,这是一个不能解决,无法审问的千古疑案。

最后,我们看一看,神会革命胜利成功的禅宗是什么? 为什么要革新? 为什么要革命? 从我在巴黎发现的敦煌材料,和以后日本学者公布的材料(这两个材料比较起来,我的材料前面多,日本的材料后面多),看起来,我们知道神会的学说主张"顿悟"。"顿悟",是一个宗教革命。借个人的良知,可以毁掉种种繁琐仪式和学说,即所谓"迷即累劫,悟即须臾"。譬如"一缕一丝,其数无量;若合为绳,置于木上,利剑一斩,一时俱断。"人也是这样。"发菩萨心人,亦复如是。"一切入定出定的境界,都是繁于心。只要发愿心就可以"豁然晓悟。自见法性本来空寂。……恒沙妄念,一时顿尽"。

神会学说的第二个主张是无念;"不作意即是无念。"一切"作意住心,取空,取净,乃至起心求证,菩提涅槃,并属虚妄。但莫作意,心自无物。"譬如商朝的传说,和周朝的太公,一个是泥水匠,一个在水边钓鱼的人,一时机会来了,一个贫苦的人一跳而为政治上的重要人物,担负国家的重任:这叫做世间的不可思议事,出世的宗教也有不可思议事;所谓顿悟,就是一日豁然顿悟。中国有一句话说:"放下屠刀,立地成佛。"用不着苦修! 这是神会积极的思想。

消极方面,神会是反对坐禅,反对修行的。他说,"一切出定入定的境界,不在坐禅。""若有出定、入定及一切境界,祸福善恶,皆不离妄心。"凡是存着修行成佛的思想,就是妄想。"众生若有修,即是妄心,不可得解脱。"

神会的这种宗教革命思想,在当时所以能很快的成功,不是神会一个人打出来的;神会只是当时的"危险思想"的一部分。但神会的功劳特别大。因为神会是宗教家,同时又是政治家和财政家,可说是个革命家;他懂得用什么武器打击敌人,使他的宗教革命运动得到成功。

总结一句话,禅宗革命是中国佛教内部的一种革命运动,代表着他的时代思潮,代表八世纪到九世纪这百多年来佛教思想慢慢演变为简单化、中国化的一个革命思想。这种佛教革命的危险思想,最值得我们参考比较的,就是在《唐文粹》这部书中,有梁肃《天台通义》的一篇文章,痛骂当时的危险思想;说这样便没有佛法,没有善,没有恶了。从这反对党的说话中,我们可以看出当时的危险思想,的确是佛教中一种革命的思想。

还有一种材料值得我们注意的。九世纪中叶(西元841年),宗密和尚(一个很有学问的和尚)搜集了一百多家禅宗和尚语录。可惜这些材料大部分都散失了,只存留一篇序文,长达万字,讲到从八世纪到九世纪中的多少次佛教革命的危险思想。宗密把当时佛教宗派大别为禅门三宗。一是息妄修心宗,二是泯绝无寄宗,三是直显心性宗。二三两宗,都是革命的;其中包括社会许多人士,在宗密和尚的《禅源诸诠集都序》里,我们可以看出,除了神会以外,还有许多革命思想的宗派。现在佛教中,还有一部《圆觉经》。这部经大概是伪造品,是宗密自己作的。这只有一卷的经,他却作了很多的注解,叫做《圆觉经大疏钞》,这里面有很多禅宗历史的材料。

刚才讲的是佛教内部的革命。最后要讲经过外面摧残的史实。唐武宗会昌五年(公元845年),是摧残佛教最厉害的一年。唐朝学者——不很高明的思想家——韩愈在《原道》一文中,倡说"人其人,火其书,庐其居"的口号,是公元824年的事情;经过二十一年,到武宗时竟实现。当时毁寺四千六百余区,毁招提兰若(私造寺)四万余区,迫令僧尼二十六万多人还俗。佛教经典石刻都被毁弃:这是历史上最可惜的文化毁坏。后来武宗死了,他的兄弟做皇帝,信仰佛教,却是没有办法恢复旧观,因为经过这样大的变化以后,寺院的几千万顷田产被没收,十多万男女奴隶被解放;要恢复堂皇的建筑,没有钱怎样能做到？在这个环境下，只有禅宗派不要建筑。在九世纪中叶，佛教出了两个了不得的和尚：南部湖南出了一位德山和尚，北方河北出了一位灵济和尚。我们看他的语录，充满了"呵佛骂祖"的气味。举例说：古时一位秀才到庙里去，和尚不大理会招待；府台大人到了，和尚却率领徒众欢迎。等到府台走了，这位秀才问他：佛教是讲平等的；为什么这样对我？和尚回答说：我们是禅门；招待就是不招待，不招待就是招待。这位秀才捆了他一掌。和尚问他：你怎么打人？他回答也是说：打了就是不打。从敦煌所保留的语录看来，才晓得真正呵佛骂祖时代，才知道以后的禅宗语录百分之九十九是假的。

佛教极盛时期（公元700—850年）的革命运动，在中国思想史上、文化史上，是很重要的，这不是偶然的。经过革命后，把佛教中国化、简单化后，才有中国的理学。

佛教的革新，虽然改变了印度禅，可以仍然是佛教。韩退之在《原道》一千七百九十个字的文章中，提出大学诚意、正心、修身，不是要每一个人作罗汉，不是讲出世的；他是有社会和政治的目标的。诚意、正心、修身，是要齐家、治国、平天下，而不是做罗汉，不是出世的。这是中国与印度的不同。韩文公以后，程子、朱子的学说，都是要治国平天下。经过几百年佛教革命运动，中国古代的思想复活了，哲学思想也复兴了。这段故事，我个人觉得是一个新的看法。

（本文为1953年1月11日胡适在蔡孑民先生84岁诞辰纪念会的演讲，原载1953年1月12日台北《中央日报》）

中国哲学里的科学精神与方法

1 前两次的东西哲学会议上都有人提出过这样的问题：东方从前究竟有没有科学呢？东方为什么科学很不发达，或者完全没有科学呢？

对于第一个问题，有些答案似乎确然说是没有。薛尔顿教授(Prof. W. H. Sheldon)说："西方产生了自然科学，东方没有产生。"①诺斯洛浦(Prof. Filmer S. C. Northrop)也说："(东方)很少有超过最浅近最初步的自然史式的知识的科学。"②

对于第二个问题，东方为什么科学不发达，或者完全没有科学，答案很不一致。最有挑战性刺激性的答案是诺斯洛浦教授提出来的。他说："一个文化如果只容纳由直觉得来的概念，就天然被阻止发展高过那个最初步的、归纳法的、自然史阶段的西方式的科学。"③依照诺斯洛浦的定义说，由直觉得来的概念只"表示可以当下了解的事物，所含的意思全是由这种可以当下了解的事物得来的"。④诺斯洛浦的理论是：

一个文化如果只应用由直觉得来的概念，就用不着形式推

---

① 薛尔顿教授的论文 *Main Contrasts Between Eastern and Western Philosophy*（《东西哲学的主要不同》），见摩尔(Charles A. Moore)编 *Essays in East-West Philosophy*（《东西哲学论文集》），即1949年第二次东西哲学家会议的论文集，檀香山夏威夷大学出版处，1951年版），页291。

②③ 诺斯洛浦教授的论文 *The Complementary Emphasis of Eastern Intuitive and Western Scientific Philosophy*（《东方直觉哲学与西方科学哲学互相补充的重点》），见摩尔编 *Philosophy—East and West*（《东西哲学》），即1939年第一次东西哲学家会议的论文集，普林斯顿大学出版处，1944年版），页212。

④ 《东西哲学》，页173。

理和演绎科学。假如科学和哲学所要指示的只是当下可以了解的事物,那么,很明白,人只要观察、默想,就可认识这种事物了。直觉的和默想的方法也就是唯一靠得住的方法了。这正是东方人的见解,也正是他们的科学很久不能超过初步自然史阶段的原因,——由直觉得来的概念把人限制在那个阶段里了。①

这个理论又有这样扼要的一句话:"东方人用的学说是根据由直觉得来的概念造成的,西方人用的学说是根据由假设得来的概念造成的。"②

我不想细说这个诺斯洛浦理论,因为我们这些二十来年时时注意这位哲学家朋友的人对于他的理论一定都知道得很清楚。

我只想指出,就东方的知识史来看,这个东西二分的理论是没有历史根据的,是不真实的。

第一,并没有一个种族或文化"只容纳由直觉得来的概念"。老实说,也并没有一个个人"只容纳直觉得来的概念"。人是天生的一种会思想的动物,每天都有实际需要逼迫他做推理的工作,不论做得好做得不好。人也总会懂得把推理做得更好些,更准确些。有一句话说得很不错:推理是人时时刻刻逃不开的事。为了推理,人必须充分使用他的理解能力,观察能力,想像能力,综合与假设能力,归纳与演绎能力。这样,人才有了常识,有了累积起来的经验知识,有了智慧,有了文明和文化。这样,东方人和西方人,在几个延续不绝的知识文化传统的中心,经历很长的时间,才发展出来科学、宗教、哲学。我再说一遍,没有一个文化"只容纳(所谓)由直觉得来的概念",也没有一个文化天然"被阻止发展西方式的科学"。

第二,我想指出,为着尝试了解东方和西方,所需要的是一种历史的看法(a historical approach),一种历史的态度,不是一套"比较哲学上的专门名词"。诺斯洛浦先生举的"由假设得来的概念"有这些

---

① 《东西哲学》,页 223。
② 诺斯洛浦的 *The Meeting of East and West*(《东西的会合》,纽约麦米伦书店,1946年版),页 448。

项:半人半兽,①《第四福音》的开头一句,天父的概念,圣保罗、圣奥古斯丁、圣阿奎那斯的基督教,②还有德谟克利图的原子,波尔(Bohr)——和卢斯福(Ruthorford)——古典物理学上的原子模型,③爱因斯坦物理学上的时空连续。④ 然而,我们在印度和中国的神话宗教著作里当然能够找到一千种想像的概念,足可以与希腊的半人半兽相比。我们又当然能够举出几十种印度和中国的宗教观念,足可以与《第四福音》的开头一句相比。⑤ 所以这一套"两分法"的名词,这一套专用来渲染历史上本来不存在的一个东西方的分别的名词,难道我们还不应当要求停止使用吗?

因此,我现在很想解释一下我所说的比较哲学上用的历史的看法是什么。简单地说,历史的看法只是认为东方人和西方人的知识、哲学、宗教活动上一切过去的差别都只是历史造成的差别,是地理、气候、经济、社会、政治,乃至个人经历等等因素所产生,所决定,所塑造雕琢成的;这种种因素,又都是可根据历史,用理性,用智慧,去研究,去了解的。用这个历史的看法,我们可以做出耐心而有收获的种种研究、探索,可以不断求人了解,绝不只是笑,只是哭,或只是失望。用这个历史的看法,我们可以发现,东西两方的哲学到底还是相似多于相异;也许可以发现,不论有多少明显的差别存在,都不过是种种历史的因素特别凑合所造成的重点的程度上的差别。用这个历史的看法,也许我们更容易了解我们所谓"西方式的科学"的兴起要迅速发达,更容易了解这绝不是什么优等民族的一个独立的,并且是独占的创造,而且是许多历史因素一次非常幸运的凑合的自然结果。凭

---

① 《东西哲学》,页183。
② 《东西哲学》,页216。
③ 《东西哲学》,页183。
④ 《东西哲学》,页185。
⑤ 译者注:《第四福音》开头一句里的 Logos 曾被译作"道",正是老子《道德经》第一句里的"道"。诺斯洛浦若知道此一翻译,也许会觉得有兴味。受过现代语言学训练的人大概会把 Logos 译作"名",即是《老子》第二句里的"名",此"名"曾被误译作 The name,诺斯洛浦曾引用,同上书,页204。(《约翰福音》第一句:"太初有道,道与神同在,道就是神。"诺斯洛浦引用《老子》,据陈荣捷的翻译。

着一种耐心的历史探索,也许我们更容易了解,无论哪一种历史因素,或是种种因素的凑合,都不会"天然阻止"一个种族或文化——或者使一个种族或文化永远失了那种能力——学习、吸收、发展,甚至于超过另一民族在种种历史条件之下开创发扬起来的那些知识活动。

说一个文化"天然被阻止发展西方式的科学",是犯了没有根据的悲观失望(to despair prematurely)。但是尽力弄清楚有些什么因素使欧洲得到了至少四百年来领导全世界发展近代科学的光荣,在另一方面又有些什么因素,或者是些什么因素怎样凑合起来,对于有史以来多少个种族或文化(连中世纪的"希腊罗马基督教"文化也不例外)在科学发展上遭受的阻碍以至于推行毁坏,要负很大的责任,——这在我们这个很有学问的哲学家与哲学史家的会议中,也是一件值得做的事业,一种应当有的抱负。

2 我预备这篇论文,用了一个不很谦虚的题目:《中国哲学里的科学精神与方法》,也是想要显示一点比较哲学上用的历史的看法。

我有意不提中国哲学的科学内容,不但是为了那份内容与近四百年西方科学的成就不能相比,——这是一个很明白的理由——而且正因为我的见解是:在科学发达史上,科学的精神或态度与科学的方法,比天文家、历法改革家、炼金术士、园艺家在实用上或经验上的什么成就都更有基本的重要性。

前哈佛大学校长康南特博士(Dr. James B. Conant),本身够一个第一流的科学家,在他的演讲集《懂得科学》(On Understanding Science)里,把这个见解表达得很有力量。因此我要引他说的话:

十六、十七世纪那些给精确而不受成见影响的探索立下标准的早期研究工作者,他们的先驱是些什么人呢?哥白尼、伽利略、维萨略(Vesalius)的精神上的祖先是什么人呢?中世纪那些偶然做实验工作的人,那些细心设计造出新机械的人,虽然渐渐增加了我们物理和化学的经验知识,都还算不得。这些人留给后世的人还只是许多事实资料,只是达到实用目标的有价值的方法,还不是科学探索的精神。要看严格的知识探索上的新勇气奋发,我们得向那少数深深浸染了苏格拉底传统的人身上去找,得向那些凭着原始的考古方法首先重新获得了希腊、罗马文化的早期学者身上去找。在文艺复兴的第一个阶段里把对于冷静追求真理的爱好发扬起来的人,都是研究人文的,他们的工作都不是关乎生物界或无生物界的,在中世纪,尽力抱评判态度而排除成见去运用人类的理智,尽力深入追求,没有恐惧也没有偏好,……这种精神全是靠那些作讨论人文问题的人保持下来的。在学术复兴时代(The revival of learning)的初期,最够得上说是表现了我们近代不受成见影响的探索的观念的,也正是人文学者的古代研究。

佩服拉克(Petrarch)、薄伽邱(Boccaccio)、马奇维里(Machiavelli)、依拉斯莫斯(Erasmus),而绝不是那些炼金术士,应当算是近代科学工作者的先驱。依同样的道理说来,拉伯雷(Rabelais)与蒙丹(Montaiqne)发扬了评判的哲学精神,在我看也应当算是近代科学家的前辈。①

我相信康南特校长的见解根本上是正确的。他给他的演讲集加了一个副标题:《一个历史的看法》(historical approach),这也是很值得注意的。

从这个历史的观点看来,"对于冷静追求真理的爱好","尽力抱评判态度而排除成见去运用人类的理智,尽力深入追求,没有恐惧也没有偏好","有严格的智识探索上的勇气","给精确而不受成见影响的探索立下标准",——这些都是科学探索的精神与方法的特征。我的论文的主体也就是讨论在中国知识史、哲学史上可以找出来的这些科学精神与方法的特征。

---

① 康南特的 *On Understanding Science*(《懂得科学》,纽约 Mentor Books 1951 年版),页 23、24。参看他的 *Science and Common Sense*(《科学与常识》,耶鲁大学出版社,1951 年版),页 10—13。

首先，古代中国的知识遗产里确有一个"苏格拉底传统"。自由问答，自由讨论，独立思想，怀疑，热心而冷静的求知，都是儒家的传统。孔子常说他本人"学而不厌，诲人不倦"，"好古敏以求之"。有一次，他说他的为人是"发愤忘食，乐以忘忧，不知老之将至"。

过去两千五百年中国知识生活的正统就是这一个人创造磨琢成的。孔子确有许多地方使人想到苏格拉底。像苏格拉底一样，孔子也常自认不是一个"智者"，只是一个爱知识的人。他说："知之者不如好之者；好之者不如乐之者"。

儒家传统里一个很可注意的特点是有意奖励独立思想，鼓励怀疑。孔子说到他的最高才的弟子颜回，曾这样说："回也，非助我者也，于吾言无所不说（悦）。"然而他又说过："吾与回言终日，不违如愚。退而省其私，亦足以发。"孔子分明不喜欢那些对他说的话样样都满意的听话弟子。他要奖励他们怀疑，奖励他们提出反对意见。这个怀疑问题的精神到了孟子最表现得明白了。他公然说："尽信《书》不如无《书》"，公然说他看《武成》一篇只"取其二三策"。孟子又认为要懂得《诗经》必须先有一个自由独立的态度。

孔子有一句极有名的格言是："学而不思则罔，思而不学则殆。"① 他说到他自己："吾尝终日不食，终夜不寝，以思，无益，不如学也。""学如不及，犹恐失之。""朝闻道，夕死可矣。"这正是中国的"苏格拉底传统"。

知识上的诚实是这个传统的一个紧要部分。孔子对一个弟子说："由，诲女（汝）知之乎？知之为知之，不知为不知；是知也。"又有次，这个弟子问怎样对待鬼神，孔子说："未能事人，焉能事鬼？"这个弟子接着问到死，孔子说："未知生焉知死？"这并不是回避问题，这是教训一个人对于不真正懂得的事要保持知识上的诚实。这种对于死和鬼神的存疑态度，对后代中国的思想发生了持久不衰的影响。

---

① 译者注：《东西哲学与文化》的编者注：胡博士因两次重病住院几个月（现在恢复），故有些引用的经文缺注出处（这是1961年末的注）。

这也是中国的"苏格拉底传统"。

近几十年来,有人怀疑老子、老聃是不是个历史的人物,《老子》这部古书的真伪和成书年代。然而我个人还是相信孔子确做过这位前辈哲人老子的学徒,我更相信在孔子的思想里看得出有老子的自然主义宇宙观和无为的政治哲学的影响。

在那样早的时代(公元前六世纪)发展出来一种自然主义的宇宙观,是一件真正有革命性的大事。《诗经》的《国风》和《雅》、《颂》里所表现的中国古代观念上的"天"或"帝",是一个有知觉,在感情,有爱有恨的人类与宇宙的最高统治者。又有各种各样的鬼神也掌握人类的运命。到了老子才有一种全新的哲学概念提出来,代替那种人格化的一个神或许多个神:

> 有物混成,先天地生。寂兮寥兮,独立而不改,周行而不殆,可以为天下母。吾不知其名,字之曰道,强为之名曰大。

这个新的原理叫做"道",是一个过程,一个周行天地万物之中,又有不变的存在的过程。道是自然如此的,万物也是自然如此的。

"道常无为,而无不为"。这是这个自然主义宇宙观的中心观念。这个观念又是一种无为放任的政治哲学的基石。"太上,下知有之。"这个观念又发展成了一种谦让的道德哲学,一种对恶对暴力不抵抗的道德哲学:"上善若水,水善利万物而不争。""柔弱胜刚强。""常有司杀者。夫代司杀者,是谓代大匠斫。夫代大匠斫者希有不伤手者矣。"

这是孔子的老师老子所创的自然主义传统。然而老师和弟子有一点基本的不同。孔子是一个有历史头脑的学者,一个伟大的老师,伟大的教育家,而老子对知识和文明的看法是一个虚无主义的看法。老子的理想国是小国寡民,有舟车之类的"什伯人之器而不用";"使民复结绳而用之!""常使无知无欲。"这种知识上的虚无主义与孔子的"有教无类"的民主教育哲学何等不同!

然而这个在《老子》书里萌芽,在以后几百年里充分生长起来的自然主义宇宙观,正是经典时代的一份最重要的哲学遗产。自然主义本身最可以代表大胆怀疑和积极假设的精神。自然主义和孔子的人本主义,这两极的历史地位是完全同等重要的。中国每一次陷入非理性、迷信、出世思想,——这在中国很长的历史上有过好几次——总是靠老子和哲学上的道家的自然主义,或者靠孔子的人本主义,或者靠两样合起来,努力把这个民族从昏睡中救醒。

第一个反抗汉朝的国教,"抱评判态度去运用人类的理智,尽力深入追求,没有恐惧也没有偏好"的大运动,正是道家的自然主义哲学与孔子、孟子的遗产里最可贵的怀疑和看重知识上的诚实的精神合起来的一个运动。这个批评运动的一个最伟大的代表是《论衡》八十五篇的作者王充(公元27—约100)。

王充说他自己著书的动机,"亦一言也,曰,疾虚妄。""是转为非,虚转为实,安能不言!……世间书传,多若等类,浮妄虚伪,没夺正是,心溃涌,笔手扰,安能不论!论则考之以心,校之以事;虚浮之事,辄立证验。"①

他所批评的是他那个时代的种种迷信,种种虚妄,其中最大最有势力的是占中心地位的灾异之说。汉朝的国教,挂着儒教的牌子,把灾异解释作一种仁爱而全知的神(天)所发的警告,为的是使人君和政府害怕,要他们承认过去,改良恶政。这种汉朝的宗教是公元前一、二世纪里好些哲人政治家造作成的。他们所忧心的是在一个极广阔的统一帝国里如何对付无限君权这个实际问题,这种忧心也是有理由的;他们有意识或半有意识地看中了宗教手段,造出来一套苦心结构的"天人感应"的神学,这套神学在汉朝几百年里也似乎发生了使君主畏惧的作用。

最能够说明这套灾异神学的是董仲舒(公元前179—约104)。他说话像一个先知,也很有权威;"人之所为,极其美恶,乃与天地流通而往来相应。""国家将有失道之败,而天乃先出灾害以谴告之;不知自省,又出怪异以警惧之;尚不知变,而伤败乃至。以此见天心之仁爱人君而欲止其乱也。"②这种天与人君密切相感应的神学据说是

---

① 《论衡》二十四。
② 译者注:《汉书·董仲舒传》。

有《尚书》与《春秋》(记载天地无数异变,有公元前 722 至 481 之间的三十六次日蚀,五次地震)的一套精细解释作根据。然而儒宗的经典还不够支持这个荒谬迷忌的神学,所以还要加上一批出不完的伪书,叫做"谶"(预言)、"纬"(与经书交织来辅助经书的材料),是无数经验知识与千百种占星学的古怪想法混合成的。

这个假儒家的国教到了最盛的时候确被人认真相信了,所以有好几个丞相被罢黜,有一个丞相被赐死,只是因为据说天有了灾异的警告。三大中古宗教之一真是控制住帝国了。

王充的主要批评正针对着一个有目的上帝与人间统治者互相感应这种基本观念。他批评的是帝国既成的宗教的神学。他用来批评这种神学的世界观是老子与道家的自然主义哲学。他说:

> 夫天道自然也,无为;如谴告人,是有为,非自然也。……损皇天之德,使自然无为转为人事,故难听之也。①

因此,他又指出,

> 人在天地之间,犹蚤虱之在衣裳之内,蝼蚁之在穴隙之中。……天至高大,人至卑小,……以七尺之细形,感皇天之大气,其无分铢之验,必也。②

这也就是他指责天人感应之说实在是"损皇天之德"的理由。

他又提出理由来证明人和宇宙间的万物都不是天地有意(故)生出来的,只是自己偶然(偶)如此的:

> 儒者论曰:"天地故生人。"此言妄也。夫天地合气,人偶自生也。……因气而生,种类相产。……如天故生万物,当令其相亲爱,不当令人相贼害也,……则生虎狼蝮蛇及蜂虿之虫,皆贼害人,天又欲使人为之用耶?③

公元第一世纪正是汉朝改革历法的时代。所以王充尽量利用了当时的天文学知识打破那流行的恶政招来灾异谴告的迷信说法。

---

① 《论衡》,四十二。
② 《论衡》,四十三。
③ 《论衡》,十四。

他说:

> 四十一二月日一食,五六月月亦一食。食有常数,不在政治。百变千灾,皆同一状,未必人君政治所致。①

然而王充对于当世迷信的无数批评里用得最多的证据还是日常经验中的事实。他提出五"验"来证明雷不是上天发怒,只是空中阴阳两气相激而生的一种火。他又举许多条证据来支持他的无鬼论。其中说得最巧妙,从来没有人能驳的一条是:"如审鬼者死人之精神,则人见之,宜如见其裸袒之形,无为见衣带被服也。何则?衣服无精神,人死与形体俱朽,何以得贯穿乎?"②

以上就我所喜欢的哲学家王充已经说得很多了。我说他的故事,只是要表明中国哲学的经典时代的大胆怀疑和看重知识上的诚实的精神如何埋没了几百年还能够重新起来推动那种战斗:用人的理智反对无知和虚妄、诈伪,用创造性的怀疑和建设性的批评反对迷信,反对狂妄的权威。大胆的怀疑追问,没有恐惧也没有偏好,正是科学的精神。"虚浮之事,辄立证验",正是科学的手段。

4 我这篇论文剩下的部分要给中国思想史上的一个大运动做一个简单的解说性的报告。这个运动开头的时候有一个:"即物而穷其理","以求至乎其极"③的大口号,然而结果只是改进了一种历史的考证方法,因此开了一个经学复兴的新时代。

这个大运动有人叫做新儒家(Neo-Confucian)运动,因为这是一个有意要恢复佛教进来以前的中国思想和文化的运动,是一个要直接回到孔子和他那一派的人本主义,要把中古中国的那种大大印度化的,因此是非中国的思想和文化推翻革除的运动。这个运动在根本上是一个儒家的运动,然而我们应当知道那些新儒家的哲人又很老实地采取了一种自然主义的宇宙观,至少一部分正是道家传下来

---

① 《论衡》,五十三。
② 《论衡》,六十二。
③ 朱熹《大学补传》。

的,新儒家的哲人大概正好认为这种宇宙观胜过汉朝(公元前206—公元220)以来的那种神学的、目的论的"儒家"宇宙观。所以这又是老子和哲学上的道家的自然主义与孔子的人本主义合起来反抗中古中国那些被认为是非中国的、出世的宗教的一个实例。

这个新儒家运动需要一套新的方法,一套新工具(Novum Organum),于是在孔子以后出来的一篇大约一千七百字的《大学》里找到了一套方法。新儒家的开创者们从这篇小文章里找着了一句"致知在格物"。程氏兄弟(程颢,1032—1085;程颐,1033—1107)的哲学,尤其是那伟大的朱熹(1130—1200)所发扬组织起来的哲学,都把这句话当作一条主旨。这个穷理的意思说得再进一步,就是"即凡天下之物,莫不因其已知之理而益穷之"。①

什么是"物"呢?照程朱一派的说法,"物"的范围与"自然"一般广大,从"一草一木"到"天地之高厚"②都包括在内。但是这样的"物"的研究是那些哲人做不到的,他们只是讲实物讲政治的人,只是思想家和教人的人。他们的大兴趣在人类的道德和政治的问题,不在探求一草一木的"理"或定律。所以程颐自己先把"物"的范围缩到二项:研究经书,论古今人物,研究应接事务的道理。所以他说,"近取诸身"。③ 朱子在宋儒中地位最高,是最善于解说,也最努力解说那个"即物而穷其理"的哲学的人,一生的精力都用在研究和发挥儒家的经典。他的《四书(新儒的《新约》)集注》,还有《诗经》和《易经》的注,做了七百年的标准教本。"即物而穷其理"的哲学归结是单为用在范围有限的经学上了。

朱子真正是受了孔子的"苏格拉底传统"的影响,所以立下了一套关于研究探索的精神、方法、步骤的原则。他说:"大抵义理须是且虚心随他本文正意看","只虚此心,将古人语言放前面,看他意思倒杀向何处去。"怎样才是虚心呢?他又说:"须是退步看。""愈向前

---

① 朱熹《大学补传》。
② 《二程语录》,卷十一,丛书集成本,页143。
③ 《二程语录》,卷十一,丛书集成本,页118。

愈看得不分晓,不若退步却看得审。大概病在执着,不肯放下。正如听讼,心先有主张乙底的意思,便只寻甲的不是,先有主张甲的意思,便只见乙的不是。不若姑置甲乙之说,徐徐观之,方能辨其曲直。横渠(张载,1020—1077)云,'濯去旧见,以来新意。'此说甚当。若不濯去旧见,何处得新意来?"①

十一世纪的新儒家常说到怀疑在思想上的重要。张横渠说"在可疑而不疑者,不曾学。学则须疑"。② 朱子有校勘、训诂工作的丰富经验,所以能从"疑"的观念推演出一种更实用更有建设性的方法论。他懂得怀疑是不会自己生出来的,是要有了一种困惑疑难的情境才会发生的。他说:"某向时与朋友说读书,也教他去思索,求所疑,近方见得只是且恁地虚心,就上面熟读,久之自有所得亦自有疑处。盖熟读后,自有窒碍不通处,是自然有疑,方好较量。""读书无疑者须教有疑,有疑者却要无疑,到这里方是长进。"③

到了一种情境,有几个发生互相冲突的说法同时要人相信,要人接受,也会发生疑惑。朱子说他读《论语》曾遇到"一样事被诸先生说成数样",他所以"便着疑"。怎样解决疑惑呢?他说:"只有虚心。""看得一件是,未可便以为是,且顿放一所,又穷他语,相次看得,多相比并,自然透得。"④陆象山(1139—1193)是朱子的朋友,也是他的哲学上的对手。朱子在给象山的一封信里又用法官审案的例说:"(如)治狱者当公其心,……不可先以己意之向背为主,然后可以审听两造之辞,旁求参伍之验,而终得其曲直之当耳。"⑤

朱子所说的话归结起来是这样一套解决怀疑的方法:第一步是提出一个假设的解决方法,然后寻求更多的实例或证据来作比较,来检验这个假设,——这原是一个"未可便以为是"的假设,朱子有时

---

① 《朱子语类》,卷十一,正中书局影印明成化复刊宋本,页344—345、354。
② 《张横渠集》,卷八,丛书集成本,页130。
③ 《朱子语类》,卷十一,页355—356。
④ 《朱子语类》,卷十一,页355。
⑤ 《朱文公集》,卷三十六,《答陆子静》第六书。

叫做"权立疑义"。① 总而言之，怀疑和解除怀疑的方法只是假设和求证。

朱子对他的弟子们说："诸公所以读书无长进，缘不会疑。某虽看至没紧要的事物，亦须致疑。才疑，便须理会得彻头。"②

正因为内心有解决疑惑的要求，所以朱子常说到他自己从少年时代起一向喜欢做依靠证据的研究工作（考证）。他是人类史上一个有第一等聪明的人，然而他还是从不放下勤苦的工作和耐心的研究。

他的大成就有两个方向：第一，他常常对人讲论怀疑在思想和研究上的重要，——这怀疑只是"权立疑义"，不是一个目的，而是一个要克服的疑难境地，一个要解决的恼人问题，一个要好好对付的挑战。第二，他有勇气把这个怀疑和解除怀疑的方法应用到儒家的重要经典上，因此开了一个经学的新时代，这个新经学要到他死后几百年才达到极盛的地步。

他没有写一部《尚书》的注解，但他对《尚书》的研究却有划时代的贡献，因为他有大勇气怀疑《尚书》里所谓"古文"二十五篇的真伪。这二十五篇本来分明是汉朝的经学家没有见到的，大概公元四世纪才出来，到了七世纪才成为《尚书》的整体的一部分。汉朝博士正式承认的二十八篇（实在是二十九篇）原是公元前二世纪一个年老的伏生（他亲身经历公元前213年的焚书）口传下来，写成了当时的"今文"。

朱子一开始提出来的就是一个大疑问："孔壁所出《尚书》……皆平易，伏生所传者难读。如何伏生偏记得难的，至于易的全记不得？此不可晓。"③

《朱子语类》记载他对每一个问《尚书》的学生都说到这个疑问。

---

① 《朱文公集》，卷四十四，《答江德功》，第六书。
② 《朱子语类》卷一二一，页1745。
③ 《朱子语类》，卷七八，页3202。

"凡易读者皆古文,……却是伏生记得者难读。"①朱子并没有公然说古文经是后来人伪造的,他只是要他的弟子们注意这个难解的文字上的差别。他也曾提出一种很温和的解释,说那些篇难读的大概代表实际上告戒百姓的说话,那些篇容易读的是史官修改过,甚至于重写过的文字。

这样一个温和的说话自然不能消除疑问;那个疑问一提出来就要存在下去,要在以后几百年里消耗经学家的精神。

一百年之后,元朝(1297—1368)的吴澄接受了朱子的挑战,寻得了一个合理的结论,认为那些篇所谓"古文"不是真正的《尚书》的一部分,而是很晚出的伪书。因此吴澄作《书纂言》,只承认二十八篇"今文",不承认二十五篇"古文"。

到了十六世纪,又有一位学者梅鷟,也来研究这个问题。他在1543年出了一部书,证明《尚书》的"古文"部分是四世纪的一个作者假造的,那个作者分明是从若干种提到那些篇"佚"书的篇名的古书里找到许多文字,用作造假的根据。梅鷟费了力气查出伪《尚书》的一些要紧文字的来源。

然而还要等到十七世纪又出来一个更大的学者阎若璩(1636—1704),才能够给朱子在十二世纪提出的关于《古文尚书》的疑惑定案。阎若璩花了三十多年功夫写成一部大著作《尚书古文疏证》。他凭着过人的记忆力和广博的书本知识,几乎找到《古文尚书》每一句的来源,并且指出了作伪书的人如何错引了原文或误解了原文的意义,才断定这些篇是有心伪造的。总算起来,阎若璩为证明这件作伪,举了一百多条证据。他的见解虽然大受当时的保守派学者的攻击,我们现在总已承认阎若璩定了一个铁案,是可以使人心服的。我们总已承认:在一部儒家重要经典里,有差不多半部,也曾被当作神圣的文字有一千年之久,竟不能不被判定是后人假造的了。

而这件可算得重大的知识上的革命不能不说是我们的哲人朱子的功绩,因为他在十二世纪已表示了一种大胆的怀疑,提出了一个很

---

① 《朱子语类》,卷七八,页3203。

有意思的,只是他自己的工夫还不够解答的问题。

朱子对《易经》的意见更要大胆,大胆到在过去七百年里没有人敢接受,没有人能继续推求。

他出了一部《周易本义》,又有一本小书《易本义启蒙》。他还留下不少关于《易经》的书信和谈话记录。①

他的最大胆的论旨是说《易经》虽然向来被看作一部深奥的哲理圣典,其实原来只是卜筮用的本子,而且只有把《易》当作一部卜筮的书,一部"只是为卜筮"②的书,才能懂得这部书。"八卦之画本为占筮,……文王重卦作繇辞,周公作爻辞,亦只是为占筮。""如说田猎、祭祀、侵伐、疾病,皆是古人有此事去卜筮,故爻中出此。""圣人要说理,……何不别作一书,何故要假卜筮来说?""若作卜筮看,极是分明。"③

这种合乎常识的见解在当时是从来没有人说过的见解。然而他的一个朋友表示反对,说这话"太略"。朱子答说:"譬之此烛笼,添得一条骨子,则障了一路明。若能尽去其障,使之体统光明,岂不更好?"④

这是一个真正有革命性的说法,也正可以说明朱子一句深刻的话:"道理好处又却多在平易处"。⑤ 然而朱子知道他的《易》只是卜筮之书的见解对他那个时代说来是太急进了。所以他很伤心地说:"此说难向人道,人不肯信。向来诸公力求与某辨,某煞费力气与他分析。而今思之,只好不说,只做放那里,信也得,不信也得,无许多力气分疏。"⑥

朱子的《诗集传》(1117)在他身后做了几百年的标准读本,这部注解也是他可以自傲的。他这件工作有两个特色足以开辟后来的研

---

① 《朱子语类》,卷六六——六七。
② 《朱子语类》,卷六六,页 2636,2642,2650。
③ 《朱子语类》,卷六六,页 2636,2638,2640,2647,2658。
④ 《朱子语类》,卷六七,页 2693。
⑤ 《朱子语类》,卷十一,页 351。
⑥ 《朱子语类》,卷六六,页 2639—2640。

究道路。一个特色是他大胆抛弃了所谓"诗序"所代表的传统解释，而认定《雅》、《颂》和《国风》都得用虚心和独立的判断去读。另一个特色是他发现了韵脚的"古音"；后世更精确的全部古音研究，科学的中国音韵的前身，至少间接是他那个发现引出来的。

作《通志》的郑樵（1104—1162）是与朱子同时的人，但是年长的一辈，出了一部小书《诗辨妄》，极力攻击"诗序"，认为那只是一些不懂文学，不懂得欣赏诗的村野妄人的解释。郑樵的激烈论调先也使我们的哲人朱子感到震动，但他终于承认："后来仔细看一两篇，因质之《史记》、《国语》，然后知'诗序'之果不足信。"①

我再举相冲突的观念引起疑惑的一个好例，也是肯虚心的人能容受新观念，能靠证据解决疑惑的好例。朱子谈到他曾劝说他的一个一辈子的朋友吕祖谦（1137—1181），又是哲学上的同道，不要信"诗序"，但劝说不动。他告诉祖谦，只有很少几篇"诗序"确有《左传》的材料足以作证，大多数"诗序"都没有凭证。"渠却云，'安得许多文字证据？'某云，'无证而可疑者，只当阙之，不可据序作证。'渠又云，'只此序便是证。'某因云，'今人不以诗说诗，却以序解诗。'"②

朱子虽然有胆量去推翻"诗序"的权威，要虚心看每一篇诗来求解诗的意义，但是他自己的新注解，他启发后人在同一条路上向前走动的努力，却还没有圆满的成绩。传统的分量对朱子本人，对他以后的人，还太沉重了。然而近代的全不受成见左右的学者用了新的工具，抱着完全自由的精神，来做《诗经》的研究，绝不会忘记郑樵和朱熹的大胆而有创造性的怀疑。

朱子的《诗经》研究的第二个特色，就是叶韵的古音方面的发现，他在这一方面得了他同时的学者吴棫（死在1153或1154）的启发和帮助。吴棫是中国音韵学一位真正开山的人，首先用归纳的方法比较《诗》三百篇押韵的每一句，又比较其他上古和中古押韵的诗

---

① 《朱子语类》，卷八十，页3357。
② 《朱子语类》，页3360。

歌。他的著作不多,有《诗补音》、《楚辞释音》、《韵补》。只有最后一种翻刻本传下来。

《诗经》有许多韵脚按"今"音读不押韵,但在古代是自然押韵的,所以应当照"古音"读:这的确是吴棫首先发现的。他细心把三百多篇诗的韵脚都排列起来,参考上古和中古的字典韵书推出这些韵脚的古音。他的朋友徐蒇,也是他的远亲,替他的书作序,把他耐心搜集大批实例,比较这些实例的方法说得很清楚,"如服之为房六切,其见于《诗》者凡十有六,皆当为蒲北切(bek,高本汉读 bíuk),而无与房六叶者。友之为云十九切,其见于《诗》者凡十有一,皆当作羽轨切,而无与云九叶者"。

这种严格的方法深深打动了朱子,所以他作《诗集传》,决意完全采用吴棫的"古音"系统。然而他大概是为了避免不必要的争论,所以不说"古音",只说"叶韵",——也就是说,某一个字应当从某音读,是为了与另一读音显然没有变化的韵脚相叶。

但是他对弟子们谈话,明白承认他的叶韵大部分都依吴棫,只有少数的例有添减;又说叶韵也是古代诗人的自然读音,因为"古人作诗皆押韵,与今人歌曲一般"。① 这也就是说,叶韵正是古音。

有人问吴棫的叶韵可有什么根据,朱子答说:"他皆有据,泉州有其书。每一字多者引十余证,少者亦两三证。他说元初更多,后删去(为省抄写刻印的工费),姑存此耳。"② 朱子的叶韵也有同吴棫不同的地方,他在《语类》和《楚辞集注》③里都举了些证人比较。

但是因为朱子的《诗集传》全用"叶韵"这个名词,全没有提到"古音",又因为吴棫的书有的早已失传,也有的不容易得,所以十六世纪初已有一种讨论,严厉批评朱子不应当用"叶韵"这个词。1580年,有一位大学者,也是哲学家,焦竑(1541—1620),在他的《笔乘》里提出了一个理论的简单说明(大概是他的朋友陈第〔1541—1617〕

---

① 《朱子语类》,卷八十,页3366。
② 《朱子语类》,页3365。
③ 《朱子语类》,页3363—3367;又《楚辞集注》,卷三,《天问》"能流厥严"句注。

的理论),以为古诗歌里的韵脚凡是不合近世韵的本来都是自然韵脚,但是读音经历长时间有了变化。他举了不少例来证明那些字照古人歌唱时的读音是完全押韵的。

焦竑的朋友陈第做了许多年耐心的研究,出了一套书,讨论好几种古代有韵的诗歌集里几百个押韵的字的古音。这套书的第一种《毛诗古音考》,是1616年出的,有焦竑的序。

陈第在自序里提出他的主要论旨:《诗经》里的韵脚照本音读是全自然押韵的,只是读音的自然变化使有些韵脚似乎全不押韵了。朱子所说的"叶韵",陈第认为大半都是古音或本音。

他说:"于是稍为考据,列本证旁证二条。本证者诗自相证也。旁证者采之他书也。"

为了说明"服"字一律依本来的古音押韵,他举了十四条本证,十条旁证,共二十四条。他又把同样的归纳法应用在古代其他有韵文学作品的古音研究上。为了求"行"字的古音,他从《易经》有韵的部分找到四十四个例,都与尾音 ang 的字押韵。为一个"明"字,他从《易经》里找到十七个证据。

差不多过了半世纪,爱国的学者顾炎武(1613—1682)写成他的《音学五书》。其中一部是《诗本音》;一部是《易音》;一部是《唐韵正》,这是一种比较古音与中古音的著作。顾炎武承认他受了陈第的启发,用了他的把证据分为本证和旁证两类的方法。

我们再用"服"字作例子。顾炎武在《诗本音》里举了十七条本证,十五条旁证,共三十二条。在那部大书《唐韵正》里,他为说明这个字在古代的音韵是怎样的,列举从传世的古代有韵的作品里找到的一百六十二条证据!

这样耐心收集实例、计算实例的工作有两个目的:第一,只有这些方法可以断定那些字的古音,也可以找出可能有的违反通则而要特别解释的例外。顾炎武认为这种例外可以从方言的差异来解释。

但是这样大规模收集材料的最大用处还在于奠定一个有系统的古音分部的基础。有了这个古代韵文研究作根据,顾炎武断定古音可以分入十大韵部。

这样音韵学才走上了演绎的、建设的路:第一步是弄明白古代的"韵母"(韵部);然后,在下一个时期,弄明白古代声母的性质。

顾炎武在1667年提出十大韵部。下一百年里,又有好些位学者用同样归纳和演绎的考证方法研究同一个问题。江永(1681—1763)提出十三个韵部。段玉裁(1735—1815)把韵部加到十七个。他的老师,也是朋友,戴震(1724—1777),又加到十九个。王念孙(1744—1832)和江有诰(死在1851),各人独立工作,得到了彼此差不多的一百二十一部的系统。

钱大昕(1728—1804)是十八世纪最有科学头脑的人里的一个,在1799年印出来他的笔记,其中有两条文字是他研究古代唇、齿音的收获。① 这两篇文字都是第一等考证方法的最好的模范。他为唇音找了六十多个例子,为齿音也找了差不多数目的例子。为着确定各组里的字的古音,每一步工作都是归纳与演绎的精熟配合,都是从个别的例得到通则,又把通则应用到个别的例上。最后的结果产生了关于唇、齿音的变迁的两条大定律。

我们切不可不知道这些开辟中国音韵学的学者们有多么大的限制,所以他们似乎从头注定要失败。他们全没有可给中国语言用的拼音字母的帮助。他们不懂得比较不同方言,尤其是比较中国南部、东南部、西南部的古方言。他们又全不懂高丽、越南、日本这些邻国的语言。这些中国学者努力要了解中国语言的音韵变迁,而没有这种有用的工具,所以实在是要去做一件几乎一定做不成的工作,因此,要评判他们的成功失败,都得先知道他们这许多重大的不利条件。

这些大人物可靠的工具只是他们的严格的方法:他们耐心把他们承认的事实或例证搜罗起来,加以比较,加以分类,表现了严格的方法;他们把已得到的通则应用到归了类的个别例子上,也表现了同等严格的方法。十二世纪的吴棫、朱熹,十七世纪的陈第、顾炎武,还有十八、九世纪里那些继承他们的人,能够做出中国音韵问题的系统

---

① 《十驾斋养新录》,卷五,"古无轻唇音","古无舌头舌上分"两条。

研究，能够把这种研究做得像一门学问，——成了一套合乎证据、准确、合理系统化的种种严格标准，——确实差不多全靠小心应用一种严格的方法。

我已经把我所看到的近八百年中国思想里的科学精神与方法的发达史大概说了一遍。这部历史开端在十一世纪，本来有一个很高大的理想，要把人的知识推到极广，要研究宇宙万物的理或定律。那个大理想没有法子不缩到书本的研究——耐心而大胆地研究构成中国经学传统"典册"的有数几部大书。一种以怀疑和解决怀疑做基础的新精神和新方法渐渐发展起来了。这种精神就是对于牵涉到经典的问题也有道德的勇气去怀疑，就是对于一份虚心，对于不受成见影响的，冷静的追求真理，肯认真坚持。这个方法就是考据或考证的方法。

我举了这种精神和方法实际表现的几个例，其中最值得注意的是考订一部经书的真伪和年代，由此产生了考证学，又一个是产生了中国音韵的系统研究。

然而这个方法还应用到文史的其他许多方面，如校勘学、训诂学（semantics，字义在历史上变迁的研究）、史学、历史地理学、金石学，都有收获，有效验。

十七世纪的陈第、顾炎武首先用了"本证"、"旁证"这两个名词，已经是充分有意运用考证方法了。因为有十七世纪的顾炎武、阎若璩这两位大师的科学工作把这种方法的效验表现得非常清楚，所以到了十八、九世纪，中国第一流有知识的人几乎都受了这种方法的吸引，都一生用力把这个方法应用到经书和文史研究上。结果就造成了一个学术复兴的新时代，又叫做考据的时代。

这种严格而有效的方法的科学性质，是最用力批评这种学术的人也不能不承认的。方东树（1772—1851）正是这样一位猛烈的批评家，他在1826年出了一部书，用大力攻击整个的新学术运动。然而他对于同时的王念孙、引之（1766—1834）父子所用的严格的方法也不得不十分称赞。他说："以此义求之近人说经，无过高邮父子

《经义述闻》，实足令郑、朱俯首，汉唐以来未有其匹。"[1]一个用大力攻击整个新学术运动的人有这样的称赞，足以证明小心应用科学方法最能够解除反对势力的武装，打破权威和守旧，为新学术赢得人的承认、心服。

这种"精确而不受成见影响的探索"的精神和方法，又有什么历史的意义呢？

一个简单的答案，然而是全用事实来表示的答案，应当是这样的：这种精神和方法使一个主观的、理想主义的、有教训意味的哲学的时代（从十一到十六世纪）不能不让位给一个新时代了，使那个哲学显得过时、空洞、没有用处，不足吸引第一等的人了。这种精神和方法造成了一个全靠严格而冷静的研究作基础的学术复兴的新时代（1600—1900）。但是这种精神和方法并没有造成一个自然科学的时代。顾炎武、戴震、钱大昕、王念孙所代表的精确而不受成见影响的探索的精神并没有引出来中国的一个伽利略、维萨略、牛顿的时代。

这又是为什么呢？为什么这种科学精神和方法没有产生自然科学呢？

不止四分之一世纪以前，我曾试提一个历史的解释，做了一个十七世纪中国与欧洲知识领袖的工作的比较年表。我说：

> 我们试作一个十七世纪中国与欧洲学术领袖的比较年表——十七世纪正是近代欧洲的新科学与中国的新学术定局的时期——就知道在顾炎武出生（1613）之前年，伽俐略做成了望远镜，并且用望远镜使天文学起了大变化，解百勒（Kepler）发表了他的革命性的火星研究和行星运行之时，哈维（Harvey）发表了他的论血液运行的大作（1628），伽利略发表了他的关于天文学和新科学的两部大作（1630）。阎若璩开始做《尚书》考证之前十一年，佗里杰利（Toricelli）已完成了他的空气压力大实验（1644）。稍晚一点，波耳（Boyle）宣布了他的化学新实验的结

---

[1] 《汉学商兑》，卷中之下，《宋鉴·说文解字疏序》条。

果,做出了波耳氏律(1660—61)。顾炎武写成他的《音学五书》(1667)之前一年,牛顿发明了微积分,完成了白光的分析。1680年,顾炎武写《音学五书》的后序;1687年,牛顿发表他的《自然哲学原理》(Principia)。

这些不同国度的新学术时代的大领袖们在科学精神和方法上有这样非常显著的相像,使他们的工作范围的基本不同却也更加引人注意。伽利略、解百勒、波耳、哈维、牛顿所运用的都是自然的材料,是星球、球体、斜面、望远镜、显微镜、三棱镜、化学药品、天文表。而与他们同时的中国所运用的是书本、文字、文献证据。这些中国人产生了三百年的科学的书本学问;那些欧洲人产生了一种新科学和一个新世界。①

这是一个历史的解释,但是对于十七世纪那些中国大学者有一点欠公平。我那时说:"中国的知识阶级只有文学的训练,所以活动的范围只限于书本和文献。"这话是不够的。我应当指出,他们所推敲的那些书乃是对于全民族的道德、宗教、哲学生活有绝大重要性的书。那些大人物觉得抄出这些古书里每一部的真正意义是他们的神圣责任。他们正像白朗宁(Robert Browing)的诗里写的"文法学者"(Grammarian):

"你捲起的书卷里写的是什么?"他问,
"让我看看他们的形象,
那些最懂得人类的诗人圣哲的形象,——
拿给我!"于是他披上长袍,
一口气把书读透到最后一页……
"我什么都要知道!……
盛席要吃到最后的残屑。"
"时间算什么?'现在'是犬猴的份!
人有的是'永久'。"②

---

① The Chinese Renaissance(《中国文艺复兴》,芝加哥大学1934年版),页70—71。
② 白朗宁的诗,A Grammarian's Funeral(《一个文法学者的葬礼》)。

白朗宁对人本主义时代的精神的礼赞正是:"这人决意求的不是生存,是知识。"①

　　孔子也表示同样的精神:"学如不及,犹恐失之。""朝闻道,夕死可矣。"朱子在他的时代也有同样的表示:"义理无穷,惟须毕力钻研,死而后已耳。"②

　　但是朱子更进一步说:"诸公所以读书无长进,缘不会疑。""才疑,便须理会得彻头。"后来真能使继承他的人,学术复兴的新时代的那些开创的人和做工的人,都懂得了怀疑,——抱着虚心去怀疑,再找方法解决怀疑,即使是对待经典大书也敢去怀疑。而且,正因为他们都是专心尽力研究经典大书的人,所以他们不能不把脚跟站稳:他们必须懂得要有证据才可以怀疑,更要有证据才可以解决怀疑。我看这就足够给一件大可注意的事实作一种历史的解释,足够解释那些只运用"书本、文字、文献"的大人物怎么竟能传下来一个科学的传统,冷静而严格的探索的传统,严格的靠证据思想,靠证据研究的传统,大胆的怀疑与小心的求证的传统——一个伟大的科学精神与方法的传统,使我们,当代中国的儿女,在这个近代科学的新世界里不觉得困扰迷惑,反能够心安理得。

　　(本文为1959年7月胡适在夏威夷大学第三届"东西方哲学家会议"上宣读的论文,原题"The Right to Doubt in Ancient Chinese Thought."收入 *Philosophy and Culture—East and West*,夏威夷大学1962年。徐高阮译文载1964年8月、9月《新时代》第4卷第8、9期)

---

① 白朗宁的诗,A Grammarian's Funeral(《一个文法学者的葬礼》)。
② 《朱文公集》,卷五十九,《答余正叔》,第三书。

杜威在中国

杜威,是在1859年10月20日出生的,1952年去世,活了九十三岁。今年10月,自由世界将有许多地方要为他举行诞辰百年祭。

四十年以前,也即1919年的年初,杜威教授和他的夫人阿丽丝女士(Alice C. Dewey)离开美国到远东来旅行。那次旅行,本来只是为的消遣,可是在他们离开旧金山以前,东京帝国大学就有电报给杜威,请他作一系列的讲演,他答应了。以后,他又接受了日本其他学术教育机关的邀请,讲演过好多次。

当他在日本的时候,中国有五个教育团体联名请他。请他到北京、南京、上海和其他几个城市来讲演,他也接受了。他们夫妇是在1919年5月1日到上海的。那一天,正是5月4日北京的学生运动爆发的前三天。那次学生运动,就是后来大家所常说的"五四运动"。

杜威夫妇,原来打算过了夏天就回美国的。后来,他们变更了计划,决定在中国留一整年。这是由于那次学生运动大大地引起了他们的兴趣,他们要看一个究竟。哥伦比亚大学准了杜威教授一年的假,以后,假期又延长到两年。所以他在中国的时间,总共是两年又两个月,就是从1919年5月到1921年7月。

杜威夫妇,对于那次学生运动感到浓厚的兴趣。关于这一点。杜威小姐(Miss Evelyn Dewey)在《杜威夫妇信札集》("*Letters from China and Japan,*" Jan. 1920)的序文上曾经提到。她是这样写的:"为争取统一、独立和民主而发动的热烈奋斗,正在中国展开;这一奋斗,迷住了他们,使他们改变回国的计划。原来的计划,是预定1919年夏天就要回国的。"所以,为说明杜威在中国的时代背景,就得把五四运动和它波及全国的影响,讲个大概。

第一次世界大战结束后不到几个月,巴黎和会在讨论和约的最后部分的若干条款。这个时候,中国人的希望,是想在和会里面,靠威尔逊的十四点理想(这些理想,到现在还是全世界所向往的),把若干不平等的国际待遇纠正过来。但是,到了1919年的5月初,中国得到了确实报告,说是威尔逊总统对于中国所提出的山东问题的要求,已经无能为力了。中国所要求的,是收回德国在山东的租界及一切经济利益,可是和会已经决定把山东问题让日本与中国直接谈判。这样一来,中国代表团没有办法;中国政府没有办法;中国人民失望、〔也没有〕办法。

5月4日是个星期天。北京所有的大专学校和中等学校的学生召开了一个大会,抗议巴黎和会的决议,并请政府训令在巴黎的中国代表团拒绝这个决议。这件事完全是青年们爱国心的自动爆发。可是共产党徒偏要说五四运动是无产阶级世界革命的一部分,而且是由中共策动和领导的。这全然是个谎言。事实上,1919年的时候中国还没有一个共产党徒。学生大会,经过一番激昂的讲演,通过了一些决议案以后,接着就是示威游行。当时因亲日政策而声名狼藉的外交部长,他的住宅被示威的群众冲进去,在座的驻日公使被殴打。在这个混乱当中,有人放火把房子烧起来,这把火,或许是为的要吓走示威的群众而放起来的。后来,学生们在返回学校的途中,有很多人被捕了。

这就是四十年前5月4日所发生的事件。

北京学生运动的消息传了出来,各地的学生和其他各界的人,马上响应,形成了一个全国的运动。这个时候,杜威夫妇还在上海。

6月初是学生运动最高潮的时期。杜威夫妇到了北京,亲眼看到成千成百的学生在街头讲演,宣传抵制日货,挽回权利。6月5日杜威夫妇写给他家中女儿们的信里说:"此刻是星期四的早晨,昨天晚上我们听说,大约有一千左右的学生在前天被捕了。北京大学已做了临时'监狱',法学院的房子已关满了人,现在又开始关进理学院的房子。"

同一天的夜晚,他们又给女儿们报告一个最惊人的消息:"今天傍晚的时候,我们从电话里知道,把守北京大学周围的那些兵士,都撤走了;他们住的帐篷也都撤掉了。接着,在那里面的学生们开了一个会,决议要质问政府能不能保证他们的言论自由。如果政府不能保证言论自由,他们就不离开那里。因为他们是打算还要讲话的,免得再度被捕又关进来。这些学生不肯离开这个'监狱',倒给政府很大的为难。"

据后来杜威夫妇的解释,政府这样丢脸地屈服,是由于上海的商人为抗议成千的学生被捕,在前天罢市了。他们在信中说:"这是一个奇怪的国家。所谓'民国',只是一个笑话。可是,在某些地方,又比我们更民主些。这里有完全的社会平等,但妇女除外。议会,十足地是个虚幌的滑稽剧,但自动自发的舆论,像现在这样,却有异常的影响力。"

6月16日杜威夫妇写回家的信,说是三个亲日的高级官员已经辞职,学生罢课已经终止了。

7月2日,他们的家信上写着:"这里的政治气氛又紧张了。据说中国代表团没有在和约上签字。"两天以后,他们又这样写:"中国不签和约,这件事所含的意义是什么,你们是不会想像得到的。政府的全体官员赞成签约;一直到十天以前,总统还说签约是必要的。不签约这件事是舆论的胜利,而且是一些青年男女学生们所掀起的舆论。"

我引用杜威夫妇那些家信里面的话,是想让大家知道他们到北京以后的初期观感。不知道是什么原因,这个"奇怪的国家"对于他们具有一种奇怪的魅力。他们决定在中国多留些时,起先是预备一年,最后是两年又两个月。中国二十二省,他们到过十一省,华北四省,华中五省,华南两省。

关于欢迎杜威讲演所做的准备工作,这里也得简单地提一提。在他来到中国的前一个月,主持这件事的团体要求我把实验主义的发展作一个有体系的公开介绍。我接受这个要求,在北京作过四次讲演。我从皮尔士(Charles S. Peirce)和詹姆士(William James)讲起,特别着重在杜威。此外,对于杜威教育哲学的介绍,也有一系列的文章在上海发表,主编人是蒋梦麟博士。他是杜威在哥伦比亚大学师范学院的学生之一。

杜威的讲演,都经他的学生们当场翻译成中国话。他在北平和山东、山西两省的演讲,都是我给他翻译的。他在北京的几种长期讲演,我们也挑选了几位很好的记录员,把全篇讲词记录下来,送给日报和杂志上发表。这个著名的《杜威五种长期讲演录》总共有五十八篇,经各报刊全文登载。后来印成单行本,大量发行,在 1921 年杜威离开中国以前,已经出版到第十版了。以后三十年,也不断地再版再版,直到共产党把它禁掉为止。

这五种讲演的题目,可以使我们看出杜威所讲的是些什么:

一、近代教育的趋势三讲。

二、社会哲学与政治哲学十六讲。

三、教育哲学十六讲。

四、伦理学十五讲。

五、思想的派别八讲。

除此以外,他在北京的讲演,还另有两种:

六、美国民主政治的发展三讲。

七、现代的三位哲学家三讲。(三位哲学家是詹姆士 William James,柏格森 Henri Bergson 和罗素 Bertrand Russell。这三次讲演,是因为 1920 年罗素也要到中国来讲学,所以特地请杜威预先给罗素作点介绍。)

他在南京的讲演,包括三种:

一、教育哲学十讲。

二、哲学史十讲。

三、实验的论理学三讲。

杜威博士,对于每次讲演,总是预先用他自身携带的打字机把大纲打好,交一份给翻译的人,让他能够事先想好一些适当的中国词句,以便到时翻译。在北京讲演的时候,那些讲演大纲,总在每次讲完以后,又交给那些作记录的人。让他们校对一番,再拿去发表。最近我曾经把这些中文翻译的讲演词再读一遍,时间已过了四十年,我对于这位伟大的思想家、教育家,还有一种亲切之感,我还能够回忆到他在课堂内或者在很多听众的面前那种字斟句酌的神态。

在各城市作了一年的公开讲演以后,杜威博士又答应了朋友们的请求,在中国再留下一年。这一年主要地是作北京大学的客座教授,向高级班的学生直接用英语讲学,不用翻译。其余的时间就在北京和南京的高等师范讲演。那时候,杜威的学生们在北京、南京、苏州和上海这些地方,创办了几个"实验学校",其中有的就叫做"杜威学校",像南京高等师范所附设的那所实验学校就是的。杜威对这些新办的"实验学校",很感兴趣。

杜威夫妇,1921年离开中国。1922年10月,全国教育会在济南开会,对于国民学校的制度与课程经过一番严密的讨论以后,加以彻底的修正。1922年新学制第四条规定:"儿童是教育的中心。儿童个性的发展,在创立学制时,应予以特别注意。嗣后,中等和高等学校,必须实行选科制。所有的小学,编级与升级必须实行弹性制。"1923年的新小学课程和1929年的修正课程,也都是着重于"儿童是学校中心"这个观点。从这些地方,我们很容易看出杜威的教育哲学对于中国教育的影响。

杜威在四十年前,1919年5月到中国。四十年来他给中国的影响,我们能够作个大概的估计吗?

这种估计是不容易作的。因为这个四十年,多半是大动乱时期,内战、革命、对外战争,——包括若干年的国民革命,八年的对日抗战与第二次世界大战,多年的剿共与大陆沦陷于共党。在这种大混乱中,许多人流离颠沛,许多人家败人亡,大家都是受苦受难而普遍地不安。在这种情形下,要想估计任何一个思想家或任何思想派别对于人们的影响,实在是太难了。

可是,在现在的情况下,共党政权倒给了我们一种想不到的帮助,使得我们能够估计估计杜威对于中国的影响。这就是因为他们对于杜威的实验主义,对于杜威的信徒们,发动了一个普及全国的攻击与清算。这种大规模的清算,早在1950年就开始。不过在那个时候,只是发表几篇温和的文章,批评杜威的教育理论而已。那些文章都是授意写成的。文章里面引用了好几位美国人批评杜威的话,来支持他们的论点,像孔德尔(Kandel)、波得(Bode)、鲁格(Rugg)和胡克(Sidney Hook)的话,都被引用过。可是到了1954、1955年间,这种清算运动,开始激烈起来。这时,共党政权有计划地策动各方面一致地来对付胡适思想,清算胡适思想的毒素。清算的范围,包括哲学、历史、哲学史、政治思想、文学、中国文学史等方面。仅仅在1954、1955这两年当中,就发表了三百万字的文章,清算"胡适幽灵",驱逐"胡适幽灵"。而且每一篇攻击我的文章,几乎必然地要骂到杜威,骂他是毒素的根源。

在这许许多多清算胡适思想的文献当中,有些文章坦白地承认了杜威的"邪恶"影响,承认了杜威哲学和方法的影响,承认了这个"腐臭的"中国杜威——胡适应用这种哲学与方法所引起的影响,也承认了那些"盲从附和的"信徒们的影响。在共党控制的区域里,对这种"毒素"的影响竟这么重视,凭着这一点,我们对于杜威给中国的影响,不就可以得到一个颇为可靠的估计吗?

关于这一类的文献,我只引一点在这里:

一、1950年10月1日出版的《人民教育》登载了曹孚《杜威批判引论》一文,那上面讲:

> 假使我们要批判旧教育思想,我们首先应该批判杜威。……杜威的教育思想支配了中国教育界三十年。他的社会哲学和一般哲学,在一部分中国人中间,也有一定的影响。

二、杜威派的大教育家之一陈鹤琴,他对于上海学校的现代化曾负过责任,1955年2月他在江苏省第一届人民代表会议上被迫作公开认罪。认罪的《坦白书》全文登载在1955年2月28日的《文汇报》。其中有这样一段:

> 杜威的实用主义教育思想毒素是怎样散布在中国的?主要地是通过杜威自己来华讲学,宣扬他的实用主义哲学和反动的教育思想;通过杜威当年的一个反动思想大本营——哥伦比亚

大学,中国学生留学在那里的经常有三百人之多,从辛亥革命起一直到解放以前,这三十多年来,上万的中国留学生带回来杜威反动实用主义主观唯心论思想和杜威反动实用主义教育思想。其中最显著的,当然要算杜威在中国的帮凶胡适了。

作为一个教育工作者,作为一个曾经中过杜威实用主义反动教育思想毒素很深的一个中国留学生,作为一个曾经替杜威在中国传播过实用主义教育思想影响的传声筒的我,要在这里向这个教育史上的教育界大骗子,杜威,进行严厉的控诉。

三、王若水《清除胡适的反动哲学遗毒》上说:

古典文学研究的领域,……这个阵地,三十多年来基本上一直被资产阶级唯心论(也即实验主义)的代表胡适派占据着。尽管解放后学术界已经承认了马克思主义的领导地位,古典文学研究领域中的胡适派影响,却依然没有受到应有的清算。"(见1954年12月5日《人民日报》——中国共产党及其政府的机关报)

四、孙定国《批评胡适哲学思想的反动实质》上说:

……可是,腐鼠散布了瘟疫。胡适的实验主义哲学思想的毒害,不仅是渗透到古典文学的研究领域中,而且也远渗透到历史学、教育学、语言学,甚至自然科学领域中;显然,在哲学方面影响更大。(见1954年11月15日北京《光明日报》)

杜威,他的门徒,以及他的中国朋友们留下来的影响究竟有多大,上面所引的那些话已足够给我们一个概念了。照他们讲,杜威和其门徒们的实验哲学和方法,已经支配了我国教育三十年,曾经渗透到中国文学、语言、历史、哲学,乃至自然科学等方面。

在杜威的实验主义当中,究竟有些什么使得共党政权这样恐惧,以致要用三百万字的写作来攻击清算呢?

当我把这一大堆的文字仔细一看的时候,我不得不笑他们那种惊慌愤怒的神态。我看出那些赤色的主子和奴隶们所最怕的、所想消灭的,只是杜威的"思想的哲学理论"(A Philosophical Theory of

Thinking)。这种思想的哲学理论,杜威在他的论理学中讲到,尤其是他那本《我们怎样思想》(*How We Think*)更使这种理论出了名。依照这种理论,思想并不是一种消极性的活动,不是从一些没有问题的绝对真理去作推论,而是一个有效的工具与方法,用以解决疑难,用以克服我们日常生活中所遇到的一切困难的。杜威说,思想总是起于一种疑惑与困难的情境;接着就是研究事实的真相,并提出种种可能的假定以解决起初的疑难;最后,用种种方法,证明或证实那一种假定能够圆满地解决或应付原先激起我们思想的那个疑难问题或疑难的情境。这就是杜威的思想论。过去四十年我曾经努力使它普遍化。我指出,这种思想论是对于科学方法的一个适当分析,同时也是对于中国考据法的一个适当分析。考据法是最近三百年当中,中国的经学大师使用得很成功的方法。由此可以知道,科学方法的精神就在于大胆的假设,小心的求证。

从这个思想的概念,很自然地会产生两个明显的系论来。第一,人和社会的进步,靠的是积极地运用智慧以解决一些真实而具体的问题。杜威说:"进步总是零零碎碎的。它只能零买,不能批发。"这种观念,是共产党徒所不容的,共产党徒所相信的,是全面的翻天覆地的大革命。他们以为,这种革命可以在一夜之间带来全面的进步。

第二个系论,同样地也是共产党徒所不容的。那就是说,在合理的思想过程中,所有的理论,所有的学说,统统不能看作是绝对的真理,只能看作是有待考验的假设,有待于在实用中加以考验的假定;只能看作是帮助人类知识的工具和材料,不能看作是不成问题,不容考据的教条,因而窒息了人类的思想,杜威在北京讲演"道德教育"的时候说:"要经常培养开阔的胸襟。要经常培养知识上诚实的习惯。而且要经常学习向自己的思想负责任。"这些话足够吓得共产党徒神经错乱,也足够激起他们对杜威、对实验主义、对胡适的幽灵,来一次好几年的痛击和漫骂。

说起来是很有趣的:共产党对杜威、实验主义,和胡适幽灵的痛击与漫骂,是从1954年对一本小说名著的讨论而开始的。这本小说是十八世纪的名著,书名叫做《红楼梦》。为什么这样开始呢?因为四十年前,我用了科学的研究法研究《红楼梦》的作者,作者的身世和家庭背景,以及这本小说原文方面的若干问题。后来几年,有许多从未发现的材料被我发现,所有这些材料更加证实了我以前所求得的结论。这是我自觉地把杜威的思想论和思想方法应用在一本名著的考证上。同样的方法,我也应用在其他几本小说的考证上,也应用在中国思想史、宗教史的许多难题的研究上,其中包括佛教、禅宗的历史。

我对于《红楼梦》考证,就是用实例来阐明杜威的思想论,并且使它大众化。就这方面讲,《红楼梦》这部伟大的小说,是最好的材料。约在三十年以前(1930 年 12 月),因为出版家的要求,我编了一本《胡适文选》,其中选进了三篇关于《红楼梦》考证的文章。《文选》的序文是想写给青年读者看的。在那里,有些话是就《红楼梦》考证这方面讲的:

> 少年的朋友们,莫把这些小说考证看作我教你们读小说的文字。这些都只是思想学问的方法的一些例子。在这些文字里,我要读者学得一点科学精神、一点科学态度、一点科学方法。科学精神在于寻求事实、寻求真理。科学态度在于撇开成见,搁起感情,只认得事实,只跟着证据走。科学方法只是"大胆的假设,小心的求证"十个字。没有证据,只可悬而不断;证据不够,只可假设,不可武断;必须等到证实之后,方才奉为定论。
>
> 从前禅宗和尚曾说:"菩提达摩东来,只要寻一个不受人惑的人。"我这里千言万语,也只是要教人一个不受人惑的方法。被孔丘、朱熹牵着鼻子走,固然不算高明;被马克斯、列宁、斯大林牵着鼻子走,也算不得好汉。我自己决不想牵着谁的鼻子走。我只希望尽我微薄的能力,教我的少年朋友们学一种防身的本领,努力做一个不受人惑的人。

以上这些话,是由于我对青年抱着无限的爱、无限的希望而写出来的。因为这些话,我召来了好几年的攻击和数百万字的漫骂,这些攻击和漫骂不仅是以我为目标,而且也牵累到我所敬爱的师友,——杜威先生也遭受攻击和漫骂。但是,各位女士和先生们,这些漫骂的文字，也同时使我感觉到愉快和兴奋，因为我觉得杜威在中国花掉的两年又两个月的时间，并不是完全白花的。我个人四十年来的一点努力，也不是完全白费的。杜威和他的学生毕竟留下了大量的"毒素"，这种"毒素"对于马列主义的奴化瘟疫，还会发生抗毒和防腐的作用。

（本文为1959年7月16日胡适在夏威夷大学所作的英文演讲，夏道平译文载1959年8月16日《自由中国》第21卷第4期）

卷　　四

提高与普及

今天我带病来参与开学典礼，很愿意听听诸位新教授的言论及对于我们的希望。我从1917年（即民国六年）来到本校，参与了三年的开学典礼。一年得一年的教训，今天又是来亲受教训的日子了。

我本来不预备说话，但蒋先生偏偏提出我的谈话的一部分，偏偏把"且听下回分解"的话留给我说，所以我不能不来同诸位谈谈。

我暑假里，在南京高等师范的暑期学校里讲演，听讲的有七八百人，算是最时髦的教员了。这些教员是从十七省来的，故我常常愿意同他们谈天。他们见面第一句就恭维我，说我是"新文化运动"的领袖。我听了这话，真是"惭惶无地"。因为我无论在何处，从来不曾敢说我做的是新文化运动。他们又常常问我，新文化的前途如何，我也实在回答不出来。

我以为我们现在那里有什么文化，我们北京大学，不是人称为新文化运动的中心吗？你看最近的一期《学艺杂志》里有一篇《对于学术界的新要求》，对于我们大学很有些忠实的规谏。他引的陈惺农先生对于编辑《北京大学月刊》的启事，我们大学里四百多个教职员，三千来个学生，共同办一个月刊，两年之久，只出了五本。到陈先生编辑的时候，竟至收不到稿子，逼得他自己做了好几篇，方才敷衍过去。《大学丛书》出了两年，到现在也只出了五大本。后来我们想，著书的人没有，勉强找几个翻译人，总该还有。所以我们上半年，弄了一个《世界丛书》，不想五个月的经验结果，各处寄来的稿子虽有一百多种，至今却只有一种真值得出版。像这样学术界大破产的现象，还有什么颜面讲文化运动。所以我对于那一句话的答语，就是"现在并没有文化，更没有什么新文化"。再讲第二问题，现在外面学界中总算有一种新的现象,是不能不承认。但这只可说是一种新动机、新要求,并没有他们所问的新文化运动。他们既然动了,按物理学的定理,决不能再使不动。所以惟一的方法,就是把这种运动的趋向,引导到有用有结果的路上去。

这种动的趋向有两个方面:

一、普及　现在所谓新文化运动,实在说得痛快一点,就是新名词运动。拿着几个半生不熟的名词,什么解放、改造、牺牲、奋斗、自由恋爱、共产主义、无政府主义……。你递给我,我递给你,这叫做"普及"。这种事业,外面干的人很多,尽可让他们干去,我自己是赌咒不干的,我也不希望我们北大同学加入。

二、提高　提高就是——我们没有文化,要创造文化;没有学术,要创造学术;没有思想,要创造思想。要"无中生有"地去创造一切。这一方面,我希望大家一齐加入,同心协力用全力去干。只有提高才能真普及,越"提"得"高",越"及"得"普"。你看,桌上的灯决不如屋顶的灯照得远,屋顶的灯更不如高高在上的太阳照得远,就是这个道理。

现在既有这种新的要求和新的欲望,我们就应该好好预备一点实在的东西,去满足这种新要求和新欲望。若是很草率的把半生不熟的新名词,去解决他们的智识饥荒,这岂不是耶稣说的"人问我讨面包,我却给他石块"吗?

我们北大这几年来,总算是挂着"新思潮之先驱"、"新文化的中心"的招牌,但是我刚才说过,我们自己在智识学问这方面贫穷到这个地位,我们背着这块金字招牌,惭愧不惭愧,惭愧不惭愧!所以我希望北大的同人,教职员与学生,以后都从现在这种浅薄的"传播"事业,回到一种"提高"的研究工夫。我们若想替中国造新文化,非从求高等学问入手不可。我们若想求高等学问,非先求得一些求学必需的工具不可。外国语、国文、基本科学,这都是求学必不可少的工具,我们应该拿着这种切实的工具,来代替那新名词的运动,应该用这种工具,去切切实实的求点真学问,把我们自己的学术程度提高一点。我们若能这样做去,十年二十年以后,也许勉强有资格可以当真做一点"文化运动"了。二三十年以后,朱遏先生和陈女士做中国现代史的时候,也许我们北大当真可以占一个位置。

我把以上的话总括起来说:

> 若有人骂北大不活动,不要管他;若有人骂北大不热心,不要管他。但是若有人说北大的程度不高,学生的学问不好,学风不好,那才是真正的耻辱!我希望诸位要洗刷了它。我不希望北大来做那浅薄的"普及"运动,我希望北大的同人一齐用全力向"提高"这方面做工夫。要创造文化、学术及思想,惟有真提高才能真普及。

(本文为1920年9月11日胡适在北京大学开学典礼上的演讲,陈政笔记。原载1920年9月18日《北京大学日刊》,又载1920年9月23日《晨报副刊》)

在北大开学典礼会上的讲话

教务方面的事大都已由校长报告过了,我此刻只提出较为重要的两点来对诸位说一说:

(1)考试制度

以前每次开学的时候,我常对于校内的考试制度表示不满意。外界有人说:北大是一道很高的门限,很难爬进来,很容易跨出去。这确是实在的情况。像今年一样,报考的有三千人,只取了三百人,进来是很不容易;但年来因有种种的风潮,学校的生命几致不能维持,故考试不严,纪律也很难照顾得周到,学生修业年限满了,很容易的就毕业出去了,所以去年、前年我常说要严格考试。

这一年来,因去年开学时教职员曾宣言:校中经费如何困难,教职员决不罢课,故能勉强支持,未曾再有罢课的风潮。今年夏季虽因直奉战争提前考试,但总算考了。这一次考试本预科不及格的,竟有一百七八十人之多,可见这一次虽提前考试,也不能说是不严格的了。当时本想行会考制的,因事前未能预备,故不及举行。六月内校中开评议会,通过了新的考试制度,在日刊上发表,诸位都想看见,其中有二重要之点,再提出来说一说:(一)预科无本班教员考试,概归考试委员会,预科委员会,会同考验。试卷均密封分给教员阅,考试的范围不一定限于书本上的,是要考查学生在那一级应有的程度。(二)本科当举行考试时,临时组织分科考试委员会,共同负考试之责,交换考试。以后要求范围等事,一概可以免除。这种会考的制度,今年一定实行的;在本年的开始预先向诸位说一声,可以早早准备。

(2)设备

第二院的设备,诸位都已看见,和暑前迥然不同了。这全是理科的几位教员牺牲了一暑天的功夫弄成这样的。夏天我们在休息的时候,他们是在督工,是在为大家做事,这是很可以给我们许多鼓舞的。有这样的精神做去,设备一定能逐渐完备。此刻看到到会的人这样拥挤,可知有建筑大会堂和大图书馆的需要,这种需要是立刻要筹备的。明年是吾校二十五周年纪念,本应该谋极大的发展,但照目前全国的经济情形,这事怕难实行。但这次二院,只化费了三千余元已整理得焕然一新。如果全校的人都能有这几位教员的牺牲精神,明年要图书馆,就可有图书馆,要大会堂,就会有大会堂。

以上是我所要报告的两点。于报告之外,我个人还有许多感想,但今天不是我发布个人感想的时候,只好挑出一个来说。我刚才说起北大的门限很高;外界人又说我们是学阀。我想要做学阀,必须造成像军阀、财阀一样的可怕的有用的势力,能在人民的思想上发生重大的影响;如其仅仅是做门限是无用的。所以一方面要做蔡校长所说有为知识而求知识的精神,一方面又要造成有实力的为中国造历史,为文化开新纪元的学阀;这才真是我们理想的目的。

(本文为1921年10月11日胡适在北京大学开学典礼会上的演讲,讲话提要记录稿现存中国社会科学院近代史所)

学生与社会

今天我同诸君所谈的题目是"学生与社会"。这个题目可以分两层讲：一、个人与社会，二、学生与社会。现在先说第一层。

一、个人与社会

（一）个人与社会有密切的关系，个人就是社会的出产品。我们虽然常说"人有个性"，并且提倡发展个性，其实个性于人，不过是千分之一，而千分之九百九十九全是社会的。我们的说话，是照社会的习惯发音；我们的衣服，是按社会的风尚为式样；就是我们的一举一动，无一不受社会的影响。

六年前我作过一首《朋友篇》，在这篇诗里我说："清夜每自思，此身非吾有：一半属父母，一半属朋友"。如今想来，这百分之五十的比例算法是错了。此身至少有千分之九百九十九是属于广义的朋友的。我们现在虽在此地，而几千里外的人，不少的同我们发生关系。我们不能不穿衣，不能不点灯，这衣服与灯，不知经过多少人的手才造成功的。这许多为我们制衣造灯的人，都是我们不认识的朋友，这衣与灯就是这许多不认识的朋友给与我们的。

再进一步说，我们的思想，习惯，信仰……等等都是社会的出产品，社会上都说"吃饭"，我们不能改转来说"饭吃"。我们所以为我们，就是这些思想，信仰，习惯，……这些既都是社会的，那末除过[开]社会，还能有我吗？

这第一点内要义：我之所以为我，在物质方面，是无数认识与不认识的朋友的，在精神方面，是社会的，所谓"个人"差不多完全是社会的出产品。

（二）个人——我——虽仅是千分之一，但是这千分之一的

"我"是很可宝贵的。普通一班的人,差不多千分之千都是社会的,思想,举动,言语,服食都是跟着社会跑。有一二特出者,有千分之一的我——个性,于跟着社会跑的时候,要另外创作,说人家未说的话,做人家不做的事。社会一班人就给他一个浑号,叫他"怪物"。

怪物原有两种:一种是发疯,一种是个性的表现。这种个性表现的怪物,是社会进化的种子,因为人类若是一代一代的互相仿照,不有变更,那就没有进化可言了。惟其有些怪物出世,特立独行,作人不作的事,说人未说的话,虽有人骂他打他,甚而逼他至死,他仍是不改他的怪言,怪行。久而久之,渐渐的就有人模仿他了,由少数的怪,变为多数,更变而为大多数,社会的风尚从此改变,把先前所怪的反视为常了。

宗教中的人物,大都是些怪物,耶稣就是一个大怪物。当时的人都以为有人打我一掌,我就应该还他一掌。耶稣偏要说:"有人打我左脸一掌,我应该把右边的脸转送给他。"他的言语,行为,处处与当时的习尚相反,所以当时的人就以为他是一个怪物,把他钉死在十字架上。但是他虽死不改其言行,所以他死后就有人尊敬他,爱慕,模仿他的言行,成为一个大宗教。

怪事往往可以轰动一时,凡轰动一时的事,起先无不是可怪异的。比如缠足,当初一定是很可怪异的,而后来风行了几百年。近来把缠小的足放为天足,起先社会上同样以为可怪,而现在也渐风行了。可见不是可怪,就不能轰动一时。社会的进化,纯是千分之一的怪物,可以牺牲名誉,性命,而作可怪的事,说可怪的话以演成的。

社会的习尚,本来是革不尽,而也不能够革尽的,但是改革一次,虽不能达完全目的,至少也可改革一部分的弊习。譬如辛亥革命,本是一个大改革,以现在的政治社会情况看,固不能说是完全成功,而社会的弊习——如北京的男风,官家厅的公门,……等等——附带革除的,实在不少。所以在实际上说,总算是进化的多了。

这第二点的要义:个人的成分,虽仅占千分之一,而这千分之一的个人,就是社会进化的原因。人类的一切发明,都是由个人一点一点改良而成功的。唯有个人可以改良社会,社会的进化全靠个人。

二、学生与社会

由上一层推到这一层,其关系已很明白。不过在文明的国家,学生与社会的特殊关系,当不大显明,而学生所负的责任,也不大很重。惟有在文明程度很低的国家,如像现在的中国,学生与社会的关系特深,所负的改良的责任也特重。这是因为学生是受过教育的人,中国现在受过完全教育的人,真不足千分之一,这千分之一受过完全教育的学生,在社会上所负的改良责任,岂不是比全数受过教育的国家的学生,特别重大吗?

教育是给人戴一副有光的眼镜,能明白观察;不是给人穿一件锦绣的衣服,在人前夸耀。未受教育的人,是近视眼,没有明白的认识,远大的视力;受了教育,就是近视眼戴了一副近视镜,眼光变了,可以看明清楚远大。学生读了书,造下学问,不是为要到他的爸爸面前,要吃肉菜,穿绸缎;是要认他爸爸认不得的,替他爸爸说明,来帮他爸爸的忙。他爸爸不知道肥料的用法,土壤的选择,他能知道,告诉他爸爸,给他爸爸制肥料,选土壤,那他家中的收获,就可以比别人家多出许多了。

从前的学生都喜欢戴平光的眼镜,那种平光的眼镜戴如不戴,不是教育的结果。教育是要人戴能看从前看不见,并能看人家看不见的眼镜。我说社会的改良,全靠个人,其实就是靠这些戴近视镜,能看人所看不见的个人。

从前眼镜铺不发达,配眼镜的机会少,所以近视眼,老是近视看不远。现在不然了,戴眼镜的机会容易的多了,差不多是送上门来,让你去戴。若是我们不配一副眼镜戴,那不是自弃吗?若是仅戴一副看不清,看不远的平光镜,那也是可耻的事呀。

这是一个比喻,眼镜就是知识,学生应当求知识,并应当求其所要的知识。

戴上眼镜,往往容易招人家厌恶。从前是近视眼,看不见人家脸上的麻子,戴上眼镜,看见人家脸上有麻子,就要说:"你是个麻子脸"。有麻子的人,多不愿意别人说他的麻子。要听见你说他是麻子,他一定要骂你,甚而或许打你。这一改意思,就是说受过教育,就认识清社会的恶习,而发不满意的批评。这种不满意社会的批评,最容易引起社会的反感。但是人受教育,求知识,原是为发现社会的弊端,若是受了教育,而对于社会仍是处处觉得满意,那就是你的眼镜配错了光了,应该返回去审查一审查,重配一副光度合适的才好。

从前格里林因人家造的望远镜不适用,他自己造了一个扩大几百倍的望远镜,能看木星现象。他请人来看,而社会上的人反以为他是魔术迷人,骂他为怪物,革命党,几乎把他弄死。他惟其不屈不挠,不可抛弃他的学说,停止他的研究,而望远镜竟成为今日学问上、社会上重要的东西了。

总之,第一要有知识,第二要有图书。若是没骨子便在社会上站不住。有骨子就是有奋斗精神,认为是真理,虽死不畏,都要去说去做。不以我看见我知道而已,还要使一班人都认识,都知道。由少数变为多数,由多数变为大多数,使一班人都承认这个真理。譬如现在有人反对修铁路,铁路是便利交通,有益社会的,你们应该站在房上喊叫宣传,使人人都知道修铁路的好处。若是有人厌恶你们,阻挡你们,你们就要拿出奋斗的精神,与他抵抗,非把你们的目的达到。不止你们的喊叫宣传,这种奋斗的精神,是改造社会绝不可少的。

二十年前的革命家,现在哪里去了?他们的消灭不外两个原因:(1)眼镜不适用了。二十年前的康有为是一个出风头的革命家,不怕死的好汉子。现在人都笑他为守旧,老古董,都是由他不去把不适用的眼镜换一换的缘故。(2)无骨子。有一班革命家,骨子软了,人家给他些钱,或给他一个差事,教他不要干,他就不敢干了。没有一种奋斗精神,不能拿出"你不要我干,我偏要干"的决心,所以都消灭了。

我们学生应当注意的就是这两点:眼镜的光若是不对了,就去换一副对的来戴;摸着脊骨软了,要吃一点硬骨药。

我的话讲完了,现在讲一个故事来作结,易卜生所作的"国民公敌"一剧,写一个医生司铎门发现了本地浴场的水里有传染病菌,他还不敢自信,请一位大学教授代为化验,果然不错。他就想要去改良他。不料浴场董事和一般股东因为改造浴池要耗费资本,拼死反对,他的老大哥与他的老丈人也都多方的以情感利诱,但他总是不可软化。他于万分困难之下设法开了一个公民会议,报告他的发明。会场中的人不但不听他的老实话,还把他赶出场去,裤子撕破,宣告他为国民公敌。他气愤不过,说:"出去争真理,不要穿好裤子"。他是真有奋斗精神,能够特立独行的人,于这种逼迫之下还是不少退缩。他说:"世界最有强力的人就是那最孤立的人"。我们要改良社会,就要学这"争真理不穿好裤子"的态度,相信这"最孤立的人是最有强力的人"的明言。

(本文为1922年2月19日胡适在平民中学的演讲,半尘节记,原载1922年3月10日《共进》半月刊第11期)

在北大学潮平定后之师生大会上的讲话

我在济南18日晚接教务处电云,学生为讲义费事哄闹,校长以下辞职,我很怀疑,次日即来京。当时我恐怕辞职的职员,少了我一个,我竟漏网了,倒难为情。到京以后,询悉内容,见学生上课如故,并有多数学生皆起来协力维持,我又觉得很乐观。在前清上海方面,学生闹风潮的事很多,我也是闹风潮出学校之一。当时我在中国公学,不过所闹的事,是因为对于学校组织不满意,且出校以后,还产生一个新学校来,即如在南洋公学脱离的学生,出来组成一个爱国学社。这个学社在中国革命史,大家皆知道是一个重要机关。在复旦脱离的学生,出来组织一个震旦。此皆是不仅仅为破坏,还有建设。如我们这次风潮,纯粹是无建设的,我觉得很不满意。幸而后来尚能有多数的人出来维持,不然岂不是以少数人,把学校闹坏了吗?我对于此次风潮的意见,在二十五期《努力周刊》上已说过,今天不必再说。今日所要说的,只有一句话,就是大家须向一条建设的道上走。所谓建设有四项:(1)是图书馆,(2)是寄宿舍,(3)是大讲堂,(4)是提高学校程度。没有大图书馆,可说是无从研究学术。没有寄宿舍,万不能养成一种校风。没有大讲堂,则关于名人临时讲演,用以普及大学教育知识的事,势将无从做起。所以今年开学以后,第一次会议,即将建筑图书馆通过,决定协力做来。自今以往,希望打起精神,群趋向建设一条路上,可以为北京大学开一个新纪元,不要再在这种讲义费的小事情注意了。

(本文为1922年10月21日胡适在北京大学的
演讲,原载1922年10月29日《申报》)

在北大成立二十五周年纪念会上的讲话

今天是北京大学成立第二十五年的纪念日,我于当然的庆祝以外还有一种自私的快乐。今天也是我个人的生日。况且去年大学纪念日及我个人三十岁生日纪念完以后,那天晚上我又得一个儿子。所以今天在我个人有三种庆祝:我自己,我的二十四岁的小兄弟北大及我的一岁的小朋友——儿子。

但是同时有一件小的不幸,就是我近来病了。每夜两点钟以后便不能安睡。稍为做一点事,腰背便疼痛,不能支持。据中西医生的诊断都说是因为过于劳苦所致。现在我已向校中告假一年,假期即从今天起,到明年秋天开学时回校。这件事已蒙蔡先生允准了,所以我要同诸君作八九个月的小别。

因此我今天很有一点感触,觉得个人的生命和健康是不定的,只有团体——大我——的生命和健康是长久的继续不断的。然而北京大学的生命始终还是保存着,并且不断的向前生长。所以我们对于他应该有许多的希望。这几年来组织上很有进步,学校的基础也日趋稳固。所最惭愧的是在学术上太缺乏真实的贡献。我在今天《北大日刊纪念刊》上《回顾与反省》一文里,引了近代诗人龚定庵"但开风气不为师"一句话,我说,这话只可为个人说,而不可为一个国立的大学说。国立的大学不但要开风气,也是应该立志做大众师表的。近数年来,北大在"开风气"这方面总算已经有了成绩;现在我们的努力应该注重在使北大做到"又开风气又为师"的地位。

诸位看着这边出版品展览部所陈列的报章杂志及书籍三百多种,总算是本校同人在近年中国著作界的贡献了,但是究竟有多少真正的学术上的价值！依据中国学术界的环境和历史,我们不敢奢望这个时候在自然科学上有世界的贡献,但我个人以为至少在社会科学上应该有世界的贡献。诸位只要到那边历史展览部一看,便可知道中国社会科学材料的丰富。我们只是三四个月工作的结果,就有这许多成绩可以给社会看了。这两部展览,一边是百分之九十九的裨贩,一边是整理国故的小小的起头。看了这边使我们惭愧,看了那边使我们增加许多希望和勇气。

我们有了几千年的历史、思想、宗教、美术、政治、法制、经济的材料;这些材料都在那里等候我们的整理;这个无尽宝藏正在等候我们去开掘。我们不可错过这种好机会;我们不可不认清我们"最易为力而又最有效果"的努力方向。我现在不能多说话,就此同诸位暂时告别。

（本文为1922年12月17日胡适在北京大学成立
二十五周年纪念会上的演讲,陈政记录,原载
1922年12月23日《北京大学日刊》）

书院制史略

我为何讲这个题目？因为古时的书院与现今教育界所倡的"道尔顿制"精神大概相同。一千年以来，书院实在占教育上一个重要位置，国内的最高学府和思想的渊源，惟书院是赖。盖书院为我国古时最高的教育机关。所可惜的，就是光绪变政，把一千年来书院制完全推翻，而以形式一律的学堂代替教育。要知我国书院的程度，足可以比外国的大学研究院。譬如南菁书院，他所出版的书籍，等于外国博士所做的论文。书院之废，实在是吾中国一大不幸事。一千年来学者自动的研究精神，将不复现于今日了。所以我今日要讲这个书院的问题。本题计分两节：第一，书院的历史；第二，书院的精神。兹分别言之：

一、书院的历史

（一）精舍与书院　书院在顶古的时候，无史可考；因古代的学校，都是私家设立，不甚出名。周朝学制，亦无书院的名称。战国时候，讲学风起，私家学校渐为人所器重。汉时私家传授之盛，为古所未有。观汉朝的国子监太学生，多至数万人，即可见学风之盛。六朝时候，除官学外，复有精舍。此精舍系由少数的贵族或士大夫在郊外建屋数椽，以备他们春夏射御，秋冬读书的处所。惟此精舍，仍由私家学塾蝉蜕而来，其教授方法，与佛家讲经相同。佛家讲经只许和尚沉思默想，倘和尚不明经理而欲请教于大和尚，此时大和尚就以杖叩和尚之头，在问者虽受重击，毫无怨言，仍俯首思索如故。有时思索不得，竟不远千里朝拜名山，俾一旦触机觉悟，此法系启发学者思想。不借外界驱策而能自动学习；所以精舍也采取佛家方法。其后道家讲经，也和佛家相同。到唐明皇的时候，始有书院的名称。书院之有学校的价值,固自唐始,但至宋朝更进步了。

（二）宋代四大书院　书院名称,至宋朝时候才完全成立。当时最负盛名的书院,如石鼓、岳麓、应天、白鹿洞,世人称为四大书院。这些书院,都系私人集资建造,请一个学者来院主教,称他叫山长。书院大半在山水优秀的地方,院内广藏书籍,使学生自修时候,不致无参考书。此藏书之多,正所以引起学生自由研究的兴趣。此四大书院,不独藏书很多,并且请有学者在院内负指导责任。来兹学者,如有困难疑惑之处,即可向指导者请教;犹如今日道尔顿制的研究室。所以宋朝的书院,就是为学者自修的地方。

（三）宋代书院制度　宋代书院制度,很可研究。每一个书院,有山长一人,系学识丰富的人充任。书院里藏书极多,有所谓三舍制,就如湖南潭州书院,分县学、书院、精舍三种。在州府县学里读书,都是普通之才;优者升入书院。当时书院的程度,犹如今日大学本科,倘在书院里考得成绩很好,就升入精舍。此时犹如今日入大学研究院了。又当时又有所谓大学三舍制,就是在宋仁宗的时候,大兴学校,令天下皆设官学,自己复于京师设立大学。考他的组织方法,也有三种阶级,在州县学读书,称曰外舍,等于大学预科;经一种考试升入内舍,等于今日大学本科;再经严格的考试,就升入精舍,等于今日大学研究院。这种制度,已在浙江书院实行了。

（四）宋代讲学之风与书院　宋代讲学之盛,古所未有。当时所谓州学、县学、官学,只有其名,而无其实。此等学校,吾无以名之,只得叫它曰抽象的学校,大概一位老师就是一个学校,老师之责任,就在讲经。当时入官学者甚少,国子监太学生都可花钱捐得。然而尊崇一派奉为名师,日趋听讲者亦甚多。听讲时大半笔记,不用书籍,如《朱子语录》,即学生所做的笔记。教法亦大半采佛家问答领悟之法,至于讲学之风,迨南宋时可谓登峰造极。当时学生所最崇拜的,只有二人,因此分为二派:一派当推朱子,而另一则为陆象山派。朱陆既殁,其徒散居各处,亦复以讲学为号召,所以私立的书院,就从此增多了。

（五）会讲式的书院　会讲式的书院,起自明朝,如无锡东林书院,每月订有开会时间。开会之先,由书院散发请帖,开会时由山长主讲一段,讲毕,令学生自由讨论,各抒意见,互相切磋,终以茶点散会。

(六)考课式的书院　考课式的书院,亦起自明朝。此式定每月三六九日或朔望两日,由山长出题,凡合于应试资格的人,即可往书院应试。书院并订津贴寒士膏火办法,供寒士生活之用。此等书院,仅在考试时非常忙碌,平时无须开门,考课者亦不必在场内,只要各抒说论而已。

(七)清代的书院　清时学术思想,多不尊重理学一派,只孜孜研究考据实用的学问。学者贵能就性之所近,分门研究,研究所得,以笔记之。有时或做极长的卷折,以示造诣。所有书院,概系公立。山长由州府县官聘请富有学识者充之。山长薪水很大,书院经费,除山长薪水外,又有经临等费。学生除不收学费外,又有膏火津贴奖赏等。所以在学足供自给,安心读书,并可以膏火等费赡养家室,不致有家室之累。每一书院,藏书极多,学生可以自由搜求材料,并有学识丰富之山长,加以指导。其制度完备,为亘古所未有,而今则不复见了!

二、书院的精神

(一)代表时代精神　一时代的精神,只有一时代的祠祀,可以代表。因某时之所尊奉者,列为祠祀,即可觇某时代民意的趋向。古时书院常设神祠祀,带有宗教的色彩,其为一千年来民意之所寄托,所以能代表各时代的精神。如宋朝书院,多崇拜张载、周濂溪、邵康节、程颐、程颢诸人,至南宋时就崇拜朱子,明时学者又改崇阳明,清时偏重汉学。而书院之祠祀,不外供许慎、郑玄的神像。由此以观,一时代精神,即于一时代书院所崇祀者足以代表了。

(二)讲学与议政　书院既为讲学的地方,但有时亦为议政的机关。因为古时没有正式代表民意的机关;有之,仅有书院可以代行职权了。汉朝的太学生,宋朝朱子一派的学者,其干涉国家政治之气焰,盛极一时;以致在宋朝时候,政府立党籍碑,禁朱子一派者应试,并不准起复为官。明朝太监专政,乃有无锡东林书院学者出而干涉,鼓吹建议,声势极张。此派在京师亦设有书院,如国家政令有不合意者,彼辈虽赴汤蹈火,尚仗义直言,以致为宵小所忌,多方倾害,死者亦多，政府并名之曰东林党。然而前者死后者继，其制造舆论，干涉朝政，固不减于昔日。于此可知书院亦可代表古时候议政的精神，不仅为讲学之地了。

（三）自修与研究　书院之真正的精神惟自修与研究，书院里的学生，无一不有自由研究的态度，虽旧有山长，不过为学问上之顾问；至研究发明，仍视平日自修的程度如何。所以书院与今日教育界所倡道尔顿制的精神相同。在清朝时候，南菁、诂经、钟山、学海四书院的学者，往往不以题目甚小，即淡漠视之。所以限于一小题或一字义，竟终日孜孜，究其所以，参考书籍，不惮烦劳，其自修与研究的精神，实在令人佩服！

三、结论

本题拟举二例，作为结论：（一）譬如南菁书院，其山长黄梨洲先生，常以八字告诫学生，即"实事求是，莫作调人"。因为研究学问，遇困难处若以调人自居，则必不肯虚心研究，而近乎自暴自弃了。（二）又如上海龙门书院，其屏壁即大书"读书先要会疑，学者须于无疑中寻找疑处，方为有得"，即可知古时候学者的精神，惟在刻苦研究与自由思索了。其意以学问有成，在乎自修，不在乎外界压迫。这种精神，我恐今日学校中多轻视之。又当声明者，即书院并不拒绝科学，如清代书院的课程，亦有天文、算学、地理、历史、声、光、化、电等科学。尤以清代学者如戴震、王念孙等都精通算学为证。惜乎光绪变政，将一千年来的书院制度，完全推翻，而以在德国已行一百余年之学校代替此制，谓为自新。使一千年来学者自动的研究精神，将不复现于今日。吾以今日教育界提倡道尔顿制，注重自动的研究，与书院制不谋而合，不得不讲这书院制度的史略了。

（本文为1923年12月10日胡适在南京东南大学的演讲，陈启宇笔记。原载1923年12月17日至18日上海《时事新报·学灯》副刊，又载1923年12月24日《北京大学日刊》，又载1924年2月10日《东方杂志》第21卷第3期）

学术救国

今天时间很短,我不想说什么多的话。我差不多有九个月没到大学来了!现在想到欧洲去。去,实在不想回来了!能够在那面找一个地方吃饭,读书就好了。但是我的良心是不是就能准许我这样,尚无把握。那要看是哪方面的良心战胜。今天我略略说几句话,就作为临别赠言吧。

去年8月的时候,我发表了一篇文章,说到救国与读书的,当时就有很多人攻击我。但是社会送给名誉与我们,我们就应该本着我们的良心、知识、道德去说话。社会送给我们的领袖的资格,是要我们在生死关头上,出来说话作事,并不是送名誉与我们,便于吃饭拿钱的。我说的话也许是不入耳之言,但你们要知道不入耳之言亦是难得的呀!

去年我说,救国不是摇旗呐喊能够行的;是要多少多少的人投身于学术事业,苦心孤诣实事求是的去努力才行。刚才加藤先生说新日本之所以成为新日本之种种事实,使我非常感动。日本很小的一个国家,现在是世界四大强国之一。这不是偶然来的,是他们一般人都尽量的吸收西洋的科学,学术才成功的。你们知道无论我们要作什么,离掉学术是不行的。

所以我主张要以人格救国,要以学术救国。今天只就第二点略为说说。

在世界混乱的时候,有少数的人,不为时势转移,从根本上去作学问,不算什么羞耻的事。"三一八"惨案过后三天,我在上海大同学院讲演,我是这个意思。今天回到大学来与你们第一次见面,我还是这个意思,要以学术救国。

这本书是法人巴士特 Pasteur 的传。是我在上海病中看的,有些地方我看了我竟哭了。

巴氏是 1870 年普法战争时的人。法国打败了。德国的兵开到巴黎把皇帝捉了,城也占了,订城下之盟赔款五万万。这赔款比我们的庚子赔款还要多五分之一。又割亚尔撒斯、罗林两省地方与德国,你们看当时的文学,如像莫泊桑他们的著作,就可看出法国当时几乎亡国的惨象与悲哀。巴氏在这时业已很有名了。看见法人受种种虐待,向来打战〔仗〕没有被毁过科学院,这回都被毁了。他十分愤激,把德国波恩大学(Bonn)所给他的博士文凭都退还了德国。他并且作文章说:"法兰西为什么会打败仗呢?那是由于法国没有人才。为什么法国没有人才呢?那是由于法国科学不行。"以前法国同德国所以未打败仗者,是由于那瓦西尔 Lauostes 一般科学家,有种种的发明足资应用。后来那瓦西尔他们被革命军杀死了。孟勒尔 Moner 将被杀之日,说:"我的职务是在管理造枪,我只管枪之好坏,其他一概不问。"要科学帮助革命,革命才能成功。而这次法国竟打不胜一新造而未统一之德国,完全由于科学不进步。但二十年后,英人谓巴士特一人试验之成绩,足以还五万万赔款而有余。

巴氏试验的成绩很多,今天我举三件事来说:

第一,关于制酒的事。他研究发酵作用,以为一个东西不会无缘无故的起变化的。定有微生物在其中作怪。其他如人生疮腐烂,传染病也是因微生物的关系。法国南部出酒,但是酒坏损失甚大。巴氏细心研究,以为这酒之所以变坏,还是因其中有微生物。何以会有微生物来呢?他说有三种:一是有空气中来的,二是自器具上来的,三是从材料上来的。他要想避免和救济这种弊病,经了许多的试验,他发明把酒拿来煮到五十度至五十五度,则不至于坏了。可是当时没有人信他的。法国海军部管辖的兵舰开到外国去,需酒甚多,时间久了,老是喝酸酒。就想把巴氏的法子来试验一下,把酒煮到五十五度,过了十个月,煮的酒,通通是好的,香味颜色,分外加浓。没有煮过的,全坏了。后来又载大量的煮过的酒到非洲去,也是不坏。于是法国每年之收入增加几万万。

第二，关于养蚕的事。法国蚕业每年的收入极大。但有一年起蚕子忽然发生瘟病，身上有椒斑点，损失甚大。巴氏遂去研究，研究的结果，没有什么病，是由于作蛹变蛾时生上了微生物的原故。大家不相信。里昂曾开委员会讨论此事。巴氏寄甲乙丙丁数种蚕种与委员会，并一一注明，说某种有斑点，某种有微生虫，某种当全生，某种当全死。里昂在专门委员会研究试验，果然一一与巴氏之言相符。巴氏又想出种种简单的方法，使养蚕的都买显微镜来选择蚕种。不能置显微镜的可送种到公安局去，由公安局员替他们检查。这样一来法国的蚕业大为进步，收入骤增。

第三，关于畜牧的事。法国向来重农，畜牧很盛。十九世纪里头牛羊忽然得脾瘟病，不多几天，即都出黑血而死。全国损失牛羊不计其数。巴氏以为这一定是一种病菌传入牲畜身上的原故，遂竭力研究试验。从 1877 年到 1881 年都未找出来。当时又发生一种鸡瘟病。巴氏找出鸡瘟病的病菌，以之注入其他的鸡，则其他的鸡立得瘟病。但是这种病菌如果放置久了，则注入鸡身，就没有什么效验。他想这一定是氧气能够使病菌减少生殖的能力。并且继续研究把这病菌煮到四十二度与四十五度之间则不能生长。又如果把毒小一点的病菌注入牲畜身上，则以后遇着毒大病菌都不能为害了。因为身体内已经造成了抵抗力了。

当时很有一般学究先生们反对他，颇想使他丢一次脸，遂约集些人卖了若干头牛若干头羊，请巴氏来试验。巴氏把一部分牛羊的身上注上毒小的病菌两次。第三次则全体注上有毒可以致死的病菌液。宣布凡注射三次者一个也不会死，凡只注射一次者，一个也不会活。这不啻与牛羊算命，当时很有些人笑他并且替他担忧。可是还没有到期，他的学生就写信告诉他，说他的话通通应验了，请他赶快来看。于是成千屡万的人[来]看，来赞颂他，欢迎他，就是反对他的人亦登台宣言说十分相信他的说法。

这个发明使医学大有进步，使全世界前前后后的人都受其赐。这岂只替法还五万万的赔款？这直不能以数目计！

他辛辛苦苦的试验四年才把这个试验出来。谓其妻曰："如果这不是法国人发明,我真会气死了。"

此人是我们的模范,这是救国。我们要知道既然在大学内作大学生,所作何事?希望我们的同学朋友注意,我们的责任是在研究学术以贡献于国家社会。

没有科学,打战[仗]、革命都是不行的!

(1926年7月胡适在北京大学演讲,毛坤、李竟何记录,
记录稿现存中国社会科学院近代史研究所)

中国书的收集法

王〔云五〕先生告诉我说,众位在这里研究图书馆学,每星期请专家来讲演。我这个人,可以说是不名一家。白话文是大家做的,不能说专家;整理国故,实在说不上家。所以我今天来讲,并不是以专家的资格。并且我今天所讲的,是书的问题。书这样东西,没有人可以说是专家的,是图书馆范围非常广博,尤其更不配说专家。我家里书很多,可是乱七八糟,没有方法去整理。当我要书的时候,我写信去说:我要的书是在进门左手第三行第三格。我的书只是凭记忆所及,胡乱的放着。但是近来几次的搬家,这个进门左手第几行第几格的方法,已经不适用了。现在我的书,有的在北平,有的在上海,有的在箱子里,有的在书架上。将来生活安定了,把所有的书集在一处布置起来,还须请众位替我帮忙整理。因为我是完全不懂方法的。

近来我在国内国外走走,同一些中国图书馆家谈谈,每每得到一个结论,就是:学图书馆的人很多,但是懂得书的人很少,学图书馆的人,学了分类管理就够了,于是大家研究分类,你有一个新的分类法,他有一个新的分类法,其实这个东西是不很重要的。尤其是小规模的图书馆。在小图书馆里,不得已的时候,只须用两种方法来分类:一是人名,一是书名就够了。图书馆的中心问题,是要懂得书。图书馆学中的检字方法,分类方法,管理方法,比较起来是很容易的。一个星期学几个星期练习,就可以毕业。但是必定要懂得书,才可以说是图书馆专家。叫化子弄猴子,有了猴子,才可以弄;舞棍,有了棍,才可以舞。分类法的本身是很抽象的。书很少,自然没有地方逞本事;有了书也要知道它的内容。这本 Pasteur 的传,应该放在什么地方?是化学家呢,还是生物学家,医学或卫生学,就彷徨无措。无论你的方法是如何周全精密，不懂得内容，是无从分类起的。图书馆学者，学了一个星期，实习了几个星期，这不过是门径。如果要把他做终身的事业，就要懂得书。懂得书，才可以买书、收书、鉴定书、分类书。众位将来去到各地服务的时候，我要提出一个警告，就是但懂得方法而不懂书是没有用的。你们的地位，只能做馆员，而不能做馆长的。

今天我所讲的，是怎样去收集书。收书是图书馆很重要的事。可是要收的，实在不少，有旧书，有新书，有外国书，有中国书。外国书自然是[要]懂得外国文字的，才有收的方法。如果不懂得外国文字，便是讲也没有用处的，要懂书，有三个重要的办法：（一）爱书，把书当做心爱的东西，和守财奴爱钱一样。（二）读书，时时刻刻的读，继续不断的读。唯有读书才能懂书。最低的限度也要常常去看。（三）多开生路。生路多了，自然会活泛。因此外国语不能不懂。一日语，二英语，三法语，四德语，五俄语，能多懂了一种，便多了一种的好处。生路开的多了，才能讲收书，无论新的，旧的，中国的，外国的，都得知道他的内容，这样，便是分类也有了办法。

我今天的题目是"中国书的收集法"。吴稚晖先生这几年来常说中国的线装书，都应该丢到毛厕里去。这句话在精神上是很可赞成的。因为在现在的中国，的确该提倡些物质文明，无用的书可以丢掉，但是他安顿线装书的法子，实在不好。毛厕不是摆书的好地方，而且太不卫生。所以我提议把线装书一起收集起来，放到图书馆里去。所谓束之高阁。整理好了，备而不用，随时由专门学者去研究参考。那么中国书当如何收集呢？从前收集中国书，最容易犯两个大毛病：一是古董家的收集法，一是理学家的收集法。

古董家的收集法，是专讲版本的，比方藏书，大家知道北平的藏书大家傅沅叔先生。他收书，就不收明朝嘉靖以后的书。清朝的书，虽也收一点，但只限康熙、雍正、乾隆三朝的精刻本。亦有些人更进一步非宋不收，而且只限于北宋；他们以为北宋版是初刻本，当然更好。不论是那一种书，只要是宋版，便要收藏。因此这一类书，价钱就很贵。譬如《资治通鉴》，是一部极平常的史书，什么地方都可以买,好古的收藏家,如果遇见宋刻的《资治通鉴》,都千方百计的要弄到他,就是化三千五千一万两万而得到一部不完整的本子,也是愿意的。现在刚刻出来的一本《宋刑统》这一部书,包括宋朝一代的政治法令,本来没有人注意到。大理院刻了这部书,在历史上很占重要的地位,可是古董式的收藏家,他不肯化数十块钱去买一部《宋刑统》却肯化三千五千一万两万买不完整的宋刻《资治通鉴》。拿这种态度收书,有许多毛病:(一)太奢侈,用极贵的价钱收极平常的书,太不合算,诸位将来都是到各地去办小规模的图书馆的,这种图书馆当然没有钱做这样的事情。便是有钱我以为也不必的。(二)范围太窄。譬如说,明朝嘉靖以后的书,一概不收。清朝本子刻得好的,才收一点。他们收的书,都是破铜烂铁,用处实在很少,只有古董的价值,完全没有历史的眼光。惟有给学者作校刊旧本之用。比方一部宋版的《资治通鉴》,他因为刻得最早,比较的错误的可能性少一点。如果用他去校刻旁的版本,当然有许多利益。诸位写一篇千字的文章,自己初抄的时候,抄错一个字,可是给人家第二次抄录的时候,就错了两个字。这样以讹传讹,也许会错到五六字十余字的。如果把原本对照,就可以改正好多。所以买旧本的用处,至多只有供校刊学者的校刊而已。如果要使人知道古书是怎么样子的,那么说句干脆话,还不如交给博物院去保存的好,而且严格的说一句,宋本古本不一定是好的。我们一百年来晓得校刊本子不在乎古而在乎精。比方ABC三个本子。在宋朝时候据 A 本校刊成为 D 本便称宋版。而 E 本呢,是收 ABC 三本参考校刊而成的可说是明本,这样看来,明本也许比宋本精粹些,说明如左(下):

理学家的收集法,是完全用理学家的眼光来收书的。这一种收集法比古董家还不好。古董家的眼光,如果这本书是古的他就收去,比方《四部丛刊》中的太平乐府是刻得很坏的,这里面的东西,都是元朝堂子里的姑娘所唱的小曲子,经杨朝云编在一处,才保存到现在。如果撞在道学家手里,早不知到什么地方去了,古董家因为看见他难得,所以把他收进去,使我们晓得元朝的小曲子,是一种什么样子的东西。董康先生翻刻的《五代史平话》,原是极破烂的一本书,但是因为古的关系,居然有人把他刻出来保全了这个书,这是第一种比第二种好的地方。还有一种好处,就是古董家虽然不懂这破烂的书,可是放着也好,要是用道学家的眼光收书,有很大的毛病。《四库全书》是一个很大的收集(collection)。但是清乾隆皇帝所颁的上谕,和提要中,口口声声说是要搜集有关世道人心的书。这我们查书中的几篇上谕,就可以知道。所以他小曲子不要,小学不要。他所收的,都是他认为与世道人心无妨碍的。拿这个标准收书,就去掉了不少不少有用的书。他的弊端很大:(一)门类太窄。《四库全书》是大半根据《永乐大典》集出来的。《永乐大典》的收集法,乱七八糟,什么书都收在里面。戏也有,词曲也有,小学也有,他的收法,是按韵排列的。譬如这部戏曲是微韵,就收入微韵里。可是到了清朝,那些学者的大臣,学者的皇帝,带上了道学家的幌子,把《永乐大典》中保存的许多有用的书,都去掉了。自此用道学的眼光收书,门类未免太狭。(二)因人废言。用道学家的眼光收书,常常因人的关系,去掉许多有用的书。比方明朝的严嵩,是当初很有名的文学家,诗文词赋,都占极高的地位,可是在道学家的眼光看来,他是一个大奸臣,因此《四库全书》中,便不收他的东西。又如姚广孝,是永乐皇帝——明成祖的功臣。他是一个和尚,诗文都好。但是他因为帮永乐篡位,所以他的作品也不被收,又像明末清初的吴梅村等,都是了不得的人材。三百年来,他的文字,要占极高的地位。不过因为他在明朝做了官,又在清朝做官,便叫他贰臣。他的作品,也就不能存在。(三)因辞废言。用道学家的眼光收书,对于人往往有成见。其实这是很可笑的,往往因文字上忌讳的缘故,把他的作品去掉,这是很不对的。譬如用国民党的眼光去排斥书,是有成见的。用共产党的眼光去排斥书,也是有成见的。同为某种事实而排斥某种书,都讲不过去的。《四库全书》中有许多书不予收入,而且另外刊入禁书目录,有些明朝末叶的书,有诋毁清朝的,都在销毁之列。因此用道学家的眼光收书,是很不对的。(四)门户之见太深。门户之见,道学家最免不掉。程朱之学与陆王之学,是互相排斥的,两者便格格不入。所以程朱的一流对于王学每认为异端拒而不收;王阳明的东西尚不肯收,那么等而下之,自然不必说了。王派对于朱学,也极口诋毁。至于佛家道家,也在排斥之列。《四库全书》关于道家的,完全没有放进去。在中国这学派门户之见实在很多,总而言之,门类太窄,因人废言,因辞废言,或者为了学派门户的成见,以批评人的眼光抹煞他的书,这样收书,就冤抑了许多有价值的书。如果在一百余年以前,他们的眼光,能放得大些,不要说把销毁的书保留起来,如能将禁书收进去,也可为我们保留了不少的材料。在那个时候,没有遭大乱,太平天国的乱事没有起,圆明园也没有烧毁,假如能放大眼光,是何等的好。可是因为中了这种种的毒,所以永远办不到。

　　今天我讲的,是第三种方法。这个方法,还没有相当的有名字,我叫他杂货店的收书法。明白的说,就是无书不收的收书法。不论甚么东西,如果是书,就一律都要。这个办法,并不是杜撰的,上次顾颉刚先生代表广州中山大学,拿了几万块钱出来收书,就是这样办法。人家笑话他,他还刊了一本小册说明他的方法。这书,王先生也许看见过。他到杭州、上海、苏州等处,到了一处,就通知旧书铺,叫他把所有的书,统统开个单子,就尽量的收下来。什么三字经,千字文,医书,和从前的朱卷都要。秀才的八股卷子也要,账簿也要,老太太写的不通的信稿子也要,小热昏,滩簧,算命书,看相书,甚至人家的押契,女儿的礼单,和丧事人家账房先生所开的单子如杠夫多少,旗伞多少,如何排场等的东西都要。摊头上印的很恶劣的唱本,画册,一应都收了来。人家以为宝贝的书,他却不收。他怕人家不了解,印了一个册子去说明,可是人家总当他是外行,是大傻子,被人笑煞。不过我今天同诸位谈谈,收集旧书,这个方法最好。他的好处在那里呢?(一)把收书的范围扩大所谓无所不收。不管他是古,是今,是好版本,是坏版本,有价值,没有价值,统统收来,材料非常丰富。(二)可免得自己来去取。不懂得书,要去选择,是多么麻烦的事。照这样子的收书,不管他阿猫阿狗,有价值,没有价值,一概都要。如果用主观来去取书,选择书,还是免不掉用新的道学家的眼光,来替代老的道学家的眼光。是最不妥当的事。(三)保存无数的史料。比方人家大出丧,这个出丧单子,好像没有用处。但是你如果保存起来,也有不少的用途,在历史上,留下一个很好的记载。像虞洽卿先生的夫人死了,就有大规模的出丧,仪仗很盛。那时人家只看见了这样的出丧,却没有人去照相去详细记载。如果找到了虞先生的账房先生,要了那张单子,就知道他这次出丧多少排场,多少费用,给社会学者留下很好的材料。将来的人,也可以知道在中华民国十七年〇月〇日,上海〇〇人家,还有这样的大出丧。这种史料是再好不过的。(四)所费少而所收多,譬如八股文现在看来是最没用的东西,简直和破纸一样,可以称斤的卖去;可是八股文这种东西,在中国五百年的历史上来占极重要的地位。几百万最高的阶级——所谓第一类人材的智识阶级,把他全部的精神,都放在里面,我们想想,这与五百年来学者极有关系的东西,是不是历史上最重要的材料;而且这个东西,再过十年八年,也许要没有了。现在费很少的钱,把他收了,将来价格一贵,就可不收。而且还可以一集二集的印出来卖钱,甚么成化啊,宏治啊,嘉靖啊式式都有。到没有的时候,也许会利市三倍呢。(五)偶然发现极好的材料。这种称斤的东西,里面常有不少的好材料。如果在几十斤几百斤破烂东西中,得到了一本好材料,所费的钱,已经很值得了。

有人问我,你不赞成古董家的收书法,又不赞成道学家的收书法,那么这个杂货店的收书法,原则是什么呢?当然,杂货店不能称是原则,他的原则,是用历史家的眼光来收书。从前绍兴人章学诚,(实斋)他说:"六经皆史也。"人家当初,都不相信他,以为是谬论。用现在的眼光来看这句话,其实还幼稚得很。我们可以说:"一切的书籍,都是历史的材料。"中国书向来分为经史子集四类,经不过是总集而已。章学诚已认他是史。史当然是历史。所谓集,是个人思想的集体,究其实,也渊源于史,所以是一种史料。子和集,性质相同,譬如《庄子》、《墨子》,就是庄子、墨子的文集,亦是史料。所以大概研究哲学史,就到子书里去找。这样看来,一切的书,的确是历史的材料。

虞洽卿家里的礼单是历史,算命单也是历史。某某人到某某地方算命,就表示在民国〇年〇月〇日还有人算命。是很好的一种社会历史和思想史料,《三字经》和《百家姓》,好像没有用了,其实都是史料。假如我做一部中国教育史,《三字经》和《百家姓》,就占一个很重要的地位,必须研究他从什么时候起的,他的势力是怎么样。又像描红的小格子,从前卖一个小钱一张,他在什么时候起的,什么时候止的,都是教育史上的好材料,因为从前读书,差不多都写这种字的。从前有某某图书馆征求民国以前的《三字经》刻本,都没有征求到,可知这种东西到了没有的时候,是极可贵的。我小时候读书,把南京李广明记的很熟,因为所读的《三字经》、《千字文》、《百家姓》和《学而》——《论语》首章等,都是从李广明来的。李广明在教育史上,也有一个相当的地位,此外如《幼学琼林》啊,《神童诗》啊,《千家诗》啊,都是教育史料。至于八股文乃是最重要的文学史料,教育史料,思想史料,哲学史料。所谓滩簧、唱本、小热昏,也是文学史料,可以代表一个时代的平民文字[学]。诸位要知道文学中最重要的一部分,乃是大多数人最喜欢唱,喜欢念,喜欢做的东西。还有看相的书,同道士先生画的符,念的咒,都是极好的社会史料,和宗教史料,思想史料。婚姻礼单,又是经济史料和社会史料。讲到账簿可以说是经济史料。比方你们要研究一个时代的生计,如果有这种东西做参考,才能有所依据,得到正确的答案。英国有人(Rojers)专门研究麦价,便是到各地去专找账簿。麦子在某年是多少钱一担?价格的变迁如何?农家的出产多少如何?他是专门搜集农家教堂和公共机关的账簿来比较研究的。这种种的东西,都是极有价值的社会经济史料。我记得我十岁十一岁时记账,豆腐只是三个小钱一块。现在拿账簿一看,总得三个铜板一块,在这短短的时期中,竟增加到十倍。数十年后,如果没有这种材料,那里还会知道当时经济的情况。倘使你有关于和尚庙尼姑庵等上吊的新材料,你也可收集起来。因为这是社会风俗史的一部。人[们]能用这种眼光来看书,无论他是有无道理，都一概收集，才是真正收书家的态度，我们研究历史，高明的固然要研究；就是认为下流的，也要研究；才能确切知道一时代的真象。高明到什么地步？下流到什么地步？都要切切实实的研究一下。

谈到文学，杜工部、李太白的诗，固然是历史上的重要文学，应该懂的；然而当时老百姓的文学，也占同一的地位，所以也必须懂得。李杜的东西，只能代表一般贵族的历史，并不能说含有充分的平民历史；老百姓自己的东西才是真正的平民历史。《金瓶梅》这一部书，大家以为淫书，在禁止之列，其实也是极好的历史材料。日本的佛教大学，还把他当作课本呢，这个就可见他有历史的眼光。《金瓶梅》是代表明代中叶到晚年一个小小的贵族的一种情形，譬如书中的主人，有一个大老婆五个小老婆，还有许多姘头，一家的内幕，是如此如此，如果没有这种书，怎么能知道当时社会上一般的情况。此外如《醒世姻缘》小说，不但可以做当时家庭生活的材料，还可知道从前小孩子怎样上学堂，如何开笔做八股文，都是应该知道的事；要有种种材料给我们参考，我们才能了然于胸中。因此我们的确应当知道，王阳明讲些什么学说，而同时《金瓶梅》中的东西亦应当知道的。因为王阳明和《金瓶梅》同是代表十五世纪到十六世纪一般的情形，在历史上，有同样的价值。无论是破铜烂铁，竹头木屑，好的坏的，一起都收，要知道历史是整个的，无论那一方面缺了，便不成整个。少了《金瓶梅》，知道王阳明，不能说是知道十六世纪的历史；知道《金瓶梅》，去掉王阳明，也不能说是知道十六世纪的历史。因此《圣谕广训》是史料，《品花宝鉴》也是史料，因为他讲清朝一种男娼的风气，两者缺了一点，就不能算完全。我们还要知道历史是继续不断的变迁的，要懂的他变迁的痕迹，更不能不晓得整个的历史是怎样。拿最近的事情说，国民党容共时代所出的公文布告标语，他的重要与分共时代所出的标语公文布告占同一的地位。而且你们如果不懂容共时代的东西，也断不能懂得现在的东西。

材料不在乎好坏，只要肯收集，总是有用处的。比方甘肃敦煌石室里的破烂东西，都是零落不全的，现在大家都当他宝贝，用照像版珂罗版印了几页，要卖八元，九元，二十元的钱。我们到北京去，也得看见一点敦煌石室中的东西。敦煌石室中的东西,是甘肃敦煌县东南的一个石窟(叫做莫高窟)里所藏的书。敦煌那个地方有一个千佛洞,在佛教最盛的时候,有二三百座庙,石室里都是壁画,大概是唐人的手笔;亦有六朝晋朝时候的壁画。因为北方天气干燥,所以都没有坏。有一个庙是专为藏书用的。当初没有刻本,只有写本。有的是蝇头细楷,有的是草字,差不多式式都有。其中佛经最多,亦有雕本,恐怕是世界上最早的了。这里面有和尚教徒弟的经卷,有和尚念的经咒,女人们刺血写的符箓,和尚的伙食账簿,小和尚的写字本子,和唱本小调,就是敦煌府的公文,也留在里面。有许多书,有年代可考,大概在西历纪元五百年起,到一千一百十年的光景——东晋到宋真宗时。这许多年代中,有很多的材料,都不断的保存在这个和尚庙里。到了北宋初年,那里起了战乱,和尚们恐怕烧掉,就筑了墙,把一应文件都封在中间。大概打仗很久,和尚们死的死,逃的逃,从宋真宗时封起,一直到清末庚子年,墙坏了,就修理修理,也不知道中间有什么东西。直到庚子年——西历1900年,一个道士偶然发现石室中的藏书,才破了这个秘密。可是这个道士也不当他是宝贝,把他当符箓来卖钱,说是可以治病的。什么人头痛就买一张烧了灰吃下去,说是可以医头痛;什么人脚痛,也买一张烧了灰吃下去,说是可以医脚痛。这样卖了七八年,到了1907年,才有洋鬼子来了。那是英国的史坦因(Stein),他从中亚细亚来,是往北探险去的。他并没有中国的学问,据说他有一个助手王世庭,学问也并不高明,不过他曾听见在敦煌发现了许多东西,就去看看,随便给他多少钱买了大半去。因为不好拿,就捆了几大捆,装着走了。过了半年那是1908年,法国学者伯希和(Pelliot)来了,他是有名的学问家,他的中国学问,恐怕中国学者,也不能及他。不过伯希和(Pelliot)很穷,只能够在敦煌选了二千多卷,拿到北京,他是很诚实的,还去问问人家,请教人家,于是大家就知道了敦煌有这个东西。清朝的学部也得了这个消息,就打电报给陕甘总督,叫他把所有石室里的东西,统统封好了,送到京师图书馆里去。那些官员,到这个时候,才知道他是宝贝;因为外人都买了装回本国去,朝廷又要他封送晋京,于是拣完整的字迹端秀的几卷,大家偷了去送人,所以偷掉的也不少,现在存在北京的,还有八千余卷。从东晋到宋朝初年,六百年间,许多史料,都保存在里头,真是无价之宝,现在六千余卷在英国伦敦,二千余卷在法国巴黎,八千余卷在北平,一共在一万八千卷左右,我都去看过,在英国、法国的数千卷,那真可爱。他们都用极薄极薄的纸,把他裱起来,装订成册;便是残破了的一角,或是扯下的一个字,也统统裱好了,藏在一处。他的内容说来很可笑,我刚才说过,小和尚的写字本子,老和尚念的经卷,和女师太刺血写的东西,样样都有。有些和尚们,在念经的时候忽然春心发动,便胡乱写一首十八摸,哼几句情诗,也都丢在里面。各种材料,差不多都有一点。此外如七字的唱本,像《天雨花》,《笔生花》一类的东西,唐朝已经有了。我们只知后代才有,那里知道敦煌石室里面,已有这个东西,可以说是唱本的老祖宗。这在文学史上,是多么重要的好材料。这不但使我们知道六百年前的宗教史事,就是我们要研究佛家哲学经济思想之等等许多史料,都可到里面去找,在那时很不经意的,乱七八糟杂货店式的把东西丢在一处,不料到九百年后,成了你争我夺的宝贝,这是此种收书的很好的证据。

因此诸位如果有心去收,破铜烂铁,都有用处,我们知道我们凭个人的主观去选择各书是最容易错误的。这个要那个不要,借自己的爱憎来定去取,是最不对的,我们恨滩簧小调,然而滩簧小调在整个的文学上,也占极重要的地位。孔子是道学家,可是他删诗而不删掉极淫乱的作品,正可充分表现他有远大的目光,《诗经》中有两章如下:

子惠思我,褰裳涉溱;子不我思,岂会他人?狂童之狂也且!
子惠思我,褰裳涉洧;子不我思,岂无他士?狂童之狂也且!

淫乱到了极点,像这首诗,他怀想所欢,竟愿渡河以从,并且是人尽可夫。可是孔子并不删去,否则我们现在要得二三千年以上的材料时,试问到那里去找。孔子收书,因为有这种态度,这种眼光,所以为中国,为全世界,保存了最古,最美,最有价值的文学史料,社会史料,宗教史料,政治史料。假如一有成见,还会有这样的成功么?现在流行市面的小报很多,什么叽哩咕罗,噜哩噜苏,《福尔摩斯》,《晶报》,《大晶报》等，五花八门，为一般人所鄙弃的，可是他们也有他们的用处。我们如果有心收集起来，都是将来极好的文学史料，社会史料。要是在十年二十年后，再要去找一个叽哩咕罗，或是噜哩噜苏也许没法得到。我能把他保存起来，十年二十年后，人家要一个叽哩咕罗，要一个噜哩噜苏，我就可以供给他们，借此能知道民国十七年，上海社会上一般的情形是怎么样。当《申报》五十年纪念的时候，他们出一部纪念册，可是《申报》馆竟没有一份全份的《申报》。于是登报征求。结果全中国只有一个人有这么一份，《申报》馆愿意出很多的钱去收买，结果是二万块钱买了来。照我这样，觉得二十万块钱都值得，以中国之大，或者说是以世界之大，而只有一份不缺的《申报》，你想是多么可贵呢，所以现在看为极平常而可以随手弃掉的东西，你如果有一个思想，觉得他是二十年后二千年后的重要史料，设法保存起来，这些东西，就弥觉可珍了。

我们收集图书，必须有这种历史的眼光，个人的眼光有限，所有的意见，也许是错误的，人家看为有价值的，我以为无价值；人家看为无价值的，我以为有价值，这种事情很多。我们收书，不能不顾到。所以（一）要认定我们个人的眼光和意见是有限的，有错误的。（二）要知道今天看为平常容易得的东西，明天就没有，后天也许成了古董，假如我们能存这个观念，拿历史的眼光来收书，就是要每天看后的报纸，也都觉得可贵的。

讲到这里，诸位对我所说的，也许有一点怀疑，以为照这样说来，不是博而寡要了么？可是我觉得图书馆是应当要博的，而且从博这个字上，也会自然而然的走到精密的路上去。收文学书的，他从文学上的重要材料起，一直到滩簧小热昏为止，件件都收。或者竟专力于文学中的一部；从专中求博，也未尝不可。有一位陶兰泉先生，绰号叫陶开化，他收书什么都收。但只限于殿版开化纸的书，因此得了这个陶开化的名称，正是博中寓专。因此第一步是博，第二步是由博而专，这也是自然而然的趋向，大概到专，亦有三个缘故，（一）是天才的发展，（二）是个人嗜好，（三）是环境上的便利。有这三个缘故，自然会走上专门的路，诸位都知道欧洲的北边，有一个小岛，叫冰岛

(Iceland)，那里许多的文学材料，再不能到冰岛去找，全世界只有我的母校康奈尔大学有这完全的冰岛文学史料，康奈尔图书馆所著名的，也就是这一点。因为当初冰岛上有人专门收集这全部的材料，后来捐给康奈尔，并又斥资再由康奈尔到冰岛去搜集，因此我的母校，就以冰岛文学著名于全世界。这种无所不收的材料，实在有非常的价值，非常的用处。

今天我讲书的收集法，是极端主张要博，再从博而专门，古董家和道学家的方法，是绝对要不得的，这不过一个大概，神而明之，存乎其人，详细的办法，还须诸位自己去研究。

(本文为1928年7月31日胡适在上海东方图书馆主办的图书馆暑期补习班上的演讲，原载1934年4月30日《中华图书馆协会会报》第9卷第5期)

为什么读书

青年会叫我在未离南方赴北方之前在这里谈谈,我很高兴,题目是为什么读书。现在读书运动大会①开始,青年会拣定了三个演讲题目。我看第二题目怎样读书很有兴味,第三题目读什么书②更有兴味,第一题目无法讲,为什么读书,连小孩子都知道,讲起来很难为情,而且也讲不好。所以我今天讲这个题目,不免要侵犯其余两个题目的范围,不过我仍旧要为其余两位演讲的人留一些余地。现在我就把这个题目来试一下看。我从前也有过一次关于读书的演讲,后来我把那篇演讲录略事修改,编入三集《文存》里面,那篇文章题目叫做《读书》,③其内容性质较近于第二题目,诸位可以拿来参考。今天我就来试试为什么读书这个题目。

从前有一位大哲学家④做了一篇《读书乐》,说到读书的好处,他说:"书中自有千钟粟,书中自有黄金屋,书中自有颜如玉。"这意思就是说,读了书可以做大官,获厚禄,可以不至于住茅草房子,可以娶得年轻的漂亮太太(台下哄笑)。诸位听了笑起来,足见诸位对于这位哲学家所说的话不十分满意,现在我就讲所以要读书的别的原因。

---

① "读书运动大会",上海青年会智育部干事沈嗣庄发起。会务设在青年会二楼。会期自11月6至9日止。
② 《读什么书》当时讲者为王云五先生。
③ 《读书》此篇已选入敝局初中活叶文选第100号。
④ "一位大哲学家"疑为朱柏庐。惟宋真宗《劝学篇》中亦有此数语。其全文云:"富家不用买良田,书中自有千钟粟;安居不可架高堂,书中自有黄金屋;娶妻莫恨无良媒,书中有女颜如玉。出门莫恨无人随,书中车马多如簇。男女欲遂平生志,五经劝向窗前读。"

为什么要读书？有三点可以讲：第一，因为书是过去已经知道的智识学问和经验的一种记录，我们读书便是要接受这人类的遗产；第二，为要读书而读书，读了书便可以多读书；第三，读书可以帮助我们解决困难，应付环境，并可获得思想材料的来源。我一踏进青年会的大门，就看见许多关于读书的标语。为什么读书？大概诸位看了这些标语就都已知道了，现在我就把以上三点更详细的说一说。

第一，因为书是代表人类老祖宗传给我们的智识的遗产，我们接受了这遗产，以此为基础，可以继续发荣光大，更在这基础之上，建立更高深更伟大的智识。人类之所以与别的动物不同，就是因为人有语言文字，可以把智识传给别人，又传至后人，再加以印刷术的发明，许多书报便印了出来。人的脑很大，与猴不同，人能造出语言，后来更进一步而有文字，又能刻木刻字；所以人最大的贡献就是[留下]过去的智识和经验，使后人可以节省许多脑力。非洲野蛮人在山野中遇见鹿，他们就画了一个人和一只鹿以代信，给后面的人叫他们勿追。但是把智识和经验遗给儿孙有什么用处呢？这是有用处的，因为这是前人很好的教训。现在学校里各种教科，如物理、化学、历史，等等，都是根据几千年来进步的智识编纂成书的，一年，两年，或者三年，教完一科。自小学、中学，而至大学毕业，这十六年中所受的教育，都是代表我们老祖宗几千年来得来的智识学问和经验，所谓进化，就是叫人节省劳力，蜜蜂虽能筑巢，能发明，但传下来就只有这一点智识，没有继续去改革改良，以应付环境，没有做格外进一步的工作。人呢，达不到目的，就再去求进步，而以前人的智识学问和经验作参考。如果每样东西，要个个人从头学起，而不去利用过去的智识，那不是太麻烦吗？所以人有了这智识的遗产，就可以自己去成家立业，就可以缩短工作，使有余力做别的事。

第二点稍复杂，就是为读书而读书。读书不是那么容易的一件事情，不读书不能读书，要能读书才能多读书。好比戴了眼镜，小的可以放大，糊涂的可以看得清楚，远的可以变为近。读书也要戴眼镜。眼镜越好,读书的了解力也越大。王安石对曾子固说:"读经而已,则不足以知经。"所以他对于本草,内经,小说,无所不读,这样对于经才可以明白一些。王安石说:"致其知而后读。"

请你们注意,他不说读书以致知,却说,先致知而后读书。读书固然可以扩充知识;但知识越扩充了,读书的能力也越大。这便是"为读书而读书"的意义。

试举《诗经》作一个例子。从前的学者把《诗经》看作"美""刺"的圣书,越讲越不通。现在的人应该多预备几副好眼镜,人类学的眼镜,考古学的眼镜,文法学的眼镜,文学的眼镜。眼镜越多越好,越精越好。例如"野有死麇,白茅包之。有女怀春,吉士诱之";我们若知道比较民俗学,便可以知道打了野兽送到女子家去求婚,是平常的事。又如"钟鼓乐之,琴瑟友之",也不必说什么文王太姒,只可看作少年男子在女子的门口或窗下奏乐唱和,这也是很平常的事。再从文法方面来观察,像《诗经》里"之子于归","黄鸟于飞","凤凰于飞"的"于"字,[①]此外,《诗经》里又有几百个的"维"字,还有许多"助词","语词",这些都是有作用而无意义的虚字,但以前的人却从未注意及此。这些字若不明白,《诗经》便不能懂。再说在《墨子》一书里,有点光学、力学;又有点经济学。但你要懂得光学,才能懂得墨子所说的光;你要懂得各种智识,才能懂得《墨子》里一些最难懂的文句。总之,读书是为了要读书,多读书更可以读书。最大的毛病就在怕读书,怕读难书。越难读的书我们越要征服它们,把它们作为我们的奴隶或向导,我们才能够打倒难书,这才是我们的"读书乐"。若是我们有了基本的科学知识,那末,我们在读书时便能左右逢源。我再说一遍,读书的目的在于读书,要读书越多才可以读书越多。

第三点,读书可以帮助解决困难,应付环境,供给思想材料。知识是思想材料的来源。思想可分作五步。思想的起源是大的疑问。吃饭拉屎不用想,但逢着三叉路口,十字街头那样的环境,就发生困

[①] "于字"参看《青年界》第四期胡适的《〈周南〉新解》。

难了。走东或走西,这样做或是那样做,有了困难,才有思想。第二步要把问题弄清,究竟困难在那一点上。第三步才想到如何解决,这一步,俗话叫做出主意。但主意太多,都采用也不行,必须要挑选。但主意太少,或者竟全无主意,那就更没有办法了。第四步就是要选择一个假定的解决方法。要想到这一个方法能不能解决。若不能,那末,就换一个;若能,就行了。这好比开锁,这一个钥匙开不开,就换一个;假定是可以开的,那末,问题就解决了。第五步就是证实。凡是有条理的思想都要经过这步,或是逃不了这五个阶级。科学家要解决问题,侦探要侦探案件,多经过这五步。

这五步之中,第三步是最重要的关键。问题当前,全靠有主意(Ideas)。主意从哪儿来呢?从学问经验中来。没有智识的人,见了问题,两眼白瞪瞪,抓耳挠腮,一个主意都不来。学问丰富的人,见着困难问题,东一个主意,西一个主意,挤上来,涌上来,请求你录用。读书是过去智识学问经验的记录,而智识学问经验就是要用在这时候,所谓养军千日,用在一朝。否则,学问一些都没有,遇到困难就要糊涂起来。例如达尔文把生物变迁现象研究了几十年,却想不出一个原则去整统他的材料。后来无意中看到马尔萨斯的人口论,说人口是按照几何学级数一倍一倍的增加,粮食是按照数学级数增加,达尔文研究了这原则,忽然触机,就把这原则应用到生物学上去,创了物竞天择的学说。读了经济学的书,可以得着一个解决生物学上的困难问题,这便是读书的功用。古人说:"开卷有益",正是此意。读书不是单为文凭功名,只因为书中可以供给学问知识,可以帮助我们解决困难,可以帮助我们思想。又譬如从前的人以为地球是世界的中心,后来天文学家科白尼却主张太阳是世界的中心,绕着地球〔太阳〕而行。据罗素说,科白尼所以这样的解说,是因为希腊人已经讲过这句话;假使希腊没有这句话,恐怕更不容易有人敢说这句话吧。这也是读书的好处。有一家书店印了一部旧小说叫做《醒世姻缘》,要我作序。这部书是西周生所著的,印好在我家藏了六年,我还不曾考出西周生是谁,这部小说讲到婚姻问题,其内容是这样:有个好老婆,不知何故,后来忽然变坏,作者没有提及解决方法,也没有想到可以离婚,只说是前世作孽,因为在前世男虐待女,女就投生换样子,压迫者变为被压迫者。这种前世作孽,起先相爱,后来忽变的故事,我仿佛什么地方看见过。后来忽然想起《聊斋》一书中有一篇和这相类似的笔记,也是说到一个女子,起先怎样爱着她的丈夫,后来怎样变为凶太太,便想到这部小说大约是蒲留仙或是蒲留仙的朋友做的。去年我看到一本杂记,也说是蒲留仙做的,不过没有多大证据。今年我在北京,才找到了证据。这一件事可以解释刚才我所说的第二点,就是读书可以帮助读书,同时也可以解释第三点,就是读书可以供给出主意的来源。当初若是没有主意,到了逢着困难时便要手足无措,所以读书可以解决问题,就是军事、政治、财政、思想等问题,也都可以解决,这就是读书的用处。

我有一位朋友,有一次傍着灯看小说,洋灯装有油,但是不亮,因为灯芯短了。于是他想到《伊索寓言》里有一篇故事,说是一只老鸦要喝瓶中的水,因为瓶太小,得不到水,它就衔石投瓶中,水乃上来,这位朋友是懂得化学的,于是加水于灯中,油乃碰到灯芯。这是看《伊索寓言》给他看小说的帮助。读书好像用兵,养兵求其能用,否则即使坐拥十万二十万的大兵也没有用处,难道只好等他们"兵变"吗?

至于"读什么书",下次陈钟凡先生要讲演,今天我也附带的讲一讲。我从五岁起到了四十岁,读了三十五年的书。我可以很诚恳的说,中国旧籍是经不起读的。中国有五千年文化,四部的书已是汗牛充栋。究竟有几部书应该读,我也曾经想过。其中有条理有系统的精心结构之作,二千五百年以来恐怕只有半打。"集"是杂货店,"史"和"子"还是杂货店。至于"经",也只是杂货店,讲到内容,可以说没有一些东西可以给我们改进道德增进智识的帮助的。中国书不够读,我们要另开生路,辟殖民地,这条生路,就是每一个少年人必须至少要精通一种外国文字。读外国语要读到有乐而无苦,能做到这地步,书中便有无穷乐趣。希望大家不要怕读书,起初的确要查阅字典,但假使能下一年苦功,继续不断做去,那末,在一二年中定可开辟一个乐园,还只怕求知的欲望太大,来不及读呢。我总算是老大哥,今天我就根据我过去三十五年读书的经验,给你们这一个临别的忠告。

(本文为1930年11月下旬胡适在上海青年会的演讲,文稿经胡适校正,原载1931年2月《现代学生》第1卷第5期)

治学方法

在这样的热天,承诸位特别跑到这里来听我来讲话,我是觉得非常的感激,青年会的几位先生,特地组织这一个青年读书互助会,并且发起这样一个演讲周,亦非常值得赞助,在我个人,以为能够几个青年,互相的团结起来,组织读书会,或者一人读一本书,拿心得贡献给其他的会员,或者几个人读一本书,将大家所得到的结果提出来互相讨论都是非常之好,非常之好的。可是请几个人来讲演,以为这样就达到了读书会的目的,做到了读书的目的,却是未必的,今天我来讲这个"治学方法",实在是勉强的,因为作作演讲并不是就是读书会的目的,而且这题目也空泛得无人可讲,我们知道,各种学问,都有他治学的方法,比如天文,地理,医学,社会科学,各有各的治学方法,而我居然说"治学方法",包括得如此其广,要讲起来那就是发疯,夸大狂,但是学问的种类虽是如此其多,贯于其中的一个"基本方法",却是普遍的,这个"基本方法",也可以说是,或者毋宁说是方法的习惯,是共同的,是普遍的,历史上无数在天文学上,在哲学上,在社会科学上,凡是有大成就的,都是因为有方法的习惯。

三百年以前,培根说了句很聪明的话,他说,世上治学的人可分为三种,那就是,第一蜘蛛式的,亦是靠自己肚子里分泌出丝来,把网作得很美很漂亮,也很有经纬,下点雨的时候,网上挂着雨丝,从侧面看过去,那种斜光也是很美。但是虽然好,那点学问却只是从他自己的肚子造出来的。第二种是蚂蚁式的,只知道集聚,这里有一颗米,把上三三两两的抬了去,死了一个苍蝇,也把它抬了去,在地洞里堆起很多东西,能消化不能消化却不管,有用没有用也是不管,这是勤力而理解不足。第三种是蜜蜂式的,这种最高,蜜蜂采了花去,更加上一度制造，取其精华而去其糟粕，是经过改造制造出新的成绩的。孔子说过，学而不思则罔，思而不学则殆。蜜蜂的方法，是又学又思，是理想的作学方法。

一个人有天才，自然能够使他的事业得到成功，然而有天才的人，却很少很少，天才不够的人，如果能用功，有方法的训练，虽然不敢说能够赶得上天才一样的成就大，而代替天才一部分，却是可以说的，至于那些各种科学上的大伟人，那差不多天才与功力相并相辅，是千万人中之一人。

现在说到本题，治学，第一步，我们所需要的是工具，种田要种田的工具，作工要作工的工具，打仗要有武器，也是工具。先要把工具弄好，才能开步走。治学最重要的工具就是自己的能力，基本能力，本国的语言文字，我们可以得到本国所有的东西，外国的语言文字，我们可以从中得到外国的智识，得到过去所集聚下来的东西，完全要靠这一方面。其他就是基本智识，从中学到大学，给了我们的都是这东西，这是一把总的钥匙，尽管我们不熟练于证一个几何三角，尽管我们不能知道物理化学各个细则，但是我们要在必需要应用到的时候能够拿来用，能够对这些有理解，再其次就是设备，无论是卖田卖地卖首饰，我们总要把最基本的设备弄齐全，一些应用的辞典，表册，目录，是必需的，同时，治学的人差不多是穷士居多，很多的书不能都买全，所以就要知道我们周围的，代替我们设备的有些什么，比如北平的图书馆，那里边有些什么书能够被我们所应用，比方说，协和医校制备些什么专门的书籍，以及某家藏有某种不易得到的秘典，某处有着某种我所需要的设备，这些这些，我们都要看清楚。

第二部就是习惯的养成，这可以分四点来讲，第一是不要懒，无论是作工也好，种田也好，都不要懒，懒是最要不得的，学问更其如此，多用眼，不要拿人家的眼当自己的眼，多用手，耳，甚至多用自己的脚，在需要的时候，就要自己去跑一趟，必须要用自己的眼看过，自己的耳听过，自己的手摸过，甚至自己的脚走到过，这样才能称是自己的东西，才真是自己得来的。如果你要懒，那就要大懒，不要小懒，那意思就是要一劳永逸，比如说我实在懒得不得了，字典又是这样的不好查，那我就自己去作一部字典出来,那以后就可以贯彻你的懒,字典拿起来,一翻就翻着,有种种的发明的人,不是大不懒就是大懒,比方说是佛教是什么,你必须自己去翻过书,比方说我今天要跑到这里来讲讲辨证法是什么,那你一定用过眼,手,脚。把问题弄清楚,作提要作札记,这样,即使你是错误的,然而这是你的,不是别人的。第二是不苟且,上海人所谓不拆烂污,我们要一个不放过,一句不放过,一点一画不放过。在数学上一个0不放过,光是会用手,用脚,那是毛手毛脚没有用,勤要勤得好不要勤得没有用,如果我有权能够命令诸位一定读那本书,我就要诸位读巴斯德传,他就是不苟且,他就是注意极小极小百万分千万分之一的东西,一坛酒坏了,巴斯德找出了原因是一点点小的霉菌的侵入,一次,蚕忽然都得了病差不多就损失到二万万佛郎,那原因就是在于一点点的百万分千万分之一的一个小黄点,那是要显微镜才能看得出来的,后来找着了病,又费了几年之力,又找着了它的治法,那就是蚕吐了丝之后,变蛹,变蛾,然后蛾再生卵,就用这个蛾钉起来,弄干,拿显微镜照,如果蛾的身上发现了那种极小极小的黄点,那这个蛾所产的卵都把它烧了,就用了这个方法,省去了无数的不必需的损失,这就是一点不放过,一点不放过才能找出病源,这是真确,这是细腻。第三点就是不要轻于相信,要怀疑,要怀疑书,要怀疑人,要怀疑自己,不要轻于相信人家,"先小人而后君子",所谓"三个不相信出个大圣人"我对这话非常佩服,所谓"打破砂锅问到底",都是告诉我们要怀疑,不要太迷信了自己的手眼,要相信比我们手眼精确到一百万倍一千万倍的显微镜望远镜,不要轻于相信马克斯列宁,不要相信蔡元培,或者相信一个胡适之,无论有怎样大的名望的人,也许有错。为什么人家说六月六洗澡特别好,当铺里也要在六月六晒衣服,为什么?我们不要轻于相信有许多在我们脑子里的知识,许多小孩子时代由母亲哥哥姐姐,甚至老妈子洋车夫告诉给我们的,或者是学堂里的老师,阿毛阿狗告诉你的不一定对,王妈李妈也不一定对,周老师陈老师说的话也许有错,我们说"拿证据来"!鬼,我们自然不相信了,但是许多可信程度与鬼差不多的,我们还在相信,这不好。"三个不相信,出个大圣人"!这是谦卑,自以为满足了,那就不需要了,也就没有进步了,我们要有无穷尽的求知欲,要有无穷尽的虚,什么是虚?就是有空的地方,让新的东西进去。总上所说,习惯养成的大概就是如此。要有了习惯的养成,才能去做学问。

我们普遍都知道的有什么归纳法,演绎法,归纳是靠现成的材料把他集合起来,而演绎法则是由具体的事物推测到新的结果,打个比方,今天我们在协和大礼堂讲演,就拿本地风光治病来说,某病用某药,某病用某药,都是清清楚楚,但为什么这就是猩红热,而不是虎列拉,不是疟疾,那就是因为我们知道猩红热有某种某种症状归纳起来得出的结论,同时我们如果知道病理生理那我们就可以知道某部分损害了,就可以得出某种结果,就可以经旧的智识里得出新的结论,要做到这步必须要有广博的智识。古人说,开卷有益,古人留下来的一些现成东西我们为什么不去求?不仅是自己本行内的智识要去求,即是不与本行相反的也要去求,王荆公说:"致其知而后识"所以要博。墨子老子的书,从前有些不能懂,到了嘉庆年间算学的传入知道里边也有算学,随后光学力学传入,再以后逻辑学经济学传入,才知道墨子里边也有光学,也有力学,以及逻辑学经济学,越是知道得多,了解一个事物一个问题越深,头脑简单的人,拿起一个问题很好解决,比方说社会不好,那干脆来个革命,容易得很,等到知道得多一点,他解决的方法也就来得精密。巴斯德,他是学有机化学,发明霉菌,研究得深了,那这一学问就牵涉到一切的学问上去,和生理学地质学等等都可以发生关系,因为他博,所以蚕病了他可以治,酒酸了或者醋不酸了,他也可以治,其实他并没有研究过蚕酒学,动物学家也许不能治他却能治。据说牛顿发明"万有引力",是因为见到苹果掉在地上,我们也都看见过苹果落在地上,可是我们就没有发明"万有引力"。巴斯德说过(讲学问我总喜欢说到巴斯德):"在考查研究范围之内,机会,帮助有准备的心"。牛顿的心是有准备的,我们则没有准备。从前我看察尔斯的《世界史纲》,觉得内容太博,这里一个定理,那里一个证明,抓来就能应用,真是左右逢源,俯拾即是。其次,我们就要追求问题,一些有创造有发明的人,都是从追求问题而来,如果诸位说先生不给问题,你们要打倒先生,学校里没有书设备给你们解决问题,要打倒学校,这是千对万对,我是非常赞成,就是因为追求问题是千对万对,我举一个例,有一天我上庐山,领了一个小孩,那小孩有七八岁,当时我带了一付骨牌,三十二张的骨牌,预备过五关消遣,那小孩就拿骨牌在那里接龙,他告诉我把三十二牌接起来,一定一头是二,一头是五,我问他试过几回吗,他说试过几回,我一试,居然也如此,这就是能提出问题,宇宙间的问题,多得很,只要能出问题,终究就能得到结果,自然骨牌的问题是很好解决,就是牌里面只有二头与五头是单数,其他都是双数,问题发生,就得到新的发现,新的智识,有一次我给学生考逻辑学,我说,我只考你们一个问题,把过去你们以自己的经验解决了问题的一件事告诉我,其中一个答得很有意思。他晚上看小说,煤油灯忽然灭了,但是灯里面还有油,原因是灯带短吸不起油,这怎么办呢,小说不能看完,如果灯底下放两个铜子垫起来,煤油也仍是不会上来的,他后来忽然想起从先学校里讲过煤油是比水轻,所以他就在里边灌上水,油跑到上面,灯带吸着油,小说就看完了,这都是从实际里提出问题得到新的学问,所以无论是学工业,学农业,学经济,第一就是提出问题,第二就是提出许多假定的解决,第三就是提出假定解决人(甲、乙、丙),最后求得证实,如果你不能从旧的里面得出新的东西来,以前所学即是无用,所谓"养兵千日用在一朝",就如我说煤油灯这一个故事。

最后还要说一点,书本子的路,我现在觉得是走不通了,那只能给少数的人,作文学,作历史用的,我们现在所缺的,是动手,报纸上宣传着学校里要取消文科法科,那不过是纸上谈兵,事实上办不到,如果能够办到,我是非常赞成,我们宁可能够打钉打铁,目不识丁,不要紧,只是在书堆里钻,在纸堆里钻,就只能作作像。我胡适之这样的考据家,一点用没有。中国学问并不是比外国人差,其实也很精密,可是中国的顾亭林等学者在那里考证音韵,为了考证古时这个字,读这个音不是读那个音,不惜举上一百六七十个例!可是外国牛顿,他们都在注意苹果掉地,在发明望远镜,显微镜,看天看地,看大看到无穷,看小也看到无穷,能和宇宙间的事物混作一片,那才是作学问的真方法。

到这里差不多讲完了,在上面我举了培根所说的三个畜生,这里我再加上一对畜生,来比方治学的方法,你们都知道龟兔赛跑的故事,兔子虽然有天才,却不能像乌龟那样拼命的爬,所以达到目的的是乌龟而不是兔子,治学的方法也是如此,宁可我们没有天才拼命的努力,不可自恃天才去睡一大觉,宁可我们作乌龟,却不可去当兔子,所以我们的口号是:"兔子学不得,乌龟可学也!"自然最好是能够龟兔合而为一。

(本文为1932年7月9日胡适在北平青年读书互助会的演讲,菁如记,原载1932年7月10日至12日北平《世界日报》)

新文化运动与教育问题

各位朋友,十几年来我想来广东一游,都没有机会。十七年前我由外国回来,便想到粤。有一次广州中山大学当局请我去讲学,想来了,又因共乱一阻,便不果行。后来有一次买了铁行邮船公司的船票,也因为别事阻挡,把船票都取消。直到现在才有机会来到香港与各位会面,觉得非常高兴,现在听闻各位能够懂得我的话(国语),尤为欢喜。

但是刚才陈先生说我是教育界的导师,是完全错的。我对于教育还是一个门外汉,并没有专门的研究。不过,我们讲文学革命,提倡用语体文,这些问题,时常与教育问题发生了关系。也往往我们可以看到的问题,而在教育专门家反会看不到的。故如说我是喜欢和教育界谈教育问题的则可,谓为导师便不对。我对于香港教育还不大清楚,实在不配谈香港教育,但是我可以说香港是一个办学的地方,像北平中小学教育经费欠到二十一个月,就是广州小学教员也欠薪几个月,在这样的情形之下,谁也办不好的。但是香港教育界这种情形绝少,因为它是商业发达,经济充裕的地方,这几年来无论怎么的萧条,总比较北平欠二十一个月薪,广州欠几个月薪的好得多,这样若不能办得好的教育,香港就对不起香港了。

再其次,办教育,治安问题很要紧。比方在北方,日本的飞机天天在校顶飞过,叫谁也不能安心办学,就是你不走,学生也走了。怎么办呢?但是香港便没有这种危险,在这样好的环境下,香港的教育是应该发达的。我说东亚大陆有一个地方可以办强迫教育、普及教育的,便是香港。因为香港这地方有钱,治安也好,可接近外人,可借镜的地方很多。中国办新教育已经有三十多年了,却没有一个地方能够做得到。办普及义务强迫教育,我以为香港是有这资格的,故此我说它是东亚大陆上一个办义务教育的地方。近据报载,中央政府拟在南京办义务普及教育,我想香港可以和它争光的,希望诸位教育界领袖,向着这个目标迈进。

我此次南来,不单纯来接受港大的学位,实在很想乘这机会,对南方的教育文化考察一下。现在广东很多人反对用语体文,主张用古文,不但古文,而且还提倡读经书。我真不懂,因为广州是革命策源地,为什么别的地方已经风起云涌了,而革命策源地的广东反而守旧如此!

我这回来香港,逗留了几天,细加考察,便有所悟。我觉得一个地方的文化传到它的殖民地或边境,本地方已经变了,而边境或殖民地仍是保留着它祖宗的遗物。广东自古是中国的殖民地,中原的文化许多都变了,而在广东尚留着,像现在的广东音是最古的,我现在说的才是新的。又比方我们的祖宗是席地而坐的,但后来我们坐椅子了,这种席地而坐的习惯传到日本,至今仍是一样。又比方英话传到美国,现在本来的英语都变音了,而美国却能保留着,如 Clerk(书记),英语现读 Clark 音,不知美音才是对的。又如翰林或状元,在广东觉得很了不得,民间要题几个字,不惜费许多金钱来找一个状元或翰林来题,在北方并不如是重要,因为在广东翰林是很难得的缘故。在边境或殖民地的人,对于娘处来的东西,都想设法去保持它,说是祖宗的遗物。但是,我们应该晓得,祖宗之所以遗给我们是在乎应用的,比方"灯"是祖宗遗下来的,然而我们现在用电灯了。这是祖宗的吗?从前我们用人力车,现在则用电车或汽车,难道"车""灯"可以变化,思想文化便不可以吗?所以,我第一希望香港能实现为第一个义务教育的地方,新的领袖,尤其要接受新的文化,做新文化运动的领导者,以和平的手段转移守旧势力,使香港成为南方新文化中心。

听说香港教育很发达,单是教员已经有三千多,不能谓不发达。但我们要知道教育的基础是很重要的,前两月汪院长无线电报告廿三年教育成绩,据说廿三年度小学教育比前增四倍,中学增十倍,大学增一百倍,在量看来很发达了,但试想这样的进步是没有基础的。因为大学、中学要学费,许多人没有资格升学,不该升学的,都凭借他的金钱或面子进去了,有天才的学生许多还没有入学的机会。照理大学教育增一百倍,小学该增至二万倍,这样才有教育的基础,有天才的人才有抬头的机会,所以非做到义务教育、强迫教育不行。

现在我国的教育是办不好的。一个小孩在小学念了六年书，毕了业回到家中，穿起一件长衫，便不屑助哥哥做木工，帮爸爸种田了，他说自己是学生了，特殊阶级了。假使阿猫的儿子或阿狗的儿子，都给他念书，由小学毕业出来，人人都是特殊阶级，那就没有特殊了。

教育的药没有什么，就是多给他教育，不能因为有毛病就不教育，有毛病更应该多教育。然而，我觉得中国现在还谈不到教育毛病问题，教育有两种方法：一是普及，一是提高。把它普及了，又要把它提高，这样的教育才有稳固的基础。

香港是一个商业的地方，做商人的或许没有顾及教育或文化的问题，老一辈的也想保守着旧有的，统治阶级也不一定对新文化表同情。然而现在不同了，香港最高级教育当局也想改进中国的文化。香港大学文学院从前是没有人注意的，最近他叫我计划发展。但是我不懂的，已经介绍两位教育家给他了，这是很好的象征。诸位新领袖，应该把着这新的转机推进这新的运动，我希望下次来港各位有新的成绩报告，这地方美极了，各位应该把它做成南方的文化中心。

我没有什么话说，将来各位有问题，想和我研究的，请寄北京大学，我可以答的则答，我不懂的则请专家代答，完了。

(本文为1935年1月6日胡适在香港应华侨教育会邀请在港侨中学的演讲，原载1935年1月16日天津《大公报》)

读书的习惯重于方法

读书会进行的步骤,也可以说是采取的方式大概不外三种:

第一种是大家共同选定一本书本读,然后互相交换自己的心得及感想。

第二种是由下往上的自动方式,就是先由会员共同选定某一个专题,限定范围,再由指导者按此范围拟定详细节目,指定参考书籍。每人须于一定期限内作成报告。

第三种是先由导师拟定许多题目,再由各会员任意选定。研究完毕后写成报告。

至于读书的方法我已经讲了十多年,不过在目前我觉到读书全凭先养成好读书的习惯。读书无捷径,是没有什么简便省力的方法可言的。读书的习惯可分为三点:一是勤,二是慎,三是谦。

勤苦耐劳是成功的基础,做学问更不能欺己欺人,所以非勤不可。其次谨慎小心也是很需要的,清代的汉学家著名的如高邮王氏父子,段茂堂等的成功,都是遇事不肯轻易放过,旁人看不见的自己便可看见了。如今的放大几千万倍的显微镜,也不过想把从前看不见的东西现在都看见罢了。谦就是态度的谦虚,自己万不可先存一点成见,总要不分地域门户,一概虚心的加以考察后,再决定取舍。这三点都是很要紧的。

其次还有个买书的习惯也是必要的,闲时可多往书摊上逛逛,无论什么书都要去摸一摸,你的兴趣就是凭你伸手乱摸后才知道的。图书馆里虽有许多的书供你参考,然而这是不够的。因为你想往上圈画一下都不能。更不能随便的批写。所以至少像对于自己所学的有关的几本必备书籍,无论如何,就是少买一双皮鞋,这些书是非买不可的。

青年人要读书，不必先谈方法，要紧的是先养成好读书，好买书的习惯。

（原载 1935 年 5 月 14 日《大学新闻周报》）

智识的准备

1 在这个值得纪念的仪式完毕之后,你们就被列入少数特权分子之列——大学毕业生。今天并不是标示着人生一段时期的结束或完毕,而是一个新生活的开始,一个真正生活和真正充满责任的开端。

人家对你们作为大学毕业生的,总期望会与平常人有所不同,和大多数没有念过大学的人有所不同。他们预料你们言行会有怪异之处。

你们有些人或许不喜欢人家把你们目为与众不同、言行怪异的人。你们或许想要和群众混在一起,不分彼此。

让我们向你们保证,要回到群众中间,使人不分彼此,是一件容易做到的事。假如你们有这个愿望,你们随时都可以做到,你们随时都可以成为一个"好同伴",一个"易于相处的人",——而人们,包括你们自己,马上就会忘记你们曾经念过大学这回事。

虽然大学教育当然不该把我们造成为"势利之徒"和"古怪的人",可是我们大学毕业生一直保留一点儿与众不同的标志,却也不是一件坏事。这一点儿与众不同的标志,我相信,是任何学术机构的教育家所最希望造成的。

大学男女学生与众不同的这个标志是什么呢?多数教育家都很可能会同意的说,那是一个多少受过训练的脑筋,——一个多少有规律的思想方式——这会使得,也应当使得,受大学教育的人显出有些与众不同的地方。

一个头脑受过训练的人在看一件事是用批判和客观的态度,而且也用适当的智识学问为凭依。他不容许偏见和个人的利益来影响他的判断,和左右他的观点。他一直都是好奇的,但是他绝对不会轻易相信人。他并不仓卒的下结论,也不轻易的附和他人的意见,他宁愿耽搁一段时间,一直等到他有充分的时间来查考事实和证据后,才下结论。

总而言之,一个受过训练的头脑,就是对于易陷入于偏见、武断和盲目接受传统与权威的陷阱,存有戒心和疑惧。同时,一个受过训练的脑筋绝不是消极或是毁灭性的。他怀疑人并不是喜欢怀疑的缘故;也并不是认为"所有的话都有可疑之处,所有的判断都有虚假之处"。他之所以怀疑是为了想确切相信一件事。为了要根据更坚固的证据和更健全的推理为基础,来建立或重新建立信仰。

你们四年的研究和实验工作一定教过你们独立思考、客观判断、有系统的推理,和根据证据来相信某一件事的习惯。这些就是,也应当是,标示一个人是大学生的标志。就是这些特征才使你们显得"与众不同"和"怪异",而这些特征可能会使你们不孚众望和不受欢迎,甚至为你们社会里大多数人所畏避和摒弃。

可是,这些有点令人烦恼的特点却是你们母校于你们居留在此时间中,所教导你们而为此最感觉自豪的事。这些求知习惯的训练,如果我没有判断错误的话,也就是你们在大学里有责任予以培养起来的,回家时从这个校园里所带走的,并且在你们整个一生和在你们一切各种活动中,所继续不断的实行和发展的。

伟大的英国科学家,同时也是哲学家的赫胥黎(Thomas H. Huxley)曾说过:"一个人一生中最神圣的行为就是口里讲,内心深感觉到这句话:'我相信某件事是实在的。'紧附在那个行为上的是人生存在世上一切最大的报酬和一切最严重的责罚。"要成功的完成这一个"最神圣的行为",那应用在判断、思考,和信仰上的思想训练和规律是必要的。

所以在这一个值得纪念的日子,你们必须问自己的第一个问题就是:我是否获得所期望于为一个受大学教育的我所该有的充分智识训练吗?我的头脑是否有充分的装备和准备来做赫胥黎所说的"一个人一生中最神圣的行为"?

2 　我们必须要体会到"一个人一生中最神圣的行为"也同时是我们日常所需做的行为。另一个英国哲学家弥尔（John Stuart Mill）曾说过："各个人每天每时每刻都需要确切证实他所没有直接观察过的事情……法官、军事指挥官、航海人员、医师、农场经营者（我们还可以加上一般的公民和选民）的事，也不过是将证据加以判断，并按照判断采取行动……就根据他们做法（思考和推论）的优劣，就可决定他们是否尽其分内的职责。这是头脑所不停从事的职责。"

　　由于人人每日每时都需要思考，所以人在思考时，极容易流于疏忽，漠不关心，和习惯性的态度。大学教育毕竟难以教给我们一整套精通与永久适用的求知习惯，原因是其所需的时间远超过大学的四年。大学毕业生离开了他的实验室和图书馆，往往感觉到他已经工作得太劳累，思考得太辛苦，毕业后应当享受到一种可以不必求知识的假期。他可能太忙或者太懒，而无法把他在大学里刚学到而还没有精通的智识训练继续下去。他可能不喜欢标榜自己为受过大学教育"好炫耀博学的人"。他可能发现讲幼稚的话与随和大众的反应是一种调剂，甚至是一种愉快的事。无论如何，大学毕业生离开大学之后，最普遍的危险就是溜回到怠惰和懒散方式的思考和信仰。

　　所以大学生离开学校后，最困难的问题就是如何继续培养精稳实验室研究的思考态度和技术，以便将这种思考的态度和技术扩展到他日常思想、生活，和各种活动上去。

　　天下没有一个普遍适用以提防这种懒病复发的公式。但是我们仍然想献给列位一个简单的妙计，这个妙计对我自己和对我的学生和朋友都很实用。

　　我所想要建议的是各个大学毕业生都应当有一个或两个或更多足以引起兴趣和好奇心的疑难问题，借以激起他的注意、研究、探讨，或实验的心思。你们大家都知道的，一切科学的成就都是由于一个疑难的问题碰巧激起某一个观察者的好奇心和想像力所促成的。有人说没有装备良好的图书馆和实验室是无法延续求知的兴趣。这句话是不确实的。请问亚基米德、伽利略、牛顿、法拉第,或者甚至达尔文或巴斯德究竟有什么实验室或图书馆的装备呢?一个大学毕业生所需要的仅是一些会激起他的好奇心,引起他的求知欲和挑激他的想法求解决的有趣的难题。那种挑激引发的性质就足够引致他搜集资料、触类旁通、设计工具,和建立简单而适用的试验和实验室。一个人对于一些引人好奇的难题不发生兴趣的话,就是处在设备良好的实验室和博物馆中,智识上也不会有任何发展。

四年的大学教育所给于我们的,毕业只不过是已经研究出来和尚未研究出来的学问浩瀚范围的一瞥而已。不管我们主修的是那一个科目,我们都不应当有自满的感觉,以为在我们专门科目范围内,已经没有不解决的问题存在。凡是离开母校大门而没有带一两个智识上的难题回家去,和一两个在他清醒时一直缠绕着他的问题,这个人的智识生活可以说是已经寿终正寝了。

这是我给你们的劝告:在这一个值得纪念的日子里,你们该花费几分钟,为你们自己列了一个智识的清单,假如没有一两个值得你们下决心解决的智识难题,就不轻易步入这个大世界。你们不能带走你们的教授,也不能带走学校的图书馆和实验室。可是你们带走几个难题。这些难题时刻都会使你们智识上的自满和怠惰下来的心受到困扰。除非你们向这些难题进攻,并加以解决,否则你们就一直不得安宁。那时候,你们看吧,在处理和解决这些小难题的时候,你们不但使你们思考和研究的技术逐渐纯熟和精湛,而且同时开拓出智识的新地平线并达到科学的新高峰。

3 这种一直有一些激起好奇心和兴趣疑难问题来刺激你们的小妙计有许多功用。这个妙计可使你们一生中对研究学问的兴趣永存不灭,可开展你们新嗜好的兴趣,把你们日常生活提高到超过惯性和苦闷的水准之上。常常在沉静的夜里,你们突然成功的解决了一个讨厌的难题而很希望叫醒你们的家人,对他们叫喊着说:"我找到了,我找到了!"那时候给你们的是智识上的狂喜和很大的乐趣。

但是这种自找问题和解决问题方式最重要的用处,是在于用来训练我们的能力,磨练我们的智慧,而因此使我们能精稔实验与研究的方法和技术。对思考技术的精稔可能引使你们达到创造性的智识高峰;但是也同时会渐渐的普遍应用在你们整个生活上,并且使你们在处理日常活动时,成为比较懂得判断的人,会使你们成为更好的公民,更聪明的选民,更有智识的报纸读者,成为对于目前国家大事或国际大事一个更为胜任的评论者。

这个训练对于为一个民主国家里公民和选民的你们是特别重要的。你们所生活的时代是一片充满了惊心动魄事件的时代,一个势要毁灭你们政府和文化根基的战争时代。而从各方面拥集到你们身上的是强有力不让人批驳的思想形态,巧妙的宣传,以及随意歪曲的历史。希望你们在这个要把人弄得团团转的旋风世界中,要建立起你们判断力,要下自己的决定,投你们的票,和尽你们的本分。

有人会警告你们要特别提高警觉,以提防邪恶宣传的侵袭。可是你们要怎样做才能防御宣传的侵入呢?因为那些警告你们的人本身往往就是职业的宣传员,只不过他们罐头上所用的是不同的商标;但这些罐头里照样是陈旧的和不准批驳的东西!

例如,有人告诉你们,上次世界大战所有一切唯心论的标语,像"为世界民主政治的安全而战"和"以战争来消弭战争",这些话,都是想讨人欢喜的空谈和烟幕而已。但是揭露这件事的人也就是宣传者,他要我们全体都相信美国之参加上次世界大战是那些"担心美元英镑贬值"放高利贷者和发战争财者所促成的。

再看另一个例子。你们是在一个信仰所培养之下长大起来的。这些信仰就是相信你们的政府形式,属于人民的政府,尊敬个人的自由,特别是相信那保护思想、信仰、表达,和出版等自由的政府形式是人类最伟大的成就之一;但是我们这一代的新先知们却告诉你们说,民主的代议政府仅是资本主义制度下的一个必然的副产品,这个制度并没有实质的优点,也没有永恒的价值;他们又说个人的自由并不一定是人们所希求的;为了集体的福利和权力的利益起见,个人的自由应当视为次要的,甚至应当加以抑压下去的。

这些和许多其他相反的论调到处都可以看到听到,都想要迷惑你们的思想,麻木你们的行动。你们需要怎么样准备自己来对付一切所有这些相反的论调呢?当然不会是紧闭着眼睛不看,掩盖着耳朵不听吧。当然也不会躲在良好的古老传统信仰的后面求庇护吧,因为受攻击和挑衅的就是古老的传统本身。当然也不会是诚心诚意的接受这种陈腔烂调和不准批驳的思想和信仰的体系,因为这样一个教条式的思想体系可能使你们丢失了很多的独立思想,会束缚和奴役你们的思想,以致从此之后,你们在智识上说,仅是机械一个而已。

你们可能希望能保持精神上的平衡和宁静,能够运用你们自己的判断,唯一的方法就是训练你们的思想,精稳自由沉静思考的技术。使我们更充分了解智识训练的价值和功效的就是在这智识困惑和混乱的时代。这个训练会使我们能够找到真理——使我们获得自由的真理。

关于这种训练与技术,并没有什么神秘的地方。那就是你们在实验室所学到的,也就是你们最优秀的教师终生所从事,而在你们研究论文上所教你们的方法,那就是研究和实验的科学方法。也就是你们要学习应用于解决我所劝你们时刻要找一两个疑难问题所用的同样方法。这个方法,如果训练得纯熟精通,会使我们能在思考我们每天必须面对有关社会、经济,和政治各项问题时,会更清楚,会更胜任的。

以其要素言,这个科学技术包括非常专心注意于各种建议、思想和理论,以及后果的控制和试验。一切思考是以考虑一个困惑的问题或情况开始的。所有一切能够解决这个困惑问题的假设都是受欢迎的。但是各个假设的论点却必须以在采用后可能产生的后果来作为适用与否的试验,凡是其后果最能满意克服原先困惑所在的假设,就可接受为最好和最真实的解决方法。这是一切自然、历史,和社会科学的思考要素。

人类最大的谬误,就是以为社会和政治问题简单得很,所以根本不需要科学方法的严格训练,而只要根据实际经验就可以判断,就可以解决。

但是事实却是刚刚相反的。社会与政治问题是关连着千千万万人命和福利的问题。就是由于这些极具复杂性和重要性的问题是十分困难的,所以使得这些问题到今日还没有办法以准确的定量衡量方法和试验与实验的精确方法来计量。甚至以最审慎的态度和用严格的方法无法保证绝无错误。但是这些困难却省免不了我们用尽一切审慎和批判的洞察力来处理这些庞大的社会和政治问题的必要。

两千五百年前某诸侯①问孔子说"一言而可以兴邦,……一言而丧邦有诸?"

想到社会与政治的问题,总会提醒我们关于向孔子请教的这两个问题,因为对社会与政治的思考必然会连带想起和计划整个国家,整个社会,或者整个世界的事。所以一切社会与政治理论在用以处理一个情况时,如果粗心大意或固守教条,严重的说来,可能有时候会促成预料不到的混乱、退步、战争,和毁灭,有时就真的是一言兴邦,一言丧邦。

刚就在前天,希特勒对他的军队发出一个命令,其中说到一句话:他要决定他的国家和人民未来一千年的命运!

但希特勒先生一个人是无法以个人的思想来决定千千万万人的生死问题。你们在这里所有的人需要考虑你们即将来临的本地与全国选举中有所选择,所有的人需要对和战问题表达意见,并不决定。是的,你们也会考虑到一个情况,你们在这个情况中的思考是正确,是错误,就会影响千千万万人的福利,也可能直接或间接的决定未来一千年世界与其文化的命运!

所以为少数特权阶级的我们大学男女,严肃的和胜任的把自己准备好,以便像在今日的这个时代,这个世界,每日从事思考和判断,把我们自己训练好,以便作有责任心的思考,乃是我们神圣的任务。

有责任心的思考至少含着三个主要的要求:第一,把我们的事实加以证明,把证据加以考查;第二,如有差错,谦虚的承认错误,慎防

---

① 译者按:此处某诸侯乃指鲁定公。

偏见和武断；第三，愿意尽量彻底获致一切会随着我们观点和理论而来的可能后果，并且道德上对这些后果负责任。

怠惰的思考，容许个人和党团的因素不知不觉的影响我们的思考，接受陈腐和不加分析的思想为思考之前提，或者未能努力以获致可能后果，来试验一个人的思想是否正确等等就是智识上不负责任的表现。

你们是否充分准备来做这件在你们一生中最神圣的行动——有责任心的思考？

（本文为1941年6月胡适在美国普渡大学毕业典礼上的演讲，题为"Intellectual Preparedness"，郭博信译文收入胡颂平编撰《胡适之先生年谱长编初稿》第5册）

在北大开学典礼上的致词

北京大学,昨(10日)晨10时在国会街该校第四院,举行开学典礼。由胡适亲自主持,到各院系主任、教授三十余人,同学约二千人。胡氏即席致辞,略称:

北京大学到现在整整四十八岁,其间因受国家多难的影响,致未能尽量发展,间有受军阀压迫中途停顿之事。现可略分六个阶段来讲。第一个阶段是从创办起至民五止,可谓"开办时期"。那时还叫京师大学堂,一般人讽刺叫他"官僚养成所"。可是革命运动的酝酿,和革命者的活动,仍以北大为中心,也颇能以引起政府的注意。第二时期自民五至民十六国民革命北伐期间,可称为"革新时期"。那时是蔡元培先生长校,如"五四"运动,文学革命,思想革新,都是北大领导的。不过那时候仍深感人才的缺乏。不过在理法科方面,已经誉满全国了。现在想起来,总觉有些虚名太大,名不副实之感。第三时期自民十七至民二十年,称之为"过渡时期"。因北伐虽成功,军阀势力仍存在,北大在这时,颇遭歧视,所以在民十七时,曾一度改为北平大学的一个学院。第四时期自二十年以后。中外人士一致主张恢复北大,敦请蒋梦麟先生主持。现在北大能有这样规模,都是那时蒋氏所筹划的。所以这个时期,可称为"中兴时期"。蒋氏自担任恢复北大后,经九个月的筹备,在民二十年九月十七日开学。延聘全国有名学术界名宿,故开学后,立刻恢复以前的校誉。可是开学的第二天,东北九一八事变发动,日本揭开了侵略的真面具。从此平津地区师生都预感失掉了安心读书的机会。所以自蒋氏长校后至"七七"事变,虽然北大中兴时期,亦为最困难时期。不过虽然处在这样环境中,北大仍借中华教育基金的一笔巨款,建筑了宿舍、地质馆和图书馆等。所以在此时期,困难固然最大,工作也最多。自抗战后,北大迁至后方,先到长沙,旋即迁昆明。由北大、清华、南开三校,合组西南联大,这时三校师生的确"合作团结",本着礼让精神,联大继续了八年——在抗战期中联大一校继续合作延续了八年。大家虽在极艰苦的环境中,仍继续作学术上的研究,教育上的努力。那时西南联大的校长是张伯苓先生。这一阶段,叫他作"流亡时期"。自抗战胜利后,合并了临大。现在的北大是新北大;"大"的北大人数:联大分发的709人,临大1562人,新生458人,工学院北平区新生92人,七考区先修班686人,共3 507人,加上医学院试读生7人,总计3 514人。还有沈阳等地招生,今年度北大为4 000人的大学。学院增加农医工三院,学生增加三倍。北大不作梦想,不作太高的理想,免得被人认为夸大。但是精神的财产有蔡蒋两校长的三十年自由研究的风气,独立研究的风气,八年来军训教官白雄远先生为敌所执,不屈不挠的精神,以及一些老职员不顾困苦和危险保护了北大的精神财产,现在已为新北大了。希望教授同学都能在学术思想,文化上尽最大的努力作最大的贡献。把北大作成一个像样的大学,更希望同学都能"独立研究",不以他人的思想为思想,他人的信仰为信仰。

希望学校没有党派

至自由研究是北大一贯的作风。"自由"是学校给予师生的。"独立"则为创造的。要独立不依傍门户,利用眼耳脑。最后胡氏谈到,他是无党无派的人。希望学校完全没有党派。但对学生先生的政治宗教的信仰不限制,那是自由。只有一个前提就是学生要将学校当作学校,学校将学生当作学生。北大不愿学生教授在这里有政治活动,因为学校是做学问的地方,学作人作事的地方。胡氏最后乃用"活到老学不了",这句土语和吕祖谦的"善未易明,理未易察"勉励诸生。

(本文为1946年10月10日胡适在北大开学典礼上的
致词,原载1946年10月11日《经世日报》,
原题"北大开学典礼胡校长致词")

大学教育与科学研究

方才进礼堂来,看大家都是有颜色的,我却是没颜色的。我在政治上没有颜色,在科学上也没有颜色。(鼓掌)我也可算是一个科学者,因为历史也算一种科学。凡是用一种严格的求真理的站在证据之上来立说来发现真理,凡拿证据发现事实,评判事实,这都是一种科学的。希望明年双十节,史学会也能参加这会,条子也许会是白颜色的。

我今天讲一个故事,希望给负责教育行政或负责各学会大学研究部门的先生们一点意见。我讲的题是大学教育与科学研究,不用说,科学研究是以大学为中心。在古代却以个人为出发点,以个人好奇心理,来造些粗糙器皿。还有,为什么科学发达起于欧洲呢?这一点很值得注意。对这虽有不少解释,可是我认为种种原因都不重要,最重要的是自中古以来留下好几十个大学。这些大学没有间断,如意大利伯罗尼亚大学,法国巴黎大学,英国牛津大学,剑桥大学等,这些都是远有一千年九百年或七八百年历史的,因此造成科学的革命。这些大学不断的继长增高,设备一天天增加,学风一天天养成,这样才有了科学研究。研究人员终身研究,可是研究人才是从大学出来的,他们所表现的精神是以真理求真理。这一个故事是讲美国在最近几十年当中造成了几个好大学。美国以前没有 University 只有 College,美国有名符其实的大学是在南北美战争以后。为什么在七十年当中,美国一个人创立了一个大学,从这一个人创立了大学,提倡了新的大学的见解,观念,组织,把美国高等教育革命,因而才有今天使美国成为学术研究中心呢?美国去年出版了两个纪念专集,一个是《威尔基专集》,一个是《基尔曼专集》。基尔曼(D. C. Gilman)创立了约翰斯·哈布金(Johns Hopkings University)大学,后来许多大学都跟他走,结果造成了今日美国学术领导的地位。大家听了这个故事,也许会从中得到一个 Stimulation。

"话说"九十四年前,有两个在耶尔学院的毕业生,一个是二十一岁的怀特,一个是二十五岁的基尔曼,那时美国驻苏公使令此二人作随员,一个作了三年多,一个作了两年多。怀特于三十五岁时做了康纳尔大学校长,基尔曼四十一岁作了堪尼佛纳亚大学校长,基氏未作长久,两年后就辞职了。当时在美国东部鲍尔梯玛城有一大富翁即哈布金,他在幼小时家穷,随母读书后去城内作买卖,因赚钱而开一公司,未几十年就当了财主。他在七十岁时立一遗嘱,要将所有遗产三百五十万美金分给一医学院和一大学作基金,1873年,他七十九岁时逝世,他的遗嘱生了效,翌年,即开始创办大学,当时董事会请哈佛大学校长艾利阿特(C. W. Eliot)康纳尔大学校长怀特和密士根大学校长安其耳来研究。那时以如此巨款办大学,真是空前的一件事,那时该校董事长的意思是要办一"大学",可是请来的这三位校长却劝他们要顾及环境,说什么南方不如北方文化高啦,办大学不是从空气里能生长的等语。后来,董事会请他们三人推选校长,三人却不约而同的选出基尔曼来当校长。基尔曼做了校长,他发表了他的见解说,应全力提倡高等学术,致力于提倡研究考据,把本科四年功课让给别的学校教,我们来办研究院,我们要选科学界最高人才,给他们最高待遇,然后严格选取好学生,使他们发展到学术最高地步,每年并督促研究生报告研究成绩,并给予出版发表机会。因为那时的高才的教授们,都在教学院的学识浅近的学生,或受书店委托编浅近的教科书,如果给他们安定的生活,最高的待遇,便可以专心从事更高深的研究。这时基尔曼四十四岁作该大学校长,并且,他决定了以下的政策:研究院外,办理附属本科,最初附属本科只二十三个学生,研究院五十多个,大约二与一之比,可是二十多年以后,研究院的学生到了四百多,附属本科仅一百多,却是四与一之比了。并且,第一步他聘请教授,第一位请的是希腊文教授费尔斯,四十五岁,第二位是物理学教授劳林,才二十八岁,第三位是数学教授塞尔威斯特,六十二岁,第四位是化学教授依洛宛斯,第五位是生物学教授纽尔马丁,第六位也是希腊拉丁文教授查尔马特斯。第二步他选了廿二个研究员,其中至少有十个以上成了大名,他的教授法,第一二年是背书,后二年讲演,自然科学也是讲演,第三步是创办科学刊物,这可算是美国发表科学刊物之始创。1876 年,出版算学杂志,1880 年创刊语言学杂志,以及历史政治学杂志,逻辑学杂志,医学杂志等八大杂志,而开始了研究风气。

以上这三件事使美国风云变色。在这里我再谈谈办医学研究的重要:这个大学开幕已十年,医学院尚未开办,但因投资铁路失败,鲍尔梯玛城之女人出来集款,愿担负五十万美金的开办费,但有一条件是医学院开放招收女生。

当这大学的方针发表后,全美青年震动,有一廿一岁之青年威尔其(Welch),刚毕业于纽约医科学校。那时无一校有实验室,他因欲入大学,1876 年赴欧洲作三学期之研究,1878 年回美国,可是找不到实验室。最后终找一小屋,这是第一个美国"病理学研究室",以廿五元开办。他作了五六年研究后,有一老人来找他,请他作哈布金医学院病理学教授,后并升任院长,创专任基本医学教授之制。而成立了医学研究所。

最后,基尔曼于 1902 年辞掉他已作了廿五年的校长,在那个典礼上,基尔曼讲演,他说:约翰斯哈布金给我们钱办大学,可是没有告诉我们大学的一个定义。我们要把创见的研究,作为大学的基础。这时,后来任美国总统,也是那个大学的第一班学生威尔逊站起来说:"你是美国第一个大学的创始者,你发现真理,提倡研究,不但是在我们学校有成绩,给世界大学也有影响。你创始了这师生合作的精神,你是伟大的。"同时,以前曾被邀参加创办大学意见的哈佛大学校长艾利阿特发表谈话,他说:你创立了研究院的大学,并且坚决的提高了全国各大学的学术研究,甚至连我们的哈佛研究院也受了你的影响,不得不用全体力量来发展研究。我要强调指出,大学在你领导之下是大成功,是提倡科学研究的创始,希望发现一点新知识,由此更引起新知识,这年轻的大学,有最多的成绩,我最后公开承认你的大学政策整个范围是对的。

（本文为 1947 年 10 月 10 日胡适在平津六科学
团体联合年会上的演讲,原载 1947 年
10 月 11 日北平《世界日报》）

考试与教育

我在民国二十三年,曾在考试院住过几天,也在此会场讲过话,所以这次重来,非常愉快。尤其看到考试院的建筑没有被破坏,并知道今年参加高考的人数超过以前任何时期,现在交通如此不方便,而全国各大城市参加高考的人数,竟达万人以上(就在我们北大的课室中,也有不少的人在应试)。我感觉到,自民国二十年举行第一次考试以来,这十六年间,考试制度的基础已相当巩固。我是拥护考试制度的一个人,目睹考试制度的巩固,与应考人数的增多,至为高兴。

今天考试院的几位朋友,要我来谈谈考试与教育的问题。当然考试与教育,与学校,都有很深的关系。中国的考试制度,可算有二千多年历史。在汉朝初开国的几十年,本来没有书生担负政治上的重要责任。后来汉武帝的宰相公孙弘,向武帝建议两件大事:其一是"予博士以弟子",因过去只有博士,而没有学生,公孙弘主张给博士收学生,每个博士给予学生十人,后来学生数目逐渐增加,至王莽时代,增至一万人。迨东汉中期,更增至三万人。

其二就是考试制度,公孙弘因见国家的法令与皇帝的诏书,不但百姓不能了解,甚至政府的官吏亦多不懂。故献议武帝,采用考试的办法,即指定若干经典为范围,凡能背诵一部的,便予以官吏职位。这是最早的考试制度,约在纪元前一百二十四年开始实行,到现在已经二千一百年。有了这种考试制度,便可以吸收学校训练出来的人才。风气一开,就另外产生一种私人创办的学校。在后汉时,此种学校达一百余所,各校学生有五六百人的,也有一二千人的。但因私人住宅无法容纳,所以在学校附近,就有许多做小买卖的商店应运而生,以供应学生的衣着和食宿。

其后学校的开办,主要的便是为适应此种考试制度而设,学校学生根据政府订定的标准,大家去努力竞争。最初应考的人,还有阶级的限制,就是只有士大夫阶级才能应试。后来这种阶级观念也打破了,只问是否及格,而不问来历。考试制度其后也逐渐改进,在唐朝时,还有人到处送自己的卷子,此种办法易影响主考人的观念,所以大家觉得不妥当,而加以禁止。到宋朝真宗时代,更采用密封糊名的办法,完全凭客观的成绩来录取人才。

由于考试制度的渐趋严密和阶级制度逐渐打破,所以无论出身如何寒微的人,都有应考的机会和出任官吏的可能。

以前我在外国,有人要我讲中国的考试制度,我便引用一个戏台上的故事,就是《鸿鸾禧》所描写的"金玉奴棒打薄情郎"。这个戏也许大家都看过,是叙述一个乞丐头儿金松的女儿金玉奴,在一个寒冷的冬天打开大门看见有人僵倒在地上,便和他父亲把这个人救活了。那个人是一位来京应试的穷书生,因为没有钱,又饥又饿,所以冻僵在门前。后来金玉奴请他父亲把他收留了,这个书生不久便做了金松的女婿,并且考中了进士,还不能做知县,只在县中做县尉县丞之类的小官。但是他做了官之后,总觉得当一个乞丐头的女婿没有面子,所以在上任的路上,便要设法解决他的太太。在一个月明星稀的晚上,他叫她走出船头,硬把她推下水去,但想不到金玉奴却被后面一只船的人救起来,这个船上的主人,便是那书生的上司,他询明情由,就收金玉奴为养女,等到那书生到差之后,仍将她嫁回给他。于是在洞房之夜,金玉奴便演出了棒打薄情郎这幕喜剧。

这个故事是说明那个时候的人,谁都可以参加考试和有膺选的机会,完全没有阶级的限制。这种以客观的标准和公开竞争的考试制度,打破了社会阶级的存在,同时也是保持中国两千多年来的统一安定的力量。

我认为中国到现在还是没有阶级存在的,穷富并不是阶级,因为有钱的人,可能因一次战争或投机失败而破产,贫穷的人,亦可以积累奋斗而致富,不像印度那样,有许多明显的阶级存在。我国的阶级观念,已为考试制度所打破。

再说考试制度对于国家的统一,也有很大的关系。从前的交通非常不便,不像现在到甘肃,到四川,坐飞机只化几个小时就可以到,并且还有火车汽车和轮船等交通工具。在古时那种阻塞的情形下,中央可以不用武力而委派各地以至边疆的官吏,来维持国家的统一达两千多年,这实在是有其内在的原因,就是由于考试制度的公开和公平。当时中央派至各地的官吏(现在称之为封建制度,我却认为并不怎样封建,因为不是带了许多兵马去的)皆由政府公开考选而来。政府考选人才,固然注意客观的标准,同时也顾及到各地的文化水准,因此录取的人员,并不偏于一方或一省,而普及全国。在文化水准低的地方,也可以发现天才,有天才的人,便可以考中状元,所以当选的机会各地是平等的。

同时还有一种回避的制度,就是本省的人不能任本省的官吏,而必须派往其他省份服务。有时候江南的人,派到西北去,有时候西北的人派到东南来。这种公道的办法,大家没有理由可以反对抵制。所以政府不用靠兵力和其他工具来统治地方,这是考试制度影响的结果。

今天我到考试院来,班门弄斧的说了一套关于考试制度的话,一定很多人不愿意听,所以我向大家告罪。

再说到本题来,即从汉朝以后,考试和教育的关系,那时候的学校,差不多都是为文官考试制度而设,迄至隋唐,流于以文取士的制度。本来考试内容,包含多种,除进士外,有天文、医学、法律、武艺等等,不过进士却成为特别注重的一科。进士是考诗经、词赋的,即是以创作文学为标准,社会的眼光,也特别重视这一科。有女儿的人家,要选进士为女婿,女子的理想丈夫,就是状元进士。这种社会风气,改变了考试的内容。本来古代考试,不单纯是做诗词或八股文章,不过因为后来大家看不起学法律和医药的人,觉得这种学问,并不是伟大的创作,而进士却能在严格的范围内来创作文学,当然应看作是天才了。社会这种要求,并不是没有道理,不过因为太看重进士,所以便偏于以进士科为考试制度的标准。

至王安石时,他想变更这种风气而提倡法治,研究法律。但是他失败以后,便依然回复到做八股文章,走上错误的道路。但这种错误是基于当时的社会背景的。

因为考试内容的改变,便影响到学校的教育。考试要用诗赋,学堂的教育便要讲诗赋,考试要用八股文章,学堂教育便要讲八股文章。社会的要求和小姐们的心理,影响了考试制度,考试制度也影响了学校教育的内容。

由进士科考取的人才,多数是天才,天才除了做诗赋和八股之外,当然还可以发挥其天才做其他的事业,所以这并不是完全失败的制度。此处并非说我同情进士制度(我是最反对做律诗和八股文的),不过我们要知道这是有历史背景的。

我近年来,在国外感觉到,中国文化对世界有一很大的贡献,就是这种文官考试制度。没有其他的民族和国家,其考试制度会有二千多年的历史的。我们即以隋唐到现在来说,已有一千四百年,唐朝迄今,有一千三百年,宋朝迄今,也有九百多年,没有别的国家,能有这样早的考试制度。我国以一个在山东牧豕出身的公孙弘先生,能于二千年前有这种见地,实在是件了不起的事。

再从世界的眼光来看,中国考试制度,也影响了别的国家。哈佛大学的《亚洲研究杂志》,前年刊登一篇北京大学教授丁士仪先生写的文章,题为"中国文官考试制度影响英国文官考试制度的研究"。丁先生特别搜寻英国国会一百多年来赞成和反对采用中国文官制度的历次讨论纪录,用作引证。并说明十八世纪(其实早在十七世纪)便有耶稣会的传教士介绍中国的历史文化和政治制度到欧洲,其中便曾有人提到中国的考试制度。首先在法国革命时(纪元1791年),法国革命政府宣布要用考试制度,这思想是受了中国影响的,不过后来革命政府失败,所以没有实现这个制度。其后这种思想,由欧洲大陆传入英国,英国当时有所谓"公理学派",主张改革政治,改革社会以谋取最大多数人类的最大幸福为目标(这个学派也可称为幸福主义学派),他们同样看重了中国的文官考试制度,主张英国也应加以采用。

后来英国议会讨论这个问题时,有赞成和反对的两派意见。赞成派的理由,是中国能维持几千年的统一局面,主要的是因为政府采用这种公开的客观的考试制度;反对派则认为中国自鸦片战争以来,历次对外打败仗,所以不应仿效中国的制度。由此可知无论赞成的和反对的,都承认这是中国发明的制度。

后来英国先在印度和缅甸试行这种制度,到十九世纪以后,再在国内施行。

其后德国也采用考试制度,不久复传到美国。这都是直接或间接受到中国影响的。

在太平天国时代(十九世纪中叶),英国出版一本书叫做《中国人与中国革命》,这本书前面,有个附录,是一个英国官员向英政府及人民写的条陈,要求英国采用中国的文官考试制度。

由这些事例,可以看出中国文官考试制度影响之大,及其价值之被人重视,这也是我们中国对世界文化贡献的一件可以自夸的事。

现在我们的考试,已经不采用诗词了(考试院的各位先生平常作诗作词,不过是一种余兴),考试的内容已和世界各国相差无多。比之古代,虽然进步了很多,但是我们回过头看,现在却缺少了上面所讲过的社会上的心理期望。

现在人家择女婿,不以高考及格为条件的,小姐们的理想丈夫,也不是高考第一名的先生! 现在大家所仰慕的,高考还不够,要留学生,顶好是个博士,而且是研究工程的,这是一个显明的事实。

尽管现在社会对考试制度已较民国二十年时,认识得清楚,参加考试人数也已增多,但是小姐们并不很看重高考及格的人员。我们不可忽视,小姐是有影响考试制度的相当权力的。

怎样才能使社会人士和小姐们养成对考试制度的重视呢? 我还没有方案来答复大家这个问题。

我曾和戴院长谈过北京大学一个学生的故事。这个学生,今年毕业,是学法律的,中英文都很好,他的毕业论文,全篇用英文写成,故被目为该系成绩最优的一个。学校要留他当助教,他说"谢谢,我不干"。北平地方法院的首席检查官在学校兼课,也邀他到法院去帮忙,他也说:"谢谢,我不干。"后来一查,他的毕业论文虽作了,却没有参加毕业考试,原来他到一个私立银行当研究生去了。他的薪津比敝校的校长还要多,他用不着参加考试,因为这个私立银行是不用铨叙的。

我有三十二张博士文凭(有一张是自己用功得来,另三十一张是名誉博士),又当了大学校长,但是我所拿的薪津,和一个银行练习生相差不多。我并不是拿钱做标准来较量,但是在这种状态之下,如何能使社会的人士对考试及格的人起一种信仰呢?

我希望各位在研究国内外各种高深学问之余,再抽时间看明朝以来三百年间流行的才子佳人小说,研究一下怎样才可以恢复过去社会上对考试制度敬重的心理,就算我出这个题目来考考大家。

(本文为 1947 年 10 月 21 日胡适在南京考试院的
演讲,原载 1947 年 10 月 24 日《中央日报》)

在北大工学院四十四周年纪念会上的讲话

　　学工的比我们作过外交官的还客气,所以应该向工程师学一点客气。今年夏天,我和校友等谈过,校友什么时候回来,我们北大绝对欢迎。校庆会最好由校友作主体,学校乐意给以种种便利。12日我到南京去以前,便给马院长写了一封信,因为记错了日期认为是11月21日,我不可能赶回来,便请转告校友们早日筹备。可是我昨天才回来,而且有机会又来参加,很是高兴。

　　今夏在南京,北平大学农学院校友代表曾来看我,愿与北大校友会取得联系,并准许加入。于是我写了一封信给南京北大校友会主持人,欢迎参加。这次到南京去听说已有不少平大校友参加了。北大整个的校庆日是在12月17日。当然平大校友们如愿参加,我们也是欢迎的,都是国家的学堂,当然联系越亲密越好。北平工学院的历史很长,已有了四十四年,而且从一个专门工业学校,发展到变为北京大学的一部分。在今年8月以前,虽经过几次改名字,还不要紧。我在南京对政大同学讲演,便告诉他们说名字没有关系,怎样改也是国家的学堂,北平话有"我们"、"咱们"之分,如说"咱们",便像都包括在内,说"我们",好像就分出"你们"来了。所以,我说这学堂是"咱们的"学堂。

　　校友会在世界大学历史上的地位很重要,双十节六科学团体联合年会上,我讲过一个故事,我并且发问,为什么科学的研究不起于非洲、亚洲,而起于欧洲呢?原因很多,可是我认为惟一正确的答案,是欧洲从中古以来,继续不断的有一千年历史的大学,如义大利的伯罗尼亚大学,法国的 Paris 大学,其他如有七八百年历史的英国 Oxford 大学，因闹风潮而分出来成立的 Combridge 大学等，在欧洲五百年以上历史的大学要有几十个。科学不是一个人的力量可以完成的，科学要继续不断的研究，从理论变成实验，从实验变成发现，这样继长增高，非以大学为中心不可。并且知识，学风，设备等一天天积累起来，才能成为科学研究中心。

为什么欧洲大学能这样长久继续下去呢？中国为什么不能？如北京大学，可说继承了太学而来，以公历纪元前 124 年为始，再加上 1947 年，这可说是已有两千一百多年的历史了。但是为什么北大不能说有两千多年的历史，而说有四十九年历史？为什么中国最老的大学如北洋大学只有五十一年历史？中国古代私立书院，在一千多年前五代到北宋之间，已有了四大书院，可是为什么不能继续到今日？为什么欧洲书院能 Continue 这么久？而我们却不能？我的答案，根据历史看，欧洲大学不是政治制度的一部分，中国太学却是文官考试制度的一部门，太学博士是官，司业是官，祭酒也是官，出去作官，回来可以又当太学博士，也可以当司业，可是不久也会又出去作官，所以这制度受政治的牵涉太大，不能把学校看成是自己的学堂，或是"我们的"学堂，或是"咱们的"学堂。学生也认为学堂是一块敲门砖，毕业生对学校毫无感情。私立书院也是如此，所以，千年来我国大学没有固定的继续性。

欧洲大学的能以继续有两个因素：一个是主持财产的董事会，一个是终身任教职的教授会。前者，罗马教皇对大学主持者给一特许的 Bull，因而保管财产成为一特许组织，固定的永久的专门的负责的来保持财产，好像保管自己的财产一样，使成为一个立案的法人或法团。这保管校产的团体叫董事会也好叫 Cooperation 也好。后者，教授以终身作教学的职务，对学校有一种责任和任务，一切得到了保障，这组成的团体，主要的是教授会。

这二者之外，另有一重要者，是起源于美国大学的 Alumnus。这在大学发达史上有很大的力量，如哈佛大学《大学宪章》上规定，由本州省长及教会参加董事会，后来遂演变到成为美国大学的一个组织，这是美国大学发达史上一重要的生产品，中国学校有校友会，首先起于与教会有关系的学校,或是和美国发生关系的学校,如清华大学虽非教会学校,可是在清华学堂时代却有美国式的风气,所以校友会受到了美国的影响。加拿大、英国等近三百年来,这 Alumnus 可说是高等教育史上一重要的产物。私立大学如普林斯顿,芝加哥等也都普遍的有了校友会了,美国先有私立大学,后有州立大学,后来美向西部移民,联合各州而成合众国,新开的省政府,便设立大学,这大学虽比不上私立的如有三百十一年历史的哈佛大学,及将近三百年的耶尔大学,可是邦立大学却胜过其他若干私立,因国家的力量是无限的,私立是有限的。这两种大学都设有校友会。如校友发了财捐巨款建造图书馆、实验室,可是这捐款却由校友指定,而不能移作别用,这样的捐款校长是不欢迎的。校长所欢迎的是每人五块钱的 General Contribution。这样积少成多,可使学校经费复活。美各大学校友会每年选举代表,参加学校行政,不断和母校发生关系,把母校的事变成好似自己家里的事情一样,可以使母校有很大的发展。校友并且还要负责给母校选择人才,如那个学生的 Football 好,便介绍他去考自己的母校,如某学生算学或文教有天才,也拉入母校去。可是美国近来大笔捐款不会有成绩,因为政府征收所得税,每年总收入仅有百分之十五,可以免收税额捐作教育费,否则即要征税。故今后私立大学靠捐款已不易维持了。有了校友会,财产之掌理,人材之选择,非常重要,校友会是美国大学的大贡献,因此,不但大学能够继续,而且因此而能发展。

中国办纺织系,以北平工学院最早,已有三十多年历史。我这次在上海,有四位平工校友来看我,谈到应恢复纺织学系,替国家造就纺织人材,我答应了决定办。我今天很诚恳的欢迎大家,"咱们"同心协力来做成一个工业的最高研究中心。

(本文为1947年10月29日胡适在北大工学院
四十四周年纪念会上的演讲,原载1947年
10月30日北平《世界日报》)

选科与择业
台中农学院座谈会上答问

林一民院长：胡先生今天除了公开讲演外，并在国大联谊会，师范学校讲话，已经很累，本来不应该再要求胡先生讲话了。只以胡先生是学术界的权威，很难得这个机会，所以还是请胡先生指教。

胡适之先生：我从上月19日回到台北直到今天，差不多天天说话。昨天接到通知，是要我参加谈话会，所以没有准备，我也愿意听听各位先生的话。或者提出什么问题来讨论，或要我答复都可以，假使我不能答复的，钱校长、陈厅长、董教授，也可以帮助我答复。

林一民院长：前次听到教育部程部长说，我们有许多人在美国担任学术工作。详细情形如何？胡先生一定知道，请胡先生告诉我们。

胡适之先生：在大陆崩溃的时候，所谓左派的学生发起组织科学工作协会。里面分了好几部门，如社会科学工作者，自然科学工作者，并分地域。起初许多人不晓得是有作用的，后来才知道。在大陆放弃以后，当然有许多人动摇。有些学专门科学的人，认为应该回国去工作，并认为学物理化学与工农科的，回到大陆没有问题。后来看到许多学自然科学的人，遭到清算迫害，便打消了回大陆的思想。现在留在外面的科学人才，各自由国家都有，在欧洲、英国、法国较多，整个说起来，美国特别多。他们在外国留下来，有三个原因：

第一，共产党统治大陆以后，留在大陆上的，不但学社会科学、人文科学的，没有自由，就是学自然科学、应用科学的，也没有自由。大家看清楚了共产党的面目。这是在外国留下来的最大原因。

其次，台湾政治虽然慢慢的上了轨道，并有很大的进步，但大家都知道台湾的生活很苦，同时入境需要一种手续，还有许多人感觉到做工作需要一种设备。在台湾的高等教育机关,只有一个大学,三个学院,同中央研究院的一部分,很少有比较完备的设备。不积极回台湾,这个原因要占大部分。

第二,大陆不能去,回台湾有上述几个问题,同时感到留在外面继续研究比较方便。在外国找一个固定的工作也比较容易。

第三,美国从韩战发生以后,对于学工程学、物理学、化学、应用科学,以及与国防有关的,尤其是航空工程的人才,禁止回大陆。如西部加里福尼亚州工程大学有一位在航空工程有地位的教授,因家庭关系要回大陆,家眷都上船了,美国政府临时把他的书籍纪录资料统统扣留,人也不准出境。(最初禁止的,只限于与军事有关的人才,最近虽没有见诸明令,事实已扩大到凡是大学毕业,或获得高级学位的人,都不准出境。这种措施,是不愿意让训练好的人才,由香港回到大陆铁幕里去。)

这是我国科学人才留在外国的三个原因,最重要的还是大家认识到铁幕里去,不能够有好的作工的机会。同时这几年来思想有一个变化,认为反共抗俄是正确的。

今天留在国外的许多人才,如化学、物理学,差不多头等人才都在美国。最多的是航空工程,医学少一点。学人文科学和社会科学的,也有许多在美国。将来如何把这许多人才组织起来,联合起来,并请他们回国来工作,同时也给他们以合适的设备,合适的生活。这的确是当前的问题,杭先生、陈先生都在考虑这个问题。

今天我到这里,感到很惭愧。我当初是在美国纽约州康乃尔大学学农的,学了三个学期,请求改行,改到文科。从那时起,东摸西摸,到现在四十年了,不知道改的那一科。林院长说我是学术界的权威。其实我没有一项专门学问。哲学弄弄,文学弄弄,最近又回到《水经注》,成了学术界的流民。

农学院某教授问:第一,台湾国民教育发达,升学困难,毕业的学生只能有十分之一升学,至于初中毕业投考高中的,一万五千人当中只有二千五百人获取。于是发生两个问题:一、国民教育发达,如何扩大容纳?二、如何使他们就业?

第二,高等教育,应该从质方面找途径呢?抑从量方面找途径?

第三,胡先生研究考证学,是独到的心得,还是有师傅?

此外,胡先生的《哲学大纲》,中编、下编几时出版?希望先读为快。

陈雪屏厅长:关于升学比例,不大符合,我作一个说明。台湾教育,最严重的问题,不错,一个是升学,一个是就业。在升学方面,历年来的预算,平均百分之三十,就是国民学校毕业接受中等学校教育的是百分之三十。国民学校毕业的学生,每年有增加,譬如去年十二万,今年增到十五万,明年可能增到十八万。而升学的数字,也是按年增加的。今天升学感到困难的,是台北、台中、台南、高雄几个大的都市。其他乡县升学的不到百分之十五,而台北市则达百分之六十。明年升学的预算,还是百分之三十。

胡适之先生:我很惭愧,《中国哲学史大纲》上编系民国八年二月出版,后两个月我的大儿子才出世,于今我的大儿子已三十三岁了,上编出版了三十三年,中下编尚无下文,许多朋友都问起我。我现拟以"中国中古思想史"及"中国近世思想史"作为《中国哲学史大纲》的中编下编。"中国中古思想史"差不多可完稿,整理后即出版,"中国近世思想史",还有几个大的问题未曾获得解决,打算在一两年内完成它;趁头发不太白,体力不太衰时偿还三十三年前——写《中国哲学史大纲》上编时所许下的愿。

关于考证学的方法,我在台大的三次讲学中曾经提过。所谓考证学也可以说是治文史的方法,并没有什么秘诀,更不是三更半夜得过师傅的真传,只是在暗中摸索出来的;也就是我讲"治学方法"的结论"勤谨和缓"四字。——养成不拆烂污、不躲懒、不苟且、不武断、虚心、找证据、不急于发表的好习惯。

目前教育的偏枯,雪屏先生已解答了一部分;这个毛病世界各国都有,经济能力强的如美国,在一二十年前大学不过六百余所,最近增到一千余所,因第二次世界大战之后,美国政府颁布的"军人权利"中,订定退伍青年免费进大学肄业,故大学和专门学院大有增加,有许多还是利用活动房屋作教室和宿舍。

台湾大学在日据时代,学生不过二百至一千人,现在则有四千多人,在数年间,容纳学生的数额增加了四倍。刚才我所看到的台中师范学生的洋洋大观,也是很难得的,在困难的环境中教育能够做到这样的地步,已经是不容易了。

民国十一年我国改订新学制,我是起草人之一。将小学七年制改为六年,中学四年制改为六年制(三三制),而把大学预科取消,大学本科仍为四年,毕业后再进研究院。当时预定的中等教育分为普通教育与职业教育两条路(师范教育包括在职业教育内),中等教育的普通教育提倡多设初中,高中每省只限一所,后来因为政治上的大变动,和设立职业学校需有设备,需要较多的经费的关系,致未能收到"注重"的效果,且已设立的职业学校,因不能维持而日益减少,几等于零了。兼以当时的社会仍未脱离科举的思想,以进小学、中学、大学,比为中秀才、举人、进士,考普通中学的人多,设普通中学的也多;政府无严格限制的办法,复未予以严格监督,于是凡中学几皆设高中,把中学水准都降低了,这是起草教育新制时所始料不及的。

台湾国民学校的基础广大,超过大陆,职业学校和普通中学设备的规模也比大陆高明得多;台大和三个省立学院的教授,尤属人才济济。在我看来,目前的教育与五十年前我们受教育的时代比起来,已经是不可以道里计了。

陈雪屏厅长:投考的人数与录取的名额,相差很远,其最大的原因,是一个学生投考几个学校。假如把整个投考的人数与录取的作一个比例,相差并不太远。譬如今年高中毕业的学生六千四百多人,加上去年没有升学的,以及已经就业,或已就读于别的专科学校如行政专科学校,又以高中文凭来投考的,一共九千多人,不到一万。而录取的两千多人,加上军事学校一千九百人,还有国防医学院招考了一些人,一共约四千人,以过去大陆来比较,台湾学生今天升学的机会好得多了。

另一方面看看录取学生的成绩。前年工学院录取的学生平均二十六分。这样的成绩来学工科,是不是很好的现象?所以应该提高程度,决定提高到平均四十分。今年台湾大学,就是以这个标准来录取。

又从今年招生考试的情形来看,有一个很可虑的现象。也是今后高等教育很可虑的一个现象。就是国文、英文、历史程度好的,不是投考文学院的学生,而是投考工学院理学院的学生。文理学院还有几系,只有几十个人投考,程度很差,没有法子录取。又台大农学院投考的学生,如照工学院的标准,只能录取八人,从宽才录取二十六人。台湾需要学农学的人,而且学农的人出国的机会很多,可是只能勉强录取二十六人,这种现象,不知道要用什么方法,才能纠正得过来。

胡适之先生:我在北大二十年,前后参加办理学生入学考试,由出题阅卷至放榜,不下十三四次之多,对学生投考情形,颇为了解。大概考理学院的平均四人取一,考文学院的八人取一,考法学院的十二人取一。顶好的考理工科,因为须数学程度好,次一点的考文学院,这些人多从家庭或教师中得到良好的国英文基础教育,考法学院的人最多,认为考政治经济法律,人人可以尝试。外国的情形也是如此,程度顶好的学生选工科,现在工科里最时髦的是航空工程,其次是物理,物理中最时髦的是原子能。这种现象,不知道有什么方法可以纠正?我个人觉得只有希望教育的领导人多方面向青年们开导,使他们明了选择专门学科与将来的职业是一件事,选科与将来的职业有两个标准:一个是社会的需要,一个是我配干什么?这两个标准中,第二个标准比第一个更重要,因为社会的需要是跟着时代变迁的,过去社会的职业普通多说三百六十行,现在的社会职业恐怕三千六百行、三万六千行都不止了,需要航空工程,需要原子能,也需要诗人、戏剧家、哲学家;做马桶、开水沟的卫生工程,也不可少。而个人兴之所近,力之所能的只有一行,天才高的最多不过二三行,怎能样样都能适合社会的需要呢?如果为了迎合社会需要,放弃个人兴之所近,成功的往往很少,故"社会需要"的标准应在其次,个人兴之所近,力之所能最重要。青年学生在选择学科时,切不要太迁就社会需要。

近年来中国的大学教育有一个缺点,便是必修科太多,选修科太少。大学里应该提倡选修科,使青年学生们可以自由挑选。

历史上有很多明显的例子,如西洋新科学的老祖宗伽利略,他的父亲是个数学家,因当时数学不得用,不喜欢伽利略学数学,要他学医。可是伽利略对于医学并不感兴趣,许多朋友见他的绘画很好,认为他有美术素养,多劝他学美术。当他正要改系的时候,某日偶在校内专为公爵们补习几何学的补习班里,偷听了一两个钟头的几何学,觉得大有兴趣,于是不学医不学画而专学他父亲不要他学的数学。结果,伽利略成了新天文学新物理学的老祖宗。选修科就有这样的好处!

选修科等于探险,在座的董作宾先生是世界有名的考古学家,假使你在探险中偶然听了董先生的课,而对考古学发生了兴趣,你就可能成了董作宾先生的一个好徒弟。

所以,教育的领导人应该教青年学生明了选择学科要注意两个标准:社会的需要和你能干什么?尤其要减少必修科,使青年学生可以有余力去作各种的试探,这样也许可以挽救偏枯的趋势。

(本文为1952年12月11日胡适在台中农学院座谈会上的答问,收入《胡适言论集》乙编)

教育学生培养兴趣
台北市中等以上学校校长座谈会上答问

问：现在一般优秀青年不愿受师范教育，就[是]受了师范教育的人，不愿从事教育工作，对这个现象，有什么办法补救？

答：世界各国一般都有此现象，因为教育界待遇，较之工厂公司及自由职业者要低，国外也如此。专门学师范的人才，常转业到别的方面去，对此我还不知道有何普通的解决方法。美国在战后曾通过一个法律，以保障军人权利，即大战时国家征调的军人，服役完毕后，政府要给他付学费，受四年大学教育。于是投这些退役军人之好，有许多后期预备学校，私立大学和专门职业学校的设立。在我前次回国时，因为有千多万服役军人，享有四年受教育权利——受大学教育，或者补完高中教育，于是大学由六百多个增加到一千多个。地方的职业专科学校也是一样的增多，这样一来，发生师资问题。在战时，又因为各种工厂需要人才，很多人又跑到工厂去做工，以致师资时时感到缺乏。这的确是一普遍问题，我也常常听到他们讨论这个问题。

记得上海有一年发生过交易所的狂热，一年中产生七十多个证券物品交易所。那时许多中学教员，都放弃学校工作，跑到交易所去，尤其教英文算学的，这是外面的职业引起他转业，所以有很多学堂受了影响。

问：现在台湾中等学校情形，大学也不免，就是课程相当繁重。并且要特别注重国文，所以整个时间都被课程占据，除了功课之外，还有两小时用在火车上。学生没有一点时间，让他自己摸索，扩充课外的知识，所以全省有十四万中学生，而几份中学生读物都失败了。

学生根本没有时间读课外读物。

答：也许读物本身要负一点责任，它不能引起学生兴趣。我们做学生时，许多东西先生不许看，自己偷偷的看。关于大学的功课，三十年前我们在北京，就提倡选课制。大学选课制度是让学生减少必修课，增加选修课，让他多暗中摸索一点，扩大其研究兴趣。讲新教育要注重兴趣。所谓兴趣，不是进了学堂就算是最后兴趣。兴趣也要一点一点生长出来，范围一点一点的扩大。比方学音乐，中国的家庭，没有钢琴提琴，就是小孩子有此天才，有此兴趣，没有工具也不行。台湾的中小学教育，设备较大陆完善。如果把必修课时间减少一点，让他们活泼自动的去摸索，以养成兴趣，那么，成绩一定更好些。"得天下英才而教育之"，教育也是有一种兴趣的。美国对教育兴趣的培养，用许多方法，教育影片是其中的一个。由于电影教育的关系，也可以引起许多人对教育的兴趣。

现在新教育注重兴趣，我们的中等学校，兴趣范围太窄，应该力求扩大。我对中等教育是外行，不过我是从内地来的，总觉得台湾在三四十年中，打下了一个好的教育基础。日据时代，在别的方面也许是错误的，但是教育基础的确打得不错。我看台湾的小学中学建筑和设备，都比大陆高明，尤其中等职业学校。我们从前提倡职业教育，这个用手、用脚、用脑的教育虽然提倡过，但结果等于没有。大家都觉得职业教育难办，没有设备，没有机器，没有工厂。所以普通学校特别发达，办普通学校比较容易，政府又没有限制。台湾的情形，则比较好得多。职业学校的基础好，加上我们几年来自己的努力，在这环境之下，的确大有可为。

问：现在美国男子和女子教育有哪几点不同？

答：江校长这个问题确考倒了我。在我所读书的学堂，都是男女同学，如康乃尔大学，就是美国第一个男女同学最早的学校。以后哥伦比亚大学，本科只有几百人，分男女两部，而研究院的人比较多，完全男女同学，以我所看见的，看不出有什么大的区别。康乃尔的工学院方面，没有看到女生，其他在家政、护士医学方面女生特别多，很少有男护士。所有各科，都有女学生。在我做学生时，看见学工程的只有一个女的，后来就多了，在美国没有不许女子进去的学校，只有几个女学堂，不许男子进去。

问：胡先生在回国期间，对自由中国有何观感？

答：我到今天，回国刚一个月，此地朋友待我太好，天天要我用嘴吃饭喝酒和讲话，就没有用眼睛看，用耳朵听。用眼睛看的只有台大图书馆，甚至师范学院图书馆因为讲演后已经天黑，没有去看。只有在台中看了一天，看过两个电厂，和日月潭的风景，其他什么都没有看见。我回国时间很短，只能说一点普通观感，这个观感超过我没有回国之前的希望。就教育上说，的确超过我当初的希望，现在台湾有百多万学龄儿童，国民学校一年十几万的毕业生，有几万人去受中等教育，一个县份就有几个中学，在我的家乡，到现在，县里还没有一个中学。我此次到过南投彰化等县，一个县就有八个中学。并且不但中等学校如此，就大学教育，这几年来，也很发达。在日据时代，台湾的大学，只有几百学生，在这几百人之中，台湾籍学生占极少数，现在有一个国立大学，三个省立学院，人数都很多，在受教育的比例上，实在超过我的企望。同时学生也很活泼，我在彰化时，看到一千多学生赶火车，看到我来时，就临时集合在火车站要我说话。在农学院也是如此，大家集合要我说话，所以我看他们活泼，很高兴的和他们谈谈，讲了半点钟的话，觉得他们很活泼，很自由。

我看台湾的民主政治方面，因为教育发达，各县市民选的县市长和民选县市议会议长、议员，这些民选代表都不错。这几年实行民主政治，有此收效，恐怕是要归功于教育基础。这是我在很短时间内的一个普通粗浅的观察，觉得很满意，至少满意的程度超过我没有来以前的企望，所以我很高兴。诸位先生不要以为我所说的满意，只是恭维，的确我不是恭维，而是没有成见，虚心的看来的结果。

问：现在美国的学校教育与社会教育、家庭教育，如何配合？我们总配合不起来。

答：这个问题太大，我不是专门弄教育的，不学教育的不能答复这个大题目。我觉得这种配合总是不能完全满意。因为年轻的人，进学堂不一定有一定的宗旨。照规矩说，学的东西，不一定是社会或家庭需要的东西，一个学校也不一定为各个学生来适应家庭和社会的需要。总结还是一句话，要注重训练学生本能天才的发表，使他的知识能力有创造性，能应付新的问题，新的环境，我认为一切教育都应该如此，决不能为某种环境、某种家庭，去设想。

（本文为1952年12月19日胡适在台北市中等以上学校校长座谈会上的答问，原载1952年12月20日台北《中央日报》）

回忆中国公学
中国公学校友会欢迎会上讲词

今天我们的聚会,使我感到非常的高兴。在这里,能够会到民国以前的老师和老同学,我简直好像回到了母校,又成为它的老学生。

刚才主席谈到,我们的母校在"一二八事件"被毁了,我们的同学如像失去了母亲的孩子。对此,我亦深具同感。不过,在今天,不仅是我们的母校中国公学没有了,大陆所有的大学,也都遭受到同样的命运。有的学校被解散了,有的学校名字被取消了。这些学校的同学,也都受到我们同样的遭遇。

关于中国公学的复校工作,我过去未能多所尽力,实在很惭愧。但是,我觉得我们的母校自有它光荣的历史,不问我们的母校能否恢复,而它的历史是不朽的。如像北京大学,虽然一度改了名称,但对于它的历史并没有多大关系。我觉得,我们目前应做的工作,是发扬中国公学的历史价值,确定我们母校在中国革命史上和中国教育史上的地位。

我在《四十自述》这本回忆录里,曾详细叙述我在校的情形——我怎样进了中国公学,后来又怎样闹风潮,以至同朱经农一些同学另外办了一个新中国公学……,我写这一段的历史,很得力于赵健凡同学的帮助,因为他收集了好些我们在校里出版的《竞业旬报》。这上面有很多我写的文章和当时学校动态的记载,有人认为我《四十自述》记这一段文字,对于中国公学的历史很有帮助。

但我所写的,都是民元以前的事情,而且也不完整。我想,在我们母校创办人于右任先生的纪录里,在各位老师各位同学的记忆里,一定有很多宝贵的资料。像姚烈士为校务牺牲性命,像王云五先生当时的"小辫子"……，都可以写成很有价值，很有趣味的掌故，把它汇集起来编成为我们母校的"校史"，作为永垂不朽的历史纪念。这对于中华民国的产生经过和中国教育制度的沿革，都将是很有价值的文献。

谈到中国公学和中国革命的关系，这实在有深厚的渊源。中国公学的创办，在表面上是因为一部分留日学生反对日本政府取缔留学生的规定，大家回到上海，自动的举办本校，但实际上，这批留学生都是革命党人。教员中有于右任先生，马君武先生……，这都是当时革命的中坚分子；同学中，大部分都参加了革命工作，如像但懋辛，熊克武……以及参加黄花岗之役的饶辅廷烈士，都是当时的同学。我当年年纪很轻，是同学中的"子供"（注：日语小孩之意），还留着一条辫子，不够革命，同学们认为我年岁小，也不强求我革命，大家都鼓励我做学问，但我却时常为学校的刊物写文章；同时，多少也为革命尽点微劳。我当时英语比较还好，记得有天夜晚已经就寝，同学们将我喊起来，要我到海关办交涉，因为有位留日的女学生从日本回国，为革命党运送武器，箱子藏有大批的手枪炸弹，被海关扣下来，我便冒险的前去交涉，但后来实在无法可想，只好不谈东西，将人营救出来作罢。可见当时的中国公学，实在便是革命的机关。一般师生多是革命党人。这对于中华民国的开国革命，实在有不少的贡献。

其次，谈到中国公学和中国教育制度以至民主的政治制度，也有很深切的关系。当时我们母校的教育制度，有着一点独特的作风，这种作风便是民主制度在教育上的试验，当时校内并不设校长，而由三位干事共同负责处理校务，成为学校"行政机关"。另外由全体同学推举班长，室长，实行自治，并且选举评议员，组织评议会，成为学校的"立法机关"。一切校务虽由干事负责执行，但必须先经评议会通过，完成"立法程序"。就是聘请教员，也得经过同学的同意。记得总统的岳父宋耀如老先生，曾经教过我们的英文。原先有几位英文教员，都不为同学欢迎而解聘，后来聘请宋老先生，始而同学对他的印象并不太好，但上了第一堂课之后，他读得好，讲得好，发音又好，大家方心悦诚服的接受他的教导。

后来我们闹风潮,另外办了一个新中国公学,也是为了争取教育制度的民主化。因为当时外界捐赠了学校一笔款子,建筑校舍,但要求学校设校长,废止评议会一类的学生自治办法。我们维护民主,反对这类办法,便另办一个新中公,王云五先生便是那时的教员,虽然新中公最后不能维持,仍然归并到一起,但这段为民主的教育制度而奋斗的历史,在中国教育史上也有其应有的地位。

在自由中国没有完成"复国"的工作之前,我们的"复校"工作自然也谈不到。但我建议:我们应该马上成立"校史委员会",编撰我们母校——中国公学的校史,尤其是趁我们母校创办人于右任先生以及各位老师各位同学记忆犹新的时候,赶快逼着将他们记忆中的历史记录下来,这些宝贵的资料,将来是无法找寻的。中国公学的"校史",实在可以算作中华民国开国史和中国教育制度沿革史的一部分,它的光荣,它的价值,将是不朽的,崇高的,只要让社会一般人士都认识我们母校的光荣历史,将来我们的"复校"工作,一定可以顺利的达成。

(本文为1952年12月23日胡适在中国公学校友会欢迎会上的演讲,原载1952年12月24日台北《中央日报》)

中学生的修养与择业

刚才吴县长报告了五十八年前我在此地的一段历史——我在三岁至四岁间,随先人在台东州住过一年多,在台南住过十个月——要我把台东看作第二家乡;昨天台南市市长也向台南市市民介绍我是台南人;这番盛意,我非常感谢!吴县长预备在这里要做纪念我先人的举动,实在不敢当。明天举行县议员选举,我将以不是候选人也不是选举人,冒充同乡,到各投票所去参观。

今天我看到了吴县长老太太,看到了她,我非常感动,她可算台东年龄最高的了,她与先母年龄相当,先母如在世,已经有七十九岁了。

我到这里不久,与县长、教育科长、校长等几位谈话,知道了台东的教育是在异常困难的情况下来推进的,我非常敬佩他们艰苦不移紧守岗位的坚毅意志,本来教育厅陈雪屏厅长预备与我们同来的,因台北有事,临时由台南赶回去了,不过教育厅还有一位视察杨日旭先生是同来的,我已经特地要他到各校去视察,并将视察结果报告教育厅,以使省府对台东的教育情形有所了解。

今天我应该讲些什么?事先曾请教吴县长,师范刘校长和同来的几位朋友,他们以今天到场的大多数是青年朋友们,也有青年朋友们的父兄,因此要我讲讲中等教育的东西。同时,我到过的地方,许多朋友常常问我中学生应注重什么?中学毕业后,升学的应该怎样选科?到社会里去的应该怎样择业?我是不懂教育的,不过年纪大些,并且自己也是经过中学大学出来的,同时看到朋友们与我们自己的子弟经过中学,得到一点认识,愿意将自己的认识提出来供大家的参考,今天讲的题目,就是:"中学生的修养与中学生的择业"。

中学生的修养应注重两点：

一、**工具的求得**　中学生大概是从十二岁的幼年到十八岁的青年，这个时期是决定他将来最重要的一个时期。求知识与做人、做事的工具，要在这个时期求得。古人说："工欲善其事，必先利其器"，中学生要将来有成就，便应该注意到"求工具"——学业上、事业上、求知识上所需要的工具。求工具的目标有二：一是中学毕业后无力升学要到社会里去就业；一是继续升学。

第一种工具是言语文字。不论就业升学，以我个人的经验和观察所得，语言文字是最需要的工具。在中学里不仅应该学好本国的语言文字，最好能多学一二种外国的语言文字。它是就业升学的钥匙，能为我们打开知识的门。多学得一种语言，等于辟开一个新的花园、新的世界。语言文字，可以说是中学时期应该求得的工具当中非常重要的了。在中学时期如果没有打好语言文字的基础，以后作学问非常的困难。而且过了这个时期，很少能够把语言文字弄好。

第二种工具是科学的基本知识。许多人都说学了数学，将来没有什么用处，这是错误的。数学是自然科学重要的钥匙，如果不能把这个重要的钥匙——数学，与物理学、化学、生物学、矿物学、植物学等，在中学时期学好，则不能求得新的知识。所以中学时期最重要的，是把这些基本知识弄好。

青年们在学校里对于各种基本科学，不能当他是功课，是学校课程里面需要的功课，应该把它当成求知识、做学问、做人的工具，必不可少的工具。拿工具这个观念来看课程，课程便活了。拿工具这个观念来批评课程，可以得到一个标准。首先看看那些功课够得上作工具，并分出那些功课是求知识做学问的工具，那些功课是做人的工具。那些功课是重要，那些功课是次要。同时拿工具这个观念来督促自己，来分别轻重缓急，先生的教法，也可以拿工具这个观念来衡量，那种教法是死的笨的，请先生改良，那些应该特别注重，请先生注意。我这个话，不是叫学生对先生造反，而是请先生以工具来教，不要死板的照课本讲，这样推动先生，可以使得先生从没有精神提起精神，不是造反而是教学相长，不把功课当作功课看，把它当作必须的工具看。拿工具的观念看功课,功课便是活的。这一点也可以说是中学生治学的方法。

二、良好习惯的养成　　良好习惯的养成,即普通所谓的人品教育,品性人格的陶冶。教育学家心理学家都告诉我们说:人品性格是习惯的养成,好的品格是好的习惯养成。中学生是定型的阶段,中学生时期与其注重治学方法,毋宁提倡良好习惯的养成。一个人的坏习惯在中学还可纠正,假使在中学里不能养成良好的习惯,这个人的前途便算完了,在大学里不会是个好学生,在社会里不会是个有用的人才。我愿在这里提醒青年学生们的注意,也请学生的父兄教师们注意。

我们的国家以前专注重文字教育,读书人的指甲蓄得很长,手脸都是白白的,行动是文绉绉的,读书可以从"学而时习之"背诵起,写文章摇摇摆摆地会写出许多好听的词句来,可是他们是无用的,不能动手,也不能动脚,连桌凳有一点坏了,也不能拿起斧头钉子来修理。这种只能背书写文章的读书人就是没有养成良好的习惯——动手动脚的习惯。

我在台湾大学讲"治学方法"时,讲到一个故事:宋时有一新进士请教老前辈做官的秘诀,老前辈告诉他四个字:"勤谨和缓"。这四个字,大家称为做官秘诀,我把它看作做人、做事、做学问的秘诀。简单的分别说:

勤,就是不偷懒,不走捷径,要切切实实,辛辛苦苦的去作。要用眼睛的用眼睛。用手的用手,用脚的用脚,先生叫你找材料,你就到应该到的地方去找。叫你找标本,你就到田野,到树林里去找,无论在实验室里,自然界里,都不要偷懒,一点一滴的去作。

谨,就是谨慎,不粗心,不苟且。以江浙的俗话来说,不拆烂污。写字,一点、一横都不放过。写外国字,i 的一点,t 的一横,也一样的不放过。作数学,一个圈,一个小数点都不可苟且。不要以为这是小事情,作事关系天下的大事,作学问关系成败,所以细心谨慎,是必须要养成的习惯。

和,就是不要发脾气,不要武断。要虚心,要和和平平。什么叫做虚心？脑筋不存成见，不以成见来观察事，不以成见来对待人。就作学问来说：要以心平气和的态度来作化学、数学、历史、地理，并以心平气和的态度来学语文。无论对事、对人、对物、对问题、对真理，完全是虚心的，这叫做和。

缓，这个字很重要，缓的意思不要忙，不轻易下一个结论。如果没有缓的习惯，前面三个字都不容易做到。譬如找证据，这是很难的工作，如果要几点钟缴卷，就不能作到勤的工夫。忙于完成，证据不够，不管它了，这样就不能做到谨的工夫。匆匆忙忙的去作，当然不能做到和的工夫。所以证据不够，应该悬而不断，就是姑且挂在那里，悬而不断，并不是叫你搁下来不管，是要你勤，要你谨，要你和。缓，就是南方人说的"凉凉去吧"，缓的意思，是要等着找到了充分的证据，然后根据事实来下判断。无论作学问、作事、作官、作议员，都是一样的。大家知道治花柳病的名药"六〇六"吧？什么叫"六〇六"呢？经过六百零六次的试验才成功的。"九一四"则试验了九百一十四次，达尔文的生物进化论，认为动植物的生存进化与环境有绝大的关系，也费了三十年的工夫，到四海去搜集标本和研究，并与朋友们往复讨论。朋友们都劝他发表，他仍然不肯。后来英国皇家学会收到另一位科学家华莱士的论文，其结论与达尔文的一样，朋友们才逼着达尔文把研究的结论公布，并提出与朋友们讨论的信件，来证明他早已获得结论，于是皇家学会才决定同华莱士的论文同时发表，达尔文这种持重的态度，不是缺点，是美德，这也是科学史上勤谨和缓的实例。值得我们去想想，作为榜样，尤其青年学生们要在中学里便养成这种好习惯。有了这种好习惯，无论是做人做事做学问，将来不怕没有成就。

中学生高中毕业后，面临的问题是继续升学或到社会去找职业。升学应如何选科？到社会去应如何择业？简单的说，有两个标准：

一、社会的标准　社会上所需要的，最易发财的，最时髦的是什么？这便是社会的标准。台湾大学钱校长告诉我说，今年台大招生，投考学生中外文成绩好的都投考工学院，尤其是考电机工程、机械工程的特多，考文史的则很少，因为目前社会需要工程师，学成后容易得到职业而且待遇好。这种情形,在外国也是一样的,外国最吃香的学科是原子能、物理学和航空工程,干这一行的,最受欢迎,最受优待。

二、个人的标准　所谓个人的标准,就是个人的兴趣、性情、天才近那门学科,适于那一行业。简单的说,能干什么。社会上需要工程师,学工程的固不忧失业,但个人的性情志趣是否与工程相合?父母兄长爱人都希望你学工程,而你的性情志趣,甚至天才,却近于诗词,小说,戏剧,文学,你如迁就父母兄长爱人之所好而去学工程,结果工程界里多了一个饭桶,国家社会失去了一个第一流的诗人、小说家、文学家、戏剧学家,不是可惜了吗?所以个人的标准比社会的标准重要。因为社会标准所需要的太多,中国人常说社会职业有三百六十行,这是以前的说法,现在何止三百六十行,也许三千六百行,三万六千行都有,三千六百行,三万六千行,行行都需要。社会上需要建筑工程师,需要水利工程师,需要电力工程师,也需要大诗人、大美术家、大法学家、大政治家,同时也需要做新式马桶的工人。能做新式马桶的,照样可以发财。社会上三万六千行,既是行行都需要,一个人决不可能会做每行的事,顶多会二三行,普通都只能会一行的。在这种情形之下,试问是社会的标准重要?还是个人的标准重要?当然是个人的重要!因此选科择业不要太注重社会上的需要,更不要迁就父母兄长爱人的所好。爸爸要你学赚钱的职业,妈妈要你学时髦的职业,爱人要你学社会上有地位的职业,你都不要管他,只问你自己的性情近乎什么?自己的天才力量能做什么?配作什么?要根据这些来决定。

历史上在这一方面,有很好的例子。意大利的伽俐略是科学的老祖宗,是新的天文学家,新的物理学家的老祖宗。他的父亲是一个数学家,当时学数学的人很倒楣。在伽俐略进大学的时候(三百多年前),他父亲因不喜欢数学,所以要他学医,可是他读医科,毫无兴趣,朋友们以他的绘画还不坏,认为他有美术天才,劝他改学美术,他自己也颇以为然。有一天他偶然走过雷积教授替公爵府里面作事的人补习几何学的课室,便去偷听,竟大感兴趣,于是医学不学了,画也不学了,改学他父亲不喜欢的数学。后来替全世界创立了新的天文学、新的物理学,这两门学问都建筑于数学之上。

最后说我个人到外国读书的经过,民国前二年,考取官费留美,家兄特从东三省赶到上海为我送行,以家道中落,要我学铁路工程,或矿冶工程,他认为学了这些回来,可以复兴家业,并替国家振兴实业。不要我学文学、哲学,也不要学做官的政治法律,说这是没有用的。当时我同许多人谈谈这个问题。以路矿都不感兴趣,为免辜负兄长的期望,决定选读农科,想做科学的农业家,以农报国。同时美国大学农科,是不收费的,可以节省官费的一部分,寄回补助家用。进农学院以后第三个星期,接到实验系主任的通知,要我到该系报到实习。报到以后,他问我:"你有什么农场经验?"我说:"我不是种田的。"他又问我:"你作什么呢?"我说:"我没有做什么,我要虚心来学,请先生教我。"先生答应说:"好。"接着问我洗过马没有,要我洗马。我说:"我们中国种田,是用牛不是用马。"先生说:"不行。"于是学洗马,先生洗一半,我洗一半。随即学驾车,也是先生套一半,我套一半。作这些实习,还觉得有兴趣。下一个星期的实习,为包谷选种,一共有百多种,实习结果,两手起了泡,我仍能忍耐,继续下去,一个学期结束了,各种功课的成绩,都在八十五分以上。到了第二年,成绩仍旧维持到这个水准。依照学院的规定,各科成绩在八十五分以上的,可以多选两个学分的课程,于是增选了种果学。起初是剪树、接种、浇水、捉虫,这些工作,也还觉得有兴趣。在上种果学的第二星期,有两小时的实习苹果分类,一张长桌,每个位子分置了四十个不同种类的苹果,一把小刀,一本苹果分类册,学生们须根据每个苹果的长短,开花孔的深浅、颜色、形状、果味和脆软等标准,查对苹果分类册,分别其类别(那时美国苹果有四百多类,现恐有六百多类了),普通名称和学名。美国同学都是农家子弟,对于苹果的普通名称一看便知,只需在苹果分类册里查对学名,便可填表缴卷,费时甚短。我和一位郭姓同学则须一个一个的经过所有检别的手续,花了两小时半,只分类了二十个苹果,而且大部分是错的。晚上我对这种实习起了一种念头:我花了两小时半的时间,究竟是在干什么?中国连苹果种子都没有,我学它什么用处?自己的性情不相近,干吗学这个?这两个半钟头的苹果实习使我改行,于是,决定离开农科。放弃一年半的时间(这时我已上了一年半的课)牺牲了两年的学费,不但节省官费补助家用已不可能,维持学业很困难,以后我改学文科、学哲学、政治、经济、文学,在没有回国时,以前与朋友们讨论文学问题,引起了中国的文学革命运动,提倡白话,拿白话作文,作教育工具,这与农场经验没有关系,苹果学没有关系,是我那时的兴趣所在。我的玩意儿对国家贡献最大的便是文学的"玩意儿",我所没有学过的东西。最近研究《水经注》(地理学的东西)。我已经六十二岁了,还不知道我究竟学什么?都是东摸摸、西摸摸,也许我以后还要学学水利工程亦未可知,虽则我现在头发都白了,还是无所专长,一无所成。可是我一生很快乐,因为我没有依社会需要的标准去学时髦。我服从了自己的个性,根据个人的兴趣所在去做,到现在虽然一无所成,但是我生活得很快乐,希望青年朋友们,接受我经验得来的这个教训,不要问爸爸要你学什么,妈妈要你学什么,爱人要你学什么。要问自己性情所近,能力所能做的去学。这个标准很重要,社会需要的标准是次要的。

(本文为1952年12月27日胡适在台东县公共体育场的演讲,收入《胡适言论集》甲编)

美国大学教育的革新者
吉尔曼的贡献

我们几千年古国，竟没有一所大学具有六十年以上的历史。在欧洲，意大利有近千年的波罗利亚大学(Bologna)，法国有九百多年的巴黎大学，英国有八百多年的牛津大学，七百多年的剑桥大学，其他五百年以上的大学，欧洲有四、五十个之多。在美国这新兴的国家，独立以来仅一百七十年，但他们有三百多年的哈佛大学，二百多年的威玛大学(William and Mary)和耶鲁大学。虽然我国汉朝时有"太学"设立，算起来也有二千多年历史，在汉武帝时太学里从五个博士教授，五十个学生开始，到东汉时学生增到三万人，曾经成为言论自由、政治批评的中心，可惜太学的制度、风气、书籍、设备、财产，都没有继续下来，到今天我们最老的是北京大学，才不过五十多年历史。

吉尔曼(D. C. Gilman 生于 1831 年，死于 1908 年)，出生在耶鲁学院附近的脑威城，1840 年进入耶鲁读书，于 1852 年毕业，次年即与同时好友怀特(Andrew D. White)同时任职美国驻俄公使馆随员，同船去欧洲，在欧洲数年中，两人极为留心考察欧洲的大学教育制度，后来这两个人都成为美国教育的革新领袖，分任康乃尔大学及霍浦金斯大学(Johns Hopkins Univ.)校长。

1855 年吉尔曼回国，在母校耶鲁任教，当时耶鲁学院正想筹办一个理科学院，就请他做计划，他在 1856 年发表了这项计划，以及在欧洲考察科学研究所的纪录报告，后来这个谢斐而理科学院(Sheffield Scientific College)成立，吉尔曼任秘书兼任图书馆主任及地理学教授。

1872年吉尔曼经加利福尼亚大学再度邀请,就任该校校长,赴校途中访问了新创立康乃尔大学的老同学怀特,又访问了印第安那州筹办普渡大学的计划,和伊利诺州的州立大学计划。就任加州大学校长后,因为学校是州立,一切经费须议会通过,虽有理事会,事实上却受制于州议会,吉尔曼任职三年,深觉不能发展抱负,很不得意;正在这个时候(1874),东部Maryland州巴铁莫尔城有一富翁约翰霍浦金斯去世,遗嘱留下一笔大遗产七百万元,要在当地办一个医院,一个大学。

他在太平洋上羡慕霍大的那些董事先生们,却不知道那些董事先生也正在考虑要请他做校长。那些董事确很开通、明智,他们去信请教当时三位最有名的大学校长:哈佛的Eliot、康乃尔的怀特,密西根的安其(Angell),这三位校长不约而同的回信说,最好的校长是吉尔曼。1875年1月30日,他接受了霍浦金斯大学校长任务。那一天,他在日记里计划着"每年的收入至少有二十万,四万五千元留作图书、仪器、行政费,十五万五千留作教授费,四个教授每年六千元,合二万四千,二十个教授每年四千至五千,平均四千五,合九万元,二十个副教授(短期聘约)平均二千元,合四万元,总计154000元。"他认为:"无论何地,一个大学的效率,不靠校舍,不靠仪器,只靠教员的多寡好坏。"于是他费了一年工夫去寻访人才,当时既有理想,又有钱,又有自由,他走遍欧洲、英国、美国,聘请到许多名教授,如数学家J. J. Sylvester,生物学家H. Newell Martin,化学家Ira Remsen,古典文〔学家〕Basil Gildersleeve等,还有一位青年物理学家柔兰(Rowland)是个了不起的人才,但以青年不能在美国发表杰出的论文,反受英国大物理学家马克威尔赏识,吉尔曼也罗致到霍浦金斯大学来。人才聘到,一年后才开学。他当时对大学的见解是"研究院是大学,大学生是研究生,大学必须有思想自由、教学自由、研究自由"。他说过"研究是一个大学的灵魂,大学不是仅仅教书的地方,学生不要多,必须要有创造的研究的人才"。

霍大在吉尔曼的领导下,第一个目标是提高大学的研究工作,第二是传布研究的成绩。为了实现这两个相关连的目标,他提倡大学教授合作办几个专发表研究成绩的专门杂志,成绩极可重视。此外霍大早期研究生里，后来很多成为名学者，如美国总统威尔逊、哲学家杜威等。

（霍大创立十五年后，医学院始筹备竣事，当时霍大基金投资于巴铁莫尔至俄亥俄之铁路，一时未得红利，基金缺乏。富家小姐加利特（Mary E. Garrett）捐资五十万元，医学院乃得于1893年成立，同时亦因此允许女子入学，是为美国研究院招收女生之始）二十五年之后，吉尔曼七十岁，霍大盛大庆祝二十五周年校庆及老校长七十大庆，当时尚为普林斯顿大学教授的威尔逊总统特作贺寿文，由一千多霍大毕业生与教授签名。贺寿文里说："杰斐逊在他的维金尼亚大学计划里，定下了美国大学的规模，但你老先生是第一个人，建立一种新的大学，在这新大学里，发明新的真理，传布新的真理。在这新大学里，研究工作者的训练最可以表示研究在教育上的功效与价值。"在那次二十五周年的大庆典上，哈佛大学校长Eliot也说："吉尔曼先生在霍浦金斯大学，给全国的大学开创了一个新的纪元，他把大学看作研究院，他逼得我们都不能不跟着他走，跟着他改革，他不但发展了霍大，并且使别的大学校长知道如何发展他们的大学。"

1902年，吉尔曼在七十岁时退休了，1908年去世。

有了吉尔曼的霍浦金斯大学，美国才有研究院作本体的大学，美国才把旧的学院（Colleges）提高到Universities，才有了真正的大学。霍大开学到今天，不过七十八年，它的影响却使美国争取到全世界学术研究中心的地位了。

（本文为1954年3月26日胡适在傅斯年先生生日纪念会上的演讲，原载1954年3月27日台北《中央日报》和《新生报》）

谈谈大学

今天承各位青年朋友如此热烈欢迎,深感荣幸,本人于四年前曾来台中,当时所听到有关于东大者,仅仅是一个董事会,甚至连校名也未曾确定,四年后的今天,东大不仅是开学了,而且有这么好的建筑,这么幽静的环境,最高班也已至三年级了,这种迅速的进度,实在令人敬佩,我愿意借今天的机会向各位道喜!

我在美国时,曾看过贝聿铭先生的建筑设计,今天在此地又看到东大的校舍,诸位能在这么一个美丽的建筑,安静的环境中,安居乐业,专心研究,实在是够幸运了!昨天我在北沟看到许多名贵的古籍和历代的艺术作品,就联想到贵校的地理优势,假如诸位每周都能有机会看看故宫文物和中央图书馆的藏书,真是太理想了,因为这两个宝库中所收藏的,全是我国的精华,不仅是国宝,即在全世界,也占着最崇高的价值。

我现在已决定回美后,于本年秋间,和内子带一些破烂的书籍一同回来,那时希望有更多的时间,一方面研究,一方面可以多来东大看看,多作几次有关学术的讲演。

东大是一所私立的大学,到底私人设立的大学,对于一个国家的历史和地位又有什么关系,什么影响呢?今天我们的国家可以说是最困难的时候,大陆被极权者统治着,我们过去在学术上的一点成就和基础,现在可说是全毁了。记得二十余年前,中日战事没有发生时,从北平到广东,从上海到成都,差不多有一百多所的公私立大学,当时每一个大学的师生都在埋头研究,假如没有日本的侵略,敢说我国在今日世界的学术境域中,一定占着一席重要的地位,可惜过去的一点基础现在全毁了。所以诸位今天又得在这一个自由的宝岛上,有如平地起楼台，这是何等艰巨的一分工作啊！

说到这里，我们应该想想今天我们的国家在世界上，又占着一个怎样的地位！这当然有很多的原因，但其中一点我们不能否认，也必须了解的，就是有关于公私立大学校的延续问题，我国可考的历史固然已有四千年，但一直到今天还没有一个有过六十年以上历史的大学。我国第一个大学，是在汉武帝时，由公孙弘为相，发起组织，招收学生所设立的太学，这所太学，就是今日国立大学的起源，不过在设立之初只有五个教授，五十个学生，也就是所谓五经博士，至纪元后一百多年，王莽篡汉时，这个太学不仅建筑扩大了，而且学生人数，也达到一万人，光武中兴时的许多政坛人物，多是出身自这所太学，到第二世纪，这所太学的学生已发展到三万多人，比当今之哈佛、哥伦比亚等，毫无逊色。最可惜的，是当时政治腐败达于极点，因此许多的太学生，就开始批评政治，进而干预，结果演成党锢之祸，使太学蒙受影响。其后各代虽也有太学，但没有多大作用，到最后太学生可以用钱捐买，因此就不成为太学了。此外汉代也有私人讲学，其学生多少不等，有的三、五百，有的二、三千，这可以说是私立大学的起源，如郑玄所创者，即是一个很好的例子。

自纪元二百年郑玄逝世，至一千二百年朱熹逝世，在这一千年中，中国的学术多靠私人讲学传授阐扬，不过因政治问题，常受到压迫，虽然环境如此；但私人讲学并没有因此而中辍，而且仍旧成为传播学术的重要基础，如历代的书院，与学派的盛行，都是实例。

中国的高等教育虽然发达得很早，但是不能延续，没有一个历史悠久的学校，比起欧美来，就显然落后了，即使新兴的国家如菲律宾，也有三百多年历史的圣多玛大学，美国的历史只有一百六十余年，而美国的大学如哈佛、哥伦比亚等，都有二、三百年的历史，至于欧洲，尤其古老，如意大利就有一千年和九百多年历史的大学，英国的牛津和剑桥历史也达到八、九百年，若几百年历史的大学，在德法等国也为数不少，为什么历史不及我们的国家，会有那么长远历史的大学，而我国反而没有呢？因为人家的大学有独立的财团，独立的学风，有坚强的组织，有优良的图书保管，再加上教授可以独立自由继续的研究,和坚强的校友会组织,所以就能历代相传,悠久勿替,而我们的国家多少年来都没有一个学校能长期继续,实在是很吃亏的。

这几十年来,教会在中国设立了很多优良的大学和中学,它们对于近代的学术实在有很多的贡献和影响,可惜现在又都没有了,因此这些光荣的传统,就不得不再落于诸位的身上。中国的私立学校是否在将来世界的学术上占一席地,其在世界的高等教育中又若何,可以说都是诸位的责任,我以为私立学校有其优点,它比较自由,更少限制,所以我希望东海能有一个好榜样,把握着自由独立的传统,以为其他各校的模范,因为只有在自由独立的原则下,才能有高价值的创造,这也就是我今天所希望于诸位的。

(本文为1958年5月7日胡适在台中东海大学的演讲,
原载1958年5月8日台北《中央日报》、《新生报》)

大学的生活

校长,主席,各位同学:

我刚才听见主席说今天大家都非常愉快和兴奋,我想大家一定会提出抗议的,在这大热的天气,要大家挤在一起受罪,我的内心感到实在不安,我首先要向各位致百分之百的道歉。回来后一直没有做公开演讲,有许多团体来邀请,我都谢绝了,因为每次演讲房子总是不够用。以前在三军球场有过一次演说,我也总以为房子是没问题了,但房子仍是不够。今天要请各位原谅,实在不是我的罪过,台大代联会邀请了几次,我只好勉强的答应下来。

前两天我就想究竟要讲些什么?我问了钱校长和好几位朋友,他们都很客气,不给我出题,就是主席也不给我出题。今天既是台大代联会邀请,那么,我想谈谈大学生的生活,把我个人的或者几位朋友的经验,贡献给大家,也许可作各位同学的借镜,给各位一点暗示的作用。

记得在民国三十八年应傅斯年校长之请,在中山堂作一次公开演讲。我也总以为房子够用了,谁知又把玻璃窗弄破了不少。从民国三十八年到今天已有八九年的工夫了,这九年来,看到台大的进步和发展,不仅在学生人数方面已增加到七千多,设备、人才和学科方面也进步很多,尤其是医农两学院的进步,更得国外来参观过的教育家很大的赞誉。这是我要向校长、各位同学道贺的。

不过,我又听见许多朋友讲,目前很多学生选择科系时,从师长的眼光看,都不免带有短见,倾向于功利主义方面。天才比较高的都跑到医工科去,而且只走入实用方面,而又不选择基本学科,譬如学医的,内科、外科、产科、妇科,有很多人选,而基本学科譬如生物化学、病理学,很少青年人去选读,这使我感到今日的青年不免短视,带着近视眼镜去看自己的前途与将来。我今天头一项要讲的,就是根据我们老一辈的对选科系的经验,贡献给各位。我讲一段故事。

记得四十八年前,我考取了官费出洋,我的哥哥特地从东三省赶到上海为我送行,临行时对我说,我们的家早已破坏中落了,你出国要学些有用之学,帮助复兴家业,重振门楣,他要我学开矿或造铁路,因为这是比较容易找到工作的,千万不要学些没用的文学、哲学之类没饭吃的东西。我说好的,船就要开了。那时和我一起去美国的留学生共有七十人,分别进入各大学。在船上我就想,开矿没兴趣,造铁路也不感兴趣,于是只好采取调和折衷的办法,要学有用之学,当时康奈尔大学有全美国最好的农学院,于是就决定进去学科学的农学,也许对国家社会有点贡献吧!那时进康大的原因有二:一是康大有当时最好的农学院,且不收学费,而每个月又可获得八十元的津贴;我刚才说过,我家破了产,母亲待养,那时我还没结婚,一切从俭,所以可将部分的钱拿回养家。另一是我国有百分之八十的人是农民,将来学会了科学的农业,也许可以有益于国家。

入校后头一星期就突然接到农场实习部的信,叫我去报到。那时教授便问我:"你有什么农场经验?"我答:"没有。""难道一点都没有吗?""要有嘛,我的外公和外婆,都是道地的农夫。"教授说:"这与你不相干。"我又说:"就是因为没有,才要来学呀!"后来他又问:"你洗过马没有?"我说:"没有。"我就告诉他中国人种田是不用马的。于是老师就先教我洗马,他洗一面,我洗另一面。他又问我会套车吗,我说也不会。于是他又教我套车,老师套一边,我套一边,套好跳上去,兜一圈子。接着就到农场做选种的实习工作,手起了泡,但仍继续的忍耐下去。农复会的沈宗瀚先生写一本《克难苦学记》,要我和他作一篇序,我也就替他做一篇很长的序。我们那时学农的人很多,但只有沈宗瀚先生赤过脚下过田,是唯一确实有农场经验的人。学了一年,成绩还不错,功课都在八十五分以上。第二年我就可以多选两个学分,于是我选种果学,即种苹果学。分上午讲课与下午实习。上课倒没有什么,还甚感兴趣;下午实验,走入实习室,桌上有各色各样的苹果三十个,颜色有红的、有黄的、有青的……形状有圆的、有长的、有椭圆的、有四方的……。要照着一本手册上的标准,去定每一苹果的学名,蒂有多长?花是什么颜色?肉是甜是酸?是软是硬?弄了两个小时。弄了半个小时一个都弄不了,满头大汗,真是冬天出大汗。抬头一看,呀!不对头,那些美国同学都做完跑光了,把苹果拿回去吃了。他们不需剖开,因为他们比较熟习,查查册子后面的普通名词就可以定学名,在他们是很简单。我只弄了一半,一半又是错的。回去就自己问自己学这个有什么用?要是靠当时的活力与记性,用上一个晚上来强记,四百多个名字都可记下来应付考试。但试想有什么用呢?那些苹果在我国烟台也没有,青岛也没有,安徽也没有……我认为科学的农学无用了,于是决定改行,那时正是民国元年,国内正在革命的时候,也许学别的东西更有好处。

那么,转系要以什么为标准呢?依自己的兴趣呢?还是看社会的需要?我年轻时候《留学日记》有一首诗,现在我也背不出来了。我选课用什么做标准?听哥哥的话?看国家的需要?还是凭自己?只有两个标准:一个是"我";一个是"社会",看看社会需要什么?国家需要什么?中国现代需要什么?但这个标准——社会上三百六十行,行行都需要,现在可以说三千六百行,从诺贝尔得奖人到修理马桶的,社会都需要,所以社会的标准并不重要。因此,在定主意的时候;便要依着自我的兴趣了——即性之所近,力之所能。我的兴趣在什么地方?与我性质相近的是什么?问我能做什么?对什么感兴趣?我便照着这个标准转到文学院了。但又有一个困难,文科要缴费,而从康大中途退出,要赔出以前二年的学费,我也顾不得这些。经过四位朋友的帮忙,由八十元减到三十五元,终于达成愿望。在文学院以哲学为主,英国文学、经济、政治学之门为副。后又以哲学为主,经济理论、英国文学为副科。到哥伦比亚大学后,仍以哲学为主,以政治理论、英国文学为副。我现在六十八岁了,人家问我学什么?我自己也不知道学些什么?我对文学也感兴趣,白话文方面也曾经有过一点小贡献。在北大,我曾做过哲学系主任、外国文学系主任、英国文学系主任,中国文学系也做过四年的系主任,在北大文学院六个学系中，五系全做过主任。现在我自己也不知道学些什么，我刚才讲过现在的青年太倾向于现实了，不凭性之所近，力之所能去选课。譬如一位有作诗天才的人，不进中文系学做诗，而偏要去医学院学外科，那么文学院便失去了一个一流的诗人，而国内却添了一个三四流甚至五流的饭桶外科医生，这是国家的损失，也是你们自己的损失。

在一个头等，第一流的大学，当初日本筹划帝大的时候，真的计划远大，规模宏伟，单就医学院就比当初日本总督府还要大。科学的书籍都是从第一号编起。基础良好，我们接收已有十余年了，总算没有辜负当初的计划。今日台大可说是国内唯一最完善的大学，各位不要有成见，带着近视眼镜来看自己的前途，看自己的将来。听说入学考试时有七十二个志愿可填，这样七十二变，变到最后不知变成了什么，当初所填的志愿，不要当做最后的决定，只当做暂时的方向。要在大学一、二年的时候，东摸摸西摸摸的瞎摸。不要有短见，十八九岁的青年仍没有能力决定自己的前途、职业。进大学后第一年到处去摸、去看，探险去，不知道的我偏要去学。如在中学时候的数学不好，现在我偏要去学，中学时不感兴趣，也许是老师不好。现在去听听最好的教授的讲课，也许会提起你的兴趣。好的先生会指导你走上一个好的方向，第一二年甚至于第三年还来得及，只要依着自己"性之所近，力之所能"的做去，这是清代大儒章学诚的话。

现在我再说一个故事，不是我自己的，而是近代科学的开山大师——伽利略（Galileo），他是意大利人，父亲是一个有名的数学家，他的父亲叫他不要学他这一行，学这一行是没饭吃的，要他学医。他奉命而去。当时意大利正是文艺复兴的时候，他到大学以后曾被教授和同学捧誉为"天才的画家"，他也很得意。父亲要他学医，他却发现了美术的天才。他读书的佛劳伦斯地方是一工业区，当地的工业界首领希望在这大学多造就些科学的人才，鼓励学生研究几何，于是在这大学里特为官儿们开设了几何学一科，聘请一位叫Ricci氏当教授。有一天，他打从那个地方过，偶然的定脚在听讲，有的官儿们在打瞌睡，而这位年轻的伽利略却非常感兴趣。于是不断地一直继续下去，趣味横生，便改学数学，由于浓厚的兴趣与天才，就决心去东摸摸西摸摸,摸出一条兴趣之路,创造了新的天文学、新的物理学,终于成为一位近代科学的开山大师。

大学生选择学科就是选择职业。我现在六十八岁了,我也不知道所学的是什么?希望各位不要学我这样老不成器的人。勿以七十二志愿中所填的一愿就定了终身,还没有的,就是大学二、三年也还没定。各位在此完备的大学里,目前更有这么多好的教授人才来指导,趁此机会加以利用。社会上需要什么,不要管它,家里的爸爸、妈妈、哥哥、朋友等,要你做律师、做医生,你也不要管他们,不要听他们的话,只要跟着自己的兴趣走。想起当初我哥哥要我学开矿、造铁路,我也没听他的话,自己变来变去变成一个老不成器的人。后来我哥哥也没说什么。只管我自己,别人不要管他。依着"性之所近,力之所能"学下去,其未来对国家的贡献也许比现在盲目所选的或被动选择的学科会大得多,将来前途也是无可限量的。下课了!下课了!谢谢各位。

(本文为 1958 年 6 月 2 日胡适在台大法学院的演讲,
原载 1958 年 6 月 19 日台北《大学新闻》)

找书的快乐

主席、诸位先生：

我不是藏书家，只不过是一个爱读书，能够用书的书生，自己买书的时候，总是先买工具书，然后才买本行书，换一行时，就得另外买一种书。今年我六十九岁了，还不知道自己的本行到底是那一门？是中国哲学呢？还是中国思想史？抑或是中国文学史？或者是中国小说史？《水经注》？中国佛教思想史？中国禅宗史？我所说的"本行"，其实就是我的兴趣，兴趣愈多就愈不能不收书了。十一年前我离开北平时，已经有一百箱的书，大约有一、二万册。离开北平以前的几小时，我曾经暗想着：我不是藏书家，但却是用书家。收集了这么多的书，舍弃了太可惜，带吧，因为坐飞机又带不了。结果只带了一些笔记，并且在那一、二万册书中，挑选了一部书，作为对一、二万册书的纪念，这一部书就是残本的《红楼梦》。四本只有十六回，这四本《红楼梦》可以说是世界上最老的抄本。收集了几十年的书，到末了只带了四本，等于当兵缴了械，我也变成一个没有棍子，没有猴子的变把戏的叫化子。

这十一年来，又蒙朋友送了我很多书，加上历年来自己新买的书，又把我现在住的地方堆满了，但是这都是些不相干的书，自己本行的书一本也没有。找资料还需要依靠中研院史语所的图书馆和别的图书馆，如台湾大学图书馆、中央图书馆等救急。

找书有甘苦，真伪费推敲

我这个用书的旧书生，一生找书的快乐固然有，但是，找不到书的苦处也尝到过。民国九年（1920年）7月，我开始写《水浒传考证》

的时候,参考的材料只有金圣叹的七十一回本《水浒传》、《征四寇》及《水浒后传》等,至于《水浒传》的一百回本、一百一十回本、一百一十五回本、一百廿回本、一百廿四回本,还都没有看到。等我的《水浒传考证》问世的时候,日本才发现《水浒》的一百一十五回本及一百回本、一百一十回本及一百廿回本。同时我自己也找到了一百一十五回本及一百廿四回本。做考据工作,没有书是很可怜的。考证《红楼梦》的时候,大家知道的材料很多,普通所看到的《红楼梦》都是一百廿回本。这种一百廿回本并非真的《红楼梦》。曹雪芹四十多岁死去时,只写到八十回,后来由程伟元、高鹗合作,一个出钱,一个出力,完成了后四十回。乾隆五十六年的活字版排出了一百廿回的初版本,书前有程、高二人的序文说:

> 世人都想看到《红楼梦》的全本,前八十回中黛玉未死,宝玉未娶,大家极想知道这本书的结局如何?但却无人找到全的《红楼梦》。近因程、高二人在一卖糖摊子上发现有一大卷旧书,细看之下,竟是世人遍寻无着的《红楼梦》后四十回,因此特加校订,与前八十回一并刊出。

可是天下这样巧的事很少,所以我猜想序文中的说法不可靠。

考证《红楼梦》,清查曹雪芹

三十年前我考证《红楼梦》时,曾经提出二个问题,这是研究红学的人值得研究的:一、《红楼梦》的作者是谁?作者是怎样一个人?他的家世如何?家世传记有没有可考的资料?曹雪芹所写的那些繁华世界是有根据的吗?还是关着门自己胡诌乱说?二、《红楼梦》的版本问题,是八十回?还是一百廿回?后四十回是那里来的?那时候有七、八种《红楼梦》的考证,俞平伯、顾颉刚都帮我找过材料。最初发现乾隆五十七年(1792年)有程伟元序的乙本,其中并有高鹗的序文及引言七条,以后发现早一年出版的甲本,证明后四十回是高鹗所续,而由程伟元出钱活字刊印。又从其他许多材料里知道曹雪芹家为江南的织造世职,专为皇室纺织绸缎,供给宫内帝后、妃嫔及太子、王孙等穿戴,或者供皇帝赏赐臣下,后来在清理故宫时,从康熙皇帝一秘密抽屉内发现若干文件,知道曹雪芹的祖父曹寅,等于皇帝派出的特务,负责察看民心年成,或是退休丞相的动态,由此可知曹家为阔绰大户。《红楼梦》中有一段说到王熙凤和李嬷嬷谈皇帝南巡,下榻贾家,可知是真的事实。以后我又经河南的一位张先生指点,找到杨钟羲的《雪桥诗话》及《八旗经文》,以及有关爱新觉罗宗室敦诚、敦敏的记载,知道曹雪芹名霑、号雪芹,是曹寅的孙子,接着又找到了《八旗人诗抄》、《熙朝雅颂集》,找到敦诚、敦敏兄弟赐送曹雪芹的诗,又找到敦诚的《四松堂集》,是一本清抄未删底本,其中有挽曹雪芹的诗,内有"四十年华付杳冥"句,下款年月日为甲申(即乾隆甲申廿九年,西历1764年)。从这里可以知道曹雪芹去世的年代,他的年龄为四十岁左右。

险失好材料,再评《石头记》

民国十六年我从欧美返国,住在上海,有人写信告诉我,要卖一本《脂砚斋评石头记》给我,那时我以为自己的资料已经很多,未加理会。不久以后和徐志摩在上海办新月书店,那人又将书送来给我看,原来是甲戌年手抄再评本,虽然只有十六回,但却包括了很多重要史料。里面有:"壬午除夕,书未成,芹为泪尽而逝。甲年八月泪笔"的句子,指出曹雪芹逝于乾隆廿七年冬,即西历1763年2月12日:"字字看来皆是血,十年辛苦不寻常"诗句,充分描绘出曹雪芹写《红楼梦》时的情态。脂砚斋则可能是曹雪芹的太太或朋友。自从民国十七年二月我发表了《考证红楼梦的新材料》之后,大家才注意到《脂砚斋评本石头记》。不过,我后来又在民国廿二年从徐星署先生处借来一部庚辰秋定本脂砚斋四阅评过的《石头记》,是乾隆廿五年本,八十回,其中缺六十四、六十七两回。

谈《儒林外史》,推赞吴敬梓

现在再谈谈我对《儒林外史》的考证:《儒林外史》是部骂当时教育制度的书,批评政治制度中的科举制度。我起初发现的只有吴敬梓的《文木山房集》中的赋一卷(四篇),诗二卷(一三一首),词一卷

(四七首),拿这当做材料。但是在一百年前,我国的大诗人金和,他在跋《儒林外史》时,说他收有《文木山房集》,有文五卷。可是一般人都说《文木山房集》没有刻本,我不相信,便托人在北京的书店找,找了几年都没有结果,到了民国七年才在带经堂书店找到。我用这本集子参考安徽《全椒县志》,写成一本一万八千字的《吴敬梓年谱》,中国小说传记资料,没有一个能比这更多的,民国十四年我把这本书排印问世。

如果拿曹雪芹和吴敬梓二人作一个比较,我觉得曹雪芹的思想很平凡,而吴敬梓的思想则是超过当时的时代,有着强烈的反抗意识。吴敬梓在《儒林外史》里,严刻地批评教育制度,而且有他的较科学化的观念。

有计划找书,考证神会僧

前面谈到的都是没有计划的找书,有计划的找书更是其乐无穷。所谓有计划的找书,便是用"大胆的假设,小心的求证"方法去找书,现在再拿我找神会和尚的事做例子,这是我有计划的找书:神会和尚是唐代禅宗七祖大师,我从《宋高僧传》的慧能和神会传里发现神会和尚的重要,当时便作了个大胆的假设,猜想有关神会和尚的资料只有在日本和敦煌两地可以发现。因为唐朝时,日本派人来中国留学的很多,一定带回去不少史料,经过"小心的求证",后来果然在日本找到宗密的《圆觉大疏钞》和《禅源诸诠集》,另外又在巴黎的国家图书馆及伦敦的大英博物馆发现数卷神会和尚的资料。知道神会和尚是湖北襄阳人,到洛阳、长安传布大乘佛法,并指陈当时的两京法祖三帝国师非禅宗嫡传,远在广东的六祖慧能才是真正禅宗一脉相传下来的。但是神会的这些指陈不为当时政府所取信,反而贬走神会。刚好那时发生安史之乱,唐玄宗远避四川,肃宗召郭子仪平乱,这时国家财政贫乏,军队饷银只好用度牒代替,如此必须要有一位高僧宣扬佛法令人乐于接受度牒。神会和尚就担任了这项推行度牒的任务。郭子仪收复两京(洛阳、长安),军饷的来源,不得不归功神会。安史之乱平了后,肃宗迎请神会入宫奉养,并且尊神会为禅宗七祖,所以神会是南宗的急先锋,北宗的毁灭者,新禅学的建立者,《坛经》的创作者,在中国佛教史上没有第二个人有这样伟大的功勋。我所研究的《神会和尚全集》可望在明年由中央研究院历史语言研究所出版。

最后,根据我个人几十年来找书的经验,发现我们过去的藏书的范围是偏狭的,过去收书的目标集于收藏古董,小说之类决不在藏书之列。但我们必须了解了解,真正收书的态度,是要无所不收的。

(本文为1959年12月27日胡适在台湾"中国图书馆学会"年会上的演讲,原载1962年12月16日台北《中国图书馆学会会报》第14期)

中国教育史的资料

我是一个不懂教育的人,除了写过一篇《杜威先生的教育哲学》以外,没有写过第二篇有关教育的文章。谈到"中国教育史的资料",必先了解教育史有几种,有教育思想史,还有教育制度史。在三十年前,曾经写过一封信与我的一个学生讨论教育史的方法。一种是死的方法,就是在《三通》、《九通》、《十通》里去找有关教育的资料,而后把它们拼凑起来。另一种是活的方法,就是根据每一个时代的教育制度及那一时代中的师生们的生活情形,师生之间的关系等活的资料,来撰写教育史。

要找寻教育史的活的资料,《儒林外史》、《醒世姻缘》、《论语》、《孟子》、《礼记》的《檀弓》篇,都有很好的资料。《儒林外史》实在是一部很好的教育史资料,书中不但谈到学制,学生、老师们的生活,同时还谈到由于学制,老师、学生们的生活与关系,所养成的学生的人格与德性。《醒世姻缘》虽然是一部全世界最伟大的怕太太小说,但它里面有些地方,把当时的学制与师生之间的生活情形,描写得非常透彻,《论语》则是一部非常好的教育制度的资料。《礼记》的《檀弓》篇,从语言学的观点来看,是与《论语》是在同一时期的。《论语》中孔子与门人的对话,便是活的教育资料。此外《聊斋》一书亦含有部分资料。

中国的教育史,应当从《论语》时代开始。我国的太学远在二千多年前便开始,汉平帝时,王莽扩充太学,收买学生,但仍出了革命人物,汉光武便是由太学出来,以后太学又增至三万人。太学学生,也即是当年的青年知识分子,从而批评政治,形成后汉的党锢之祸,宋代有一部杂记形容太学学生的生活说"有发头陀寺,无官御史台",

由此可以看到太学的生活了。后来到了明朝，又有东林党的事件。到了清朝，教育制度又有不同，一部分监生可以花钱去买。

谈到书院，到了北宋时代，有四个书院很出名，清代更为发达，我的父亲便是在同治七年考入上海的龙门书院。我的父亲《钝夫年谱》里详细叙述当年该书院的详细情形，并特别提出，该书院在学生的笔记本上印有一句很有意义的格言："学者先要会疑，要能于无疑处有疑，方能进步。"此话虽是九十年前的格言，但在今天来说，仍非常有意义。

最后希望有兴趣撰写教育史的，要多多注意以上各种的活的资料，写活的教育史。同时，希望各人能把自己的资料写下来，给以后的人们作参考。

（本文为 1959 年 12 月 27 日胡适在中国教育会等六个教育学术团体的联合年会上的演讲，原载 1959 年 12 月 28 日台北《中央日报》）

教师的模范

师范,就是教师的模范,他们至少要有两方面的理想。人格方面,是要爱自由和爱独立,比生命还重要,做到"不降其志,不辱其身",把自由独立看作最重要的,这样人格才算完满。另一方面是知识,就是要爱真理,寻真理,为真理牺牲一切,为真理受苦,爱真理甚于自己的生命。

中国是具有五千年历史文化的古国,但却没有一个具有六十年或七十年以上历史的大学。北京大学是一个很老的学校,也不过六十二年,交通大学从它的前身南洋公学一起算进去,也只有六十多年的历史,台湾大学从日据时代的台湾帝国大学,到现在不过二十多年,一个有五千年历史的国家,没有六七十年以上历史的大学,是很使人惭愧的。

1936年,我曾代表北京大学参加哈佛大学成立三百周年纪念,有五百多个世界各地的著名学术机构和大学的代表都去道贺。在一次按照代表们所代表学校成立年代为先后的排队游行中,埃及的一个大学排在第一,但在历史上这个大学有一千多年的历史,是可怀疑的。实际可考的,应该是排在第二的义大利佛罗伦斯大学,才真正具有一千多年的历史。北京大学是排到第五百五十几〔四百一十九〕名。

我在哈佛大学的餐会中,曾被邀请说话,我曾指出,北京大学是国立大学,是首都大学,也是真正继承中国历史上太学的学府。中国的太学是创始于汉武帝时代,这样算起来,北大历史应该要从纪元前124年算起,如果以这个历史为考据,北大该排在埃及大学的前面了。

北京大学不愿意继承太学是有原因的。中国的大学始于太学,但是从汉武帝到隋唐国子监,都没有持续性和继续性,当朝代间替,政府更换的时候,学堂也随着变换,使得学堂的设备、财产、人才、学风都缺乏继续的机构接替下去。

在中国,太学是政治机构的一部分,太学校长叫"祭酒",他们升官了,就离开太学做官去。无论是学风,人才,都随着不同的朝代政府变迁更换。西洋的大学能够继续不断发展,有三个因素:第一它们有董事会,管理学校财产,像欧洲的大学是由教皇特旨,以教皇的许可状作为基础,连续有人负责学校的一切。第二,是教师会,它使得学校的传统学风能继续下去。第三,美洲的大学,都有校友会,校友们捐款给学校,推选董事参加董事会。

中国的大学有国立的,官立的,私立的,但却没有一个私立学校是完全私立的,大多是半官立的,太学在纪元前124年成立时,只有五个教授,五十个学生。王莽大兴学堂,曾筑舍万区,纪元后4年,太学生有六万多人,东汉迁都洛阳,太学仍在继续不断发展。汉光武帝革命的成功,全是王莽时代太学生的力量。"党锢之祸"发生以后,太学生才渐为大家所恐惧。

我们大学制度产生得很早,但是几千年来没有好好持续下去,造成了有五千年历史,而没有七十年以上大学历史的现象。

一个只有十四年历史的学堂,在教育史上还是个小孩子。十四岁的孩子是不应该为他大做生日的,但还是值得道喜。……

师大学生要以爱自由,爱独立,爱真理胜过生命的理想,担负起教养下一代的神圣使命。

(本文为1960年6月5日胡适在台湾师大十四周年纪念会上的演讲,原载1960年6月6日台北《新生报》。收入本集时,编者删除了文中的报道性内容)

在北京大学六十二周年校庆纪念会上的演说词

今天是北大六十二岁的校庆。同学们把我的生日连在一起,并且一再邀请,不好意思不来。我不想多说话,只带来三本已经发黄的小册子,提一部分向大家讲讲。这三本是《北大五十周年纪念特刊》、《北大五十周年纪念图书馆善本目录》、《北大历届校友录》。

北大五十周年校庆,是在民国三十七年十二月十七日,当时一切庆祝活动都已准备好了,可是却没有举行,因为那时北平已经成了围城。15日,我和几位教授与家里的人,就乘政府的飞机离开了北平。17日校庆日,炮弹已经打进了城,这是北大一个很严重的患难。

各位所看到的这本《北京大学五十周年纪念特刊》,前几页是图,图里不但包括过去的文学院、理学院、法学院,同时还有抗战以后成立的农学院、医学院、工学院。这些图片以下是纪念文字。第一篇是我的《北大五十周年》。以后便是各种展览会及实验室开放目录。再以后便是论文目录,包括理学院的二十篇,文学院的四十五篇,法学院的十五篇,医学院的三十一篇,农学院的十七篇,工学院的七篇。从这些论文中,我们可以充分的看到,那时正是北大在学术研究上的全盛时代。论文之后,便是特刊。特刊中有邹树文的《北京大学最早期的回忆》,俞月奎的《四十六年前我考进母校的经验》,齐如山的《同文馆》,冯友兰的《北大怀旧记》,熊十力的《纪念北大五十周年并为林宰平先生祝嘏》,罗常培的《七七事变后北大的残局》等多篇纪念文字。

有人问北大校庆为什么和我的生日同一天?我的生日是光绪十七年十一月十七日,后来我在签证处赴美留学时,一位王尔德博士替我翻成阳历的今天。至于北大校庆的日子,有几种说法:一说是从阴历翻成阳历的今天,但据邹树文那篇回忆中说,戊戌年设校之说不确,可能是庚子乱后,壬寅年恢复开学的纪念日。这篇文章和罗常培那篇《七七事变后北大的残局》,都是校史的重要资料。七七事变后,我在南京接受政府非正式的任务出国去,自南京搭船至汉口,转飞香港时,在九江途中给北大留守的郑毅生的一封信,也是北大校史的一份资料。

我们经过多少患难的人,今天在此纪念北大校庆纪念会,心里很难过。现在有许多大学在这里复校,为什么北大不复校？我常说,办一个第一流大学不是一件容易的事。一个学校是与人一样的,一个人做了许多事,最后还会死,但是他的精神仍是值得纪念的。我们要纪念北大,应当从精神上去纪念他,历史上去纪念他,百年千年之后,一样可以纪念他。要建立一个像十二年前、三十年前、四十年前的北大是不容易的,因此我们今天只有在精神上及痛苦的感情上去纪念北大。

(本文为1960年12月17日胡适在台北北大同学会举行的北大六十二周年校庆纪念会上的演讲,原载1960年12月18日台北《中央日报》、《新生报》)

卷五

"少年中国"的精神

上回太炎先生话里面说现在青年的四种弱点,都是很可使我们反省的。他的意思是要我们少年人:(一)不要把事情看得太容易了;(二)不要妄想凭借已成的势力;(三)不要虚慕文明;(四)不要好高骛远。这四条都是消极的忠告。我现在且从积极一方面提出几个观念,和各位同志商酌商酌。

一、少年中国的逻辑　逻辑即是思想、辩论、办事的方法;一般中国人现在最缺乏的就是一种正当的方法。因为方法缺乏,所以有下列的几种现象:(一)灵异鬼怪的迷信,如上海的盛德坛及各地的各种迷信;(二)谩骂无理的议论;(三)用诗云子曰作根据的议论;(四)把西洋古人当作无上真理的议论;还有一种平常人不很注意的怪状,我且称他为"目的热",就是迷信一些空虚的大话,认为高尚的目的。全不问这种观念的意义究竟如何。今天有人说:"我主张统一和平",大家齐声喝采,就请他做内阁总理;明天又有人说:"我主张和平统一",大家又齐声叫好,就举他做大总统;此外还有什么"爱国"哪,"护法"哪,"孔教"哪,"卫道"哪……许多空虚的名词;意义不曾确定,也都有许多人随声附和,认为天经地义,这便是我所说的"目的热";以上所说各种现象都是缺乏方法的表示。我们既然自认为"少年中国",不可不有一种新方法;这种新方法,应该是科学的方法。科学方法,不是我在这短促时间里所能详细讨论的,我且略说科学方法的要点:

第一注重事实　科学方法是用事实作起点的,不要问孔子怎么说,柏拉图怎么说,康德怎么说;我们须要先从研究事实下手,凡游历、调查、统计等事都属于此项。

第二注重假设　单研究事实,算不得科学方法。王阳明对着庭前的竹子做了七天的"格物"工夫,格不出什么道理来,反病倒了,这是笨伯的"格物"方法。科学家最重"假设"(Hypothesis)。观察事物之后,自然有几个假定的意思。我们应该把每一个假设所涵的意义澈底想出,看那些意义是否可以解释所观察的事实、是否可以解决所遇的疑难。所以要博学;正是因为博学方才可以有许多假设,学问只是供给我们种种假设的来源。

第三注重证实　许多假设之中,我们挑出一个,认为最合用的假设。但是这个假设是否真正合用？必须实地证明。有时候,证实是很容易的;有时候,必须用"试验"方才可以证实。证实了的假设,方可说是"真"的,方才可用。一切古人今人的主张、东哲西哲的学说,若不曾经过这一层证实的工夫,只可作为待证的假设,不配认作真理。

少年的中国,中国的少年,不可不时时刻刻保存这种科学的方法,实验的态度。

二、少年中国的人生观　现在中国有几种人生观都是"少年中国"的仇敌:第一种是醉生梦死的无意识生活,固然不消说了;第二种是退缩的人生观,如静坐会的人,如坐禅学佛的人,都只是消极的缩头主义;这些人没有生活的胆子,不敢冒险,只求平安,所以变成一班退缩懦夫;第三种是野心的投机主义,这种人虽不退缩,但为完全自己的私利起见,所以他们不惜利用他人,作他们自己的器具,不惜牺牲别人的人格和自己的人格,来满足自己的野心,到了紧要关头,不惜作伪,不惜作恶,不顾社会的公共幸福,以求达他们自己的目的。这三种人生观都是我们该反对的。少年中国的人生观,依我个人看来,该有下列的几种要素:

第一须有批评的精神　一切习惯、风俗、制度的改良,都起于一点批评的眼光。个人的行为和社会的习俗,都最容易陷入机械的习惯,到了"机械的习惯"的时代,样样事都不知不觉的做去,全不理会何以要这样做,只晓得人家都这样做故我也这样做。这样的个人便成了无意识的两脚机器,这样的社会便成了无生气的守旧社会,我们如果发愿要造成少年的中国,第一步便须有一种批评的精神;批评的精神不是别的,就是随时随地都要问我为什么要这样做?为什么不那样做?

第二须有冒险进取的精神　我们须要认定这个世界是很多危险的,是不太平的,是需要冒险的。世界的缺点很多,是要我们来补救的;世界的痛苦很多,是要我们来减少的;世界的危险很多,是要我们来冒险进取的,俗语说得好:"成人不自在,自在不成人。"我们要做一个人,岂可贪图自在;我们要想造一个"少年的中国",岂可不冒险;这个世界是给我们活动的大舞台,我们既上了台,便应该老着面皮,拼着头皮,大着胆子,干将起来;那些缩进后台去静坐的人都是懦夫,那些袖着双手只会看戏的人,也都是懦夫。这个世界岂是给我们静坐旁观的吗?那些厌恶这个世界、梦想超生别的世界的人,更是懦夫,不用说了。

第三须要有社会协进的观念　上条所说的冒险进取,并不是野心的,自私自利的。我们既认定这个世界是给我们活动的,又须认定人类的生活全是社会的生活,社会是有机的组织,全体影响个人,个人影响全体。社会的活动全是互助的,你靠他帮忙,他靠你帮忙,我又靠你同他帮忙,你同他又靠我帮忙;你少说了一句话,我或者不是我现在的样子,我多尽了一分力,你或者也不是你现在这个样子,我和你多尽了一分力,或少做了一点事,社会的全体也许不是现在这个样子,这便是社会协进的观念。有这个观念,我们自然把人人都看作同力合作的伴侣,自然会尊重人人的人格了;有这个观念,我们自然觉得我们的一举一动都和社会有关,自然不肯为社会造恶因,自然要努力为社会种善果,自然不致变成自私自利的野心投机家了。

少年的中国,中国的少年,不可不时时刻刻保存这种批评的、冒险进取的、社会的人生观。

三、少年中国的精神　少年中国的精神并不是别的,就是上文所说的逻辑和人生观。我且说一件故事做我这番谈话的结论:诸君读过英国史的,一定知道英国前世纪有一种宗教革新的运动,历史上称为"牛津运动"(The Oxford Movement),这种运动的几个领袖如客白尔（Keble）、纽曼（Newman）、福鲁德（Froude）诸人，痛恨英国国教的腐败，想大大的改革一番。这个运动未起事之先，这几位领袖做了一些宗教性的诗歌，写在一个册子上，纽曼摘了一句荷马的诗题在册子上，那句诗是，You shall see the difference now that we are back again! 翻译出来即是"如今我们回来了，你们看便不同了！"

少年的中国，中国的少年，我们也该时时刻刻记着这句话：

  如今我们回来了，你们看便不同了！

这便是少年中国的精神。

中华民国八年三月二十二日

（本文为 1919 年 3 月 22 日胡适在少年中国学会上的演讲，收入耿云志主编《胡适遗稿及秘藏书信》第 12 册）

在同乐会的演说

今天是音乐研究会开音乐会的一天,演说的人不过是个配角,算不得很紧要的。今日本有杜威先生的演说,因为病了没有来。——刚才会长已经报告——我今日到会,一则代达杜威先生的歉意;一则贡献我个人的意见。

我对于音乐,本来是一个门外汉,没有什么可说。但是对于音乐的希望,却很大很多,而且很喜欢他。不但我一个人喜欢他,一定喜欢他的很多。你看现在站在外面不能进来的,都是很羡慕的样子,这个音乐的功用就不待我说了。

我是讲墨子哲学的,我且把他关于音乐的一部分拿来讲一讲:墨子,他对于音乐是很反对的、攻击的、不满意的,——儒教虽然提倡礼教,讲些音乐,但是几千年来对于音乐亦无充分的解说。——以故音乐上颇受其影响。但是《墨子》书中,也有一部分讲音乐的。墨子反对美术,攻击音乐。程凡对他说:你攻击音乐,未尝不可,但是马驾而不税,弓张而不弛,也是不可的。此为墨书中讲音乐的一段话。很可以代表"音乐的功用是很完全的"这句话。

现在中国提倡音乐的方法,可以说都是不对的。譬如学校的课程里面加一点钟的音乐,用二十块大洋买一个很破的很坏的不合美术的风琴教学生,学生学了之后,仍然是没有什么用处。若说学生学了之后,人人去买一个练习,这是绝对做不到的。因此我们可以找出两个缺点:1. 不能提起美术的观感。2. 限于贵族而不能普及。学生学了之后,既然不能人人练习,所以音乐便没有发展的机会。就是在学校里面学几点钟,也不过是拿几分分数而已,对于美术上并没有什么增益。

所以我现在很希望有自动的音乐实现。现在可以代表自动的音乐的,莫如北京大学音乐研究会。这个会是由许多人自由加入作自动的研究的。故于美术方面,颇有进步。我希望大学生有自动的研究,拿音乐去补助共同生活代表共同生活的精神。有了共同生活、团体生活,自然就有好结果。记得从前开学的时候,到者只二三百人,今年开学,则有二三千人,可知共同生活团体生活一定是得好结果的。说到音乐上去,共同生活的精神尤其要紧。你看琴弦管竹,那一件不是要有共同生活的精神呢?我十月在山西看阅兵的时候,听见兵士唱很和平的国歌。当他们单唱的时候,并不见得好听,合唱起来,就非常的好听了。说到国歌,现在还没有好的,合用的。我很希望有一种新的国歌谱出来。

我对于音乐抱了两种希望:

1. 不但为个人的,而且为可以代表共同生活的精神的。
2. 以音乐的道理助文学的发展。

例如苏东坡《琵琶工》:

　　昵昵儿女语,灯火夜微明。思冤尔汝,来去弹指泪和声。……

李后主:

　　云一涡,玉一梭。淡淡衫儿薄薄罗,轻颦双黛螺。

这两首歌词,都是处处合于音乐的道理的。所以我于音乐普及以外,很希望他可以谱之文学上面,使音乐与文学发生关系。

我是一个门外汉,现在时间已经不早了,不多谈了。

(本文为 1919 年 11 月 11 日胡适在北京大学的演讲,黄绍谷笔记,原载 1919 年 11 月 14、15 日《北京大学日刊》)

研究社会问题底方法

研究社会，当然和研究社会学底方法有关系。但这两种方法有不同的地方。就是社会学所研究的是社会状况；社会问题是研究个人生活状况。社会学是科学的，是普遍的；社会问题是地方的，是特别的。研究这两样底倾向既然不同，那研究的方法也该有区别。

再者，社会学底目的有两样：第一，要知道人类底共同生活究竟是什么样子。在社会里头，能不能把人类社会底普通道理找出来。第二，如果社会里底风俗习惯发生病的状态，应当用什么方法去补救。研究这两个问题，是社会学底目的。但我们研究社会问题，和它有一点不同。因为社会问题是特别的，是一国的，是地方的底缘故。社会问题是怎样发生的呢？我们知道要等到社会里某种制度有了毛病，问题才能发生出来。如果没有毛病，就不会发生什么问题。好像走路、呼吸、饮食等等事体，平时不会发生问题，因为身体这时没有病底缘故。到了饮食不消化或呼吸不顺利底时候，那就是有病了，那就成为问题了。

中国有子孝妇顺底礼教，行了几千年，没有什么变迁。这是因为当时做儿子的和做媳妇的，对于孝顺底制度没有怀疑，所以不成问题。到现在的时候，做儿子的对于父母，做丈夫的对于妻子，做妻子的对于丈夫等等的礼法，都起了疑心。这一疑就是表明那些制度有点不适用，就是承认那些制度已经有了毛病。

要我们承认某种制度有了毛病，才能成为社会问题，才有研究底必要。我说研究社会问题，应当有四个目的。现在就用治病底方法来形容：第一，要知道病在什么地方。第二，病是怎样起的，他的原因在那里。第三,已经知道病在那里,就得开方给他,还要知某种药材底性质,能治什么病。第四,怎样用药。若是那病人身体太弱,就要想个用药的方法;是打针呢?是下补药呢?若是下药,是饭前呢?是饭后呢?是每天一次是每天两次呢?医生医治病人,短不了这四步。研究社会问题的人,也是这样。现在所用的比喻是医生治病,所以说的都是医术底名词。各位可别误会,在未入本题之前,我们需要避掉两件事:

一、须避掉偏僻的成见　我们研究一种问题,最要紧的就是把成见除掉。不然,就会受它底障碍。比方一个病人跑到医生那里,对医生说:"我这病或者是昨天到火神庙里去,在那里中了邪,或是早晨吃了两个生鸡蛋,然后不舒服。"如果那个医生是精明的,他必不听这病人底话。他先要看看脉,试试温度,验大小便,分析血液,然后下个诊断。他底工夫是从事实上下手,他不管那病人所说中了什么邪,或是吃了什么东西,只是一味虚心地去检验。我们要做社会的医生也是如此。

平常人对于种种事体,往往存着一种成见。比方娼妓问题和纳妾问题,我们对于它们,都存着一种道德的或宗教的成见,所以得不着其中的真相。真相既不能得着,那解决底方法也就无从下手了。所以我们对于娼妓底生涯,是道德是不道德,先别管它;只要从事实上把它分析得明明白白,不要靠着成见。我们要研究它与社会底经济,家庭底生计,工厂底组织等等现象,有什么关系。比方研究北京底娼妓问题,就得知道北京有什么工厂,工厂底组织是怎样的;南北的娼妓从那里来,与生计问题有什么关系,与南方底工厂有什么关系;千万不要当他做道德底问题,要把这种成见除掉,再从各种组织做入手研究底工夫。

二、须除掉抽象的方法　我们研究一种问题,若是没有具体的方法,就永远没有解决的日子。在医书里头,有一部叫做《汤头歌诀》,乡下人把它背熟了,就可以挂起牌来做医生;他只知道某汤头是去暑的,其汤头是补益的,某汤头是温,某汤头是寒;病人的病理,他是一概不知道的。这种背熟几支歌诀来行医的医生,自然比那看脉、检温、验便、查血底医生忽略得多；要盼望他能够得着同样的效验，是不可能的。

研究社会问题的人，有时也犯了背歌诀的毛病。我们再拿娼妓问题来说，有些人不去研究以上所说种种的关系，专去说什么道德啦，妇女解放啦，社交公开啦，经济独立啦；要知道这些都和汤头歌歌诀一样，虽然天天把它们挂在嘴里，于事实上是毫无补益的；不但毫无补益，且能教我们把所有的事实忽略过去。所以我说，第二样要把抽象的方法除掉。

已经知道避掉这两件事情，我就要说到问题底身上，我已经把研究社会问题底方法分做四步，现在就照着次序讲下去。

一、病在什么地方

社会底组织非常复杂，必定要找一个下手研究底地方；不然，所研究的就没有头绪；也得不着什么效果。所以我们在调查以前，应当做四步工夫，才能够得着病的所在。

第一步分析问题　我们得着一个问题，就要把它分析清楚，然后检查它底毛病。比方纳妾问题，分析出来，至少也有两种：一种是兽欲的，基于这种动机而纳妾的人，社会上稍有道德观念的，都不承认他是对的。一种是承嗣的，这是因为要有后嗣才去纳妾，自然和那兽欲的有分别。再从细里分析，兽欲的纳妾底原因，大概是在那里，他与财产制度、奢侈习惯、娼妓制度等等有什么关系。研究第一种的纳妾，在这些问题上，都要下工夫去研究，才能够明白。说到第二种的纳妾呢，我们就不能和以前一例的看。有许多道学先生，到了四十多岁还没有儿子，那时候朋友劝他纳妾，兄弟也劝他，甚至自己的妻子也劝他，若是妻子因为丈夫要纳妾承嗣的话，就起来反对，人家必要说这做妻子的不贤慧。这样看来，第二种的纳妾是很堂皇的。我们对于这个问题，要研究中国的宗教；人为什么一定要有后，为什么要男子才算是后，女子就不算数，要有男子才算有后；在道德上和宗教上有什么根据，他底结果怎样呢，他有什么效果，是不是有存在的理由；这些问题，都和兽欲纳妾问题不同，是研究的人所当注意的。

再举一个例,娼妓制度,决不是用四个字就可以把它概括起来的。我们亦把它的种类分析起来,就知有公娼私娼的分别。公娼是纳税公开的,他们在警察厅权限底下,可以自由营业;私娼是不受警察厅保护的,他们要秘密地营业。从娼妓的内容说,还有高等和下等底分别;从最高等到最下等的娼妓,研究起来,还可以分析,这种分析非常有用,切不可忽略过去。从卖淫的心理考察,也可以分出好几种,有一种是全由于兽欲的,她受了身体上或精神上的影响,所以去做卖淫底生活。但是从日本的娼妓研究下去,就知其中不全是如此。日本底娼妓,在他们的社会里头,早就成为一种特别的阶级。她们的卖淫,并不根据于兽欲,是以这事为一种娱乐;兽欲与娱乐是两样事体,所以研究的方法也不能一样。

第二步观察和调查　分析的工夫若是做完,我们就可以从事于问题底观察和调查。观察和调查的方法很多,我可以举出几条来给各位参考。

我们知道社会问题不是独立的。他有两种性质:一种是社会的,是成法的,非个人的。比方纳妾问题,决不是一两个人能够做成,乃是根于社会制度或祖宗成法而来。一种是个人的,社会问题的发生,虽不在乎个人,然而社会是由个人组成的,他与个人自然有关系。因着这两种性质,我就说研究社会问题有两方面:一方面是内包,一方面是外延;我们要从这两方面研究。所以调查的工夫,越精密越好。我们拿北京的车夫来说,他会发生问题,也许与上海、广东有关系,也许与几千年前圣贤底话有关系;你去问他们的境况,虽然是十分紧要,若是能够更进一步,就得向各方面去调查。

西洋现行的观察和调查底方法,总起来可以分做三样:

一、统计　统计的工夫,是国家的。他底方法,是派人分头向各区去调查,凡出入款、生死率、教育状况等等的事体,都要仔细地调查清楚,为的是可以比较。

二、社会测量(Social Survey)　研究社会问题底人测量社会,要像工程师测量土地一样。我们要选定一个区域,其中各方面底事体,像人口、宗教、生计、道德、家庭、卫生、生死等等，都要测量过，然后将所得的结果，来做一个详细的报告。

三十年前，英国有一位蒲斯（Booth）专做这种社会测量底工夫。他花了好些金钱，才把伦敦底社会状况调查清楚。但三十年前的调查方法，不完全的地方很多，不必说的。此后有人把他工作继续下去，很觉得有点进步；近来美国也仿行起来了。社会测量底方法，在中国也可以仿行。好像天津，好像唐山，都可以指定他们来做一个测量的区域。我们要明白在一区里头种种事体，才可以想法子去补救它。因为社会问题过于要紧，过于复杂，决不能因着一家人底情形，就可以知道全体的。现在研究社会问题的人，大毛病就是把调查底工夫忽略了。要是忽略调查底工夫，整天空说"妇女解放"、"财产废除"、"教育平等"，到底有什么用处，有什么效果。

三、综合　用统计学底方法。把所得的材料，综合起来做统计书，或把它们画在图表上头。统计底好处，是在指明地方和时间，教我们能够下比较底工夫。他不但将所有的事实画在格里，还在底下解释它们底关系和结果。我们打开图表一看，就知道某两线是常在一处的，某线常比其他的线高，某线常比其他的线低，我们将没有关系底线，先搁在一边，专研究那有关系的，常在一处的。到我们得着解释底时候，那病的地方就不难知道啦。

我前次到山西去，看见学校行一种"自省"底制度。督军每日里派人到各学校去，监察学生自省和诵读圣书。我觉得奇怪，就向人打听一下，原来这制度是从前在军营里行的。军营里因为有了这自省底方法，就把花柳病减少到百分之六十。督军看见这个结果好，就把他用到学校去。我说这事有点错误，因为只靠花柳病减少底事实，就归功在自省上头，这样的判断是不准的。我们要看一看山西底教育在这几年底进步如何，太原底生活程度是不是高了，医术是不是进步了。这几方面，都应当用工夫去研究一下，看他们和军人底行为有什么关系，有什么影响。要是不明白种种的关系，只说是自省底功夫，恐怕这种判断有些不对。而且宜于军人的，未必宜于学生，若冒昧了，一定很危险。遗传说食指动就有东西吃，食指动和有东西吃，本来没有关系，因为食指动是没有意识的。若在食指动以后，果然有东西吃，就把这两件事联起来做一个因果，那是不对的。我们对于原因结果底判断，一定要用逻辑的方法，要合乎逻辑的判断。那事实的真原因，才能够得着。所以我们研究社会问题，要用逻辑的方法，才能够知道病的确在什么地方，和生病的原因在那里。不然，所做的工夫，不但无功，而且很危险，这是应当注意的。

二、病怎样起

我们把病的地方查出来以后：就要做第二步底工夫，就是要考察那病底来源。社会的病底来源，可以分做两面看：一方面是纵的，一方面是横的；可以说一方面是历史的，一方面是地理的；一方面是时间的，一方面是空间的。社会上各种制度，不是和时间有关系，就是和空间有关系，或是对于两方面都有关系。所以研究社会问题，最要紧的是不要把这两面忽略过去。

先从空间的关系说罢，我们拿北京的娼妓来研究，就知道它和中国各处都有关系。我们要用第一步底方法，研究那些娼妓底来路，和那地方所以供给娼妓底缘故。还有本地底娼妓，多半是旗人当的。我们对于这事，就要研究北京底旗人，她们受了什么影响，致使一部分的人堕落。又要研究她们多半当私娼的，由男子方面说，他们为什么专下南方去贩女人上来，为什么不上别处去，他们为什么要在这里开娼寮？这些问题是空时的关系，我们都应当研究的。我再具体举一个例来说，南妓从前多半由苏州来，现在就从上海来，这是什么缘故呢？我们应当考究上海和苏州底光景怎样变迁，上海女工底境遇如何，他们在纱厂里做工，一天赚几十个铜元，若是女孩子，还赚不上十个。因为这个缘故，就有些人宁愿把女儿卖给人或是典给人，也不教他们到工厂里去做工。从北京这方面说，在旗人底社会里，一部的人会堕落到一个卖淫底地步，也许是他们底生活状况变迁，也许北京现有的职业不合他们做，这两个例就是横的、地理的、空间的关系，要把他们看清楚才好。

社会问题，在时间上底关系，也是很重要的。时间的关系是什么呢？比方承嗣的纳妾问题，就是一种纵的、历史的、时间的关系。古代的贵族很重嫡子，因为基业相传的关系，无论如何，嫡子一派是不能断的，大宗是不能断的。但事实上不能个个嫡子都有后，所以要想法子把他接续下去。有人想，若是没有宗子的时候，有了庶子，也比无后强得多，这就是纳妾制度的起因。到后来贵族底阶级消灭，一般人对于后嗣底观念仍然存在。如果没有儿子，就得纳妾，为的是不让支脉断绝了。所以我说为有后而纳妾，是历史的关系。知道这个，才可以研究。孔子说得好："臣弑其君，子弑其父，非一朝一夕之故，其所由来者渐矣。"这几句话，就是指明凡事都有一种历史的原因。所以对于问题，不要把他底历史的、纵的、时间的关系，忽略过去。

我再举一个例，办丧事的糜费，大概各位都承认是不对的。从前我住在竹竿巷底时候，在我们邻近有一所洗衣服底人家，也曾给我们洗衣服，所赚的钱是很少很少的；但是到他办丧事底时候，也免不了糜费。中国人办丧事要糜费，因为那是一种大礼。所以要从丧礼的历史去研究，才能得着其中的真相。

原来古代的丧服制度，有好几等。有行礼的，有不行礼的。第一等的人，可以哭好几天，不必做什么事；因为所有的事情，都有人替他办理，所以他整天躺着，哀至就哭，哭到要用人扶才站起来。所谓"百官备，百物具，不言而事行者，扶而起"，就是说这一等的丧礼，要行这样礼，不是皇帝诸侯就不能办得到。次一等的呢？有好些事体都要差人去办，所以自己要出主意，哭的时间也就少了。起来的时候，只用杖就可以，再不必用人去扶。所谓"言而后事行者，杖而起"，就是指着这一类说的。古代的大夫、士，都是行这样的礼。下等的人，所有的事都要自己去做，可以不必行礼，只要不洗脸就够了。所以说"身自执事而后行者，面垢而已"。这几等的制度，都是为古代的人而设的，所谓"礼不下庶人，刑不上大夫"，就是表明古礼尽为"士"以上的人而作，小百姓不必讲究。后来贵族阶级打破了，这种守礼底观念还留住，并且行到小百姓身上去。

现在中国一般人所行的丧礼，都是随着"四民之首"底"士"。他们守礼，本来没有"杖而后能起，扶而后能行"的光景，为行礼就存着一个形式，走路走得很稳，还要用杖。古时的丧服，本来不缝，现在的人，只在底下衩开一点，这都是表明从前的帝王、诸侯、大夫、士所行的真礼，一到小百姓用的时候，就变成假的。所以我们从历史方面去研究丧礼，就知道某礼节从前可以行，现在可以不必行，从前行了有意思，现在就没有意思。我们从这方面研究，将来要改良它，就可以减少许多阻力。

以上说的是第二步工夫。我们要知道病底起源，一部分是空间的关系，一部分是时间的关系，因为明白这两种关系，才能够诊断那病是怎样发生的。以下我就要说开方和用药的方法。

三、怎样用药

要是我们不知道病在什么地方，不知道病从何而来，纵使用了好些药，也是没有功效的。已经知道病在那里，已经知道病底起因，还要明白药性和用药底方法。我在这里可以举出两个法子来：第一是调查。我们把问题各种特别的情形调查清楚，然后想法子去补救，这是我已经说过的。现在可以不必讲。第二是参考。我曾说用汤头来治病是不对的，因为有些地方要得着参考材料，才可以规定用药底方法。检查温度，试验大小便，分析血液，这些事体要医生才知道。若是给我做也做不来。这是什么缘故？因为我不是医生。没有拿什么大小便血液来比较或参考过的缘故。若是我们对于一个问题，不能多得参考底材料，虽然调查得很清楚，也是无用。

我们所用参考底材料，除用社会学、经济学、历史和其他的参考书以外，还要参考人家研究的结果。比方对于娼妓制度，要看人家怎样对付，结果又是怎样。禁酒问题，人家怎样立法，怎样教育，怎样鼓吹，结果都是什么。我不是说要用人所得的结果来做模范，因为那很容易陷到盲从的地步。我们只要知道在同一的问题里头，那一部分和人相同，那一部分和人不同。将各部分详细地比较，详细地参考，然后定补救底方法。

有人从美国回来，看见人家禁酒有了成效，就想摹仿人家。孰不知美国的酒害与中国底酒害很不相同,那里能够把他们底法子全然应用呢!美国的酒鬼,常常在街上打人,或是在家里打老婆;中国的醉翁,和他们是很不相同的。情形既然不同,就不能像人家用讲演或登报底方法来鼓吹。譬如要去北京底酒害,就得调查饮酒底人,看他们底酒癖和精神生计等等,有什么关系。何以酒害对于上等人不发生关系,专在下等人中间显露出来。我们拿这些事实来比较,又将别人所得的结果来参考,然后断定那用药底方法。我们能够聚集许多参考材料,把它们画成一张图表,为的是容易比较,所以参考材料不怕多,越多越好比较。

四、用药底功效

　　这里所谓功效,和社会学家底说法不同。社会学家不过把用药以后底社会现象记出来,此外可以不计较。社会改良家,一说就要自己动手去做,他所说的方法,一定要合乎实用才成。天下有许多好事,给好人弄坏了,这缘故是因为他有好良心,却没有好方法,所以常常偾事。社会改良家底失败,也是由于不去研究补救底方法而来。现在西洋所用的方法很多,我就将几样可以供我们参考的举出来:

　　一、公开事业　有许多问题,一到公开的时候,那问题已是解决一大半了。公开的意思,就是把那问题底真相公布出来,教大家都能了解。社会改良家底职分,就是要把社会底秘密,社会底黑幕揭开。中国现在有许多黑幕书籍,他说是黑幕,其实里头一点真事也没有。不过是一班坏人,用些枝枝节节的方法,鼓吹人去做坏事罢了。这里所说的公开,自然不是和那黑幕书一样。比方北京娼妓底情形,这里的人到南方去买女子,或是用几十块钱去典回来;到北京以后,所有的杂费、器具、房屋都不能自己预备。做妓女的到这时候就要借钱,但一借就是四分利息,纵使个个月都赚钱,也不够还利息的。娼妓因为经济给这班人拿住,就不能挣脱。只有俯首下心去干那丑生活。久而久之,也就不觉得痛苦了。遇着这种情形,若是调查社会的人把它发表出来,教人人明白黑幕里底勾当。以后有机会,再加上政治的权力把那黑幕除掉,那问题就完全解决了。

二、模范生活　　现在有许多人主张大学移殖事业。这种事业，英文叫做 Social settlement。翻出来就是"社会的殖民地"。但我以为翻做"贫民区域居留地"更好。移殖事业是怎样的呢？比方这里有许多大学的学生，暑假的时候，不上西山去，不到北戴河去，结几个同志到城市中极贫穷的区域去住，在那里教一般的贫民念书、游戏和作工等等日用的常识。贫民得着大学生和他们住在一块，就渐渐地受感化，因此可以减掉许多困难的问题。我们做学生的一定要牺牲一点工夫，去做这模范生活，因为我们对于这事，不但要宣传，而且要尽力去实行。

三、社会的立法（Social legislation）　　社会的立法，就是用社会的权力，教政府立一种好的法度。这事我们还不配讲，因为有些地方，不能由下面做上来，还要由上面做下去。我们在唐山看见一种包工制度，一个工人底工钱，本来是一元，但是工头都包去招些七毛的，得七毛的也不做工，包给六毛的，得六毛的就去招一班人来，住在一个"乌窑"里头。他们的工钱，都给那得六毛的、得七毛的、得一元的工头分散了。他们一天的生活，只靠着五个铜子，要教他们出来组织工党，是不成功的。欧美各国底工人，都能要求政府立法，因为好些事是他们自己底能力所办不到的，好像身体损伤保险，生命保险，子女底保护和工作时间底规定，都是要靠社会的立法才能办得到的。上海底女子在工厂里做工，只能赚九个铜子，教他们自己去要求以上那些事，自然办不到，所以要靠着社会替他们设法。我们由历史方面看，国家是一种最有用的工具。用的好就可以替社会造福，社会改良家一定要利用它，因为它可以帮助我们做好些事。

以上三种方法，不过是略略地举一些例。此外还有许多方法，因为不大合我们底采用，所以我不讲。

结　论

我已经把研究社会问题四层的工夫讲完了。总结起来，可以分做两面：一面是研究的人，自己应当动手去做，不要整天住在家里，只会空口说白话。第二面是要多得参考底材料。从前就是因为没有参考材料,所以不发生问题。现在可就不然,所以我很盼望各位一面要做研究底学者,一面要做改良社会底实行家。

(本文为1920年5月15日胡适在北平社会实进会的演讲,许地山记录,原载1920年5月26日至29日《晨报副刊》)

女子问题

我本没有预备讲这个题目,到安庆后,有一部分人要求讲这个,这问题也是很重要的,所以就临时加入了。

人类有一种"半身不遂"的病,在中风之后,有一部分麻木不仁;这种人一半失了作用,是很可怜的。诸位!我们社会上也害了这"半身不遂"的病几千年了,我们是否应当加以研究?

世界人类分男女两部,习惯上对于男子很发展,对于女子却剥夺她的自由,不准她发展,这就是社会的"半身不遂"的病。社会有了"半身不遂"的病,当然不如健全的社会了。女子问题发生,给我们一种觉悟,不再牺牲一半人生的天才自由,让女子本来有的天才,享受应有的权利,和男子共同担任社会的担子;使男子成一个健全的人,女子也成一个健全的人!于是社会便成了一个健全的社会!

我们以前从不将女子当做人:我们都以为她是父亲的女儿,以为她是丈夫的老婆,以为她是儿子的母亲;所以有"在家从父,出嫁从夫,夫死从子"的话,从来总不认她是一个人!在历史上,只有孝女,贤女,烈女,贞女,节妇,慈母,却没有一个"女人"!诸位!在历史上也曾见过传记称女子是人的么?

研究女子教育是研究的什么?——昔日提倡女子教育的,是提倡良妻贤母;须知道良妻贤母是"人",无所谓"女子"的!女子愿做良妻贤母,便去做她的良妻贤母,假使女子不愿意做良妻贤母,依旧可以做她的人的。先定了这个目标,然后再说旁的。

女子问题可以分两部分讲:

(一)女子解放。

（二）女子改造。

解放一部分是消极的：解放中包含有与束缚对待的意思，所以是消极的。改造却是积极的：改造是研究如何使女子成为人，用何种方法使女子自由发展。

（一）女子解放　解放必定先有束缚。这有两种讲法：一是形体的，一是精神的。

先讲形体的解放。在从前男子拿玩物看待女子，女子便也以玩物自居；许多不自由的刑具，女子都取而加在自己身上，现在算是比较的少了。如缠足，穿耳朵，束胸……等等都是，可以算得形体上已解放了。这种不过谈女子解放中的初级。试问除了少数受过教育的女子而外，中国有多少女子不缠足？如果我们不能实行天足运动，我们就不配谈女子解放！——我来安庆时候，所见的女子，大半是缠足；这可以用干涉，讲演种种方法禁止她们，我希望下次再来安庆时候，见不着一个缠足女子！——再谈束胸，起初因为美观起见，并不问合卫生与否；我的一个朋友曾经对我说，假使个个女子都束胸，以后都不可以做人的母亲了！

次讲精神的解放。在解放上面，以精神解放最为重要。精神解放怎样讲？——就是几千年来，社会上男子用了许多方法压制女子，引诱女子，便是女子精神上手镣脚铐。择几桩大的说：第一，未讲之先，提出一个标准来：——标准就是"为什么"？——"女子不为后嗣"：中国古时候，最重的是"有后"——女子不算——家中有财产，女儿不能承受；没有儿子的，一定去在弟兄的儿子中间找一个来承继受领。女子的不能为后嗣，大半为着经济缘故；所以应当从经济方面提倡独立。有一个人临死，分财产做三股，两个女儿得两股，一个侄子得一股，但是他的本家，还要打官司。这个问题如若不打破，对于经济，对于道德，都有极大的关系。还有"娶妾"：一个人年长了，没有儿子，大家便劝他娶妾，——就是他的夫人，也要劝他，不如此，人家便要说她不贤慧——请问这一种恶劣的行为，是从什么地方产生的？再进一步说，既然同认女子是个人，又何以不能承受财产，不能为后？——这是应当打破的邪说之一！第二,"女子贞操问题":何谓贞操?——贞操是因男女间感情浓厚,不愿意再及于第三者身上。依新道德讲,男女都应当守贞操;历史上沿习却不然,男子可以嫖,可以纳妾;女子既不可以和人家通奸,反要受种种的限制,大概拿牌坊引诱,使女子守一个无爱情没有见过面的人;一部分女子,因而被他们引诱了。如此的社会,实在是杀人不抵命的东西！贞操实是双方男女共有的,我从前说:"男子嫖婊子,与女子和人通奸,是有同等的罪！"所以:"男子叫女子守节,女子也可以叫男子守节！男子如果可以讨姨太太,女子也就可以娶姨老爷！"谢太傅——谢安——晚年想纳妾,但他却怕老婆;他的朋友劝他,说公例可以纳妾;他的夫人在里面应道:"婆例不可！"——历来都用惯了"公例",未常实行"婆例"。这种虚伪的贞操,委实可以打破。再简单说:"贞操是根据爱情的,是双方的！男子可以不守节,女子也可以不守节！"第三,"女子责在阃内说":女子的职务,在家庭以内,这种学说也是捆女子的一根铁索,如果不打断,就难说到解放。有许多女子,足能够做学问,可以学美术,文学……,可以当教员……;有许多男子,只配抱孩子煮饭的。有许多事,男子不能做而女子能做。如果不打破这种学说,只是养成良妻贤母,实在不行。我们要使女子发展天才,决不能叫她永远须在家里头。女子会抱孩子煮饭,也只是女子中的一部分,女子决不全是会抱孩子煮饭的;有天才的女子,却往往因为这个缘故,不得尽量的发展,就说女子不能做他种事业,但她们做教师便比男子好得多了。总结一句:我们不应当拿家里洗衣,煮饭,抱孩子许多事体来难女子。我们吃饭,可以吃一品香海洞春厨子做的,衣服可以拿到洗衣厂里去洗了！第四,"防闲的道德论":由古代相传,男子对女子总有怀疑的态度,总有防闲的道德。现在人对女子,依旧有这一种态度。我听说安庆讲演会里职员,有许多女子加入,便引起了社会上的非难。我将告诉他们:"防闲决不是道德！"如把鸟雀关在笼中,一放他便飞了;不然,一年两年的功夫,也就闷死了。当我在西洋的时候,见中国许多留学生,常常闹笑话;在交际场中,遇见女子和他接洽,他便以为有意。由此,我连带想起一件故事。某人的笔记上说:"有一个老和尚,养了一个小孩子,作为小和尚;老和尚对他防闲得利害,使他不知世故。某年,老和尚带这小和尚下山,小和尚一件东西也不认识,逢到东西,老和尚不等他问,便一一的告诉他。恰巧有个女子经过,老和尚恐怕他沾染红尘,便不和他说。小和尚就问,老和尚便扯道,道是吃人的老鬼。等到回山的时候,老和尚便问他下山一日,有所爱否?小和尚说,所爱的只是吃人的老鬼!""防闲的道德,就是最不道德!"我国学生,何以多说是不道德?实是因为防闲太利害了,一遇到恶人,便要堕落!我希望以后要打破防闲的道德论!平心而论,完全自由,也有流弊,不过总不可因噎废食的。不要以一二人的堕落而及于全部。而且自由的流弊,决不是防闲所可免,若求自由不流弊,必定要再加些自由于上面;自由又自由,丝毫流弊都没有了!因为怕流弊而禁止自由,流弊必定更多,且更不自由了!社会上应存"容人的态度",须知社会上决没有无流弊的。张小姐闹事,只是张小姐;李小姐闹事,只是李小姐;决不能因为一两人而及于全体的!愿再加解放许多自由,叫他们晓得所以,自然没有流弊了!

(二)女子改造 改造方面,比较简单些。解放是对外的要求;改造却是对内的要求,但也不完全靠自己的!

先说内部。女子本身的改造,无论女子本身或提倡女子问题的,都要认明目标:第一,"自立的能力":女子问题第一个要点,就在这问题,女子嫁人,总要攀高些,却不问自立;我觉女子要做人,须注意"自立",假如女子不能自立,决不能够解放去奋斗的。第二,"独立的精神":这个名词,是老生常谈,不过我说的是精神上,不怕社会压制;社会反对,也是要干的!像现在这种时代,是很不容易谈解放的。不顾社会非难,可以独行其是。第三,"先驱者的责任":做先锋的责任,在谈女子问题中是很重要的。我们一举一动,在社会上极受影响。先驱者的责任,只要知道公德,不要过问私德;一人如此,可以波及全体的。不要使我个人行为,在女子运动上加了一个污点!我最不相信道德,但为了这个起见,也不得不相信了!我常常说:"当学生的,如其提倡废考,不如提倡严格考试;社交解放的先驱者,如提倡自由恋爱,不如提倡独身主义!"这是诸位要注意的!

（本文为 1921 年 8 月 4 日夜胡适在安庆青年会的
演讲,张友鸾、陈东原记录,原载 1922 年
5 月 1 日《妇女杂志》第 8 卷第 5 号）

科学的人生观

上次我到苏州来,没有空到青年会来演讲,很抱歉,今天特来补过,请罪。今天讲的题目,就是"科学的人生观",研究人是什么东西?在宇宙中占据什么地位?人生究竟有何意味?因为少年人近来觉着很烦闷,自杀、颓废的都有,我比较至少多吃了几斤盐,几担米,所以来计划计划,研究自身人的问题。至于人生观,各人不同,都随环境而改变,不可以一个人生观去统理一切;因为公有公理,婆有婆理,我们至少要以科学的立场,去研究它,解决它。"科学的人生观"有二个意思:第一拿科学做人生观的基础;第二拿科学的态度、精神、方法,做我们生活的态度,生活的方法。

现在先讲第一点,就是人生是什么?人生是啥物事?拿科学的研究结果来讲,我在民十二年发表了十条,这十条就是武昌有一个主教,称为新的十诫,说我是中华基督教的危险物的。十条内容如下:

一、要知道空间的大 拿天文、物理考察,得着宇宙之大;从前孙行者翻筋斗,一翻翻到南天门,一翻翻到下界,天的观念,何等的小?现在从地球到银河中间的最近的一个星,中间距离,照孙行者一秒钟翻十万八千里的速率计算,恐怕翻一万万年也翻不到,宇宙是何等之大?地球是宇宙间的沧海之一粟,九牛之一毛;我们人类,更是小,直是不成东西的东西!以前看得人的地位太重了,以为是万物之灵,同大地并行,凡是政治不良,就有彗星、地震的征象,这是差的。从前王充很能见得到,说:"一个虱子不能改变那裤子里的空气,和那人类不能改变皇天一样。"所以我们眼光要大。

二、时间是无穷的长 从地质学、生物学的研究,晓得时间是无穷之长,以前开口五千年,闭口五千年,以为目空一切;不料世界太阳系的存在,有几万万年的历史,地球也有几万万年,生物至少有几千万年,人类也有二三百万年,所以五千年占据很小的地位。明白了时间之长,就可以看见各种进步的演变,不是上帝一刻可以造成的。

三、宇宙间自然的行动　根据了一切科学,知道宇宙、万物都有一定不变的自然行动。"自是自己,然是如此",就是自己自然如此,各物自己如此的动,并没有一种背后的指示,或是一个主宰去规范他们。明白了这点,对于月蚀是月亮被天狗所吞的种种迷信,可以打破了。

四、物竞天择的原理　从生物学的智识,可以看到物竞天择的原理。鲫鱼下卵有几百万个,但是变鱼的,只有几个;否则就要变成"鱼世界"了!大的吃小的,小的吃又小的,人类都是如此。从此晓得人生不受安排,是自己如此的行动;否则要安排起来,为什么不安排一个完善的世界呢?

五、人是什么东西　从社会学、生理学、心理学方面去看,人是什么东西?吴稚晖先生说:"人是两手一个大脑的动物,与其他的不同,只在程度上的区别罢了。"人类的手,与鸡、鸭的掌差不多,实是他们的弟兄辈。

六、人类是演进的　根据了人种学来看,人类是演进的;因为要应付环境,所以要慢慢的变;不变不能生存,要灭亡了。所以从下等的动物,慢慢演进到高等的动物,现在还是演进。

七、心理受因果律的支配　根据了心理学、生物学来讲,心理现状是有因果律的。思想、做梦,都受因果律的支配,是心理、生理的现象,和头痛一般;所以人的心理说是超过一切,是不对的。

八、道德、礼教的变迁　照生理学、社会学来讲,人类道德、礼教也变迁的。以前以为脚小是美观,但是现在脚小的要装大了。所以道德、礼教的观念,正在改进。以二十年、二百年或二千年以前的标准,来判断二十年、二百年、二千年后的状况,是格格不相入的。

九、各物都有反应　照物理、化学来讲,物质是活的,原子分为电子,是动的。石头倘然加了化学品,就有反应,像人打了一记,就有反动一样。不同的,只在程度不同罢了。

十、人的不朽　根据一切科学智识,人是要死的,物质上的腐败,和猫死狗死一般。但是个人不朽的工作,是功德:在立德,立功,立言。善恶都是不朽。一块痰中,有微生物,这菌能散布到空间,使空气都恶化了;人的言语,也是一样。凡是功业、思想,都能传之无穷;匹夫匹妇,都有其不朽的存在。

我们要看破了世间、时间之伟大,历史的无穷,人是最小的动物,处处都在演进,要去掉那小我的主张,但是那小小的人类,居然现在对于制度、政治各种都有进步。

以前都是拿科学去答复一切,现在要用什么方法去解决人生,就是哪哼生活？各人有各人的方法,但是,至少要有那科学的方法、精神、态度去做。分四点来讲:

一、怀疑　第一点是怀疑。三个弗相信的态度,人生问题就很多。有了怀疑的态度,就不会上当。以前我们幼时的智识,都从阿狗、阿金、阿毛等黄包车夫、娘姨处学来;但是现在自己要反省,问问以前的智识是否靠得住？有此态度,对于什么马克斯、牛克斯等主义,都不致于盲从了。

二、事实　吾们要实事求是,现在像贴贴标语,什么打倒田中义一等,都仅徒务虚名,像豆腐店里生意不好,看看"对我生财"泄闷一样。又像是以前的画符,一画符,病就好的思想。贴了打倒帝国主义,帝国主义就真个打倒了么？这不对,我们要做切实的工作,奋力的做去。

三、证据　怀疑以后,相信总要相信,但是相信的条件,就是拿凭据来。有了这一句,论理学诸书,都可以不读。赫胥黎的儿子死了以后,宗教家去劝他进教,但是他很坚决的说,"拿有上帝的证据来。"有了这种态度,就不会上当。

四、真理　朝夕的去求真理,不一定要成功,因为真理无穷,宇宙无穷;我们去寻求,是尽一点责任,希望在总分上,加上万万分之一。胜固是可喜,败也不足忧。明知赛跑,只有一个人第一,我们还要跑去,不是为我为私,是为大家。所以只有科学家,真真有共产主义的精神,发明不是为发财,是为人类。英国有一个医生,发明了一种治肺的药。但是因为自秘,就被医学会开除了。

所以科学家是为求真理。庄子虽有"吾生也有涯,而知也无涯,以有涯逐无涯,殆已"的话头,但是我们还要向上做去,得一分就是一分,一寸就是一寸,可以有亚基米特氏发现浮力时叫 Eureka 的快活。有了这种精神,做人就不会失望。所以人生的意味,全靠你自己的工作;你要他圆就圆,方就方,是有意味;因为真理无穷,趣味无穷,进步快活也无穷尽!

(此文未经胡博士校正,有差误处,由记者负责。纲附识)

(本文为1928年5月胡适在苏州青年会上的演讲,王君纲记,原载1928年6月1日至2日上海《民国日报·觉悟》副刊)

打破浪漫病

刚才主席说"材料不很重要,重要的在方法",这话是很对的。有方法与无方法,自然不同。比如说,电灯坏了若有方法就可以把它修理好。材料一样的,然而方法异样的,所得结果便完全不同了。我今天要说的,就是材料很重要,方法不甚重要。用同等的方法,用在两种异样的材料上,所得结果便完全不同了。所以说材料是很要紧的。中国自西历1600至1900年当中,可谓是中国"科学时期",亦可说是科学的治学时代。如清朝的戴东原先生在音韵学、校勘学上,都有严整的方法。西洋人不能不承认这三百年是中国"科学时代"。我们自然科学虽没有怎样高明,但方法很好,这是我们可以自己得意的。闽人陈第曾著《毛诗古音考》《唐宋古音考》等些书。他的方法很精密的,是顾炎武的老祖宗。顾亭林、阎百诗等些学者都开中国学术新纪元,他们是用科学方法探究学问的,顾氏是以科学方法研究音韵学,他的方法是用本证与旁证。比如研究《诗经》,从《诗经》本身来举证,是谓本证;若是从《诗经》的外面举证便谓旁证了。阎氏的科学方法是研究古文的真伪,文章的来源。

1609年的哥白尼听说在波兰国的北部一个眼镜店做小伙计,一天偶然叠上几片玻璃而发现在远方的东西,哥白尼以为望远镜是可以做到的。他利用这仪器,他对于天文学上就有很大的发现。像哈代维(Hudvey)、牛顿(Newton),还有显微镜发明者像黎汶豪(Leeuwenhoek),他们都有很大的发明。当哥白尼及诸大学者存在的时候,正是中国的顾炎武、阎百诗出世的时期。在这五六十年当中,东西文化,东西学说的歧异就在这里。他们所谓方法就是"假说"与"求证",牛顿就是大胆去假定,然后一步一步去证明。这是和我们不同地方。我们的方法是科学的,然而材料是书本文字。我们的校勘学是校勘古书古字的正确的方法,如翻考《尔雅》、诸子百家;考据学是考据古文的真伪。这一大堆东西可以代表清朝三百年的成绩。黎汶豪是以凿钻等做研究的工具;牛顿是以木、石、自然资料来研究天文学,像现在已经把太阳系都弄清楚了。前几天报上宣传英国天文台要与火星通讯,像这样的造就实在可怕的。十八、十九世纪时候,西方学者才开始研究校勘学,瑞典的加礼文他专攻校勘学,曾经编成《中国文字分析字典》。像他这个洋鬼子不过研究四、五年,而竟达到中国有三百年历史的校勘学成绩。加礼文说道:"你们只在文字方面做工夫,不肯到汉口、广东、高丽、日本等地方实际考查文字的土音以为证明;要找出各种的读法应当要到北京、宁波,……等地去。"这可证明探求学问方法完全是经验的,要实地调查的。顾亭林费许多时间而所得到的很少,而结果走错了路。

刚才杨教务长问我怎样医治"浪漫病"? 我回答他说:浪漫的病症在那里? 我以为浪漫病或者就是"懒病"。你们都是青年的,都还不到壮年时期,而我们已是"老狗教不成新把戏"了。现在我们无论走那条路,都是要研究微积分、生物学、天文学、物理学。我们要多做些实验工夫,要跟着西洋人走进实验室去。至于考据方面就要让我们老朽昏庸的人去做。黎汶豪的显微镜实在比妖怪还厉害,这是用无穷时间与时时刻刻找真理所得的结果。十九世纪时候,法国化学师柏士多(Pasteur)在显微镜下面发现很可怕的微生物。他并且感受疯狗的厉害,便研究疯狗起来。后来从狗嘴的涎沫里及脑髓中去探究,方知道是细菌在作祟,神经系中有毒。他把狗骨髓取出风干经过十三四天之久,就把它制成注射药水,可以治好给疯狗咬着的人。但是当时没有胆量就注射在人身上,只先在别的动物身上试验看看。在那时候很凑巧一位老太婆的儿子给狗咬伤,去请医生以活马当作死马医治,果然给他治好了。还有一位俄人,他给狼咬着他,就发明打针方法。法国酒的病,蚕的病亦给显微镜找出来了;欧洲羊的病,德国库舒(Koch)应用药水力量把羊医好。像蚕病、醋病与酒病治好后,实在每年给法国省下来几千万的法郎。普法战争后法国赔款有五十万万之巨额。然而英国哈维(Harvey)尝说：柏士多以一支玻璃管和一具显微镜，已把法国赔款都付清了。懒的人实在没有懂得学问的兴趣。学问本来是干燥东西，而正确方法是建筑在正确材料上的，像西方的牛顿那样的正确。我们中国要研究有结果，最要紧的是要到自然界去，找自然材料。做文学的更要到民间去，到家庭里去找活材料。我是喜欢谈谈：大家都是年富力强，应该要打破和消灭懒病。还要连带说一说"六〇六"药水，是德国医生 Erlich 发明的，用以杀杨梅疮的微菌，这位先生他用化学方法，经过八年六百零六次的试验研求而成功的。我们研究学问，要有材料和方法，要不懒，要坚决不拔的努力；那么，"浪漫病"就可以打破了。

(本文为1928年12月初胡适在中国公学的演讲，张嘉树记录，原载1928年12月9日上海《民国日报·觉悟》副刊，原题为"治学方法"。)

究竟在这二十三年里做些什么

我所以挑选这个题目,是因为今天是国庆纪念会,在已往的几个纪念会,和报纸的言论,差不多都是悲观的,都觉着在这二十三年中没作些什么,甚至于革命者也承认革命尚未成功,也不知道他们自己所做出来的成绩,以至于悲观。我以为悲观固然是应该的,像先烈的流血、奋斗,无非是希望着打倒专制,享受点人群自由,可是到现在还有人在歌颂专制,欢迎独裁,我们在今天的纪念会上应该悲观,应该替先烈抱屈。但从另一方面算一算我们的账,先烈的性命,也许不白牺牲,先烈的热血也许不白流,那么这个账算什么呢?我们可以从两方面看:一、破坏的,二、建设的。

破坏的甚么呢?

在旁的国家,往往有统治者,有良风美德的中心,故往往可以不流血而改革。在我们中国,根本就没有这良风美德的中心,自古以来根本就没有贵族、资产、知识阶级在上头领导着,根本就是平民化的社会,忽然在上面加上一层压力,凭着祖宗偶然的成功的异族,用吃人的礼教包庇这高压的手段,在这状况之下,非破坏不可,因为中国根本就没有领袖阶级,所以好坏风气都由民间来的,往往民间运动一出来,就会被上面压力制止的。清末北京演新戏,只要御史奏上一本,立刻就可被摧残了。还有1898年的帝制改革一百天里头,建树了不少的新政,当时很惹起全世界的注意。但是不久,老太太出来了,一声令下,把所有的新政都摧毁净尽,办新政的人们死的死,亡的亡了。假如没有辛亥的成功,推倒高压势力的话,恐怕在这二十三年里更没有什么建树了,所以我们第一要算一算,破坏的究竟是些什么?

皇帝的打倒，两次复辟的消灭！

除非再由外面来一个高压势力，我想我们中国不会再有帝制了，所以这是中国有史以来第一个大改革，不但皇帝被打倒了，像什么三宫、六院、太监、贵胄……种种制度，都被皇帝带走了，这层压迫打破了以后，人民可以自由了。例如妇女剪发，在二十三年前，能这样容易吗？在二十三年前男女能够同校吗？从前京师大学堂只许二十几岁的青年讲经读文，一点改革也不许，学监是戴红缨帽的，一切一切，都是换汤不换药，在那时虽然说是"天高皇帝远"，但不许你动，你就不敢动，现在是大大的改变了。特别是政治上的改革，很显明的看出来，至于古文、骈文、非刑种种，都被打倒了。

至于建设方面呢？虽然人民还没达到自由平等的地步，但物质建设上不能不承认有很快的进步，例如交通方面，陇海、平绥等路都拉长了，公路的发展，虽然在商业上价值不大，但也较胜于无啊！譬如在民初甘肃的商会代表到北京来，得走一百零四天，而现在只用十四天就够了，要乘坐飞机，三天就可以到，这样看来，进步不为不多啦。教育方面，王部长在广播电台演说中，他报告全国小学生较民初加四倍，中学生加十倍，大学生加一百倍，固然这样增加是不正当，但进步不能算不快啊！我记得我在中学时代，几何、代数，都是日本人教，其余如博物、理化……没有一个不是日本人教，现在呢？在一百一十个大学里，除去少数有历史关系外，凡科学主任教师都是中国人了，如清华的物理系，和北大的地质系，成绩到那国都说得出了，特别是地质学，不但研究而且有组织，两三个人领导之下，在二十一年中，居然在世界上得有很重要的地位了，可见我们中国的学术是在长足迈进呢！其次我们要看看社会上的改革，如不久以前，天津地方法院判决了一个父母谋害亲女案，因为他们的女儿和人通奸，法律上没追究，而他们任意追究处理，将亲女溺死，判了十三年徒刑，这种改革是多么大！此外如婚姻问题，在上海报纸上天天可以看到"某某意见不合，双方脱离关系……"等启事，这种情形在已往是不允许的，到现在都不认为稀奇了，并且在民法上规定了十一条，只要有其中的某个条件，就可以离异，这不能不承认是社会上一大改革呀!

（本文为1934年10月9日胡适在北平燕京大学国庆纪念会上的演讲,由赵佩珊、张希纲记录,原载1934年10月10日天津《大公报》）

在上海文教界欢迎会上的讲话

九年来一向留在外国,好久没有穿中国衣服,好久没有说中国话,这次说话,也许要带出外国字来了,请大家不要见怪。承蒙诸君招待,非常感谢,只是因为回国十小时以内就闹腹泻,非常狼狈,所以两次定期都不能到,先向诸位道歉。

这九年之中,诸位在沦陷区、在后方,所作的许多抗战工作,我都没有参加;所受各种苦痛,也没有受到。好像是国家放了我九年假,现在回国,真有一种假期终了的感觉。

刚出去的时候,完全是考察性质,奉政府非正式的使命,去看看美国对我们抗战的舆论和态度。后来,奉中央研究院历史语言研究所之命出席在瑞士举行的国际历史科学会议,那时是一九三八年。这个会议我国还是第一次参加。自欧洲回美就奉命回到外交方面工作了。

我在 1938 年到 1942 这整整四年之中担任着外交工作,责任实在是非常轻松的。每天不过换几套衣服、出席几次茶会或者 Cocktail Party,没有订过一次条约,没有接洽过一次借款,没有捐过一笔钱。而且,我对他们说老实话,不讲究外交词令,我们有困难就老老实实告诉他们;我要他们知道中国是一个文明的国家,中国人是老老实实的人。

后来,我的任务没有以前轻松了。政府已经看到,在我们一国单独挺身抗战之外还必须要注意世界局势的转变。不过老实说,我实在还是一无成绩可以报告诸位听的。

我在没有递国书的时候广州失陷了。在递国书前三天武汉又陷,这正是国家最倒霉的时候。虽然我们一向主张说负责任的话,不怕人家笑骂、不怕人家嫌我们不时髦,但是在这广州、武汉相继沦陷的时候,我觉得这态度还不够,觉得我自己还应当参加意见、参加判断。我的报告是否准确,在历史上可以起作用,——我觉得只说负责任的话是不够了,我觉得实际负责任,比说话摇笔杆的负责任,还要艰难。写文章的人往往随便议论,并且常欢喜写翻案文章,但负责办事的却不容许如此的。

1942年秋天本来想回国,但是我有心脏病,医生说不适宜于高飞。而在重庆常常要跑很多石级,昆明又是海拔六七千尺高的地方,有心脏病的人都不相宜。于是,又在美国耽搁了几年。当时应回国从事文化工作的愿望也不能达到了。

出国的最初五年,从未从事学术研究,一篇文章不写,一点考据和研究的工作也没有作,即使讲演,也从没有什么心得。虽然得了三十一个荣誉学位,却并不是用功拿来的。于是下了一个决心,在1942到1944这几年中,努力于"无声无臭","无声"是不说话,"无臭"是不招摇,专心读书研究,利用这个国家给我的假期训练自己,预备回国来做一个教书匠。

去年9月政府发表我做北大校长。事前教育部和我没有一个字的联络。因为他们晓得我有一个弱点:国家在艰难的时候,政府发表我什么事,我是从不迟疑、从不否认的。北大的职务是一种光荣,但也是很艰巨的工作。我愿意做一个教书匠,一个史学家,这一点就算是我这余年中的一些"野心"罢。

主人要我就一个新从外国回来的人的看法,对国内情形说些话。题目太大了,不容易交卷。在国外的人常常看见大处,不见小的地方,因此有时就看到了整个的一面,不挑小眼儿。但是回国之后才知道和国外所闻的确有许多不同的地方。十个月前所乐观的,十个月后也许就有可以悲观之处。我从本月五日到上海,至今才两个礼拜,晤见朋友不少。上海的名片有两寸高,南京的名片也有两寸高,听到的话悲观的居多,对将来并且很有抱失望的。但是我虽去国九年,并没有和国内隔离,更从没有减少对国内的关怀。我以为用研究历史的态度看起来,我们是用不着太悲观的。

九年以前，或者十五年以前九一八事变的时候，我们都曾仔细考虑过局势，我也从不主张轻易作战。为什么呢？就因为我们经济、文化、工业等等的基础都有些不敢接受这种挑战，打这空前大仗。到庐山会谈的时候，我们认为忍受得已经够了，正像一个患盲肠炎的人，明知开刀可以有性命危险，但是为保全自己的生命，也不能再怕冒险。所以，我们就接受了挑战，参加了战争，一打就打了八年。

用研究历史的眼光看起来，我们现在所受的痛苦，一部分固然或者还是由于我们的努力不够，但大部分或者还是因为历史上的必然。以美国之富强，胜利以后至今也还没有恢复常态。所以，我们现在虽然已经胜利，却决不是已到了休息或者"写意"的时候。存了这样的想法，我们也许就不至于太悲观了。

我们应当研究我们的缺点究竟在什么地方，是人才吗？学问吗？然后努力加以克服。也许我们要再吃五年或者十年苦，但是如果只吃苦而不作探讨和研究，那么吃苦的时间只会更延长。我们文化界、教育界应当在这五年十年之间咬紧牙关、尽力挽救和改善目前的局面。如果我们自己先就悲观，觉得世事不可为，那么国事真更将令人悲观、令人觉得不可为了。

(本文为1946年7月20日胡适在上海文教界欢迎会上的讲话，原载1946年7月21日上海《申报》)

人生问题

　　1903年，我只有十二岁，那年12月17日，有美国的莱特弟兄作第一次飞机试验，用很简单的机器试验成功，因此美国定12月17日为飞行节。12月17日正是我的生日，我觉得我同飞行有前世因缘。我在前十多年，曾在广西飞行过十二天，那时我作了一首《飞行小赞》，这算是关于飞行的很早的一首辞。诸位飞过大西洋，太平洋，我在民国三十年，在美国也飞过四万英里，这表示我同诸位不算很隔阂。今天大家要我讲人生问题，这是诸位出的题目，我来交卷。这是很大的问题，让我先下定义，但是定义不是我的，而是思想界老前辈吴稚晖的。他说：人为万物之灵，怎么讲呢？第一：人能够用两只手做东西。第二：人的脑部比一切动物的都大，不但比哺乳动物大，并且比人的老祖宗猿猴的还要大。有这能做东西的两手和比一切动物都大的脑部，所以说人为万物之灵。人生是什么？即是人在戏台上演戏，在唱戏。看戏有各种看法，即对人生的看法叫做人生观。但人生有什么意义呢？怎样算好戏？怎样算坏戏？我常想：人生意义就在我们怎样看人生。意义的大小浅深，全在我们怎样去用两手和脑部。人生很短，上寿不过百年，完全可用手脑做事的时候，不过几十年。有人说，人生是梦，是很短的梦。有人说，人生不过是肥皂泡。其实，就是最悲观的说法，也证实我上面所说人生的有没有意义全看我们对人生的看法。就算他是做梦吧，也要做一个热闹的，轰轰烈烈的好梦，不要做悲观的梦。既然辛辛苦苦的上台，就要好好的唱个好戏，唱个像样子的戏，不要跑龙套。人生不是单独的，人是社会的动物，他能看见和想像他所看不到的东西，他有能看到上至数百万年下至子孙百代的能力。无论是过去，现在，或将来，人都逃不了人与人的关系。比如这一杯茶（讲演桌上放着一杯玻璃杯盛的茶）就包括多少人的供献,这些人虽然看不见,但从种茶,挑选,用自来水,自来水又包括电力等等,这有多少人的供献,这就可以看出社会的意义。我们的一举一动,也都有社会的意义,譬如我随便往地上吐口痰,经太阳晒干,风一吹起,如果我有痨病,风可以把病菌带给几个人到无数人。我今天讲的话,诸位也许有人不注意,也许有人认为没道理,也许说胡适之胡说,是瞎说八道,也许有人因我的话回去看看书,也许竟一生受此影响。一句话,一句格言,都能影响人。我举一个极端的例子,两千五百年前,离尼泊尔不远地方,路上有一个乞丐死了,尸首正在腐烂。这时走来一位年轻的少爷叫 Gotama,后来就是释迦牟尼佛,这位少爷是生长于深宫中不知穷苦的,他一看到尸首,问这是什么？人说这是死。他说:噢！原来死是这样子,我们都不能不死吗？这位贵族少爷就回去想这问题,后来跑到森林中去想,想了几年,出来宣传他的学说,就是所谓佛学。这尸身腐烂一件事,就有这么大的影响。飞机在莱特兄弟做试验时,是极简单的东西,经四十年的功夫,多少人聪明才智,才发展到今天。我们一举一动,一言一行,一点行为都可以有永远不能磨灭的影响。几年来的战争,都是由希特勒的一本《我的奋斗》闯的祸,这一本书害了多少人？反过来说,一句好话,也可以影响无数人,我讲一个故事:民国元年,有一个英国人到我们学堂讲话,讲的内容很荒谬,但他的 O 字的发音,同普通人不一样,是尖声的,这也影响到我的 O 字发音,许多我的学生又受到我的影响。在四十年前,有一天我到一外国人家去,出来时鞋带掉了,那外国人提醒了我,并告诉我系鞋带时,把结头底下转一弯就不会掉了,我记住了这句话,并又告诉许多人,如这外国人是死了,但他这句话已发生不可磨灭的影响。总而言之,从顶小的事情到顶大的像政治经济宗教等等,我们的一举一动都有不可磨灭的影响,尽管看不见,影响还是有。在孔夫子小时,有一位鲁国人说:人生有三不朽,即立德,立功,立言。立德就是最伟大的人格,像耶稣孔子等。立功就是对社会有供献。立言包括思想和文学,最伟大的思想和文学都是不朽的。但我们不要把这句话看得贵族化,要看得平民化,比如皮鞋打结不散,吐痰,O 的发音,都是不朽的。就是说:不但好的东西不朽,坏的东西也不朽,善不朽,恶亦不朽。一句好话可以影响无数人,一句坏话可以害死无数人。这就给我们一个人生标准,消极的我们不要害人,要懂得自己行为。积极的要使这社会增加一点好处,总要叫人家得我一点好处。再回来说,人生就算是做梦,也要做一个像样子的梦。宋朝的政治家王安石有一首诗,题目是《梦》。说:"知世如梦无所求,无所求心普定寂,还似梦中随梦境,成就河沙梦功德"。不要丢掉这梦,要好好去做! 即算是唱戏,也要好好去唱。

(本文为 1948 年 8 月 12 日胡适在北平空军司令部的
演讲,原载 1948 年 8 月 13 日北平《世界日报》)

新闻独立与言论自由
台北市编辑人协会欢迎会上讲词

主席，各位同仁：

刚才程沧波先生说我也算是一个编辑人，我的确是编过好几个报，只是没有编过日报。有一个时候，我几乎做程沧波先生的前任。上海有个大报，要我去做编辑人，那时我考虑结果，我不敢做，因为日报的工作太苦，我的生活不规则，担任不了。除日报以外，我曾编过三个周报，编过两个月报，周报最早的是《每周评论》，但最初并不是我编起来的，而是陈独秀这班朋友编的。不过在民国八年陈独秀先生被拘捕，那时没有人负责，就由我接办了几期，直到被北京警察厅封掉为止。以后又办《努力周报》，办了七十五期，有一年半，到曹锟贿选时期，我们自己宣告停止。以后的《独立评论》是三个人负责，大部分是我编的，编了五年，出了二百五十期。因为这个资格，所以我在美国做外交官的时候，美国有个新闻记者名誉协会，叫我"正在工作中的新闻记者"，并送我一个金质钥匙，因为我正在做外交官。假如我知道今天会有这样一个盛会，一定会把那个金质钥匙带来给大家看看，因为有这个资格，所以刚才我敢称大家为同仁。

在参加今天这个盛会以前，我决没有想到大家要请我来说话，以为只是请我来吃饭的。到了门口才看到是讲演会，所以今天我一点没有准备，在餐桌上就请程沧波先生和曾虚白先生给我题目，他们都很客气，可是刚才主席说的话等于给了我一个范围。可是这个题目太大了，言论自由的确是个大题目。

前天在《自由中国》杂志三周年纪念的茶会上我也稍微说了几句，我说言论自由同一切自由一样，都是要各人自己去争取的。言论自由并不因为法律上有规定，或者宪法上有这一条文，就可以得来，就是有规定也是没有用的。言论自由都是自己争取来的。我为什么这样说呢？这几天与朋友们也讲过，无论世界任何国家，就是最自由、最民主的国家，当政的人以为他是替国家做事，替人民做事，他们总是讨厌人家批评的。美国当然是很尊重自由的，绝对没有限制言论自由，但是诸位还记得的吧，前两年在华盛顿，有一个《华盛顿邮报》的戏剧音乐批评家，批评总统的小姐唱歌唱的不好，杜鲁门先生就生气了。第二天自己写了一封信送给这个音乐评论专栏记者，连他的秘书也不知道，骂他，并且说，你要再这样批评，我就要打你。这件事也曾轰传一时，成为笑谈。故事开始时，我们明白，杜鲁门总统对于人家批评他的政治，已经养成容忍的习惯，不能发脾气。批评他的行为，批评他的政策，批评他的政治，他尽管不高兴，但是没有法子干涉。不过到了人家批评他小姐的唱歌好不好时，他觉得做爸爸的忍不住了，就出出气，用粗鄙的语句说要打人家。可是他的信写出以后，得到社会上很不好的反应，我可以相信，杜鲁门先生决不会写第二次这样的信。因为他的小姐唱歌好不好，别人有批评的自由，可是他写信时并没有想到戏剧歌曲家批评唱歌好不好，这也是言论自由。而且言论自由是社会的风气，大家觉得发表言论，批评政府是当然的事，久而久之，政府当局也会养成习惯，所以言论自由是要争取的。要把自由看做空气一样的不可少。不但可以批评政治，不但有批评政策的自由，还可以批评人民的代表，批评国会，批评法院，甚至于批评总统小姐唱歌唱的好不好，这都是言论自由。人人去做，人人去行，这样就把风气养成了。所以我说言论自由是大家去争取来的。这样好像是不负责任的答复，但是我想不出比这更圆满的答案。

在自由企业发达的国家，尤其像美国，他们的报纸是不靠政府津贴的。所用的纸，都是在公开市场上买的。他的收入完全靠广告。因为在自由企业发达的国家，商业竞争剧烈，无论有了那一样新的产品，大家互相竞争，所以花在广告上的钱往往不下于制造的费用。这是报纸经费最大的来源。杂志也是这样，这些条件我们都缺乏。在美国就没有一个报纸可以说是国家的。政府决不办报纸。有党籍的人办报也不是以党的资格来办。譬如有许多报纸，在选举期间，在候选人出来之前就有一种表示，有些表示的早，有些较晚，当初共和党人的报纸占大多数，然而二十年来共和党并不能当政。共和党人都是有钱的大资产阶级；民主党向来是代表农民、小资产阶级、知识阶级的党。照党的背景看来，报纸老板共和党的人特别多，应该是共和党永远当政。但是社会并不因为共和党报纸多而影响选举。英国也是一样，有一个时期，工党只有一个报，销路很小，叫做《H. R. 报》，后来销路增加，那时自由党有无数报社，然而工党已经当政了两次。这就说明这些国家没有一个报算是政府的，他们是独立的，能够自立的。这与我们有很大的区别。像我们现在的困难状况之下，纸的来源要政府配给，一部分材料也得要政府帮忙，至于广告，在我们工业不发达的国家等于没有。所以广告的收入不算重要。尤其在这个困难时期，主要的报纸都是政府报，或是党的报纸，因为是政府的报、党的报，言论自由当然就比较有限制，我个人的看法，感觉到胜利之后，政府把上海几个私家报纸都收归政府办、党办，至少党或政府的股东占多数，这个政策我想是不对的。应该多容许私营的报纸存在，而且应该扶助，鼓励私家报纸，让它发展，这也是养成言论自由的一个方向。政府要靠政策行为博取舆论的支援，而不靠控制来获取人民的支持。我觉得这是言论自由里面一个重要问题，值得大家考虑的。

关于材料，包括纸、原料的配给，在现在艰难的时期，我觉得应该养成一种习惯，由编辑人协会，报业公会，外勤记者联谊会等团体，参加支配报纸。因为言论自由不应该受这种不能避免的物资的影响，这是值得讨论的，不过要想在这困难时候做到完全自由独立，确是很难。

回想我们办《独立评论》时，真是独立。那时销路很广，销到一万三千份。我们是十二个朋友组织一个小团体，预备办报，在几个月之前，开始捐款，按各人的固定收入百分之五捐款，这是指固定收入而言，临时的收入不计算，几个月收了四千多元，就拿来办报。我们工作的人不拿一个津贴，也没有一个广告，因为那时广告要找国家银行或国营机关去要，那么就等于接受了政府的津贴，等于贿赂，所以五年之中，我们除了登书刊的广告之外，没有收入。我们发表的文章有四千篇，没有出一个稿费，因为那时我们这班人确是以公平的态度为国家说话，为人民说话，所以我们即使不给稿费，人家也把最好的稿子送来。最初我们的稿件百分之九十是自己写的，后来外稿逐渐增加，变成自己的稿只有百分之四十五，外稿占百分之五十五，甚至有许多好的文章先送到我们这里来，如果我们不登，再转投其他有稿费的刊物去发表。在民国三十五年回国的时候，许多朋友说："胡先生，我们再来办个《独立评论》"，但是那时排字工人的工资比稿费还要高，我拿不出这些费用，非政府帮忙不可，而且人人都要稿费，我也拿不起，若是我办杂志而要求人的话，我就不办了。这并不是责备任何人，而是事实。这就表示在自由企业不发达的国家，又在这种局面之下，当然有许多方面不容易有完全独立或完全自由的言论。不过无论如何，自由的风气总应该养成。就是政府应该尊重舆论，我说这话是一个事实，大家应该谅解。我觉得，不要以为自己党来办报、政府来办报，就可以得到舆论的支持，没有这回事的。这种地方，应该开放，越开放越可以养成新闻独立，越可以养成言论自由，而政府也就可以得到舆论的支援。至于支配纸张材料的机关，应该由有关的团体参加，政府不要以配给政策影响言论的自由。

　　有人说只有胡适之有言论自由，这话不是这样说的。从前我们办《努力周报》，正在北洋军阀时代；办《每周评论》是民国八年，也是军阀时代；办《新月》杂志是国民革命后的头两年，后来办《独立评论》，完全是国民党当政时候，是在"九一八"事件发生以后的几个月，我们受了"九一八"的刺激才办的，一直办了五年，到民国二十六年七月二十五日出最后的一期，二十八日北平就丢了。在这个时期，人家就曾说过胡适之才有言论自由，其实不然。我承办的头一个报就是被北平警察厅关闭的。第二个在曹锟贿选时代，当时的局面使我们不能说话，所以就自己将它取消了。后来的《新月》杂志也曾有一次被政府没收，《独立评论》也曾被停止邮寄，经过我打电报抗议以后才恢复的。当宋哲元在北方的时候，那时是1936年（民国二十五年），我新从国外归来，一到上海就看见报纸上说"北平的冀察政务委员会把《独立评论》封了"。这是因为我 12 月 1 日到了上海,所以就给我一个下马威。那时我也抗议,结果三个月后又恢复出版,所以我并没有完全失掉言论自由。为什么那时我们的报还有一点言论自由呢?因为我们天天在那里闹的。假使说胡适之在二十年当中比较有言论自由,并没有秘诀,还是我自己去争取得来的。

争取言论自由我们最重要的是要得到政府的谅解,得到各地方政府的谅解。政府当然不愿意你批评,但要得到政府谅解,必须平时不发不负责的言论。比方中日问题,我们的确对于政府有一百分的谅解,在报上不说煽动的话,即使有意见或有建议,只见之于私人的通信,而不公开发表。在那时,我们曾提出一个平实的态度,就是公正而实际,说老实话,说公平话,不发不负责的高论,是善意的。久而久之,可以使政府养成容忍批评的态度。

人家说,自由中国言论自由不多,不过我看到几个杂志是比较有言论自由的,譬如杜衡之先生办的《明天杂志》,臧启芳先生办的《反攻杂志》,我觉得他们常有严厉的批评。《反攻》上的文章对于读经,有赞成的,有反对的,这个也是言论自由。我还看见几个与党有关系的杂志,对于读经问题,批评的也很严厉。《明天杂志》对于政治的批评也颇有自由,这都是好的现象。只要大家能平实,以善意的态度来批评,是可以争取言论自由的。况且我想政府也需要大家的帮助,只要大家都说公平的话,负责任的话。今天我因为没有准备;讲的很草率,请大家原谅。

(本文为 1952 年 12 月 1 日胡适在台北市编辑人协会欢迎
会上的演讲,收入《胡适作品集》第 26 册,台北:
远流出版公司 1986 年 3 月 25 日出版)

辩冤白谤为第一天理
监察院欢迎会上讲词

院长,副院长,各位委员:

我是作老百姓的,看到监察院,就想到从前的都察院了。从前都察院的都老爷,什么人对他都尊敬,看到他,都懔懔然畏惧。今天我到这里来,也不免有懔懔然畏惧之感。历史上的都老爷——监察御史,是保障人民权利的。研究历史,我们中国虽然过去没有挂着民主政治的招牌,但是老祖宗给我们留下一点民主政治基础的,一是考试制度,一是监察制度。考试制度是平等的。其来源,可说是孔子《论语》里的"有教无类"四个字。类是什么?类是种类,是阶级。这在荀子,墨子的书里面讲得很清楚。"有教无类",就是说,教育没有阶级。汉朝的选举,与以后的考试制度,也都作到了平等。

我们看戏,都知道《鸿鸾禧》这一出戏,是金玉奴棒打薄情郎的故事。金玉奴是一个叫化头儿的女儿,在冬天的一个早晨去开门,一位少年靠着门冻僵了,随着门一开倒在地上,金玉奴把他救醒,给他饭吃,并留住在家里。这一位少年是一个穷秀才,金玉奴看中了他,嫁给他,这位穷秀才,便作了叫化头儿的姑老爷。把病养好以后进京应考,中了进士,并放出去作官。在上任之前,回家接太太。许多人说"丐头的姑老爷作了官了"。他觉得与叫化头儿作姑老爷不大好,想换一个,坐船到了半途,在一个夜里,叫太太出来看月亮,便推到河里。水流很急,以为淹死了。到了任所唱言续弦,但是金玉奴被推下河以后,冲进到新进士上司的船旁,经救上船,收为义女,听说新进士要续弦,招为女婿。一进洞房,一般丫头都认识他,拿棒子打他,这就是所谓棒打薄情郎。大家看了这一出戏,都恨这个进士无情,但没有一个人认为叫化头儿的女婿不配做进士。

过去的考试,没有任何地位的人,只要书读得好,考中进士状元,就可以作官,作宰相。于是参加考试,就成为人民作官的一条合法道路,平等的一条道路。这是我们在世界上很可以夸耀于人的一点。

第二,我们也可以自夸于世界的,就是都察制度。从前的谏官制度,范围甚广,明朝中央各部的给事中,虽然是一个六品之官,但他的职权很大。不但可以影响到各部,就是对皇帝的圣旨,宰相的命令,也可以驳回或压下来。所以给事中的官位虽然很低,但是他的确是代表了监察谏官制度的一个很重要的部分,也可以说是中枢一个很重要的机构。同时,御史是代天巡按的,他出去代天巡按的时候,可以受理民间诉讼,以保障人民的生命财产与权利。从这些方面看,"都老爷"的确职权很大,很有威风。"都老爷"所以能有这种职权与威风的原因,历史事例告诉我们,就是民间的冤枉,与人民的生命财产和其他权利,常有缺乏保障的事情发生,所以需要有这样一个机构来为之昭雪,为之保障。当时的"都老爷",提纠弹案件,不一定全靠证据,因他可以"闻风言事",因此,他提出来的虽然是一个证据不充分的案件,也可以引起调查,调查结果,再按情节来弹劾。这样的做法,就是为的要保障人民的生命财产与权利,让人民的冤枉,有一个申诉的机会。明朝有一个很有名望的御史,名叫吕坤(号新吾,河南人)的,曾经在他那本《呻吟语》中说过一句话:"辩冤白谤,为第一天理。"这句话,我个人读了非常感动,并且觉得是值得我们各位都老爷时常引用的。讲到这里,我顺便讲一个美国参议员执行纠弹职权的故事:美国参议院中有一个参议员,名叫麦加锡(威斯康辛州籍),在最近这两年来,可以说很出风头,恭维他的人固然多,责骂他的人也不少。麦加锡出的是些什么风头呢?就是他天天打击政府,尤其打击国务院,说国务院里头有共产党。他所以敢于这样说,就是因为他们参议院对议员发表言论的保障,也同我们立监两院一样,规定"委员在院内所发言论,对外不负责任"。因此,麦加锡就利用这个法律的保障,来打击政府,说国务院里头有多少共产党。那些左派挂民主自由招牌的人,也不时起来反击,说麦加锡利用法律的保障来侵害人家的自由，破坏人家的声誉，使人家在社会上站不住脚。这样一来，在美国舆论界，麦加锡案就慢慢形成了一个大案子，如纽约《太晤士报》和《论坛报》，都曾经著文责骂他。但是，麦加锡虽然已经几乎成了众矢之的，到了选举的时候，他不但在预选提名中获得了其本州绝大多数票，就是在十一月四号的选举中，也获得了大多数的票而当选。后来，有人问我对于这件事的看法如何？我就告诉他们说：你们不必攻击法律保障议员发言的这件事，在我们中国历史上，早就已经有"闻风言事"的事例了。我们看中国史，就可以知道"闻风言事"的确是一种保障，因为有这个保障，所以弹劾之初只凭"闻风"就行，既弹劾了，还可发动对于本案的调查。不但都察御史有这种"闻风言事"的职权，就是都察御史下面的所有官员，都有这种职权。他们听了我这番解释以后，才发现这原来是很早已经有了的制度。的确是有它的理由的。但是，诸位也许记得，我前几天在台大讲学的时候，曾经提出两句口号，认为我们做学问，尤其是做历史考证的人，应该有此警戒，就是要"大胆的假设，小心的求证"。我刚才说"都老爷"是可以"闻风言事"的，照吕坤的说法，"辩冤白谤为第一天理"，今天我们这些"都老爷"纠弹案件，又有"在院内所发言论对外不负责任"的法律保障，我们纠弹当然是没有问题的。但是我们晓得，无论纠弹什么案件，都将牵涉到人民的生命财产或社会地位与信誉，尤其我们在"闻风言事"的时候，一方面要弹劾有势力的人，一方面又要替人民"辩冤白谤"，那么我讲的"小心的求证"这一句话，就是很重要的。比方今天我们讲反共抗俄，在这个大时代中，在我们处处都要提到国家安全的时候，我们当然要承认国家安全第一是最重要的。在这个大敌当前的时候，为了国家安全而拘捕人民，或者难免有忽略"小心求证"的地方，我们代表监察权和弹劾权的"都老爷"，就应该于此时替我们树立一个榜样，对于人民因为安全问题，受证据不充分的冤枉，或遭受拘捕超过宪法所容许的时间的时候，我站在老百姓的立场，在这里要提出一个希望，就是希望各位都老爷要挑起"辩冤白谤"的责任，要政府注重证据。如果因为证据不充分而侵犯人民的权利自由，遭拘捕而超过了宪法容许的程度，我们"都老爷"就应该替人民说话，或予以纠正。讲到这里，我要请各位注意的，就是我并不反对国家因为安全而作的种种措施，但是在这个多疑的时候，因为大家都多疑，许多问题都觉得是安全问题。在这种情况下，对于"小心的求证"，难免不有松懈或忽略的地方。这点，我们老百姓可以说毫无办法，全靠各位"都老爷"去替人民"辩冤白谤"。所谓"冤"，包括人民的生命财产权利的损失，"谤"就是代表声誉的损失。我们"都老爷"有"闻风言事"的权力，可以帮助老百姓，至少在某些地方，可以唤起各方面的注意。

最后，我还重复的说一句：为了人民的生命财产与声誉，我们需要"都老爷"负起"辩冤白谤"的责任，给人民以保障。我们的老祖宗吕坤说："辩冤白谤为第一天理"，这一个遗训，希望能够把它做到。这就是我们为了人民，为了国家，对各位"都老爷"的一个很诚恳的希望。

附答问

刚才我所说的，是说：一个制度的建立和行使及发生力量，不完全靠制度，人是最重要的。譬如汉朝御史之发生力量，就靠了几个人，看看高祖时代周昌的事迹，就可以知道。汉朝的政治制度本来是比较专制的，尤其是西汉，因有许多像周昌的谏官，建立了完整的谏官制度。后来宋朝对于谏官有一种保障。据小说传载："宋太祖谕旨'不杀谏官'"，究竟有没有这种成文法？没有考证过。但宋朝时代大家对御史的地位，都看得很高，是一个事实。这也是由于许多有名的谏官建立起来的。明朝亦复如此。明朝是我们中国历史上最荒谬，最凶恶，最没有道理的专制政治，但明朝的谏官很有权力。我刚才说过，明朝的谏官，官阶不过六七品。可是他的力量，不仅能影响宰相，还可以打回皇帝的诏谕。凡此种种都是人造出来的。诸位是行宪第一届监察委员，有替中国历史树立监察制度权威的使命。只要诸位能够真正依据宪法上一点点——刚才梁委员说并不威风的权限，而有公正的态度，爱护国家的态度，更有保障人民生命财产的态度，刚亦不吐，柔亦不茹。就可以树立权威的监察制度。树立一个制度,是不容易的,碰几个钉子算得什么!给人家骂几句,又算得什么!诸位要负起历史的使命,即一方面继续中国几千年的传统,一方面要替中华民国万世开一个新的、有力量保障人民权利的监察制度。古语说:徒法不能以自行。一个制度,不过是一个起点,站在这起点上运用它,扩充它,提高这个地位,是各位的责任。

(本文为1952年12月9日胡适在台湾监察院欢迎会上的演讲,原载1952年12月10日台北《中央日报》)

工程师的人生观

今天要赶十点四十分钟的飞机到台东,所以只能很简单地说几句话,很为抱歉。报上说我作学术讲演,这是不敢当。我是来向工学院拜寿的。昨夜我问秦院长希望我送什么礼物。晚上想想,认为最好的礼物,是讲讲工程师的思想史同哲学史。所以我便以此送给各位。

究竟什么算是工程师的哲学呢?什么算是工程师的人生观呢?因为时间很短,我当然不能把这个大的题目讲得满意,只是提出几点意思,给现在的工程师同将来的工程师作个参考。法国从前有一位科学家柏格生 Bergson 说:"人是制器的动物。"过去有许多人说:"人是有效力的动物。"也有许多人说:"人是理智的动物。"而柏格生说:"人是能够制造器具的动物。"这个初造器具的动物,是工程师的老祖宗。什么叫做工程师呢?工程师的作用,在能够找出自然界的利益,强迫自然世界把它的利益一个一个贡献出来;就是改造自然、征服自然、控制自然,以减除人的痛苦,增加人的幸福。这是工程师哲学的简单说法。

大家都承认:学作工程师的,每天在课堂里面上应该上的课,在试验室里面作应该作的试验,也许忽略了最大的目标,或者忽略了真正的基本——工程师的人生观。所以这个题目,是值得我们考虑的。

昨天在工学院教授座谈会中,我说:我到了六十二岁,还不知道我专门学的什么。起初学农;以后弄弄文学,弄弄哲学,弄弄历史;现在搞《水经注》,人家说我改弄地理。也许六十五岁以后、七十岁的时候,说不定要到工学院作学生;只怕工学院的先生们不愿意收一个老学徒,说"老狗教不会新把戏"。今天在工学院作学生不够资格的人,要来谈谈现在的工程师同将来的工程师的人生观,实属狂妄,就是,有点大胆。不过我觉得我这个意思,值得提出来说说。人是能够制造器具的动物,别的动物,也有能够制造东西的,譬如:蜘蛛能够制造网,蜜蜂能够制造蜜糖,珊瑚虫能够制造珊瑚岛。而我们人同这些动物之所以不同,就是蜘蛛制造网的丝,是从肚子里出来的,它肚子里有无穷无尽的丝;蜜蜂采取百花,经一番制造,作成的确比原料高明的蜜糖;这些动物,可算是工程师;但是它的范围,它用的,只是它自己的本能。珊瑚虫能够做成很大的珊瑚岛,也是本能的。人,如果只靠他的本能,讲起来也是有限得很的!人与蜘蛛、蜜蜂、珊瑚虫所以不同,是在他充分运用聪明才智,揭发自然的秘密,来改造自然,征服自然,控制自然。控制自然,为的是什么呢?不是像蜘蛛制网,为的捕虫子来吃;人的控制自然,为的是要减轻人的劳苦,减除人的痛苦,增加人的幸福,使人类的生活格外的丰富,格外有意义。这是"科学与工业的文化"的哲学。我觉得柏格生这个"人"的定义,同我们刚才简单讲的工程师的哲学,工程师的人生观,工程师的目标,是值得我们随时想想,随时考虑的。

这个话同这个目标,不是外国来的东西,可以说是我们老祖宗在几百年,甚至几千年以前,就有了这种理想了。目前有些人提倡读经;我倒很愿意为工程师背几句经书,来说明这个理想。

人如何能控制自然,制造器具呢?人控制自然这个观念,无论东方的圣人贤人,西方的圣人贤人,都是同样有的。我现在提出我们古人的几句话,使大家知道工程师的哲学,并不是完全外来的洋货。我常常喜欢把《易经·系辞》里面几句话翻成外国文给外国人看。这几句话是:"见乃谓之象;形乃谓之器;制而用之谓之法;利用出入,民咸用之,谓之神。"看见一个意思,叫做象;把这个意象变成一种东西——形,叫做器;大规模的制造出来,叫做法;老百姓用工程师制造出来的这些器具,都说好呀!好呀!但是不晓得这器具是从一种意象来的,所以看见工程师便叫做神。

希腊神话,说火是从天上偷来的;中国历史上发明火的燧人氏被称为古帝之一——神。火,是一个大发明。发明火的人,是一个大工程师。我刚才所举《易·系辞》,从一个观念——意象——造成器具,这个意思,是了不得的。人类历史上所谓文化的进步,完全在制造器具的进步。文化的时代,是照工程师的成绩划分的。人类第一发明是火;大体说来,火的发现是文化的开始。下去为石器时代。无论旧石器时代,新石器时代,都是人类用智慧把石头造成器具的时候。再下去为青铜器时代。用铜制造器具,这是工程师最大的贡献。再下去为铁的时代。这是一个大的革命。后来把铁炼成钢。再下去发明蒸汽机,为蒸汽机时代。再下去运用电力,为电力的时代;现在为原子能时代:这都是制器的大进步。每一个大时代,都只是制器的原料与动力的大革命。从发明火以后,石器时代,铜器时代,铁器时代,电力时代,原子能时代;这些文化的阶段,都是依工程师所创造划分的。

这种理想,中国历史上,早就有了的。工学院水工试验室要我写字,我写了两句话。这两句话,是《荀子·天论》篇里面的。《荀子·天论》篇,是中国古代了不得的哲学,也就是西方柏格生征服自然,以为人用的思想。《荀子·天论》篇说:"从天而颂之,孰与制天命而用之? 大天而思之,孰与物蓄而制裁之?"这个文字,依照清代学者校勘,稍须改动。但意思没有改动。"从天而颂之",是说服从自然。"从天而颂之,孰与制天命而用之。"两句话联起来说,意思是:跟着自然走而歌颂,不如控制自然来用。"大天而思之",是问自然是怎样来的。"大天而思之,孰与物蓄而制裁之?"是说:问自然从那里来的,不如把自然看成一种东西,养它、制裁它。把自然控制来用,中国思想史上只有荀子才说得这样彻底。从这两句话,也可以看出中国在两千二三百年前,就有控制天命——古人所谓天命,就是自然——把天命看作一种东西来用的思想。

"穷理致知"四个字,是代表七八百年前——十一世纪到十二世纪——宋朝的思想的。宋代程子、朱子提倡格物——穷理——的哲学。什么叫做"格物"呢? 这有七十几种说法。今天我们不去研究这些说法。照程子朱子的解释,"格物"是"即物而穷其理。……即凡天下之物,莫不因其已知之理而益穷之,以求至乎其极"。这样的格物致知，可以扩大人的智识。程子说，"今天格一物，明天格一物，习而久之，自然贯通"。有人以范围问他；他说，"上自天地之高大，下至一草一木，都要格的"。这个范围，就是科学的范围，工程师的范围。

两千二三百年前，荀子就有"制天命而用之"的思想；七八百年前，程子、朱子就有格物——穷理——的哲学。这是科学的哲学，可算是工程师的哲学。我们老祖宗有这样好的思想、哲学，为什么不能作到科学工业的文化呢？简单一句话，我们不幸得很，二千五百年以前的时候，已经走上了自然主义的哲学一条路了。像《老子》、《庄子》，以及更后的《淮南子》，都是代表自然主义思想的。这种自然主义的哲学发达的太早，而自然科学与工业发达的太迟：这是中国思想史的大缺点。

刚才讲的，人是用智慧制造器具的动物。这样，人就要天天同自然界接触，天天动手动脚的，抓住实物，把实物来玩，或者打碎它，煮它，烧它。玩来玩去，就可以发现新的东西，走上科学工业的一条路。比方"豆腐"，就是把豆子磨细，用其他的东西来点，来试验；一次，二次，……经过许多次的试验，结果点成浆，做成功豆腐；做成功豆腐还不够，还要作豆腐干，豆腐乳。豆腐的做成，很显然的，是与自然界接触，动手、动脚，多方试验的结果，不是对自然界看看，想想，或作一首诗恭维自然界就行了的。

顶好一个例子，是格物哲学到了明朝的一个故事。明朝有一位大哲学家王阳明，他说，"照程子、朱子的说法，要做圣人，要'即物而穷其理'。'即物穷理'，你们没有试验过，我王阳明试验过了"。有一天，他同一位姓钱的朋友研究格物，并由钱先生动手格竹子；拿一个凳子坐在竹子旁边望，望了三天三夜，格不出来，病了。王阳明说："你不够做圣人，我来格。"也端把椅子对着竹子望；望了一天一夜，两天两夜，……到了七天七夜，王阳明也格不出来，病了。于是王阳明说："我们不配作圣人；不能格物。"从这个故事，可以看出传统的不动手动脚，拿天然实物来玩的习惯。今天工学院植物系的学生格竹子，是要把竹子劈开，用显微镜来细细的看，再加上颜色的水，作各种的试验,然后就可以判定竹子在工业上的地位。为什么王阳明格不出来,今天的工程师可以格出来?因王阳明没有动手动脚作器具的习惯,今天的工程师有动手动脚作器具的习惯。荀子"制天命而用之"的哲学,终敌不过老子,庄子"错(措)人而思天"的哲学。故程、朱的格物穷理的思想,终不能应用到自然界的实物上去,至多只能在"读书"上(文史的研究上)发生了一点功效。

今天送给各位工程师哲学的人生观,又约略讲一讲我们老祖宗为什么失败;为什么有了这样好的征服天然的理想,穷理致知的哲学,而没有造成功科学文化,工业文化。我们可以了解我们老祖宗让西方人赶上去了。同时,从西方人后来实现了我们老祖宗的理想,我们亦就可以知道,只要振作,是可以迎头赶上的。我们只要二十年,三十年的努力,就可以同世界上科学工业发达的国家站在一样的地位。

二十年前,中国科学社要我作一个社歌;后来请赵元任先生作了乐谱。今天我把这个东西送给各位工程师。这个社歌,一共三段十二句:

> 我们不崇拜自然。他是一个刁钻古怪;
> 我们要捶他,煮他,要叫他听我们的指派。
>
> 我们要他给我们推车;我们要他给我们送信。
> 我们要揭穿他的秘密,好叫他服事我们人。
>
> 我们唱天行有常;我们唱致知穷理。
> 明知道真理无穷,进一寸有一寸的欢喜。

(本文为1952年12月27日胡适在台南工学院
七周年纪念会上的演讲,原载1952年
12月28日台北《中央日报》)

报业的真精神
台北市报业公会欢迎会上讲词

我自从在国内做学生,留学国外,以迄现在三四十年来,几乎年年与报界发生关系,至少与杂志社未曾断绝过关系。这几年来,我是《自由中国》杂志社名义上的发行人。所以我与各位仍是同业。我做学生时便开始办报,十六七岁主办《竞业旬刊》(罗家伦先生最近在中国国民党党史编纂委员会发现保存有该刊),一个人包办整个篇幅,用了很多的假名。外国留学时,也常常翻译小说写写散文一类的文章向报刊杂志投稿,赡家养母。后来与《新青年》杂志发生了重要关系,许多文章都在《新青年》发表,其中几篇是谈文学改革问题的,说到将来中国文学应该用什么文字作工具。那时我不过二十多岁,文学改革的文章,是在大学宿舍里与一般朋友们讨论的结果,想不到竟引起国内老一辈的中年朋友们的赞同和支持,在我没有回国时(民国五、六年),国内文学革命的旗帜已经打了起来,白话运动弥漫全国,报纸杂志都热烈讨论,以后我也常常参加。继《新青年》之后,我加入了陈独秀、李大钊所办的《每周评论》。那时我有一个主张,认为我们要替将来中国奠定非政治的文化基础,自己应有一种禁约,不谈政治,不参加政治,不与现实政治发生关系,专从文学和思想两方着手,做一个纯粹的思想文化运动。所以我从那个时候起二十年不谈政治,不干政治,这是我自己的禁约。可是一般朋友说:"适之不谈政治,我们要谈政治。"所以民国七年先慈去世,我奔丧回安徽,他们以《新青年》不谈政治,另办一个周刊——《每周评论》,过过瘾。等我回北平已经出刊几期了。民国八年陈独秀被捕,《每周评论》无人主持,便由我接办,直到北平警察厅查封为止。后来又办

《努力周报》，办了一年半，出刊七十五期。《努力周报》，是谈政治的报。以前我们是不谈政治的，结果政治逼人来谈。后来只是不干政治。正如穆罕默德不朝山，山朝穆罕默德一样，把二十年不谈政治的禁约放弃了。不过二十年不干政治的禁约，至少我个人做到了。抗战时期政府征调国民服务，先要我到美国去做非正式的国民外交，继派我为驻美大使，做了四年的外交官，这是我立禁约的第二十一年，可算已超出于二十年不干政治的期限，坚守住了二十年不干政治的禁约。我与日报的关系是常替天津《大公报》写文章，《大公报》的"星期论文"就是我替张季鸾先生、胡政之先生计划的，请《大公报》以外的作家每星期写一篇文章，日程也多由我代为排定。这样，报馆的主笔先生每周至少有一天休息。这种方式旋为国内各报所采用。我认为办报只要采取锲而不舍的精神，用公平态度去批评社会、教育、文化、政治，有毅力地继续不断的努力做去，终是有效的。佛教《法华经》有一句话："功不唐捐"（"唐"古白话"空"字），意思说，努力是不白费的。譬如提倡中国文学白话运动，原是偶然的，我在文艺协会座谈会说过。1915年，康乃尔大学中国留学生的男同学欢迎一位中国女同学，餐后泛舟游凯约嘉湖，忽然天气骤变，乌云四布，大家急于回来，但船将靠岸，暴风雨已经发作，大家匆忙上岸，小船竟翻了，幸而没有发生事情，不过大家的衣服都弄湿了。男同学中的任叔永先生事后寄了一首旧诗给我（我那时在哥伦比亚大学），题名"凯约嘉湖覆舟"。游湖、遇雨、覆舟、写诗，这些都是偶然发生的；我看了那首旧诗，也偶然的产生了一种感想，觉得诗的意思很好，但用字不划一，有今字，有《诗经》里的古字。《诗经》里的古字，是二千年前死了的字，已不适用于今天了，我随即复了一封批评的信。这封信又偶然给哈佛大学守旧的梅光迪先生看见了，很生气的骂我的批评是邪说。我为替自己的主张辩护，便到处搜集材料证据，来证明中国文学应该用活的语言文字，应该用白话，不论是写文章和作诗；便在《新青年》发表了《文学改良刍议》，提出八条意见。陈独秀先生是主张革命的，继我而发表了《文学革命论》（文学革命的名词便是由此而来），这样一来，文学革命的旗帜已经展出来了，"伸头一刀，缩头也是一刀",只好硬着头支撑起来。当时我们认为我们的思想主张必为将来中国的教育工具和一切的文学工具。白话可以写诗、可以写散文、小说、韵文,不仅可以写通俗的诗词韵文,并且可以写高深的诗词韵文。小说用白话写,在数百年前已经有伟大的小说如《七侠五义》、《西游记》、《封神榜》等可作证据;诗词方面,历史上大诗人所作的诗,凡是易于记诵的,都是白话文。关于这一点,许多人还是不肯信服,认为古人的诗有白话是偶然的。我为此于民国五年七月十六日写信告诉朋友们说,从即日起我不作诗了,要作诗就是白话诗。民国六年元旦我把这个主张同时发表在国内的《新青年》,和美国留学生办的季刊上。我们当时曾细细想过:文学革命运动是对的,但一定会有人反对,一定会遇到阻碍,我们准备奋斗二十五年至三十年,相信一定可以成功。因为所有现代国家都经过了文学革命的阶段,如五百年前的西欧是用拉丁文,东欧是用希腊文,先由意大利发动文学革命,提倡用白话,以后法德英国整个欧洲,一个个的都用新的活的语文,所以我们认定我们的主张必会成功。结果出人意料之外,原拟奋斗二十五年至三十年的,只做了四年工夫(民国六年到九年)时机便成熟了。民国九年北京的反动政府教育部也受了舆论的震动,没有法子拒绝,颁布了初级小学一二年级的教材用白话文来编。殊不知学校制度是有机体的,一二年级教材用白话文,三四年级教材也就不能不用白话文了,这样白话文便打进了学校。民国八年的五四运动,是爱国运动,全国学生为响应这一运动,出版了四百多种刊物,都是篇幅很小,有些像包脚布,也有油印的壁报。但全部是用的白话。这是一般青年感觉北大这班教授提倡的白话一点不错,采用为发言的工具了,用不着我们开学堂来训练,只要把想说的话放胆的写出来就行了。大家看《红楼梦》、《水浒传》等小说,就是学习写白话的模范,用不着再找教师。以我的经验,中国的白话,是最容易的一种语言工具,可以无师自通,几百年来的老祖宗,给了我们许多的教材。同时我觉得中国的语言,是全世界最容易学,最容易说的语言;文法上没有性的区别,没有数量的区别,也没有时间的区别。你来、他来、我去、你去,没有变化;他昨天来(过去的)、今天来(现在的)、明天来（将来的），没有变化。话怎么说，文章便怎么写。所以五四运动，各地青年学生要发表思想情感，无师自通的工具——白话文便自然的产生出来了，使北京政府教育部不得不接受这一运动，不得不颁布小学一二年级教科书改用白话文来编。跟着，新诗、新的散文、小品文、新的戏剧、新的短篇小说、长篇小说、新闻短评、长论文，都出来了。我们预备奋斗二十五年至三十年的，想不到四年工夫，我们便胜利了。我们应该相信，我们这一行业——报业，确是无冕帝王，我们是有力量的，我们的笔是有力量的。只要我们对这一行业有信心，只要我们的主张是站得住的，有材料，有证据，不为私，是为公，以公平的态度锲而不舍地努力下去，"功不唐捐"，努力是不会白费的。提倡白话文运动，四年小成，十年大成，终于普及全国，这就是一个证明。当此国家多难，时局动荡激烈，全世界也陷于危机的时候，报业当然也遇上了困难。今日自由中国只有十三份报纸，公营民营报纸经营都有困难，只要靠配给；并受人口的影响，销路不多；商业不发达，登广告的少。这些困难，我一看便知道，我很同情。不过，我们干这一行的，应该有一种信仰，要相信"功不唐捐"，努力是不白费的。我们贯彻一种主义，预定十年，也许三、五年便发生了效果。我们不必悲观失望，不必求速效，我们的职务是改变人的思想习惯，改变思想习惯就是改变人的作风。思想习惯都是守旧的、难得改的，可是久而久之潜移默化，不知不觉中会发生效果。这类的事，我这过了六十二岁的人，是见过很多的。如当年梁启超先生在海外办《新民丛报》，倡导维新，竟至影响了国内全国的政治社会！革命的前辈在海外办《民报》，鼓吹革命，满清政府禁止其运入国内，许多留学生却将《民报》缝入枕头，偷偷的运回国内秘密传观，流行的数量这样的少，可是几年中全国青年人接受了革命的思想，促成革命的成功，这是孙中山先生所梦想不到的！他们远在海外，以少数几个人的力量，凭着胆量勇气，提倡理想的主张，在短时期内，便震动全国，证明报业是有力量，足以自夸的高贵的职业。我们看一看六十年的中国历史，可以知道中国以前的报馆是可怜得很，少数几个人包办一切，几张破桌椅，便算设备，那有现在的人材济济，更没有这样阔绰的"记者之家"，可以在工作之余，来喝茶"白相"。刚才谈到报纸的广告少，这是不能怪商人不懂广告效用，不明广告价值，不送广告来登；广告是要靠报馆提倡，要靠自己去找的。美国广告的发达，也不过是数十年的历史；美国克蒂斯出版公司出版三种报纸杂志——《星期六邮报》、《妇女与家庭》杂志和《乡下人》，他们先是推广报纸杂志的销路，再全力宣传广告效用，派人出去招揽广告。结果，业务蒸蒸日上，极一时之盛。近代广告的演进，渐渐成了广告学，甚至广告心理学，用广告来引起人的欲望，引起购买的动机，向人们展开攻势，争取广告。大家如果能够研究用策略战略去争取广告，我敢担保广告一定会发达。我下次来的时候，台湾各报的广告，必有可观的成绩。广告成为美国的宠儿，就是美国人懂得广告心理。在中国的都市中广告比较发达的是上海，而上海最初懂得利用广告的是中法药房创办人黄楚九。黄楚九懂得广告心理学，他制售补脑汁，不说是他自己发明的黄医生补脑汁，而说是德国艾罗医生的发明，以加强购买者的信心。所谓艾罗即英文的 Yellow。这种作法，当然是不足为法的，但是做广告要懂得心理学，这里可以得到一个证明。由于黄楚九的懂得运用广告，广告在上海才引人注意。在台湾，大家不妨现在就发起一种广告运动，凭了各位先生各位小姐的才干，广告一定能够打开局面，报业一定能够大发达。我向来是乐观的。朋友们都说我是不可救药的乐观主义者，今天我也就是以不可救药的乐观主义者和大家讲话，诸位不妨发起一两种小运动来试试看，我相信必会有圆满的收获。谨以"功不唐捐"作为记者之家的格言。

（本文为 1953 年 1 月 7 日胡适在台北市"记者之家"的演讲，原载 1953 年 1 月 8 日《中央日报》）

大宇宙中谈博爱

"博爱"就是爱一切人。这题目范围很大。在未讨论以前,让我们先看一个问题:"我们的世界有多大?"

我的答复是"很大!"我从前念《千字文》的时候,一开头便已念到这样的辞句:"天地玄黄,宇宙洪荒。"宇宙是中国的字,和英文的Universe,World意思差不多,都是抽象名词。宇是空间(Space)即东南西北;宙是时间(Time)即古今旦暮。《淮南子》说宇是上下四方,宙是古往今来。宇宙就是天地,宇宙就是Time-Space。古人能得"Universe"的观念实在不易,相当合于今日的科学。但古人所见的空间很小,时间很短,现在的观念已扩大了许多。考古学探讨千万年的事,地质学、古生物学、天文学等等不断的发现,更将时间空间的观念扩大。

现在的看法:空间是无穷的大,时间是无穷的长。

古人只见到八大行星,二十年前只见九大行星。现在所谓的银河,是古代所未能想像得到的。以前觉得太阳很远,现在说起来算不得什么,因为比太阳远千万倍的东西多得很。

科学就这样地答复了"宇宙究竟有多大?"这个问题。

现在谈第二点:博爱。

在这个大世界里谈博爱,真是个大问题。广义的爱,是世界各大宗教的最终目的。墨子可谓中国历史上最了不起的人,可说是宗教创立者(Founder of Religion),他提出"兼爱"为他的理论中心。兼爱就是博爱,是爱无等差的爱。墨子理论和基督教教义有很多相合的地方,如"爱人如己"、"爱我们的仇敌"等。

佛教哲学本谓一切无常,我亦无常,"我"是"四大"(土、水、火、风)偶然结合而成的,是十分简单的东西,因此无所谓爱与恨——根本不值得爱,也不值得恨。但早期佛教亦有爱的意念在:我既无常,可牺牲以为人。

和尚爱众生,但是佛教不准自食其力,所以有人称之为"叫化"(乞丐)宗教。自己的饭亦须取之于人,何能博爱?

古时很多人为了"爱",每次登坑(大便)的时候便想,想,大想一番,想到爱人。有些人则以身喂蚊,或以刀割肉,以自身所受的痛苦来显示他们对人的爱。这种爱的方法,只能做到牺牲自己,在现代的眼光看来,是可笑的。这种博爱给人的帮助十分有限,与现代的科学——工程、医学……等所能给我们的"博爱"比起来,力量实在小得可怜。今日的科学增进了人类互助博爱的能力。就说最近意大利邮船 Andrea Doria 号遇难的事吧,短短的数小时内就救起千多人。近代交通、医学……等的发达,减少了人类无数的痛苦。

我们要谈博爱,一定要换一观念。古时那种喂蚊割肉的博爱,等于开空头支票,毫无价值。现在的科学才能放大我们的眼光,促进我们的同情心,增加我们助人的能力。我们需要一种以科学为基础的博爱——一种实际的博爱。

孔子说:"修己以敬,修己以安人,修己以安百姓。"修己就是把自己弄好。我们应当先把自己弄好,然后帮助别人;独善其身然后能兼善天下。同学们,现在我们读书的时候,不要空谈高唱博爱;但应先努力学习,充实自己,到我们有充分能力的时候才谈博爱,仍不算迟。

(本文为 1956 年 9 月 17 日胡适在美国中西部留美同学夏令大会上的演讲,由《灯塔》特约记者简新程记录,原载 1957 年 2 月 1 日香港《灯塔》第 8 期)

纪念林肯的新意义

我很感谢"美国之音"邀我参加林肯总统的一百五十年大庆典。

我是1946年制定中华民国宪法的国民大会的一个代表,我想说一个故事,让我的美国朋友们知道林肯的思想怎样会变成了中华民国宪法的一部分。

中国革命的领袖,中华民国的"国父"孙中山先生平常说,他所提倡的三民主义和美国林肯总统的三句话是相通的:林肯说的 The government of the people, by the people, for the people. 当时还没有适当的翻译。中山先生的自己翻译是"民有,民治,民享的政府"。他说,他的民族主义就是"民有",民权主义就是"民治",民生主义就是"民享"。

孙中山先生死在1925年。他死后二十一年,这些思想就概括在中华民国宪法的第一条里,这一条的全文是:

> 中华民国,基于三民主义,为民有,民治,民享之民主共和国。

所以我们可以说,林肯的盖梯斯堡演说的一部分,用孙中山先生自己翻译的文字,永远生存在中华民国宪法里。我相信这是我们中国人民对林肯表示的最高的崇敬。

今天我们庆祝林肯一百五十年的纪念,正当全世界的危机时期,我们不能不感觉林肯的生平事业对我们有一种新的意义。

这种新的意义就是:林肯当日面临的是一个分裂的国家,我们今天面临的是一个分裂的世界。分裂林肯的国家的,是一种把人作奴隶的制度。分裂我们今天这个世界的,是一种把人作奴隶的新制度。

在一百年前,林肯曾宣言:

> 一个自己分裂的家庭是站不住的。
>
> 我相信,在一半是奴隶,一半是自由人的状态,这个政府是不能长久存在的……将来总有一天或者全部是奴隶,或者全部是自由人。

林肯本人是反对奴隶制度的,他相信一切的人,无论什么地方都应该自由。

但他也是一个搞实际政治的政治家,所以他总不免有一种希望——一种无可奈何的希望:他总希望反对奴隶制度的人们能够"限制这种制度的推广",能够"把这种制度认作一种不可再推广的罪恶,但是因为这种制度确已存在我们的社会里,我们只好容忍它,保护它"。

他这种希望,若用近几年流行的名词来说,可以叫做"围堵"和"共存"的政策(The policy of "Containment" and "Co-existence")。

但是林肯没有机会可以实行他的"围堵奴隶制度"的政策。从他被选作美国大总统,到他就职,在短短的几个月里,已有七个南方的邦宣告脱离联邦国家了,他们已成立了一个临时政府,并且把独立各邦境内的多数炮台也占领了。

林肯就总统职之后三十九天,战争就爆发了,——那个可怕的战争一直延长到四年之久。

林肯总统迟疑了一年半,方才颁布他的释放南方各邦境内全部黑奴的命令。最后的解放黑奴命令,1863年元旦颁布的。

当他迟疑不决的时期,林肯在一封信里曾说:

> 我的最主要的目的是要救这个联邦国家。……如果不解放一个奴隶而可以救国,我要干的。如果解放全部奴隶而可以救国,我也要干的。

当时战事的延长扩大,使他不能不承认释放奴隶的命令不但是道德上的必要,并且是军事上的必要。

直到今天,全世界最不忘记的,最崇敬的林肯,就是那位伟大的奴隶解放者林肯。

我们现在纪念林肯的生日,我们很自然的都回想到他在一百年前说的那几句富有预言意味的话:

> 我相信,在一半是奴隶,一半是自由人的状态,这个政府是不能长久存在的。……将来总有一天,或者全部都是奴隶,或者全部都是自由人。

林肯在一百年前说的这几句话,今天在我们的心里得着同情的响应,正因为我们现在正面对着一种新起的,更残酷的奴役人们的身体与精神的奴隶制度——这种新起的奴隶制度已经把一个很大部分的人类都变作了奴隶,并且还在很严重的威胁着整个世界。

我们在自由中国的人,在自由世界的人,都常常忍不住要问问我们自己:

我们这个一半是奴隶,一半是自由人的世界能够长久存在吗?

这个一半是奴隶,一半是自由人的世界究竟还能够存在多么久呢?

是不是将来总会有一天,——正如林肯在一百年前悬想将来总会有一天,或者全部都是奴隶,或者全部都是自由人?

我相信,这是林肯在今天给我们的新意义。

(本文为 1959 年 1 月 29 日胡适在台北美国新闻处的录音稿,送《美国之音》广播,原载 1959 年 2 月 16 日台北《自由中国》第 20 卷第 4 期)

新闻记者的修养

做一个新闻记者,不但要有广泛的无所不知的知识,同时在学术上道德上也应该有相当的修养。特别是未来的新闻记者,要多看侦探小说。

我们中国文学的唯一的缺点,就是没有翻译的最好的侦探小说。现在有许多报纸都刊武侠小说,许多人也看武侠小说,其实武侠小说实在是最下流的。侦探小说是提倡科学精神的,没有一篇侦探小说,不是用一种科学的方法去求证一件事实的真象的。希望同学们能多看"福尔摩斯"一类的良好的侦探小说,不但可以学好文学与英法等外国文字,同时也是学习使用科学方法的最好训练。

明朝有一位大哲学家吕坤,是十七世纪一位很有地位的思想家。他曾经这样说过:"为人辩冤白谤,是第一天理。"他的这句话在今天仍有许多人提到它。当一个新闻记者,不论在任何一个国家,都有这一种替人"辩冤白谤"的责任。这是一件很大的事,也是一种很重要的修养,尤其是在今天我国警察、司法、军法各方面尚在比较幼稚的时候,责无旁贷的,我们当一位新闻记者的,都应该有此义务。

我今天要讲两个故事,来说明"为人辩冤白谤"的意义。这两个故事是两个有名的案件。第一个案件是最近出版的美联社及芝加哥《太阳报》记者勃雷纳(Brennan)所写的《被偷去的年龄》(*The Stolen Years*)一书中所说的案件,第二个案件是轰动世界的,连《大英百科全书》中都有详细记载的兑夫司 Dreyfus 案件。

关于第一个案件,那是 1933 年的事。那时勃雷纳才二十五岁,在那个时候,芝加哥发生了一个离奇的绑票案。一个名叫法克脱(Factor)大流氓自称被绑,并且被关在一个地窖子里十二天,一直到缴了钱才放出来。他这些话是对警察与新闻记者说的。他说这话时勃雷纳也在场。勃雷纳当时听了法克脱的话,就觉得有点奇怪,一个被关在地窖子里十二天的人,怎么衣服都那么整齐,没有丝毫绉纹,同时他又听到一个警察在说,芝加哥天气这么热,怎么他的身上没有臭气。勃雷纳把这两件事记在心上。后来,那个自称被绑的大流氓法克脱指认另一个大流氓杜希(Jouhy)是绑他的人。这案子便开庭审了好几次,同时警察当局又派了一名专家调查此事。

当年芝加哥的警察很腐败,暗中与流氓恶势力勾结,因而那位被派的专家也是一个流氓,他是一个包庇赌博发大财的人,人家说他是世界上最有钱的警察。这个案子本来是流氓消灭敌人的一种手段,杜希原是被冤枉的,可是审判结果,他被判了徒刑九十九年。勃雷纳自从法克脱自称被绑的那天起,就开始注意此事。杜希判罪之后,他便时常去狱中看他,与他谈天,并把他的谈话做成纪录,并替他找证据,因为他觉得杜希是冤枉的。勃雷纳自从1933年以来经过二十七年的努力,社会终于注意到这件案子,到今年十一月这位被冤枉了很久的杜希终于被保释了。

同时,勃雷纳的书《被偷去的年龄》也于同日出版,在这本书里,勃雷纳指出两点,一点是当审问时法克脱几次改变他自己的供词,另一点是在检察官提出的证人之中,有一个在绑架的十二天之中,并没有在芝加哥,他是一个伪证。勃雷纳说:"人问我为什么要给一个流氓作辩护。我对他们说:你们看看这个可怜的人,他从没有机会把他的案子向大家申诉。我做这件事,得到的我个人自觉的满意是你们想像不到的。"

第二个案件,是法国与德国的世仇。1871年法国与普鲁士战争失败,割地赔款求和之后,双方间谍与反间谍工作,活跃得非常厉害。1894年法国有一个生活放荡沉湎酒色的军人,名字叫作爱司特哈士(Esterhazy),他与德国大使馆陆军武官勾结,把自己国家的机密文件偷偷的卖给德国,但不巧他的那张出卖的各种文件的清单又被法国在德国大使馆做反间谍的人员拿到。经过一番研究与秘密调查之后,终于疑心到一个完全没有关系的无辜的犹太人身上。这个犹太人名字叫做兑夫司（Dreyfus），他是炮兵上尉，在陆军部工作。由于他的笔迹与那张清单上有点像，并经笔迹专家判断，虽然有的说是他的，有的说不是他的，他终于被认定算做他的，于是他在1894年11月15日被捕了，在军事法庭审问的时候，虽然他始终坚持是无辜的，而军部的证据又是那么的薄弱，仅仅那一件无名的单子和笔迹专家的证明；可是陆军情报局要成立他的罪名，捏造了许多秘密证件，军事法庭终于在同年12月22日宣判了他犯了卖国的叛逆大罪，送他到一个警备区域去终身监禁。1895年3月又被送往南美北岸法属魔鬼岛去监禁。

对于兑夫司的判罪，他的家人与朋友都相信他是无罪的，但是他们没有证据，无法请求复审。但不久有一位情报局的官员卞开纳上校（Col. Pieqner）在1896年却发现了一个德国大使馆的武官写信给法国陆军少校爱司特哈士的信稿，这写稿虽是撕碎了，但显然他证明了法国陆军部里有人被德国雇用，于是他便开始侦查，很快的就查知爱司特哈士的一切，并经核对笔迹的结果，证明了军事法庭原有的"单子"的笔迹正是他的。卞开纳把这事报告参谋部总长与次长，但那些大官不愿意重开审判，因此就禁止他继续进行调查。同时还把他调往非洲。卞开纳在去非洲之前把这事告诉了他的一位朋友，他是一位律师。这位朋友又把这事告诉了当年法国上议院的副议长，他们都相信兑夫司是无罪的。

1897年兑夫司的哥哥也发现那单子上的笔迹是爱司特哈士的，他就向陆军部正式控告，但参谋部不愿意认此大错。军事法庭开审结果，爱司特哈士无罪。卞开纳被捕下狱。法国的舆论界成为两派，一派说袒护兑夫司这个卖国贼的就是卖国贼，另一派是智识分子，他们在报纸上为兑夫司打抱不平，最著名的是《晨光报》上的克里蒙梭和《世界报》雷因拉克等。当年法国的大文豪左拉也写了一篇《我控拆》的文章，指责埋没事实，埋没真理，让有罪的人逍遥法外，使无辜的人受冤沉海底。但是陆军部生气了，告了左拉一状，他被判罪了。

虽然这样，但是反对翻案的人还在继续伪造证据。陆军情报局的副局长亨利上校在1896年伪造了两封信，说是义大利驻法大使馆陆军武官写给德国驻法大使馆武官的,信里特别提到兑夫司的名字。这二封信后来在国会里宣读了,兑夫司的罪是铁定了。但是被下开纳发表了一封给法国总理的公开信,指出了这封信是伪造的,拼凑的,结果亨利上校被捕下狱,畏罪在狱中自杀。这时候政府准了兑夫司太太的呈诉状,把全案卷送最高上诉院。

经过了几个月的密查,上诉院才宣告取消了原来的判决,才决定令军事法庭重开审判,1899 年军事法庭以五票对二票表决兑夫司有犯罪嫌疑,判徒刑十年。

由于这件案子已是世界注目的案子,法庭判决震惊了整个世界,于是在 9 月 19 日,法国新总理 Louber 下令特赦,释放兑夫司。又过了几年到 1903 年,另外发现了一些新的事实,引起了新的审判的要求。1906 年 7 月 12 日法国最高上诉院宣判,才完全推翻 1894 年的判决。政府下令恢复兑夫司的军人身份,任命他为炮兵队的少校。这案子从 1894 年到 1906 年经过了十二年,才真相大白。

由于以上两个案子,我们可以充分的看出,社会上一个人的生命与名誉,不仅是在于法官与法庭,同时有一部分是在于我们这些拿笔杆的人的手里。因此做一个新闻记者,必须要为人"辩冤白谤"的精神。希望青年的朋友们学看侦探小说,并从现在起努力去培养为人"辩冤白谤"的修养,以达成一个新闻记者的任务。

(本文为 1959 年 12 月 8 日胡适在世界新闻学校的演讲,
原载 1959 年 12 月 9 日台北《中央日报》)

怕老婆的故事①

刚才董彦堂（作宾）先生将本人的生日和内人的生日作了一个考证，说我是肖"兔"的，内人肖"虎"，当然兔子见了老虎就要怕。他这个考证使我想起一个笑话：

记得抗战期间，我在驻美大使任内，有一位新闻记者写了一篇关于我的报导，说我是个收藏家：一是收藏洋火盒，二是收藏荣誉学位。这篇文章当时曾给我看过，我觉得没有什么不可以的地方，就让他发表了。

谁知这篇文章发表之后，惹出大乱子来。于是有许多人寄给我各式各样的洋火盒，因此我还得对每个人写信去道谢。后来我把自己的洋火盒寄给一些送给我洋火盒的人，谁知有一位朋友把我送的洋火盒在报上刊出来（我的洋火盒是我篆文姓名胡适两字的图章，白底红字的封面），于是又惹来不少麻烦，很多读者纷纷来信向我要洋火盒。我的收藏洋火盒，并不是有特别大的兴趣；只不过是我旅行到过的旅馆，或宴会中的洋火盒，随便收集一些；加上别人送我的，在我的大使任内，就积有五千多个，后来都留在大使馆内。

另外是收藏荣誉学位三十多个，这都是人家送的，不算是我的收藏。

我真正的收藏，是全世界各国怕老婆的故事，这还没有人知道，这个很有用，的确可以说是我极丰富的收藏。世界各种文字的怕老婆故事，我都收藏了。在这个收集里，我有一个发现，在全世界国家里，只有三个国家没有怕老婆的故事，一个是德国，一个是日本，一个

---

① 编者按：此题目为编者所加。

是苏俄。现在我们从这个收藏里可以得到一个结论:凡是有怕老婆故事的国家,都是民主自由的国家;反之,凡是没有怕老婆故事的国家,都是独裁的或极权的国家。

苏俄没有怕老婆的故事的,当时苏俄是我们的同盟国,所以没有提出,而意大利倒有很多的怕老婆故事。到了1943年夏天,我收到玛吉亚维利(Machiavelli)写的一个意大利最有名的怕老婆故事,我就预料到意大利是会跳出轴心国的,果然,不到四个月,意大利真的跳出来了。

(本文为1959年12月17日胡适在台湾中央研究院同人祝寿会上的演讲,收入胡颂平编撰:《胡适之先生年谱长编初稿》第5册)

一个防身药方的三味药

毕业班的诸位同学,现在都得离开学校去开始你们自己的事业了,今天的典礼,我们叫作"毕业",叫作"卒业",在英文里叫作"始业"(Commencement),你们的学校生活现在有一个结束,现在你们开始进入一段新的生活,开始撑起自己的肩膀来挑自己的担子,所以叫作"始业"。

我今天承毕业班同学的好意,承阎校长的好意,要我来说几句话,我进大学是在五十年前(1910),我毕业是在四十六年前(1914),够得上做你们的老大哥了,今天我用老大哥的资格,应该送你们一点小礼物,我要送你们的小礼物只是一个防身的药方,给你们离开校门,进入大世界,作随时防身救急之用的一个药方。

这个防身药方只有三味药:
第一味药叫做"问题丹"。
第二味药叫做"兴趣散"。
第三味药叫做"信心汤"。

第一味药,"问题丹",就是说:每个人离开学校,总得带一两个麻烦而有趣味的问题在身边作伴,这是你们入世的第一要紧的救命宝丹。

问题是一切知识学问的来源,活的学问、活的知识,都是为了解答实际上的困难,或理论上的困难而得来的。年轻入世的时候,总得有一个两个不大容易解决的问题在脑子里,时时向你挑战,时时笑你不能对付他,不能奈何他,时时引诱你去想他。

只要你有问题跟着你,你就不会懒惰了,你就会继续有智识上的长进了。

学堂里的书,你带不走;仪器,你带不走;先生,他们不能跟你去,但是问题可以跟你走到天边!有了问题,没有书,你自会省吃省穿去买书;没有仪器,你自会卖田卖地去买仪器!没有好先生,你自会去找好师友;没有资料,你自会上天下地去找资料。

　　各位青年朋友,你今天离开学校,夹袋里准备了几个问题跟着你走?

　　第二味药,叫做"兴趣散",这就是说:每个人进入社会,总得多发展一点专门职业以外的兴趣——"业余"的兴趣。

　　你们多数是学工程的,当然不愁找不到吃饭的职业,但四年前你们选择的专门职业,真是你们自己的自由志愿吗?你们现在还感觉你们手里的文凭真可以代表你们每个人终身的志愿,终身的兴趣吗?——换句话说,你们今天不懊悔吗?明年今天还不会懊悔吗?

　　你们在这四年里,没有发现什么新的,业余的兴趣吗?在这四年里,没有发现自己在本行以外的才能吗?

　　总而言之,一个人应该有他的职业,又应该有他的非职业的玩意儿。不是为吃饭而是心里喜欢做的,用闲暇时间做的,——这种非职业的玩意儿,可以使他的生活更有趣,更快乐,更有意思,有时候,一个人的业余活动也许比他的职业还更重要。

　　英国十九世纪的两个哲学家,一个是弥尔(J. S. Mill),他的职业是东印度公司的秘书,他的业余工作使他在哲学上、经济学上、政治思想史上,都有很大的贡献。一个是斯宾塞(Herbert Spencer),他是一个测量工程师,他的业余工作使他成为一个很有势力的思想家。

　　英国的大政治家邱吉尔,政治是他的终身职业,但他的业余兴趣很多 他在文学、历史,两方面,都有大成就;他用余力作油画,成绩也很好。

　　今天到自由中国的贵宾,美国大总统艾森豪先生,他的终身职业是军事,人都知道他最爱打高尔夫球,但我们知道他的油画也很有工夫。

　　各位青年朋友,你们的专门职业是不用愁的了,你们的业余兴趣是什么?你们能做的,爱做的业余活动是什么?

第三味药,我叫他做"信心汤",这就是说:你总得有一点信心。

我们生存在这个年头,看见的、听见的,往往都是可以叫我们悲观、失望的——有时候竟可以叫我们伤心,叫我们发疯。

这个时代,正是我们要培养我们的信心的时候,没有信心,我们真要发狂自杀了。

我们的信心只有一句话:"努力不会白费",没有一点努力是没有结果的。

对你们学工程的青年人,我还用多举例来说明这种信心吗?工程师的人生哲学当然建筑在"努力不白费"的定律的基石之上。

我只举这短短几十年里大家都知道的两个例子:

一个是亨利福特(Henry Ford),这个人没有受过大学教育,他小时半工半读,只读了几年书,十六岁就在一小机器店里作工,每周工钱两块半美金,晚上还得去帮别家做夜工。

五十七年前(1903)他三十九岁,他创立 Ford Motor Co.(福特汽车公司),原定资本十万元,只招得两万八千元。

五年之后(1908),他造成了他的最出名的 model T 汽车,用全力制造这一种车子。

1913年——我已在大学三年级了,福特先生创立他的第一副"装配线"(Assembly line)。

1914年,——四十六年前,——他就能够完全用"装配线"的原理来制造他的汽车了。同时(1914)他宣布他的汽车工人每天只工作八点钟,比别处工人少一点钟——而每天最低工钱五元美金,比别人多一倍。

他的汽车开始是九百五十元一部,他逐年减低卖价,从九百五十元直减到三百六十元——第一次世界大战之后,减到二百九十元一部。

他的公司,在创办时(1903)只有两万八千元的资本,——到二十三年之后(1926)已值得十亿美金了!已成了全世界最大的汽车公司了。1915年,他造了一百万部汽车,1928年,他造了一千五百万部车。

他的"装配线"的原则在二十年里造成了全世界的"工业新革命"。

福特的汽车在五十年中征服全世界的历史还不能叫我们发生"努力不白费"的信心吗?

第二个例子是航空工程与航空工业的历史。

也是五十七年前——1903 年 12 月 17,正是我十二整岁的生日,——那一天,在北加罗林那州的海边 Kitty Hawk(基帝霍克)沙滩上,两个修理脚踏车的匠人,兄弟两人,用他们自己制造的一只飞机,在沙滩上试起飞,弟弟叫 Owille Wright,他飞起了十二秒钟。哥哥叫 Wilbur Wright,他飞起了五十九秒钟。

那是人类制造飞机飞在空中的第一次成功,——现在那一天(12 月 17 日)是全美国庆祝的"航空日"——但当时并没有人注意到那两个弟兄的试验,但这两个没有受过大学教育的脚踏车修理匠人,他们并不失望,他们继续试飞,继续改良他们的飞机,一直到四年半之后(1908 年 5 月),才有重要的报纸来报导那两个人的试飞,那时候,他们已能在空中飞三十八分钟了!

这四十年中,航空工程的大发展,航空工业的大发展,这是你们学工程的人都知道的,航空工业在最近三十年里已成了世界最大工业的一种。

我第一次看见飞机是在 1912 年。我第一次坐飞机是在 1930 年(30 年前)。我第一次飞过太平洋是在二十三年前(1937);第一次飞过大西洋是在十五年前(1945 年),当我第一次飞渡太平洋的时候,从香港到旧金山总共费了七天! 去年我第一次坐 Jet 机,从旧金山到纽约,五个半钟点飞了三千英里! 下月初,我又得飞过太平洋,当天中午起飞,当天晚上就到美国西岸了!

五十七年前,Kitty Hawk 沙滩上两个脚踏车修理匠人自造的一个飞机居然在空中飞起了十二秒钟,那十二秒钟的飞行就给人类打开了一个新的时代,——打开了人类的航空时代。

这不够叫我们深信"努力不会白费"的人生观吗?

古人说:"信心可以移山"(Faith moves mountains),又说:"功不

唐捐"（唐是空的意思），又说："只要功夫深，生铁磨成绣花针。"青年的朋友，你们有这种信心没有？

（本文为1960年6月18日胡适在台南成功大学毕业典礼上的演讲，原载1960年6月19日台北《中央日报》）

谈谈四健会的哲学

主席、各位先生、各位小姐：

大家都知道四健会按原来英文"4-H CLUBS"的次序是 Head（头脑），Heart（心），Hands（手），Health（身体健康）。蒋梦麟先生在"四健运动"一文里，说"训练会员健手、健身、健脑、健心"。梦麟先生改动四健的次序，好像不是无意的，我想他有意的要大家先从两只手开始，从健手健身做到健脑健心。

四健会的会歌里有这一句："行中求知，精益求精。"这歌词是梦麟先生做的。四健会的标准语中有："从工作中学习，从学习中工作"。"工作要先做计划，计划要切实推行。""要以工作的纪录表现工作的成绩。"我猜想这几句标语里也有梦麟先生的手笔。蒋梦麟先生做了几十年的教育教授，教了几十年的教育哲学，他是一个教育哲学家，提倡这个"四健运动"，不是完全抄袭外国的"4-H CLUBS"的。他一定仔细想过，他好像已经不动声色的把他的教育哲学做了四健会的哲学了。

我的猜想未必全对，但你们这个"四健会"的背后有一种教育哲学，是毫无可疑的。这种哲学就是"行中求知"，就是"从工作中学习，从学习中工作"。这就是四健会的教育哲学。这种哲学也可以说是孙中山先生的"行易知难"学说的一个中心思想，就是他说的"以行而求知，因知而进行"（《孙文学说》第五章）。这种哲学也可以说是蒋梦麟先生和我的老师杜威先生的实验主义的教育哲学，就是"教育就是生活，教育就是继续不断的改造我们的经验，要使我们的生活格外有意义，要使我们主管未来生活的能力格外高明"。

总而言之，我从旁观察，你们这个"四健运动"有一种教育哲学做中心,大概是因为你们参加这个运动的五六万青年朋友都是努力作实际工作的人,所以你们的哲学家蒋梦麟先生平时就不肯多谈这个运动背后的哲学了。

蒋先生叫我今日到这儿来谈话,我昨天才看见"年会活动时间表",才知道我今天的任务是"专题讲演",我没有"专题"可以讲,只好来谈谈"四健会的哲学",谈谈"四健会的教育哲学"。我的看法是:向三百位青年朋友谈谈你们这个运动背后的"哲学",也许有点用处,也许可以给你们的工作增添一点意义,增添一点新兴趣。所以我今天指出你们唱的四健会歌里的"行中求知"就是你们的哲学;你们的标语"从工作中学习,从学习中工作",也就是你们的哲学。

"行中求知"四个字,"从工作中学习"六个字,都可以说是"四健运动"的远大的意义,根本的意义,所以说是你们的哲学,是你们的教育哲学。这就是说:你们生活的是一种新的教育方法,你们的工作就是学习,就是求知识,就是学习活的知识,活的技能,就是增加生活的能力,就是活的教育。这就是说:教育不完全靠书本,不完全靠课堂上的教科书知识,不完全靠学校上课。活的教育,有用的教育,真实的教育可以从生活里得来,可以从工作中得来。这种从工作中得来的教育往往比课堂上书本里得来的教育还更有用,还更有价值。

这种"行中求知","从工作中学习"的教育哲学,我国思想史上曾有人主张过。这种哲学很有点像三百年前中国北方起来的一个学派的思想。那个北方学派叫做"颜氏学派",因创立的哲学家叫做颜元,他号叫习斋,故也叫做"颜习斋学派"。

诸位四健会的青年朋友都是从农村来的,我要介绍给你们这位哲学家颜元是真正从农村里出来的中国哲学家,他是直隶省博野县人,他的父亲从小被卖给邻县一个姓朱的人家做儿子,所以改姓朱,颜元小时也姓朱。他四岁时,满洲兵打进来,他的父亲正同朱家闹气,就跟着满洲兵跑到国外去了,从此没有信息。颜元十岁时,明朝就亡国了,十二岁时,他母亲改嫁去了,颜元就在朱家长大,在农村私塾里读书,他很聪明,也很顽皮,但因为他聪明,也读了不少杂书,也学做八股文章。后来朱家也衰败了,颜元到廿岁时,因家贫无法维生,只有种田养家,又读了一些医书,学做医生;又考取了秀才,他就开了一个蒙馆教小学生。他一面种田,一面教小学生,有时还做医生,他的生活是北方农村的蒙馆先生的生活。

颜元喜欢读宋朝明朝的哲学书,自命要做圣人贤人。宋朝、明朝的哲学家教人静坐,他做了十多年的理学功夫,到了三十四岁,他才从自己的痛苦经验中得到一种思想上的大感悟、大革命。

他发觉静坐是无用的,读书不是教育。他大胆的说:宋朝、明朝的大哲学家教人静坐,教人谈天说性,教人空谈道理,都是错的,都是错了路,都违反了中国古圣人孔子、孟子的思想,都不是真学问,也不是真教育。他反对静坐,反对读书,反对静的教育。他提倡一种动的教育、活的教育,他说,真的知识必须从动手实习做得来,因为他注重动,实做实习,所以他自己取"习斋"做名号。

宋朝以来的哲学家都爱讲"格物致知"。"格物"有种种说法,颜元都不赞成。他说"格物"的"格"字就是"手格野兽"的"格"字,"格"就是"犯手去做",就是动手去做实习。他自己种田,又做医生,两种职业都需要动手去做,所以他的思想特别注重实做实习。所以他反对一切"谈天说性"的玄谈。他说:"谈天论性,聪明者如打浑猜拳,愚浊者如捉风听梦。"他有许多新鲜的、含有思想革命意味的见解,我只能引他两段话,来表现他的教育思想。

(一)以读经史订群书,为穷理处事以求道之功,则相隔千里。以读经史订群书为即穷理处事,曰道在是焉,则相隔万里矣。……

譬之学琴然。《诗》《书》如琴谱也,烂熟琴谱,可谓学琴乎?更有妄人指琴谱曰是即琴也。……谱果琴乎?……歌得其调,抚娴其指,弦求中音,……声求协律,是谓之学琴矣,未为习琴也。……

手随心,音随手……是谓之习琴矣,未为能琴也。

心与手忘,手与弦忘,……于是乎命之曰能琴。……

(二)譬之于医,《黄帝内经·素问·金匮》……所以明医理也。而疗疾救世则必诊脉、制药、针灸、摩砭为之力也。

今有妄人，止览医书千百卷，熟读详说，以为予国手矣；视诊脉、制药、针灸、摩砭，以为术家之粗，不足学也。书日博，识日精，一人倡之，举世效之。歧黄盈天下，而天下之人病相枕，死相接也，可谓明医乎？

愚以为从事方脉、药饵、针灸、摩砭、疗疾救世者，所以为医也。……若读尽医书而鄙视方脉、药饵、针灸、摩砭，此妄人也，不惟非歧黄，并非医也。尚不如习一科，验一方者之为医也。

这是颜习斋的"犯手去做"的教育哲学，也就是四健会"从工作中学习"、"行中求知"的教育哲学。

（本文为1961年2月3日胡适在台北四健会年会上的演讲，原载1961年2月4日台北《中央日报》）

卷　　六

太平洋会的规律

太平洋学会两年前在上海开会的时候,鄙人曾经很荣幸的充任主席,今天在这和平美丽的环境之下,并且得加拿大诸位同志光荣指导,能躬逢第五次大会之盛,这是鄙人感觉异常愉快的。

两年前,鄙人在致大会开幕词的时候,曾经说过:"今天本会开幕,至少的将要长久的被纪念着,不但在本会的纪录簿上如此,就是在其他具有国际性的一切团体里也要这样,因为我们能树立一种光荣的先例,就是:在和平时候拿着具有国际眼光自期的人士,遇见有狂妄的行为得势,感情支配一切的日子,一定不可抛弃冷静的思考,忍耐的研究和开诚的讨论的理想。"在目前狂妄的行为依然得势,感情依然支配着一切的时候,我们太平洋学会的各代表又来到这里开会,对于使得太平洋各国发生歧见的各种问题,又在冷静的思考着,开诚的讨论着,这是一件很可以感慰的事,莅会的全体代表诸君,现在显然是没有什么不满意,去接受上海大会所树立的先例。代表目前关系不十分严格和善的国家的代表诸君,这一次莅会,并没有带着上次沪会开幕以前几星期中所抱的怀疑和犹豫。

今天晚上,应加拿大协会的宠招,吩咐鄙人代表中国代表团说几句话。诸位当中,或许有人期待鄙人,用中国代表的资格,要陈述远东冲突事件当中,中国方面的理由。倘使有人存着这种期待,那就一定不能够得到满足了。鄙人今晚倘使利用这个机会,发表宣传性的演词,未免对于主人方面是失礼。

鄙人是学哲学的,所以在诸位前面,想略微发表一种关于太平洋会的餐后哲学演讲,或是用更时髦一些的口头禅讲,也可以当做发表一种太平洋会的规律。

鄙人哲学规律的第一条就是：我们在大会里边，不应该仅仅乎把我们自己看做代表某一个国家的团体，我们的主要点要把自己看做一种机关的代表，它的目的是在"用着一种增进相互关系的观点，去研究太平洋民族的情形"。这一条是很需要的，因为能这样，我们才可以超出国族的成见，按照和我们一同生活和贸易的其他民族的看法，去探求理解我们的国家问题的方法。鄙人记得两年前在上海开会的末一次，日本新渡户博士曾经请求主席，让他发表对各代表的告别词。他当时讲道："我们在大会当中，是用各国代表的资格讲话。但是在散会以后，是用大会会员的资格讲话。"他这简短的语句，使得鄙人在这两年当中，时常的想着，鄙人对于这位老友怀着敬意的要直说一句，就是鄙人愿意比他再进一步；鄙人以为一位会员在会议里面，倘使不能用会员的资格去思考和动作，那末他在会外的时候，也决不能那样的思考和动作，在这种的会议当中，国家观点的价值，只有在关于材料的方面，对全体的贡献。倘使我们不能认真的尝试着理解全体的意义，那是决不能充分理解独特的观点的。

第二条的规律就是，我们出席会议的时候，应该有一些科学的思想。我们希望米里甘博士 Dr. Millikan、萧特维尔博士 Dr. Shotwell、摩尔登博士 Dr. Moulton 能指教我们，什么叫做科学方法。鄙人以普通人的资格，敢提出一个建议，就是在讨论国家和国际问题的时候，科学的思想就是等于能负责任的思想。每人全应该想到他所主张的理论，或者所赞助的机关，将要发生些什么可能的影响，并且应该对于这些影响，担负道德上的和智识上的责任。愿意拿各种影响去试验每一种的小理论或是政策，换句话说就是用负责的，科学的态度去思想。我们所应付的问题，就是国家和人民的问题。这种工作是危险的，这种责任是重大的。一种关于金融的不好理论，可以毁坏几百万人家，一种无意的关于政府的理论，可以被政府拿了去做一种有祸害的政策的理由。我们现在所做的一种工作，就像中国古代圣贤警告我们的一样，一言可以兴邦，一言可以丧邦。所以我们在思想或者发言的时候，怎样敢不存着一种恭谨律己的态度吗？

鄙人对于其他的"空白规律"，很可以一桩桩地照样讲下去，例如其中至少应该包括一条，就是我们应该要有一些些幽默的意识，可以让我们对于一种坏的开玩笑，可以谈笑的对付过去，或者对于一些些耍脾气的事，付之微哂，以便于使得太平洋会的主席的工作，可以轻松一些，但是鄙人在这十三分钟的时限当中，只好把其余的九十七条一概抹煞，抢先把最末一条讲讲，那就是我们对于工作，应该具有信仰。

当我们四顾，看见世界仍然是受荒谬的行为和武力所统治，国际仍然是被憎恨和猜忌所分离，各国重新卷入了军备竞争的漩涡，几十年来构成的太平洋和平机构，现在全被摧毁得无影无踪——我们就不能不感觉，像我有时所体验到的，就是我们一切的科学研究和经济讨论，在遭遇着这一种强硬的残酷的实际的时候，是如何的脆弱和空虚。但是各国有思想的人士，在失望之下，如果便放弃了奋斗，那也是不对的。我们的失败，也许是因为我们没有能诚恳的尽职。这也许是愚昧和思想肤浅给我们的报应，我们或许还可以用真理和有规律的思想去补救。在我们开委员会的旅馆里的某一间室中，有这样一句格言："真理是有力的。"Fortis est veritas 我以为一个人的信仰，是格外的有力哪。这次从坎拿大太平洋公司的铁道和轮舶往来，并且现在正对着无线电播音机演讲（这是人类最近的伟大发明），叫鄙人不能不抱着一种宗教式的信仰，以为人们既然能在落机山开凿隧道，能横渡重洋，并且能征服天空，那末将来他也能够用勇敢的思想，明智的政治家手腕，使得世界可以为人类而安全。

（本文为 1933 年 8 月胡适在第五届太平洋学会宴席上的演讲词，译稿原载 1933 年 9 月 25、26 日天津《大公报》）

太平洋学会

主席,诸位:

余此次出国非常匆忙,在加拿大与美国仅居三月,此三个月中之惟一目的,乃为参加太平洋学会第五次会议。今天贵校请余演讲"太平洋学会",不过报告些简单事实,并无多大意思,但诸位来听讲者竟如此踊跃,令余非常诧异,兹特敬谢诸君盛意。

关于太平洋学会重要情况之报告,已详载于最近一期之《太平洋汇报》,无须在此再讲,余亦不欲再讲,今日所讲者乃余个人简单之感想。然在讲感想之前,又不能不将太平洋学会之组织及论题之大概,约略言之。太平洋学会为太平洋国际关系学会,至今已有九年之历史,规定每二年举行常会一次。此会议乃系第五次常会,第一第二两次常会,皆在檀香山举行,第三次在日本,第四次在上海,本年第五次常会,在加拿大举行,有十一国参加,为中、日、英、美、加拿大、苏俄、荷兰、菲律滨、澳、纽锡兰、与法(法国今年新加入),此次常会共到十国,苏俄未到,其未到之原因,据推测有二:(一)或谓苏俄因加拿大法律,凡共产党员在其国境以内者,可随时逮捕,驱逐出境,虽经加拿大再三声明,此条法律不适用于俄国代表,但苏俄仍不肯派代表参加。(二)据另一方面之推测,谓苏俄为节省经费起见,所以未派代表出席,此二说孰是孰非,姑不置论。总之,苏俄未能赴席,确为此次会议中之惟一缺点。会议之最重要组织,厥为圆桌会议,所谓圆桌会议,乃分为若干小团体,分别开会,可自由发言。其所以采取办法者,乃因各国代表共到一百余人,而每国代表团更携有专家秘书,故总共出席者不下二百余人,若全体一齐开会,事实上势必发生困难,所以每天分为四组开会,此即圆桌会议之谓。圆桌会议在每天上午讨论专题,下午则游览名胜,或请专家讲演。此次会议所讨论之专题最重要者有二:一为太平洋国际间经济冲突之问题,一为太平洋教育问题。乍观此二议题:意义似嫌太泛,好像故意规避政治问题,如中日事件之类,但此亦为事实所趋,不得不如此也。

开会后讨论经济冲突问题,谓经济冲突有五:(一)商场竞争,(二)原料竞争,(三)粮食问题,(四)人口出路问题,(五)投资市场问题。而每种问题,又必皆有政治影响,如讨论原料竞争问题,即主要之矿产原料亦有八十余种,各国出产不均,势必发生争执。如亚洲(尤其是东亚)除产锑与钨外,他种矿产原料,直可谓丝毫无有。同时日本又为工业国家,事实上必须侵夺别个国家之煤,铁,煤油,以及其他工业原料,设欲避免此类原料竞争之冲突,势非使日本放弃工业主义不可。日本既不能放弃工业之野心,则原料竞争之冲突,决难避免,举一反三推而想之,世界各国孰不如此?复次,关于人口出路问题,日本谓其国家人口增加过剧,耕地不敷所用,势非至国外发展不可。然而中国土地亦多高原,雨量缺少,无法耕种,人口出路之困难,何独不然?再如商场竞争,日本纺织物之输入印度者,最近已与英国相等,英金镑虽尽量跌落,然亦难抗日本之纺织业。其他丝业等,日法之竞争亦颇激烈。是故总而观之,世界之经济竞争,无法避免,而国际间之经济冲突,亦恐将永无宁日矣。因此大会讨论之议题,只有记录,而无决议案,如限制纺织业等皆无结论,致使英国中途退席,而其惟一之办法,仍不过仅仅商讨一各国销售之比例数而已。至于比例数目之分配,尚非由强国操纵而弱国听命乎?是故仍涉有政治关系。设若各国际间相同之商业,能共议办法,规定物价不加不减,此虽可避免卖者之竞争,而消费者无法限制,劳工无法分配,是仍不能求得一满意之国际办法也。

关于教育问题,更难作具体之讨论,是故求一具体之议决案,终不可得,故曰,此次会无甚结果也。虽然,余却认为我国参加此次会议,对于当地对吾人之认识,确多供献。六年前加拿大曾有一移民法颁布,事实上即拒绝中国人入口。自此法施行迄今之六年中,我国除有四人因检查弄错而侥幸入口外,再无一人得以入境,是可见绝对不许中国人入口也。两年前,加拿大曾有一商业调查团到我国上海服务,当时第四届之太平洋学会,我国曾请其回国代为说项,改善移民法。该团回国后,颇能代我国宣传,对中国事件,帮助尤多。但因当时加拿大与美国同患经济之恐慌,欧洲移民尚受限制,我国希望取消移民法之奢望,焉能实现?此次在加拿大于大会之外,又以私人关系,提商此事,加拿大对此问题,极表同情,但因实际上经济之困难,取消移民条例(移民法)尚难办到。后经努力奔走之结果,得到一"一部分不根本推翻移民法"之折衷办法。加拿大之移民法只许外国之官吏,商人,及入大学之学生三种人入口,其中所谓商人,乃由加拿大政府行政法律规定,必有九千元资本,限定经营某种营业,运输某种货物,其法至苛。而所谓入大学之学生,更须有当地大学之许可证,方准入口。最近商议之帮助方法,即能由当地之大学发给入口者许可证,同时并请求加拿大政府,将商人入口之规定改变,以期得到移民之方便,是即不推翻移民法,而我国人民之入口得以减去绝对之限制也。此外并积极要求加拿大政府,修正移民法。中国人民每年入口数目,至少须与日本人民入口数目相等,此点能否成功,尚难预料。总之,我国代表此行,对于中国与加拿大之邦交,裨益颇多,而我国获利亦弗浅鲜也。此次会议,余最以为不然者,即在大会席上皆似唱戏说官话。依余之见,此次赴会者,率皆跋山涉水而来,即使大会席上不能公开商谈,亦应私人谈商,寻出解决之方案。虽曰不能实用,然亦可作参考,较诸无结果而散为善多矣。最奇者,日代表竟谓其不能自由说话,此虽区区小事,然亦可见对方之论调及其态度也。此外关于人与人之关系,更得到不少之良好收获,代表间言谈投机,更使国际中添得永久不朽之无形善感。

(本文为1933年11月9日胡适在清华大学的演讲,长城记录,原载1933年11月10日、11日北平《晨报》)

海外杂感

余自海外归国,甫及一月,在此一月中,无暇在各处演说。余去美及归国时间,共为四月。在美国加拿大逗留计三月零三天,无时间去用耳听,用眼看,仅用嘴吃,嘴喝,嘴说。故无甚闻见可说。此次蒋(梦麟)太太,王(子文)太太找我说话,余因妇女会成绩卓著,彰彰在人耳目,故该会有所嘱咐,不敢不遵。余以无话可说,只允谈谈"海外杂感"。

余去美先至支加哥,至各大学演讲,又至万国博览会内游览,后至美国东部。此外时间,尽在旅行中。在支加哥,余曾参观万国博览会。该会乃代表百年来之世界科学文化大进步之伟大计划。自1921〔年〕①11月普遍于全世界之经济恐慌,不至长久,该会遂仍继续进行。但在博览会中,仍十足表现世界经济恐慌时期之一切不景气。虽然,博览会却仍可代表世界百年间之进步。会中计分:(一)科学馆内,分生物,物理,电学等部。(二)交通馆内,陈列各种汽车及一千八百余年火车发明,以迄今日之高速度火车时代之各时期火车模型,且有火车发明初期,与马车竞赛速度而落后之模型拟物。(三)电汽馆,有美国各大学著名电气公司之两种惊人的试验,(甲)看声音,(乙)听颜色,古书所云"目听耳视",现竟于科学中证之。然会中亦处处可见经济恐慌痕迹。如参观人购大会纪念品,(上刻大会标记)手杖,烟盒,小刀等物,皆系日本制造,竟无美国工厂出品,此美国经济恐慌深刻化之又一证明。会场中有中国馆,因政府经济拮据,决定不参加,后由商人出洋十三万元布置,惟地方窄小,且不雅

---

① 记者按:疑系 1929 年之误。

观,幸有瑞典某富翁捐助款项,在中国馆附近建一可以代表我国建筑之喇嘛庙。惟中国馆中所陈列者皆系手工业时期之物,甚可憾也。

今请再述加拿大之情形。加拿大地方甚大,人口一千万只合中国四十分之一,可谓地广人稀,人口几全部为苏格兰人,酷类中国之"老西儿",南方之徽州人。加拿大东部原属法国,故法人后裔,占三分之一。但此两部种族,不同之人民,相处甚安,布告文用英文法文两种。该地人曾邀余在无线电台演说,余操英语演说,加人甚表不满,后余费去四小时之时间,练习法语,作两分钟简短法语演说,大受彼辈欢迎,余之法语演说,彼辈竟能听懂,余亦乐甚。加拿大名义上为英属地,但实际上加拿大为半独立国,亦为国际联盟之会员国。加拿大无强大海陆空军,以"和平立国"为基础国策。加拿大人之国家观念亦如斯。苏格兰子孙"外国老西"之魄力,足为吾人佩服之处甚多。如加拿大造成世界交通系统,加拿大太平洋邮船公司,与加拿大国家轮船公司船只来往世界各地,几尽垄断世界航路。余又见加境铁路,有高至一万尺山洞,工程浩大,加拿大东部皆山,其余均为大平原。出产品,大宗为农产物,产麦过剩,小麦一"布西尔"合洋三毛九分,谷贱伤农,农人惟有赔本卖出,此亦世界经济恐慌时之一般现象。

说到太平洋国交讨论会,参加国共十国,计美,加拿大,日本,中国,荷兰,澳洲,纽西兰,及苏俄等十国。参加各国代表,均在七八十岁以上。会中只中国与加拿大之代表,尽系三四十岁左右青年。中国代表年岁二十至四十左右。加拿大亦与中国同。此使两国代表,感情甚为融洽,及在知识上,能以互相交换之一种原因。又余参观加拿大各大学,历史亦均只几十年,大学教授,多为青年学者,此与吾国情形相同,又加拿大全境,计共九省,合组属地联邦政府,每省有省议会,有自主权。加拿大之政党有三:一,保守党,二,自由党,及新组成之农民合作党。党中领袖均为大学教授,及教授夫人。本届太平洋会议在落矶山温泉大旅社中举行,大会共十三天。吾人应注意现世界已到达"不得了时代"即如马克斯主义者所谓资本主义没落期之最后阶段。此点撇去不说,但世界经济确已深刻化,惟余坚信前途仍有希望。余出席太平洋会议,已宣誓绝不谈中日问题,盖事实最雄辩也。

　　余对国内政治变化,不欲置喙,唯现今世界,只有国与国竞争,国内战争,甚为可耻,希望无分南北男女,团结一致,以建立一近代式新国家。

（本文为1933年11月30日胡适在北平妇女会的
演讲,原载1933年12月1日北平《晨报》）

太平洋国际之认识与感想

诸位同学们：

本人此次赴美，负有两任务，一为代表北京大学，南开大学，和中央研究院，参加美国哈佛大学成立三百周年纪念。一为代表中国出席第六届太平洋国际学会。刚才有同学提议到要扩大庆祝北大的三十八周年纪念。请诸位想想，才三十八周年这是值得庆祝的年岁吗？

哈佛大学今年是三百周年纪念，这该使我们多么可惊，但是此次该校纪念会上其次序为三十一号，在这个号数之前，仍有三十个三百年以上的学校呢。这真是使我们相信不过的事，譬如说第一号是埃及大学，他成立到今已有九百多年的历史了，其他也都有八百年六百年，五百年不等的学校。那么我们中国呢，先说本人代表的历史最老的北京大学吧，它在该会的排列单上是四百一十九号，南开大学是四百五十四号，中央研究院是四百九十九号，乃为次序单全部号次的倒数第六名，当时本人非常惭愧，为什么在有五千年文化的古国大学历史却会这样短？假如由北大往前类推，国子监学院太学生等，一直保持到现在，其历史何止数百年。不过中国的教育总是随着政治制度而变迁的，结果弄得连四十年历史的大学都找不到。不过以后我又看到比我们号数还次的五个当中，竟有最出风头的普林斯顿大学附设的高等研究所，和加省大学之理工研究院，是世界数学和理学的研究中心。所以我感到我们的历史虽短，然而还有努力的余地。其次再说第六届太平洋会议，到会代表共十一国，今年开会时使我最大的一个感觉便是在过去几次会议中，对中国问题并不注意，但今年却不同了。可以说大部代表的眼光都是注视在中日问题上，即向抱平和态度，做事圆滑的英国，态度也表现得非常积极。不过对于这种现象我们并不要相信人家会援助我们,假如自己不能够自强自立,始终是翻不过身的。所以我们的结论有两点:(一)是中日问题并非单独的东亚问题,乃为一世界问题。(二)中国过去无有力的领导,而处处吃亏,所以世界各国为了使中国门户开放机会均等,不受到某种影响起见才有九国公约的成立,先使中国有自力图强的机会。但在过去几年中,中国无有力的领导,未能利用机会以自强,而受到种种威胁。近两年来民气渐强领导也上了轨道;这也是此次会议对中国态度转变的一大原因。还有一点应说的,便是苏联代表此次在会议席上对其本国军备数目的报告,非常惹人注意。因为其他国家对自己军备都保守秘密,怕人知道,而苏联却这样坦白。猜其用意,乃德日之接近,使苏联有顾东失西之虑,故以诡言威胁欺骗其敌人,使其不敢轻易进攻也。还有许多事情要向诸位报告,但因时间过久,肚子一定很饿了,只好以后找机会慢慢的讲吧。

(本文为1936年12月11日胡适在北大学生会全体大会上的演讲,原载1936年12月12日北平《晨报》)

海外归来之感想

昨日到沪因时间匆促未及准备，决就此次自出国所得感想，略作简单报告，本人所得感想可有两点：(一)出席第六届太平洋国际学会，(二)本人代表北京大学，南开大学，与中央研究院参与哈佛大学成立三百周年纪念大会。今先从纪念一点讲起，我感觉得哈佛在美国成立三百年，并不为奇，因欧美大学历史有近千年的，不过哈佛所值得庆祝的，乃因美国于1776年革命，而哈佛成立于1636年，比较革命还早一百四十年。在纪念会中，到全世界学者百三十余人，其中有曾受该大学学位者七十五人，本次给予学位者六十二人。讲演分文学、科学二组，在两个会场举行，演讲时每一人提论文一篇，每日讲演在这七十五位学者中，个个都是前辈，由大会发给每人小册子一本，上载每代表所代表学术机关的名次。我看到这名次排列就发生了最大感触，第一名埃及大学，它成立到今，已有九百多年的历史；第二意大利大学，也有九百多年；第三法国巴黎大学也有九百年；第四英国牛津，第六英国剑桥，至于本人代表的北京大学则排在四百一十九号，南开四五四号，中央研究院于民国十七年成立，不过八年的历史，所以次序数字为四九九。说也惭愧，我们中国已具五千多年历史文化最早的古国，反屈居于最末的次序，这固然由于政治经济不安定。然而一个学术机关的不能机关化，不能组织化，也是极大的原因。如中国汉学在东汉二千余年前，就有祭酒国子监，曾经过一次大学学生三万人的学潮，及至宋代又有书院的设置，如洛阳书院，白鹿洞书院等等，卒以学校随着政治为转移，以致不能继续，其结果国内竟没有成立五十年的大学。反观欧洲大学，人才辈出，不论现代，就说被人看不起的中世纪大学，所造出来的人才亦多。即如欧洲文明中心之文艺复兴，宗教革命，新科学等等，其领袖人物如 Baccaccio，Petrarch，Luther，Calilio，Newton 诸人，或为大学学生，或为大学教授，所以欧洲的文明，绝不是偶然的事，而文明的造成，实以大学为主。尽管人们骂中世纪的大学全受着宗教的支配，它们对于欧洲的贡献，确是不少。中国五千余年古国，今名次竟排至四九九号，这都是老祖宗没有遗产流传。但诸位也不必悲观，因中国名次以下，还有六位小弟弟，五位中最出风头的是普林斯顿大学附设的高等研究所，虽则次序落后，然而它能吸收高等人才，如相对论发明者爱因斯坦氏，即在该所罗致之列。于是普林斯顿渐成为全世界数学研究的中心。麻省大学之理工研究院，则由理化学家密立根与安德逊等任教，它们成立年纪虽小，学术人才之多，几居首位。所以我们中国固然老大，然如能急起直追，不悲观，不自馁，将来也许有好的现象。其次说到此次出席太平洋国际学会感想：该会在约桑密地举行。那个地方是平地耸出来的山峰，上入霄汉，山石壁立，风景美丽，最使人感触的，乃是在约桑密地附近地名，都是西班牙名字，如 San Francisco San Jose 等，西班牙古帝国从前是个不得了的国家，疆域沿南美洲，中美洲，以及北美洲，大西洋，太平洋，印度洋，都有它的殖民地，但往昔威武，而今安在。目前他们内战正打得猛烈，将来如何，尚在不可料之中，所以凡一国家，苟专恃武力，必有失败之日。从太平洋之美国北面加拉斯加，以迄南端菲列滨，其间莫不在扩充军备。尤以澳洲及新锡兰两地，以前真乃世外桃源，至今也莫不大造飞机，提炼汽油，其余新加坡，荷属东印度，更在设防购机，不遗余力。他们都准备什么，其目的为何，当然是明白的，我在 7 月离沪，于 17 日到达神户，正由神户上岸至东京途中，见东京《日日新闻》刊载我国西南问题（当时西南局势正紧张）一篇通讯，说中国统一，已有十之八九有完成希望。以后余在美国，美联社社长霍华德曾来华视察，于 11 月 9 日发表文字于全美二十八家报馆，说从前外人对中国认为不能统一，现在竟统一了，错误的观念，应当纠正。日本自 1914 年（民三）至 1931 年十七年中，前七年称霸太平洋，因为各国因欧战不能东顾，后十年虽然有九国公约，非战公约，巴黎和约，以及海军军缩会议之限制，但日本仍乘势利用霸权,直至"九一八"后,更见伸张,中国因被侵略,同时各国因日货倾销,也起了恐慌,所以我在三年出席太平洋学会,谈到日人横行,竟无一人肯表同情。迄至此次前往出席,形势大变,这就是一味侵略的结果。从前他人受日人宣传蒙蔽,今则日人侵略俱有事实证明,辩也无益,况且日货倾销,英法美均感威胁,且都觉得日本销货情形,与1914年欧战前德国无异,所以不得不在限制日货倾销之外,再加强军备。"九一八"以后,苏联势力伸及太平洋,美国沿太平洋增防,与夫中国统一,全因日人专恃霸道而引出,所以我说日本的霸道,自"九一八"以后,即失去其全盛时期,以后打起仗来,别人不会援助我们,不过行霸道者自己会将敌人请来。譬如欧战开始,比利时美国由英法请求加入而不肯,后来还是德国鱼雷艇横行直撞,将好多大船撞沉了,它们才肯出头。所以远东一旦有事,我们的敌人自己也会将它的敌人请来的。

(本文为1936年12月2日胡适在上海八仙桥青年会的演讲,原载1937年1月1日《正风杂志》半月刊第3卷第10期)

迎头赶上世界先进国家

今天这个集会,是抗战胜利后的第一次,有许多朋友都是九年以前见过面的。今天大家聚在一起,觉得缺少一个人,有许多朋友心里都有这样的一个感觉,缺少什么人呢?就是中央研究院的领袖蔡孑民先生,蔡先生是中央研究院的创办人,他创办研究院的目的,在发展基本科学。诸位晓得中央研究院成立以来,的确为国家建立了发展科学的基础;在中央研究院成立近二十年的今天,我们看不见蔡先生,心里当然都很感伤。

此外还少了一个老朋友,就是丁文江先生,丁先生担任中央研究院的总干事,出了很大的力,他在抗战发动以前,也是为了抗战的准备工作——调查煤矿,牺牲了。

我们今天在痛念老朋友的时候,听到于院长说,中央不仅要还政于民,同时要把科学研究还给科学家。又听到议长报告说,政府对于科学研究经费,决定在全国总预算占一个百分比,议长确没有报告占百分比的多少,但总占了百分比的一个数字□□□是我们最欢迎的。又,白先生报告:国防部对于发展国防科学的经费,占海陆空军总预算百分之二;经费是发展科学的一个先决条件,具备了这一个条件,科学发展应该更有希望,是不成问题的。所以我们大家都感到非常的兴奋。

党政军三方面对于中国科学的将来,都希望迎头赶上世界先进国家。我们对于这个期望,感到惭愧与惶恐。因为在抗战八年之中,中国科学家对于国家的贡献,不能算是很多。其最大的原因,就是经费的匮乏与生活的困难。我在抗战八年的时间,都在外国,可以说没有受到战争的艰难困苦。但在与朋友通讯中,知道八年之中,许多学术工作者求生存都很不容易。他们跑出实验室,而回家还得挑水,劈柴,替太太抱小孩,帮太太洗马桶,甚至于有为了几斗米而牺牲生命,或因营养不够而生病,至今尚躺在医院里治疗的。处在这样艰苦的情况之下,要科学研究有很大的成就,实在是很困难。不过从另一方面看,大家不畏艰苦,坚守着自己的岗位,并不是没有做官与发财的机会,而是不愿意违反自己的志愿,这种精神是可以告慰于我们的朋友的。

抗战现已获得了胜利,我个人展望前途,觉得异常的光明。我这些乐观的话,并不是随便说的,而是有事实证明迎头赶上世界的科学不是不可能的。

我们看看美国的学术在三十年前只可说是欧洲的附庸,那时候,一个学者在哈佛大学或耶尔大学得了博士,总想到欧洲去镀金,就是要到德国的柏林大学,法国的巴黎大学或英国的牛津、剑桥大学去做研究。在世界第一次大战以后,美国的学术提高了不少,到现在不仅赶上了欧洲,而且成为世界学术的领导者了。

我们平常一提到中国学术四个字,心里总很惭愧。我们在联合国组织里坐第四把椅子,而没有五十年历史的大学与研究机关。但我们看见美国学术在三十年中的突飞猛进,也应该不至于太悲观。只要有做研究工作的环境,我们在十年二十年里,也可以迎头赶上世界各先进国家。

这个试看与我同年出世的芝加哥大学,今年只有五十五岁,只因得洛克非罗基金的补助,今天已成为全世界最有名的学府。又如加利福尼亚工业研究院创办到今天不过二十年,培植成功了许多的科学人才,教授之中得诺贝尔奖金的已有了好几位。又如普林斯顿的高等研究所创办的历史更短,但入这个研究所须先得博士的学位,所以这是一个博士的博士院;这个研究所何以有这个成绩呢?就是有大量的经费,所以吸收了世界上许多有名的科学家,如从德国跑出来的爱因斯坦就在这个研究所里,这些都是新兴的科学研究机关,他们都能在短时期内跃居于世界领导的地位。从这些事实看来,科学工作的迎头赶上是很可能的。

再以我国来说,抗战以前十年之中,国内有共产党的扰乱,国外遭受日本帝国主义的侵略,然而我们科学都有长足的发展;即如今天在座的林可胜先生,他的著作,就被世界学术会议采取了四十大处,世界科学家对于林先生非常崇敬,希望他放弃政府的官吏,回到科学研究的岗位,专门从事研究的工作。又汪缉斋先生的心理学,竺可桢先生的气象学,翁文灏先生的地质学,还有安阳发掘的几位先生的考古学,都为世界学者所钦佩。

从这些事实说来,今后只要政府给我们生活安定,并予我们研究上所需要的财力,十年、二十年以后,虽不能说成为博士的博士院,至少我们中央研究院,可以成为世界有地位的研究院,而迎头赶上世界各先进国家。

(收入耿云志主编:《胡适遗稿及秘藏书信》第12册,1994年黄山书社出版。原题"胡评议员适之致词",现所用题目为编者所加)

在中研院第一届院士会议上的讲话

主席，诸位院士先生，诸位来宾，今天本来有几位院士代表翁先生、张先生讲过话，翁先生说评议会秘书未作事，他是谦虚，兄弟晓得他对院士工作，实在有很大贡献，兄弟最佩服，翁先生所说，的确使我同情，如翁先生说，我们当选作院士的人，是不是问心惭愧！今天当选的八十几位院士中，已到的有五十几位，9月23日，也可说是中国学术界值得纪念的日子，杨遇夫先生并且从湖南很远的全家到南京来，张菊生先生以八十二岁的高龄，多少年来没离开过上海，也有如余季豫先生等从北平冒险坐飞机赶来，朱院长主持的这一件事，可以说一大成功，兄弟也替他感觉到这是莫大荣誉。刚才看见中央研究院周先生卡片上面印的中央研究院院士衔头，足见大家已经觉得院士是一种荣誉。1945年，兄弟在旧金山，开一个会，代表政府出席，当时那个地方美国举行一个会议，有一位年纪很大的校长先生，名字叫亨利赫特，就是从前提倡和平类似组织的，也就是后来世界大战后发起国际联盟的前身，以至后来影响搭虎脱、威尔逊主张的，他见到我，他说我这次来，是化自己的钱，我愿意看梦想不到的事实现，兄弟在留学日记里曾经提到过。张先生所讲，半世纪落后，希望国家有地位。翁先生说世界学术，有胆子告诉我们，我们已经是世界上有了国家学术地位，正如美国亨利赫特，从美国的极南部跑到极西部愿意看自己梦想事件实现一样，这几句话，不过是与我们院长朱先生祝贺的意思。

同时翁先生说，我们是不是已经尽我们职务，对内学术取得联系，鼓励，对外合作，共进，至少是很想。

我们对内可尽我们鼓励的职务,可以鼓励后一辈。不是我们挂方牌子作院士、只坐享其成,或者下半世也靠自己成绩吃饭,而不继续工作,中央研究院不是学术界养老院,所以一方面要鼓励后一辈,我们可以够得上作模范,继续工作,才不致使院士制度失败。

第二,多收徒弟,今天我们院士中,年纪最轻的有两位算学家,也是四十岁的人了,我想我们过去这一点经验方法,已经成熟,可以鼓励后一代,再即希望以后二十年,二百年,本院这种精神,发扬光大起来,愿互相勉励。

<blockquote>(本文为 1948 年 9 月 23 日胡适在中央研究院第一届院士会上的演讲,收入耿云志主编:《胡适遗稿及秘藏书信》第 12 册)</blockquote>

眼前世界文化的趋向

今天我要讲的题目,发表出来的是"眼前文化的趋向",后来我想了想恐怕要把题目修改几个字,这题目叫做"眼前世界文化的趋向"。"眼前世界文化的趋向",有他的自然的趋向,也有他理想的方向,依着自然趋向,世界文化,在我们看起来,渐渐朝混合统一的方向,但是这统一混合自然的趋向当中,也可以看出共同理想的目标,现在我先谈谈自然的统一趋向:

自从轮船与火车出来之后,世界上的距离一天天缩短,地球一天天缩小,人类一天天接近,七十年前,有一部小说叫做"八十天环游全世界",这还是一种理想。诸位还记得,今年六月里,十九位美国报界领袖,坐了一只新造飞机,6月17日从纽约起飞,绕了全球一周,6月30日飞回纽约,在路共计十三天,飞了两万一千四百二十四英里,而在飞行的时间不过一百点钟,等于四天零几点钟,更重要的,是传播消息,传播新闻,传播语言文字传统思想工具。电报的发明是第一步,海底电线的成功是第二步,电话的发明是第三步,无线电报与无线电话的成功是第四步。

有了无线电报无线电话高山也挡不住消息,大海也隔不断新闻,战争炮火也截不断消息的流通。我们从前看过《封神榜》小说,诸位总是记得"千里眼,顺风耳"的故事。现在北平可以和南京通电话,上海可以同纽约通电话。人同人可以隔着太平洋谈话谈天,可以和六大洲通电报,人类的交通已远超过小说里面的"千里眼,顺风耳"的神话世界了!人类进步到了这个地步,文化的接触,文化的交换,文化的打通混合,就更有机会了。就更有可能了。

所以我们说,一百四十年的轮船,一百二十年的火车,一百年的电报,五十年的汽车,四十年的飞机,三十年的无线电报,——这些重要的交通工具,在区区一百年之内,把地面更缩小了,把种种自然的阻隔物都打破了,使各地的货物可以流通,使东西南北的人可以往来交通,使各色各样的风俗习惯,信仰思想,都可以彼此接触,彼此了解,彼此交换。这一百多年,民族交通,文化交流的结果,已经渐渐的造成了一种混同的世界文化。

以我们中国来说,无论在都市,在乡村,都免不了这个世界文化的影响。电灯,电话,自来水,公路上的汽车,铁路上的火车,电报,无线电广播,电影,空中飞来飞去的飞机,这都是世界文化的一部分。不用说了,纸烟卷里的烟草,机器织的布,机器织的毛巾,记算时间的钟表,也都是世界文化的一部分。甚至于我们人人家里自己园地和[的]大豆,老玉米,也都是世界文化的一部分,大豆是中国的土产,现在已成为世界上最有用的一种植物了。老玉米是美洲的土产,在四五百年当中,传遍了全世界,久已成为全世界公用品,很少人知道他是从北美来的。

反过来看,在世界别的角落里,在欧洲美洲的都市与乡村里,我们也可以随地看见许多中国的东西变成了世界文化的一部分,中国的磁器,中国的铜器,中国画,中国雕刻,中国刻丝,中国刺绣,是随地可以看见的,人人喝的茶叶是中国去的,橘子,菊花是中国去的,桐油是全世界工业必不可少的,中国春天最早开的迎春花,现在已成为了西方都市与乡村最常见的花了,西方女人最喜欢的白茶花,栀子花,都是中国去的,西方家园里,公园里,我们常看见的藤萝花,芍药花,丁香花,玉兰花,也都是中国去的。

文化的交流,文化的交通,都是自由挑选的,这里面有一个大原则,就是"以其所有,易其所无,交易而退,各得其所"。释成白话是"我要什么,我挑什么来,他要什么,他挑什么去。"老玉米现在传遍世界,难道是洋枪大炮逼我们种的么。桐油,茶叶,传遍了世界,也不是洋枪大炮来抢去的,小的小到一朵花一个豆,大的大到经济政治学术思想都逃不了这个文化自由选择,自由流通的大趋向,三四百年的世界交通,使各色各样的文化有个互相接近的机会,互相接近了,才可以互相认识,互相了解,才可以自由挑选,自由采用。

今日的世界文化就是这样自然的形成,这是我说的第一句话。

我要说的第二句话是"眼前的世界文化",在刚才说过的自由挑选的自然趋向之下,还可以看出几个共同的大趋向,有几个共同的理想目标,这几个理想的目标是世界上许多圣人提倡的,鼓吹的,几个改造世界的大方向,经过了几百年的努力,几百年的宣传,现在差不多成了文明国家共同努力的目标了,到现在是有那些世界文化共同的理想目标呢,总括起来共有三个:

第一,用科学的成绩解除人类的痛苦,增进人生的幸福。

第二,用社会化的经济制度来提高人类的生活,提高人类生活的程度。

第三,用民主的政治制度来解放人类的思想,发展人类的才能,造成自由的独立的人格。

先说第一个理想用科学的成果来增进人生的幸福减除人生的痛苦。

这个世界文化的最重要成分是三四百年的科学成绩。有些悲观的人,看了两次世界大战,尤其是看了最近几年的第二次世界大战,他们常常说,科学是杀人的利器,是毁灭世界文化的大魔王,他们读〔投〕了两个原子弹毁灭了日本两个大城市,杀了几十万人,他们就想像将来的世界大战一定要把整个世界文明都毁灭完了,所以他们害怕科学,咒骂科学,这种议论是错误的,在一个大战争的时期,为了国家的生存,为了保存人类文明,为了缩短战争,科学不能不尽他的最大努力,发明有力量的武器,如第二次大战争里双方发明的种种可怕武器,但这种战时工作,不是科学的经常工作,更不是科学的本意,科学的正常使命是充分运用人的聪明才智来求真理,求自然界的定律,要使人类能够利用这种真理这种定律来管理自然界种种事物力量,譬如叫电气给我们赶车,叫电波给我们送信,这才是科学的本分,这才是利用科学的成果来增进人生的幸福。

这几百年来的科学成绩,却是朝着这个方向做去的,无数聪明才智的人,抱着求真理的大决心,终身埋头在科学实验室里,一点一滴的研究,一步一步的进步,几百年继续不断的努力,发明了无数新事实,新理论,新定律,造成了人类历史上空前的一个科学新世界,在这个新世界里,人类的病痛减少了,人类的传染病在文明国家里差不多没有了,平均寿命延长了几十年,科学的成果应用到工业技术上造出了种种替代人工的机器,使人们可以减轻工作的劳力,增加工作的效能,使人们可以享受无数机械的奴隶伏侍,总而言之:科学文明的结果使人类痛苦减除,寿命延长,增加生产,提高生活。

因为科学可以减除人类的痛苦,提高人生的幸福,所以现代世界文化的第一个理想目标是充分发展科学,充分利用科学,充分利用科学的成果来改善人们的生活,近世科学虽然是欧洲产生的,但在最近三十年中,科学的领导地位,已经渐渐地从欧洲转到美国了,科学是没有国界的,科学是世界公有的,只要有人努力,总可以有成绩,所以新起来的国家如日本,如苏联,如印度,如中国,有一分的努力就可以有一分的科学成绩,我希望我们在世界文化上有这种成分。其次谈到第二个理想标准,用社会的经济制度来提高生活程度。

我特别用"社会化的经济制度"一个名词,因为我要避掉"社会主义"一类的名词。"社会化的经济制度"就是要顾到社会大多数人民的利益的经济制度,最近几十年的世界历史有一个很明显的方向,就是无论在社会主义的国家,或在资本主义的国家,财产权已经不是私人的一种神圣不可侵犯的人权了,社会大多数人的利益是一切经济制度的基本条件,美国英国号称资本主义的国家,但他们都有级进的所得税和遗产税,前四年的英国所得税,每年收入在一万镑的人,要抽百分之八十,而每年收入在二百五十镑以下的人,只抽百分之三的所得税。同年美国所得税率,单身人(没有结婚的)每年收入一千元的,只抽一百零七元;每年收入一百万元的,要抽八十九万九千五百元等于百分之九十的所得税。这样的经济制度,一方面并不废除私有财产和自由企业,一方面节制资本,征收级进的所得税,供给全国的用度,用时还可以缩短贫富的距离。这样的经济制度可以称为"社会化的"。此外,如保障劳工组织,规定最低工资,限制工作时间,用国家收入来救济失业者,这都是"社会化"的立法。英国民族在各地建立的自治新国家,如澳洲,如纽西兰,近年来都是工党当国,都倾向于社会主义的经济立法。英国本身最近在工党执政之下,也是更明显的推行经济制的社会化。美国在罗斯福总统的十三年的"新法"政治之下,也推行了许多"社会化"的经济政策。至于北欧西欧的许多民主国家,如瑞典,丹麦,挪威,都是很早就在实行各种社会化的立法的国家。

这种很明显的经济制度的社会化,是世界文化的第二个共同的理想目标。我们中国本来有"不患贫而患不均"的传统思想,我们更应该朝这个方面多多的努力,才可以在经济世界文化上占一个地位。

最后,世界文化还有第三个共同的理想目标,就是民主的政治制度。

有些人听了我这句话,也许要笑我说错了,他们说最近三十年来,民主政治已不时髦了,时髦的政治制度是一个代表劳农阶级的少数党专政,铲除一切反对党,用强力来统治大多数的人民。个人的自由是资本主义的遗产,是用不着的。阶级应该有自由,个人应该牺牲自由,以谋阶级的自由。这一派的理论在眼前的世界里,代表一个很有力的大集团。而胡适之偏要说民主政治是文化的一个共同的理想目标,这不是大错了吗?

我不承认这种批评是对的。我是学历史的人,从历史上来看世界文化的趋向,那民主自由的趋向是三四百年来的一个最大目标。一个最明白的方向。最近三十年的反自由,反民主的集体专制的潮流,在我个人看来,不过是一个小小的波折,一个小小的逆流。我们可以不必因为中间起了这一个三十年的逆流,就抹煞那三百年的民主自由大潮流,大方向。

俄国的大革命,在经济方面要争取劳农大众的利益,那是我们同情的。可是阶级斗争的方法,造成了一种不容忍,反自由的政治制度,我认为那是历史上的一件大不幸的事。这种反自由,不民主的政治制度是不好的,所以必须依靠暴力强力来维持他,结果是三十年很残忍的压迫与消灭反对党,终于从一党的专制走上一个人的专制。三十年的苦斗,人民所得到的经济利益,还远不如民主国家从自由企业与社会立法得来的经济利益那末多。这是很惋惜的。

我们纵观这三十年的世界历史,只看见那些模仿这种反自由,不容忍的专制制度一个一个的都被打倒了,都毁灭了。今日的世界,无论是在老文明的欧洲,或是在新起的亚洲,都还是朝着争民主,争自由的大方向走。印度的独立,中国的结束一党训政,都是明显的例子。

所以我毫不迟疑的说:世界文化的第三个理想目标是争取民主,争取更多更合理的民主。

有些人看见现在世界上有两个大集团的对立,"两个世界"的明朗化,就以为第三次世界大战祸不久即将来临了。将来胜败不知如何,我们不要押错了宝,将来后悔无及!

这是很可怜的败北主义!所谓"两个世界"的对垒,其实不过是那个反自由不容忍的专制集团,自己害怕自己气馁的表现。这个集团至今不敢和世界上别的国家自由交通,这就是害怕的铁证!这就是气馁。我们认清了世界文化的方向,尽可以不必担忧,尽可以放大胆子,放开脚步,努力建立我们自己的民主自由的政治制度。我们要解放我们自己,我们要自由,我们要造成自由独立的国民人格,只有民主的政治可以满足我们的要求。

(本文为1947年8月1日胡适在北平广播电台的
讲话,原载1947年8月3日北平《华北日报》)

当前中国文化问题

当前中国文化问题,讲起来很难令人满意,实在是问题太大了,今天只就平时想到的几点,提出来谈谈。

一 文化与文明

"文化"两字蕴义甚广,"文化"、"文明"有时可解释为两个意思,也有时可看作一件事。解释为两个意思时,"文明"比较具体,看得见的东西如文物发明,属于物质的,"文化"比较抽象,看不见不易捉摸。

"文化"与"文明"虽可分为两件事,但有联系。某一民族为应付环境而创造发明的是文明,发明火便不再茹毛饮血晚上有灯点,没有火许多要应付的环境便无法应付。火的发明,也许是无意中的,一经发明不仅可以烧饭,可以点灯,还可以将金属由硬化为软,制造种种应用的东西。人类之异于一切动物,即是会靠一颗脑袋两只手制造东西,发明火可以制造更多的东西,这是"文明"。在某种文明中所过的生活形态生活方式,这是"文化",所以"文化"和"文明"有联系。

一般的解释,"文化"是包括了"文化"与"文明",范围较广,今天讲的属于后者,不采严格解释。

二 文化的世界性

从前交通阻塞时,某种民族的生活,都有民族性、国家性、地方性,各不相杂,交通发达以来,此种生活的民族性、国家性、地方性渐渐地削弱而世界性日渐加强,我们看到这礼堂里的电灯、椅子、磁砖一切东西和各位所穿衣服,很少还能找出保持着纯粹地方性的,这便是交通发达文化交流的结果。

文化的沟通不过是近几百年的事，最初靠轮船、火车、电报传递，近来靠飞机、无线电，利用无线电是第一次世界大战末期的事，战争初期尚未充分利用，现在若是没有无线电，一定有人说怎么可以打仗呢？诸君都看过《曾文正公日记》，他在江西建昌时，早上起身先要卜一个卦问问前方战事好不好，早上卜的是"中上"，中午卜的是"中中"，就很担心，实际上他离前线不过百余里，只因交通不便，没有飞机、无线电侦察通消息，只好卜卦问吉凶。曾文正公距今不过数十年，相差就是这么远。第一次世界大战时已有电报、电话，第二次世界〔大战〕就充分利用了无线电；现在上海纽约间随时可以通电话，整个世界的距离已经缩得很短了。到了最近更有进步，电视发明了，美国大选，人民坐在家里看，坐在家里听，赛球不必去球场看胜负，只须将电视一开就得了。记得小时候看《封神榜》、《西游记》，见到讲顺风耳千里眼十分奇怪，想不到这些理想现在都成事实，非但成事实而且方便与普遍远胜书中的理想，现代消息传布之迅速，往来交通之方便，决不是几百年几十年前想像得到，因此，现代人类由于交通发达吸收交流的文化也就难以估计了。这时候要在任何一个地方任何一件东西上分辨何者从美国来，何者从英国来，简直不可能。我到美国去见春天四处都是黄色的花，非常美丽，那是我国的迎春花；中国女子赏识的栀子花，美国女子也欢迎，但美国很少有人能说这是中国去的。即将开放的菊花，冬天结实的橘子，世界每一角落都见得到，这两种东西统〔都〕是中国去的，一经介绍被人欢迎就成为世界一部分，不再知道这是中国的产品了。又如丝绸、茶叶、桐油、大豆都是中国去的，丝绸已成为世界穿着不可少的东西，桐油是工业重要原料，大豆更是世界公认了不起的植物，这些早成了世界性的东西。再看我们自己，用的方面人人少不了钟和表，那是十六世纪发明用机器计时的东西，从前我们用滴水计时，钟表来到中国，不到几十年就遍满全国。现在到故宫博物院去，还可以见到各式各样的钟，有的一个人出来打钟，有的一只鸟出来叫几声，有的是一个人出来写"天下太平"四个字，这些千奇百怪的钟，都是刚发明时所造，也成了世界上稀有的东西，到今日不但有西洋来的钟表，也有上海、北平、广东自造的钟表，已经成为世界文化的一部分了。再说吃的，玉蜀黍大家都误为四川来的，殊不知它却是从美国来的，在极短时期中不仅传遍中国,且已传遍全球,成了重要食粮之一,它能迅速传遍全世界,即是因为可以生长在平原,也可以生长在高山,用不到多施肥料,便到处被欢迎。玉蜀黍因了普遍,就很少人知道从那里来的。穿的方面,机器织造的布匹呢绒来到中国不过一百多年,现在我们样样可以自造。又如装饰,小姐太太们的头发是国民革命军北伐以后剪去的,那时我从美国回来,见剪短的黑发小姐很美丽,二十年后的今天,不但已经剪短还要烫发,再也分不出怎样的头发是西洋的,怎样的还是中国的,再往下去恐怕烫发是从西洋来的也无人知道了。日用品风俗习惯装饰,都是文化,由于吸收外来文化的结果,打破了地方性,减少了民族性,减少了国家性。所以这个时代讲到文化就是世界文化,很难找出一件纯粹的本国文化。我曾想用毛笔写中国字该是中国文化了,可是除了民国以前留下来的墨还用中国胶制造以外,现在制墨用的胶都是外国工厂用剩下来的,常常听到人说现在的墨写字胶笔不如从前,原因就是此。写出来的文章,更不知不觉地受了外国文化影响,无形中吸收了不少西洋文法,标点更全盘接受了西洋文化。我又想吃中国饭用筷子总是中国文化吧!前天到最标准的中国式饭店马祥兴去,他们先将筷子用开水烫烫消毒,也受了西洋文化影响了。交通这样发达,坐在家里开无线电就可以听到旧金山的新闻报告,也可以听到王外长在巴黎说话的情形了。生活方式要不受外国文化影响,要分析那些还是纯粹本国文化,那些是受世界文化影响几乎不可能,我记得小时候上海报上登载一篇法国小说,讲八十天环游地球,大家都说这件事了不得,也怀疑是不是事实,岂知四十年后,一百小时便可以环游地球,以后也许还可以减少到八十小时、七十小时环游地球,一百小时不过四天,交通发达到这个阶段,谈到文化便只有世界性文化,如何还能有纯粹的地方性、民族性、国家性文化呢?

三 文化的接受与选择

文化的接受与选择,具有"自然"、"自由"的条件,某些东西一经介绍便被采用,某些东西虽经介绍仍不为接受,迎春花栀子花用不着推广人人欢迎，因为这种花你说好你的女朋友也说好，自然采用了。钟表来到中国，铜壶滴漏即被弃置，现在仅能在博物院中看到。从前男人穿双樑鞋不分左右足，我起初穿这种鞋子生鸡眼很痛苦，幸而后来一位无名英雄造福人群，仿照皮鞋制成左右是不同的鞋子，我们穿了无限舒服，立刻就风行全国。这虽是小事，其解放男子的足，决不下于解放女子缠足，并没有什么力量强制我们接受，只是大家觉得比我们好就自然采用。自由选择不同文化接触不同文化，接受或拒绝，也有其必然的道理，简单说，不外以其所有易其所无，人家有的我没有，我采用，人家有我也有，我的比人家好，人家就采用，所以有无优劣可说是自由选择自然选择的条件，但这仅限于物质的。

三百多年前西洋人到中国来传教，那时他们势力已经达到澳门一带，知道中国文化很高，便研究应从那一方面入手，后来认为到中国传教应选学问最好的人带来中国所没有的东西及比中国更好的学问，所以派了利玛窦(Matteo Ricci)带了三件东西，第一件是刚发明不久用机械计时的钟，并选制造最好最讲究的送给中国，这是代表物质，第二件是西方已经很进步的天文学，他们知道中国在讲改革历法，利玛窦天文学学得很好，也带到了中国，这是代表科学。第三件是宗教，才是他们最大的目的。

三件东西同时来到中国，可是吸收的程序不同，第一件钟毫无抵抗接受了，铜壶滴漏不如机械制造的钟，铜壶滴漏自然被打倒。第二件天文学经过一个时期才接受，那时候中国有两种天文学，一种是原有的，一种是回教的，两种天文学各不相让，中国素来遇到两方相争，便各给一个天文台，你们去算月蚀日蚀某月某日几时几分几秒开始，何时复圆，谁算得准确，就采用谁的历法，利玛窦也设了天文台，不但算北京月蚀日蚀时间，也算出南京、成都、广州许多地方的时间，北京下雨，别处不一定下雨，仍可以测验是否准确。比较结果教会天文台成绩最好，一分一秒也不差，显然中国历法不如他，经过十多年后大家都说西洋历法了不得，明崇祯十六年采用新历法，下一年明朝就止了，清代沿用下去，民国后才整个接受世界一致的历法。第三件宗教接受程度最少，我们原来有佛教、道教、孔教，天主教来到中国后要比较那一种最好,却没有比较算日蚀月蚀时间那般方便明显,也不免有主观感情成份,我见我爸爸妈妈相信的,外祖母外祖父相信的,我为什么不相信?所以家庭制度社会制度政治哲学社会哲学以及宗教等等的吸收,不如物质科学那般容易,抵抗力大得多了。第一种是机械不容易抵御,钟比铜壶滴漏好,电灯比桐油灯好,无线电我们没有,自然接受了——至于说最近政府要减少汽车,减少飞机班次,那是偶然的事,和拒绝接受不同。第二种科学有抵抗,但抵抗有限度,医学我们有,天文学我们也有,但新的医学来了,旧的阴阳五行就被打倒,到今天虽还有人说阴阳五行比西医好,这只是少数。第三种社会制度、政治制度、经济制度、宗教等文化的吸收不吸收,拒绝不拒绝就不若前两种可以比较,可以试验,可以有绝对的选择自由。当前中国文化问题就在这里。

四 当前文化的选择与认识

当前中国文化问题既然就是前面所说的社会制度政治制度经济制度宗教等吸收或拒绝,在交通工具如此发达之时,我们不能也不可能拒绝某种文化,问题是这类文化的接受牵涉到感情牵涉到信仰牵涉到思想牵涉到宗教,具体说,当前有两个东西在斗争,这两个东西放在我们前面,既不是物质,就不能像商品那样这是德国货这是英国货美国货一般辨别谁好谁坏。现在放在面前的美国货俄国货是无法比较的东西,既不能以品质来较优劣,又不能以价格来比高下,放在面前的是两个世界或者说两个文化要我们去选择去决定往东往西往左往右。

数百年来自由选择自由拒绝世界文化的阶段已经过去了,目前是必须要我们在两个中间挑选一个,我们既无法列一公式来证明往左是生路往右是死路,或者往右是生路往左是死路,又无法说我们有我们自己的你们的两个都不要,所以问题就严重了,三十年前教科书里的东西用不着了。梁启超先生早年介绍我们"自由",许多人谈"不自由毋宁死",那时看来是天经地义的,现在是变了,打倒资本主义也要打倒自由主义,要服从,要牺牲个人自由,争取集体自由,从前对的话现在不对了。自由究竟要不要,是另一问题。如从历史上看,一切文化都是向前进,而自由正是前进的原动力,有学术思想自由言论自由出版自由才有不断的新科学新文化出来,照辨证法说,有甲就有非甲,甲与非甲斗争成为乙,有乙又有非乙,乙与非乙斗争成为丙,共产党他不同,有己没有非己,辨证法失了作用,谁是谁非大家弄不清。

我今天说这一段话,不是"卖膏药",我没有膏药可卖。只是这个问题牵涉到情感牵涉到信仰牵涉到思想,除了思想有一点理智成份外,情感信仰就不同,受不了一点刺激。我今年五十八岁,一生相信自由主义,我是向来深信三百年来的历史完全是科学的改造,以人类的聪明睿智改造物质,减少人类痛苦,增加人类幸福,这种成就完全靠了有思想自由信仰自由出版自由,不怕天不怕地,倘使失了自由,那里还有现在的物质文明。

我走过许多国家,我没有见到一个国家牺牲经济自由可以得到政治自由,也没有见到一个国家牺牲政治自由可以得到经济自由,俄国人民生活程度三十年来提高了多少?人民生活痛苦减轻了多少,经济自由得到了没有?牺牲政治自由而得到经济自由的,历史上未有先例。

我比较守旧,9月11日还在北平天坛广播"自由主义",也许有人听了骂胡适之落伍,他们说这不是不自由不民主,而是新民主新自由,是没有自由的新民主,没有民主的新自由,没有自由的新自由,没有民主的新自由,各位看过平剧里的空城计长板坡,没有诸葛亮的空城计,没有赵子龙的长板坡还成什么戏?

是自由非自由的选择,也是容忍与不容忍的选择。前年在美国时去看一位老师,他年已八十,一生努力研究自由历史,见了我说:"我年纪愈大,我才感到容忍与自由一样重要,也许比自由更重要。"不久他就死了。讲自由要容忍理由很简单,从前的自由是皇帝允许我才有的,现在要多数人允许才能得到,主张左的容忍右的,主张右的容忍左的,相信上帝的要容忍不相信上帝的,不相信上帝的要容忍相信上帝的,不像从前我相信神你不相信神就打死你,现在是社会允许我讲无神论，讲无神论也要容忍讲有神论，因为社会一样允许他。各位都看到报上说美国华莱士组织第三党竞选总统，比较左倾，反对他的人，拿鸡蛋番茄掷他，掷他的人给警察抓了送到法庭去，法官说这是不对的，华莱士有言论自由，要判他在监里坐或者罚他抄篇写《纽约前锋论坛报》几十年来作标语的一句名言一千篇，那个人想想还是愿意抄一千篇，这一句话是："你说的话我一个字也不相信，但我要拼命辩护你有权说这话。"这一句话多么伟大！假使这世界是自由与非自由之争的世界，我虽是老朽，我愿意接受有自由的世界，如果一个是容忍一个是不容忍的世界，我要选择容忍的世界。有人说恐怕不容忍的世界极权的世界声势大些，胡适之准备做俘虏吧！大家只看到世界上两个东西斗争这边失败，政府打仗这边也失败，那边声势很大，便以为这边注定失败了，我不赞成这种失败主义，三百年的历史是整个的反自由运动，目前的反动并不是大反动，只是小小的反动，看起来声势浩大，但他们自己就缺乏自信，不相信自己的人，用最专制的权力来压迫自己人，经过三十一年长时间还不许人家讲去，不许自己人出来，不敢和世界文化交流，这正表示他的胆怯。所以是我说这只是一个小反动。虽然两个东西我们无从证明那一个好，依我的看法，民主自由一定得到最后胜利。固然历史告诉我们民主自由运动常会遭到包围摧残。法国革命几经失败，民主摇篮中心英国的成功受英伦三峡保护，美国民主成功靠两大海洋保护，但每次民主自由斗争无不得到最后胜利，最近两次世界大战亦是如此。

此次从北平到上海，一位朋友对我说，这个输麻将还打什么，我说你是失败主义的说法，真正输麻将是十二年前的局面，那时我们和世界三海军国之一、陆军占世界第三位、工业占世界第三位的国家打仗，我们没有一点基础，飞机连教练机不过二百架，那才是必输的，可是我们要打，而且打胜了。人家最悲观的时候，我一点不悲观，我总是想，他们没有好装备，没有海军没有空军，我们只要稍稍好转，就可以风雨皆释了。这次斗争说是文化选择问题的斗争，决不能说输就算了，这不比选择双楔鞋、选择剪头发、选择钟表、选择天文历法那般容易,必须得从感情信仰思想各方面去决定,我们的决定也即是国家民族的决定!

(本文为1948年9月27日胡适在上海公余学校的演讲,原有谈龙滨记录,载1948年10月《自由与进步》第1卷第10期。现据居正修记稿,收入耿云志主编:《胡适遗稿及秘藏书信》第12册)

中国文化里的自由传统

各位朋友,同乡朋友:

今天我看见这么多朋友来听我说话,觉得非常感动,无论什么人,见到这样多人的欢迎,都一定会非常感动的。我应该向诸位抱歉。我本来应该早一个月来,因为有点小病,到今天才能来,并且很抱歉这次不能去台南、台东看看五十年前我住过的地方,只有希望等下次来时再去。今天因为黄先生、游先生要我事先确定一个题目"中国文化里的自由传统"。这个题目也可改做"中国文化传统的自由主义"。"自由"这个意义,这个理想,"自由"这个名词,并不是外面来的,不是洋货,是中国古代就有的。

"自由"可说是一个倒转语法,可把它倒转回来为"由自",就是"由于自己",就是"由自己作主",不受外来压迫的意思。宋朝王安石有首白话诗:

　　风吹屋顶瓦,
　　正打破我头。
　　我终不恨瓦,
　　此瓦不自由。①

这可表示古代人对于自由的意义,就是"自己作主"的意思。

二千多年有记载的历史,与三千多年所记载的历史,对于自由这种权力,自由这种意义,也可说明中国人对于自由的崇拜,与这种意义的推动。世界的自由主义运动也是爱自由,争取自由,崇拜自由。

---

① 编者注:王安石的原诗是:风吹瓦堕屋,正打破我头。瓦亦自破碎,岂但我血流。我终不嗔渠,此瓦不自由。……(见《王安石集·拟寒山拾得二十首》之四)。

世界的历史中,对这一运动的努力与贡献,有早有晚,有多有少,但对此运动都有所贡献。中国对于言论自由、宗教自由、批评政府的自由,在历史上都有记载。

中国从古代以来都有信仰、思想、宗教等自由,但是坐监牢而牺牲生命以争取这些自由的人,也不知有多多少少。在中国古代有一种很奇怪的制度,就是谏官制度,相当于现在的监察院。这种谏官制度,成立在中国政治思想、哲学思想之前。这种谏官为的是要监督政府,批评政府,都是冒了很大的危险,甚至坐监,牺牲生命。古时还有人借宗教来批评君主。在《孝经》中就有一章《谏诤章》,要人为"争臣"、"争子"。《孝经》本是教人以服从孝顺,但是君王父亲有错时,作臣子的不得不力争。古代这种谏官制度,可以说是自由主义的一种传统,就是批评政治的自由。此外,在中国古代还有一种史官,就是记载君王的行动,记载君王所行所为以留给千千万万年后的人知道。古代齐国有一个史官,为了记载事实写下"崔杼弑其君",连父母均被君主所杀,但到了晋国,事实真像依然为史官写出,留传后世。所以古代的史官,正如现在的记者,批评政治,使为政者有所畏惧,这却充分表示言论的自由。

以上所说的一种谏官御史,与史官制度,都可以说明在中国政治思想与哲学思想尚未成立时,就非常尊重批评自由,与思想自由。

中国思想的先锋老子与孔子,也可以说是自由主义者。老子说:"民不畏死,奈何以死惧之?"孔子说:"三军可夺帅也,匹夫不可夺志也"。老子所代表的"无为政治",有人说这就是无政府主义,反对政府干涉人民,让人民自然发展,这与孔子所代表的思想都是自由主义者。孔子所说的中庸之道,实在是一个中间偏左的态度,这可从孔子批评当时为政的人的态度而知道。孔子当时提出:"有教无类",可解释为"有了教育就没有阶级,没有界限"。这与后来的科举制度,都能说明"教育的平等"。这种意见,都可以说是一种自由主义者的思想。

孟子说:"民为贵,君为轻",在二三千年前,这种思想能被提出,实在是一个重要的自由主义者的传统。孟子说:"富贵不能淫,贫贱不能移,威武不能屈"。这是孟子给读书人一种宝贵的自由主义的精神。

在春秋时代,因为国家多,"自由"的思想与精神比较发达。秦朝统一以后,思想一尊,因为自由受到限制,追求自由的人,处于这"无所逃于天地之间"的环境中,要想自由实在困难,而依然有人在万难中不断追求。在东汉时,王充著过一部《论衡》,共八十篇,主要的用意可以一句说明"疾虚妄"。全书都以说老实话的态度,对当时儒教"灾异"迷信,予以严格的批评,对孔子与孟子都有所批评,可说是从帝国时代中开辟了自由批评的传统。再举一个例:在东汉到南北朝佛教极盛的时候,其中的一位君王梁武帝也迷信佛教。当时有个范缜,他著述几篇重要文章,其中一篇《神灭论》,就是驳斥当时盛行的灵魂不灭,认为"身体"与"灵魂",有如"刀"之与"利"。假如刀不存在,则无所谓利不利。当时君王命七十位大学士反驳,君王自己也有反驳,他都不屈服,可说是一种思想自由的一个表现。再如唐朝的韩愈,他反抗当时疯狂的迷信。写了一篇《谏迎佛骨表》,痛骂当时举国为佛骨而疯狂的事,而被充军到东南边区。后又作《原道》,依然是反对佛教。在当时佛教如此极盛,他依然敢反对,这正是自由主义的精神。再以后如王阳明的批评《朱熹》,批评政治,而受到很多苦痛。清朝有"颜李学派",反对当时皇帝提倡的"朱子学派",都可以说明在一种极不自由的时代,而争取思想自由的例子。

在中国这二千多年的政治思想史、哲学思想史、宗教思想史中,都可以说明中国自由思想的传统。

今天已经到了一个危险的时代,已经到了"自由"与"不自由"的斗争,"容忍"与"不容忍"的斗争,今天我就中国三千多年的历史,我们老祖宗为了争政治自由、思想自由、宗教自由、批评自由的传统,介绍给各位,今后我们应该如何的为这自由传统而努力。现在竟还有人说风凉话,说"自由"是有产阶级的奢侈品,人民并不需要自由。假如有一天我们都失去了"自由",到那时候每个人才真正会觉得自由不是奢侈品,而是必需品。

(本文为1949年3月27日胡适在台北中山堂演讲,黄谷辛记录,原载1949年3月28日台湾《新生报》)

就任中央研究院院长典礼致词

我很感谢李先生把今天就职典礼的仪式简单化,更感谢政府允许我不须经过正式的就职典礼,只作几分钟的讲话,代表了我正式接受中央研究院院长的职务。

中央研究院有三十年的历史,这三十年的历史,可以说是我的老朋友们的心血造成的。创办本院的第一任院长是我们的校长蔡孑民先生,辅导他的是杨杏佛先生。蔡先生逝世后,继任的是我的老朋友老同事朱骝先生。在杨杏佛先生之后,担任本院总干事的有丁文江先生,萨本栋先生,周鸿经先生等。他们把一生最重要的时期,——把全部的精力贡献给中央研究院,甚至牺牲性命。朱先生更苦心维持了中央研究院十八年。我对中央研究院有亲切的关系,不仅我是中央研究院历史语言研究所的通讯研究员,也因为中央研究院是我许多朋友的心血结晶。

去年11月,朱先生以健康关系辞职,中央研究院评议会选了三个院长候选人,呈请总统核定。总统没有征询我的同意,便任命我为中央研究院院长,当时我患肺炎,发高烧到一百零三度半。11月3日(纽约时间),我病刚好了一星期,得到这个消息,即向政府恳辞,极力推荐李济之先生担任。李先生在中央研究院有多年的历史关系,比我年轻,年富力强,在学术上也有贡献。李先生一再谦让;政府也没有体恤我在病中,要我把病养好了回来。朱先生又写了紧急信给我,说院长没有人接替,院士会议不能再耽搁了,——这是选举四十六年的院士十五人,为国家最高学术机构增加生力军。这个会议的召开,必须有人主持。我乃请政府任命李先生做代理院长,替本院负责作重要的决定,让我可以安心养病,等病好了一定回来。政府采纳了我的建议,在去年12月任命李先生做代理院长。李先生在今年1月11日就职。就职之前,李先生电话问我:"什么时候可以回来?"我说:"病好了一定回来。"李先生又问:"阳历4月是不是可以回来?"我说:"可以回来。"因此,也就决定了召开院士会议的日期。院士会议的筹备工作,早就办好了的,为了院长的接替而耽误到今天。

我这次回来,我的两位医生是不答应的,我不听劝告而回来了。我就是没有政府的任命,因为许多老朋友把一生几十年最宝贵的光阴贡献给了中央研究院,甚至把性命也送在这里,我对中央研究院也不能完全推卸责任。今天我要借这个机会谢谢朱先生、李先生。以后希望在朱先生、李先生指导之下,在许多同人帮助之下,尽我的力量使中央研究院的工作有所成就。

我已经六十七岁了,照西洋的看法已过了六十六岁。学术界有个普遍的规矩,年满六十五岁的学者退休之后,可以做他自己喜欢做的事,把研究工作让生力军补上。我已过了退休年龄一年有半,应该退休,享我退休的权利,做我自己喜欢做的事:著书、写文章。但在这个时候,国家艰难,而时代已进入原子能科学时代,国家需要科学,国家需要学术基础,而我们应为国家努力建立学术科学研究的基础,何况我们对中央研究院三十年来都有密切的关系。希望各研究所所长,各位研究员同人同我一致向这个目标前进。

我的病还没有好,一两个月后还须出国疗治,还有我在国外八个年头的"烂摊子",也要收拾收拾。那时还要请李先生替我负责几个月,等我病好,便把家眷接回来,把破书搬回来。在这一两个月中,我很希望和朱先生、李先生以及各所同人谈谈在新时代新需要的状况下,中央研究院有些什么可以帮国家的忙?在发展科学研究,建立学术基础方面,我们能替国家担任些什么?四年前的三月间,我曾来南港看过,——是坐手推的"台车",撑着雨伞。那时中央研究院的地基才建好,路也没有,真是筚路蓝缕。四年后的今天,已是全部建设完成。大家可以安心的做研究工作,我觉得很高兴。这足以代表中央研究院进步的新气象,也代表了中国学术界的努力。

庆祝我六十五岁的论文集,我今天是第二次得到了这本书。我六十五岁生日时,在美国加利福尼亚大学教书,赵元任先生等赠送过我这样的一本书,不过那是象征性的,内容是空白。

谢谢各位同人。

(本文为1958年4月10日胡适在台北中央研究院的演讲,收入《胡适演讲集》中册,1970年胡适纪念馆编辑、出版)

基本科学研究与农业

我是农学的一个逃兵。四十八年前(1910),我进康乃尔(Cornell)大学的纽约(New York)州立农学院,民国元年(1912)二月,第二学年第二学期开始,我就改选康乃尔的文理学院了。

那个时候,正是遗传学(Genetics)刚刚开始的时期,门德尔(Mendel)的两大定律被科学界忽视了三十多年,到1900年才被德佛里(Devries)等人重新发现,重新证明,摩尔根(T. H. Morgan)已在哥伦比亚(Columbia)大学做实验动物学教授了,他的重要工作还刚刚开始。

所以我现在回头去看看,我可以说:在农业科学里面一种最基本的是遗传学还刚刚开始的时期,我就做了农学的逃兵了!我还没有走进农学的大门,就逃走了!所以我最没有资格在诸位农学界的领袖前辈之前来谈"基本科学与农业"这样一个大题目。

这个题目是中华农学会的理事张宪秋先生给我出的,我请理事长汤惠荪(1900—1966)先生,理事马保之先生、张宪秋先生给我出几个题目,后来张先生送来了四个题目,其中有一个是"西方的科学研究与东方的农业",我接受了这个题目,把它缩小一点,就叫做:"基本科学研究与农业"。

我的意思不过是要在诸位前面重新提出中国农学界的几位老前辈早已屡次提出过的一个老问题,——就是唤起大家注意基本科学研究在农业上的重要。

我刚才说过,我最没有资格讲这个问题,所以我要引用农学界老前辈的话。

四十六年度贵会的联合大会有蒋梦麟先生的演说,他的最后一段话是:农业本是一种应用科学,利用科学研究所得来解决农业上的实际问题。台湾近年农业发展,得力于农业科学与技术者甚大。然而实用技术的应用有它一定的限度,而提高农业技术的水准,那就要在科学理论方面能有进一步的研究;因为本省农业不断的进步,近年从实际工作感觉,若干基本问题已非本省现有技术所能解决。所以希望诸位先生能够倡导基本科学——如物理、化学、生物、遗传、数学等——的研究。

如果科学的研究不能从基本上做起,我们的科学便永不会追上人家。

梦麟先生不是学农的,但他领导农复会的工作已有十年之久,他现在对诸位先生说:他"近年从实际工作感觉若干基本问题已非本省现有设备所能解决",所以(他)"希望诸位先生能够多多倡导基本科学的研究"。他指出的"若干基本问题"之中,有一个就是"人口与土地资源的协调"的问题。他举出的"基本科学"的例子是物理学、化学、生物学、遗传学、数学等。

我再引一位大家敬仰的农学界最渊博的前辈赵连芳先生。赵先生前几年(民国四十三年)著作了一部很好的书叫做《现代农业》。此书的第四章是专讲农业科学化的。在那一章里,他指出影响农业产生最大的现代科学有四种:(1)生物科学(特别是遗传学),(2)机械工程学,(3)有机化学,(4)生物化学(特别是植物荷尔蒙 Hormone 的研究)。

在他那三册五八一页的《现代农业》的最后一二页里,赵连芳先生说:"……但现在仍只[有]一个世界,人口既愈生愈多,则资源越用越减少。……

自由中国的台湾农业亦复如此。……以有限之土地生产,赡养继续增加之人口,吾人必须利用最新与最优之农学原理与技术,始能使土地生产力继续发育,并不断的改良。……

诚然,农学者经过去百余年来之研究,对于日光、雨水、土壤、肥料、植物、动物、病虫、遗传、育种、食物、营养等知识已发现甚多。然对此等因素之相互的关系,未彻底明白者亦多。……现在对于别的事实,吾人已知道不少,惟综合的基本研究(Basic Research)仍待继续。盖研究愈达基本,则将来在实用上迟早更显光明。

近来主持研究者,每因急于功利而过分奖励应用的研究(Applied Research),实在说,所有的真正研究工作均应务本崇实。合格的研究人员,尤须有高度的自由以选择其工作,俾能继续不断地向农学的边疆推进。"

赵连芳先生的最后一段话是要"重视合作研究的原则"。"……今日农业之广大问题,已非某一学系所能单独解决者,其研究人员已需要数学、物理、化学、生物学、热力学等基本科学之渊博的训练。今后农业问题所需要之科学知识将更无止境。遥望宇宙光、太阳能、及原子能,有一日可能帮助农业生产富于营养之粮食,乃对于土壤生产力之要素不致过分减低。……"

蒋、赵两先生提出来的基本问题是相同的,就是"以有限的土地生产,养继续增加的人口"的严重问题。赵先生从他的渊博的农学知识上观察,蒋先生从他主持农复会十年的实际工作上观察,他们得到的结论也是相同的。

蒋先生说:"若干基本问题已非本省现行技术所能解决。"

赵先生说:"今日若干农业之广大问题已非某一学系所能单独解决者。"

所以蒋先生希望诸位先生"能够多倡导基本科学的研究"。

所以赵先生说,农学的一班"研究人员已需要数学、物理、化学、生物学、热力学等基本科学之渊博的训练"。

我最佩服赵连芳先生的一句话:"研究愈达基本,则将来在实用上迟早更显得光明。"我在 1940 年到加州理工研究院(California Institute of Technology),院长 Dr. Robert Millikan 招待我。他带我去参观摩尔根(Prof. T. H. Morgan)主持的世界知名的 Kerckhoff 生物科学实验室(Laboratories of Biological Sciences),那时 Morgan 在休假中,我没有见着他,但我参观了他工作的地方,也看见了他的"果蝇"(fruitflies 学术名 *Drosophila melanogaster*)。

摩尔根,在哥伦比亚大学从 1904 到 1928。他在加州理工研究院是从 1928 到他死（1945）。他的一生三十多年的工作，用那些细小平常的"果蝇"做实验的材料，做大规模的育种实验。他和他的许多大弟子证实了染色体是遗传的物质基础。发现了遗传基因（gene），突变的现象与规律，才把现代的细胞遗传学说建立在最稳固的基础之上。

摩尔根和他的一派的学人做的基本科学研究，在短短几十年之中，就影响到全世界的动物植物的育种事业，影响到全世界的农业。到今天苏俄所谓米邱林（Michurin）学说，所谓李森科（Lysenko）学说，他们攻击的最大对象还是摩尔根一派的学说，今年三月里共产党在北京大学发动大规模的清算，其中一个被清算的生物学者是李汝祺，他的罪名也就是他没有完全洗清摩尔根学说的余毒。

我在十八年前到摩尔根的生物实验室参观，所得到最深印象就是摩尔根一派学者的纯粹科学研究的无止境的绝大影响——那成千成万的"果蝇"实验是没有一毫实际用途的，然而那毫无一点实际用途的基本研究，居然影响到全世界的育种事业，改变了全世界的农业生产。

今天全世界（至少可以说整个自由世界）的育种事业都是根据在细胞遗传学的基石之上，而细胞遗传的两个来源是 Mendel 到 Devries（门德尔到德佛里）的遗传定律，和十九世纪晚年才发达的细胞学。这两种基本研究到了五十年前，到了萨登（Sutton）和摩尔根的手里才合并起来，才发展开去，成为影响全世界的新遗传学。

这短短的几十年的遗传学的历史最可以证明赵连芳先生的话：

研究愈达基本，则将来在实用上迟早更显光明。

我在《中华农学报》新第十三期里（页一六）读了我的老同学钱天鹤先生做的《引种南非三一〇蔗种纪念碑文》，我也读了《台湾农业复兴史》的"糖业部份"里特别叙述这个真正了不得的新品种 N：CO310 的一节（页七六），我也读了台糖公司顾问李先闻（1902—1976）先生今年写给我的信里叙述这个南非三一〇甘蔗种的伟大成就。这个新品种的故事是今天在会的诸位先生都熟悉的，用不着我这个农学的逃兵，农业的门外汉来重复申说。

不过，我这个逃兵今天借这个甘蔗新品种的伟大故事，来说明我要说的"基本科学的研究"的问题。所以我不怕诸位农业专家前辈的讨厌，要把这个故事用一个门外汉的白话，简单的重说一遍，好在值得说的好故事是不嫌重说的。

话说民国三十六年（1947）九月十九日，台糖公司的虎尾糖厂的蔗作改良场收到了南非联邦那他尔甘蔗试验场赠送的 N：CO310 甘蔗种三十六芽。虎尾糖厂的蔗作改良场的夏雨人、宋载炎两位先生把这三十六芽试种在他们的第二蔗苗园里，经过了几年的试验，培植和品种比较，这个南非三一〇新品种的种种优点渐渐得到了育种专家的重视。

这个新品种有许多特别优异的品性：第一，他的分芽多，可以节省育苗的田地面积。第二，他的产蔗量与产糖率都很高，能得到农民的欢迎。第三，他可以连续宿根，既不须换种，又可以把生长的时期从十八个月缩短到十二个月（李先闻先生的信上说，把平常需要十八个月的生长时期的甘蔗，改为只需要十五个月）。第四，这个新品种有适应各种自然环境的能力，台湾的各种地区都可以种植。李先闻先生说：

> 这个品种可以在较次的土壤种植，因此，水稻与甘蔗这两个大农作物可以分区种植，水稻可以种植在有水的肥沃地区，甘蔗可以种在无水与瘠薄的地带，这样可以间接的促进水稻的增产。

那个时候（1952—53）正是世界糖价低落，台湾糖业最危险的时期。因为这个南非三一〇甘蔗种有这许多优异的品性，台糖公司的顾问李先闻先生，就建议要大规模的推广这个新品种的种植面积。台糖公司的经理杨继曾先生是一个有远见的领袖，他大胆的接受了这个大胆的建议。民国四十一年（1952）南非三一〇甘蔗就推广到一千四百十二公顷的种植面积。四十二年就从二千多公顷推广到五万公顷，占全省种甘蔗的面积百分之四十三。

李先闻先生信上说："这是一个巨大的尝试，是古无前例的。"民国四十三年到四十四年（1954—55）更推广到五万二千公顷，占百分之六十八，民国四十四年到四十五（1955—56）——中华农学会立碑纪念是在四十四年十二月——又推广到七万二千公顷,占百分之八十二了。

根据台糖公司最近的统计,南非三一○的种植面积已达到了八万六千公顷,占全省种甘蔗面积百分之九十二(九一·五四％)。

李先闻先生对我这个逃兵说:

> 举个例来说,我们初到台湾,那时种了十二万公顷以上的甘蔗,才产生六十余万吨的糖,要十八个月还要好地。现在生产将近一百万吨的糖,只要九万多公顷的地,只要十五个月,还是坏地。"

这个大胆的"古无前例的尝试"的成绩,把台糖公司稳定下来了。因为国家的外汇收入百分之七十左右是卖糖换来的。所以国家的财政也得这个南非三一○甘蔗种的大帮忙。拿去年来做个例,去年一年中台糖换来的外汇就有一亿一千万美金之多。

所以我们可以说,这个南非三一○甘蔗种的故事是"科学救国"的一个最好的故事,是"科学报国"的一个最好的故事。

各位先生,"引种南非三一○甘蔗种"好像只是一件"应用的研究"(An Applied Research),好像够不上"基本科学研究"。

从我这个农学逃兵的外行看上去,这个了不得的甘蔗新品种是的的确确的基本科学研究的结果;因为他是五十年来的遗传学的结果,因为他是七十年来细胞学和五十年来的新门德尔学说结合共同发展的结果。

这个南非三一○蔗种是从印度输入的杂交品种,又经过南非那他尔的育种专家加以培育改良的,又经过自由中国的遗传学家、育种专家几年的试验培植的结果。我们虽然不知道这个品种在印度以前遗传世系,我们不能不承认,这是印度、南非联邦及自由中国三个国家的遗传学者继续研究的总成绩。我们不能不承认,如果没有这五十年的遗传学这一门基本科学,如果李先闻、夏雨人、宋载炎以及台糖公司的其他育种专家没有受过这一门的基本科学的严格训练——如果他们没有在台糖公司的蔗作改良场里做了各种大规模的杂交育种,并自每年引进国外有名的甘蔗品种来试种——这个了不得的甘蔗品种是决不会偶然被发现的。

各位先生,南非三一〇甘蔗种不是偶然得来的,是道地基本科学研究的结果。但是现在台糖公司的领袖们已经开始忧虑将来的困难了。我们听他们说:

> 台湾自营农场的面积有限,地多硗薄……若年复一年,永为一种甘蔗,殊非善策。

> 甘蔗新种的生产力,普通只有十年寿命。

> 南非三一〇推广了五年,病虫害日重,最近虎尾区产量,已有显著的退减趋势,若确属"品种本身退化,殊为危险"。

> 台湾蔗区分布甚广,各地环境差异很大,欲求一种而无往不宜,似属希望过奢。今后台湾甘蔗选种,似应以地理小种(Ecological Variety)为准。(《台湾工业复兴史》,页一〇七)

我们读了这种近忧远虑的话,作何感想?我这个农学逃兵的感想是这样的:解铃还须系铃人。那建立了莫大功劳的南非三一〇甘蔗种是一门叫作遗传学的基本科学研究的结果,将来要寻这位大功臣的继承人,也还得请教基本科学研究。

对于那位为台湾立了大功劳,为国家换得了几亿美金的外汇的大功臣,也有了我的老同学钱天鹤的大手笔给他大书特书立了纪功碑了。不过给这一种了不得的新品种立纪功碑还是不够的。

要真正报答这一位大功臣,只是一条大路,就是提倡农业科学的基本科学。要希望给这位大功臣寻一个或许多个更好更了不得的继承人,也只有一条大路,也就是提倡并且赶紧建设农业科学的基本科学。

农业科学的基本科学是植物学、动物学、微生物学、遗传学、化学、生物化学、物理学、数学。

而在今天的自由中国,这几门基本科学,都没有做基本研究的研究所和实验室,——都缺乏做基本研究的学人,也都缺乏设立基本研究机构的钱。

我现在要引农业界、生物学界最了解基本科学研究的李先闻先生今年在美国写给我的一封长信里的几句话。李先闻是中央研究院

的植物研究所的所长,我们听听他的话:

> 植物研究所因为我是一个人来到台湾,这十年来一直是帮忙台湾糖业公司。……植物所自从民国四十三年筹办开始,到现在只有从台大、台中农学院找到几个兼任的研究员,其余还有几个年青的大学毕业生,因为在台湾从事生物学的比较的少,从事生物学的研究的学人更少。因为没有人的原故,较远的与崇高的计划无法谈到。目前只能就在台湾的学人,给他们一点设备的补助,使他们一面教学,培植下一代,一面做点研究,提高他们教学的兴趣。……植物研究所到今天还没有自己的研究所与研究室。

各位农学界的领袖先生:我引李先闻先生的话,只是要大家知道自由中国到今天还没有一个植物研究所,没有一个动物学研究所,没有一个生物学的基本研究机构。台大农学院有三个研究所(土壤、农业化学、植物病理与昆虫学),只有很少的经费。中央研究院的化学研究所是和本省的烟酒公卖局合作的,去年又得到了中英文教会二十万元美金的补助,才开始积极筹备。二十万美金是不够设备一个做基本研究的化学研究所的。

植物学、动物学、化学……这都是农业科学的基本科学。现在这些基本科学还没有完全的研究所。这是很可以忧虑的。蒋梦麟先生、赵连芳先生都已指出:今日农业的一些基本问题都不是我们现有的技术所能解决的了。所以我们在今日已不能不强调基本科学的研究的迫切重要了。空谈是没有用的。我这个农学的逃兵今天站在这里说了许多空话,也不免是白日做梦。我既然开始白日做梦了,我想告诉大家我昨夜做的三个很甜很美的梦来做这篇演说的结束……

我的第一个甜梦是梦见蒋梦麟先生、沈宗瀚先生、钱天鹤先生三位主持的农复会毅然决然的把台大农学院的三个研究所包办了去,用农复会的大力量在五年之内把这三个研究所造成三个第一流的科学研究机构。

我的第二个甜梦,是梦见主持台糖公司的雷宝华先生,毅然决然的把李先闻先生多年梦想的植物研究所包办了去,用台糖的大力量在五年之内把这个植物研究所造成一个第一流的植物学基本研究机构。

我的第三个甜梦,是梦见台湾省主席周至柔先生毅然决然的请本省烟酒公卖局把中央研究院的化学研究所包办了去,用公卖局的力量和台湾省的大力量,在五年之内把这个化学研究所造成一个第一流的化学基本研究机构。

我相信这三个很甜美的梦都是不难实现的。无论如何,很甜很美的梦总是值得做的。

(本文为1958年12月7日胡适在中华农学会暨各专门农业学会年会上的演讲,原载1958年12月8、9日台北《中央日报》和《新生报》)

终身做科学实验的爱迪生

今天2月11是爱迪生的一百十三年纪念日。明天2月12是林肯的一百五十一年纪念日。去年2月12日,我参加林肯一百五十年纪念演说。今天我很高兴能参加爱迪生一百十三年的纪念会。

林肯是自由的象征,爱迪生是科学的圣人。

科学的根本是实验。爱迪生真是终身做实验的工作。他十一岁时就在他家里的地窨子里做化学试验;十二岁时他在火车上卖报纸卖糖果,他就在火车的行李车上做他的化学实验。十五岁时,他开始学电报,就开始做电学实验,要改进电报的器材与技术,从此他就终身没有离开电学试验了,就给电学开辟了新天地,给世界开辟了新文明,给人类开辟了一个簇新的世界。

从十一岁开始做科学实验,直到他八十四岁去世,他整整做了七十三年的实验工作。所以我们称他做终身做实验的科学圣人。

他每天只睡四个钟头的觉,至多只睡六个钟头。他每天做十几个钟头的工作,他的一天抵别人的两天。他做了七十年的实验,就等于别人做了一百四十年的实验工作。

中国的懒人,有两首打油诗,一首是懒人恭维自己的:

> 无事只静坐,一日当两日。
> 人活六十年,我活百二十。

还有一首是嘲笑懒人的:

> 无事昏昏睡,睡起日过午。
> 人活七十年,我活三十五。

睡四点钟觉,做二十点钟科学实验,活了八十四岁,抵别人一百七十岁——这是科学圣人的生活。

在 New Jersey 的 West Orange 的爱迪生实验室里——现在是"国家的爱迪生纪念馆"的一部分子,——保存着二千五百册他的实验纪录,每册有二百五十页,或三百页。最早的一册是他三十一岁(1878年)的纪录。

单是"白热电灯"的种种实验,就记满了二百册!他用了几千种不同的材料来试验——各种矿物、金属,从硼砂到白金,后来又试验炭化绵丝,居然能延烧四十多个钟头,——后来又试验了几百种可以烧作炭精丝的植物,——最后才决定用日本京都府下的八幡地方所产的竹子做成最适用的炭精丝电灯泡。

科学实验是发现自然秘密,证实学理,解决工业技术问题的唯一方法。

在他八十岁时,有人请问他的生活哲学是什么,他说,他的生活哲学只有一个字:"工作"(work),"把自然界的秘密揭开来,用它们来增加人类的幸福,这样的工作是我的生活哲学"。

他的实验并不都是创造的,空前的。但他那处处用严格的实验方法来解决工业问题的精神,他那终身作实验的精神,他那每次解答一个问题总想做到最好最完美(Perfect)的地步的精神,他那用组织能力来创大规模的工业实验室与研究所的模范,可以说是创造的,空前的(现今美国有四千个工业研究实验所,都可以说是仿效爱迪生的实验室的)。

他的绝大多数的实验与发明(他一生得到专利权的发明有一千一百件),都是用前人的失败与成功做出发点的。他说:

> 每回我要发明什么东西,我总要先翻读以前的人在那个问题上做过了的工作(图书馆里那些书正是为了这个用处的)。我要看看以前花了大工夫,花了大经费,做出了一些什么成绩。我要用从前人做过的几千次试验的资料做我的出发点,然后我来再做几千次试验。

这是他做实验的下手方法。

他在1921年1月曾说:

> 我每次想做一件尽善尽美的工作,往往碰到一座一百尺高

的花岗石的高墙。碰来碰去,总过不了这百尺高墙,我就转到别的一件工作去用功。有时候,——也许几个月之后,也许几年之后,忽然有一天,有一件什么东西被我发明了,或是别人发明了,——或者在这世界的某一个角落,有一件新事物出现了,——我往往能够认识那件新发明可以帮助我爬过那座高墙,或者爬上去几十尺。

我从来不许我在任何情形之下感到失望。我记得,我们为了一个问题做了几千次实验,还没有能够解决那个问题。我们的一个同事,在我们最得意的一次实验失败之后,就灰心了,就说,我们不会找出什么来了。我还是高高兴兴的对他说,"我们不是已经找出了不少东西了吗?"我们已经确实知道这条路是走不通的了,以后我们必须另走别的路子了。只要我们确已尽了我们最大的思考与工作的努力,我们往往可以从我们的失败里学到不少的东西。

这是爱迪生作科学实验,经过几千次失败而永不灰心失望的精神。

他在十二三岁时,耳朵就聋了。他一生是个聋子,但他从不因此减少他工作的努力。他在七十八岁时(1925),曾有一篇文字说他的耳聋于他只有好处,于世界也只有好处。他说:

因为我成了个聋子,我就把 Sesroit 的公立图书馆做我的避难所。我从每一个书架的最低一层读起,一本一本的读,一直读到最上一层。我不是单挑几本书读,我把整个图书馆都读了。后来我买了一部 Swoin 出版的最廉价的百科全书,我也从头到尾全读了。……

他还说两三个笑话:这是耳朵聋给他自己的恩惠。他还说,他费了多年心力去发明,制造留声机,"别人听了满意了,我总不满意,总想设法改善到最完美的地步,——这也是因为我是个聋子,我能听别人不能听见的音乐声音"。他还说,Bell 发明了电话机,他听了总觉得声音太低、太弱,他听不清,所以他想出种种改良方法,把电话改良到他听得清楚才满意。他的改良部分(炭素传声器)(Carbon Transmitter)后来卖给 Bell,就使电话大改善。

后来我被选作一个商业组织的会员,常常参加他们的大宴会,往往有许多演说,我耳聋听不见演说,也不免感觉可惜。有一年,他们把宴会的演说印出来了,我读了那些大演说之后,从此就不感觉耳聋是可惋惜的了。……有一天,有一位社会改良家到新新大监狱去向监中囚犯大演说。有一个犯人听了半点钟,实在受不了,就大喊起来。管监的人一拳打去,把那犯人打得晕过去了。过了半点钟,他醒过来了,演说家还在讲。那犯人走过去,对管监的说:"请你再打一拳,把我打晕过去罢!"

　　前些日子,我在报上看到某一位科学家发明了一种短时间的麻醉药,我脑子里就想,这种麻醉药是蛮有用的:在大宴会的演说开始之前,听演说的客人每人吃点麻醉药,倒是蛮有用的。这是这位科学大圣人的风趣。这样一位圣人是很可爱的。

(本文为 1960 年 2 月 11 日胡适在台北国际学舍
爱迪生生日纪念会上的演讲,原载 1960 年
2 月 12 日台北《中央日报》、《公论报》)

科学发展所需要的社会改革

"科学发展所需要的社会改革",这题目不是我自己定的,是负责筹备的委员会出给我的题目。这题目的意思是问:在我们远东各国,社会上需要有些什么变化才能够使科学生根发芽呢?

到这里来开会的诸位是在亚洲许多地区从事推进科学教育的,我想一定都远比我更适合就这个大而重要的题目说话。

我今天被请来说话,我很疑心,这是由于负责筹备这个会议的朋友们大概要存心作弄我,或者存心作弄诸位:他们大概要我在诸位的会议开幕的时候做一次 Advocatus Diaboli,"魔鬼的辩护士"①,要我说几句怪不中听的话,好让诸位在静静的审议中把我的话尽力推翻。

我居然来了,居然以一个"魔鬼的辩护士"的身分来到诸位面前,要说几句怪不中听的话给诸位去尽力驳倒、推翻。

我愿意提出一些意见,都是属于智识和教育上的变化的范围的——我相信这种变化是一切社会变化中最重要的。

我相信,为了给科学的发展铺路,为了准备接受、欢迎近代的科学和技术的文明,我们东方人也许必须经过某种智识上的变化或革命。

这种智识上的革命有两方面。在消极方面,我们应当丢掉一个深深的生了根的偏见,那就是以为西方的物质的(material)、唯物的(materialistic)文明虽然无疑的占了先,我们东方人还可以凭我们的优越的精神文明(spiritual civilization)自傲。我们也许必须丢掉这种

---

① 译者注:"魔鬼的辩护士"是中古基督教会的一种制度。中古教会每讨论一种教义,必要有一个人担任反驳此种教义,让大众尽力驳他。

没有理由的自傲,必须学习承认东方文明中所含的精神成分(spirituality)实在很少。在积极方面,我们应当学习了解、赏识科学和技术决不是唯物的,乃是高度理想主义的(idealistic),乃是高度精神的(spiritual);科学和技术确然代表我们东方文明中不幸不够发达的一种真正的理想主义,真正的"精神"。

第一,我认为我们东方这些老文明中没有多少精神成分。一个文明容忍像妇女缠足那样惨无人道的习惯到一千多年之久,而差不多没有一声抗议,还有什么精神文明可说?一个文明容忍"种姓制度"(the caste system)到好几千年之久,还有多大精神成分可说?一个文明把人生看作苦痛而不值得过的,把贫穷和行乞看作美德,把疾病看作天祸,又有些什么精神价值可说?

试想像一个老叫化婆子死在极度贫困里,但临死还念着"南无阿弥陀佛!"——临死还相信她的灵魂可以到阿弥陀佛所主宰的极乐世界去,——试想像这个老叫化婆子有多大精神价值可说。

现在,正是我们东方人应当开始承认那些老文明中很少精神价值或完全没有精神价值的时候了;那些老文明本来只属于人类衰老的时代,——年老身衰了,心智也颓唐了,就觉得没法子对付大自然的力量了。的确,充分认识那些老文明中并没有多大精神成分,甚或已没有一点生活气力,似乎正是对科学和技术的近代文明要有充分了解所必需的一种智识上的准备;因为这个近代文明正是歌颂人生的文明,正是要利用人类智慧改善种种生活条件的文明。

第二,在我们东方人是同等重要而不可少的,就是明白承认这个科学和技术的新文明并不是什么强加到我们身上的东西,并不是什么西方唯物民族的物质文明,是我们心里轻视而又不能不勉强容受的,——我们要明白承认,这个文明乃是人类真正伟大的精神的成就,是我们必须学习去爱好,去尊敬的。因为近代科学是人身上最有精神意味而且的确最神圣的因素的累积成就;那个因素就是人的创造的智慧,是用研究实验的严格方法去求知,求发现,求绞出大自然的精微秘密的那种智慧。

"真理不是容易求得的"(理未易察);真理决不肯自己显示给那

些凭着空空的两手和没有训练的感官来摸索自然的妄人。科学史和大科学家的传记都是最动人的资料,可以使我们充分了解那些献身科学的人的精神生活——那种耐性,那种毅力,那种忘我的求真的努力,那些足令人心灰气馁的失败,以及在忽然得到发现和证实的刹那之间那种真正精神上的愉快、高兴。

说来有同样意味的是,连工艺技术也不能看作仅仅是把科学智识,应用在工具和机械的制造上。每一样文明的工具都是人利用物质和能力来表现一个观念或一大套观念或概念的产物。人曾被称作Homo faber,能制造器具的动物。① 文明正是由制造器具产生的。

器具的制造的确早就极被人重视,所以有好些大发明,例如火的发明,都被认作某位伟大的神的功劳。据说孔子也有这种很高明的看法,认为一切文明工具都有精神上的根源,一切工具都是从人的意象生出来的。《周易·系辞传》里说得最好:"见乃谓之象;形乃谓之器;利而用之谓之法;利用出入,民咸用之,谓之神。"这是古代一位圣人的说法。所以我们把科学和技术看作人的高度精神的成就,这并不算是玷辱了我们东方人的身分。

总而言之:我以为我们东方的人,站在科学和技术的新文明的门口,最好有一点这样的智识上的准备,才可以适当的接受、赏识这个文明。

总而言之,我们东方的人最好有一种科学技术的文明的哲学。

大约在三十五年前,我曾提议对几个常被误用而且很容易混淆的名词——"精神文明"(Spiritual civilization),"物质文明"(Material civilization),"唯物的文明"(Materialistic civilization)——重新考虑,重新下定义。

所谓"物质文明"应该有纯中立的涵义,因为一切文明工具都是观念在物质上的表现,一把石斧或一尊土偶和一只近代大海洋轮船或一架喷射飞机同样是物质的。一位东方的诗人或哲人坐在一只原始舢板船上,没有理由嘲笑或藐视坐在近代喷射机在他头上飞过的

---

① 译者注:语出法国哲学家。

人们的物质文明。

我又曾说到,"唯物的文明"这个名词虽然常被用来讥贬近代西方世界科学和技术的文明,在我看来却更适宜于形容老世界那些落后的文明。因为在我看来那个被物质环境限制住了,压迫下去了而不能超出物质环境的文明,那个不能利用人的智慧来征服自然以改进人类生活条件的文明,才正是"唯物的"。总而言之,我要说一个感到自己没有力量对抗物质环境而反被物质环境征服了的文明才是"唯物"得可怜。

另一方面,我主张把科学和技术的近代文明看作高度理想主义的、精神的文明。我在大约三十多年前说过:

> 这样充分运用人的聪明智慧来寻求真理,来控制自然,来变化物质以供人用,来使人的身体免除不必要的辛劳痛苦,来把人的力量增加几千倍几十万倍,来使人的精神从愚昧、迷信里解放出来,来革新再造人类的种种制度以谋最大多数的最大幸福,——这样的文明是高度理想主义的文明,是真正精神的文明。①

这是我对科学和技术的近代文明的热诚颂赞——我在1925年和1926年首先用中文演说过并写成文字发表过,后来在1926年和1927年又在英美两国演说过好几次,后来在1928年又用英文发表,作为俾耳德(Charles A. Beard)教授编的一部论文集《人类何处去》(Whither Mankind)里的一章。

这并不是对东方那些老文明的盲目责难,也决不是对西方近代文明的盲目崇拜。这乃是当年一个研究思想史和文明史的青年学人经过仔细考虑的意见。

我现在回过头去看,我还相信我在大约三十五年前说的话是不错的。我还以为这是对东方和西方文明很公正的估量。我还相信必

---

① 译者注:这段引文的原文出处在适之先生的论文 The Civilizations of the East and the West,即俾耳德教授编的 Whither Mankind(1928,Longmans)的第一章。此篇的大意又见于收在《胡适文存》第三集的论文《我们对于西洋近代文明的态度》及另几篇文字。

须有这样的对东方那些老文明,对科学和技术的近代文明的重新估量,我们东方人才能够真诚而热烈的接受近代科学。

没有一点这样透彻的重新估量、重新评价,没有一点这样的智识上的信念,我们只能够勉强接受科学和技术,当作一种免不了的障碍,一种少不了的坏东西,至多也不过是一种只有功利用处而没有内在价值的东西。

得不到一点这样的科学技术的文明的哲学,我怕科学在我们中间不会深深的生根,我怕我们东方的人在这个新世界里也不会觉得心安理得。

（本文为1961年11月16日胡适在亚东区科学教育会议上的讲词,原为英文稿,徐高阮中译文载1961年12月1日台北《文星》杂志第9卷第2期）

卷　　七

武力解决与解决武力

许多愚人还说这一次欧战的结果，完全是"武力解决"的功效，这是大错的。

我说这一次协商国所以能完全大胜，不是"武力解决"的功效，乃是"解决武力"的功效。

"武力解决"是说武力强权，可以解决一切争端。德国就是打这个主意的。我们中国也有许多人，是打这个主意的。

"解决武力"是说武力是极危险的东西，是一切战争兵祸的根苗，不可不想出一个怎样对付武力的办法。这一次协商国所以能大胜，全靠美国的帮助，美国所以加入战团，全是因为要寻一个"解决武力"的办法。协商国因为要得美国的助力，故也同心合意的赞成美大总统"解决武力"的政策。要不是这个"解决武力"的主意，美国决不加入。美国若不曾加入，协商国决不能得如此之大胜利。

所以我说，这一次的大胜全是"解决武力"的功效。

如今且说美大总统所主张，协商各国所同声赞成的"解决武力"的办法是什么。原来从前也有人想过"解决武力"的法子，大概有两条：

（一）用以毒攻毒的法子。你用武力，我也用武力。你练兵，我也练兵。你造铁甲船，我也造铁甲船。你造飞机，我也造飞机。

（二）用不回手的法子。你用武力，我决不回手。你打我一个嘴巴，我把脸凑过来，请你多打两下。你拿了我的东三省，我拿内外蒙古一齐奉送。

这两个法子都是有大害的。

（一）以毒攻毒的法子是不行的。为什么呢？因为武力是没有限制的。英国总算强了，然而打不过德国；德国的武力总算天下第一强了，然而德国到底打不过世界各国的大联军。这叫做"强中更有强中手，恶人终怕恶人磨"。武力到底是不行的。

（二）不回手的法子，也是不行的。为什么呢？因为国家对国家，所关系的很大，不但关系自己国内几千万人或几万万人的生命财产，还要带累旁的国家。如这一次大战开始时，德国要通过比国去攻法国。比国是极小的国，若是不回手，就让德国通过，那时德国立刻就打到巴黎，英国法国多来不及防备，德国早就完全大胜了。幸而比国抵住一阵，英法的兵队，方才有预备的工夫。只此一件事就可见不回手的法子，不但自己吃亏，还要连累别人。所以也是不行的。

那么，现在各国所主张的解决武力，是怎样一个办法呢？他们的办法有几条要紧的主意，可以分开来说：

第一，他们公认现在世界的大祸根，在于各国只顾用自己的武力来对付别国的武力，这种武力的办法，有许多害处：

（1）大家斗着加增军备，花了几万万万的金钱，只苦了几千万万的百姓。

（2）大家都有了军备武力，正如地雷火炮都安好了，碰着一根小小的火柴，立刻就要爆发。这是最可怕的危险。

（3）这种各国私有的武力，互相对抗，半斤对八两，一拳敌一脚，都抵消了，都白白的糟蹋了，到底不能做什么有益处的好事。枉费了几万万的金钱人命，却不能有什么益处，这不是傻子干的事吗？

第二，他们公认要解决武力这个问题，须把各国私有的武力变成世界公有的武力。这就是说，要把互相对敌互相抵消的武力变成互相联合的武力，武力同向一个方向去尽力，这个共同尽力的方向，就是全世界的和平，就是万国公法，就是世界公理。我且说两个比喻：

（1）比如我这两个拳头，这边有二十斤气力，那边也有二十斤气力，我若用两个拳头对打，这边的气力被那边的气力抵消了；两边的气力都白用掉。我若是用两个拳头联合起来，可举起四十斤重的东西，这便是两边的气力同向一个方向尽力的大功效。

（2）再比如北京城的警察，你看全城的警察何尝不是武力，但这些武力是用来向一个方向去尽力的。这个方向便是北京人民的治安,便是中国的法律。因为他们同心合力做一件事,故中区可以帮助左区,左区不妨害右区,故北京全城的百姓都受他们的益处。这便是公用的武力的大功效。

第三,各国因为公认上文所说的两条道理,故要在这次和平会议时把世界各国联合起来,组织一个和平大同盟。这个和平大同盟的办法如下:

(1)世界各国,无论大小强弱,都可加入。

(2)同盟各国,大家公举出一个大法庭,各国有争论的问题,不许用武力解决,都要送去,请这个大法庭审判,判决之后,各国均须遵守。

(3)各国如有不听大法庭审判的,由同盟各国联合武力去惩罚他。

(4)一国有争端,不先去起诉,却先用武力,也由同盟各国联合武力去惩罚他。

(5)武力之外,还要用旁的法子。可以禁止不守法的国家,不许他通商,不用他国的货物。

(6)这个办法,把各国私有的武力变成了世界公有的武力,就是变成了世界公有的国际警察队了。这便是解决武力的办法。

(本文为1918年11月16日胡适在天安门演讲大会上的演讲,原载1918年12月15日《新青年》第5卷第6号)

好政府主义

刚才陈先生所说的介绍语(此处从略),我有许多不敢当。但人类是总有点野心,总有些希望。打破空间时间的观念,确立一种世界观念;把学说主张,贡献到全世界,并予未来时代的人以共见:也许是人类应有的希望!又陈先生对于我的名字之解说,似乎可以说是"投机家"。但是"投机"两个字,也可以作好的解释。从前人说:"英雄造时势,时势造英雄。"英雄与时势,二者迭相助长,如环无端。使无投机者,则时势无从变更起。使无相当的时势,虽有英雄,亦且无从新造起。惟少数人的主张,根据于大多数人的需要;而大多数人得着这种主张,可以得着结果,而使时势发生变迁。所以到了时机成熟,应时势的需要,而发生有意志的有目的的有公共利益的主张,必易得大众的承认,而见诸实行。这种主张,也许是一种投机。我知陈先生所希望的,必是这种投机!

我以为应时势的需要,而有所主张,最要的是要有简单明了,而且人人皆可以承认的目标;这种目标,就是我今天所讲的"好政府主义"。这好政府三字,是否救时的大家公认的目标,待我仔细说来。

好政府主义,假定的是有政府主义。政府之为物,有的说他好,有的说他坏。有两种说法,各走极端的:其一,以政府是天生的,神意的。如中国古代所说的"天降下民,作之君,作之师",及西方古代有些学说,都是神权的政府观。这种政府观底变相,西方近代,仍然有的,而变其名曰"自然"。如德国混国家与政府而一之,不承认个人之自由,把天然的需要,说得神秘莫测似的:这是一种极端的学说。其二,以政府为有害无利,退一步言之,也说为利少而害多。谓政府是用不着的,须得自由组合,自由协商,以自由动作,代替强制。从前政府的强制力,常被军阀官吏滥用之以鱼肉小民,不如爽性的把他去掉,这是无政府主义派所说的。中国的老子,主张此说,西洋希腊到现代也有许多人倡此说的。这两种学说,好似南北二极;于这两极端之中,还有许多主张。我以为今年今日的民国,不谈政治则已;苟谈政治,便不能适用前两种极端的主张。极端的无政府主义,吾无以谥之,只谥之曰奢侈品;为其未完全根据于大多数人底需要故也。但需求也可分两面说:(1)心理的需求,(2)实际的需求。根据这两点,就可确定目标。所假定的这种目标,要是合于大众的心理社会的实际底需要;那么要做什么便做什么;不患政治社会无改良革新的希望了。今日的中国,不但无目标,并且无希望,即由缺少一种公共的目标。这种目标是平常的简明的有公共利益的老生常谈,就是好政府主义。

好政府主义,既不把政府看作神权的,亦不把政府看作绝对的有害无利的,只把政府看作工具,故亦谓之工具的政府观。

什么是工具?这里似乎用不着详细的解释。譬如纸与笔是写字的工具;就黑板上写字,则不用毛笔铅笔钢笔而另用粉笔,粉笔亦是工具底一种;用这种工具,可以达到目的。然而造工具者,谁欤?

从前有人说:"人是善笑的动物",这话殊不尽然。又有人说:"人是有理性的动物",这话,证之世上为恶的人,亦颇足使我们怀疑。惟现代法国哲学家柏格森说:"人是造工具的动物",这话是顶对的。其他动物,类皆不能创造工具。就是蜂蚁之勤于工作,也不能制造工具。惟人具有制造工具的天才。所造的工具,能适合于人们之运用。造房屋,用以蔽风雨;造桥梁,造铁路,用以利交通;造弓矢刀剑,枪炮,用以驱猛兽而御外敌:这种种的制造,都不是其他动物所能做的。

但所说的工具,初不限于物质的工具;就是,所造的语言,文字,文学,也无一不是工具;什么家庭制度,社会制度,以及国家的法律,也无一不是工具。政治是人类造出的工具之一种;政府亦是人类造出的工具之一种!

政府既是一种工具,而工具又是应需要而生的,那么政府之由来，我们也可以推知了。

政府何由而来呢？乃由人民的组织渐渐扩大而来。社会中有家族有乡党，凡团体中之利害，与个人的利害，小团体与小团体的利害，或大团体与其他大团体的利害，均不免时有冲突。这冲突委实不是个人所能了的。譬如两人相斗，纠结不解，世世复仇，冤冤相报；若单由他两造自行去了结，一定是办不好的；势必须有第三者作个公共机关去裁判他两面的是非曲直，才能够调解冲突。所以欲消弭个人与个人，小团体与小团体，或小团体与个人交互间底冲突，非有超于小团体及个人的公共机关不可。——这是政府成立的要因。

前面说，政府是人造的一种工具，他的缘起，是为的大众的公共的需要。那么适应于公共的需要的，便是好政府了。

大抵一种工具，是应用的；以能够应用者为好。这种实用的学说，也有作工具主义的。这工具主义，就是好政府主义的基本观念。

政府是工具，必定要知道这种工具的用处与性质，才可以谈到应用。

政府是有组织的公共的权力。权力为力的一种，要做一事，必须有力；譬如电灯之明亮，是由于有力，鼓打得响，也是由于有力。可是这种有组织的公共的权力，与他种权力不同。假定无这种组织，无公共利益的权力，社会上必免不掉冲突。譬如从前北京的拉车的拉到车马辐辏的前门地方，常常有所谓"挡住道"的事情发生，必要等前等后，乃能走动。为什么这样的拥挤停滞呢？就因为没有公共的秩序，公共的组织，公共的规则。你看上海的浙江路与南京路之间，来往的人数车马，那样繁杂，但只有中国及印度之巡捕，手持不到五尺长的木棍，从容指挥，而两路来来往往的车，便不致拥挤；假使此棍无权力，亦何能指挥一切？惟其有了权力，只用一短小之棍，表示车底行止之使命；而可免掉时间的损失，和事情的耽误。政府之权力，足以消弭社会间所有的冲突，亦犹是也。

政治法律，把这种权力组织起来，造作公共的规矩——所谓礼法——以免去无谓的冲突，而可发生最大的效果，这是政府的特别性质。

但是在这些地方,不过想免去冲突,仍然是一种消极的作用;此外还有积极的作用。质言之,不独可免社会间的冲突,亦可促社会全体之进步。

因为人类有天然之惰性,往往狃故常,爱保守,毫无改革求进的志趣;如家庭之世守祖业者,就是这样。惟政府是指挥大众的公共机关,可使社会上的人减少惰力,而增加社会全体进步底速率;有些个人所不能为的事,一入政府手中,便有绝大的效果。

数年前曾主张白话,假如止是这样在野建议,不借政府的权力,去催促大众实行,那就必须一二十年之后,才能发生影响。即使政府中有一部分人,对于这件事,曾欲提倡,也仍然没有多大的效果。现在因为有一道部令,令小学校通同用白话文教授。这样一来,从前反对的人,近来也入国语传习所,变成赞成的了;从前表示赞成的,这时更高兴,更来实行起来了。试思以二三十字之一道好的命令(部命),而可以缩短二十年三十年的少数人鼓吹的工具之实施期间,政府权力之重要,为何如者!

再举禁鸦片烟一事为证,十余年以前的人,以鸦片为请客——甚至请贵客——之珍品;而今却不敢自己吃;从前认为阔绰的情事,而今认为犯法的行为:这亦不外政府权力所使然。自然,有些地方,鸦片还是横行;可是鸦片之所以横行,非有政府之过,乃无政府之过,无好政府之过。试思不好的政府,犹可使有那样的效果,假使有了好政府,鸦片岂有不全被禁绝的吗?

所以政府的组织及权力,如果用之得当,必能得着最大的效果;不但可免社会间交互的冲突,而且可促社会全体底进步。

综前所说:好政府主义有三个基本观念:——

（1）人类是造工具的动物,政府是工具的一种。

（2）这种工具的特性,是有组织,有公共目的的权力。

（3）这种工具的效能,可促进社会全体的进步。

以下再说由工具主义的政府观中所得到的益处:

第一,可得到评判的标准。从上面所说的工具主义的政府观中,得着个批评政府的标准。以工具主义的政府观,来批评政府,觉得凡好工具都是应用的,政府完全是谋公共利益及幸福底一种工具;故凡能应公共的需要,谋公共的利益,做到公共的目的,就是好政府,不能为所应为,或为所不应为的,就是坏政府。

第二,可得到民治的原理。政府之为物,不是死板板的工具,是人作的,要防避他的妖怪;《西游记》中的妖怪,加害于唐僧,如老君的扇子,青牛哪,童子哪,都是工具,只因为主人稍为大意,工具变成了妖怪,就能害人。我们做主人的人民,如果放任政府,不去好好的看守他。这种工具亦必会作怪的。所以在这一点上可得到民治主义的原理。政府这工具,原为我们大多数人民而设,使不善造善用,则受害者亦即在这些老主人。因为人类有劣根性,不可有无限的权力。有之,即好人亦会变坏。"一朝权在手,便把令来行",免不掉滥用权力以图私利了。所以宜用民治主义去矫正他。虽把权力交给少数人,而老主人不能不常常的监督他,不可不常常的管束他。这是民治主义之浅者,其深义待一涵先生讲之。

第三,可得到革命的原理。刚才说的工具是应用的。不能应用时,便可改换;茶杯漏了换一个,衣服敝了换一件;政府坏了,可改一个好政府——这是浅显的革命原理。所以在工具主义的政府观之下,革命是极平常而且极需要的,并不是稀奇事。

上列三项,就是好政府主义的引伸义。

复次,好政府主义的实行,至少须备有几个重要的条件。

(一)要觉悟政治的重要。大家须觉悟政治不好,什么事都不能办。例如教育事业,谁也相信是要紧的,而北京近年的学校,及武昌高师,因为政治不好,相继感受恶影响。且也政治不好,连实业也兴办不成:去年京汉京浦路上,打仗一礼拜,而中国煤矿业的商人竟损失了二百五十万之巨。今年武昌宜昌及其他惨遭兵祸的地方,乃至连小生意都做不成。所以好政府主义底实行,第一须有这种觉悟。

(二)要有公共的目标。有了觉悟,而灰心短气,不定下一个目标出来,也不成功。我们简单明了的,人人能懂的,人人承认的公共目标,就是好政府三字。如辛亥革命之目标是排满,其吃亏在此,其成功亦在此。凡研究尽可高深,预备不妨复杂,而目标则贵简要。故我以好政府三字为目标。有了公共的目标,然后便易于实行。

（三）要有好人的结合。有了觉悟,及有了目标,尤须有人组合起来,作公共的有组织的进行。厌世家每叹天下事不可为;我以为天下无不可为之事,只因为好人缩手说不可为,斯不可为矣。故好人须起而进行,从事于公共的有组织有目标的运动:这是谋好政府的实行所必备的第三个重要条件。

三个条件,是必须完全具备而不可缺一的。

诸君!我今天所讲的好政府主义,是平常的简单的浅显的老生常谈;然要知道必得此种老生常谈实现之后,中国乃能有救!

(本文为1921年10月22日胡适在中国大学的演讲,甘蛰仙笔记,原载1921年11月17日至18日《晨报副镌》)

对于沪汉事件的感想

沪汉事件已经发生好几天了,我都没有发表意见。我之所以没有发表意见者,一来是因为我们作学问的人,养成了一种坏习惯,就是事事不敢忽略事实。这件事情发生的头十天,我还不很知道事实的真相。无可疑的事实固然有几点,其他的有好些不敢相信,有些竟至于矛盾,所以不便随便妄下判断。二来因为我病了十天,有七天不能出门,不知道甚么,所以也无从说起。三来因为我病好一点出门来,各界的意见和议论已经很多了,所以也没有说甚么。现在事实已较明了了,我的身体也较好了,而在各种意见当中,主张较和平一点的人,似乎很是不能见容的样子。所以我想说几句话。不过我说的话,我想定然是不合时宜的。因我的主张,比较倾向于和平方面一点;在现下一般人热气正高的时候,说和平派的话,自然不大时髦,不容易得着大家的热烈的同情的。我的话也很平淡,没有什么出奇了不得的地方。听说有人在执政府提议要把梁任公先生驱出国境,我觉得这大不好。我们不是要求真正的自由吗?真正自由的精神在那里?出版有自由,言论也有自由。一个人只要他有种意见,在他自己总有发表出来的权利,在我们总不能禁止别人发言。意见的对不对又是一个问题,就算不对也尽有商量讨论的余地,何至于就说不爱国了呢?譬如昨天报载说我介绍学生与英公使见面,并说我与英国人勾结起来了。其实这件事是平常的。格里博士在英使馆作事二十年了,他很熟悉中国情形,中国朋友也很多。他托欧美同学会秘书章元善先生,章先生又再三向我说英使很想见见学生界的领袖,看看彼此的意见究竟如何。我想这也没什么坏意,一面又是受朋友的再三委托,所以我才把此意写信到北大学生会的。同是中国人,我们是一样的爱国的。

今天是为中国少年卫国团说话,既是少年来找着我们中年人说话,无论对不对总得贡献一点意思。我的意思大约可以分为三层:

(一)要调查事实

(二)要有负责任的态度

(三)要认清楚步骤

(一)事实问题　据报上所载说:"巡捕房之首领爱伏生亲自供开枪之前只有十秒钟的警告,警告是用的英语,而所发之枪四十四响。这是无可疑的。6月1号以后的事实,至今尚不十分明了。那一部分的参加运动,如何抢,如何打,亦不十分清楚。汉口九江之事亦然。既然事实上有许多困难,故不容易加入动机与判断。梁任公先生的意见与北京大学教授的意见所争的就是法律问题与政治问题。我以为主张调查事实,不一定就是主张的只是法律问题。因为法律问题也好,政治问题也好,都要交涉才行,而交涉则非有事实为依据不可,可靠之事实则非详细精密的调查不可。至于法律问题与政治问题可以同时进行的。总之我们于热烈之中当存理智,尊重事实。

(二)责任问题　何谓负责任?就是将主张的效果先想像出来,考虑一下,然后用这个效果来批评自己的主张。对于自己的主张负责任,就是有负责任的态度。

譬如主张宣战,就要把宣战的效果想出来是怎样,有如何的影响。不要只是口里说一阵宣战就完事。谁去打战?怎样战法?陆军怎样?海军怎样?军械怎样?军费怎样?既是主张宣战,总得要筹画一下才算负责任罢。

又如主张经济绝交,这四字的含义究竟怎样?我们于此热烈之时并没有去分析。所谓经济绝交就往来都不干的意思,是双方面的。以前抵制日货是单方面的,所以于我们没有害处。你们知道我们每年与英日交易出口亦在两万万两以上,如果彼此不来往,这项收入也就没有了。况且像银行在事实上绝对作不到,因为要得盐税等等非同他交涉不可。所以我们讲到经济绝交是没有细思之故。未尝以其主张的效果批评其主张的原故。

又如主张派兵到租界去。看起来调兵是很可能的。但是中国的兵到租界或租界的四围如像汉口所作的事,是不是与我想派兵去维持治安的意见一致呢?萧耀南的兵随便杀人,随便禁止。汉口还算统一一点。而上海有奉直的关系,孙传芳,张宗昌,郑谦,各有其用意。于此割据状况之下,调兵是如何呢?如果都像冯玉祥的兵队或者还可以。你们不看见中国的军队为烟土的事,就自己打战吗?

又如罢工罢市,在上海的人自睹惨况,身受其殃,他们罢市罢工,可以不谈了。其他地方,如北京英使馆内或其他英人办的小工厂,运动罢工或者可能。但是这些地方罢了工,除了自己受极大的痛苦而外,而仇敌并受不到多大的害处。

(三)步骤问题　何谓步骤?就是我们作事要有一定的手续。关于这一次如此重大的事件,我以为应该分成两步去办。

第一步就是上海残死事件及连带的汉口等处事件之解决。

第二步就是八十年来一切不平等条约的根本解决。

一为暂时的问题,一为永久的问题;一为局部的问题,一为全体的问题。第一步比较容易一点,可以用很笨的武器——罢市罢工——去办。至于第二步可就不容易再用罢市罢工的手段了,用之效果小而易自蔽。何以说呢?因为这种群众运动,罢工罢市很不容易维持。比如上次五四运动全靠蒋先生他们在其间领袖一切,而目的又只在罢免国贼三人。今年的民气比较还是那年留下一点的好处。在第一步里面我们可以分做两层去办:

一层就是我们解决上海事件所提出的条件,至少要包[括]惩凶,赔偿,道歉,收回会审公廨,保障此次罢工人,制止越界筑路,取消印刷附律等项等律,保障言论集会出版的自由,工部局投票权等。因为这些都是上海亲受其苦痛的人提出来的,我们须尊重之,替他们争得不可。汉口等地的连带事件,也应照样的进行。如果这点都办不到,我们当然继续的罢工以及经济的抵制。

一层就是我们在解决上一层的时候,要附一个觉书,要求于最短时期内开一个根本修改一切不平等条约的会议,以铲除一切冲突的祸根。这事很多人以为不可能,在我看来却是很有可能的性质,而时机还算成熟了。为什么呢?那些条约或是利用他们的武力,或是利用我们的愚痴,其不公平而应该修正,理至明显。而且条约也总含有一点时代性,过了这么多年,还可适用而不修改吗?就以今日六国使团的通牒而论,说我们有排外的运动,他们发生最大的恐怖。我试问这恐怖那里来的,完全由于他基于不平等的条约,享有特殊的权利而来。所以我们提出修改也是极正当的。其他美国也有人主张修改条约。而俄国自然是赞成的了,所以我说这并不是不可能,因为在理论上事实上都有修改条约的必要。以上为第一步。

第二步就是根据第一步的要求,开修改条约的会议。我们应当用全力为此事奋斗。我们应当有国际公法学者的组织,研究不平等条约为修改条约的预备。我们应当设立对外宣传机关,以表示我们的决心与理由,而得各国人士之了解与同情。我们工商学各界应当有严密的组织,以为外交的后援。这样一来,不患不成的。

大家能够容忍我说这一番说[话],我很感谢。

(本文为1925年6月胡适在中国少年卫国团的演讲,原载1925年6月26日《晨报副刊》)

五四运动纪念

一、五四运动之背景

中国加入欧战时，全国国民，皆抱负极大希望，以为从此以后，对外赔款，可以停付——至少可以停付五年；治外法权，可以废止；关税主权，可以收回。当时，日本人已先中国数年，加入战争，派遣军舰，专与东方的德国势力为难；接收青岛，续办胶济路，所有德国人在华的势力，居然落到他们手中去了。彼时中国人尚不如何着急，因为日本政府曾有表示，望此次接收，不过暂时之事，将来"终究归还中国"；不料到了第二年——1915 年，日本非独不把山东方面的权利，交还中国，抑且变本加厉，增制许多条件，向中国下"哀的美敦书"，强迫中国承认，中国无法，只能于 5 月 9 日签字承认。于是中日二国的感情，越弄越坏，坏到不可收拾了。

中国正式加入欧战，是 1917 年。前此之时，虽有华工协助协约国与德国开衅；但未经中国政府正式表示，到了 1917 年，中国政府，公然向德绝交，向德开战。翌年 11 月 11 日，德国终于失败了，一种代表军国主义和武力侵略主义的势力，终于被比较民治化的势力屈服了，欧战遂此告终。全世界人皆大庆祝此双十一节，中国自亦受其影响。5 月 17 那一天，所有北京城内的学校，一律停课，数万学生，结队游行，教育部且发起提灯大会，四五万学生，手执红灯，高呼口号，不可谓非中国教育界第一创举。影响所及，遂为以后的"五四运动"下一种子；故虽谓五四运动，直接发源于此次五六万人的轰轰烈烈的大游行，亦无不可。非独此也，教育部且于天安门一带，建筑临时讲台，公开演讲。事后北大停课三天，要求教育部把此临时讲台，借给北大师生，继续演讲三天。演讲时间，每人限以五分钟，其实，每人亦只能讲五分钟,因为彼时风吹剧烈,不到五分钟,讲员的喉咙,已发哑声,虽欲继续,亦无能为力了。因此,各人的演词,非常简括,却又非常精采。此后在《新青年》杂志上所发表的如蔡元培的《劳工神圣》和我的《非攻》等篇,皆为彼时演词之代表。但有人要问,我们为什么要如此做呢?原来彼时北京政府,"安福俱乐部"初自日本借到外债六万万元,一时扬武耀威,非常得意。我们见之,虽有非议,亦无法可想,彼时既有教育部首先出来举行公开演讲,我们亦落得借此机会,把我们的意见,稍微发泄发泄。后来,我因母丧离开北京,故未得亲自参加这个大运动的后半剧。

1919年1月18日,交战诸国开和平会议于法国 Versailles 宫中,中国人参加者,有政府的代表,有各政党的代表,又有用私人名义去参加者,以为美国威尔逊总统的十四点,必可实行,中国必能在和会之中,占据许多利益;至少,山东问题,必能从和会中得着满意的解决。然而威尔逊毕竟是一个学者的理想家,在政治上玩把戏,那里敌得过英国的路易乔治(David Lloyd George)及法国的克列孟梭(Clemenceau)这一班人呢?学者遇着"老虎",学者惟有失败而已!

二、五四运动之发生

4月28日,国际联盟条文,正式成立,尚觉有点希望。过了二天,到了4月30日那一天,和会消息传出,关于山东方面的权利,皆付与日本,归日本处理。消息一到,前此满腔热望,如此完全失望了!全国愤怒,莫能遏制,于是到了5月4日那一天,学生界发起北京全体学生大会,开会以后,到处游行(外传北京学生会曾向东交民巷各公使馆表示态度说不确)。后来,奔到赵家楼胡同曹宅,撞破墙壁,突围而进,适遇章宗祥在那里躲避不及,打个半死,后脑受着重伤;当场即被捉去学生二三十人,各校皆有,各校校长暨城内绅缙名流,皆负责担保。后来消息传到欧洲,欧洲代表团,亦大受感动,同时更用恐吓手段,打电报给我国出席总代表陆征祥,如果他糊里糊涂的在山东问题条文中签了字,他的祖宗坟墓,一概将被掘;外交团迫于恐吓,自不敢轻意签字了。于是在5月14日那一天,中国代表团,又在和会内重新提出"山东问题",要求公平办法,始终没有得着好的结果,而中国代表亦始终没有签字,所以然者,实因当时留欧中国学生界,亦有相当的运动,包围中国公使馆不许中国官员擅自签字之故。可是这样一来,当时办教育的人,就棘手了,好在他们亦不欲在这种腐败的政府下供职,于是教育部中几个清明的职员及北大校长蔡先生等人,相继辞职。那时,政府正痛恶那一班人,他们既欲辞职,亦不挽留。然而当时的学生界怎能任这一班领袖人物,轻轻引退呢?于是大家主张挽留。为欲营救被捕的学生,为欲挽留被免的师长,同时又要继续伟大的政治运动,故自5月20日起,北京学校,一律罢课,到处演讲,诸如前门大街等热闹地方,皆变成学生的临时讲场了;对于城内交通,不无影响,于是北京军警,大捕学生。但军警捕捉学生越着力,学生的气焰,越加热烈,影响所及,全国学生,相率罢课,天津的学生界,于5月23日起,宣布罢课;济南的学生界,于24日宣布罢课;上海的学生界,于26日宣布罢课;南京的学生界,于27日宣布罢课;后来连到军阀的中心势力所在的保定学生界,亦于28日决议罢课;向者为北京学生界的爱国运动,今其势力,已风动全国学生界,而变成全中国的学生运动了。同时北京被捕的学生,亦益发增多,城内的拘留所,皆拘满了,一时无法,就把北大第三院,改成临时拘留所,凡遇着公开讲演的学生,军警辄把枪一挥,成群的送入北大第三院内,院之四周,坚筑营盘,昏夜看守。后来第三院的房子内住不下了,又把第二院一并改为临时拘留所。斯时杜威博士适到北京,我领他去参观就地的大监狱,使他大受感动。后来,忽有一天,到了6月3号那一天,院外的营盘,忽然自动撤销了,看守的军警,各自搬场了,一时不知其故,后来才明白上海学生界,即在6月3号那一天,运动商界,一律罢市三天,并要求政府罢免曹、陆、章三人的职务。政府见来势汹险,无法抵抗,终于屈服下来;自动撤销营盘,自动召回军警,即是政府被人民屈服的证据,而曹、陆、章三人,亦于同日被政府罢免掉了。此为5月4日到6月3日几近一月中间的故事,最后的胜利,终于归属学生界了。

三、五四运动之影响

如今且约略考究五四运动的影响,它的影响,计有二方面:一为直接的影响,一为间接的影响。直接的影响,能使全国人民,注意山东问题,一面禁止代表签字;一为抵制日货,抵制日货的结果,许多日本商人,先后破产,实予以重大打击,故日本野心家,亦渐生戒惧之心了;再加上其他友国的帮助,故于1921年"华盛顿会议"中,当中国代表重新提出山东问题时,中国着实占点便宜。其结果,日本终于把山东方面的权利,"终究交还中国"了。

至于间接的影响,那就不能一样一样的细说了!

第一,五四运动引起全国学生注意社会及政策的事业。以前的学生,不管闲事,只顾读书,政治之好坏,皆与他们无涉。从此运动以后,学生渐知干预政治,渐渐发生政治的兴趣了。

第二,为此运动,学生界的出版物,突然增加。各处学生皆有组织,各个组织皆有一种出版物,申述他们的意见。单说民国八年一年之内,我个人所收到的学生式的豆腐干报,约有四百余份之多,其他可无论了。最奇怪的,这许多报纸,皆用白话文章发表意见,把数年前的新文学运动,无形推广许多。从前我们提倡新文学运动,各处皆有反对,到了此时,全国学生界,亦顾不到这些反对,姑且用它一用再讲,为此"用它一用"的观念的结果,新文学的势力,就深深占入学生界的头脑中去了,此为五四运动给予新文学的影响。

第三,五四运动更予平民教育以莫大影响。学生注意政事,就因他们能够读书,能够看报之故。欲使平民注意政事,当亦使他能够读书,能够看报;欲使平民能够读书,能够看报,唯一的方法,就在于教育他们。于是各学校中,皆创立一个或数个平民学堂,招收附近平民,利用晚间光阴,由各学生义务教授;其结果,平民教育的前途,为之增色不少。

第四,劳工运动亦随五四运动之后,到处发生。当时的学生界,深信学生一界,势力有限,不能做成大事,欲有伟大的成就,非联合劳工各界,共同奋斗不可。但散漫的劳工,不能发生何种势力,欲借重之,非加以组织不可,于是首先与京汉路北段长辛店的工人商议,劝其组织工会,一致奋斗。一处倡之,百处和之。到了今日,各处城市,皆有工会组织,推原求本,当归于九年以前的五四运动。

第五,妇女的地位亦因五四运动之故,增高不少。五四运动之前,国内无有男女同学之学校,那时,妇女的地位,非常低微。五四运动之后,国内论坛,对于妇女问题,渐生兴趣,各种怪论,亦渐渐发生了;习而久之,怪者不怪,妇女运动,非独见于报章杂志,抑且见诸实事之上了!中国的妇女,从此遂跨到解放的一条路上去了。

第六,彼时的政党,皆知吸收青年分子,共同工作。例如进步的党人,特为青年学生,在他们的机关报上,辟立副刊,请学生们自由发表意见。北京《晨报》的副刊,上海《民国日报》之"觉悟",即其实例。有的机关,前时虽亦有副刊,唯其主要职务,不外捧捧戏子,抬抬妓女,此外之事,概非所问;五四以后,他们的内容,完全改变了:诸如马克思、萧伯纳、克鲁泡特金等名词,皆在他们的副刊上,占着首席地位了。

其在国民党方面,此种倾向,益觉显著。论日报,则有《民国日报》的各种副刊;论周报,则有《星期评论》;论月刊,则有《建设》杂志等等;其影响于青年学生界者,实非微事。非独此也,他们并于民国十三年中国国民党改组之际,正式承认吸收少年分子,参加工作,此种表示,亦因受着五四运动的影响之故,就中尤以孙中山先生最能体验五四运动的真意义。彼于1920年正月9日那一天,写信给海外党部,嘱以筹金五十万,创办一个最大的与最新式的印刷机关,其理由,则为:

> 自北京大学学生发生五四运动以来,一般爱国青年,无不以革新思想为将来革新事业之预备;于是蓬蓬勃勃,发抒言论,国内各界舆论,一致同倡,各种新出版物,为热心青年所举办者,纷纷应时而出,扬葩吐艳,各极其致,社会遂蒙极大之影响,虽以顽劣之伪政府,犹且不敢撄其锋。此种新文化运动,在我国今日,诚思想界空前之大变动,推原其故,不过由于出版界之一二觉悟者,从事提倡,遂至舆论放大异彩,学潮弥漫,全国人皆激发天

良,誓死为爱国之运动。倘能继长增高,其将来收效之伟大且久远者,可无疑也。吾党欲收革命之成功,必有赖于思想之变化,兵法攻心,语曰革心,皆此之故;故此种新文化运动,实为最有价值之事。

——孙中山先生《致海外国民党同志书》

孙先生看出五四运动中的学生,因教育的影响,激于义愤,可以不顾一切而为国家牺牲;深信思想革命,在一切革命中,最关紧急;故拟创办一个最大的与最新式的印刷机关,尽量作思想上的宣传工夫;即在他自身的工作上,亦可看出这一点来。民国八年以前,孙先生奔走各处,专心政治运动,对于著作上的工作,尚付阙如,只有《民权初步》及《实业计划》二部分的著作,于民国八年以前作成;民国八年以后,他的革命方向,大大转变了,集中心力,专事著作,他的伟大著作,皆于此时告成。这是什么缘故呢?就因为他认定思想革命的势力,高过一切,革命如欲成功,非先从思想方面入手不可,此种倾向,亦就因为受着五四运动的影响的结果。

五四运动为一种事实上的表现,证明历史上的一大原则,亦可名之曰历史上的一个公式。什么公式呢?

> 凡在变态的社会与国家内,政治太腐败了,而无代表民意机关存在着;那末,干涉政治的责任,必定落在青年学生身上了。

这是一个最正确的公式,古今中外,莫能例外。试观中国的历史,东汉末年,宦官跋扈,政治腐败,朝廷上又无代表民意的机关,于是有太学学生三万人,危言正论,不避豪强;其结果,终于造成党锢之祸,牵连被捕死徙废禁的,不下六七百人。又如北宋末年,金人南犯,钦宗引用奸人,罢免李纲以谢金人,政治腐败,达于极点,于是有太学生陈东及都人数万,到阙下请复用李纲,钦宗不得已,只好允许了。又如清末"戊戌政变",主动的人,即是青年学生;革命起义,同盟会中人,又皆为年青的学生;此为中国历史上的证据。又观西洋历史,中古时代,政治腐化,至于极点,创议改革者,即为少年学生;1848年,为全欧革命的一年,主动的人皆为一班少年学生,到处抛掷炸弹,开放手枪,有被执者,非遭死戮,即被充军,然其结果,仍不能压倒热烈的青年运动,亦唯此种热烈青年运动,革命事业,才有成功之一日。是以西洋的历史,又足证明上面所说的一个公式。

反转来讲,如果在常态的社会与国家内,国家政治,非常清明,且有各种代表民意的机关存在着;那末,青年学生,就无需干预政治了,政治的责任,就要落在一班中年人的身上去了。试观英美二国的青年,他们所以发生兴趣,只是足球、篮球、棍球等等,比赛时候,各人兴高采烈,狂呼歌曲;再不然,他们就去寻找几个女朋友,往外面去跳舞,去看戏,享尽少年幸福。若有人和他们谈起政治问题,他们必定不生兴趣,他们所作的,只是少年人的事。他们之所以能够安心读书,安心过少年幸福者,就因为他们的政治,非常清明,他们的政治,有中年的人去负责任之故。故自反面立论,又足证实上面所讲的历史上的公式。

自从五四运动以来,中国的青年,对于社会和政治,总算不曾放弃责任,总是热热烈烈的与恶化的挣扎;直到近来,因为有些地方,过分一点,当局认为不满,因而丧掉生命的,屡靓不鲜。青年人的牺牲,实在太大了!他们非独牺牲学业,牺牲精神,牺牲少年的幸福,连到他们自己的生命,一并牺牲在内了;而尤以25岁以下的青年学生,牺牲最大。例如前几天报上揭载武汉地方,有二百余共产党员,同时受戮,查其年龄,几皆在25岁以下,且大多数为青年女子。照人道讲来,他们应该处处受社会的保障,他们的意志,尚未成熟,他们的行动,自己不负责任,故在外国,偶遇少年犯罪,法官另外优待,减刑一等,以示宽惠。中国的青年,如此牺牲,实在牺牲太大了!为此之故,所以中国国民党在第四次全体会议中所议决的中央宣传部宣传大纲内有一段,即有禁止青年学生干预政治的表示。意谓年青学生,身体尚未发育完全,学问尚无根底,意志尚未成熟,干预政治,每易走入歧途,故以脱离政治运动为妙。

(本文为1928年5月4日胡适在上海光华大学的演讲,由文浒笔记,原载1928年5月10、11日上海《民国日报·觉悟》副刊)

中国问题的一个诊察

《益世报》记者把这个题目误刊为"中国问题的一个侦察",也很有深长的意味,或者还来得更适切一点。法庭上的侦察是用侦骑的敏捷手段,用种种细心巧妙的方法破获案件,讯问罪状。诊察是医生临床验验体温,检查血液,化验排泄物,看有无病根在里面的意思。中国国势糟到这步田地,我们也可以用同样的方法来化验来检察,鉴定一个病状,看看究竟患什么病,虽然怎样设法来救济,还可留待高明。

昨天报载日本斋藤首相发表谈话,极端侮辱中国,说中国根本不是一个现代国家,所以不配和日本谈直接交涉。前天汪精卫先生出国临别赠言中,也很感慨的说现在中国还是有军阀在割据称霸,或互相混战,不能称做统一的国家。仇人说我们不是现代国家,我们自己的政治领袖也说我国不是统一的国家。实在,我们七八十年来的努力,失败在一点上,即是没有达到建设一个现代国家的目的。虽然我们自己可以否认,说是一个国家,但9月18日最惨痛的国难纪念的前夕,山东的军人正在开始互相炮轰;今日的四川也在混战局面中。这种百孔千疮,东破西烂的局面,正足以证明我国新患的软弱瘫痪的病,好像一个头很大而屁股很细弱的患软骨病的小孩子一样,在国家的队伍中立不住,站不起来。

中国所患的病状,为明了起见,可分内外两层来讲:内邪外感。从前我发表一篇文章《我们走那条路》(记者按该文见去年北平《晨报》及《大公报》)里面即说明中国内病之重,内病有五种,我叫做五鬼症:

第一是贫穷。现在大家都说中国的贫穷是受外国资本帝国主义侵略的结果。然而中国在历史上实没有一个时期不贫穷的。贫穷到了为一角钱惹出人命，女太太因为一二个铜子而至打架吃鸦片上吊，因为五寸鞋面布而至于婆婆打死儿媳妇。这种消息是常见于报纸的。所以中国的穷不仅由于外感，基本原因尚在生产的不发达。中国人未尝富过，没有一篇旧小说是描写富的。

第二种病是弱。中国人向来衰弱，历史上的诗人所歌颂的名士是弱不禁风，美人是工愁善病，是以风气相沿，体质愈弱。士人拿贫弱来骄人，以为贫弱既不能超脱，乃以君子固穷来解嘲，正如寓言上的狐狸，虽然想吃葡萄，却因为得不到，便说葡萄是酸的，本来不高兴吃。

第三为愚昧。中国的病症，因为贫穷和体弱已很沉重，加上知识上的贫弱，便益不能堪。今日大家都说新教育破产，然而旧教育如何？在我们的父亲祖父时代，他们只用几个钱买书，一元钱便可将所用的书籍买全。如《三字经》、《百家姓》、《千字文》、《幼学琼林》、《大学》、《中庸》等等，高等的便是《诗经》、《礼记》、《书经》、《左传》等等。只要将这些书念了，便可以中举做官，最高等的教育如此；更少数的人便是做点学问考据，吟咏诗词章句，做名士做学者。这中间《易经》只是卦辞卜筮，《春秋》是断烂朝报，《礼记》只是礼制典章，只有《诗经》还有价值，然而也只有一些情诗，八千年以前的诗。念的书是这样的书，做的文是八股文，试问对于知识上会有什么影响？试想想在一个有五千年历史的古国里，竟没有一个像样的大学。这第三种病症，实是中国的致命伤。

第四是贪污。一般都说中国为礼义之邦，然而现在这种贪污的现象，却非任何帝国主义所造成，为国粹，为国货，乃由贫穷而来的。由老妈子买零物揩油一二个铜板以至高级官吏买军火，几百几千几万圆的贪蚀，是同属一个系统的。

第五是纷乱。中国内乱自古已然。历史上如李自成如张献忠，如黄巢，如张角是最著名的。从前二百年或三百年一朝一代总有一次内乱。友人李四光先生曾加以详细的研究，觉得自周朝以来差不多每三十年或五十年，不是小乱就是大乱。在全国历史上没有长久不乱的时期,也没有一二省从未经过纷乱的时期的。这也是土货,国产;以后洪杨之乱,或不无与西洋接触的影响,然黄巢张献忠李自成却不能诿之外国影响,皆是自内而生的。

因以上五种病症的结果,今日之外患,集外国之文化经济力量以俱来,固不能抵抗,即历史上外患,除匈奴外其遗族如契丹及羌氐女真蒙古等皆莫之能抗,只要外国民族稍强盛一些,我们即不能抵抗。其原因即由于内邪所致。以工愁善病之质,弱不禁风之躯,如何去与他们对抗呢?

在历史上我们的武力虽然不如人,然我们的文化却有过之无不及,因此我们被外族征服了之后,外族却常被我们同化过来。也被我们这五种内邪所迷惑,这五种病症所传染。结果匈奴契丹回纥蒙古满洲皆被我们所同化,皆传染上此五种病症,都是这几种外感文化低于我们的缘故。到了印度,则不出一兵,只派几个传教士来,用文化来征服我们。自唐代以后,中国与印度的往来很盛,我们也常派人去学经,去留学。他们的文化,是指示我们去作神仙去作菩萨,不是叫我们去作人,却是去作鬼。然而我们的文化却渐渐屈伏了。所幸历史上并无文武全才的文化来侵略我们,他们有武力,我们以传染病尚能勉强抵制几千年。而印度只有鸦片烟,没有武力,我们也仍能存在。这样的征服一次,犹如打一次吗啡针,使我们增加抵抗力,而更放出灿烂的文化来。几千年来,我们都是这样支持着。

但是现在的时期已不同了,我们到了另一个时期,文化后面有武力,武力后面则是整个的文明,内邪既凶,外感益亟;从前仗着自己所谬认的"精神文明",一次抵抗,二次抵抗,对付外来的文化和武力,而现在则武力文化经济科学万管齐下,所以不能再得幸免。所以九一八以后历有一年,还是毫无办法,竟至于请出班禅喇嘛来念经,叫民国以来的一切罪人,都来作念经救国运动。传染病终于抵敌不过内邪外感的夹攻了。

中国的五鬼,没有一种是可以持以立国的。在这新的世界,立国不但要靠武力,尤其要靠文化;外国人的科学没有不在我们之上的。最新的美国,立国虽仅一百多年,我的母校哥伦比亚大学却有三百多年的历史,其余如耶鲁哈佛历史亦久。俄国更是新式的国家,莫斯科大学也有一百八十余年的历史。至于欧洲,更不必说,义大利有一千多年的大学,英国的剑桥也有八百多年,最新的柏林大学是创设于1810年,也有一百多年的历史。就是日本,东京的帝大,已七十多年,何以一个五千多年的老大国家,竟没有一所像样的大学,没有一处文化人材建设集中的地方?除了科举求功名以外,便没有人想到文化,在文化上努力的所谓国学,只是一个抽象的名辞,根本不知道是什么东西,国子监学生是可以拿钱捐的,只是一种官职。一个五千年历史的国家没有一所大学,愚昧到自己不能自救,不知自求医药。直至现在我们看小说要到日本去,在本国住着感觉不惯;所有的统治领袖,只要自己能登台统治,大家也就容忍着,任其妄为统治,其故犹是愚昧。

此种现象,在过去犹可勉强维持,我们可以去几千里路,没有见到一个兵,一个警察,因为我们的祖宗,积几千年的经验,自有办法来维系国家的统一和和平。比如无钱举办选文官制度,便用科举方法,以功名为饵。国家但订法制,即可向全国拔取人才,欲求功名者,亦自来应考。如想做官,只化一元钱便可将所用教科书买齐,再化二元钱,请一位老师,便可以读书赶考。起始考八股,再高一点,考策论。这样国家不费一文,也可以达到拔取人才的目的。方法虽然错误,但是制度是很公正的,虽然其中也免不了有弊端,原则上也很公平。一省选考举人,全国选考进士,然后抽签分发各处做官,甘肃人也许分发到江苏,江北人也许分发到江南,这样的互相调剂,不分畛域,也没有什么异议,即在不知不觉中间培养出一种有国家之存在的观念。当时的知识阶级,即是这样的被维系着,虽然交通行旅不便,也不顾一切的去应考,一而再,再而三,那再三没有考取的,也并不怨国家,只是自己嗟叹"命也夫!"

所以以前的治理者,国家略夺建造的人,尚能够以制度来促进国民对于国家民族的感觉(National Consciousness),和民族主义。此外更有旁的办法如御史制度,道员制度,也可有相当的成就。因此令人感到一个国家或民族的存在,必定有他的原因的。譬如用考试方法来甄拔人才,在原则上很不错,而是最好的办法,虽然用八股是不对,那只是枝节的问题。当时因为激于内邪外感之夹攻,因怀疑八股科举,便将这考试的精神也一并除去,使二三十年来,没有文官考试制度,用人只是亲戚故旧,于是以前一点较好的办法,现在完全没有了,一点统一国家的影子都没有了。这样的国家自然是站不稳的。

现在我们对西方的文化自然是接受的,但是我们所已接受的是什么呢?只是今日汽车,明日电灯,今天烫发,明天唇脂。这样的接受,因为内邪外感的作用,在现在的世界上还是站立不稳的,我们即使坐在汽车里面,也不会舒服,不会觉得这世界是我们的。

中国的病,不是可以枝节救济的,譬如身体衰弱,我们开一次运动会来救济,身体是好了一点,可是金丹白面也随着进来,旧病未除,新病又来。现在不能仔细的分析五种病,和提出救济的意见,但就愚昧一项而言,如办教育,新式教育成绩不好,或者不是因为教育原则的错误,而是办理的不得其法。然而旧教育的成绩又在那里?旧教育的几种性质不妨利用,但是决不能返诸旧教育。我们应该平心的想一想,教育为什么办不好,为什么不如人?个人以为关于教育的问题,有很可以注意的几点。

(一)宗教 在中国最早的宗教是道教,乃是综合许多不同的下流迷信,归纳而成的,毫无存在的价值。其次是佛教,虽由外洋流入,其大乘小乘,讲神仙佛道,与道教同是虚幻的迷信,而没有文化人格的感化力量。宗教是无知识者的教育,是一般人所常常按解的,然而中国的宗教教育,仅有道德的制裁力。

(二)文化基础 中国文化本很枯灰,几经淘汰,占有势力的便是儒家,儒教哲学除去荀子一派,便只有六经,是最枯燥无聊的东西,不能作为文化的基础。而西洋与孟子同时的为欧几立德,亚基默得斯,新造了几何学,发明了不少物理上的定律。有人把孔子比亚里斯多德,然而亚氏搜集了多少动植物的标本,更奠定了逻辑科学的基础。他们又以柏拉图比孟子,然而柏拉图曾说过:"不懂算学者不得入吾门。"而中国文化范围是这样的狭小,对于庄墨之学又肆意排斥,结果只余六经,这样单调的孔孟之学如何能作为文化的基础呢?

（三）传记文学　中国向无传记文学,因此未尝有伟大人格遗传下为后人的楷模。《史记》《汉书》的传记绝不能去和柏拉图,绥纳芬以及刘德立许的苏格拉底传相比。虽然不少伟大的人格,文学家却没有去当作优美文学的题材,去作写生的对象。这很重要的传记文学,中国竟无丝毫基础。

（四）母教　妇女占民族的一半,然而即连做人的资格也给剥夺了,一向对待女人,视同牛马,且更缠足以困之。这样的女子,那里能够给子女以良好的母教。西洋的妇女在以前也是颇受歧视和虐待的,然而所受的教育是好多了。

（五）通俗文学　中国一向对于通俗文学太不注意,殊不知它是影响民众心理最甚的东西。社会上领袖士大夫不注意,于是委之于妓女歌姬,成为诲盗诲淫的工具。把一种良好的领袖教育忽视了。

到了现在,大家知道教育破产,教育不够用,便应当从这些基本原因上去求根本的改革,从宗教文学各项去设法补救。

本题过泛,不能详言,然而我们至少应该根据这种论断,力自反省。不要责人,只须责己,应该自己拿镜子照照,详细检验一下,分析各种病症,努力不会白费,模仿不是耻辱。中国的病症,也许要在这种态度上求治。

（本文为 1932 年 10 月 25 日胡适在天津大学的
演讲,陈振汉记录,原载 1932 年 11 月
10 日《南开大学周刊》第 134 期）

日本在中国之侵略战

假若有人要我用一句话,概括的说明中国的种种现状,我可以毫不迟疑的答复:中国正流着血死里求生的在抗战。

我们苦战已经十六个多月了。我们所抵抗的侵略者,是世界三大海军国的一个,也是全世界四五个大陆军国之一,我们遭受了一百万的死伤,我们有若干广大的区域被侵略者的军队占领了,沿海沿江的重要城市:北平、天津、青岛、济南、上海、杭州、南京、芜湖、九江、厦门、广州和武汉,都相继沦陷了。实际上凡外人所认为工商的教育文化的交通运输的中心要地,不是被侵略者占领,就是被他们摧残无余,一百一十一所大学,被敌人破毁霸占或损坏的,在三分之二以上。在内地勉强授课的极少数学府,既没有设备,且而时时受到空袭的危险。除作战军队的惨重死伤外,因受战事的影响,以致家破人亡,无衣无食,转辗流徙,贫病交加的平民,现在有六千万之多。各地不设防城市的无辜民众,被日本"皇军"的轰炸机所残杀的每天也都是成千累百。

但最严重的,是从10月中广州沦陷以后,所有的海口通通落到敌人的手里了。换句话说,国外军火的接济全被敌遮断。此后国外军火供给的来源,全靠腹地的三条后方路线维持:就是西北通苏联的陆路,以及通法属安南和英属缅甸的路线。但是这三条路线,都是困难重重,而且不是常常可靠。据说在法属安南方面,因为受了敌人的一再的威胁,曾经不许我们用滇越铁路运输军火。通苏联的陆路汽车线虽是畅道,但由苏联边境到重庆,有三千英里,比较三藩市到纽约还长。路这样远,油站这样少,重兵器的输送,几乎不可能。通缅甸的公路,还没有达到可以使用的时期。由此看来,我们通海口与接济的路线,全被阻断,就是在利用出口贸易以换取外汇方面也发生了绝大的困难。

这是中国的现状。方才我说中国正流着血死里求生的在抗战是不是言过其实呢?

从汉口广州陷落以后,社会上和政府中一部分人不免有短时期的怀疑,犹豫甚至失望;这是很自然的。我曾屡次向美国人士说明,拿人身的血肉和金属制成的优越机械相战,其人力自有一个限度。到了力量罄竭的时候,常不免有弛颓下来的危机。所以我国人民在此时期的怀疑和犹豫,实在是很自然的现象,也无怪在这个时期内,美国各报纸纷传和平谈判的信息;说是中国有放弃抗战的考虑。事实上我们的敌人,同时也曾明白表示渴望和平。

但是这个犹疑的时期,也就是伟大决策的时期,很快的,我们的当局,就得到了结论:认为在目前情况下,中国绝不能企望和平。理由很简单,就是还没有丝毫的迹象,可以产生使中国人民相当接受的和平。他们慎重的考虑过各种困难和民族潜伏力之后,肯定的决定继续抗战的国策,与侵略者周旋到底。

当蒋委员长详细告诉全中国全世界这个新决心的时候,特别注重下列几点:

中国决定继续其持久全面抗战的方针。因为抗战已经真正变成"全面的"了,敌人已经被我们诱入内地了,在地理上和时间上,我们都站在有利的地位。十六个月的抗战,已经达到我们延迟敌人西进的目的。因此我们能够发展广大后方的交通和运输。若干的工业,也能安然的迁到内地。

必须经过绝大的艰难和牺牲,我们才能希望获得最后的胜利。

我们必须认清这次的抗战,是个革命的战争,正像美国的独立战争,法俄的革命战争,土耳其的解放战争一样。在这种革命战争的过程中,民族精神必定获得最后的胜利。

这是中国新决心的郑重宣言。

对于我国人民,冒了无上险阻艰难,决定继续抗战,世界的舆论如何感想？会不会认为这种决定，是绝对的愚昧，仅凭幻想的逻辑做根据呢？

　　无论世界对我们作什么感想，我可以肯定的向诸位保证，一个已经牺牲一百万人民的国家，为了保持他们的生存独立，决定准备更大的牺牲而抵抗侵略，那就不能妄责他，说他的希望与企愿，是仅凭幻想做根据。我们根据十六个月所得的非常艰苦而富有启发作用的作战经验，才慎重的决定了这个国策。从这艰苦的时期中，我们领悟了，我国的将士，能英勇的抗战，能壮烈的牺牲；我们的人民，忍受了一切的损害和摧残，对政府从没有半句怨言，全国——敌军占领区也在内——民族统一团结的意识，已经毫无疑义的形成了。同时我们知道敌人对于长期战争的负担，确已感觉到不能胜任；敌人的财政逐渐趋于崩溃；对于一个被他认为不堪一击的国家，敌人正在殚精竭虑的集中一切兵力来苦战。更使敌人彷徨不安的，是军实的消耗。这项军实，是他们历年积储起来预备应付更强大敌人的。所以我们只要延长抗战到一个时期，并非不能使敌人疲于奔命，以至于失败的。

　　从我个人用非历史专家的眼光来看，把我们这次的抗战，认为是一种革命战争，必须用美法俄土革命战争的历史去衬托他才能得到最确切的了解——这句话含有很大的真理。美国的听众对于这个历史的比喻当然最能了解；不久以前，有一位美国朋友写信给我说："目前中国困在福奇山谷中，但我希望不久当可达到约克城。"写这几句话的时候，我还没有读过前面所讲的宣言呢。我现在把这个比喻，再详细说明。

　　美国第一流科学的历史家约翰费斯克说："华盛顿军队在福奇山谷中所受的痛苦，曾引起历史家无限的同情和赞颂。当1777年12月17日的那天，那些可怜的军队向冬季营房前进的时候，因为士兵们都赤着足，一路上，鲜红的血迹，印在洁白的积雪上面，走过的路线非常清楚。23日，华盛顿向议会报告，他营里有二千八百九十八人，都是不堪作战，因为他们是赤足和没有服装的兵士。又因饥寒交迫，病者日多。挤满了伤病兵的医院里，有些竟因没有稻草铺在冰冻的地上睡眠，硬被冻死的。在这样艰苦状况之下，有时敌人进攻，简直调不出二千士兵来迎战。"(费斯克著《美国革命》第二册第 28 至 29 页)这是 1777 年冬天福奇山谷的情况。

不久,乔治第三及诺斯爵士领导下的英国政府,提出和议,愿意无条件的废止引起美洲殖民地反抗的一切法律,同时又宣言,英国国会将永久放弃在美洲征税的权利。并且派了若干代表,备具议和的全权,到美洲来和议会谈判。

这确是一个荣誉和平的提议啊。彼时美国的开国者若使接受了这个提议,那么以后四年间的血战和牺牲,尽可避免的。但是这样一来,就没有美洲独立的成功和北美合众国的出现了。

那时美国的开国诸公,毅然拒绝 1778 年的和平条件,继续的再奋斗了四年,终于 1781 年 10 月在约克城得到最后的胜利。

我们一定要记得,以后那四年血战的危险和艰难,就几乎没有一时一刻不是和福奇山谷中的情形一样的。军事的挫折,领土的丧失,内部的困难,甚至通敌卖国的事是层出不穷的。那时全美政府还没有组成,联邦宪章,虽经过了三年的讨论,还没有采用。全美议会的名望日减,权力日弱,议会既没有向各邦征税的权力,只有不断加印纸币的一法,以维持抗战。此种纸币的价值因而愈跌愈低。华盛顿说:"买一车子的粮食,需要一车的纸币。""1780 年的初期,一元纸币的价值,跌到二分。同年年底,十元纸币,仅值一分。不久纸币就停止流通了,债款也无法催收。信用荡然无存,费城一家理发店,把账单裱糊四壁"。"在这样情况之下,军队必需的衣食,几乎无法维持。士兵四个月的饷还不够他家族买一斗麦,有时这点饷还领不到。终日光了赤脚,吃也吃不饱。"(费斯克著《美国革命》第 196 至 200 页)

这是 1780 年的情形,但是华盛顿和他的同事们,并没有放弃抵抗。一年以后,在约克城终于获得了最后胜利,结束了美国革命的军事阶段。

我详细描述美国革命在 1776 年至 1781 年内的种种困苦,不仅是要说明华盛顿统率的美军,其处境并不比今日抗战的中国军队好多少,并且要证明蒋委员长所以把抗日战争称为革命战争,而这种革命战争中民族精神必定获得最后胜利的意义。凡是革命战争,都是武器不全而为理想所激发的民众,和操有装备优越的正规军的压迫者或侵略者作战。结果最后的胜利总是归于笃信主义、勇敢牺牲而能征服一切困难的一方面。若果说这是一个幻想,那末也是一种使人非常兴奋使人非常感动的幻想,所以我国成千累万的人民决定拿血和生命来考验一下啊!

在结束我的讲演以前,我还有一个观察,也是根据历史的比喻的。我要问一句话,就是美国的开国者怎样能够逃出福奇山谷走上约克城胜利的路!历史家都同意,不外有两种因素。第一革命军能不顾极大的艰苦,奋斗到底。但是还有一个同样重要的因素,就是那时国际情形是帮助了美国革命的。乔治第三的英国为欧洲各大国所厌恶,他们自然同情于美洲的殖民地。全美议会曾派外交团赴欧,主要目的在联络路易十六的法国朝廷。团员之中,有那位日后出任第一任驻法公使的佛兰克林,他和法国订了商约和军事同盟,非但借到了四千五百万镑的巨款,而且得到法国的重要军事协助——得到那人数众多器械精良的法国远征队,就是主张美洲孤立主义最力的贝密史教授,也不得不承认"法国在美洲的陆军和舰队,与华盛顿军队的协同作战,获得约克城最后的胜利。法国同盟实在是美国独立成功的主要原素。每一个美国人民应该永矢弗忘的"。(贝密史著《美国外交史》第31页)

但是法国的直接援助,并非美国革命成功的唯一原因。那时整个的国际形势,都是直接或间接对于美国有利的。远在1778年的时候,英法两国早已进入不宣而战的状态中。西班牙在1779年向英国宣战。1780年,俄国加塞林女皇宣布了海上自由和中立国权利的原则,立刻就被英国的敌国们接受了。1780年荷兰也向英国宣战。所以当英军在约克城投降的前一年,英国几乎和全欧各国处于敌对地位,他全世界的殖民地,也饱受法国和西班牙两国的威胁。在这样不利的国际环境之下,英政府当然无法增援她在美作战的部队,而予实力比较微弱的华盛顿军队以致命的打击。

这种历史比喻的教训,是非常明显的。中国抵抗侵略战的最后成功,也得靠二种事,第一,中国必须继续抗战。事实上中国除抗战外，也没有别的选择。第二，在中国持久战争中，也许有一天国际情形转变到对中国有利而对日本不利。中国并不希冀同情或友好的友邦，实地拿起枪来，帮同我们对日作战。但是中国确实希望，而并有这权利希望，各民主的及爱好和平国家的男女人士，受了公正观念和人道正义的驱使，阻止武器和重要军需原料这样不人道的继续输入一个国家。要知道这个国家，已经被五十多国一致谴责，为违犯神圣条约，破坏世界和平的国家。我毫不迟疑地再加一句，这一个国家也就是今日国际团体中第一个公敌。

（本文为1938年12月4日胡适在纽约的演讲，中译稿载1939年2月10日、11日重庆《大公报》）

中国抗战的展望

依照这个有点含糊的题目,我建议先谈点中日战争最初两年的事并简略解释一般情势,然后再依照国际情势来考虑远东冲突的未来。

去年我曾在7月4日那一个星期来到密歇根大学,7月7日我应中国同学会之邀在战争周年纪念会上发表演讲。那时节我说中日战争的第一年可用三句话加以总括起来:

(一)中国抗战的力量远超过吾人所预料的。
(二)日本的弱点远超过世界各国所想像的。
(三)国际对中国的援助远超过我们多数人所敢期望的。

过了13个月,我重临贵校,日本进行其侵略战争已达26个月之久,而今和平尚未在望,这时我仍然可以用以上的三句话来描写现阶段的中日战争。

首先,战争经过两年后,中国的士气和一样坚决高昂的抗战决心是前所未有的。1938年10月我们失去了汉口和广州。因此中国第一次给切断了一切海上重要的通道。我们的敌人以为中国已经被击败了,公开和私底下均曾建议和谈,要中国在骄横敌人的枪炮下接受命令式的和平。中国以一年坚强的继续抗战作为答复。今年四五月间从长城到珠江,中国军队在各战线发动一连串的反攻。根据中立国观察家保守的估计,日军每天的损失八百至一千人,大会战的损失还不计算在内。等于说平均每年损失三十至三十六万人之谱!

中国人渐渐适应于新情势。我们不但成功地建造后门的交通与通讯的临时路线,而且也建造了新的和永久的铁路线。更有进者,我们正尽力开发华西和西南部,开采煤、金、钨、锑、锡的数量比从前更多,我们在大后方也建立了新工业。这个大后方将成为我们长期抗战的根据地。

我又可以预料即将来临的第三年中国抗战的力量将增加不少。

我的第二句话是日本在两年侵略战争中暴露了一切的弱点。

我不谈论外国军事专家低估日本军事力量的评价,也不想强调日军在南京大屠杀和各地毒害沦陷区民众中所表现道德沦丧的事。也不强调日本表现在缺乏自由主义、激进主义,八年政治动荡不安与两年战争间未能产生全国领导力量的政治与学识的弱点。

我仅想以统计数字指出日本基本的经济弱点。据估计日本在这两年来所花费的战费等于甲午战争(1894—95)、日俄战争(1904—05)、和满洲侵略(1931到现在)战费总计的四倍,这三次战争日本共耗费卅一亿九千三百万日圆,但是中日新战争(1937—39)为一百四十亿日圆。

再看看日本包括战费在内的预算比以前激进增加:

1931 年　十四亿七千六百万日圆(百分之百)

1937 年　五十四亿三千六百万日圆(百分之三百七十)

1938 年　八十三亿九千三百万日圆(百分之五百七十)

1939—40 年　一〇二亿九千四百万日圆(百分之七百)

从这些预算来看日本在现在战争中所耗费的战费:

1937 年　廿五亿六千四百万日圆

1938 年　五十五亿二千六百万日圆

1939—40 年　六十六亿日圆(估计)——三年总计一百四十六亿九千万日圆。

为应付浩大战费,日政府求助于通货膨胀的政策。且纸币发行额如下:

1937 年　卅三亿日圆

1938 年　五十四亿日圆

1939—40 年　七十五亿日圆(估计)

这是远超过日本债券市场所能吸收的限度,到 1938 年末,已经有三十一亿六千万日圆的新公债还留在各银行里无法售出。

更有进者,日本为购买战争物资使进口远超出口的数额,入超的款额须以黄金偿付,结果日本黄金储存量大为减少。

1937 年售予美国的日本黄金为二亿四千六百四十万六千美元,1938 年为一亿六千八百七十三万九千六百四十三美元。甚至日本作家都承认日本黄金准备金已减到一亿六千万美元而已。可是中立国观察家相信日本的黄金储存量实际上已经完全耗尽。其每年开采的黄金数量是不必重视的。(据参张伯伦 William H. Chamberlin 估计为每月一千五百万至二千万日圆,其他人估计为每月仅二百万美元。)

日本因为缺少石油、铁、铜、铅、镍、和橡胶,所以必须大量进口。因此入超与黄金储量之枯竭造成一个严重的情况,而战争的结束仍尚未在望。

这是日本一大悲剧。一个伟大的国家轻易地抛弃了六十年来光辉灿烂的成就来从事一个大规模的自杀愚行。全世界看到了日本的大弱点,那就是无法控制其军事机构,甚至冒着毁灭自己的危险。

我的第三句话是在过去两年间中国获得了超过我们一些人所期望的援助。

当然,中国有些乐观主义者曾对外援寄予奢望。他们对于两年来中国需独立作战而其友邦却未能挺身出来支持我方而感到失望。但是我们这些了解国际情势的人,了解爱好和平国家厌恶战争的心理,从不怀着中国从其友邦获得军事或财政或物资援助的大奢望。

可是由于中国抗战立场纯正而日本侵略意图之可憎,使各个友邦心甘情愿地尽量给予我们一切的援助。中国如果没有英、法、俄、美等国的援助确实是不能在战争中有那么好的表现。

最靠近我们,最不怕日本军事力量,在中国境内最没有既得利益受到威胁的是苏俄,当然苏俄对中国的援助是最不必忌惮什么的。其援助最大的地方有二:一,沿着满蒙边界集结大军牵制了日本驻北满和内蒙古三十多万训练精良武器锐利的军队；二，以贷款方式运来卖给中国大量武器弹药，并包括大量的作战飞机、大炮、和石油。苏俄也是以大量财政与军事援助给予中国的第一个国家。

英法在中国大量的权益，时刻都面临着日本的威胁，从1935年以来英法两国在欧洲有事，无法兼顾远东。可是虽然有了这些大困难，英法在这两年来仍然是很慷慨的援助中国。十五个月来英国殖民地香港是中国武器弹药的大输运站，尤其是广州沦陷后香港地位更是重要。法属安南通广西的桂越铁路和英国帮助筑成的滇缅路等都是中国对外的交通要道。英国对中国货币之安定也曾给予很大的帮助。

美国当然是我们国家的人民所最期望向之获取精神与多数物资援助的国家。我们在这一方面并不失望。如众所周知的，你们的财政部根据银元购物法案的规定购买了我们全国大量的银元，这件事对我们有很大的帮助。还有美国进出口银行于去年12月给予中国贸易公司一笔美金两千五百万元的贷款。这笔贷款间接的使中国建立信用而因之获得其他国家美金五千万元的贷款。美国这笔两千五百万元的贷款援助意义是十分重大的，尤其是贷款时正当我们失去广州，士气低落之时，进出口银行贷款的数目虽然不大，但是那笔贷款大大的鼓起了中国的民心士气，因为他们知道他们在困苦艰难之时，朋友们并没有抛弃他们。

1939年7月26日美国政府给予中国以同样鼓励的作用，那一天美国通知日本废除1911年签定的商业与航运的条约。那时候正当英国在东京向日本让步之时，中国正在疑惑究竟会从那个让步受到多少损害与困难，而美国政府的行动使我们获得精神的鼓励，和士气的提高。

所以我说中国获得比所敢期望的更多的外援，我也说如果没有这些外援，中国确实无法能够有那么大的战绩。这些话并非过其其辞。

上面所述的为中日战争过去二十五个月的简略报告。

那么将来的情况呢？

考虑到中国战争的前途时，我们绝不可存有日本军方突然醒悟或者人民发起社会革命的可能性。战争的前瞻只有两个方向：

（一）假如国际情况没有重大改变，这个战争会长期地延续下去直到日本被经济的困难所逼而接受一种"朴斯茅斯的和平"，那就是没有胜利的和平。

（二）但是假如国际情势发生激烈的变化，假如日本变成为轴心国之一员，又假如太平洋大战发生，则中日战争成为世界问题的一部分，无法单独结束。

第一个可能性是不难想像的。假如没有激烈的变化，假如欧洲和太平洋没有发生大战，假如没有第三国卷入此战争中，中国唯一的路就是继续打下去，再打两年、三年五年，一直到日本为经济的压力所拖垮。1918年11月欧战休战时，德军还占有比利时和法国的大部分土地，但是德国是被打败了。

假如爱好和平而目前正供应日本铁、石油、铜、镍、棉花与其他物资的国家能够有效的实施对日禁运的话，日本会更迅速崩溃下来的。日本处在今日经济的困难中，只要用外力加强对日的压力，将是非常有效的。

但是日本并不希望一个长期战争，他们所希望的是迅速征服中国。他们希望促成国际情况的突变，使国际情况不再有利于中国的抗战，而迅速结束战争。

日本知道无法能阻止苏俄援助中国，而日本至少目前尚未公开注意到美国对中国的财政援助。

日本把战争长期延续下去的责任归咎于英国，一年多以来日本军方发动强烈的反英运动，在1939年6月14日，日军开始封锁天津的英法租界，这时日军对英国侮辱的话使英首相张伯伦大为冒火。虽然英日终于达成天津租界的协议，可是在日本本国和在日本占领下的中国沦陷区的反英运动仍有增无减。日本想用武力威胁逼英国屈服，因为他们知道英国在欧洲有事，故对亚洲将无法兼顾，而且英国在中国的很多生命和财产需加保护。所以英国人不敢冒触怒日本之险。

所有读到 8 月 4 日张伯伦演说的人都会同情英国今日处境的困难。张伯伦在演说时详述日本军方所善加利用的英国背景。

结果国际情势不但不利日本,而且敌视日本,美国已通知日本政府关于六个月后废除《美日商约》。英国下议院也在讨论废除《英日商约》。甚至爱好和平的张伯伦都公开警告日本说"在某种情况之下"英国"会认为有派舰队前往的必要"。

日本军封锁天津租界不久,美国销路很广的几个报纸突然改变其平常孤立主义的论调,而公开主张英美海军联合封锁日本的意见,这是很具有意义的事。

日本逼英国屈膝的事会成功吗?日本会冒着西太平洋大战的危险不断施行其敲诈的行为吗?日本会和欧洲侵略者合作共同发起一个第二次世界大战吗?

我们无法回答这些问题。我们只能说中日战争已经不再是一个孤立的事件。我们现在可以更清楚的看到 1931 年 9 月 18 日沈阳事件乃是世界大战后世界新秩序寿终正寝的开端。也清楚的看到后来德、义、日对衣索比亚、西班牙、中国、奥地利、捷克和阿尔巴尼亚的侵略行为乃是国际混乱状态一般现象的自然发展。我们现在清楚的看到花费了两千亿美元八百五十万条生命所造成的战后新秩序是经不起满洲、衣索比亚和西班牙等事例严酷的试验的,而现在这个新秩序业已寿终正寝。因此各国需要本身的军事力量来保护自己,而第二次世界大战渐渐来临。

罗斯福总统两年前在芝加哥发表有名的演说,那篇演说辞在今日或许比当时更易了解。今日听来,似乎是篇预言:

世界不法行为的流行症正在蔓延中。

一个身体上的流行症蔓延时,社会赞成和参加防疫和隔离病人运动以保护社会人士的健康,并防止疫病的蔓延。

假如我们要有一个大家可以自由呼吸和毫无恐惧和亲睦相处的世界,爱好和平的国家必须同心协力支持和平可得安全保障的法律和原则。爱好和平的国家必须同心协力反对那些毁坏条约的人,反对那些不顾人道,正在制造国际混乱和不安定的人,仅靠孤立和中立是无法阻止他们的。

要维护和平,必须要有积极的作为。

今日世界的问题还是罗斯福总统两年前所清楚看到的问题。这个问题从开始就不仅仅是中日的问题,那一直都是"积极维护和平的作为"和"防疫隔离"国际混乱状态的问题。

所以今日要提出的题目是政治手腕是否可阻止即将来临的世界大战并以有效的方法但不诉之武力来重建正在摇摇欲坠的世界秩序吗？或者是否人类必须再经过一次血和炮火的洗礼后才能带来某种国际新秩序吗？

(本文为1939年8月10日胡适在美国密歇根州安纳伯远东事务研究院的英文演讲,郭博信中译文收入胡颂平编撰:《胡适之先生年谱长编初稿》第5册)

我们还要作战下去

10月与11月可资纪念的节日很多,例如中国国庆日、欧战休战日、罗斯福总统芝加哥演讲周年、《九国公约》签字国在比京集会两周年纪念等,在纪念这些节日时,我们免不了想到此等节日所纪念的事迹,尤其是目前远东冲突的问题。吾人必须解决其根本的问题才能满意地解决此项远东冲突的问题。

两年前我曾在这个城市演讲时指出远东问题背后的两个冲突:(一)日本帝国主义与中国国家主义合理的希望之冲突;(二)日本军国主义与一个世界新秩序的道德限制之冲突。今日我仍旧相信这两个冲突的正确性,可是我现在认为这两个冲突是密切相关连的。

要认识这些问题的密切关系,我们必须远溯数十年前的历史。今天七大强国之三:德、义、日,在1870年左右获得内部的团结,并开始参加殖民帝国之列,他们三国在参加时已经太迟,所以自称为"没有"的国家,而意图在李普曼所谓"外交赌注"的地区遂行其扩展活动。该等地区广袤庞大,资源丰富,但政府懦弱,无法抗拒外来的侵略。这些"外交赌注"的地区包括非洲、阿拉伯、波斯、巴尔干半岛、土耳其和中国。上个世纪的最后几十年间"弱肉强食"的原则十分猖獗。

国际战火是这些帝国主义的争夺所引起的。事实上1900年在中国就爆发了一次八国联军(其中包括美日两国)的国际战争。八国联军攻陷塘沽占领北京,同时沙皇的俄军涌入满洲。各国瓜分中国呼声震天价响,那时为分赃不均而可能发生世界大战之危险很大。

在刚要转入二十世纪时之远东国际战争的危险终于为美国国务卿约翰海伊的门户开放政策的声明所扭转过来。在拳匪之乱时,由于美国坚主中国门户开放,英国支持该项主张,使具有更大侵略性的俄、德、日有所顾忌,稍敛凶焰。结果联军签订和约,把军队撤出中国。中国于是获救,免于沦丧之祸。

于是远东秩序奠基于门户开放政策。一切有关中国的条约均加入此一政策的考虑。

1922年《九国公约》所列的门户开放政策的原则十分明确。其第一条所述各款如左(下):

（一）尊重中国主权、独立,和领土与行政权的完整;

（二）给中国以充足和不受妨碍的机会来发展和维持一个有效和安定的政府;

（三）各签字国利用他们的势力来建立和维持在中国领土上各国工商机会均等的原则;

（四）不得利用中国情况乘机获取有害于友邦公民利益之特权,不得鼓动不利于各该友邦安全之活动。

由此看来,门户开放主义不仅是经济政策,而且也是具有历史意义的政治原则。诸如尊重中国主权的完整和给予充分发展一个有效和安定政府的机会等,就可以说明其政治的含义。而且工商机会也是依靠中国政治安定、领土和主权完整的前提而实施的。

于是远东国际秩序自然而然成为战后世界新秩序的一部分。不但国联,而且一切理想主义的条约也均支持该一新秩序。也就是为了这个新秩序,才使中国在本世纪最初的三十年得以免受侵略,使中国得以渐次发展一个有效与安定政府,特别是两次革命(1911—12;1926—27)的成功。1927年后,中国向全世界证明她具有发展和维持一个现代化政府的能力。全国也逐渐统一团结。

可是中国成为现代化的国家不幸却不为其邻邦日本之所喜。日本军人尤其是少壮派老早就认为日本有统治东亚甚至全世界的神圣任务。他们不容许中国统一团结起来,现代化起来。于是决定在中国获得安定和强盛之前要粉碎国家主义的中国。所以八年前在1931年九月十八夜里,沈阳的日军制造"沈阳事件",几个月后日军占领了满洲三省的大部分土地。

可是日军侵占中国领土,免不了同时毁坏了远东和世界的新秩序,因为按照新秩序的原则,各国应尊重和保证中国主权和领土的完整。中国曾向国联与"九国公约"签字国家申诉。可是当时全世界都没准备制裁侵略以维护世界新秩序。国联仅发表声明和建议,而该声明等于承认日本在满洲的权利,而其和平解决中日纠纷的建议也未为日本接受。

日本脱离国联时候,有位德国部长在日内瓦向日本代表说:"我们认为贵国这样做是不对的,可是我们感谢贵国所创立的先例。"所以其他侵略的国家在东非与欧洲步日本的后尘,并都在侵略上获得成功。

这个花费了八百五十万条生命、两千亿元才建立起来,使战后的世界享受十多年的世界秩序渐次破坏,并在两个月前爆发的欧洲战争时完全瓦解。事实上世界新秩序在最初日本侵略满洲时未能支持其本身的原则就注定崩溃的命运。这就是中日战争基本的关键。日本极不愿见中国兴盛起来。于是日本军国主义者破坏了世界新秩序,并建立了"东亚新秩序",这种新秩序,阿本德(Hallett Abend)适当地称为"东亚新混乱"。

日本在中国挑起战争先后八年之久,最近公开和继续下去的战争也进行了二十八个月之久。中国抗战决心的坚定是不需要我向列位同情和开明的人赘述的。这次战争非到中国获得公平和荣耀的和平是不会终止的。

我也不需要向列位赘述敌人泥足愈陷愈深,急想结束他们所谓"中国事件",因为即使没有前线的接触,日军每日都要损失一千人,而其黄金储存量两年来也大为耗损。

在欧洲战争进行的这个时候,很多美国朋友认为远东和平可以很快就结束了。李普曼说"半个世界迈向和平"。《亚洲杂志》编辑华尔许(Richard J. Walsh)写着说"和平必定始于东方"。

但是我希望向这些朋友说,我看不出有早获和平的可能。为什么呢?因为日本军国主义者对他们的侵略还没有悔意,因为到现在日本国内外还没有一个力量可使这些军国主义者恢复理智,和逼他们接受公平和持久的和平。

一个公平和持久的和平必须要符合下列基本的条件：

（一）必须符合中国人民所要求的建立一个独立、统一、和强盛的国家；

（二）结果不得使利用暴力公开违反国际法和条约义务者获取领土和经济的利益。

（三）必须恢复和加强太平洋地区的国际秩序使公平和有秩序的国际关系得以伸张并使类似的侵略战争不再发生。

我重述一次：这样一个公平和持久的和平目前尚未露出曙光，所以我的人民还会照样坚定作战下去，一直战到上述的和平能够达成为止。

(本文为1939年10月30日胡适在纽约美中协会(China Society in America)上的英文演讲"我们还要作战下去"(We Are Still Fighting)，原载1940年2月《中国杂志》(China magazine) 16卷1期,pp.4—6,郭博信中译文 收入胡颂平编撰：《胡适之先生年谱长编初稿》第5册)

国际大家庭

今日为第廿一届第一次世界大战休战纪念日,对于一切爱好和平和国际秩序的人士,今日将必是一个伤心的节日。东亚大战已进行了廿八个月,欧洲渐发展为重大的战争迄今也已有七十天了,而战后秩序的伟大象征国联实际上已经失去了效用。

为过去的失败与错误而哀悼是没有多少用处的。过去的已经过去了。

但是从过去的失败获得教训,倒是十分有用的。这个教训当有可利于梦想和创造未来的人。

两周以前英驻美大使洛辛侯爵说,"和平可由裁军获得,但大规模裁军需要有足够的力量来支持法律,特别是要对付国际的匪徒。"

洛辛爵士由最近国际关系与国际组织的历史获得最重大的教训。未来的联合国必须是一个"强制执行维持和平的联盟";一个无法强制执行和平的国际组织是虚渺和不切实际的。

我认为一些原则以便于实施这个基本观念是必要的。

第一,未来世界秩序必须建立在各国确切的许诺,而不是在虚渺的抽象观念上。例如1939年英法对波兰、罗马尼亚与希腊的保证就是确切的许诺。而巴黎的《凯洛格——勃莱恩公约》即是虚渺的抽象观念。列登伯爵曾说过:"一个国家的许诺越大越确切,被卷入战争的可能性就越少。"这句话听起来好像似是而非,可是广义的说却是实在的。他引述门罗主义就是一个确切许诺的例子。

第二,古老的各国间形式上平等的观念必须辅以分等级负责任的原则,即按照各国能力、兵力、地理或战略地位分等级负担责任是荒谬的。

第三,由分担责任观念可推广至地区领导与合作的原则。国联致命的错误所在就是它不能有效的执行职责,甚至把它的范围缩小为欧洲国联却无法执行职责。一碰到某地区发生重大的冲突,国联就感到缺乏一个地区组织来有效执行其职责。我所建议的地区领导与合作可由美国在西半球所执行的历史任务作为例证。未来的联合国应当是欧洲联盟、美洲会议、英国国协、太平洋会议、西部与西南亚各国会议等等的地区组织的超级联盟。

一个有确切约束和作为的各国和各国际集团分担职责的地区联盟与联合体的联合国,是我所要向一切梦想建立一个更有效、更好的世界秩序的人提出与希望他们予以慎重考虑的。

(本文为1939年11月11日胡适在美国哥伦比亚广播电台的英文演讲"The Family of Nations",郭博信中译文收入胡颂平编撰:《胡适之先生年谱长编初稿》第5册)

伟大的同情心

我们今晚在此聚会,不是纪念中国的抗战,而是表现美国人士助华的一种纯粹高尚的同情心,这种同情心,早已在援华机关团体工作上表现出来了。医药助华会暨赈华会,今晚所开的大会,是美国人士助华热烈同情的继续表现。贵会等过去努力热心,奔走呼号,劝募巨款,购办药品和运输用具,不仅加惠难民,而且间接增加中国抗战力量。这是中国政府人民和我个人所万分感激的。

三年前,我从纽约游行到了西部,路过加拿大,沿途经过不少地方,使我发生了不少感想,加拿大和美国人民,对中国难民是有真正的同情心的。让我来说点事实做证明。有一天,我在华盛顿省司卜更城一个饭店吃饭,吃完了有一个穿白色制服的茶房来到我面前,给我三块美金,笑脸说道:"大使先生,这是我一点小小贡献,请你收下,代我救济中国难民吧!"这种举动,不是真正同情心的表现么!

一月前,我的邻居巴美莉太太送一封信来,里面附了两张支票,共美金一千元:一张是给美国医药助华会,一张是给蒋夫人的,请他们代为救济中国难民。两天之后,我把"希望之书"送去请她签名,不幸当晚她竟与世长辞!那知道她的签字,就是她的遗笔呢!这种举动,不是真正同情心的表现么!

晚近成了一种风尚,一部分人好以经济的动力和经济的动机解释历史。譬如美国参加第一次欧战,据这一派的解释,完全是因为美国经济财政的原因和动机。跟着这种思想和解释,就产生了许多新立法,禁止任何交战国家(除了南美洲以外)获得美国财政上的协助。他们以为从此美国就可不再卷入外国战争了。

诸位,这种似是而非的经济派的历史家,忘记了各人方寸中尚有一个"同情心"。政府可以立法禁止财政上的帮助,但是政府无从立法消灭多种因素所产的同情心!

几个星期以前,纽约泰晤士报记载有六千美国男女,贫富贵贱皆有,捐了三千瓶人血,作为注射英国受伤兵民之用。该报又说:在这六千人之中,女子多于男子,有的已在五十岁开外。这种举动,如何能拿经济的动机去解释呢!我们很明白这完全是一种同情心的驱使。

在我一次旅行中,有一位年青记者问我:"在你旅行全美中,发现了什么?"我说我所发现的是美国人对于中国有一百分之一百的同情心。这位记者说:"胡博士,这种一百分之一百的同情心对于中国有什么用处?"我回答他:"青年!不要轻视同情心。"诸位,我深信:当你打仗的时候,有人给你深切热烈的同情或遭有真正文化的国家的指责,这两者之间是有天渊之别的。让我现在告诉你:中国打仗的精神所以如是的好,是靠你们同情心驱使所表现的各种援助。正是因为你们同情心的援助,减少了我们伤兵病民的痛苦,使老百姓没有受饥饿和无房屋居住之苦,同时他们精神上也得了无限的安慰。将来驱逐敌人和获得我们自由和独立,还要靠你们同情心的帮助呢!

诸位中国的朋友,我敢说:我们政府和全国人民全心全力的抗战,是值得你们的同情的。抗战至今,已经三年零四个月了,我们抗战虽然是为我们自己的生存,也是帮助世界其他国家打倒民主自由公道正义的整个仇敌。假使日本不是受我国的牵制,欧洲战情不知已坏到什么地步了。

刚刚一年前,我在中美协进社谈话,当时我说中日战争不会在短时期解决;因为日本军阀不会觉悟,不能明了世界舆论,不会放弃野心而走上和平大道。我曾告诉你们:我国全体抗战是有决心的,不达最后目的不止。

一年过去了,现在我再向你们重行说一遍:中国抗战不达目的不止,也许还要许多个月才能成功,也许还要几年才能达到目的。中国决不能停止抗战,因为下列三个理由:

一、现在放弃自由独立的机会,中国将永无希望,现在欧洲的情形,便是我们的前鉴。

二、与野蛮的侵略国家谈不到和平,因为他们说话不可靠;明兴会议是我们从旁所得的教训。

三、中国胜利与否,与世界民主主义的存亡,完全是一事,中国不亡,民主主义不灭,因中国若放弃抗战,则日本所有力量必因德意日联盟的关系而用以毁坏西方民主国家。

有这三个原因,所以中国不能停止抗战。中国决抗战到底,最后胜利一定是我们的。

(本文为1939年11月23日胡适在新港"美国医药援华协会"上的演讲,收入耿云志主编:《胡适遗稿及秘藏书信》第12册)

中国目前的情势

1　日本对中国的侵略,从 1931 年 9 月至今已进行八年多的时间。就是当前这次大规模继续不断的战争阶段也已进行了二十九个月。

四周以前,蒋介石委员长于 11 月 12 日在检讨两年来的战争时说,日本在战争进行下去时是愈来愈弱,而中国抗战的力量却愈来愈强。他是否过分乐观,或者不切实际吗?

首先我们不难看到中国抗战力量的日益增加。蒋委员长说中国今日的抗战力量比战争开始时增加了一倍。这由日本首相阿部信行对大阪商界领袖在几天前的演说获得证实。他说中国在战场上的军队有二百万人,而解决"中国事件"尚须五至十年之久。

中国的力量在于庞大的空间和人力,以日本的七千万却想要征服中国的四亿五千万。战线绵亘自长城至西江长达两千哩。据保守的中立观察家估计说,即使不发生大会战,日军在各战场每天损失计为八百至一千人之谱。等于一年损失三十至三十六万人!

最近八个月来我们的军队,不管是正规作战或是游击战,都有良好的表现。晋南鄂北我军给侵略者一个严重的打击。十月初我军在湘北和赣北打了几次胜仗,击败敌人攻占长沙的企图。日军死亡三万人之多,而后来日军大本营宣布长沙没有军事价值!

蒋委员长曾说过中国是以"空间换取时间",并"集小胜为大胜"。诸位可由德军闪电席卷奥地利、捷克、阿尔巴尼亚,甚至波兰之战争了解"以空间换取时间"的意义。

我们确已损失大片重要的土地,可是我们争取到两年半的时间,如日首相所预言的战争尚须延续五年至十年之久。时间有利我们,战争愈久,我们的力量愈加强。日本,相反的,战争愈拉长,他们的力量愈加削弱。

2

我不想强调日军在南京大屠杀和各地毒害沦陷区民众中所表现道德沦丧的事。也不强调日本表现在缺乏自由主义、激进主义,八年战争使全国动荡不安,故未能产生全国领导力量的事。

我仅想以统计数字指出日本基本的经济弱点,日本此次侵略加上满洲侵略所耗费的军费为甲午之战和日俄战争加起来的八倍。前者为一五二亿七千三百万日圆,后者仅十九亿二千万日圆。以 1939 年的国家预算等于是 1931 年的七倍。前者估计为九十四亿一千万日圆,后者为十四亿七千四百万日圆。为应付浩大战费,日政府求助于通货膨胀的政策,其纸币发行额如左(下):

1937 年　三十三亿日圆

1938 年　五十四亿日圆

1939 年　(估计)五十九亿二千四百四十六万九千日圆

而这是远超过日本债券市场所能吸收的限度。到 1938 年末,已经有三十一亿六千万日圆的新公债还留在各银行里,无法售出。

更有进者,日本为购买战争物资使进口额远超过出口额。入超额须以黄金偿付。结果日本黄金储存量大为减少。其售美的黄金:

1937 年　二亿四千六百四十七万美元

1938 年　一亿六千八百七十四万美元

1939 年(1 至 10 月)　一亿三千六百〇一万八千美元

日本因为缺乏石油、铜、铁、铝、镍和橡胶,所以必须大量进口,因此入超与黄金储量的枯竭造成一个严重的情况,而战争的结束仍尚未在望。

这是日本一大悲剧。一个伟大的国家轻易的抛弃了六十年来光辉灿烂的成就来从事一个大规模的自杀愚行。全世界看到了日本的大弱点,那就是无法控制其军事机构,甚至冒着毁灭自己的危险。

3 我们可以用另外一个方式来看远东的情势。中国的抗战乃是抵抗侵略的作战。我们充分感觉到我们不但获得整个文明世界的同情,而且获得友邦给予我们物资与政治的援助。日本却相反的不但是孤立的,而且成为国际间众矢之的。最近连德国都不理日本,而日本仍厚颜无耻的想要联合苏俄来威胁民主国家。

我希望列位了解获得几乎全球的同情情况下作战和遭受整个文明国家谴责的情况下作战有多大的区别。在最近几个月来几乎全球都一致寄予同情,使我们士气大为提高,因而渡过了这段艰苦的时间。就是由于这个同情心使我们获得友人不少物资和政治的援助。

当然,中国有些乐观主义者曾对外援寄予奢望。他们对于两年来中国需独力作战而其友邦却未能挺身出来支持我方而感到失望。但是我们这些了解国际情势的人了解爱好和平国家厌恶战争的心理,绝不怀着从其友邦获得军事、财政,或物资的援助的。

可是由于中国抗战立场的纯正而日本侵略意图之可憎,使各个友邦心甘情愿的尽量给予我们一切的援助。中国如果没有英、法、俄、美等国的援助,确实是不能在战争中有那么好的表现。

最靠近我们,最不怕日本军事力量,在中国境内最没有既得利益受到威胁的是苏俄。当然苏俄对中国的援助是最不必忌惮什么的,其援助最大的地方有二:一,沿着满蒙边界集结大军牵制了日本驻北满和内蒙古三十多万训练精良武器锐利的军队;二,半以贷款方式半以易货方式运来卖给中国大量武器弹药,并包括大量的作战飞机、大炮和石油。

苏俄给予我们的援助,不但是因为这是为了其国家本身的利益,而且也是因为苏俄近年来正非常热衷于国际理想主义,所以使他们同情中国的抗战。就我所知,苏俄此等援助并没附有任何条件的。

英国和法国在中国大量的权益,时刻都面临着日本的威胁。从1935年以来,英法两国在欧洲有事,无法兼顾远东。可是虽然有了这些大困难,英法在这两年来,仍然是很慷慨的援助中国。十五个月来英国殖民地香港是中国武器弹药的大输运站。尤其是广州沦陷后香港地位更是重要。法属安南通广西的桂越铁路和英国帮助筑成滇缅路等，都是中国对外的交通要道，两条通海的后门道路。

假如有人说英法对中国的援助乃是由于英法帝国主义为了急于防御日本帝国主义的威胁而给予的，这种说话是不公平的。我愿意重复的说这个援助乃是出于他们对中国的深深的同情。目前这些民主国家正实际从事一个反抗侵略和逼害人民的战争。此时英法对我们的同情是更可以了解的。

美国当然是我们国家的人民所期望向之获取精神、政治，与多数物资援助的国家，我们在这一方面并不失望，如众所周知的，你们的财政部根据银元购物法案的规定购买了我们全国大量的银元，这件事对我们大有帮助。还有美国进出口银行于去年12月给予中国贸易公司一笔美金两千五百万美元的贷款，这笔贷款间接的使中国建立信用，而因之获得其他国家美金五千万元的贷款。美国这笔两千五百万元的贷款援助意义是十分重要的。尤其是贷款时正当我们失去广州，士气低落之时，进出口银行贷款的数目虽然不大，但是那笔贷款大大的鼓起中国的民心士气，因为他们知道他们在困苦艰难之时，朋友们并没有抛弃他们。

1939年7月26日美国给予中国以同样鼓励的作用。那一天美国通知日本废除1911年签定的商业与航运的条约。那时候正当英国在东京向日本让步之时，中国正在疑惑究竟会从那个让步受到多少损害与困难，而美国政府的行动使我们疑惑的阴影烟消云散，民心大振。

4

《美日商约》是于7月26日在华盛顿发表的，当时欧洲局势突然大变。于8月23日德苏互不侵犯条约全文公布。不久，德军侵入波兰，9月1日欧战爆发。至今战事已延续三个月之久。

欧战对中日战争，在过去，在未来，有什么影响呢？

数周来，中国领袖们和人民均深深忧惧英法会被迫牺牲中国来向日本作重大让步的危险，恐怕英法会在日本刺刀威胁下关闭滇缅、桂越两条路线，恐怕苏俄会放弃对中国的援助。

可是情况之发展幸而并非是我们所忧惧的，德苏条约事前未通知日本,所以日本政府认为这项条约是背叛德日盟约的事。日本在愤激情绪下宣布德日反抗国际共产党条约无效。现在日本更为孤立,这种孤立的状况将延续一段时间。

日本在愤激与困惑中,至今还不敢向英法在东亚的殖民地进攻。最近英法稍为减削驻华北的军队,可能欧洲局势之突变会逼迫英法在亚洲大陆对日本作其他小让步。但是我们有理由相信这些为反抗征服世界的武力而战的民主国家确实不会背叛两年前至今一直为抵抗侵略而战的中国。如果他们背叛中国,他们对于他们作战与和平的目标尤无法自圆其说。

至于苏俄在远东会有何作为是谁都无法知道的。经过了大约四个月日苏在满蒙边界断断续续的战事后,日苏于9月15日签定一项停战协定,10月31日苏俄总理莫洛托夫对最高苏维埃报告外交动态时,说苏日贸易谈判是可能的,而苏俄将欢迎日本此种试探。可是几天后,共产国际在莫斯科发表一项宣言,呼吁全球工农群众起来支持中国对日本的英勇抗战。至今尚未有迹象可资说明苏俄已经或者将会放弃援华的政策。

简而言之,日俄关系开始好转,日本正作试探谈判贸易的前奏。但是苏俄仍继续援助中国抵抗侵略。

不管欧战对中日战争有何影响,不管远东的国际阵容有何改变,中国还是会坚定的作战下去的,再作战好几个月,或者好多年,一直到敌人为经济衰竭所困,为军事深陷泥泞无法自拔而愿意接受一个公正和持久的和平,这并不是不可能的。列位当还记得1918年11月欧战休战时,德军还占有比利时和法国的很大部分土地,但是德国是被打败了。

假如爱好和平而目前正供应日本铁、石油、铜、镍、棉花与其他物资的国家能够有效的实施对日禁运的话,日本会更迅速的崩溃下来的。日本处在今日经济的困境中,只要用外力加强对日的压力将是非常有效的。

在结论中,我免不了再一次的引述蒋委员长在11月12日的演词。他说:"欧战在中日战争已进行了廿五个月后发生是一件幸运的事。""日本今日无疑的想从欧战乘机混水摸鱼。可是日本陷在中国泥淖中无法自拔,因此大大的削弱了其用侵略武力威胁世界的力量。"

由这方面看来,中国在这三十个月来,可以说是为文明和爱好和平的世界作战。这是中国抗战更大的历史意义。

〔本文为1939年12月5日胡适在纽约市政协会的演讲,"中国目前的情势"(The Present Situation in China)原载1940年《中国日报》(*China Monthly*)1卷2期,郭博信中译文载《胡适之先生年谱长编初稿》第5册〕

中国与日本的现代化运动
文化冲突的比较研究

近年来我曾刊印数篇讨论中国和日本现代化运动的文章。今日我仅是将我这些年来对这个烦人的问题所写的思考作一简括的重述。

1 最先我们要对这个问题所特别引起我们好奇的两方面来研究,一般说来,这问题最烦人的第一方面为什么在日本现代化运动很成功,而为什么在中国却不成功呢?

但是近年来这一方面的问题却大有变化。经过一世纪的犹豫和抗拒后,中国终于成为一个现代的国家,在物质方面,中国诚然不够西化,但是对于人生观和人生意识却完全是现代化了。换句话说,日本七十年的迅速现代化之后,却突然发现其国民生活的基本方面并没有改变。最同情日本的艾伦(G. C. Allen)教授和《转变中的日本》一书的作者艾弥儿李特勒教授和爱蜜李特勒塞特勒(Pro. Emil Lederer and Emy Lederer-Seidler)均指出日本虽在物质方面有长足的进步,可是却仍保留其传统的精神和习惯,又说那是因为日本古老传统已达到一成不变完善的形式。

总而言之,最近所产生的问题和前述的问题恰巧相反。问题变成为中国为什么终于推翻其古老的文化和达成中国的文化复兴,而日本在七十年现代化后却仍无法抛弃其古老习俗的坚实的核心。这是上述问题的第二方面。

这个问题的第一方面的解答有赖于第二方面的解释,反之亦然。

2 这一个问题的第一方面疑难之点是为什么日本的现代化成功了,而中国却失败了。于1933年我曾想法解答这个疑难之点。当时我提供的解释,中日文化界对于现代化的反应截然不同。我描写日本的现代化是在一个中央集权的控制下实施的,特别是由于一个统治日本封建的军国主义阶级所促成的。从这个阶级产生了几个维新的领袖。他们不但决定要改变什么,决定不改变什么,而且还拥有实现该等决定的政治权力。我又在另一方面指出中国缺少这样的一个统治阶级,而且中国社会组织系完全民主化的,所以在现代化的过程中只能够走一条又缓慢又费力的路。中国走这条文化变化的路是经由思想和实际的逐渐普及渗透和逐渐同化而达到的。首先往往是几个人发动,慢慢赢得信从的人,最后大家相信这些新东西是合理的、方便的或有效的,终而普及和同化的。

日本式的现代化运动之优点是有秩序的、经济的、继续的、安定和有效的。但是我也看出其不利之点来。日本为保护其传统的精神和对人民控制的严密,所以采用军事外壳来防止新文化侵入到日本传统的中古文化里面去。固然日本所保存的传统文化有很美丽的地方,有些地方还具有永恒的价值;但是也有一些原始的和孕育着火山爆发性的危险所在。

中国式的逐渐普及和同化的文化变化不利之点很多,因为这种变化是缓慢的、零落的,并且往往是浪费精力的。

但是中国式的变化也有其不可否认的优点。因为从口红到文学革命,从鞋子到推翻帝制都是自愿的。广义的说,都是经过"推理"的结果。中国并不需要特别保守什么以免为西方文化所侵入。也没有一个人或者一个阶级坚主保守什么制度以免为外来文化所感染。简而言之,这种缓慢长久的文化变化过程往往有基本和永久改变的结果的。

3 上述的理论能解释上述疑难问题的四个方面吗?可以解释日本何以迅速西化却仍保存中古的传统吗?可以解释中国西化的失败,其后又渐成功吗?我不但认为可以,而且认为这是唯一可以满意解答这些看起来似乎是矛盾的四方面问题。

按照我的理论,早期和迅速的明治维新是一个统治阶级有效的领导和有力的控制所促成的,这个统治阶级恰巧就是最渴望采用西方战术和军械的军国主义阶级。李德勒教授曾指出说:"在这个早期阶级简直预料不到第一个步骤会不可避免的引至第二个步骤。"他又说:"既然一个现代国家需要变成为工业化之后才能成为一个具有军备的国家,所以日本必须要朝那方向发展。但是工业与其他各种生产又有经济上的相互关系,所以工业也意味着其他与进行战争并无重大关系的工业部门的发展。与军国主义一样无法仅限于其本身发展的是工业的工艺系统,此种工艺系统也深远的牵连到社会制度。"日本的西化也就是李德勒教授所称为"军国主义的工业制度"。

所有欧洲以外的国家学习欧洲文化中的军事方面最成功的是日本,并且日本是在其他非欧国家学习这方面的文化失败时单独成功的一国。主要的解释是其他非欧的国家不像日本有一个统治全国达一千四百年之久的军国主义阶级来主其事。

但是这个军国主义的阶级却并非是一个开明和智识阶级。其领袖勇敢、实际、爱国,有时还表现出一点政治家的风度,但是他们对远景和新文化的了解很有限。他们如小泉八云所说的是认为西方军械力量可构成一道防线保护日本德川时代的传统价值免于受到损害和改变。

对日本和全世界都是不幸的是日本对俄国和中国的军事胜利正是这些短视的领袖所表现出来的这种精神。结果这个不断在改变的世界所产生的新思想与实际情形无法打进日本中古时代的传统文化里去。利用现代严格控制的教育、宣传和新闻检查,和利用特殊属于日本对天皇崇拜的教育,加强了统治和孤立日本两百五十年德川幕府中古文化的坚实不破。使日本工业化和军事化,并且使日本传统更加坚固的,就是这个中央集权的领导和控制。

同样的理论也可以用来解释中国现代化的历史。中国西化的失败,就是由于中国缺少使日本西化成功的因素。中国领袖也像日本一样希望采用西方的坚兵利炮和工业系统。他的口号是"富强"。但是中国既没有军国主义的传统,也没有一个有效的执政阶级来领导这个庞大的事业。中国在二十一个世纪以前就脱离了封建制度;社会制度变成完全民主化。所有政府的政策、宗教、哲学、文学和社会的习俗,全都反对黩武主义,并轻视武人。所以在 1880 至 1899 的中国新海陆军就注定失败的命运。1894 年至 1895 年的海军全灭后,一切用以支持海军的新工业,如船坞、商船和政府经营的钢铁工业都逐渐变成毫无发展。1898 年维新运动和 1900 年的拳乱,使满清政府和朝代失去人民的信任。从那个时候起,中国主要的努力摧毁那个无知和反动的中心——帝制和其他附属制度——并建立一个政治权力和领导的新中心。

因此日本在其封建军国主义阶级领导下的西化运动最先成功时,中国却需花费三四十年,来推翻帝制,然后来击败新兴起的军国主义者。大家认为要使中国走上现代化的道路,其先决条件就是达成政治革命。

在 1911 至 1912 年的革命终于推翻帝制,驱走满清。这个政治革命从任何一方面来看都可说是社会和文化的解放。在一个没有统治阶级的国家,推翻帝制等于毁坏了社会与文化改变由中央集权化统筹办理的可能性。但是也创造了一种自由接触、自由批判、自由评价、自由主张和志愿接受的气氛。

所谓中国的文艺复兴就是这种自由气氛的自然结果,这种气氛也促成了各种文化改革的实现。结果中国达成了社会、政治、文化和宗教等生活的现代化。比所谓"现代日本"在这些方面达成更深远的改革。

时间只准许我引述一个重大和基本的事实为例来说明。那就是中国文化改革的性质。前面所述的自由和不必畏惧的批判精神,是中国领袖所用以研究和审查其自己的政治、历史和宗教制度的精神。最近四十年许多懂得以批评的眼光来了解中国传统的东西,并且勇敢和无情的批评中国弱点的人,如梁启超、蔡元培、吴敬恒、陈独秀等具有很大的影响力,并不是一件偶然的事。中国的传统并不是神圣的全不可加以移易或批评的东西,甚至孔子、老子、佛教、朱熹、帝制、家庭、宗教都不是不能置评的东西。就是以这种准许批评和不畏刑责的态度和精神来说,中国之现代化已经超过日本。

4　假如这篇讲辞有什么值得向在座博学之士贡献的寓意,那就是接触和选择乃是文化改革和传播的最主要的条件。凡是两个文化相接触之后,人民自然的倾向(自然律)乃是向对方学习自己所缺少和不如人的地方。

如果这种自由被剥夺了,如果人为的把整个文化或者某一个特别宝贵的那几方面加以孤立和予以特别保护,那这个文化就成为古老习俗坚实的核心,缺乏辩证和充沛精力的现象。这就是现代日本的现象。

所以日本一直保持其古老传统并不是一件神秘的事。但是假如说日本文化能够达成完善形式所以一直一成不变也是不对的。譬如说男女衣帽的式样比较起来,男的总不像女的变化之快。我们能说男人的衣帽已达到完善的形式吗?又譬如说席地而坐,在中国废弃已久,以至于历史家至今还难以断定中国最先使用桌椅的时间,而日本至今还是席地而坐,我们可以说这个习俗已达到完善的地步而无法改变吗?

可是假如说日本人的了解力是天生笨拙和其对生活是保守的,所以学不到现代文化的精神也仍然是不对的。缺乏了解力绝不会阻止一个民族接受新流行的东西。日本接受佛教时,或许很不了解佛教教派的学说(当然中国在佛教之传入时仍然是不懂其教义)。而且一个民族总可以学习,欧洲某观察家曾说日本在十七世纪根本不懂数学,尤其是艰深的部分。但是我们知道有些日本人可以成为很好的数学家。

至于日本人的保守性,我们看他们从前和朝鲜、中国和欧洲接触时的摹仿可以证明日本人是相反的,绝不是保守的。他们向外国学到一切东西,甚至社会、政治和宗教制度都不例外。山森在提到耶稣会在日本传教成功时说:

虽然有些人热烈且不畏艰险的真正皈依天主，可是吾人不得不有个想法：一般信教者之皈依天主仅是因为想摹仿外人的一切习俗，包括宗教在内是当时日本全国时尚的现象。吾人所获悉的是日本许多非基督徒也买念珠和十字架，甚至丰臣秀吉本人也买的，穿外国衣服和念几句拉丁祷告辞，当时也成为一件时尚的事。

所以我不得不下这样一个结论说自由的因素有一天会像打破中国传统一样的打破日本古老习俗坚实的核心。

（本文为1939年12月29日胡适在美国历史协会的演讲，原载 The China Quarterly 5卷第4期，郭博信中译文载《胡适之先生年谱长编初稿》第5册）

中国为一个作战的盟邦

日本在中国发动侵略战争是在十多年前。那是1931年9月18日的夜晚,日军突然攻击中国的沈阳城,并加以占领。从1931年至1936年期间,日本在中国很多地方一直断断续续的进行其侵略战争。但大规模的战争却是在1937年7、8月间爆发的。

因此中国为本身的自由和独立作战断断续续的进行了十多年,但是在最近五十五个月里才是全面的和不断的进行着。

或许你们会问我说,中国在如此困难的情况下怎么会有办法对一个强敌抵抗了那么长久的时间呢?中国抵抗日本侵略有四年半之久,大家认为是一个现代的奇迹,我将利用分配给我的这段时间内向列位解释促成这个奇迹的因素。

简单的说,支持中国抗战力量的有五个主要的因素:

一、空间。

二、数量。

三、历史性的关系。

四、内部的重建。

五、外援。

第一是空间,中国承袭了一大片可以行动自如的空间。经过十年断断续续的战争之后,特别是经过了四年大规模战争之后,我们的敌人只可称是占领了中国十分之一的领土。蒋委员长曾告诉世界人士说,中国抗日的战略原则是"以空间换取时间"。中国之所以能够使日本侵略者陷于泥淖中而获得四年的时间最重要的因素是空间。这个空间的因素可以由希特勒在几个月内闪电的占领十多个欧洲国家的事实得到充分的了解。那些西欧、北欧与巴尔干半岛的国家之所以会一个一个的陷入敌手的原因主要是缺乏足够的空间来换取时间。最近苏俄能够成功的抵抗德军装甲师团的猛攻，重新又给我们一次证明，抵拒闪电战术最有效的武器就是时间，而时间只能用大片的空间和众多的人力来换取到。

第二个因素是数量。那就是庞大数目的人口为供应作战人力真正的和潜在的来源。这几年来，中国在面对着拥有优秀机械化部队的敌人时曾受到了军事上很大的挫折，但是由于我们数量上的优越，使敌人永远没有办法包围或捕取到中国任何大军团。而我们能够利用所争取到的时间来训练愈来愈多的师团与军官，所以日军高级指挥部人员才会说蒋委员长至少还有三百万经过训练的军队在他的麾下。这就是说，其至敌人都承认现在中国军队的数量是比四年前战争爆发时还要大，而且这个数量还没包括大量的游击队在内呢。我们充满信心的相信一个拥有七千万人口的日本绝对无法征服一个拥有四亿五千万人口的中国。

第三个因素是我们历史性的全国的团结。你们常听到人家说中国是因为日本侵略和这些年来的战争才团结起来的，这句话是不确实的。这样一个奇迹是没有办法用这么短的时间来促其实现的。我们可以坚决的说，中国全国团结是二十一个世纪的努力所达成的。中国在公元前200年团结成为一个帝国，在最近二十一个世纪半的时间中有几个短时期的分裂局面，和遭受外来的侵略。但是大体上说起来，中国曾在一个帝国，同一个政府，同一个法律制度，同用一种文字，同一个教育形式，和同一个历史文化之下继续不断的生存二十一个世纪以上的时间。这个团结着的国民生活之延续是任何其他种族、国家或洲陆所无可与之比拟的。外国观察家写的往往是关于中华民国建立后的二十年，而他们不能了解中国的内部虽然有政治纠纷，但其背后仍有国家团结基本的感情，更不能了解此种团结的一贯性，现在把全国连起来的就是这种长久历史性的团结感，一个力量激动起人民为抵抗侵略拯救国家而英勇的作战下去，在他们逆境与苦难中安慰他们，使千千万万人有耐性的忍受着非常大的屈辱与痛苦，使他们相信最后胜利必定属于他们具有长久历史的祖国的，使他们永远不灰心气馁的,正就是这个历史性的团结感。

　　第四个因素是整整十年内部重新建设而培养成的支持力。当日本人于十年前的1931年9月18日发动侵略战争而侵入满洲时,中国毫无准备的面对强敌,而这个强敌恰巧是世界第一等军事与海军的强国。我们的领袖们完全预料到大规模的战争一开始,中国就必定会失去华东与东南海岸全部的现代城市,可能也会失去长江下游的城市,并且会毫无防御的受敌人强大的海军严密的封锁。所以在那些表面上看来是在姑息敌人的几年中,我们领袖们不但训练和装备军队和尽量使他们现代化,而且也采取重要步骤,借以在广大的中国西部和西南部策划一个长期经济和工业的建设,当时他们就预料到即将来临的战争和海军的封锁。

　　在这方面的第一个步骤就是建造铁路和公路以连系中国西部、西北部和西南部。在最近十年中建造了一个广大的汽车公路网,其中包括通往俄国横贯大陆公路和通缅甸的滇缅路。最近《纽约时报》的窦定(F. Tillman Durdin)从缅甸寄来的报告说到滇缅路工程的奇妙。我从他的电文引述几句话给列位对于中国在内地交通方面的成就有个了解,窦定先生说:"没人真正描写过滇缅路。这条几乎全用人手造成的路是一个惊人的成就,而且毫无怀疑的是现代最伟大公路建设的奇迹。这公路在似乎无法可通过的一万八千尺的山岭上,蜿蜒通过三千尺深的峡谷。有些部分是从山边凿刻出一条路出来,下面是好几千尺深的山谷。南部通过的是世界上疟疾肆虐最厉害的地区。"

　　在内地建造现代工厂的步骤也是同样重要的。就在战争爆发前后不久,政府断然采取步骤拆掉四百多座工厂,并把各工厂的机器和设备迁移到内地,其中包括机械工厂、金属物品制造厂、化学工厂、纱厂、面粉厂与造纸厂。政府协助搬运机器的重量总共是七万多吨。此外,熔炉炼铁炼钢炉以及其他钢铁工业所必需的有关物资也运往内地。为了应付在内地计划工业的需要,政府也把开矿设备包括起重机、抽水机,以及其他机器从河南大矿区运到西南各省,以便能有转为现代化的设备开采煤矿。从矿区运往内地的这些物品以及运往内地的熔炼金属的火炉,大约总是五万吨。政府除了搬运工厂外,也设立了几个新工厂,包括电解铜厂、电器设备工厂和机械工厂等,这些新工厂的设备重量总共是一万多吨。

迁往并运往内地的三种机器重量共是十三万吨。这个重量对于有机器思想的美国人是不足轻重的。但是我们必须要记得这十三万吨的机器是用最原始的运输工具所搬运的,——多数是背负在人的肩背上搬运的。

搬运这些工厂在一个前此都不曾有过工业的内地设厂,然后开工生产;一共花了一两年的时间。这些工厂分布在广大的内陆,有些工厂已经遭受轰炸,但是多数都完整无损。也就是有了象奇迹一样的搬运了那些工厂才能制造出用以抵抗日军的武器,供应我们浩大战争机构物质的需要,开采新旧矿区的矿藏,和生产化学物品、纺织品、面粉、纸张,以应自由中国人民的需要。

建立庞大的交通与运输系统与促进内地各省工业化的这些措施,构成了中国抵抗力量的第四个因素,——大西南北区的重建。

最后,但是绝不是最不重要的因素是国际对中国的援助。中国之所以能够在这几年中作战是因为我们能获得外国朋友们给了我们重大的援助,这句话并不是夸大其辞。这几年中我们不断的得到了苏俄、英国、美国和崩溃前的法国用种种方式给我们的援助。这些援助有各种形式,有时候是医药器材和难民救济的自动贡献,有时候是政府或商业贷款,有时候是贸易方式售卖军事物资的办法,有时候是政府对我们货币的支持,有时候是维持我们对外交通和运输进出口物资的空中与商业通道,以及有时候是采取对我们敌人物资禁运的方式。

所有这些援助的方式对于我们作战的力量都是同样重要的。举个例来说,英美一齐帮助安定中国货币安定价值和他们直接给我们物资的援助是同样重要的。我们朋友在我们海路通道全给切断的三年中,努力维持我们对外界的运输与交通线是特别重要的事,经过苏俄横贯洲陆的通道一直维持到今日,均畅行无阻。在战争早期,香港是运输我们作战物资进来最重要的港口,一直到最近,香港几乎是我们空运的唯一港口,一直到法国崩溃时为止,法属安南的海防港至中国云南省是中国最重要的后门。在最近几个星期,全世界正以最大的兴趣和关怀注视缅甸战场,他们充分了解滇缅路具有极大的重要性,因为这条路是中国通往海口并从外国输入作战物资唯一留存的后门。

至于经济与物资的援助来说,美国根据其援助抵抗侵略国家的政策所给予的援助不但始终一贯的,而且是十分慷慨的。美国政府从1938年至最近给予的五千万美元之巨的借款之前,一共借给中国一亿七千万美元。并且根据1941年3月租借法案在最近十个月间给予了中国很多的物资援助。

但是援助中国抑制我们的敌人最重要而且最有效的步骤,乃是美国政府对日本有效的经济禁运,而且在去年七月初大英帝国与荷属东印度群岛也起而支持这个禁运政策。那时美、英、荷下令把其境内的日本资产冻结,把各级汽油置于禁运之下,实际上各该国与日本的商业与运输的交往已呈完全停顿的状态。

抵抗日本侵略最有效的经济禁运全面施行的时间,仅是在日本军国主义者去年12月间对英美在太平洋前哨地带发动诡诈突袭之前四个半月的时间。这些野蛮的突袭以另一种意义来说,乃是侵略者对于这种经济武器的效力致最高的敬意。我相信这个经济因素在最后打破欧亚国际匪徒的主力的过程中会不断产生很大的效果。

所有这些对中国援助的方式是"实际战争之外"的措施。但是去年12月7日——"一个永久是个耻辱的日子"——国际情况突然改变。在珍珠港,在韦克岛,在中途岛,在关岛,和在岷里拉所发生的事,使整个美国,整个盎格鲁撒克逊的世界,所有中南美共和国,均感惊讶震撼。结果,不但ＡＢＣＤ(美英中荷)联合阵线技术上以及心理上与精神上均成为事实,而且有二十六个国家真正的形成为联盟的"同盟国",赞同《大西洋宪章》的原则,保证利用他们全部的军事与经济力量来对抗三个轴心条约国,并且宣言不和敌人个别媾和或停战。

中国单独作战了四年半之后,就这样的突然发现自己正和二十五个新盟邦并肩作战,其中包括世界三大强国。

国际情势的突变已经使得我的人们在精神上与士气上产生了很大的效果。中国军队最近在长沙和鄂北战场的大胜利,就是最好的例子来证明国际新联合体对于自由中国作战力量所引起的影响。

上述的就是形成中国作战力量的五个主要的因素。我们还有很广大的空间。我们还有很多的人力,我们国家团结的历史意义,受到了火和血的新洗礼之后,比从前愈益坚固,不可动摇。我们内部的经济与工业重建工作,每个月都显露出更多更好的效果。更有进者,中国抗战的第五十四个月的第一天,整个国际情势突然变成对中国有利,对我们的敌人不利;中国不再是单独作战,而是"拥有六大洲绝大多数人口"的二十六个国家"军事与经济的全部力量"的支持。

离开费城不远的地方,有个历史性的福奇谷村庄。这个村庄是1777年到1778年华盛顿军队驻扎的冬营所在地。

你们最有科学脑筋的历史家菲斯克(John Fiske)说:"华盛顿军队在福奇谷村所遭受的可怕煎熬与痛苦,引起历史家的同情和钦佩。当这些可怜的士兵在1777年12月17日步行到他们冬营时,他们所踏过的雪路上斑斑的染上他们生冻疮的赤脚流出来的血……在23日华盛顿告诉国会说,他的营中有2898人'不适于服役,因为他们赤脚而且衣不蔽体。'冻饿使患病者日益增多;而在拥挤的医院里,有些人因为缺少稻草铺在他们所躺的冰冷土地上而活活冻死。他们所受的痛苦非常大,所以万一敌人攻击,简直就难以召集两千人可以拿起枪杆的。"那是1777年冬天福奇谷村的情况。

美利坚合众国的祖先怎么能脱离福奇谷村的苦海而渐渐步上约克镇的最后胜利呢?究竟从1777年冬天到1781年10月约克镇胜利之间发生了什么事呢?

所有的历史家都同意引致独立战争最后胜利的是两个因素。第一,革命军虽然遭遇到几乎无法克服的困难,仍然继续作战;第二,同时国际情势的变化大有利于美利坚共和国。那就是法国不但给予美国很大的财政援助,而且派来了一个庞大装备优良的远征军,包括陆军与舰队,以协助华盛顿对英国作战。事实上,那时候整个情势对英国不利。在1780年，即英国在约克镇投降的前一年，英国实际上是对整个欧洲作战。就是因为这个不利的国际情势，才使英国无法增援在美国作战的军队，而给相当小的华盛顿部队以有效的打击。

这两个因素是同样重要的。假如革命军在1777年放弃作战，或者在1778年接受和谈的建议，这个国际情势有利的转变就不会对美国争取独立的目标有何帮助，而也可能今日就没有美利坚合众国。

我的同胞的脑中决不会忘记这个历史类似的事件。1938年12月在纽约城，我提到过福奇谷到约克镇的事，下结论说："这个历史类似事件的含意是十分清楚的。中国抵抗侵略者战争的最后胜利也一定要依靠两件事：第一，中国必须继续作战；第二，在这段漫长的时间中，国际情势转变对中国有利，对其敌人不利的时候一定会来到的。"

中国作战了一年半之后才获得美国第一次贷款。我们作战两年两个月之后欧洲大战爆发。我们作战了三年八个月之后才获得包括在能享受1941年3月租借法案的国家之内。我们作战了整整四年之后英美政府才开始冻结日本资产，并且对日本施行全面的禁运。我们作战了四年五个月之后才找到并肩作战的新盟邦。

现在情势转变了，但是最后胜利尚未在望。你们的国家，我的国家，以及所有我们的盟邦面对着一个长久和艰难的战争。但是我们现在要以结交了新伙伴所鼓舞起的新勇气和新力量继续不断作战。对于最后的结果，我们毫无疑惑的是"联合国"的胜利。

我将把我同胞想告诉列位的话作为结论。这些话以蒋委员长在去年12月9日致罗斯福总统的电文最可以表达的。他说："我们把我们的一切都贡献于和你们并肩作战的共同战场上，直到太平洋和整个世界免于受残暴的力量和背信者之害的时候为止。"

（本文为1942年2月19日至26日胡适在美国西海岸的英文演讲 China As a Fighting Ally，郭博信中译文收入《胡适之先生年谱长编初稿》第5册）

中国抗战也是要保卫一种文化方式

1 你们知道你们是为什么而作战的。你们是为了保卫你们的民主生活方式而作战的。这种生活方式,按照我所了解的,就是自由与和平的生活方式。

就西方世界与西方文明而言,问题的关键,乃是专制与民主的对垒。也就是自由对压迫、和平对武力征服的斗争。

今天,太平洋区域问题的关键,和西方世界所面临的,毫无二致。那便是极权统治下的生活方式,与民主生活方式的对垒。换句话说,也就是自由与和平对压迫与侵略的斗争。

西方问题的焦点,在于纳粹的德国对西欧与英美民主国家间的冲突。而太平洋区域的问题,在于中日间的冲突。两方面战争的目标是一致的。

基本上说,中日冲突的形态乃是和平自由反抗专制、压迫、帝国主义侵略的战争。

为求彻底了解太平洋区域冲突的本质,我们必须就中日历史事实,作一对照性的分析。

(一)中国在两千一百年前,即已废弃封建制度,成为一个统一的大帝国。当时的日本,尚在军国封建(幕府)制度的巅峰时期。自那时起,幕府制度,代代相袭,延续至十九世纪中叶,派瑞(Commodore Perry)迫其开放门户,始告终止。

(二)两千一百年来,中国发展成为一个几乎没有阶级的社会组织。政府官吏的产生,都是经由科举考试的竞争选拔出来的。但日本呢？至少在近八百年来，都是武人政治。他们这个统治阶级的地位，一直是不容许他人问鼎的。

（三）中国在权威鼎盛时期，也从不鼓励武力侵略，而且一向厌弃战争，谴责帝国主义的领土扩张行为。相反的，军国主义的日本很久以前沿袭而来的国家理想一直都是向大陆作领土的扩张，和妄图征服世界。

上述这些历史事实的对照，在中日两国生活方式和文明发展上，是具有重大的意义的。这两个民族的国民性和社会体制，也就在这些史实的推演中形成。这就是为什么中国成为一个民主和平的国家；而日本成为一个极权黩武的民族的原因。

2　现在让我们回顾一下中国的历史，以便了解这种自由、民主和平生活方式发展的过程。

远在纪元前221年，中国就已成为一个统一的大帝国。在统一之前，是一个漫长的诸侯割据时代，称为春秋战国。在这个时期中（尤以纪元前600—200年间为最），具有创造性的发展的中国思想和文化，大放异彩，与西方古希腊思想、文明的兴起，颇有异曲同工之妙。

由于这个时期，在学术、哲学上的成就，中国的自由、民主、和平观念与理想，也就随而产生。有关中国民主思想形成的哲学基础，可以从下面数例中，见其大要。

第一，是以"无为而治"的黄老治术为最高政治形态。老子和他的门人认为，最好的政治，是使人民几乎不知有政府的存在；而最坏的政治，是人民畏惧政府。所以他主张："一切听其自然……无为而无不为。"

第二，是墨家的兼爱精神。墨子主张"非攻"；他一生的精力，都致力于传布"博爱"及"国际间和平相处"的道理，这些道理他称为是上天的意旨。

第三，是本着"人皆可教"的原则，产生了社会不分阶级的理想。孔子说："性相近也，习相远也。惟上智与下愚不移。"及"有教无类"。正说明了这个道理。

第四,中国具有言论自由,及政治上采纳坦诚谏奏的悠久传统。远在纪元前八世纪时,有一位政治家曾留下这样一段名言:"防民之口,甚于防川,川壅而溃,伤人必多,民亦如之。是故为川者,决之使导;为民者,宣之使言。"《孝经》中引有孔子一段话说:"昔者天子有争臣七人,虽无道,不失其天下;诸侯有争臣五人,虽无道,不失其国……士有争友,则身不离于令名;父有争子,则身不陷于不义。"

第五,是人民在国家中,占极重要地位。人民反抗暴政,乃天经地义的事。孟子说:"民为贵,社稷次之,君为轻。"又说:"君之视臣如土芥,则臣视君如寇仇。"孟子的民主革命思想,说明人民可以抗暴,更可以诛戮暴君。

第六,是均产的社会思想。孔子说:"有国家者,不患寡而患不均……盖均无贫。"

以上是中国所以爱好和平,与重视民主的一些理论性的、哲学性的基础。这些观念与理想,是在纪元前三世纪,中国第一个学术成熟时期,发轫于我们的先圣先贤,而且代代相传到今天。美国国会图书馆东方组主任赫莫尔(A. W. Hummel)是我的一位好友。他对中国民主思想,曾对孟子的民主学说表示以下的意见:"中国在两千多年的君主体制下,不但革命的论调,能够存在,而那些含有革命思想的书籍,竟又用来作为考选政府官吏的依据,这实在是不可思议的事。"

中国古代的许多哲学思想,也能在两千一百年的帝国制度下,一一付诸实施。

(一)一个统一的大帝国,竟然形成和平与无为而治的政治作风。纪元前二世纪大帝国的版图,和今天中国的版图的广袤几乎一样大小。在通信交通不像今日这么发达的当时,要想统治这样广大的国域,真是谈何容易。那时的始皇帝,想以军国主义与极权领导,统治这中国历史上的第一大帝国。可是不出十五年时间,就遭到了为革命推翻的悲惨命运。继之而来的,是中国的第二大帝国——汉朝,统治了四百年之久。汉朝政治家,由于历史教训的利益,决定建立一个和平统治的王朝,将无为而治的政治哲学付诸实施,逐步推行文人政治,使人民享有统一帝国生活的种种权益,而不受政府过分的干涉。

由于汉朝长期无为而治的文人政治制度实施的成功,以后各代,也大都相沿推行。

在上述期间,因为中国没有强大邻国侵犯,所以和平与军备裁减的实现,并无困难。当时虽有好战的游牧民族为患,然而尚不足以使中国走上扩充军备与军国主义的道路。所以无论就政治、哲学、宗教或文学而论,均视战争为大忌。

个人自由与地方自治精神,更是和平与无为政风下必然的产物。所以,中国政治一贯的特色,是被治理者个人主义的充分表现。他们尽量避免政府的控制,和常常流露出无政府主义的思想。下面的一首民歌,便是最好的例证:

　　日出而作,日入而息。
　　凿井而饮,耕田而食。
　　帝力于我何有哉!

这种"天高皇帝远"的自由民主思想,不是采用无为而治的政风,是不可能产生的。

(二)由于封建社会早已废弃,长子继承权(宗法)制度,也就随之消失。汉代财产继承的政策,是各子平均分配,而且不分贵族平民,都已习为风尚。任何富户,经三代分产之后,便已不复存在。所以,经过两千一百年的均产之后,逐渐形成今天社会结构的民主化。

(三)两千年来的科举制度,更进一步使中国社会民主化。科举制度起源于对儒学人材的需求。孔孟儒学中的语言,虽然已经不是当时流行的口语,但却是官方上下来往的文件与学术著作的标准语言。后来教育逐渐普及,科举制度日益完备,取才对象的限制,也就日益放宽,科举也就成了谋求显达的唯一合法的,而且光荣的途径。由于限制放宽,贫苦子弟也可以逐步晋升到卿相的地位。后来考试范围大都限于《四书》,便给予有志的贫苦青年子弟,接受儒学教育与中举的机会。科举制度的建立,正是孔子"有教无类"理想的具体实现。

(四)长子继承(宗法)制度的及早废除和公开科举取士制度的

实施,是中国人争取平等的奋斗;而监察制度的实施,又是中国人争取自由的奋斗。中国在上古时代,即有监察制度的实施。负责监察的大臣,往往不顾专制君主的愤怒,直言进谏。后来不但御史台可以谏奏,凡是有头衔的官吏都享有这种谏奏的权利。因此演变出一种带有宗教色彩的传统——最昏庸的国君,对直谏的臣子,也不敢严加处分。国君对谏奏的容忍,一向都被认为是一种最高的美德。那些因为谏奏,而遭到严刑重罚,或被暴君处死的忠臣,一向都被尊崇为维护人民利益、反对暴虐统治的英烈之士。

（五）最足以表现中国人积极争取自由的一面,是学术生活和传统。中国思想史上最辉煌的时期,呈现出独立思想与大胆怀疑的精神。至圣先师孔子的教言中即有:"学而不思则罔,思而不学则殆。"及"知之为知之。不知为不知,是知也。"

中国的思想自由和批评精神,就是在这个"合理怀疑"的伟大传统中,培养起来的。公元一世纪时的王充,对当时所有宗教思想与玄学观念,曾以高度的科学方法,站在哲学的观点,大胆的加以批评。于是这种批评精神,使中国从中世纪风行一时的释、道二教中解放出来。就是在儒家本身,也一样充满了独立思想与批评、怀疑的态度。譬如对孔学典籍的批评,很久以前就已蔚为风气。凡经学者证明为伪冒或窜改的卷册、章节,不管世人如何重视,都能毫不犹豫的加以驳斥。这种自由批评的风气,到九世纪后期,更加显著。于是自由派学者,对一切主要孔学典籍,均抱有丝毫不苟的疑问态度。

在过去半个世纪中,中国的社会和政治思想,也接受了这种怀疑和批评精神的洗礼,而具有怀疑与批评的特性。在这个时期的中国思想领导人物,几乎都曾对民族文化遗产,作过批评性的研究。而且对每一方面的问题,都当仁不让的予以检查及怀疑和严厉的批评。因此,无论宗教、君主体制、婚姻及家庭制度以至于圣贤本身,都在评论之列,以确定其在新时代、新世界中的存在价值。

这里要请诸位特别注意的一点是,中国这种学术上的自由批评精神,不是舶来品,而是固有的。去年,在我向美国国会图书馆,存放先父尚未出版的一些手稿时,我曾向该馆当局指出,这些资料,是先父八十年前,在一个老式大学(龙门书院)中研究时使用的。其中每页,都用红色印刷体,记载如下的字样:学生首须学会以怀疑的精神来研讨课程……哲学家张载(纪元1020—1077)曾说:"于不疑处有疑,则学进矣。"

这种自由批评与怀疑的精神,使我们推翻了君主专制,废弃了教育与文学上纯以文言为工具的传统,而为今日中国带来了一个政治与社会革命,及文化复兴的新时代。

3 再看日本历史,那真有天壤之别!

日本历史,在政治组织上,一直是极权统治;在学术上,是愚民政策;在教育上,是军事化训练;其抱负则是帝国主义的思想。

日本历史上的极权独裁政治,是它国内外观察家,有目共睹的。日本历史权威乔治·森荪爵士(Sir George Sansom)曾说:

> 约自1615年起,日本即在寡头政治统治之下。统治的方法,多与现在极权国家所用者相同。它的特征是:统治者自选干部;压制某些阶级,使其无所作为;限制个人自由;厉行节约;多方垄断;各种检查;秘密警察;及'个人为国家而存在'的教条。至1868年,这一政权虽被推翻,但继起而代的,并不是一个受大众欢迎的政府,而是一个强大的官僚集团……因而奠定了日本极权主义特质永恒不变的基础。

曾于1940年9月,起草并签署轴心国联盟条约的前日本驻罗马大使白鸟(Shiratori),对日本历史的评论,比森荪爵士更为露骨。他说:"过去三千年中,日本民族成长的基本原则,就是极权主义。"

因此,日本之所以甘心加入轴心国,而且把这种做法,视为它一贯的国策,是有其历史背景,并非偶然的。

其二,是关于日本愚民政策的诸多记载。也就是在学术上,对传统与权威的无条件接受。日本学者,对某些神话、传说,是不容许存有怀疑态度的。譬如日本皇室与贵族衣钵相传的神圣性,太阳女神,纪元前660年2月11日为日本帝国开国日,或称为大神传下镜子、宝石、宝剑三件圣宝的帝国的创建日。

日本帝国大学教授 Telsujiro Inoue 在他的一部代表作中，大胆的表示了他对伊势神宫（Ise）中三件圣宝的看法。他认为上述传统的说法，有待研究。这（Inoue）博士这一点轻微的存疑，闯下了数年遭受迫害的大祸。他被逐出帝国大学，在暴众的围攻下，打得一目失明。但是没有一位学人，敢于挺身而出，为他的遭遇，或为他的科学怀疑精神，加以辩护。

自然，在学术独裁与暴力把持的气氛下，不但危险思想要受到查禁，所有其他思想，也都被认为是有危险的成分。

其三，是上述历史传统，说明了日本所以迅速发展成为一等武力强国的原因，揭穿了历史上最大的迷惑：何以在所有非欧洲国家中，唯有日本能吸取西方文明，在军事上独占鳌头？而中国、印度、波斯（伊朗）、高丽、越南、暹逻，又何以不能？日本之所以能迅速军事化，乃是因为它的统治阶级——大名和武士——是在军国主义传统的教育、训练中熏陶出来的。而统治阶级的所作所为，又是全国上下，积极效法的榜样。

因此，日本在短短数十年间，培育成最强大的军事力量，傲视一切非欧洲国家，自亦不是偶然的事了。

其四，是上述历史传统，也说明了日本帝国主义扩张的一贯政策。五百年来，日本的国策与理想，不外是向大陆扩张与征服世界。

三百五十多年前（1590）日本中古时代的英雄丰臣秀吉（Hideyoshi），曾致书中、韩、菲、印、琉球，说明他征服世界的计划，即将付诸实施。现在我将他致高丽国王书信的译文，引述一部分如下：

> 日本帝国大将丰臣秀吉，致高丽国王陛下……秀吉虽出身寒门，然家母孕育秀吉之夜，曾梦日入怀中。相士释梦，预言秀吉命中注定，世界各地，阳光照射之处，均将为我统治……天意所示如此，逆我者皆已灭亡。我军所向披靡，攻无不克，战无不胜。今我日本帝国，已臻和平繁荣之境……然我不以于出生之地，安度余年为足，而欲越山跨海，进军中国，使其人民为我所化，国土为我所有，千年万世，永享我帝国护佑之恩……故当我进军中国之时，希国王陛下，率军来归，共图大业……。

高丽对该书,并未给予满意的答复,于是秀吉遂在1592年初,派遣三十万五千大军,渡海经高丽侵略中国。此一师出无名的战争,历时七年之久。后因秀吉死亡,始告结束。

战争爆发之初,秀吉的预定计划是这样的:1592年5月底前,征服高丽。同年底以前,占领中国首都北京。这样,到1594年,新日本大帝国将在北京建都,日皇在北京登基,而秀吉本人则在宁波设根据地,进而向印度及其他亚洲国家扩张。

秀吉的计划虽未能实现,但三百五十年来,他却变成了日本民族的偶像。数十年来,亚洲大陆与太平洋地区所发生的一切,与近数月来,所发生的一切,都不是偶然的,而是秀吉精神复活的确证。

今天,这个独裁的、愚民的、黩武的、疯狂式帝国主义的日本,正是我们面临的大敌。我们已经和这个劲敌浴血抗战了五年。而今天代表全人类五分之四的同盟诸国,也正在和这一帝国主义者及其他轴心国家,进行全面的殊死之战。

4 由于上述两种截然不同的历史背景,而产生了两种根本上对立的生活方式。今天,中国人民的自由、民主、和平方式,正面临着日本独裁、压迫、黩武主义方式的严重威胁。

中国对日抗战的第一个理由是,我们不仅反对日本帝国作风的重振,不仅反对日本在中国领土上推行其君主政体,而更是反对它雄霸亚洲和征服世界的野心所谓"神圣的使命"。

中国对日抗战的第二个理由是,我们中国人把怀疑看做一种美德,把批评看做一种权利。因此我们不愿意让一个"视一切思想均有危险性"的民族所统治。

中国对日抗战的第三个理由是,中国人民一向爱好和平,厌弃战争。因此我们不愿意在一个黩武好战、梦想征服世界的民族奴役之下苟生。

(本文为1942年3月23日胡适在华盛顿纳德立克俱乐部的演讲,张为麟译成中文,胡适纪念馆出版。又收入《胡适之先生年谱长编初稿》第5册)

纪念"五四"

全国的青年,全国的同胞。

我在这整整五年里,没有发表过一篇国语的文字,没有发表过一篇国语的演说。今天有这机会向全国广播,我感觉十分高兴。

今天是"五月四日"是"五四"运动的第二十三周年的纪念。二十三年前,巴黎和平会议不顾中国政府和国民的意志,向日本作绝大的屈伏,把山东问题交给日本支配。这个消息传到了中国,北京的学生在天安门前开抗议的大会,作示威的游行。这一群学生整队走到东城赵家楼要见当时的外交总长曹汝霖,曹汝霖关了大门,不肯见他们。他们打进门去,找不到曹汝霖,打伤了驻日本公使章宗祥。

这个事件在历史上叫做"五四运动"。这个学生运动,发动在北京,引起了全国的响应。全国学生罢课,全国的商人罢市,全国的公共团体纷纷打电报给政府,给巴黎的中国代表团,不准他们接受巴黎和约。在欧洲的中国学生和工人组织了监察队,把中国代表的住宅包围起来,整日整夜的监视着他们,不准他们出席去签字。

巴黎和约中国没有签字,留下了法律的根据,作为后来华盛顿会议和平解决山东问题的地步。这是"五四运动"在中国历史上在中日外交史在世界历史上的意义。

今天是"五四运动"的第廿三年,是我们对日本抗战的第五十八个月,是第二次世界大战的最吃紧关头。我们在这个日子纪念"五四",当然不是要回想过去,是要借过去来比较现在,使我们可以明白现在,了解将来。

我们全国国民在这个时候最关心的当然是这一次世界大战争的结果如何,和我们国家民族的前途如何。

第一,我可以毫不迟疑的告诉你们,这次大战的最后胜利一定是属于我们和我们的同盟国。眼前的吃亏,败挫都只是暂时的,都不必忧虑。我在最近三个月内,走了一万五千英里的路,亲眼看见美国全国上下一致的努力作战时生产的工作,亲眼看见全国的工业在短时期内完全改成了战时工业。飞机,坦克车,军火的生产量现在已经赶上轴心国家的生产量了。就是最困难的造船工业,美国也在拼命的发展。美国今年可以造成八百万吨的船,明年可以造成一千万吨的船。我昨天刚从 Rocky Mountains 飞回来,我可以告诉你们现在美国高山上也在造船了!这样的生产力量,有了运输,我们的同盟国的最后胜利是绝对无可疑的。

第二,对于战后的世界,我也毫不迟疑的说,我们必定可以期望一个新的世界和平,新的世界秩序。这一次大战的敌人和朋友,分的最清楚,和上次大战有根本的不同。一来是日本成了同盟国的公敌;二来是我们中国这五年来是一个主要的作战国家;三来是我们二十六个同盟国家从没有订立什么出卖别国主权利益的秘密条约;四来是我们的同盟国曾宣布接受罗斯福大总统和丘吉尔首相的八条《大西洋约章》(Atlantic Charter)以后的世界和平总可以用这八条原则做蓝本。有了这四点大不同,我们可以放心大胆的期望,在这次战争结束以后,不但完全做到我们中华民国在世界上的自由平等,并且要建立一个和平的,公道的,繁荣的,快乐的世界。

最后,第三,我们国家民族,在蒋委员长的领导之下,经过这多年的抗战,取得了受世界敬仰的地位,以后我们的责任也就更重大了。

这廿多年世界和平的局面是日本"九一八"一炮打碎了的。但是全世界抵抗强暴,抵抗侵略者的精神是我们中华民族的血重新建树起来的。所以罗斯福大总统四月廿八夜的广播词里曾说:"我们要记得中国是第一个民族起来抵抗侵略的。这个打不倒的中国,在将来,不但对于东亚的和平与繁荣,并且对于全世界的和平与繁荣,都要担负相当的责任。"全国的青年,全国的同胞,不要忘了我们的朋友罗大总统对我们的期望。我们在这辛苦血汗的抗战期间,都应该想想我们国家民族在将来的世界上可以负担的责任。我们不但要从多年抗战里出来建立一个新的国家,新的文明,我们还得尽我们的能力,帮助全人类维持全世界的和平公道,增进全世界的繁荣,提高全世界的共同文化。我们古代哲人本来曾说过:"先天下之忧而忧,后天下之乐而乐。"我们要拿出这种精神来担负将来的大责任。

(本文为1942年5月4日胡适在华盛顿对国内的广播讲词,原件存中国社会科学院近代史研究所)

论战后新世界之建设

我们自然都很关心将来,很关心此次战争的结果及战后的和平。我们相信在对抗共同敌人的共同战争里,同盟国将获全胜。

我们作战的目标,同盟国伟大的领袖们已说得清清楚楚了。

我想把《大西洋宪章》的八条原则总括讲一讲,罗斯福总统曾说《大西洋宪章》非特适用于大西洋沿岸各国,而且适用于全世界。这八条原则的大意是:(一)不得有领土或其他的扩张,(二)不得有与当地有关人民自由意志相反的领土变迁,(三)各民族对其政府之形式有自决之权,以前被人用武力剥夺自主权之民族亦应予以恢复。(四)各国贸易平等,繁荣经济所需之原料,各国平均分配,(五)经济方面各国合作,以改良劳工生活及建立社会安全,(六)建立和平,俾各国在其国土内得安居乐业,各地人民皆可自由生活不感恐怖及缺乏,(七)海洋自由,(八)各国放弃运用武力,在广泛永久之普遍安全制度未建立以前,凡侵略或可能侵略别国之国家皆解除武装。

这个联合宣言在1942年1月1日签订,表示二十六国都愿全力实现共同的高尚目标和原则。这是贵国敝国以及在这次共同战争中我们所有盟国大家都接受的目标。

战后和平及新的世界秩序,究竟如何实现,系于各国领袖的识见,智力和努力,也系于各国人民给予其领袖的支持与拥护。所以未来的情形如何,全视世界上各国领袖和各国人民之努力而定。

我是研究历史的,我想把第一次大战的历史教训,来说明将来和平和我们目标实现的可能性。我相信只要研究一下威尔逊和平计划失败的原因,就可想到罗斯福邱吉尔世界和平计划的成功很有可能。

我想学历史的人都同意威尔逊计划的失败是由于几个基本的历

史原因,幸而这几个因素现在都不存在了,即令存在,力量也大大减少了。第一、第一次世界大战时和德国作战的盟国之中,有日本及义大利,这个同盟不能使威尔逊的理想有所收获,在此次战争中,国际间的同盟分得清楚而合理。大体讲来,同盟国家虽则民主发展的程度各有不同,都是和平与爱好和平的国家,所有的侵略国家也全都联结在一个理想之下。第二、这次的战争开始时,就清清楚楚的有一种对抗强暴侵略为国家自由而战的普遍性,而且在同盟国间,没有什么扩张领土的企图。第三、1919年的世界对于威尔逊的原则没有了解与接受的准备,1918年的休战早得出乎意料之外,所以就是最智慧的人也没有时间好好准备以后的庞大工作。

1918年,许多国家——中立国,盟国及与国——还没有严重的遭受战争的恶果。那时还没有无线电,飞机只是一种奇怪而不十分有效的武器。海洋间庞大的距离给几个大洲一个有力的保障。许多人仍以为无论战争怎样扩大,总可以不卷入漩涡,还以为中立和孤立是可能的。

比起上次对威尔逊计划心理上精神上没有准备接受的情形,现在我们对未来就可以抱更大的信心和乐观。许多非难威尔逊计划和政策的人,也给这次的战争震惊了,他们对理想的原则已比较谅解,比较赞同了。

而且时代也已改变,实际上欧洲或其他地方已没有中立国,最爱好和平的国家,也已无情的给侵略者所蹂躏。最大的海洋,也不能保障以前的孤立国家。世界上最强的美国,也受人攻击,而且遭受历史上未有的打击,这种情形带来了对世事更现实的新看法,凡事要从痛苦的经验才能学习聪明,世界上事物大都如此。

关于这,1941年12月9日罗斯福总统的演说,曾经特意提出,他说:"我们决不可忘记我们所学到的东西,这是我们对死者的责任,也是对他们及我们的孩子们的神圣责任。我们所学到的是:在恶棍主义原则统治下的世界,任何国家,任何个人,决没有所谓安全。对于那些暗中偷袭,不通知就攻击的强暴敌人,就无所谓坚固的国防。我们已经知道一个和人家划分得很清楚的半球,也不能免于受人的袭击,我们不能把地图上的距离来衡量安全。"

洞悉了这些无可否认的事实后,我们就相信实在需要建立和平,建立各国在其国土内安居乐业的和平。这种心理变化,也许会随战事的进展而增加,而且也许可以给我们和我们孩子谋和平的政治家扫除障碍。

这几点历史的教训,使我对《大西洋宪章》上所规定的未来和平计划更抱有实现可能的希望。但是工作是庞大的,还有许多工作要大家去完成,造成完全了解世界祸害的空气,以及提出拯救的办法。

(收入胡适思想批判参考资料之五《胡适文辑·政治》,1955年4月胡适思想批判讨论会工作委员会秘书处编印)

抗战五周年纪念

照一般人的计算,今天是中国抗战五周年的纪念。其实从"九一八"到今天,快满十一个整年了。这十一年里,我们的军队有过上海的抗战,长城的抗战,绥远的抗战。所以今天的纪念,是纪念我们五整年的全面作战,也就是纪念我们十一年的国难,也就是纪念我们十年多的抗战。

今天我只想简单的对全国同胞说三个意思:——

第一,我们的长期抗战,是现代民族起来抵抗侵略最早,又最长久的一段光荣历史。

第二,我们这十年的努力,五年的苦斗,在国内方面,在国际方面,都已经有了很大的成功。

第三,我们的抗战事业,不但必定可以得到最后的胜利,还可以帮助全人类建立一个有力量而可以永久的世界新秩序。

第一,日本用武力侵略中国,是世界和平被破坏的开始;我们中国民族抵抗日本,苦战前后十年,是世界民族抵抗暴力侵略的开始。我们有两千年爱和平的习惯,我们又没有海军,没有空军,没有新式的武器,我们当然没有抵抗一个头等海陆军强国的力量。所以从"九一八"到"七七",我们足足忍了六年。我们的忍耐,是一个真正爱和平的民族的忍耐。我们的抗战,是一个真正爱和平的民族到了忍无可再忍时候的抗战。我们早知道,抗战开始以后,我们沿海沿江一带几万万人民的生命,财产,必须要受绝大的损失,绝大的牺牲的。我们也早知道,那时候的国际局势是决不会有别的国家出来帮助我们打仗的。我们也早知道,我们的抗战,必定是很长期的苦战,也许是五年,十年的苦战。——这种种的困难,这种种的牺牲,我们的领袖,我们的人民,都早知道,都早细细的想过。所以我们的抗战不是一时血气的打仗;是睁开了眼睛,忍了五六年才决定吃大苦,做绝大牺牲的长期抗战。我们的五年大战是目标最纯粹,旗帜最鲜明的抵抗侵略的战争。

我们在这个大纪念日子,可以大胆的告诉全世界:"在这个抵抗侵略的世界战争里,我们是第一个国家拿起枪杆子来,我们也必定是最后一个国家放下枪杆子去!"

第二,我们这十一年国难,五年全面战争的绝大努力,绝大牺牲,都不是白白的费掉了的,都已经有了很大的,很重要的成功。

在国内的方面,我们的最大成绩是国家政治力量的巩固。这是我们的敌人万万梦想不到的。十年之前,在"九一八"之后,我们的敌人向世界宣传说,中国不是一个现代的国家,中国人民只是一盘散沙,没有组织,也没有团结力的。可是奇怪的很,敌人越打进来,这一大盘散沙团结的也越坚固,散沙好像变成了"水门汀"了,好像变成"钢骨水泥"了!十年的苦战,军事的失败,大块土地的沦陷,经济的困难,都不曾动摇我们国家的统一,都只促进了,加强了,我们政治的团结,建设的努力,作战的勇气。这是我们在国内方面的最大成绩。

在国际的方面,我们的长期抗战惊醒了许多民族的和平迷梦,并且给了他们十年多的时间可以做一点抵抗侵略的准备。到了前年去年那几个强盗国家最猖狂的时候,全世界爱和平爱自由的民族更感觉到中国民族这许多年来独力支持东亚大战场,是绝大的功劳。我抗战越长久,我们在国际上的重要也更明显。在前年法国倒塌下来之后,全世界只剩下英国和中国在欧亚两大战场上苦斗了。在今天的世界大战里,事实上也只有华,苏,英,美,四个大国在那儿苦战。我们国家的十年大努力,大牺牲,争到了这个世界公认的重要地位,这是我们在国际上的成绩。

第三,我们在这时候,必须要把定信心,认清我们的抗战工作必定可以得到最后的胜利,并且必定可以做到世界新和平,新秩序的建立。

这几个月以来国内国外各大战场的消息都是很坏的,很可以叫人失望的。但是我们从大处看来,从世界战争的全部看来,这几个月的败挫,都不应该叫我们失望悲观。我们现在已不是单独作战了;我们现在有了二十七个同盟国,其中有三个世界上最有力量的强国,这三个大国和中国一样,平时都是爱好和平,反对战争的。但是等到他们"逼上了梁山",拿起枪杆来抵抗强暴的时候,这三个国家,都是不打到底不肯放手的。苏俄人民这一年的苦战,是全世界都惊叹佩服的。我们也决不可轻看那些生活程度高的英美国民的战斗能力!他们尝过自由的味道,知道文明国家的幸福,所以他们的打仗真是为保卫自由而战,为保卫文明而战,他们的精神和勇气是最可靠的。我们看英国空军〔R. A. F.〕的大成绩,就可以明白英美民族不是不能打仗的。

至于这三个国家的战时工业生产力量,这更是大家一致公认的。我在这五六个月里,在美国东西南北,走了三万五千英里的路,亲眼看见全国人民日夜努力生产,亲眼看见全国的平时工业在短时期里都改成了战时工业。现在飞机,坦克车,军火,船,等等的生产量都超过了最初的估计。

我们看了我们同盟国的生产力的可惊,战斗力的可靠,我们可以毫不迟疑的说,这个抵抗侵略的世界大战的最后胜利是必定属于我们和我们的同盟国家的。

最后,我们还可以相信,我们得到了最后胜利之后,我们必定可以,同盟国必定可以替全人类建立一个有力量的,能持久的世界新秩序。我们可以举出三个可以乐观的理由;一来呢,这二十八个同盟国里没有一个侵略国家。二来呢,我们这些同盟国一方面从没有订立什么分赃的秘密条约,一方面又都公开遵守"大西洋约章"(Atlantic Charter)的八条大原则。三来呢,这一次大战的苦痛是普遍全世界的,所以世界人的觉悟比从前任何时代都更彻底。最近几个月里,美国在政府,在民间的领袖发表的言论,大都赞成将来美国同我们同盟各国用联合的力量来维持全世界的安全和平。这种大觉悟的表示,可以使我们格外相信,我们胜利之后,还可以得到一个可靠的,可以永久的世界新秩序。

　　这三层意思,我很诚恳的献给全国的同胞。

(1942 年 7 月 7 日胡适对国内的广播讲词,原件存中国
社会科学院近代史研究所,收入耿云志主编
《胡适遗稿及秘藏书信》第 12 册)

我们能做什么？

我们能做什么？本是一个可大可小的题目，今天希望在一点钟以内讲出来。在讲本题之前，我愿提一下刚才主席（阎子亨君）介绍词里的话，他说我过去在政治上的主张与公能学会的精神很相近。我愿给他的话一个证明。

从前我们办过一个小报，叫做《努力》，在第二期上，我就提出："我们不谈主义，只要一个政府，要一个好政府。"当时的北京政府的政令只限于在北京，连天津都到不了。因此我提出要一个政府、要一个好政府。有人问我好政府的条件，我说：第一是要有操守，有道德；第二是要有能力，负某部门责任的官吏，一定要熟习并且专长于这部门的业务。

当时我没有看到南开的校训："公"、"能"这两个字，但我所提出的是与"公"、"能"相一致的。这是我给主席的话加一个注解，也是加一个证明。

我要说的是：我们能做什么？不管是南开校友会也好，北大同学会也好，公能学会，或是市民治促进会等团体都好，我们要问一问：我们能做什么？

来天津以前，今天早晨我与张佛泉，谭炳训诸位先生去参观北平市参议员选举的五个投票区。从这里我们训练了自己，教育了自己。从这次办理选举的经过来看，当局者很想把选举办好，事前请了学校里的好多政治学家和许多别的先生们去研究，去想办法，可见办选举的人是想办好它。至少我在北平看到的是如此。

但是我们看了几个选举区以后，觉得有缺点，有值得批评的地方。因为办选举的人自己没有经验，也很少看过别人选举。拿选举的法律条文做教科书,就难以解决实际困难。譬如选举时旁边有个代书人,凡是不会写字的选民可以请代书人代写选票,加上旁边两个监视人,选一票至少要被三个人知道,这就不能算是秘密投票,就难免受人威胁利用。但"代书人"的办法是选举法的细则上规定的。那么根本的毛病在那里?根本毛病在于宪法。

宪法规定普选,不分性别,不分教育程度,不计财产,只要满二十岁就有选举权,这是世界上最进步的制度,我们是迎头赶上了。但是我们选民的"能"不够,我们看见一个老太太来选举,竞选的人递给他三张片子,走到代书人面前,她不知道要选谁。另外我们看到一位瞎子来投票,这太感动人了,外国记者忙着替他照相,但是他也不知道选谁。有人建议他用手在候选人名单上任指一个,但他是盲人,连指的能力都没有,结果由他的小孙子在名单上随便点了一个,这是我们看见的,这是公开的,并没有人贿选。但结果是如此不合理!

错误是在制宪时种下的,当时我们没有反对普选,是一个大错。我们只根据书本,没有勇气走出看看,为了"普选"的美名,我们没有看看全国人民的水准,没有看看他们的能力。将来发生坏的效果,我们参加制宪的人都有责任!我希望在座的人都去看看选举的实情。

我们还看了北平的职业选举,市商会和市教育会就没有"代书"的事。比区域选举的情形好得多了。市商会用间接选举,手续繁复;市教育会用直接选举,在十个候选人当中选七位参议员,方法简便,效果也良好。

从这里我们得到两个教训:第一、选民教育程度高的,选举就办得好。第二、选民应该有限制,在宪法没有修改以前,没有办法根本解决。但是,我们可以接受各种经验教训,改正既有的缺点,天津就可以改正北平所发生的一些可以避免的错误。候选人应该加以限制,应该要他负责。英国规定候选人须缴两百镑保证金,选票不及选民三分之一时,保证金就充公为选举经费,这办法也许太严,但我们绝不能让一个人随便去登记一下就成为候选人。我们要让他负责任,候选人减少,就可以全部印在选票上,选民只要在名下画个"×",不会写字的人总可以画"×","代书人"可以免除。这就改正了一个缺点。

我们要能够接受经验,改正缺点。这算是我的引论,以下谈正文。

我们能做什么?这要靠我们的知识水准,教育程度,和技能修养。究竟一个没有军队支持,没有党派协助的个人能做些什么?以我想,至少有三大类的事情可做。我愿用几个例子来说明。

第一类:可以说是消极的,以我个人为例,我民国六年回国,当时立定志愿不干政治,至少二十年不干政治。虽然真的过了廿一年才干政治①,但是不到二十年我却常常谈政治,先后我参加或主持过《每周评论》、《努力周报》、《独立评论》和《新月》等政治性的杂志。因为忍不住不谈政治,也可以说不能不问政治,个人想不问政治,政治却时时要影响个人,于是不得不问政治。

我只是学弥尔(J. S. Mill)。这是一位十九世纪的大政治家,大经济学家,还可以说是大思想家。中国有严复译的《群己权界论》(On Liberty)就是他划时代的巨著。这是一个天才;三岁能用希腊文作诗,五岁能通拉丁文。由于家庭教育好,使他受教育的时期缩短了二十五年。弥尔先生有肺病,但是他活到六十多岁,几十年的时间没有参加实际政治,但他一直在自己的本位上写政治论文、批评实际政治,他的著作给英国政治以很深的影响。而如今有人称他为自由党"精神上的父亲",工党"精神上的祖父"。弥尔这种批评政治,讨论政治的精神,我们可以学习,也是我们所能做的!这是指个人方面。

此外,团体方面英国有个费边学会(Fabian society)。费边是缓慢的意思。费边学会可以译做缓进学会。他们研究社会主义,反对激进的政治主张,时常讨论、研究,出了许多小册子。结果费边学会成为英国工党真正的前身,他们的研究结果成为工党政治理论的基础。

今天我们的许多团体,像公能学会、市民治促进会,就可以学一学费边学会,就能做研究政治讨论政治的工作。

---

① 记者按:指胡氏民廿七年出任驻美大使。

第二类我们能做的可以学美国的"扒粪主义"。"扒粪主义"起于二十世纪初年,美国有一些新闻记者感到许多大小城市都有所谓"BOSS",我们可以译为"老板"。这种人并不是大资本家,大政客,只是凭着权术、手段,经过多少年的活动,把持着这个城市的一切恶势力。所谓"扒粪运动",就是有计划,有知识的,对恶势力长期作战。根据调查的事实,来攻击恶势力,结果得到很大的效果。

　　我们要有扒粪的精神,不要单是喊打倒贪污,究竟贪污的证据在那里?我们可以调查,研究。在天津的人可以调查天津的机关,可以查账,没有一种假账是查不出来的。这种事,个人能做,团体也能做。

　　第三大类能够做的,我也举一个例来说明:1944 年美国有个 C. I. O. P. A. C. 的组织就是美国有名的两大劳工组织之一的"工业组织联合"(Congress of Industrial Organization)的政治行动委员会(Political Action Committee)的缩写。1944 年正是美国人民最黯淡愁苦的一年,对德战争还十分紧张,对日战争也没有结束。罗斯福总统第三任已经期满,大选快了,按惯例,总统连任三次已经空前,连任四次似乎是不可能的事情。但是大局危急,人民希望他连任,这有什么办法?再两年以前(1942 年)国会改选的时候,美国有资格投票的选民有八千万,但是实际投票的只有三千多万人,人民对选举不发生兴趣。国家大局交给谁来主持呢?这时 C. I. O. P. A. C. 做了两件事情,一是鼓吹人民参加选举,踊跃投票,一是做候选人调查。他们认为好的人,把他过去的言论,行为,事业成就,调查清楚,然后公布出来,让选民有明白的认识。对他们认为坏的候选人,也把他过去的行为过失,荒谬言论,搜集起来公布给大众。这两种工作似乎很简单,但这工作教育了美国人民。当时许多自由主义的教授、专家都来参加这个工作。其结果,不仅是使 C. I. O. P. A. C. 本身的组织加强,同时使 1944 年选举投票的人数增加到五千多万人。许多老的议员都落选,议会里添了许多新人物。这是这个 P. A. C. 努力的结果。这种工作,我们目前就亟须做,这种是我们能做什么的第三类的答案。

　　以上所谈的三大类来讲,第一是消极的研究、讨论,来影响政治,个人、团体都能够做。第二是要不怕臭,努力扒粪,调查,揭发,总会使政治日渐清明。第三是以团体的力量做大规模的调查和教育工作,直接推动了选举,积极促进了政治。

这三条路都是有成绩的,都可以训练我们,促进我们达到两种目的:一种是"公",一种是"能"。做我们所能做的,我们可以得到"公"、"能"的好社会,"公"、"能"的好政府。

(本文为 1947 年 9 月 21 日胡适在天津公能学会的
演讲,原载 1947 年 9 月 22 日天津《大公报》)

自由主义

孙中山先生曾引一句外国成语:"社会主义有五十七种,不知那一种是真的"。其实"自由主义"也可以有种种说法,人人都可以说他的说法是真的,今天我说的"自由主义",当然只是我的看法,请大家指教。

自由主义最浅显的意思是强调的尊重自由,现在有些人否认自由的价值。同时又自称是自由主义者。自由主义里没有自由,那就好象长板坡里没有赵子龙,空城计里没有诸葛亮,总有点叫不顺口罢!据我的拙见,自由主义就是人类历史上那个提倡自由,崇拜自由,争取自由,充实并推广自由的大运动。"自由"在中国古文里的意思是:"由于自己",就是不由于外力,是"自己作主"。在欧洲文字里,"自由"含有"解放"之意,是从外力裁制之下解放出来,才能"自己作主"。在中国古代思想里,"自由"就等于自然,"自然"是"自己如此","自由"是"由于自己",都有不由于外力拘束的意思。陶渊明的诗:"久在樊笼里,复得返自然",这里"自然"二字可以说是完全同"自由"一样。王安石的诗:"风吹瓦堕屋,正打破我头……我终不嗔渠,此瓦不自由"。这就是说,这片瓦的行动是被风吹动的,不是由于自己的力量。中国古人太看重"自由","自然"的"自"字,所以往往看轻外面的拘束力量,也许是故意看不起外面的压迫,故意回向自己内心去求安慰,求自由。这种回向自己求内心的自由,有几种方式,一种是隐遁的生活——逃避外力的压迫,一种是梦想神仙的生活——行动自由,变化自由——正如庄子说,列子御风而行,还是"有待","有待"还不是真自由,最高的生活是事人无待于外,道教的神仙,佛教的西天净土,都含有由自己内心去寻求最高的自由的意义。我们现在讲的"自由",不是那种内心境界,我们现在说的"自由",是不受外力拘束压迫的权利。是在某一方面的生活不受外力限制束缚的权利。

在宗教信仰方面不受外力限制,就是宗教信仰自由。在思想方面就是思想自由,在著作出版方面,就是言论自由,出版自由。这些自由都不是天生的,不是上帝赐给我们的,是一些先进民族用长期的奋斗努力争出来的。

人类历史上那个自由主义大运动实在是一大串解放的努力。宗教信仰自由只是解除某个某个宗教威权的束缚,思想自由只是解除某派某派正统思想威权的束缚。在这些方面,——在信仰与思想的方面,东方历史上也有很大胆的批评者与反抗者。从墨翟、杨朱、到桓谭、王充,从范缜、傅奕、韩愈、到李贽、颜元、李塨,都可以说是为信仰思想自由奋斗的东方豪杰之士,很可以同他们的许多西方同志齐名比美,我们中国历史上虽然没有抬出"争自由"的大旗子来做宗教运动,思想运动,或政治运动,但中国思想史与社会政治史的每一个时代都可以说含有争取某种解放的意义。

我们的思想史的第一个开山时代,就是春秋战国时代——就有争取思想自由的意义。

古代思想的第一位大师老子,就是一位大胆批评政府的人。他说:"天下多忌讳,而民弥贫。""法令滋彰,盗贼多有。""民之饥,以其上食税之多,是以饥。""民之难治,以其上之有为,是以难治。""民之轻死,以其求生之厚,是以轻死。""天之道损有余,而补不足。""人之道则不然,损不足以奉有余。"老子同时的邓析是批评政府而被杀的。另一位更伟大的人就是孔子,他也是一位偏向左的"中间派",他对于当时的宗教与政治,都有大胆的批评,他的最大胆的思想是在教育方面:

有教无类:"类"是门类,是阶级民族,"有教无类",是说:"有了教育,就没有阶级民族了。"

从老子孔子打开了自由思想的风气,二千多年的中国思想史,宗教史,时时有争自由的急先锋,有时还有牺牲生命的殉道者。孟子的政治思想可以说是全世界的自由主义的最早一个倡导者。孟子提出的"大丈夫"是"贫贱不能移,富贵不能淫,威武不能屈"。这是中国经典里自由主义的理想人物。在二千多年历史上,每到了宗教与思想走进了太黑暗的时代,总有大思想家起来奋斗,批评,改革。

汉朝的儒教太黑暗了,就有桓谭,王充,张衡起来,作大胆的批评。后来佛教势力太大了,就有齐梁之间的范缜,唐朝初年的傅奕,唐朝后期的韩愈出来,大胆的批评佛教,攻击那在当时气焰熏天的佛教。大家都还记得韩愈攻击佛教的结果是:"一封朝奏九重天,夕贬潮阳路八千"。佛教衰落之后,在理学极盛时代,也曾有多少次批评正统思想或反抗正统思想的运动。王阳明的运动就是反抗朱子的正统思想的。李卓吾是为了反抗一切正宗而被拘捕下狱,他在监狱里自杀的,他死在北京,葬在通州,这个七十六岁的殉道者的坟墓,至今存在,他的书经过多少次禁止,但至今还是很流行的。北方的颜李学派,也是反对正统的程朱思想的,当时,这个了不得的学派很受正统思想的压迫,甚至于不能公开的传授。这三百年的汉学运动,也是一种争取宗教自由思想自由的运动。汉学是抬出汉朝的书做招牌,来掩护一个批评宋学的大运动。这就等于欧洲人抬出圣经来反对教会的权威。

但是东方自由主义运动始终没有抓住政治自由的特殊重要性,所以始终没有走上建设民主政治的路子。西方的自由主义绝大贡献正在这一点,他们觉悟到只有民主的政治方才能够保障人民的基本自由,所以自由主义的政治意义是强调的拥护民主。一个国家的统治权必须放在多数人民手里,近代民主政治制度是安格罗撒克逊民族的贡献居多,代议制度是英国人的贡献,成文而可以修改的宪法是英美人的创制,无记名投票是澳洲人的发明,这就是政治的自由主义应该包含的意义。我们古代也曾有"天视自我民视,天听自我民听","民为邦本","民为贵,社稷次之,君为轻"的民主思想。我们也曾在二千年前就废除了封建制度,做到了大一统的国家,在这个大一统的帝国里,我们也曾建立一种全世界最久的文官考试制度,使全国才智之士有参加政府的平等制度。但,我们始终没有法可以解决君主专制的问题,始终没有建立一个制度来限制君主的专制大权,世界只有安格罗撒克逊民族在七百年中逐渐发展出好几种民主政治的方式与制度,这些制度可以用在小国,也可以用在大国。(1)代议政治,起源很早,但史家指1295年为正式起始。(2)成文宪,最早的1215年的大宪章,近代的是美国宪法(1789)。(3)无记名投票(政府预备选举票,票上印各党候选人的姓名,选民秘密填记)是1856年South Arsthlia最早采用的。自由主义在这两百年的演进史上,还有一个特殊的,空前的政治意义,就是容忍反对党,保障少数人的自由权利。向来政治斗争不是东风压了西风,就是西风压了东风,被压的人是没有好日子过的,但近代西方的民主政治却渐渐养成了一种容忍异己的度量与风气。因为政权是多数人民授予的,在朝执政权的党一旦失去了多数人民的支持,就成了在野党了,所以执政权的人都得准备下台时坐冷板凳的生活,而个个少数党都有逐渐变成多数党的可能。甚至于极少数人的信仰与主张,"好象一粒芥子,在各种种子里是顶小的,等到他生长起来,却比各种菜蔬都大,竟成了小树,空中的飞鸟可以来停在他的枝上。"(《新约·马太福音十四章》,圣地的芥菜可以高到十英尺。)人们能这样想,就不能不存容忍别人的态度了,就不能不尊重少数人的基本自由了。在近代民主国家里,容忍反对党,保障少数人的权利,久已成了当然的政治作风,这是近代自由主义里最可爱慕而又最基本的一个方面。我做驻美大使的时期,有一天我到费城去看我的一个史学老师白尔教授,他平生最注意人类争自由的历史,这时候他已八十岁了。他对我说:"我年纪越大,越觉得容忍比自由还更重要。"这句话我至今不忘记。为什么容忍比自由还更要紧呢?因为容忍就是自由的根源,没有容忍,就没有自由可说了。至少在现代,自由的保障全靠一种互相容忍的精神,无论是东风压了西风,是西风压了东风,都是不容忍,都是摧残自由。多数人若不能容忍少数人的思想信仰,少数人当然不会有思想信仰的自由,反过来说,少数人也得容忍多数人的思想信仰,因为少数人要时常怀着"有朝一日权在手,杀尽异教方罢休"的心里,多数人也就不能不行"斩草除根"的算计了。最后我要指出,现代的自由主义,还含有"和平改革"的意思。

和平改革有两个意义,第一就是和平的转移政权,第二就是用立法的方法,一步一步的做具体改革,一点一滴的求进步。容忍反对党。尊重少数人权利,正是和平的政治社会改革的唯一基础。反对党的对立,第一是为政府树立最严格的批评监督机关,第二是使人民可以有选择的机会,使国家可以用法定的和平方式来转移政权,严格的批评监督,和平的改换政权,都是现代民主国家做到和平革新的大路。近代最重大的政治变迁,莫过于英国工党的执掌政权,英国工党在五十多年前,只能选择出十几个议员,三十年后,工党两次执政,但还站不长久,到了战争胜利之年(1945),工党得到了绝对多数的选举票,故这次工党的政权,是巩固的,在五年之内,谁都不能推翻他们,他们可以放手改革英国的工商业,可以放手改革英国的经济制度,这样重大的变化,——从资本主义的英国变到社会主义的英国,——不用流一滴血,不用武装革命,只靠一张无记名的选举票,这种和平的革命基础,只是那容忍反对党的雅量,只是那保障少数人自由权利的政治制度,顶顶小的芥子不曾受摧残,在五十年后居然变成大树了。自由主义在历史上有解除束缚的作用,故有时不能避免流血的革命,但自由主义的运动,在最近百年中最大成绩。例如英国自从1832年以来的政治革新,直到今日的工党政府,都是不流血的和平革新,所以在许多人的心目中自由主义竟成了"和平改革主义"的别名,有些人反对自由主义,说它是"不革命主义",也正是如此。我们承认现代的自由主义正应该有"和平改革"的含义,因为在民主政治已上了轨道的国家里,自由与容忍铺下了和平改革的大路,自由主义者也就不觉得有暴力革命的必要了。这最后一点,有许多没有忍耐心的年青人也许听了不满意,他们要"彻底改革",不要那一点一滴的立法,他们要暴力革命,不要和平演进。我要很诚恳的指出,近代一百六七十年的历史,很清楚的指示我们,凡主张彻底改革的人,在政治上没有一个不走上绝对专制的路,这是很自然的,只绝对的专制政权可以铲除一切反对党,消灭一切阻力,也只有绝对的专制政治可以不择手段,不惜代价,用最残酷的方法做到他们认为根本改革的目的。他们不承认他们的见解会有错误,他们也不能承认反对的人会有值得考虑的理由,所以他们绝对不能容忍异己,也绝对不能容许自由的思想与言论。所以我很坦白地说,自由主义为了尊重自由与容忍,当然反对暴力革命,与暴力革命必然引起来的暴力专制政治。

总结起来,自由主义的第一个意义是自由,第二个意义是民主,第三个意义是容忍——容忍反对党,第四个意义是和平的渐进的改革。

(本文为1948年9月4日胡适在北平电台的广播词,原载1948年9月5日北平《世界日报》)

对立法院的寄望
立法院欢迎会上讲词

院长,副院长,各位委员:

诸位今天这样的招待我,真是我莫大的荣幸。多年来我在国外跑来跑去,受立法机关的招待只有两次,一次是我任驻美大使的时候,新泽西州(New Jersey)州长爱迪生先生(J. Edison)——大发明家爱迪生的儿子,邀我在新泽西州的两院联合会讲话。第二次是1949年,我到美国路经檀香山的时候,夏威夷议会邀我在上下两院分别讲话。夏威夷虽还不算是美国正式的一州,但议会也是民选的。我国和日本在夏威夷都有很多侨民。很有趣的夏威夷上院议长是日籍的美国公民,下院议长是中国籍的美国公民。那时正是我们国家多难的时候,我个人能够先后受到这两个地方的立法机关的招待,并跟他们讲话,实是一件荣幸的事。而今天我们中华民国的立法院给我以这样盛大的招待,更是我莫大的荣幸,我非常感谢,我觉得不敢当。请诸位接受我最诚恳的谢意。立法院的同仁中有很多是我的老朋友、老同事、老同学。有这机会见面,我也很高兴。

刚才院长给我出了两个题目,要我报告国外情形,又要我谈谈国外的立法机关。我很惭愧,觉得这两个题目对于我都太大。

行宪立法院成立了四年多。在座有许多是制宪的国大旧同仁,我们回溯历史,当还记得制宪时的困难情形。中华民国宪法就是那时制定的。说到宪法我觉得我们的宪法有许多地方与世界的宪法很不相同,有一些规定是别的宪法所没有的。譬如在立法机关之外有国民大会这个重要组织,别国宪法里很少有这样的规定,同时,立法院监察院也不完全和西欧英美系统的两院议会相同,并且我们的立法院是没有法子解散的,立法院可以倒阁(行政院),而内阁不能解散立法院,这也是我国宪法中一种比较特殊的条文。我不懂宪法学,没有学过政治,以我外行的看法,我觉得我们立法院的地位是最特殊的,是最高的立法机关,在宪法的保障之下没有法子被解散。

刚才院长说立法院只有四年多的历史,好像是自谦幼稚。以我这个虽参加制宪国大,但没有学过宪法学,没有学过政治的人的观察,觉得这四年来大家已经创立了中华民国立法机构的好传统。这个传统,有些是宪法所规定的,有些是诸位在议会的规则里创制的。其中有几件也是很特殊的,例如委员有五分之一的人数出席便可以开会,这是一个很重要的规定。尤其在这几年国家危难,大陆整个崩溃的时候,大家奔走离散,以五分之一为开会的法定人数,是很有道理的。恐怕当初订这条规定时并没有想到将来会发生作用。这是一种很好的"遗风",值得将来保留的。关于这一点,许多朋友们谈到英国议会的开会人数,英国下院有六百余议员,以前只要有三四个议员到会便可以开会,后来改为有三十至四十人到会便可以开会。我们立法院规定有总数五分之一的委员出席便可以开会,是很聪明有远见的。还有一条规定,我当初是很不赞成的,在行宪的那一年,我从北方到南方,立法院的朋友告诉我立法院的表决是规定无记名的,我听了以后,觉得这是值得严重考虑的。议会的代表是代表区域选民或代表职业团体,对于议案的表决,应该有对区域选民对职业团体负责任的表决方式,如点名的方式。国外议会对于普通议案的表决,是由议长用口头表决(Viva Voce),赞成的说"是",不赞成的说"否",然后由议长宣布:多数通过,或多数不通过。至于重要议案则只要一个人提议要点名,议长便要采用点名方式表决。

当初立法院定无记名投票这条规定,我所以不赞成,因为立法院立法委员,代表全国各区域各职业团体,代表人民,代表各党各派,会议时对一个议决案,意见不一定一致,记名表决,可以看出那个党,或者那些人的意见,有个负责的表示;有了无记名表决的规定,恐怕将来养成不负责的现象,使一个党,对他们的党员无法控制了,人民也没有办法来追问他所选出的代表,对于某个法案是赞成,还是反对,负了什么责任。我这个意思,曾明确地和政府以及立法院的朋友谈过,无记名表决的规定,是世界各国议会最特别的一条。但是这一条经过立法院几年来的运用,使我最近的思想,少许有了一点转变。最初中华民国立法院定这一条也许觉得不很合理,但由于诸位先生以公道态度来运用它,也许在世界各国议会中,可以保留了一种特殊的传统,特殊的遗风。因为在今天的中华民国没有对立的党,只有一个大党在立法院占绝大多数,在这个时期这一条对少数人也许是一个保障。我从前的看法错误了。诸位先生在实验中,采取了这一条规则,由于这条规则的运用,也许能做成功中华民国立法院优良的起点。

张院长要我介绍一点外国的议会制度,我简单说一点最不合理的外国议会制度。就英国议会来说,它是各国议会之母,为议会的老祖宗,下院六百多位议员,而议席上铺着红毯子的凳子,只有四百个座位,最多只能容三分之二的议员。虽然在二次大战中,议会被炸,修建以后做了新的凳子,但是英国人很守旧,仍然是那么多座位。座位不足人数。当开会的时候,最初只要有三四个人就可开议,后来规定到二十人,三十人,现在规定十分之一也只要六十人就可开会。许多议员都常在国会的餐馆休息,听到表决的铃声的时候大家才进会场,赞成的站在一边,不赞成的站在另一边,分队表决。表决完了,又回休息室休息。他们的传统遗风没有过半数的规定,实行了几百年,还影响到别的国家放弃过半数开会制度。像中华民国立法院采用五分之一的法定开会人数,倒可以树立一种好的遗风。

还有一个最不合理的制度,就是美国参议院会议通则的一条规定,即讨论不能中止。这个规定与众议院规定不同,因为参议院议员是由各州选出的,每州二名,最初十三州只有二十六个议员,都是各州孚人望的元老,坐在两张桌子旁边面谈,在大家讨论到没有话说时,大家心悦诚服,再来表决。所以有这个规定,这本来是客气的意思。可是这种传统,后来变成对参议员的重要保障。他们一个案子,只要有少数一二个人反对,他要阻止案子通过,只要取得发言权,就可以无限制的说下去。说了三五个钟点,疲倦的时候还可以让给别人发言，略作休息再来继续发言。这样拖延下去，甚至拖延几日之久，拖到会议闭会的时候案子不能通过，无形的延搁起来。这种捣乱（Filibustering）办法在我做学生的时候就曾看到威斯康辛州参议员拉·佛莱特（La Fallet）等以九个人反对一个案子，应用这个办法阻止了一个议案的通过。那时正当第一次世界大战，参议员中一些爱好和平的，反对威尔逊总统参战，所以用这一条规则来反对他，到后来政府运用参议院的多数，才好不容易把案子通过。

当时大家觉得这条规则殊无道理，对于会议的进行有障碍，但是还有保障少数的作用，结果只对这条作一个修正，规定有十六位议员的提议，经全体议员三分之二的赞成通过，才可以限制讨论，限制每一位议员的发言时间不得超过一点钟。计算一下参议院的九十六位议员，每人发言一点钟，需要九十六点钟，讨论一个问题，如果经九十六点钟的讨论，要有四天四夜，除了每天的休息时间之外，最少得要八九天的讨论，才能说完。他们这种规定，虽然不合理，可是现在实行了一百六七十年，还没有办法把它废止，其原因就是能在特殊情形下，发生某种保障少数的作用。

当我还在美国作学生的时候，时常看到参议院有人反对某一个议案发表许多演说，今天说了，明天再说，明天说不完，后天又说，我就想过，为什么不能定一个法律把它停止呢？等到我老了一点，年纪大一点，人情世故也懂了一点，才觉得这个规定好像也有它的道理，所以觉得有许多东西我还是知道得太少。我很抱歉，因为这几年我在国外不大到各国国会去看他们开会，没有多少研究，但是过去也稍许研究过各种国会的制度。比方分组委员会的组织，各区域代表人数，以及选举年限等，觉得许多地方是值得参考的。我个人有一个希望，就是希望贵院同仁能够有机会参加世界性立法机关的组织，轮流参加各种会议，至少每年能有几个人出去看看许多国家的国会组织，可以得到许多暗示，也许他们有许多方法比我们好。譬如贵院的委员会分组制度，似乎值得重新考虑，委员会太大，而且主席只是召集人，不是固定的主席，讨论专门一点的法案，往往不容易得到结论，等于一个全院委员会。像这一种情形，是不是值得考虑呢？不过，这仅是举例而言,我绝对不敢对贵院的制度有所批评,我只以为各国议会制度是值得去看看的。譬如美国国会有好几个委员会权力最大,拨款委员会不重要,但筹款委员会(Ways and Means Committee)的权力大极了。筹款的方式是发公债还是抽税呢?"Ways and Means"的意思是想法子。要他想法子筹款,所以他对于拨款的案子可以将原案减去三分之一或三分之二。这个委员会人数很少,主席就是多数党的领袖。譬如现在美国由民主党执政转变为共和党执政,共和党上台,很多人乐观,我就和许多朋友说过不可太乐观。因为共和党竞选政纲有一条很重要的规定,就是对内要紧缩,他们认为民主党的政府机构太庞大,对内对外花钱太多。我就告诉我国的朋友们说:这一党上台,参众两院都是要改组,就是他们说的"改组国会"。怎样改组呢? 就是每个委员会的主席要由多数党担任;委员会的人数,多数党也要占多数,最少要多一个人。美国议会明年一月开会,我们看众议院筹款委员会的组成,就纽约州的众议员 Tober 先生的资格经验各方面来说,明年他一定当选主席。而 Tober 先生是有名的最能削减款项的刽子手。尽管参议员塔虎脱先生说外援款太多了,我们要削减,对欧洲要削减,对中国不能减少;但是筹款案子都得先从众议院开始。我举这一例,是说明有的地方我们不能太乐观了。我们明白共和党上台有很多要改进,他们的紧缩政策也许要影响到我们。我说这样话,并不是要诸位悲观,而是表示我们对国外许多政治的变迁,不要看得太过度乐观。同时举这个例子表示其立法机关委员会的权力之大。因为有固定人数,有系统,代表党、代表多数党,一个案子委员会不提出就没有法子通过。如果委员会不提出而要在全院会议提出,就要费很大的力量,一定要过半数表决才能够提出。这种制度也许值得我们参考。我很希望各位有机会参加世界性的议会团体,去看看各国议会的工作情形。一方面使得我们感觉到我们已有了几种特殊值得保存的特殊传统,一方面借此得到借镜而有所修改。这是我以一个不懂政治不懂宪法的人随便说的。

　　的确,各位在国家危急的这几年中,能够与政府一起,支持政府渡过难关,可以说是贵院树立了中华民国立法机关的遗风,慢慢造成一个——我在外面几次公开讲话中也谈到过我所希望的——合法的批评政府，合法的反对政府，合法的制裁政府的机关。我以一个不懂宪法的人妄谈政治，总觉得民主政治最要紧的基础，就是建立合法的批评政府，合法的反对政府，合法的制裁政府的机关。在现阶段，立法院是最高立法机关，而且受宪法保障，没有方法解散的立法机关。合法的批评，合法的反对，合法的制裁，当然是全国人民所瞩望的，我们立法院当然也就是全国人民所瞩望的国会。我初来台湾时，有人告诉我立法院有一个传统，就是自居在野，而把行政院看作在朝。这一传统，在我看来，至少不是一件坏事。我以为这就是中华民国行宪四年来有意无意形成的传统。这传统对于宪政具有深长意义。使立法院居于在野，居于合法的批评，合法的反对，合法的制裁政府的地位，无论如何解释，对我这个外行人，总觉得这一传统是很好的现象。本来所谓三权分立制度，就是希望有制裁有平衡有均衡的作用。五权分立也是如此。只要这种传统是基于公道态度，爱护国家，爱护人民、保障人民权利，帮助政府渡过难关，替人民树立合法的批评，合法的反对，合法的制裁的一种传统，一种遗风，这是很有价值的。我以外行和老百姓的眼光观察是如此。对于各位先生谨表示敬意和感谢。

（本文为1952年12月4日胡适在台湾立法院欢迎会上的演讲，收入1953年台北华国出版社出版的《胡适言论集》乙编）

谈护宪

主席,各位先生:

刚才听了梁上栋先生的报告,使我非常感动,知道当初制宪的国大代表,现在有二百多人在立监两院服务,负行宪的责任。宪法的实行在行政部门,自中央以至地方各级政府,都有责任,但是立监两院所负责任最重。宪法等于我们自己的孩子,梁先生提到我们也许要"护宪"这一点,各位听到,大家鼓掌,这种感情的表现,使我这一个只参加制宪,而没有参加行宪的人,格外高兴。事实上立监两院,和政府各部门,在行宪时期,随时都在那里制宪,因为我们的宪法是比较刚性的成文宪法,在制宪的当时,宪法的起草,受了不少拘束。一方面受中山先生遗教中的重要主张,和中国国民党传统中的重要文献,如五权宪法中的国民大会这个基本观念的拘束。另一方面受民国初年到三十五年来的宪法,尤其《五五宪草》,和政治协商会议宪草委员会的宪草影响。这方面的拘束,范围了我们的制宪工作。当然有法比较没有法好,这个法是中华民国唯一的法,在宪法没有修正以前,我们负有行宪护宪的责任。在宪法至上的原则下,大家应该上下一致,明认维护宪法是当然的事。不但如此,在行宪过程中,还不免有制宪,无论立法院监察院在行宪方面,都是制宪的,以他们养成的优美遗风和传统,作为宪法的一部分。这才是活的宪法。世界上的许多刚性宪法,宪法中没有规定的,在宪法成立以后,各部门的工作者,许多大政治家,大法理学家,大法官和立法者,在他们执行职务时,往往留下一种传统,一种遗风。这种传统和遗风,和宪法一样的有功效。比方美国的宪法,一百五十年来,并没有规定总统不得连任第三任,但由华盛顿总统留下了不连任第三任的遗风,直到罗斯福总统时,才打破这种传统,连任第三任,第四任的总统。后来到杜鲁门总统时,才修正宪法,改为总统不得连任二次。罗斯福总统之所以能连任第三任总统,正当第二次世界大战,为着"驾轻就熟",才打破一百五十年的传统遗风,竞选第三任总统。前几天我在立法院说话,曾经说到,在行使职权中,可以留下某种和宪法同等的传统遗风。比方立法院的会议规则规定,有五分之一的人数,就可以开会,这是宪法所没有的,这种规定就是很好的传统遗风。不但立法机关如此,司法机关考试机关也是一样,只要内心是爱护国家的,为国家维持宪法,运用宪法,都可以留下它的传统和遗风。

回想制宪的时候,因为时间太短,中间又发生许多意外阻扰,耽误几个星期。在回到宪法本题时,大家又不免匆忙。当时想像这宪法的实行,一定很困难,可是现在这宪法已经行了四五年,又觉得这部宪法是可用的。运用这部宪法,替国家做了不少的事情。这种尊重宪法的精神,无论是在成文宪法,或者是不成文宪法的国家,都应该是一样的。英国是不成文宪法的国家,她的所谓宪法,完全是几百年来,许多大政治家,立法者和大法官留下的传统习惯,在国会的上下两院养成功,这些留下来的习惯和遗风,就成为所谓英国的宪法。现在我们行宪的立法监察两院,考试司法两院,和行政部门,从高级到地方,可说时时刻刻在替中华民国继续不断的制宪,不知不觉中,使我们的根本大法,意义格外深长,范围格外广大,运用格外灵敏。诸位在行宪时期,时时刻刻在替国家修改宪法,制定宪法,增加宪法的许多根本传统,诸位的一举一动,都可说在替国家补充宪法的不足,这种不自觉的贡献,是值得大家把它变为自觉的。

当此国家动荡时期,我很赞成梁先生提到的话,在宪法没有修正之前,我们不可无视宪法,要大家一致养成一种守法护宪的心理。前几天青年党的朋友请我们吃饭,提出几个问题问我,其中有一个问题,问到美国的宪法,一百六十多年来,为什么这样安定?法国革命和美国同时,为什么法国革命之后,始终不安定?宪法已经过四次的大变动,其中两次废除民主政治,回到君主时代,为什么两个同时产生的成文宪法,尤其法国宪法在本质上还较美国宪法格外彻底而理想,美国宪法这样安定,法国宪法怎么会不安定?当时我说过个人的看法:历史的教训告诉我们,民主制度不容易在大战的环境中,或者在战争威胁的气氛中生长成功。民主政治需有一种保障,一种和平的保障,安全的保障,避免战争的保障,才能使这个民主政体慢慢长大,成为一个力量。在实行民主政治的时期,最怕外患或者战争来摧毁这个制度。法国处在欧洲大陆,不容易有一个安定的局面,时时刻刻要顾到她四周的国家的侵略,随时有大战的危险。我们看看世界上站得住的几个民主政治的发祥地,他们所以能够成功为民主政治的摇篮,就是能免除外患和战争的威胁。比方英国,位处英伦三岛,和欧洲大陆相隔一个英吉利海峡,这个海峡的宽度,虽然不及台湾海峡的五分之一,飞机只需几分钟就可越过,可是在一千年前,甚至一百年以前,一个十九浬宽的英吉利海峡,相当于现在的大西洋,是个重要的保障。所以自公元一千二百年以后,将近八百年来,英国没有外患,没有被别国侵略和征服,可以继续发展其民主政治。当中虽然也有过危险时期,经过几次的摧残,但是民主政治还能继续的发展下去,一直到现在。以英国和法国来比,法国做不到的,英国能做到,症结所在是有了安全的保障。

其次是北美合众国,在没有发现太平洋之前,大西洋还是美国的重要保障,在美国独立后的一百六七十年间,虽有1812年和英国的战争,1861年的内战,以及以后的小战争,可说没有大战,至少没有被侵略的战争,没有大的兵乱,能够继续不断的培养和发展民主政治。所以法国不但无法和英国比,就和美国比,也显然不同。美国独立后,民主政制继续不断地在那里成长,而法国革命后,百多年来,就有两次恢复到王政帝制。第一次的革命,不过是暴民政治而已,以后又是连续的外患,继续的几次大战,得不到一种安全的保障,来好好实行民主政治。

此外,太平洋南部的澳洲和纽西兰,也是两个了不得的民主发祥地。比方,无记名的秘密投票,就是从澳洲开始的。记得我做学生的时候,无记名投票这名词,还是叫做澳洲投票法。后来风行到全世界,才忘了澳洲投票法这个名词,改为无记名投票。还有现在世界各国所公认的妇女参政,和劳工参政,最早实行的也是由澳、纽开始,然后才普遍于世界各国。澳、纽两国,能做一个民主发祥地,也因为她们四面临海,与外界隔离,免于侵略和战乱的威胁。

从以上三个例子来看,民主政治经不起外来的征服和战争的威胁;需要有和平的保障,安全的保障。但是当它在安全的时期慢慢奠立基础后,却成为保障和平的一种力量。像美国在1815至1914年,这九十九年间,可说是全世界保障和平的大力量;1914年以后,北美合众国这个力量,又成了保障全世界的大力量。在安全的保障下,十九世纪的英国,二十世纪的美国,不但保障了自己,而且养成了发展民主政治的一种力量。这是我那天答复中国青年党的朋友所提问题的一点感想。

现在回头来说我们自己的国家,我们正当战祸迫切时期,在过去的战乱中,几乎把整个国家亡掉,把大陆丢了,现在可说是流亡时期。幸而有台湾宝岛,在这四年之内,大家上下一致,做到现在这个局面,实在是中国历史上很侥幸的事情。现在这个局面是战争的局面,眼前大战不可避免,在这局面之下,政府各方面,行政部门权力的扩大,是当然的事,无法避免。刚才我说过,许多制度受不了战争的威胁,经不起战争的考验。在战争威胁之下,行政部门的权力扩大,乃自然的趋势。因为这个缘故,要合法保障宪法,养成尊重宪法的守法心理更为困难。可是我这次回国,看到许多情形,又很感觉安慰。前几天我也说过,诸位先生执行立法院监察院的工作,在宪法之下,于行宪的短短几年期中,养成一种合法的批评,合法的监察,合法的监督,合法的反对政府和制裁政府,这种力量的养成,是国家的幸福。行政部门的领导,如没有立法院监察院予以合法的制裁和限制,对于行政部门不利的,对于国家也是不利的。立监两院的同仁在这危险时期,在受战争威胁的这几年之中,各个人都在立法或监察的岗位,争取合法批评,合法弹劾,合法反对和制裁,行使宪法赋予的职权,这种精神,实在可佩。今天借这个机会和各位拜年,同时给各位致敬意。

(本文为1953年1月1日胡适在立法、监察两院制宪"国大"代表欢迎茶会上的演讲,原载1953年1月2日台北《中央日报》,又收入《胡适言论集》乙编,原附"答问"删去)

五十年来的美国

我很诧异,联合国中国同志会的座谈会,规模竟是这样的大,我先以为只是二三十人大家在一起谈谈的,想不到人数竟有这么多!座谈会要变成演讲会了。但我并不预备作正式的演讲,请仍照旧有的方式来进行。联合国中国同志会座谈会过去所谈的多是关于文化方面的,包括古今中外。今天要我来讲的,仍是文化的一部分——五十年来的美国。

五十年来的美国,我亲眼见到了四十三年。四十二年前,1910年(宣统二年),我国有七十个公费留美学生,那时都还留着辫子,我便是其中之一。从那时起,我在美国读了七年的书,五年在大学城(以大学为中心的乡村城市)的康乃尔大学,两年在纽约的哥伦比亚大学。十年后——1927年又回到康乃尔大学。以后,每隔几年便要去美国一次,1933年、1936年、1937年都去过。1939年奉命为驻美大使,做了四年的外交官,卸任后,因心脏病继续留居美国,又住了五年。1949年再度赴美,又住了三年。总计我在美国共住了二十年。这是我认为我可以向大家谈谈现在这个题目的原因。同时,五十年来的美国,在世界文化史上占了很重要的地位,使美国变成了世界领袖。这是我要讲这个题目的另一原因。

五十年来的美国,这个题目范围实在太大,不知该从何说起。我们简单的找出几方面的事实,将五十年前的与五十年后的作个比较,看看有什么不同,便可以知道五十年来美国文化的进步。

五十年前,美国人的财产是不缴纳所得税的。十九世纪末叶,美国政府拟开始实行所得税。可是,联邦最高法院却宣告所得税是不合法的,他们认为美国是自由平等的国家,有钱的不应该就多出钱,这是违背平等,不合宪法的。

1900年,美国钢铁大王卡里基每年的净收入为二千三百万美元,煤油大王劳克福每年的收入也在几千万美元,均不用纳税。而那时的散工,每天的工资仅得1.5美元,一年365天,有200天工可作的话,每年收入不过三百美元,工人平均的收入每年只400美元至500美元,比起钢铁大王、煤油大王的收入,实有天渊之别。

1910年,共和党的塔虎脱做总统,一般人都说他是守旧的,其实他是很有作为的。他是主张国际和平最力的人,美国的所得税法,就是在他的任内,由国会通过的。为了通过所得税法,特别提出宪法修正案,经四十八州的追认而成立。三年后(1913年),威尔逊总统时代,所得税才开始实行。当时的税率很低,年收入三千元至二万元的纳税百分之一;结过婚的人,税率的起征点自四千元开始,这样低的税率,说起来实在可笑。

所得税实行了三年以后,美国参加第一次世界大战,彼时所得税的征税机构已完全建立,人民也养成了纳税的习惯。于是将所得税税率提高,成为美国战时主要的财政来源。第四年,所得税的收入超过了关税,1920年,更超过关税十倍。照现在的规定,以钢铁大王二千三百万元的年收入,要缴所得税百分之九十以上。艾森豪不久以前新任命的未来阁员(国防部长)威尔逊,三年前个人年薪达六十余万美元,是全美薪俸最高的一人,他要缴所得税百分之八十,薪俸的实得数只有十余万元了。

自实行所得税后,美国五十年前贫富悬殊的现象,已告消灭了。现在美国人是以中产阶级占多数。据1948年的统计,年收入一千元以下的占全人口百分之十四点五,年收入一千元至二千元的占全人口百分之二十(两项合计起来约为全人口的四分之一),年收入二千元至三千元的,占全人口百分之二十点六,年收入三千元至五千元的占百分之三十三点六(全人口三分之一),年收入五千元至一万元的,占百分之十七点九,年收入一万元以上的仅占百分之三。最可注意的是现在美国有钱人与无钱人所用的东西及日常生活上的各种享受,都完全一样。五十年前,在美国七千六百万人口中,销售的女子丝袜十五万五千双,而1949年,全国内销尼龙丝袜达五万四千三百万双,平均十四岁以上女性,每人每年可穿丝袜十双,有钱的无钱的都是一样。再说汽车,五十年前美国的汽车还很简陋,价钱却很贵,修理站极少,马路又崎岖不平,拥有汽车的人,为数极少,全国汽车总共不过一万三千八百五十辆。那时威尔逊总统还是大学教授,大骂汽车是最代表阶级性的,有车阶级兜风,无车阶级吸灰尘!1908年,怪人亨利福特,一个未受教育的机械工匠,看到这种情形,决心制造一种人人可以享用,人人买得起的汽车,发明了T式的摩托汽车,最初售价每辆九百五十美元,后来逐年增加生产(最初每年制造一万八千辆,十二年后每年制造一百二十五万辆),逐次减低售价,由九百五十美元跌至七百八十美元、四百九十美元,1924年已跌价二百九十美元,真正是人人买得起了。现在美国已登记的汽车四千四百万辆,平均每三人有一辆汽车。他如香烟、剃刀、电话、无线电收音机、电视器、真空吸尘器等,也莫不是普遍化标准化地大量生产,廉价供应。一些特殊的物品,反而近于绝迹,无论有钱的无钱的,都作同样的享受,花极少的代价,可以得到很高的享受,连交通不便的偏僻乡村,几乎家家户户都有电视设备。纽约有一家唱片代购社,原只有一间店面,现则扩充了许多间,每间都堆满了各种音乐唱片,托购的更是络绎不绝。

美国现在已经做到了没有阶级了,其所以能够慢慢的造成了这种地步,有两种主要原因:

一、社会思想的革新运动　五十年前,美国工商业巨子如钢铁大王卡里基、煤油大王劳克福、银行大王摩尔根,为了垄断市场,特组织托辣斯。正当他们威风显赫的时候,新闻界人士兴起了一种扒粪运动,专门研究事实,搜集证据,揭发黑幕,引起社会的革新。首先是女记者黛贝,她费了很多的工夫研究美孚煤油的历史,看看煤油大王是怎样的操纵着全美以至全世界的市场,结果揭发了托辣斯的内幕。另有一位记者林肯史丹芬,为研究市政腐败的原因,探究幕后操纵的老板(Boss),到处去访问、找材料,结果在杂志上发表了圣路易城的黑幕。美国霍斯特系报纸的主持人威廉霍斯特(去年逝世),年轻时也是一个扒粪运动的健将,他是一个理想者,社会改革者。他曾设法偷出了煤油大王,与大批参众议员来往的信札,内中有许多是分期送款的证据,霍斯特将它一一摄成照片,于1908年在报上发表。五十年前,美国劳工是无组织的。他们多来自欧洲,因为受不了欧洲政治的宗教的压迫,特跑到新大陆来,希望能过着自由平等的政治的宗教的生活。可是因为人数太多,工厂容纳有限,厂主们看了这种情形,乃以没有训练的,工资最低的工人为标准,来雇用工人。工人们不容易找到工作,有了工作的待遇也极低,生活是痛苦极了,尤以大城市纽约、波士顿、芝加哥等处的工人最甚。新闻记者雷斯把工人困苦的情形写成了一本书,名叫《那一半是怎么生活的》,引起了社会的注意,对工人遂予以组织,并改善其生活。除了新闻记者积极于社会思想革新运动外,一些政治家们也参加了这个工作,老罗斯福总统,便是其中之一。老罗斯福总统,是个了不得的人物,能说善写,有胆量,有勇气,三十多岁已大露锋芒,人家批评他是个野心家,选他为麦金尼的副总统,企图把他打入冷宫。麦金尼是领导美国战胜西班牙的人,除帮助古巴独立外,美国的领土大加扩充,菲律宾都成了美国属地(以前属西班牙)。美国人有许多是不喜欢美国走上帝国主义之路的,因之,对麦金尼甚表反对。1901年,麦金尼竟被一神经病人刺杀,老罗斯福遂得由冷宫进入白宫。老罗斯福籍隶共和党,本是个资本家的党,当他就任之初,也极力宣称将继续执行麦金尼的政策,可是第二年便叫司法部提出诉讼反托辣斯法案,解散摩尔根等所组织的西北铁路公司,开始打击托辣斯。当这个案子提出的时候,摩尔根穿着大礼服出席一个晚会,从电话上获得这个消息,面目失色,很气愤的说:"这个小孩子,政治掮客,不同我好好商量!"老罗斯福一面打击托辣斯,一面并作种种的社会立法。有一天早晨,老罗斯福总统一面早餐,一面翻阅辛克莱的小说,这本小说是描写芝加哥屠宰场的黑暗与不卫生,老罗斯福看到了这些材料以后,立刻召集阁员和卫生专家商议改革,并向国会提出食物(包括药品)卫生检查法案,以改善公共卫生。这个法律,可以说是从一部小说出来的。

以人民的疾苦为背景,以事实和证据为武器,暴露黑暗面,唤起社会和政府的注意，从社会立法上加以改善。这种运动在美国文化上占最重要的一部分。

二、大量生产主义 大量生产的方法，就是以科学的组织，细密的分工，依一定的程序，使原料从这面进去那面出来变成制成品。这个方法首先大胆采取的，便是汽车大王亨利福特，他利用科学管理的方法，减低成本，缩短生产过程，提高工人待遇，减低工作时间，增进生产效率。这样，一方面可以达到大量生产和产品低廉的目的，一方面增进社会生活水准加强购买力，多产多销，仍旧是赚钱的。这种方法很快的运用到所有的工业上去，一切的物品都是价廉物美的，使所有的美国人都可以享受。在大量生产中，除制造技术外，还要注意到广告，广告是帮助大量生产的好工具，它的宣传，引起人们的欲望。当福特初制汽车时，许多报纸都画了一些可笑漫画，挖苦他，福特却并不见怪，认为这是免费的宣传广告，反大为鼓励，所以销路一天一天的广。

五十年来美国工业化的发展不是为少数人的享受而是为多数人的幸福，五十年前被视为恶人的，五十年后成了社会的恩惠者。煤油大王在五十年前曾拨出一笔巨款捐赠教会作慈善事业，教会认为他的钱是脏钱，拒绝接受。后来他将财产移充教育基金，组织普通教育委员会，由有社会眼光的 Gales 代为计划，以教育为中心，最重要的是大学教育。大学当中注重医学教育，创办医学研究院，中国的教育事业也得到了他的拨款二千二百万美元的基金，全世界的公共卫生医学都受他的影响。钢铁大王当初也是被人厌恶的，晚年，他把所有的财产登报公布，并征求如何使用。后来，以一部分财产创办了许多公共图书馆，以另一部分拨充世界和平基金，这能说不是伟大的贡献吗？

总之，五十年来的美国，是以社会的制裁，政治的制裁，和社会的立法，建立了自由民主制度。以大量生产建立了工业化的自由平等的经济制度，提高人民生活，无贫富之悬殊，作同等的享受，用不着革命（也不会有革命）而收到革新的效果。

附　综合答问

今天讲的题目,范围太大,我只粗枝大叶的讲了一些,有关的各方面的确还没有提到。今天所讲的并且是纯粹的历史的叙述,并无其他副作用。所得税和扒粪运动的举例,等于是海外奇谈,不涉及国内情形。不过,研究他国的历史文化,是可以作我们借镜参考的。

所得税是一种最公平的直接税。美国实行所得税,是由人民自动报缴的,以养成人民纳税的习惯。每年3月15日由人民依照政府所发表格填写每年的收入额和生活费用等,以扣抵后的净收入依规定税率报缴税款。税款与所填表格一同送交税收机关,如有填写或计算错误的,税收机关在短期内便予更正。税款多退少补,逾期滞纳或有虚报的,须受很重的处罚。美国人有一种"傻瓜"的精神,辛苦赚得的钱,节食俭用,而愿意多多缴纳税(或作救济施舍),以纳税多,名列前茅为荣。所以美国所得税的成绩很好。当然逃税的还是有,如纽约有一家饭店,分支店数十处,应缴所得税为数可观,饭店老板特聘请会计师专造假账,逃避纳税,以多报少,后来终被查觉,老板被处监禁还罚巨款。

美国的扒粪运动,所以能收到社会改革,政治改革的效果,唯一的武器,便是采取科学研究的态度去找颠扑不破的证据、铁的事实。说到责任问题,因为美国是民主法治国家,重证据,重事实,以事实证据揭发黑幕,是不会受到任何制裁的。被揭发的,当然不愉快,但因为有证据,没有法子赖。可是如果没有充分证据的话,便要负诽谤的责任。

美国是自由生产的国家,在大量生产下是没有法子节制资本的。但打击托辣斯,消灭垄断操纵,即是维护小工商业。

刚才有一位提到美国有物资文明,没有精神文明,有文明没有文化。这个观念,很值得我们想想,我以为这是一种错误思想。文明没有离开文化的。什么叫文明?什么叫文化?文明是一个民族应付环境,改造环境,造成思想、语言、文学、信仰的一些制度。工具也是制度,制度也是工具,没有一样不是有物质为基础的。我们中国古代对于这一点,已经讲得很清楚,《易经·系辞》:"见乃谓之象,形乃谓之器,制而用之谓之法,利用出入,民咸用之谓之神。"由观念制成器具,如舟车以及所有人用的器具,都是起于象——一个观念。我们文化倒楣,就是迷信我们是精神文明,人家是物质文明,看人家不起,实际上那里是这回事呢! 这种观念不打破,没有法子进步的。多年前我写了一篇文章,《我们对于西洋近代文明的态度》(这篇文章收入《胡适文存》和《文选》内),就是希望大家打破精神文明、物质文明分野的观念,法国柏格生说:"人是制器的动物。"什么叫做精神? 运用脑筋,并把他的聪明才智在物质上表现出来——造成器具,就是应付环境,改造环境,征服自然,控制自然,征服自然,为的是减少人的痛苦,增加人的幸福。在改造环境的过程中,其生活方式,叫做文化,文化是物质同精神的总称,物质与精神是不可分的。念经拜佛,是下等文化。为什么念经拜佛呢? 不能用聪明才智改造环境,征服自然,控制自然。被物质压在底下爬不起来,只可念着:"阿弥陀佛、阿弥陀佛"。凡是能利用聪明才智揭发自然的秘密,征服自然,控制自然,改造自然,用物质表现出来——作成工具,解除人类的痛苦,增进人类质与量的生活的,才是道地的精神文明。以苏俄来说,共产党控制了广大的土地,丰富的资源和两亿的人民,但苏俄人民没有享受,没有自由,失去了生活的意义。苏俄共产党虽拥有原子弹,这不是文明,而是野蛮。又如车轮,当初的确是一种了不起的发明,由车轮而发明了小车而汽车,你现在能说坐小车是精神文明,坐汽车是物质文明吗? 乘坐用人推挽的小车,等于把人当牛马,这是不人道的,西洋早就没有这样的一回事。我从外面回来,不忍坐人力车,在上海住三年半,精神苦痛,这是在"物质"文明环境里住久了,发生的人道观念。人家人道观念实在比我们强得多。单凭这一点,西洋的精神文明,已就高过我们千万倍! 我们自夸精神文明,是因为被"物质"文明压得抬不起来的一种说法,应该忏悔,应该惭愧! 我们的文化辉煌过一时期,现在为什么站不住了呢? 我们不妨承认自己有缺点,要有自我批评的勇气。对于"文明"、"文化"、"精神文明"、"物质文明"以及东西文化等,各人有各人的成见,我不希望能予洗刷,我更不希望因我的话使大家存了自卑的心理。

至于斯本格(Oswa'd Spengler)的书，我认为是无甚价值，不值得一看的，他的文化分期循环说，是当时的一种反动思想。他说美国黑人不懂得贝多芬的音乐，赛让的图画，殊不知美国黑人多有音乐天才，很多的黑人歌唱家，对于音乐有很多的贡献，在世界上都是有地位的。

(本文为1953年1月5日胡适在联合国中国同志会座谈会上的演讲，原载1953年1月6日台北《中央日报》)

从《到奴役之路》说起

我很高兴,刚刚过了一年,我又有机会回来同《自由中国》的许多朋友见面。我以为今天只邀请一、二十位朋友,可以随便谈谈。可是今天这个场合,很不方便说话;不是说我说话有什么不方便,我是觉得来宾多、地方小,大家太不舒服:所以我不愿意多说话。

顺便我要先报告一句话。今天上午美国旧金山有电报来打听我。他们听到:因为我于2月23日在《纽约时报》上发表了一些话,就在台湾被软禁起来了,行动不自由了。我当时就回一个电报说:还有二十分钟,我就要到陈院长那边吃饭去,下午还要到在装甲兵军官俱乐部举行的《自由中国》社茶会上发表演说。我借这个机会报告各位,胡适并没有被拘禁,行动还是很自由。

2月22日,《纽约时报》的新闻记者同我谈话时,我曾对他说:"我所知道的,在台湾的言论自由,远超过许多人所想像的。"我还举了个例子。他们大概是因为篇幅的关系,没有登出来。我举的例子是说:比方我们《自由中国》最近七八期中连续登载殷海光先生翻译的西方奥国经济学者海耶克(F. A. Hayek)(原系奥国经济学者,后来住在英国,现在美国芝加哥大学任教。)所著的《到奴役之路》(*The Road to Serfdom*)。我举这个例子,可以表示在台湾有很多的言论自由。因为这种事例,平常我们是不大注意的。这部书出版于1944年,到现在已出了十版,可说是主张自由主义的一部名著,也可说是新的主张个人自由主义的名著。这本名著的用意,就是根本反对一切计划经济,反对一切社会主义。一切计划经济都是与自由不两立的,都是反自由的。因为社会主义的基本原则是计划经济,所以尽管自由主义运动者多少年来以为:社会主义当然是将来必经之路,而海耶克先生却以一个大经济学家的地位出来说:一切社会主义都是反自由的。现在台湾的经济,大部分都是国营的经济,从理论与事实上来说,像海耶克这种理论,可以说是很不中听的。但不仅《自由中国》在最近七、八期中继续登载海耶克名著的译文,另外我又看到最近一期《中国文摘》中,转载了《中国经济》第三十九期的一篇文章——高叔康先生所撰的《资本主义的前途》。这一篇文章中也提到海耶克及另外一位经济学家方米塞斯(Von Mises)。这都是反对计划经济,都是反对社会主义的。《自由中国》,我不用替它登广告了;我记得高叔康先生在这篇文章里以为我们现在"对于资本主义应该有个重新的估价,作为将来经济制度应走什么方向的一面镜子;这应该是我们当前在精神上、认识上最重大的急务。"最后,他在结论中说:"我以为资本主义不但不会崩溃,而且还有光明灿烂的前途。"

这些议论都可以表示自由中国有一班政治的、经济的思想家们,大家都在那里从基本上,从理论上,从哲学上,对现在国家经济政策作一个根本的批评,以便对症下药。我认为这是一个很好的现象。

我今天带来了一点材料,就是在两年前,我在外国时,有一位朋友写给我一封讨论这些问题的长信(这位朋友是公务员;为了不愿意替他闯祸,所以把他信上的名字挖掉了)。他这封信对于这个问题有很基本的讨论,和海耶克、方米塞斯、殷海光、高叔康诸先生的意思差不多完全一样。因为这封信很长,我只能摘要报告。他首先说:"现在最大的问题:大家以为左倾是当今世界的潮流,社会主义是现时代的趋向。这两句话害了我们许多人。大家听到这个很时髦的话,都以为左倾是当今的一种潮流,社会主义是将来必然的趋势。"他就驳这两句话,不承认社会主义是现时代的趋向。他说:"中国士大夫阶级中,很有人认为社会主义是今日世界大势所趋;其中许多人受了费边社会主义的影响,还有一部分人是拉斯基的学生。但是最重要的还是在政府任职的许多官吏,他们认为中国经济的发展只有依赖政府,靠政府直接经营的工业、矿业以及其他的企业。从前持这种主张最力的,莫过于翁文灏和钱昌照;他们所办的资源委员会,在过去二十年之中,把持了中国的工业、矿业,对于私有企业(大都是民国初年所创办的私有企业)蚕食鲸吞,或则被其窒息而死。他们两位(翁文灏、钱昌照)终于靠拢,反美而羡慕苏俄,也许与他们的思想是有关系的。"我念这封信的意思,就是表示我们中国在国内的学者、在国外的学者,在几年前已有慢慢转变过来的意思了。他又说:"我们不相信共产主义的人,现在了解社会主义只是一种不彻底的共产主义。它的成功的希望,还远不如共产主义为大。"在这几年来,老牌的社会主义国家如澳洲、纽西兰等,都相继的抛弃了社会主义。两年前英国的劳工党自选举失败后,也离开了社会主义。当时《纽约时报》的社论说:"现在实行社会主义的国家,只剩下了瑞典和挪威两个国家了。"所以我们可以说,现在抛弃社会主义而归向资本主义的趋势是一个很普遍的趋势。

不过我个人也有一个忏悔。现在我的《胡适文存》第一到第四集都已在台湾印出来了,是由台湾台北远东图书公司给我印的。《胡适文存》第三集的开头载有一篇文章,题目是《我们对于西洋近代文明的态度》。那篇文章是我在民国十五年的一篇讲演录。我那年到欧洲,民国十六年到美国,也常拿这个话讲演;以后并且用英文重写出来印在一部颇有名的著作《人类往何处去》(*Whither Mankind*)里,成为其中的一篇。我方才曾提到那位我在外国时写信给我的中国朋友在信中指出来的许多中国士大夫阶级对于社会主义的看法。在二十七年前,我所说的话也是这样的。那时候我与这位朋友所讲的那些人有同样的错误。现在我引述一句。在民国十五年六月的讲词中,我说:"十八世纪的新宗教信条是自由、平等、博爱。十九世纪中叶以后的新宗教信条是社会主义。"当时讲了许多话申述这个主张。现在想起,应该有个公开忏悔。不过我今天对诸位忏悔的,是我在那时与许多知识分子所同犯的错误;在当时,一班知识分子总以为社会主义这个潮流当然是将来的一个趋势。我自己现在引述自己的证据来作忏悔。诸位如果愿意看我当初错误的见解,可以翻阅《胡适文存》第三集第一篇,题目是《我们对于西洋近代文明的态度》。

为什么这班人变了呢？为什么在台湾的许多朋友,如殷海光先生、高叔康先生变了呢？为什么我那位朋友写几千字的长信给在国外的我,表示我们应该反悔,变了呢？为什么今天我也表示反悔,变了呢？我这里应当声明一句:我这个变不是今天变的。我在海耶克的书以前好几年已经变了。诸位看过在《自由中国》的创刊号有张起钧先生翻译我的一篇文章:《民主与极权的冲突》,但是没有记上年月。其实那是1941年7月我在美国密歇根大学讲演的文章,原题目是 Conflict of Ideologies("思想的斗争"或"思想的冲突")。这里面有一句话:"一切的所谓社会彻底改革的主张,必然的要领导到政治的独裁。"下面引一句列宁的话:"革命是最独裁的东西。"实在,要彻底的改革社会制度,彻底的改革社会经济,没有别的方法,只有独裁——所谓"一朝权在手,便把令来行"——才可以做到。这是1941年7月我在美国密歇根大学的讲演的意思。那时候我就指出民主和极权的不同。我就已经变了。为什么大家都变了呢？这个不能不感谢近三十多年当中,欧洲的可以说极左派和极右派两个大运动的表演；他们的失败,给我们一个最好的教训。极右派是希特勒、墨索里尼,德国的纳粹与意大利的法西斯；德意两国的失败是大家所明见的。极左派是俄国三十七年前的布尔雪维克革命；苏俄自己当然以为是成功的,但是我们以社会、历史、经济的眼光看,不能不认为这是一个大的失败。这都是社会主义,极左的,与极右的社会主义,拿国家极大的权力来为社会主义作实验；而两种实验的结果都走到非用奴役、集中营、非用政治犯、强迫劳工、非用极端的独裁,没有方法维持他的政权。因为这个三十多年的政治、经济的大实验,极左的、极右的大实验的失败,给我们一个教训,我们才明白就是方才我这位朋友在信中所指出的:"社会主义也不过是共产主义的一个方面；它的成功的程度,还远不如共产主义那么大。"这话怎么讲呢？就是,如要社会主义成功,非得独裁不可,非用极端独裁、极端专制不可,结果一定要走上如海耶克所说的"奴役之路"。

今天我要讲的不过如此。我们在台湾看到《自由中国》、《中国经济》,大家都不约而同的讨论到一个基本问题,就是,一切计划经济,一切社会主义,是不是与自由冲突的? 在外国,如在美国,现在有好几个杂志,最著名的如《自由人杂志》(Freeman),里面的作家中有许多都是当初做过共产党的,做过社会主义信徒的,现在回过头来提倡个人主义、自由主义的经济制度。这种在思想上根本的改变,我们不能不归功于三十七年来世界上这几个大的社会主义实验的失败,使我们引起觉悟——包括我个人,在今天这样的大会里当众忏悔。我方才讲,这是好现象。我希望政府的领袖,甚至于主持我们国营事业、公营事业的领袖,听了这些话,翻一翻《自由中国》、《中国经济》、《中国文摘》等,也不要生气,应该自己反省反省,考虑考虑,是不是这些人的话,像我胡适之当众忏悔的话,值得大家仔细一想的? 大家不妨再提倡公开讨论:我们走的还是到自由之路,还是到奴役之路? 这是一个很重要的问题。今天我们这个门已经开了;我们值得去想想。这样,我相信自由中国的这种自由思想,自由言论,是很有价值的。这对于我们国家前途是有大利益的。不但是在现在台湾的情况下如此;就是将来回到大陆上,我们也应该想想,是不是一切经济都要靠政府的一般官吏替我们计划? 还是靠我们老百姓人人自己勤俭起家?

　　什么叫做资本主义? 资本主义不过是"勤俭起家"而已。我们的先哲孟子说:老百姓的勤苦工作是要"仰足以事父母,俯足以畜妻子,乐岁终身饱,凶年免于死亡"。老百姓的辛勤终岁,只是希望在年成好时能吃得饱,年成不好时可以不至于饿死。这怎能算是过分的要求? 但这个要求可以说是资本主义的起点。我们再看美国立国到今天,是以什么为根据的? 他们所根据的"圣经"是《佛兰克林自传》——一部资本主义的圣经。这里边所述说的,一个是"勤",一个是"俭"。"勤俭为起家之本",老百姓辛苦血汗的所得,若说他们没有所有权是讲不通的。从这一个作起点,使人人自己能自食其力,"帝力何有于我哉!"这是资本主义的哲学,个人主义、自由主义的哲学。这是天经地义,颠扑不破的。由这一点想,我们还是应由几个人来替全国五万万人来计划呢? 还是由五万万人靠两只手、一个头脑自己建设一个自由经济呢? 这是我们现在应该讨论的。我觉得这一条路开得对;值得我今天向大家忏悔。大家都应该忏悔。我们应该自己"洗脑";被别人"洗脑"是不行的。我以为我们要自己"洗脑"才有用,所以我今天当众"洗脑"给大家看。

  (本文为1954年3月5日胡适在台北《自由中国》杂志社欢迎茶会上的演讲词,由刘明炜、杨欣泉、萧仲泉记录,原载1954年3月16日《自由中国》第10卷第6期)

容忍与自由

雷先生！《自由中国》社的各位朋友！我感觉到刚才有位来宾说的话最为恰当。夏涛声先生一进门就对我说："恭喜恭喜！这个年头能活到十年，是不容易的。"我觉得夏先生这话，很值得作为《自由中国》半月刊创刊十周年的颂词。这个年头能活上十年，的确是不容易的。《自由中国》社所以能维持到今天，可说是雷儆寰先生以及他的一班朋友继续不断努力奋斗的结果。今天十周年的纪念会，我们的朋友，如果是来道喜，应该向雷先生道喜；我只是担任了头几年发行人的虚名。雷先生刚才说：他口袋里有几个文件，没有发表。我想过去的事情，雷先生可以把它写出来。他所提到的两封信，也可以公开的。记得民国三十八年三四月间，我们几个人在上海；那时我们感觉到这个形势演变下去，会把中国分成"自由的"和"被奴役的"两部分，所以我们不能不注意这一个"自由"与"奴役"的分野，同时更不能不注意"自由中国"这个名字。我想，可能那时我们几个人是最早用"自由中国"这个名字的。后来几位朋友想到成立一个"自由中国出版社"。当初并没有想要办杂志，只想出一点小册子。所以"自由中国出版社"刚成立时，只出了一些小册子性质的刊物。我于4月6日离开上海，搭威尔逊总统轮到美国。在将要离开上海时，他们要我写一篇《自由中国社的宣言》。后来我就在到檀香山途中，凭我想到的写了四条宗旨，寄回来请大家修改。但雷先生他们都很客气，就用当初我在船上所拟的稿子，没有修改一字；《自由中国》半月刊出版以后，每期都登载这四条宗旨。《自由中国》半月刊创刊到现在已十年了。回想这十年来，我们所希望做到的事情没有能够完全做到；所以在这十周年纪念会中，我们不免有点失望。不过我们居然能够有这十年的生命,居然能在这样困难中生存到今天,这不能不归功于雷先生同他的一班朋友的努力;同时我们也很感谢海内外所有爱护《自由中国》的作者和读者。

原来我曾想到今天应该说些什么话;后来没有写好。不过我今天也带来了一点预备说话的资料。在今年三四月间,我写了一封信给《自由中国》编辑委员会同仁;同时我也写了一篇文章,文章登在《自由中国》第二十卷第六期,信登在第七期。那篇文章的题目是《容忍与自由》。后来由毛子水先生写了一篇《〈容忍与自由〉书后》;殷海光先生也写了一篇《胡适论〈容忍与自由〉读后》:都登在《自由中国》二十卷七期上。前几天出版的《自由中国》创刊十周年纪念特刊,有二十几位朋友写文章。毛子水先生也写了一篇《〈自由中国〉十周年感言》,内容同我们在几个月之前所讲的话意思差不多。同时雷先生也有一篇文章,讲我们说话的态度。记得雷先生在五年前已有一篇文章讲到关于舆论的态度。所以这个问题很值得我们想一想。今天我想说的话,也是从几篇文章中的意思,择几点出来说一说。

我在《容忍与自由》一文中提出一点;我总以为容忍的态度比自由更重要,比自由更根本。我们也可说,容忍是自由的根本。社会上没有容忍,就不会有自由。无论古今中外都是这样:没有容忍,就不会有自由。人们自己往往都相信他们的想法是不错的,他们的思想是不错的,他们的信仰也是不错的:这是一切不容忍的本源。如果社会上有权有势的人都感觉到他们的信仰不会错,他们的思想不会错,他们就不许人家信仰自由,思想自由,言论自由,出版自由。所以我在那个时候提出这个问题来,一方面实在是为了对我们自己说话,一方面也是为了对政府、对社会上有力量的人说话,总希望大家懂得容忍是双方面的事。一方面我们运用思想自由、言论自由的权利时,应该有一种容忍的态度;同时政府或社会上有势力的人,也应该有一种容忍的态度。大家都应该觉得我们的想法不一定是对的,是难免有错的。因为难免有错,便应该容忍逆耳之言;这些听不进去的话,也许有道理在里面。这是我写《容忍与自由》那篇文章主要的意思。

后来毛子水先生写了一篇《书后》。他在那篇文章中指出:胡适之先生这篇文章的背后有一个哲学的基础。他引述我于民国三十五年在北京大学校长任内作开学典礼演讲时所说的话。在那次演说里,我引用了宋朝的大学问家吕伯恭先生的两句话,就是:"善未易明,理未易察。"宋朝的理学家,都是讲"明善、察理"的。所谓"善未易明,理未易察",就是说善与理是不容易明白的。我引用这两句话,第二天在报上发表出来,被共产党注意到了。共产党就马上把它曲解,说:"胡适之说这两句话是有作用的;胡适之想拿这两句话来欺骗民众,替蒋介石辩护,替国民党辩护。"过了十二、三年,毛先生又引用了这两句话。所谓"理未易明",就是说真理是不容易弄明白的。这不但是我写《容忍与自由》这篇文章的哲学背景,所有一切保障自由的法律和制度,都可以说建立在"理未易明"这句话上面。

最近出版的《自由中国》创刊十周年纪念的特刊中,毛子水先生写了一篇《〈自由中国〉十周年感言》。他在那篇文章中又提到一部世界上最有名的书,就是出版了一百年的穆勒的《自由论》(On Liberty);从前严又陵先生翻译为《群己权界论》。毛先生说:这本书,到现在还没有一本白话文的中译本。严又陵先生翻译的《群己权界论》,到现在已有五六十年;可惜当时国人很少喜欢"真学问"的,所以并没有什么大影响。毛先生认为主持政治的人和主持言论的人,都不可以不读这部书。穆勒在该书中指出,言论自由为一切自由的根本。同时穆勒又以为,我们大家都得承认我们认为"真理"的,我们认为"是"的,我们认为"最好"的,不一定就是那样的。这是穆勒在那本书的第二章中最精采的意思。凡宗教所提倡的教条,社会上所崇尚的道德,政府所谓对的东西,可能是错的,是没有价值的。你要去压迫和毁灭的东西,可能是真理。假如是真理,你把它毁灭掉,不许它发表,不许它出现,岂不可惜!万一你要打倒的东西,不是真理,而是错误;但在错误当中,也许有百分之几的真理,你把它完全毁灭掉,不许它发表,那几分真理也一同被毁灭掉了。这不也是可惜的吗?再有一点:主持政府的人,主持宗教的人总以为他们的信仰,他们的主张完全是对的;批评他们或反对他们的人是错的。尽管他们所想的是对的,他们也不应该不允许人家自由发表言论。为什么呢?因为如果教会或政府所相信的是真理,但不让人家来讨论或批评它,结果这个真理就变成了一种成见,一种教条。久而久之,因为大家都不知道当初立法或倡教的精神和用意所在,这种教条,这种成见,便慢慢趋于腐烂。总而言之,言论所以必须有自由,最基本的理由是:可能我们自己的信仰是错误的;我们所认为真理的,可能不完全是真理,可能是错的。这就是刚才我说的,在七八百年以前,我们的一位大学者吕伯恭先生所提出来的观念;就是"理未易明"。"理"不是这样容易弄得明白的!毛子水先生说,这是胡适之所讲"容忍"的哲学背景。现在我公开的说,毛先生的解释是很对的。同时我受到穆勒大著《自由论》的影响很大。我颇希望在座有研究有兴趣的朋友,把这部大书译成白话的、加注解的中文本,以飨我们主持政治和主持言论的人士。

在殷海光先生对我的《容忍与自由》一文所写的一篇《读后》里,他也赞成我的意见。他说如果没有"容忍",如果说我的主张都是对的,不会错的,结果就不会允许别人有言论自由。我曾在《容忍与自由》一文中举一个例子;殷先生也举了一个例子。我的例子,讲到欧洲的宗教革命。欧洲的宗教革命完全是为了争取宗教信仰自由。但我在那篇文章中指出,等到主持宗教革命的那些志士获得胜利以后,他们就慢慢的走到不容忍的路上去。从前他们争取自由;现在他们自由争取到了,就不允许别人争取自由。我举例说,当时领导宗教革命的约翰高尔文(John Calvin)掌握了宗教大权,就压迫新的批评宗教的言论。后来甚至于把一个提倡新的宗教思想的学者塞维图斯(Servetus)用铁链锁在木桩上,堆起柴来慢慢烧死。这是一个很惨的故事。因为约翰高尔文他相信自己思想不会错,他的思想是代表上帝;他把反对他的人拿来活活的烧死是替天行道。殷海光先生所举的例也很惨。在法国革命之初,大家都主张自由;凡思想自由,信仰自由,宗教自由,言论出版自由,都明定在人权宣言中。但革命还没有完全成功,那时就起来了一位罗伯斯比尔(Robespierre)。他在争到政权以后,就完全用不容忍的态度对付反对他的人,尤其是对许多旧日的皇族。他把他们送到断头台上处死。仅巴黎一地,上断头台的即有二千五百人之多,形成法国大革命期间的恐怖统治。这一班当年主张自由的人,一朝当权,就反过来摧残自由,把主张自由的人烧死了,杀死了。推究其根源,还是因为没有"容忍"。他认为我不会错;你的主张和我的不一样,当然是你错了。我才是代表真理的。你反对我,便是反对真理:当然该死。这就是不容忍。

不过殷先生在那篇文章中又讲了一段话。他说:同是容忍,无权无势的人容忍容易,有权有势的人容忍很难。所以他好像说,胡适之先生应该多向有权有势的人说说容忍的意思,不要来向我们这班拿笔杆的穷书生来说容忍。我们已是容忍惯了。殷先生这番话,我也仔细想过。我今天想提出一个问题来,就是:究竟谁是有权有势的人?还是有兵力、有政权的人才可以算有权有势呢?或者我们这班穷书生、拿笔杆的人也有一点权,也有一点势呢?这个问题也值得我们想一想。我想有许多有权有势的人,所以要反对言论自由,反对思想自由,反对出版自由,他们心里恐怕觉得他们有一点危险。他们心里也许觉得那一班穷书生拿了笔杆在白纸上写黑字而印出来的话,可以得到社会上一部分人的好感,得到一部分人的同情,得到一部分人的支持。这个就是力量。这个力量就是使有权有势的人感到危险的原因。所以他们要想种种法子,大部分是习惯上的,来反对别人的自由。诚如殷海光先生说的,用权用惯了,颐指气使惯了。不过他们背后这个观念倒是准确的;这一班穷书生在白纸上写黑字而印出来的,是一种力量,而且是一种可怕的力量,是一种危险的力量。所以今天我要请殷先生和在座的各位先生想一想,究竟谁是有权有势?今天在座的大概都是拿笔杆写文章的朋友。我认为我们这种拿笔杆发表思想的人,不要太看轻自己。我们要承认,我们也是有权有势的人。因为我们有权有势,所以才受到种种我们认为不合理的压迫,甚至于像"围剿"等。人家为什么要"围剿"?还不是对我们力量的一种承认吗?所以我们这一班主持言论的人,不要太自卑。我们不是弱者;我们也是有权有势的人。不过我们的势力,不是那种幼稚的势力,也不是暴力。我们的力量,是凭人类的良知而存在的。所以我要奉告今天在座的一百多位朋友,不要把我们自己看得太弱小;我们也是强者。但我们虽然也是强者,我们必须有容忍的态度。所以毛子水先生指出我在《容忍与自由》那篇文章里说的话。不仅是对压迫言论自由的人说的,也是对我们主持言论的人自己说的。这就是说,我们自己要存有一种容忍的态度。我在那篇文章中又特别指出我的一位死去的朋友陈独秀先生的主张:他说中国文学一定要拿白话文做正宗;我们的主张绝对的是,不许任何人有讨论的余地。我对于"我们的主张绝对的是"这个态度,认为要不得。我也是那时主张提倡白话文的一个人;但我觉得他这种不能容忍的态度,容易引起反感。

所以我现在要说的就是两句话:第一,不要把我们自己看成是弱者。有权有势的人当中,也包括我们这一班拿笔杆的穷书生;我们也是强者。第二,因为我们也是强者,我们也是有权有势的人,我们绝对不可以滥用我们的权力。我们的权力要善用之,要用得恰当:这就是毛先生主张的,我们说话要说得巧。毛先生在《〈自由中国〉十周年感言》中最后一段说:要使说话有力量,当使说话顺耳,当使说出的话让人家听得进去。不但要使第三者觉得我们的话正直公平,并且要使受批评的人听到亦觉得心服。毛先生引用了《礼记》上的两句话,就是:"情欲信;辞欲巧,"内心固然要忠实,但是说话亦要巧。从前有人因为孔子看不起"巧言令色",所以要把这个"巧"字改成了"考"(诚实的意思)字。毛先生认为可以不必改;这个巧字的意思很好。我觉得毛先生的解释很对。所谓"辞欲巧",就是说的话令人听得进去。怎么样叫做巧呢?我想在许多在座的学者面前背一段书做例子。有一次我为《中国古代文学史选例》选几篇文章,就在《论语》中选了几篇文章作代表。其中有一段,就文字而论,我觉得在《论语》中可以说是最美的。拿今天所说的说话态度讲,可以说是最巧的。现在我把这段书背出来:——定公问:"一言而可以兴邦,有诸?"孔子对曰:"言不可以若是;其'几'也!人之言曰:'为君难,为臣不易。'如知为君之难也,不'几'乎一言而兴邦乎?"曰:"一言而丧邦,有诸?"孔子对曰:"言不可以若是;其'几'也!人之言曰:'予无乐乎为君;唯其言而莫予违也。'如其善而莫之违也,不亦善乎!如不善而莫之违也,不'几'乎一言而丧邦乎?"《论语》中这一段对话,不但文字美妙,而且说话的人态度非常坚定,而说话又非常客气,非常婉转,够得上毛子水先生所引用的"情欲信,辞欲巧"中的"巧"字。所以我选了这一段作为《论语》中第一等的文字。

现在我再讲一点。譬如雷先生:他是最努力的一个人;他是《自由中国》半月刊的主持人。最近他写了一篇文章,也讲到说话的态度。他用了十个字,就是:"对人无成见;对事有是非。"底下他说:"对任何人没有成见。……就事论事。由分析事实去讨论问题;由讨论问题去发掘真理。"我现在说话,并不是要驳雷先生;不过我要借这个机会问问雷先生:你是否对人没有成见呢?譬如你这一次特刊上请了二十几个人做文章:你为什么不请代表官方言论的陶希圣先生和胡健中先生做文章?可见雷先生对人并不是没有一点成见的。尤其是今天请客,为什么不请平常想反对我们言论的人,想压迫我们言论的人呢?所以,要做到一点没有成见,的确不是容易的事情。至于"对事有是非",也是这样。这个是与非,真理与非真理,是很难讲的。我们总认为我们所说的是对的;真理在我们这一边。所以我觉得要想做到毛先生所说"克己"的态度,做到殷海光先生所说"自我训练"的态度,做到雷先生所说"对人无成见,对事有是非"十个字,是很不容易的。如要想达到这个自由,恐怕要时时刻刻记取穆勒《自由论》第二章的说话。我颇希望殷海光先生能把它翻译出来载在《自由中国》这个杂志上,使大家能明白言论自由的真谛,使大家知道从前哲人为什么抱着"善未易明,理未易察"的态度。

雷先生在那篇文章中又说:"我们要用负责的态度,来说有分际的话。"这就是说,我们说话要负责;如果说错了,我愿意坐监牢,罚款,甚至于封闭报馆。讲到说有分际的话,这也不是容易做到的。不过我们总希望雷先生同我们的朋友一起来做。怎么样叫做"说有分际的话"呢?就是说话要有分量。我常对青年学生说:我们有一分的证据,只能说一分的话;我有七分证据,不能说八分的话;有了九分证据,不能说十分的话,也只能说九分的话。我们常听人说到"讨论事实"。什么叫"事实",很难认清。公公有公公的事实;婆婆有婆婆的事实;儿媳有儿媳的事实;公公有公公的理;婆婆有婆婆的理;儿媳有儿媳的理。我们只应该用负责任的态度,说有分际的话。所谓"有分际",就是"有几分证据,说几分话"。如果我们大家都能自己勉励自己,做到我们几个朋友在困难中想出来的话,如"容忍"、"克己"、"自我训练"等;我们自己来管束自己,再加上朋友的诚勉;我相信我们可以做到"说话有分际"的地步。同时我相信,今后十年的《自由中国》,一定比前十年的《自由中国》更可以做到这个地步。

(本文为 1959 年 11 月 20 日胡适在台北《自由中国》十周年纪念会上的演说词,原载 1959 年 12 月 1 日《自由中国》第 21 卷第 11 期)

五四运动是青年爱国的运动

问：今日是"五四"运动纪念日，我想请问胡先生，"五四"的起因是什么？

答：安先生，你年纪太轻啦，连"五四"运动的起因都不知道吗？"五四"运动，其实不是个运动，是在民国八年五月四日那一天所发生的一些事情，当初并没有什么运动，也没有什么计划，在"五四"的前几个月欧洲的第一次世界大战，就是民国七年的十一月十一日停战啦，叫双十一节，停战之后，就是第一次世界大战终了啦，于是参战的国家，筹备和会，在巴黎开和会，讲和的条件，那时候，就是民国八年春天，在巴黎的维赛亚皇宫开和会，中国的代表团也到啦。美国的代表团是威尔逊总统出席，在第一次世界大战终了的时候，美国的威尔逊大总统是全世界最受欢迎的，他有所谓改造世界的十四点主义，就是威尔逊的理想震动了全世界。大家都希望在这一次的世界大战在和会里边，总可以使新的世界来临。从前所谓不公道的，现在都可以变成公道的啦，从前所谓不合理的，现在都合理啦。所以那个时候大家还记得在北京的中央公园，有一个牌坊叫"公理战胜"。那时候大家都有一个梦想，人人都想，世界经过这么大的牺牲，经过几年的苦战。世界大战是从1914年到1918年，就是从民国三年到民国七年，四年多的血战，所以大家有一个理想，以为这一次世界大战完了，威尔逊的理想，可以满足那些受压迫的民族，新世界将来临。殊不知，我们到了3月4月才慢慢的感觉到，我们的理想不容易满足。威尔逊大总统到了和会里边，才晓得从前打仗的这些国家，都是东一个秘密的条约，西一个秘密的条约，都把那些弱小民族的、那些弱国一些的权利，在那些秘密条约里都答应人家，都出卖掉啦。等到美国在1917年参战，是民国六年。等到威尔逊的一股理想加入战争，殊不知道，许多国家都是有秘密的条约。比如影响我们中国的,就是日本在中国有许多权利,日本参战,她没有到欧洲去,她就是出兵在山东这边,把青岛、山东胶济铁路这个区域,尤其是青岛,德国人在中国的权利拿过去啦,比如是德国人抢去的权利,现在要给日本人,在中国这是个很大的问题。就是收回山东省内德国人当初以强迫中国拿去的权利,中国人要收回、废除这些不平等的权利。现在日本出兵从德国人手里拿回去啦。这个山东问题,就是"五四"那一天的最重要的问题。到了4月底,消息慢慢的就不好啦,就是那时候,我们还希望山东问题,德国人的所有权利,现在我们参战啦,德国人打败啦,投降啦,德国人在山东的权利,应该还给中国。而日本人说我们出兵打来的,这个权利应该是我们的,在和会里讨论时应该交给日本人,让日本同中国来交涉。这是山东问题最重要的一个焦点。

到了4月底5月初的时候,消息慢慢的传出来啦,说是连美国的威尔逊总统,美国的代表团都不能帮我们的忙。所以我们在山东的权利,恐怕要吃亏啦。要由和会交给日本,由日本来同中国办交涉,我们这个弱国在日本人手里怎会能得到权利呢,怎能收回呢。我们不相信日本,不放心日本。结果这个消息在政府里边有人传出来,传到几位教育界的领袖,我们北京大学的校长蔡元培先生知道后,然后这个消息传出去给学生,学生就开会要求中国不承认日本取得山东的权利,我们还要继续要求山东失掉了的权利,如果作不到呢,我们的代表在巴黎的和约不应该签字。

"五四"运动,当时并不是运动,就是刚刚碰得巧在5月初,这消息才传出来,报上还没登出来,不过这秘密很可靠的,就是我们的代表团在巴黎的和会要失败啦,我们在山东的权利,从前德国人拿去的,现在日本人要抢去,而日本人不肯还给中国。和会交给日本,让中国自己想法子向日本交涉,这个中国人不承认,为了这个原故,那天开会,实在是抗议巴黎和会对于我们不公道的这种决定,这种秘密的消息传出来,北京的学生在天安门外开会,各学校的学生,北京大学的学生领头,从开会我有详细的纪录。北京有十几个学堂,在民国八年五月四日的下午,有十几个学堂的学生,几千学生在天安门开会,人人手里拿着一面白旗写着"还我青岛",真的问题是"青岛",德国人占去啦,给日本人用兵力占去啦,现在日本人占据不还给中国,"还我青岛"是个大问题。其实不但青岛一处,整个山东,尤其胶济铁路这个区域,在山东省内德国人的权利,德国人用强力取得的权利,日本人拿去啦,所以那个时候,人人手里拿着白旗写着"还我青岛",还要杀卖国贼曹汝霖、陆宗舆、章宗祥。曹汝霖是那个时候的外交总长,陆宗舆是那个时候最亲日的,尤其同日本借债很有关系,章宗祥是那个时候驻日本的代表,所谓"曹陆章"三个代表都是亲日派的,还有旗上写的"日本人的孝子贤孙"四大金刚这些人都要打倒。

5月4日那天是礼拜天,那个时候学生好,他们要开会的时候,不在上课的时候开会,都要在礼拜天开会。他们从天安门开会,整队出中华门,沿路发传单,后来走到东交民巷,那个时候,外国公使馆都在东交民巷,他们想到美国大使馆和其他国家的使馆去请愿,要求他们的政府主持公道。走过东交民巷再往东,这班人是示威游行,到了东单牌楼石大人胡同一直到赵家楼,赵家楼的曹汝霖的家里,预备去见曹汝霖,要求他主张不要签字。结果曹家的大门都关上啦,大家都喊叫啦,学生们都生气啦,外面有几百名警察,把守曹汝霖的家。这些学生有的爬到墙上去,有的一个站下面,一个站在他的肩头上,再爬上去就跑到曹汝霖的家里,北方的房子很容易爬进去,墙都是低的,没有楼房的。有人进去开了门,学生都冲进去啦,曹汝霖也找不到,后来找到一个在曹家吃中饭的客人,就是驻日本公使的章宗祥,就把他打了一顿,他受伤啦,在这个时候,恐怕是曹家的人一把火把房子烧啦,结果火起来啦,学生就跑啦。在路上不是排队,大家散啦,结果就抓了几十个学生,各学校的校长就保学生,把学生保出来。这样子,一方面学生罢课,还是继续反对巴黎和会,继续反对日本,到外面讲演。

"五四"本来就是为巴黎和会,不公道的决定,与中国不利的决定,要抗议这样子开始的,这么一闹下去,抓学生啦,因为学生还继续在外面开会讲演,就是抵制日货,中国没有力量打日本,有力量制日本经济的方面死命,就是我们中国人不买日货,抵制日货。后来中国政府的警察就干涉,结果学生越弄越多,一直闹下去,闹到六月,到了后来学生更多啦,差不多每条街上都有在那里讲演,就是不买日货,抵制日货,我们用经济力量打日本,继续收回我们的权利。要求我们的代表不接受巴黎和会的决定,不许签字。这样闹到六月,然后我们中国政府大规模的抓学生,有的时候一千两千的抓,关到北京大学的法科里面,就是法学院,这样一来,几千学生被抓,消息传出去,到了上海、南京、安庆这些地方,商人罢市,工人罢工,商店都关门啦,结果政府也屈服啦,把曹汝霖、陆宗舆、章宗祥三个人免职,这就是国内政治上的胜利。国外政治胜利呢?那个时候全国都响应,各公共团体,爱国的团体,各地方的商会、学会、教育会、同学会都电报,无数的电报都打到巴黎和会去,不许中国代表签字,同时在欧洲中国留学生组织起来,组织监察队,监视中国代表团的行动,不许他们到巴黎和会去签字,结果中国代表团没有敢出席巴黎和会,因而在和约上没有签字。到第二年,第三年才在美国总统哈定另集所谓华盛顿会议,再重新提出中国的山东问题出来,然后我们收回了山东,收回了青岛的权利。这都是"五四"运动学生出来抗议,不接受巴黎和会关于山东的决定,中国代表团没有接受巴黎的议和的条约,是可以说我们留下来这一条路,把山东问题,经过华盛顿会议,中国同日本交涉才把青岛、山东收回。这是所谓"五四"运动。当天的情形就是这么一回事。你问"五四"的起因要走到第一次世界大战,要走到前一年,前几个月十一月十一,就是民国七年停战,从停战才产生巴黎的和会,在美国参战以前有许多秘密条约。要打仗,要有力量,要找朋友,找同盟国家,结果是不妨把我们这个弱国的权利拿来卖掉之后,才能抓住朋友,所以他们这些国家等于应许了日本某种某种的权利,是我们吃亏,幸而这时候青年学生在民国八年五月四日,在四十一年前的今天,这是"五四"运动本身是如此。

问:谢谢您这样详细告诉我们。

答:四十多年啦,大家都不记得啦,所以我讲得详细一点,很对不起。

问：谢谢您告诉我们这个伟大的节日当时的情形和结果。那么中共常常说,"五四"运动是他们搞出来的,您对这一点有什么意见呢?

答：这种话(笑)真是不值得撅的,这句话,可以说是笑话。中国共产党在那个时候是1919年,在民国八年就没有共产党这个东西,也没有共产党这个组织,直到民国十年(1921)7月1日才有中国共产党的组织。所以在民国八年哪里有中国共产党,毛泽东在湖南的湘潭作学生,那个时候共产党在中国哪里有地位。"五四"发生(笑),中国共产党成为党,还在两年之后。这个真是大笑话。这是不要脸的"吹"。

从五四运动谈文学革命

问："五四运动"有人比作"文艺复兴运动",关于这一点,胡先生您一定有很深刻的见解,是不是可以请您谈一谈?

答：安先生,这件事不是这么简单,深刻不敢说。历史是很复杂的,这是很复杂的问题,我们那个时候一般人都年轻,二十多岁。远在"五四"以前,我们一般人还在外国留学的时候,一般年轻人注意中国文艺的问题、文学的问题、中国的文字问题、中国的教育问题、中国的思想问题、中国的社会问题,特别是中国的文学问题、文艺的问题。中国的文字很难,很难教、很难学,中国的文字是死的文字,死了两千年啦,语文是不一致。现在你们不觉得啦,在我们那个时候,小孩子念书,教科书都是古文写的,每一句话要翻译的,客气一点,叫讲书,讲书就是翻译,就是用现在的白话,翻译死了的古文,每一句话都是要翻译的。所以那个时候,是教育上的问题,教科书上的文字应该用什么文字,拿死的文字来教呢?还是用活的文字来教?文学用死的文字作文学呢?还是用活的文字作文学?要人人都听得懂,人人都看得懂,这些问题,远在那个时候大家在国内,也就是中国文艺复兴问题,不是一天,远在几十年,在民国以前,在革命以前,像梁启超先生他们,那就是一种革新文字,那个时候提倡小说,也就是新文字改革的起点,不过我们一般人,在美国作学生的时代,就在我们的宿舍里面彼此讨论。宿舍与宿舍之间,大学与大学之间讨论,所以就讨论到文字的问题,中国文字的改革问题、中国文学的改革问题,应该怎么样经过一种改革。所以远在民国八年以前,在民国四年、五年我们在国外已经讨论很久很久啦,有好几个人,在国外反对我的就是梅光迪先生,在哈佛大学。同我参加讨论的有任叔永先生,有朱经农先生,我们都是在国外做学生的时代。我们那个时候就讨论中国文学的问题,后来有许多结论,其中的一个结论,就是中国的文字是死了的文字,这死文字不能够产生活的文学,这是我们的结论。要替中国造一个新的文学,只能用活的文字,活的文字在那儿呢?就是我们一般老百姓嘴里说的,嘴里说的出来,耳朵听得懂,人人可以听得懂,人人可以看得懂,这是活的语言,就是白话,拿白话我们举出许多证据出来,从古代慢慢的变下来,不知不觉的,有这个需要,尽管白话不能拿来考秀才,不能拿来考举人,也不能拿来考进士,也不能得翰林,不能求功名,不能做官,然而老百姓的要求,爱好真正文艺的人,有这个要求,已经走上一条用活的语言作文学的,比方《水浒传》、《红楼梦》、《儒林外史》这一类的,和《西游记》小说都是用活的语言著的。所以我们说这就是证据,我们有活的文字,可以有资格作中国文学的语言。不过我们这般朋友们,总是有些人守旧,你们这白话也好,也许有用处,白话只写那些人家看不起的小说,白话不够作上等的文学,特别是不能作诗,不能拿来作高等的文艺;高等的文艺,好的散文,尤其是诗要用古文作的。诗、词都是最高等的东西,决不能用老百姓粗的土话拿来写,必须要经过一种训练,一种磨练的上等人的文字。这样我们讨论,没有别的法子,我们主张从民国六年、民国五年在国外就开始,好啦,我们没有别的法子,我们来试试看,你承认白话可以作小说,可以产生伟大的小说,但是,不能作诗,好啦,我们拿白话来试试看。从前的确没有多少人用白话来作诗,有是有,不过没有一个人专门用白话来作诗的,也没有人提倡不许用古的死的文字来作诗的,用活的文字来作诗的,我们现在何妨试试看。所以我就在民国五年的八月,我就向我的一班朋友宣告,我们从今天起,不作古文的诗,一定用白话来作诗。后来,中国的第一部诗集,叫《尝试集》拿白话尝试来作诗,中国诗。我们那个时候远在民国五年的八月,我们在国外就有这种运动,同学们讨论啦、作试验、作白话诗啦,到了民国六年正月一号我的一篇文章叫作《文学改良刍议》,这是头一篇文章,我们在外国作留学生,第一次到国内来发表要提倡,要改革中国文字。我们那个时候,在民国四年、民国五年、民国六年,我是民国六年七月才回国的,我们在国外已经很激烈的讨论,讨论了多少年,有许多问题,其中讨论最激烈的就是文学问题。我们在民国五年就已经决定啦,至少我个人决定啦,我们大家都已经得到结论啦,大家承认,就是最守旧的已经承认啦,白话够得上作小说,可以产生《水浒传》、《红楼梦》、《西游记》、《儒林外史》这一类的小说啦。这是已经让步啦,但是还有许多不承认的哪,就是守旧这班同学不承认,就是中国的俗语、土话、白话没有经过文人学者的训练、磨练,所以不配产生高等的文学,不能作诗,不能作诗词,不能作高等的散文,所以我们那个时候打定主意,就是我个人在民国四年、民国五年八月就向朋友宣告,从这个时候起不用古文,不用死的文字作诗,以后要用白话,用活的语言,老百姓的话,用活的语言来作诗,作散文,作一切的文学,简单一句话,就是死的文字不能产生活的文学,而我们要替中华民国造一种新的文学,就得用活的语言来作。这个运动,我们在国外一般学生讨论,讨论了两年,到了民国五年年底,我才写了一篇文章,把我们这一年半两年来,讨论的结果,这些结论写出来,写两个本子,同时发表。一个是《留美学生季报》,一年出四本,一个副本送给陈独秀先生主持一个杂志叫《新青年》杂志,在上海出版的。那个时候陈独秀先生作北京大学的文科学长,现在我们叫文学院长。他一方面作文科学长,一方面主持这个杂志。我这篇文章的一个本子寄给他,很和平的一篇文章,叫《文学改良刍议》,刍议就是一个草案,很谦虚的一篇文章。不过,陈独秀先生是同盟会老革命党出身,他看了我这篇文章,他很赞成。他接下去,就在民国六年二月《新青年》的第二期就发表《文学革命论》,在国内第一次提出文学革命这个字,是陈独秀先生在民国六年二月《新青年》提出来的。其实我们在国外那几年讨论,我常常谈到文学革命的问题,文学必须革命的,已经早就有啦。

所以,讨论中国革新的问题,用白话来作中国文学,一切的文学,诗、词、散文、小说、戏曲等等一概都得用活的文学来写，早就讨论了。民国六年才在国内开始成了公开讨论的大问题。很有趣的就是，我们一般留学生在国外大学宿舍里通信讨论一些问题，可是在国内有许多老辈那些北京大学很有学问的国文先生，他们觉得不错，他们赞成，比如钱玄同先生啦，陈独秀先生他们出来赞成，这样一来，在国内我们得到支持的人，得到赞成的人。在国外一般留学生在宿舍讨论的问题，在国内变成公开讨论的问题。所以就成了中国的文艺复兴运动，这个时候开始，远在公开发表的时候，民国六年的正月初一出版的《新青年》杂志，我还没有回国的时候在国内已经讨论啦。等到我民国六年回国加入这个讨论，《新青年》第一个杂志改用白话，登白话的文章，就成了全国的运动。

这个运动与"五四"运动有什么关系呢？我们那个时候讨论等于全国都有，那个时候的刊物很少。北京大学一般学生，傅斯年先生、罗家伦先生这一般人，都是北京大学的最优秀的学生，国学的程度，中国文学的训练，都是很高的，他们倒是看见他们的先生们的提倡是对的，他们加入，他们在民国七年出版一个杂志叫《新潮》，中文名字叫《新潮》，英文名字叫 *The Renaissance*，这是北京大学的学生傅斯年这一般人办的。Renaissance 就是再生。欧洲所谓文艺复兴运动。中国所谓文艺复兴运动，远在民国八年以前。不过"五四"运动有什么关系呢？"五四"运动这么一来之后，北京大学的学生成了学生的领袖，北京大学的教授从前提倡所谓文艺复兴运动，就是用白话作文学这种主张，思想改革。文学革命这个话，从北京大学提倡，北京大学的地位提高啦。公认北京大学是对的，那时候各地学堂都有学生会，学生会他们要办刊物，都是小的刊物，或者用排印的，或者用油印的，或者手写壁报，学生要出刊物，学生要出壁报，大家自然而然都用白话作。结果民国八年、民国九年之中，我收到的各地方出的这种青年人出的刊物总在三十多种都用白话。所以，"五四"运动帮助文艺复兴，从前是限于《新青年》、《新潮》几个刊物，以后就变成一个全国的运动。但是，"五四"运动也可以说害了我们的文艺复兴。什么原故呢？"五四"运动刚才我讲的跟我们没有关系的，那是个没有计划的运动,"五四"是大家爱国心爆发,是北京大学学生领导,那个时候北京大学地位高,清华在那个时候叫清华学堂,师范大学叫高等师范,在北京的国立大学只有北京大学一个,所以大家说北京大学领头。结果,好像北京大学是领袖,同时呢？因为北京大学的先生们,学生们在前几年提倡思想解放,文学革命这种观念,结果慢慢借这个机会就推广出去啦,其实,与我们并不是一件事,并没有关系的。那是一个爱国运动,事先没有计划,没有一种有意的运动。比如孙中山先生有一封信,他写给海外的国民党的同志,那个时候是革命党的同志,在民国九年正月二十九日他说:

> 自北京大学学生发生五四运动以来,一般爱国青年,无不以革新思想为将来革新事业之预备;于是蓬蓬勃勃,发抒言论,国内各界舆论,一致同倡,各种新出版物,为热心青年所举办者,纷纷应时而出,扬葩吐艳,各极其致;社会遂蒙绝大的影响,虽以顽劣之伪政府,犹且不敢撄其锋。此种新文化运动,在我国今日,诚思想界空前之大变动,推原其始,不过由于出版界之一二觉悟者,从事提倡,遂至舆论放大异彩,学潮弥漫全国,人皆激发天良,誓死为爱国之运动。倘能继长增高,其将来收效之伟大且久远者,可无疑也。吾党欲收革命之成功,必有赖于思想之变化,兵法攻心,语曰革心,皆此之故;故此种新文化运动,实为最有价值之事。

——录自孙中山先生《致海外国民党同志书》

这封信是孙中山先生写在"五四"以后七个多月写的,他的看法到现在我认为是很公允的。这件事本身就是"五四"与新文化运动,所谓"新思潮运动"所谓文艺复兴运动不是一件事,不过这件事的本身呢？至少孙中山先生说,因为思想运动,文学运动在前,所以引起"五四"运动。至少他承认归功于思想革新,同时思想革新在兵法上说攻心,心理作战是最重要的,所以他的结论说:我党(革命党)要收革命之成功,必有赖于思想之变化。这样说起来,可以算是"五四"也可以说帮助,同时也可以说摧残,为什么呢？因为我们从前作的思想运动,文学革命的运动,思想革新的运动,完全不注重政治,到了"五四"之后,大家看看,学生是一个力量,是个政治的力量,思想是政治的武器,从此以后,不但国民党的领袖孙中山先生,后来国民党改组,充分的吸收青年分子。在两年之后,组织共产党,拼命拉中国的青年人。同时老的政党,梁启超先生他们那个时候叫研究系,他们吸收青年。所以从此以后,我们纯粹文学的、文化的、思想的一个文艺复兴运动,有的时候叫新思想运动、新思潮运动、新文化运动、文艺复兴运动就变了质啦,就走上政治一条路上,所以现在那些小的政党都是那个时候出来的。中国国民党改组和共产党都是那个时候以后出来的。因此我们纯粹作文艺复兴运动就这几年工夫,我们从留学生时代算起,民国四年、五年、六年、七年第二年的八年共四年半。要是从民国六年正月一号算起吧,有两年的工夫,这两年工夫就变了质啦,变成一个政治力量啦,糟糕啦!这样一来,以后的局面也变啦。所以我们现在回到"五四"这一天,只能说"五四"本身决不是文艺复兴运动,而"五四"本身是爱国运动,完全是青年人爱国思想暴露啦,事先没有一点计划,不是一种运动,在这一阵当中,对付中国国家的民族危险的问题,就是我们眼看见山东、青岛发生大问题,权利要掉啦,这是爱国问题。不过同时他一方面帮助我们的文艺复兴思想的运动,同时也可以算是害了我们这纯粹思想运动变成政治化啦,可以说变了质啦,在我个人看起来谁功谁罪,很难定,很难定,这是我的结论。(接着哈哈……哈……。)

(本文为1960年5月4日胡适应台北广播电台记者安先生谈话录音,收入《胡适演讲集》中册,台北:胡适纪念馆1970年编辑出版)

编后记

从事胡适研究十余年,我一直有一愿望,将胡适的著作系统整理出版,我想这比自己写作一部研究性著作,或许对学术界和社会更有益。之所以这样想,不仅是基于出版上的考虑,以胡适在现代中国的历史地位及其影响而言,编辑、出版一套大型《胡适文集》实属必要;而且是出于对胡适著作的爱好,希望更多的人能通过直接阅读胡适著作,了解胡适,认识胡适,借此能进一步理解胡适的思想。我相信,这对中国文化学术的发展和进步,对中国现代化事业的推进,将是一件有益的事情。带着这样一个心愿,我曾与多家出版社谈及此事,并推动他们来做这件事。北京大学毕竟是胡适先生生前工作多年的单位,是他事业发展的根据地,他本人对北大情有独钟,一些供教学用的讲稿亦曾由北大出版。他逝世前立下的英文遗嘱交待:将他 1948 年 12 月离开北平时所留下请北大图书馆保管的一百零二箱书籍和文件全部交付并遗赠给北大。这次北大出版社应承出版《胡适文集》,并在北大校庆一百周年之际,推出这一套书,真是再合适不过了。无疑,这是对这位杰出的北大人的一个最好纪念。

此次整理、编辑胡适著作,从立意到实际运作,到最终完成,费时达两年。在这一过程中,汇聚了许多人的心血和关怀之情,没有这些人的帮助,很难想象这样一套大型文集能在这样短的时间内完成,因而对这些人的帮助,无法仅用感谢二字来表达。台北胡适纪念馆馆长陶英惠先生慨允北大出版社出版这套《胡适文集》,解决了出版的授权问题,使这一工作得以开展。北大出版社领导对本文集的出版高度重视,责任编辑刘方在编辑过程中忘我的工作和一丝不苟的工作精神,使得我们这一合作自始至终都能在愉快中顺利进行。在搜集资料时,胡适纪念馆的陶英惠先生、赵润海先生又提供了纪念馆方面影印出版的胡适著作(自校本)和《胡适手稿》,美国的李又宁女士提供了韦莲司的照片,上海的季维龙先生、济南的李平生先生提供了我所缺的《竞业旬报》、《留美学生季报》上胡适的几篇文章,北京的胡明先生提供了部分胡适诗歌的整理稿,吴效马君帮助复印了《国语文学史》。在整理校核时,楼宇烈先生审读了《荷泽大师神会传》的注释,祝总斌先生审读了《胡适学术集外文集》的部分稿件。北大研究生彭国运从搜集资料到校读稿件,都付出了艰辛的劳动。北大历史系教师王元周、研究生伍发明、查正贤帮助校核稿件。在我查找资料时,北大图书馆的周家珍女士、北大档案馆的工作人员、中国社会科学院近代史研究所的耿云志先生、耿来金先生及近代史所图书馆等单位及个人,提供了诸多帮助。还有一些朋友,或提供资料,或帮助抄写,或提供资料线索,恕我在此不一一具名。这些既使我感激,又令我难以忘怀。另外,本文集在编辑过程中,参考和吸收了相关的海内外胡适著作整理与研究成果,特此致谢。

胡适著作版本繁多,各版本之间的歧异亦多,加之时间跨度长,其所使用的文字、标点也不统一,编辑整理时所遇到的技术上的困难非一般人所能想象。我们虽倾尽心力,但差错仍在所难免。我们期待着专家和读者们的指教和帮助。

欧阳哲生
1998 年 9 月 10 日于北大蔚秀园

修订版后记

1998年北京大学校庆一百周年之际，我编辑的《胡适文集》(12册)由北大出版社出版。时过十余年，这套书早已售罄。市场上不断传来读者需求的声音，网上竟然出现了未经我们授权的这套书的扫描电子版，时常有人告诉我从网络上下载这套书电子版的消息，这仿佛在提醒我，重印这套书已刻不容缓。2012年春，我与北京大学出版社编辑刘方商议，决定在2013年推出《胡适文集》的修订版，以作为我们对胡适这位文化大师逝世五十周年的纪念。

修订工作本着整理如旧的原则，尽量依照原作最初发表的原始面貌进行整理。为确保质量，我们几乎将《胡适文集》所收作品重新与原始出处做了一次核校。同时，对一些字的繁体变简体处理和胡适早年作品的标点，参考《胡适全集》(安徽教育出版社2007年版)等书的做法做了修订。修订工作量之大，大大超出了我们原先的想象。在修订过程中，承蒙北京大学历史学系博士生潘惠祥、刘会文、硕士生曾小顺、陈瑜、刘嘉恒、陈少卿、薛玉、曹祺协助核校，从而加快了这一工作的进展。责任编辑刘方再次付出了辛勤的劳作，保证了全书的修订工作如期完成。

胡适著作的搜集、整理、出版，始终是海内外学界关注的一件工作。我们也是在海内外同仁和朋友们的关心、支持下开展这项工作的。借《胡适文集》修订再版之际，我谨向曾给予帮助的海内外师友和参与修订工作的北大研究生，表示诚挚的感谢。

欧阳哲生

2013年6月5日于京西水清木华园